Les 49 Barrières à la Pratique du Dao

修
道
四
十
九
關

Xiū Dào Sì Shí Jiǔ Guān
de Xīng Dé 興德

Traduit en Anglais par Johan Hausen et Allen Tsaur
En Français par Benoit Amoyel

purple cloud
press

Avis de non-responsabilité

Nous avons fait preuve de toute la rigueur nécessaire pour la traduction du livre *Les 49 Barrières à la Pratique du Dao* et assumons l'entière responsabilité de toute inexactitude, erreur ou omission.

Les traducteurs et l'éditeur de ce livre ne peuvent en aucun cas être tenus responsables de tout dommage ou blessure résultant des méthodes pratiques décrites dans ce livre. Il est fortement conseillé de chercher un enseignant compétent, afin de garantir une mise en œuvre sûre de ces techniques et être guidé, au cas où des questions et des problèmes surviendraient en cours de route.

Copyright © 2020 par Johan Hausen (Purple Cloud Press)
Aucune partie de ce livre ne peut être reproduite ou utilisée sous quelque forme ou par quelque moyen que ce soit, électronique ou mécanique, y compris la photocopie, l'enregistrement ou par tout système de stockage et de récupération d'informations, sans l'autorisation écrite préalable de l'auteur, Johan Hausen et de Purple Cloud Press.

ISBN-13: 9781991170743
Numéro de Contrôle de la Bibliothèque du Congrès: 2023900082

Citations de la Bible :

La Bible Du Semeur (The bible of the Sower) Copyright © 1992, 1999 by Biblica, Inc.®
Used by permission. All rights reserved worldwide.

Version Louis Segond 1910, La Sainte Bible, domaine publique.

Version Segond 21 Copyright © 2007
Société Biblique de Genève by Société Biblique de Genève

Photographie de Xing De (Li Shi Fu) durant le rituel du chant des écritures liturgiques par Christina Chandler 誠信

Photographie de Xing De (Li Shi Fu) assis sur la Pierre de la Tortue par
Joel Pratley (www.joelpratley.com)

Photographie de Xing De (Li Shi Fu) dessinant le caractère Dao par Jan Valentini 誠然

Photographie de la pierre tombale de Tao Shi Fu par Jennifer King 誠紫

Photographie de Johan Hausen par Piotr Nowak 誠波
(www.tian-di-ren-institute.com)

Photographie du Temple des Cinq Immortels et de la Pagode Blanche
par Rafael Abella 誠超 (www.rafaelabella.com)

Illustrations des barrières et de la couverture par Jennifer King 誠紫
Les illustrations individuelles des barrières sont disponibles à l'adresse www.jenniferkingstudio.com

Contributeur: LoAn Tran 誠鳳
(www.featherbeings.com)

Illustrations numériques: Vasco Daniel 誠法
(www.alqimia.org)

Conception de la couverture: Anne-Maree Taranto
(contact@rhapsodica.com)

Mise en page: Tanya Steklova-Lawson 誠静
(personalevolution@hotmail.co.uk)

Édité par Mark Offord et Johan Hausen
(markofford7@gmail.com)

Publié par Purple Cloud Press:
purplecouldinstitute.com
purplecloudpress@gmail.com

Temple des Cinq Immortels:
fiveimmortals.com
fiveimmortals@outlook.com

La Vision de Purple Cloud

Purple Cloud Press est fondé sur le principe que ce n'est qu'en associant la connaissance théorique à l'expérience pratique que l'on peut acquérir une véritable compréhension et saisir les subtilités propres aux écrits pertinents. Par conséquent, toutes les publications de Purple Cloud Press sont basées sur ce principe de chercheur-médecin et de chercheur-pratiquant, avec la triple mission suivante :

- Publier les travaux des fondateurs de Purple Cloud Institute et les travaux d'autres auteurs, dans les domaines de la médecine orientale, des religions asiatiques et des arts martiaux,

- Traduire en anglais des textes asiatiques originaux anciens,

- Produire des écrits sur les lignées traditionnelles d'enseignants et de maîtres.

Purple Cloud Press soutient les auteurs et les traducteurs en leur garantissant un pourcentage élevé sur les redevances, afin d'encourager la poursuite des projets de traduction et de fournir une plateforme permettant d'atteindre le plus grand nombre de lecteurs possible. Purple Cloud Press est fermement convaincue que cela contribuera à rendre accessible la profondeur de trésors jusqu'alors cachés au monde occidental.

purple cloud
press

Remerciements

Les remerciements suivants ne sont pas classés par ordre d'importance. Quelques personnes cependant doivent être distinguées pour avoir contribué à ce que ce livre voit le jour sous la forme que vous avez aujourd'hui entre les mains.

Tout d'abord, Li Shi Fu, le regretté Liu Li Hang et la regrettée Tao Fa Zhen, des enseignants et des maîtres devant lesquels je m'incline à genoux trois fois et frappe neuf fois de ma tête sur le sol, avec le plus grand respect et la plus grande révérence.

Alex Leskiewicz, Andrea Moreno, David Hessler, Daniel Spigelman, Allen Tsaur et surtout Mark Offord pour leurs observations, suggestions et objections éditoriales ; ils ont tous été vitaux et indispensables dans l'élaboration de ce livre.

Piotr Nowak, Joel Pratley, Rafael Abella, Jen King et Christina Chandler pour la permission d'y inclure leurs photographies et embellir ce livre, et Li Shi Fu pour avoir orné la couverture et trois chapitres de sa calligraphie.

Lindsey Wei et James Manning, sans qui ce livre n'aurait jamais vu le jour. Ce que je leur dois à tous les deux se trouve au-delà des mots.

Je suis redevable à LoAn Guylaine Tran pour sa contribution à l'une des pièces centrales de la liturgie daoiste, à Mattias Daly pour ses explications concernant les concepts daoistes clé de la nature-intérieure et de la vie-destinée dans son avant-propos, à T.H. Barrett pour son analyse approfondie en introduction.

Jan, Dr. Ran, Valentini, Emilio Valentini, Vasco Daniel, Jen King et Anne-Maree Taranto que je tiens à remercier du fond de mon cœur-esprit pour leur regard aiguisé, leurs apports créatifs et leurs corrections.

Ana Guerra and Yaping Douglas, à qui je suis redevable de leur prise de notes méticuleuse, qui m'ont sauvé plus d'une fois.

Josh Paynter, Bill Porter, Catherine Despeux, Barbara Hendrischke, Poul Andersen, Friederike Assandri, Vincent Goossaert, Michael Stanley-Baker and Deng Ming-Dao, qui ont honoré ce livre de leur témoignage et m'ont apporté un encouragement moral à un moment où j'en avais grand besoin.

Tanya Steklova-Lawson a magnifiquement rassemblé et relié de façon professionnelle les documents écrits bruts pour leur donner la forme, la mise en page et la typographie actuelle.

Enfin et et surtout, je tiens à exprimer ma gratitude à Fabrizio Pregadio, Ross Rosen, Heiner Fruehauf, Mike Feldman, Michael Brown, Ash Ahmed, Leo Lok, Misha Tadd, Peter Casey, Susana Filipe, Ivan Zavala, Christiana Polites, Mark Workman, Meng Shi (Alicia Ye), Dongsob Ahn, Terry Kleeman, Russell Kirkland, ainsi qu'à Jarek Szymanski, Simon Brunström, Benoit Amoyel, Li Mei Huang [黄丽梅] et Wu Yang Xin Yue [吴杨心越] pour leurs précieux commentaires et leur aide à différents moments du voyage.

Témoignages

Voici une opportunité unique de bénéficier d'un enseignement à trois niveaux. D'abord, il y a l'excellente guidance de Liu Yiming. Ensuite, il y a les commentaires de maître Xing De, la sagesse d'un maître vivant étant cruciale. Enfin, nous avons l'excellente traduction et supervision de Johan Hausen. Les notes de bas de page et les références sont particulièrement précieuses, car elles permettent d'entrer avec discernement dans cette matière. C'est un ajout bienvenu à la littérature daoiste.

—Deng Ming-Dao
Auteur de *Tao au jour le jour, 365 méditations taoïstes*

Le livre *Les 49 Barrières à la Pratique du Dao* est une représentation de ce à quoi nous aspirons pour le monde daoiste actuel. On trouve ici une mosaïque de quatre esprits qui sont réunis pour créer ce texte des plus significatif. Tout d'abord, il y a les 50 barrières originales de notre Ancêtre Liu Yi Ming, un texte concis et extrêmement précieux, un compagnon pour le pratiquant daoiste. Il s'agit d'un manuel de mise en garde sur les pièges du travail du corps et de l'esprit qui tendent vers la Réalisation Complète. Ce texte est ensuite transmis et ouvert largement par maître Xing De, pour le bénéfice de ses étudiants et maintenant pour celui de tous. Cette diffusion est rendue possible en anglais par le très habile travail de traduction de Johan Hausen, qui ajoute minutieusement ses propres compréhensions dans sa traduction et ses notes de bas de pages très utiles, qui constituent à elles seules un remarquable commentaire. En plus de tous ces trésors textuels, il y a un bonus supplémentaire, un élément conceptuel crypté et non linguistique, présent au début de chaque chapitre, que sont les incroyables illustrations de Jen King. Elles servent de version de poche du texte, à porter dans l'esprit pour accompagner les mots merveilleux auxquels elles se rapportent. Ces quatre personnes, représentantes générationnelles de la lignée, ont créé un outil pour les daoistes actuels et futurs. Que cela profite à tous ceux qui sont sur le chemin de la réalisation.

—Josh Paynter 理文
Traducteur de *Daoist Morning and Evening Altar Recitations*

Ce livre est une excellente contribution à notre compréhension du daoisme. Par une approche à plusieurs niveaux, partant de la traduction d'un texte du célèbre maître Liu Yiming de la dynastie Qing et des commentaires d'un maître contemporain, Li Shi Fu, qui a commencé sa vie religieuse en tant que renonçant dans les montagnes Wudang au nord du Hubei, ainsi que les notes abondantes d'un disciple de ce maître, Johan Hausen, ce livre fournit des informations détaillées sur la pratique de ces deux maîtres, ainsi qu'un aperçu général de ce que le terme 'cultiver' signifie pour eux. Ainsi, il deviendra sans doute un manuel très apprécié de ceux qui cherchent une voie de réalisation dans le daoisme.

—Poul Andersen
Auteur de *The Paradox of Being: Truth, Identity, and Images in Daoism*

Les enseignements sur l'alchimie interne (*neidan*) constituent un élément vivant et influent du daoisme, étroitement lié à d'importants courants philosophiques et artistiques de la culture générale traditionnelle chinoise. Les objectifs et les méthodes de l'alchimie interne sont présentés ici sous la forme élégante et concise des mots de Liu Yiming (1734-1821), un maître daoiste et érudit de grande renommée. Ils sont commentés par le pratiquant contemporain Xing De, originaire d'un temple daoiste des montagnes Wudang, qui combine une approche érudite des mots du maître, avec des instructions précises sur comment associer les perspectives du maître aux pratiques méditatives. L'utilité des commentaires est largement enrichie par des notes de bas de page explicatives et soigneuses. Leur style est approprié. Elles permettent au lecteur de tirer le meilleur parti de l'expérience intellectuelle et pratique que représente l'entrée dans le monde de l'alchimie interne, sans pour autant le submerger de matériaux non-essentiels. Ce volume est bien présenté. La traduction anglaise est précise, se lit bien et est soutenue, lorsque cela est nécessaire, par l'ajout des caractères chinois. Dans l'ensemble, *Les 49 Barrières à la Pratique du Dao* offrent au lecteur une occasion rare de s'intéresser à la méditation daoiste, tout en approfondissant la structure de la culture chinoise. Cette double réussite en dit long sur l'ambition et le succès au long terme des enseignements concernant l'alchimie interne.

—Barbara Hendrischke
Auteur de *The Scripture on Great Peace. The Taiping Jing and the Beginnings of Daoism*

Ce livre offre une chance unique de lire un texte daoiste majeur, traduit en anglais et accompagné de l'interprétation d'un maître daoiste contemporain. Il nous offre un compte-rendu détaillé du fonctionnement interne des méthodes daoistes visant à cultiver, et offre un éclairage sur une expérience unique que seuls quelques rares individus pourront vivre. En effet, il s'agit non seulement d'apprendre le chinois et de se rendre en Chine, mais également de rechercher et de trouver un maître, d'être accepté comme disciple dans un temple daoiste, et en plus de toute cette entreprise traditionnelle difficile, de faire face aux restrictions de visa et autres difficultés similaires de nature résolument moderne.

Il s'agit d'une présentation en trois parties du texte historique, de son commentaire contemporain et d'informations complémentaires, le tout accompagné de magnifiques illustrations, ce qui offre au lecteur occidental un moyen exceptionnellement efficace de franchir la distance historique et culturelle, ainsi que d'acquérir une connaissance précieuse sur le daoisme de la lignée de la Porte du Dragon, de la tradition Quanzhen. Les commentaires de maître Xing De, traduits dans le Livre II (Livre de la Terre), replacent les instructions datant du 18ème siècle de Liu Yi Ming (traduites dans le Livre I, Livre des Cieux) dans un cadre contemporain, démontrant leur pertinence pour les pratiquants d'aujourd'hui. De nombreuses informations complémentaires sont proposées dans le Livre III (Livre de l'Humain) pour combler la distance culturelle par des explications de termes, de concepts, de connaissances historiques, de biographies sur les maîtres et d'informations diverses sur le daoisme, la philosophie chinoise, la médecine chinoise et les arts martiaux. Ce livre est certainement d'une grande valeur pour les adeptes futurs et actuels du daoisme, de la méditation daoiste, ou des pratiques daoistes.

C'est également un trésor pour les universitaires qui s'intéressent au daoisme. En plus d'offrir la traduction annotée bienvenue d'un classique historique, ses commentaires oraux contemporains, ainsi que de nombreuses informations sur les pratiques daoistes contemporaines, ce livre souligne les liens entre les enseignements scripturaux et oraux, entre le présent et le passé, un passé daoiste qui va bien au-delà du texte de Liu Yiming du 18ème siècle, incluant de nombreuses écritures daoistes plus anciennes, présentées sous la forme de citations détaillées en anglais, avec leur texte original en chinois. De plus, les chapitres consacrés à l'histoire de la lignée de la Porte du Dragon et l'histoire locale du Temple des Cinq Immortels, y compris les biographies des maîtres daoistes présents et passés y ayant résidé, offrent une mine d'informations nouvelles, de détails et d'éléments de réflexion pour un public universitaire intéressé par le daoisme et par son histoire.

—Friederike Assandri
Auteur de *Beyond the Daodejing: Twofold Mystery in Tang Taoism*

L'alchimie interne daoiste n'est pas seulement une tradition mystique ou un ensemble de techniques transformatives du soi ; c'est aussi une vision cohérente du monde avec sa morale et sa compréhension de la nature humaine. Sans cette vision morale fondamentale du monde, les techniques sont détachées de leur cadre de référence et leur utilisation peut donc être périlleuse. L'un des meilleurs exposés de l'anthropologie et du cadre moral de l'alchimie interne est la liste des 'passages', *guan* (dangers, crises) que les humains et en particulier les pratiquants dévoués, doivent traverser tout au long de leur voyage dans la vie. Il existe une longue histoire d'écrits à leur sujet et une tradition rituelle vivante pour y faire face. Ce livre est basé sur la version de Liu Yiming, l'un des auteurs les plus influents sur l'alchimie interne de la Chine moderne et actuelle, ainsi que sur les commentaires d'un maître vivant, Xing De, qui ouvre une large fenêtre sur la compréhension et la pratique contemporaine de cette importante tradition au sein du clergé daoiste. Tout cela est rendu dans un anglais fluide et accessible, avec une traduction méticuleuse, des explications très utiles de Johan Hausen et de magnifiques illustrations par Jennifer King ; c'est un pont réussi et trop rare entre l'érudition et la pratique.

—Vincent Goossaert
Auteur de *The Taoists of Peking, 1800-1949*

Dédicace

但事生前，生而顺，死而安生死何足惧。

—吕洞宾

Mais avant que la question [de la mort] ne se pose, vivez en accord avec votre destinée et mourez en paix. Ainsi, qu'y aurait-il à craindre de la vie et de la mort?

—Lü Dong Bin

A mes deux frères dont les lumières ont tragiquement quitté ce monde bien trop tôt, Dan Smookler et Nuno Ordens Miguel.

Aux deux nouvelles lumières qui sont apparues et qui brillent sur ce monde, Vincente de Barros Miguel et Wyatt Phoenix Manning.

—Johan Hausen

朝聞道
夕死可矣

—孔聖

Si j'écoute le Dao le matin,

Je peux mourir [satisfait] le soir.

—Le Sage Confucius

TABLE DES MATIERES

Avant-Propos	i
Oublier les Mots	vii
Préface de la Traduction Français	xi
Préface de la Traduction Anglaise	xv
Préface de l'Illustrateur	xvii
Introduction de T.H. Barrett	xix
Xing De (Li Shi Fu) 興德	xxv
Liu Yi Ming 劉一明	xxix
Avertissement sur la Traduction, l'Edition et la Mise en Page	xxxiii
I. Livre des Cieux 天書	**1**
Préface de Li Shi Fu (Xing De) 前言	3
1. La Barrière du Plaisir et du Désir Sexuel 淫欲關	7
2. La Barrière des Avantages de l'Amour 恩愛關	11
3. La Barrière de l'Honneur et du Prestige 榮貴關	14
4. La Barrière de la Richesse et du Profit 財利關	17
5. La Barrière de la Pauvreté et du Dénuement 窮困關	20
6. La Barrière de la Forme du Corps 色身關	22
7. La Barrière du Qi de l'Arrogance 傲氣關	25
8. La Barrière de la Jalousie et de la Convoitise 嫉妒關	27
9. La Barrière de l'Irritabilité et de l'Emportement 暴躁關	29
10. La Barrière des Débats et des Disputes 口舌關	32
11. La Barrière de la Colère et de la Haine 瞋恨關	34
12. La Barrière de Soi et les Autres 人我關	36
13. La Barrière de la Paresse et de l'Inaction 懶惰關	39
14. La Barrière du Talent et de la Sagesse 才智關	41
15. La Barrière de l'Entêtement et de l'Obstination 任性關	43
16. La Barrière des Epreuves et de l'Adversité 患難關	46
17. La Barrière de la Tromperie et de la Trahison 詭詐關	48
18. La Barrière de l'Opinion et des Suppositions 猜議關	51
19. La Barrière de l'Absence de Fondement et du Vide 懸虛關	53
20. La Barrière des Pensées Absurdes 妄想關	56
21. La Barrière de la Vie et de la Mort 生死關	59
22. La Barrière de la Complaisance et de l'Autosatisfaction 自滿關	62
23. La Barrière de la Peur des Difficultés 畏難關	64
24. La Barrière de l'Irrespect et du Mépris 輕慢關	66
25. La Barrière de la Lâcheté et de la Faiblesse 懦弱關	68
26. La Barrière de l'Inconstance et de la Brièveté 不久關	70
27. La Barrière de la Résignation et du Désespoir 暴棄關	72

28. La Barrière de l'Accumulation des Dettes 累債關 … 74
29. La Barrière de l'Orgueil et de la Fierté 高大關 … 76
30. La Barrière de la Beauté et de l'Ornement 美飾關 … 78
31. La Barrière de la Fausse Connaissance 假知關 … 80
32. La Barrière du Mal-Yin 陰惡關 … 82
33. La Barrière du Désir pour l'Alcool 貪酒關 … 84
34. La Barrière de la Peur de l'Amertume 怕苦關 … 86
35. La Barrière du Manque de Foi et du Scepticisme 不信關 … 89
36. La Barrière du Manque de Maîtrise de Soi 無主關 … 91
37. La Barrière de l'Impatience pour des Résultats Rapides 速效關 … 93
38. La Barrière de la Négligence et du Manque de Réflexion 粗心關 … 95
39. Le Barrière de la Perte de Temps 虛度關 … 97
40. La Barrière de de la Détermination Faiblissante 退志關 … 99
41. La Barrière de la Vantardise et de la Suffisance 誇揚關 … 101
42. La Barrière des Feux du Fourneau 爐火關 … 104
43. La Barrière du Déshonneur et de l'Humiliation 恥辱關 … 107
44. La Barrière de la Cause et de la Conséquence 因果關 … 110
45. La Barrière du Démon des Livres 書魔關 … 112
46. La Barrière de l'Attachement au Vide 著空關 … 114
47. La Barrière de l'Attachement à l'Image 執相關 … 117
48. La Barrière de la Guerre de la Collecte 採戰關 … 119
49. La Barrière des Visions Illusoires 幻景關 … 122

Postface de Xing De (Li Shi Fu) 後語 … 125

II. Livre de la Terre 地書 … 131

Commentaires sur la Préface 前言 … 133
1. Commentaires sur la Barrière du Plaisir et du Désir Sexuel 淫欲關 … 137
2. Commentaires sur la Barrière des Avantages de l'Amour 恩愛關 … 154
3. Commentaires sur la Barrière de l'Honneur et du Prestige 榮貴關 … 158
4. Commentaires sur la Barrière de la Richesse et du Profit 財利關 … 161
5. Commentaires sur la Barrière de la Pauvreté et du Dénuement 窮困關 … 167
6. Commentaires sur la Barrière de la Forme du Corps 色身關 … 172
7. Commentaires sur la Barrière du Qi de l'Arrogance 傲氣關 … 177
8. Commentaires sur la Barrière de la Jalousie et de la Convoitise 嫉妒關 … 180
9. Commentaires sur la Barrière de l'Irritabilité et de l'Emportement 暴躁關 … 182
10. Commentaires sur la Barrière des Débats et des Disputes 口舌關 … 187
11. Commentaires sur la Barrière de la Colère et de la Haine 瞋恨關 … 191
12. Commentaires sur la Barrière de Soi et les Autres 人我關 … 194
13. Commentaires sur la Barrière de la Paresse et de l'Inaction 懶惰關 … 197
14. Commentaires sur la Barrière du Talent et de la Sagesse 才智關 … 199
15. Commentaires sur la Barrière de l'Entêtement et de l'Obstination 任性關 … 203
16. Commentaires sur la Barrière des Epreuves et de l'Adversité 患難關 … 206
17. Commentaires sur la Barrière de la Tromperie et de la Trahison 詭詐關 … 209
18. Commentaires sur la Barrière de l'Opinion et des Suppositions 猜議關 … 212

19. Commentaires sur la Barrière de l'Absence de Fondement et du Vide 懸虛關	215
20. Commentaires sur la Barrière des Pensées Absurdes 妄想關	217
21. Commentaires sur la Barrière de la Vie et de la Mort 生死關	219
22. Commentaires sur la Barrière de la Complaisance et de l'Autosatisfaction 自滿關	223
23. Commentaires sur la Barrière de la Peur des Difficultés 畏難關	225
24. Commentaires sur la Barrière de l'Irrespect et du Mépris 輕慢關	228
25. Commentaires sur la Barrière de la Lâcheté et de la Faiblesse 懦弱關	230
26. Commentaires sur la Barrière de l'Inconstance et de la Brièveté 不久關	233
27. Commentaires sur la Barrière de la Résignation et du Désespoir 暴棄關	235
28. Commentaires sur la Barrière de l'Accumulation des Dettes 累債關	240
29. Commentaires sur la Barrière de l'Orgueil et de la Fierté 高大關	244
30. Commentaires sur la Barrière de la Beauté et de l'Ornement 美飾關	246
31. Commentaires sur la Barrière de la Fausse Connaissance 假知關	249
32. Commentaires sur la Barrière du Mal-Yin 陰惡關	251
33. Commentaires sur la Barrière du Désir pour l'Alcool 貪酒關	254
34. Commentaires sur la Barrière de la Peur de l'Amertume 怕苦關	257
35. Commentaires sur la Barrière du Manque de Foi et du Scepticisme 不信關	259
36. Commentaires sur la Barrière du Manque de Maîtrise de Soi 無主關	263
37. Commentaires sur la Barrière de l'Impatience pour des Résultats Rapides 速效關	266
38. Commentaires sur la Barrière de la Négligence et du Manque de Réflexion 粗心關	269
39. Commentaires sur la Barrière de la Perte de Temps 虛度關	272
40. Commentaires sur la Barrière de la Détermination Faiblissante 退志關	275
41. Commentaires sur la Barrière de la Vantardise et de la Suffisance 誇揚關	277
42. Commentaires sur la Barrière des Feux du Fourneau 爐火關	280
43. Commentaires sur la Barrière du Déshonneur et de l'Humiliation 耻辱關	283
44. Commentaires sur la Barrière de la Cause et de la Conséquence 因果關	289
45. Commentaires sur la Barrière du Démon des Livres 書魔關	297
46. Commentaires sur la Barrière de l'Attachement au Vide 著空關	300
47. Commentaires sur la Barrière de l'Attachement à l'Image 執相關	309
48. Commentaires sur la Barrière de la Guerre de la Collecte 采戰關	315
49. Commentaires sur la Barrière des Visions Illusoires 幻景關	331
Commentaires de la Postface de Xing De (Li Shi Fu) 後語	342

III. Livre de l'Humain 人書   347

Concepts Daoistes

1. S'abstenir de Graines 辟穀	349
2. Alcool, Désir Sexuel, Richesse et Qi 酒色財氣 *	354
3. Amertume 苦	360
4. Dao 道	355
5. Le Démon de la Liste de Livres 書魔目	367
6. Les Huit Fondements du Daoisme 道教八根基	369

7. Embrasser la Simplicité 抱樸 *	382
8. Les Cinq Préceptes du Daoisme 道教五戒	384
9. Les Cinq Rangs d'Immortels 五品僊人	393
10. Les Cent Jours pour Poser une Fondation 百日築基	397
11. Nature-Intérieure et Vie-Destinée 性命 *	404
12. La Méthode de la Lumière de Sagesse 慧光法	408
13. Le Non-Agir et Pourtant Sans Non-Agir 無為而無不為	415
14. Remarques Concernant l'Entrée dans la Salle à Manger selon la Réalisation Complète 入全真齋堂須知	419
15. Le Point Zéro 零點	422
16. Le Système Scolaire 學校系統	427
17. Les Esprits de Lumière 神明	430
18. Les Trois Etapes de la Pratique 三步修行	432
19. Le Corps Véritable 真身	434

Immortels et Transcendants Daoistes

20. L'Ancêtre Fondateur Peng 彭祖爺 *	437
21. Hua Tuo 華佗 *	439
22. Lü Dong Bin 呂洞賓 *	443
23. Qiu Chu Ji 丘處機 *	448
24. Wang Chong Yang 王重陽 *	451
25. Le Guerrier Véritable 真武 *	458

Ecritures Classiques et Incantations

26. Zhang Bo Duan et le Moine Chan 張伯端與禪僧 *	464
27. Incantation pour se Relier à la Nourriture 結齋咒	472
28. Le Poème de la Lignée de la Porte du Dragon 龍門派詩 *	476
29. Incantation pour le Repas 飯齋咒	479
30. Les Dix Epreuves de l'Ancêtre Fondateur Lü 十試呂祖 *	481
31. L'Ecriture de la Clarté et de la Quiétude 清靜經 *	490
32. La Plus Grande Joie de Zhuang Zi 莊子至樂 *	494

La Montagne du Cheval Blanc

33. Les Cinq Immortels 五僊	496
34. L'Histoire du Temple des Cinq Immortels 五僊廟的歷	501
35. Entretien avec un Sage Mendiant 要飯聖人採訪	505
36. Liu Li Hang 劉理航	512
37. Tao Fa Zhen 陶法真	517

Êtres Eveillés du Bouddhisme et Bodhisattvas

38. La Bodhisattva Guan Shi Yin 觀世音菩薩 *	525
39. Le Bodhisattva des Trésors Terrestres 地藏菩薩 *	527
40. Le Guerrier Vajra 金剛力士 *	530

Théories Bouddhistes

41. Gain et Perte 失得	533
42. Rembourser les Dettes 還帳	534

Confucianisme et Culture Chinoise

43. Les Cinq Vertus Constantes 五常德	537

    44. Aiguiser une Barre de Fer jusqu'à en Faire une Aiguille 鐵杵磨成鍼 *   544
    45. Han Xin 韓信 *   546
    46. Deux Cent Cinquante 二百五 *   548

Arts Martiaux
    47. Le Gong de la Légèreté 輕功   551
    48. Pedro Solana – Le Guerrier Spirituel 誠舟 *   553
    49. Le Gong Annexe 輔助功   558

Index   565
Bibliographie   581

---

* Tous les éléments marqués d'un astérisque ne sont pas issus des leçons et des enseignements directs de Li Shi Fu mais proviennent d'autres sources écrites.

Avant-Propos

Par Mattias Daly

De nombreux adeptes de la méditation daoiste, en occident comme en orient, connaissent cette expression célèbre attribuée à Lü Dong Bin, immortel de la dynastie Tang (618-907) et l'un des pères de l'alchimie interne. Souvent paraphrasée de diverses manières, cette phrase a le sens suivant : 'cultiver la nature de l'esprit[1] sans cultiver l'essence de vie[2] est la principale erreur commise dans la pratique spirituelle'. Cette phrase est régulièrement employée dans des joutes oratoires lorsque certains maîtres bouddhistes accordent trop d'importance à la recherche de la nature originelle de l'esprit et à l'élimination de l'attachement à nos corps humains transitoires. Il est incontestable que certains pratiquants interprètent mal les enseignements bouddhistes sur le détachement du corps, ne prenant pas soin de leur santé et encore moins de la restauration de leur essence de vie. Les daoistes et en réalité de nombreux bouddhistes, remarquent à juste titre que ceux qui faussent ainsi leur système de valeurs augmentent considérablement leurs chances de développer une maladie chronique plus tard dans la vie, tout en compromettant leur possibilité d'atteindre les plus hauts sommets de la réalisation spirituelle. Cependant, de même qu'il est possible d'interpréter les enseignements bouddhistes d'une manière qui tend à ignorer totalement l'essence de vie, il est également très facile de considérer les enseignements daoistes d'une manière qui entraîne un attachement à ces aspects impermanents de notre être physique et énergétique, fermant ainsi la porte au véritable éveil.

Ces deux extrêmes en tête, nous devrions revenir à l'avertissement de l'immortel Lü et le considérer dans son contexte d'origine. Ce fameux dicton de Lü serait apparu pour la première fois dans un poème qui lui est attribué et qui s'intitule *Poème sur la Réalisation du Dao*. Ce dernier se trouve dans un recueil de poèmes sur l'alchimie interne datant de la dynastie Yuan, intitulé *Les Echos du Cri de la Grue*, inclus dans le canon daoiste de la dynastie Ming (1368-1644). Dans son intégralité, bien que malheureusement dépouillé de son élégance par le processus de traduction, le poème se lit comme suit :

悟真常，不達命，此是修行第一病。只修真性不修丹，萬劫陰靈難入聖。

達命基，迷祖性，恰似鑑容無寶鏡。壽同天地丈夫兒，把握陰陽為本柄。

---

[1] La nature de l'esprit (*xing* 性) est synonyme du terme nature-intérieure employé tout au long de ce livre.
[2] L'essence de vie (*ming* 命) est traduit par vie-destinée dans cet ouvrage.

Avant-Propos

性命全，玄又玄，海底洪波度法船。生擒活捉蛟龍現，始知匠手不虛
傳。

> S'éveiller au véritable et à l'éternel, mais ne pas réaliser son essence de vie, telle est la principale erreur des cultivateurs spirituels. Ceux qui ne cultivent que la nature véritable sans cultiver l'élixir, deviennent des esprits-*yin* qui échouent à entrer dans la sagesse pour d'innombrables kalpas.
>
> Réaliser son essence de vie tout en perdant la nature de son esprit ancestral, c'est comme chercher le reflet de son visage sans posséder de miroir précieux. Les grands qui vivent aussi longtemps que le ciel et la terre s'accrochent fermement au maintien fondamental du *yin-yang*.
>
> La perfection de la nature de l'esprit et de l'essence de vie est 'un mystère encore plus mystérieux' ; c'est le bateau qui mène vers la vérité, au-delà du fond des océans et des grandes vagues. Prenez le contrôle de votre vie jusqu'à ce que le dragon du déluge apparaisse et vous commencerez alors à comprendre que ce que j'enseigne n'est pas faux.[3]

La seconde section de ce poème démontre que l'immortel Lü souhaite que les adeptes pratiquants s'appliquent à cultiver l'essence de vie avec autant de diligence qu'ils s'appliquent à éveiller la nature de leur esprit originel. Il est nécessaire de réaliser les deux afin de pénétrer le 'mystère encore plus mystérieux', une référence au premier chapitre du *Dao De Jing* de Lao Zi. L'immortel Lü ne veut en aucun cas que les cultivateurs ne diminuent leurs efforts en vue de réaliser la nature véritable et éternelle de l'esprit.

    Au grand détriment des personnes qui souhaitent emprunter la voie daoiste, on trouve en Chine et à l'étranger des enseignants qui brandissent la bannière de la lignée de la Porte du Dragon et qui vont jusqu'à prétendre que ces enseignements reflètent en quelque sorte une forme 'pure' du daoisme, n'incluant aucune influence bouddhiste, voire s'opposant même totalement aux thèses bouddhistes. De telles notions sont le

---

[3] Le nom chinois du poème est '*Zheng Dao Ge*', ou 〈證道歌〉. Il vient du recueil *Ming He Yu Yin* 《鳴鶴餘音》：

    悟真常，不達命，此是修行第一病。只修真性不修丹，萬劫陰靈難入聖。
    達命基，迷祖性，恰似鑑容無寶鏡。壽同天地丈夫兒，把握陰陽為本柄。
    性命全，玄又玄，海底洪波度法船。生擒活捉蛟龍現，始知匠手不虛傳。

résultat d'une ignorance historique, puisqu'à l'époque de la création de l'Ecole de la Porte du Dragon, sous la dynastie Yuan (1279-1368), le bouddhisme était déjà présent en Chine depuis au moins mille ans, période durant laquelle il s'est très bien mêlé au daoisme de Wang Chong-Yang, fondateur de l'Ecole daoiste de la Réalisation Complète à laquelle appartient la lignée de la Porte du Dragon ; il a écrit de nombreux poèmes et odes saturés d'enseignements bouddhistes. Envisager de telles notions va même à l'encontre des écrits laissés par le fondateur de la lignée, Qiu Chu-Ji. Comme son maître Wang Chong-Yang et son grand-maître Lü Dong-Bin, Qiu était un adepte de l'alchimie interne. Ses enseignements correspondent à ce que nous avons vu plus haut dans le *Poème sur la Réalisation du Dao* : ils traitent de l'illumination de la nature originelle de l'esprit en association avec la réalisation de l'essence de vie. Durant le cursus d'apprentissage d'un disciple de la Porte du Dragon, les instructions relatives à la nature de l'esprit ne peuvent en aucun cas être écartées, car cela consisterait en réalité à contredire le message même de l'immortel Qiu. L'importance qu'il accordait à l'entrainement de l'esprit est illustrée dans l'un de ses poèmes, également inclus dans *Les Echos du Cri de la Grue* et qui est intitulé *Regards Vers Peng Lai*.[4] Vous trouverez ci-dessous le texte intégral de ce poème :

聽咨告，小事要君知。萬事苦求終害己，得便宜處落便宜。伶俐不如癡。
真修煉，心外莫行持。只具眼前為見在，自然煩惱不相隨。步步入無為。

Ecoutez mon message, il y a une petite question que je veux aborder avec vous. Les myriades de choses que vous convoitez finissent par vous causer du tort. C'est lorsque vous obtenez des choses qui ont peu de valeur que vous tombez dans la bassesse. Mieux vaut être un simplet qu'un rusé.

Lorsque l'on cultive et que l'on raffine véritablement, il n'y a rien à faire ou à maintenir au-delà de l'esprit.
Laissez juste ce qui est devant vos yeux être tout ce qu'il y a à voir et de leur propre chef, les afflictions cesseront de vous suivre.
Pas à pas, vous entrerez dans *wu wei*.[5]

En affirmant 'qu'au-delà de l'esprit il n'y a rien à faire ou à maintenir', Qiu Chu-Ji fait une déclaration que certains lecteurs pourraient juger contraire à l'une des

---

[4] En chinois, ce poème est appelé 〈望蓬萊〉 ou '*Wang Peng Lai*.' Peng Lai (蓬萊) est le nom d'une ile mythique habitée par des immortels daoistes.
[5] 丘處機〈望蓬萊〉摘自《鳴鶴餘音》：

聽咨告，小事要君知。萬事苦求終害己，得便宜處落便宜。伶俐不如癡。
真修煉，心外莫行持。只具眼前為見在，自然煩惱不相隨。步步入無為。

caractéristiques les plus fondamentales de l'alchimie interne, 'la double pratique de la nature de l'esprit et de l'essence de vie'. Après tout, l'essence de vie n'est-elle pas associée au corps et donc 'au-delà de l'esprit ? Comment alors, ce poème n'est-il pas coupable d'encourager 'l'erreur principale commise dans la pratique spirituelle', c'est-à-dire de délaisser l'essence de vie ?

Ces questions importantes doivent être abordées directement afin de dissiper les idées fausses qui peuvent bloquer la progression sur la voie daoiste. Nous devons d'abord envisager que Qiu Chu-Ji n'était certainement pas le seul à faire des déclarations aussi catégoriques sur l'esprit. Son grand-maître Lü Dong-Bin est largement reconnu pour avoir déclaré : 'Le Grand Dao nous enseigne d'abord à arrêter nos pensées. Tant que les pensées ne cessent pas, alors tout le reste est fait en vain'[6] Durant la dynastie Ming, l'adepte Zhang San-Feng, qui est surtout connu dans les temps modernes pour avoir été le créateur du *tai ji quan*, au cours de son séjour aux monts Wu-Dang, a élaboré sur le sujet en écrivant : 'Dès qu'une pensée s'agite, votre pureté et votre simplicité du ciel antérieur se disperse. Une fois que le ciel antérieur est perdu, bien que le ciel postérieur perdure, de quelle utilité est-il réellement pour votre corps et votre esprit ? Tout ce qui reste alors ne concerne que la préservation des quatre éléments, rien de plus.'[7] Des siècles plus tard, sur les dernières décennies de la dynastie Qing (1644-1911), le maître Huang Yuan-Ji[8] a déclaré : 'Pour les milliers de personnes réalisées et les myriades de sages, le couple de mots 'raffiner l'esprit', est la seule et unique porte d'accès au Dharma. En dehors de cela, ce n'est pas le Grand Dao.'[9]

Il est indéniable que toutes les personnes mentionnées ci-dessus ont été dévouées à la pratique simultanée de la nature de l'esprit et de l'essence de vie, mais alors pourquoi semblent-elles toutes donner à l'esprit une place de première importance ? La réponse est suggérée dans le bref passage de Zhang San-Feng ci-dessus. S'il est vrai que l'on ne peut espérer être accompli sur la voie daoiste sans avoir accès au *jing* et au *qi* du ciel antérieur, le facteur qui limite notre accès à ces 'ingrédients' est enraciné dans l'esprit et non dans le corps. Pour utiliser des termes contemporains, le corps humain, qui contient le *jing* et le *qi*, vit entièrement dans 'le moment présent', ou 'dans le maintenant', et c'est de lui que le Dao du ciel antérieur émane. L'esprit humain non éveillé, en revanche, tend à discourir sans cesse, à distinguer, à nommer, à

---

[6] 大道教人先止念，念頭不止亦徒然。

[7] C'est un extrait d'un essai intitulé 'Montrer la Voie à ceux qui se sont Perdus En Essayant de Monter au Ciel' dans *Les Œuvres Complètes de Zhang San-Feng* 《張三丰先生全集·登天指迷說》:

念頭一動，先天澔樸卽散。先天旣喪，後天雖存，
究何益於身心？不過聊存其四大而已。

[8] 黃元吉.

[9] Extrait du chapitre six du premier volume de Huang Yuan-Ji intitulé *Les Registres du Hall de l'Enseignement Joyeux* 《樂育堂語錄·卷六》:

練心二字，是千真萬聖總總一個法門。
除此而外，皆非大道。

planifier, à s'inquiéter, à se souvenir, à éprouver de l'aversion, de l'attraction, à s'émouvoir, à désirer, à fantasmer et ainsi de suite ; il ne s'arrête que pendant le sommeil, dans la torpeur des rêveries, ou de l'ivresse. De par son agitation, l'esprit enracine l'être humain dans un état du ciel postérieur, où le fonctionnement du Dao, bien que toujours présent devient immanent au lieu d'être émanant. Ainsi, bien qu'il incombe au cultivateur de redonner au *jing* et au *qi* du corps leur plénitude et leur union au moyen de 'pratiques', ces pratiques ne sont que des compléments à la 'non-pratique' essentielle qui consiste à ramener l'esprit à son état naturel, analogue au Dao lui-même. Une fois que l'esprit peut résider dans l'état du ciel antérieur, alors le corps pourra réagir naturellement et spontanément, de la même manière que le corps réagit spontanément à une forte anxiété ou à des souvenirs traumatiques par une décharge d'adrénaline, ou un fantasme sexuel lors d'une excitation des organes génitaux. C'est précisément parce que le corps sait désormais comment refléter spontanément l'état de l'esprit, qu'une grande partie de la pratique des daoistes se tourne alors vers *wu wei*, la 'non-pratique', qui ne peut se produire qu'en présence harmonieuse d'un esprit lucide et serein.

La pratique du ciel postérieur dans le daoisme peut être ardue et peut inclure de longues périodes de *Zhan Zhuang*,[10] d'entraînements aux arts martiaux, de pratique de *Qi Gong*, d'assise méditative, d'étude, de mémorisation, de services à la communauté, de cérémonies religieuses, de chant des écritures et autres. Toutes ces activités requièrent des efforts, un apprentissage, et elles présentent certainement des difficultés pour l'étudiant. Pour cette raison, quiconque rencontre d'authentiques maîtres daoistes a différents endroits du monde, pourra être surpris de constater le nombre d'entre eux qui affirment que les aspects *ming* (l'essence de vie) de l'alchimie interne se déploient assez rapidement et même facilement dès lors que *xing* (la nature de l'esprit) a été réalisée. En raison de leur puissance et de la gravité des conséquences d'une pratique erronée, un grand secret tend à obscurcir les pratiques *ming* lorsqu'elles sont abordées par écrit. En revanche, l'entrainement du *xing* a traditionnellement été abordé de façon claire et ouverte, afin d'aider tous les étudiants à entamer leur travail de reconnaissance de leur 'visage originel', s'ils ont la chance de tomber sur de tels enseignements écrits mais qu'ils n'ont pas pour autant encore rencontré de maître qui puisse leur offrir une instruction orale et des conseils individualisés. Parce qu'ils ont compris dans leur compassion comment nos habitudes acquises, nos instincts et notre karma ont tendance à entraver le développement de la sagesse, et donc le progrès sur la voie spirituelle, de nombreux grands daoistes ont consacré des efforts considérables à la description très détaillée de la voie de la pratique de la nature de l'esprit.

Le moine de la Porte du Dragon Liu Yi-Ming[11] de l'ère Qing, était l'un de ces daoistes. Ses écrits volumineux ne s'éloignent jamais du thème de l'illumination de la

---

[10] Se traduisant littéralement par 'debout comme un pilier', *zhan zhuang* (站桩) est une forme de méditation pratiquée debout.

[11] 刘一明。

Avant-Propos

nature originelle de l'esprit. Liu s'est généreusement efforcé d'expliquer systématiquement les principes fondamentaux du daoisme dans le langage le plus simple de son époque, ce qui rend ses écrits relativement accessibles aux lecteurs modernes, même dans leur version chinoise d'origine, et se prêtent bien à la traduction. *Les 49 Barrières à la Pratique du Dao* est un texte particulièrement précieux, car il fournit un examen détaillé de dizaines d'obstacles qui peuvent entraver la voie de la pratique de *xing*. Ces obstacles sont parfois tellement ordinaires et quotidiens que même les non-pratiquants pourront s'identifier aux paroles de Liu, alors que certains autres surviennent beaucoup plus tard sur le chemin, lorsque l'on a déjà éprouvé une transformation interne significative. En résumé, il s'agit d'un ouvrage conçu pour aider les lecteurs à identifier les habitudes qui les empêchent d'atteindre la clarté et la quiétude, ainsi qu'à transformer ou à éliminer ces habitudes. Ce genre de connaissance est indispensable pour les daoistes, ainsi que pour les personnes qui empruntent d'autres chemins spirituels.

Les efforts minutieux de Johan Hausen et de Allen Tsaur pour traduire le traité de Liu Yi-Ming et le rendre accessible aux anglophones du monde entier sont louables. Puisse ce travail faire souffler un vent puissant derrière les voiles de ceux qui cherchent à découvrir leur nature originelle et à vivre leur véritable vie. Que tous les mérites générés par ceux qui mettent ces enseignements en pratique, conduisent d'innombrables êtres vers la réalisation de soi !

Mattias Daly (慈明修，全真龍門第二十代俗家弟子)

Durant la 108ème année de R.O.C., en été, Taipei

Mattias Daly travaille comme traducteur pour le Musée national du Palais et le Musée des reliques et des œuvres d'art bouddhistes du monastère Chung Tai Chan, à Taiwan. Il a notamment traduit, *The Heart Treasure of Taijiquan* de Ren Gang, qui a été publié par Purple Cloud Press. Mattias poursuit actuellement des études post graduées, centrées sur le canon daoiste au département supérieur de la littérature chinoise de l'université nationale de Taiwan. Il est titulaire d'un diplôme en acupuncture, *tuina* et moxibustion de l'université de médecine chinoise de Beijing, ainsi que d'un diplôme en sociologie de l'Université de Chicago. Son maître daoiste est l'abbesse Liu Yuan-Hui, une nonne de la 19ème génération de la lignée de la Porte du Dragon du daoisme de la Réalisation Complète. Elle est l'abbesse du Palais des Trois Purs, dans la province du Jilin, en Chine.

Oublier Les Mots

Par Michael Stanley-Baker

La transmission du savoir ésotérique a toujours été une entreprise difficile. Les connaissances du passé lointain nous parviennent par le biais de textes écrits. Or, écrire est un acte qui contraint et limite le sens, une réduction formalisée qui stabilise la connaissance dans une forme statique, afin qu'elle puisse être préservée, puis transmise. Ainsi, ce processus sacrifie les nuances, le ton, la présence, l'expression et le caractère personnel que contient la communication orale. L'écrit ne peut s'adapter à de nouveaux contextes et doit ainsi être adapté par de nouveaux lecteurs.

Ceci est d'autant plus valable pour une tradition dont le postulat premier est que la véritable connaissance du *Dao* ne peut être saisie par le langage : 'La Voie dont on peut parler, n'est pas la Voie éternelle'. La connaissance de la voie se communique autant par référence à ce qu'elle *n'est pas*, qu'à ce qu'elle est : l'espace entre les rayons de la roue, l'inutilité d'un vieil arbre. C'est également une tradition qui a proclamé une connaissance implicite et incarnée. Le *Zhuangzi* 莊子 a exprimé cette position haut et fort par son approche distincte et novatrice pour l'époque, racontant l'histoire de certains maîtres artisans et de leurs compétences incarnées. Les charpentiers et les potiers, les chasseurs d'insectes et les bouchers, n'étaient guère des modèles sociaux pour les classes de l'élite, chez qui la philosophie écrite était devenue une industrie intellectuelle florissante. Ces hommes habiles possédaient néanmoins un secret qui ne pouvait être décrit par les mots ; bien au contraire, ce secret ne pouvait être appris qu'au travers de l'expérimentation et de l'exécution de cet art. C'est par l'action que l'on surmonte la barrière du langage et que l'on rencontre la voie qui ne peut être décrite :

> Le piège à lapin existe à cause du lapin ; une fois que vous avez attrapé le lapin, vous pouvez oublier le piège. Les mots existent à cause du sens; une fois que vous avez compris le sens, vous pouvez oublier les mots. Où puis-je trouver une personne qui a oublié les mots, afin que je puisse m'entretenir avec elle ?

蹄者所以在兔，得兔而忘蹄；言者所以在意，得意而忘言。吾安得忘言之人而與之言哉？[12]

---

[12] {Zhuang Zhou 莊周, 1995 #5742@Waiwu 外物 9.26.944} Traduit par {Watson, 1996 #7420@26.140}

Dans cette salve fondamentale de la langue chinoise philosophique, l'affirmation nouvelle du *Zhuangzi* va au-delà de la méthode apophatique du *Daodejing* pour affirmer que la connaissance peut être connue en dehors du langage. Une fois que l'on connaît le sens, l'intention derrière les mots, on peut oublier les mots eux-mêmes (*de yi er wang yan* 得意而忘言). Leur véritable importance se trouve ailleurs. Comme le relatent les récits des maîtres artisans et des connaisseurs du *Dao*, ceci peut être transmis par l'instruction de la pratique.

Cette préoccupation concernant la transmission s'est institutionnalisée dès les enseignements daoistes médiévaux précoces, avec la pratique de l'instruction orale (*koujue* 口訣). Cette dernière, sous la forme d'un enseignement secret qui accompagne une écriture classique ou un talisman, fournissait des informations complémentaires, qu'il s'agisse de l'interprétation plus fine d'une écriture classique, ou d'instructions détaillées sur la façon d'effectuer une pratique et d'écrire un talisman. Les lettrés daoistes font souvent remarquer que ces instructions orales étaient hautement considérées et que sans elles, une écriture classique reste inerte, inutilisable, inapte à transmettre la vérité. Une écriture peut être recopiée, transmise, achetée, sans pour autant que l'on puisse intérioriser ou comprendre véritablement son sens ; c'est un transfert de coquille vide, dénué de toute l'expérience de vie qui a transité en elle. Il était largement admis que les écritures classiques en tant que telles, bien que précieuses et sacrées, même considérées comme simple objet saint, ne conféraient pas l'autorité de la pratique. Transmises sans instructions orales, leur pratique serait inefficace. La mise par écrit de ces instructions orales, les copier, ou tout autre transmission en dehors d'une lignée d'initiés était fortement interdite, sous peine de malédictions désastreuses de la part des dieux. Les étudiants étaient rigoureusement sélectionnés et après une longue période d'apprentissage, les écritures *et* leurs instructions orales étaient transmises lors d'une cérémonie d'initiation sacrée, au cours de laquelle celui qui les recevait faisait le vœu de préserver leur intégrité au sein de la lignée.

Tous ces signes indiquent que la transmission incorrecte des enseignements était prise très au sérieux et les spécialistes interprètent cela de diverses manières. Les historiens s'efforcent de souligner que l'omniprésence de ces interdictions et les terribles châtiments invoqués en cas de transgression, indiquent qu'en réalité une telle transmission était extrêmement courante. Certains chercheurs observent cela du point de vue financier et affirment que le fait d'empêcher la circulation de ces connaissances ésotériques permettait aux détenteurs du savoir de faire grimper le prix de l'initiation ; ils affirment qu'il existait également à l'époque des tarifs standards pour une initiation dans les différentes communautés. D'autres chercheurs à l'esprit plus anthropologique pourraient soutenir que le fait d'avoir à cœur de garder ces enseignements secrets les empêchait d'être dévalorisés et renforçait un sens d'identité communautaire. Les érudits religieux affirment que l'ésotérisme, qui consiste à garder les choses secrètes, a renforcé le sens du sacré, en mettant les pratiquants en contact avec des expériences et des connaissances qui transcendent le monde ordinaire et qui ne sont pas accessibles dans un état de hâte et de précipitation, lorsque l'on n'accorde pas aux enseignements le respect qui leur est dû. Considérer cette connaissance comme étant 'à part', le sens premier du mot sacré, équivalait à se rapprocher du divin. Les historiens de la science, quant à eux, considèrent que certaines formes de connaissances tacites ne peuvent être pleinement acquises en dehors d'un enseignement oral incarné. Il est tout simplement irréaliste de vouloir former quelqu'un à une thérapie manuelle par exemple, ou à un art martial, ou à un exercice pour cultiver le corps, sans une instruction personnelle incarnée. Mon professeur de médecine chinoise, Pao Chin-huang me répétait sans cesse, alors que je m'inclinais à nouveau dans la même direction qu'avant, 'Les livres sont les livres, la connaissance est la connaissance'. Lorsqu'il était question de la saveur des plantes médicinales pour comprendre leur efficacité, il disait 'Goute-la et tu sauras'.

Un autre élément de la transmission daoiste médiévale mérite d'être mentionné, et il n'est pas suffisamment reconnu dans les études menées sur cette période. La brillante thèse de doctorat de Chang Chao-jan souligne que la transmission du savoir daoiste médiéval comportait non pas deux éléments mais trois.[13] Une fois que les écritures classiques avaient été dûment recopiées par l'initié et que les instructions orales avaient été transmises, l'étudiant recevait alors un troisième type d'écrit, les biographies secrètes ou internes (*neizhuan* 內傳) des précédents membres de la lignée. C'est cela qui faisait de lui un véritable membre de la lignée. Cette biographie transmettait la pratique d'une manière différente des écritures et des instructions orales. Au-delà de savoir quoi ou comment, la biographie enseignait à propos de ceux qui connaissent. Comment avaient-ils appliqué ces enseignements dans leur propre vie? Quel sens cela avait-il pour eux ? Comment cela les avait-il changés et comment avaient-ils réagi aux évènements et aux imprévus de la vie dans le cadre de ces enseignements ? En jetant ce troisième éclairage sur la transmission de la connaissance, la biographie souligne que le savoir restera toujours une entreprise sociale. Elle insère celui qui a la connaissance dans la communauté, puis nous rappelle que ce que nous savons change ce que nous sommes et que ce que nous sommes change notre abord de la connaissance.

La traduction par Johan Hausen et Allen Tsaur des *49 Barrières à la Pratique du Dao* marque un nouveau développement dans cette longue tradition d'écrits daoistes. Le texte de Liu Yi Ming, datant du 18ème siècle, exprime une approche apophatique du Dao, en prenant comme référence les obstacles à la pratique daoiste, exprimant là où se trouve le Dao en indiquant où il n'est pas. Présenté comme un ensemble de réflexions pratiques, il traite des idéaux de la vie daoiste, mais dans un chinois littéraire, tel que le sont les écritures classiques, s'appuyant sur des expressions vieilles de plusieurs siècles, des références littéraires et des connaissances culturelles. Même un lecteur chinois aujourd'hui n'est pas familier avec tous ces éléments. De telles œuvres nécessitent des commentaires, des explications concernant de nombreux détails et de nombreuses tournures de phrases subtiles. Ces idées et expressions sont par nature abstraites et abordent les questions de la luxure, du désir, de la calomnie et d'autres sujets intemporels qui touchent l'humanité dans son entier.

---

[13] {Chang Chao-ran 張超然, 2007 #5147}

Les commentaires de maître Xing De, transcrits à partir de notes prises par ses étudiants au cours de classes données sur le sujet, années après années, transposent ces questions dans un contexte moderne actuel et fonctionnent comme le koujue d'autrefois. Ces chapitres sont très proches de la transmission orale : ils sont nuancés et idiomatiques ; ils s'adaptent à cette période contemporaine d'une manière intime et personnelle. L'apparition de grandes figures des traditions du monde telles que Jésus, Bouddha et Laozi, positionne le daoisme parmi les religions du monde, en dialogue avec les autres traditions et au cœur d'un circuit mondial de transmission religieuse, plus large qu'au temps de Liu Yi Ming. Nous pouvons également constater que le choix de se référer à Jésus se pose pour Xing De dans un contexte de dialogue avec les étudiants occidentaux du Dao, assis devant lui. On retrouve également des figures telles que Zhuang Zhuang, le chien du temple, à qui il faut apprendre 'à s'asseoir' par des instructions verbales simples. Ces détails nous permettent de sentir la texture de ces instants de transmission à la teinte locale et personnelle, et reflètent avec un œil nouveau l'enseignement et la continuité que les formes anciennes de transmissions daoistes cherchent à maintenir.

Les commentaires des traducteurs, présents tout au long du livre dans les notes de bas de page et dans les entrées encyclopédiques de la troisième section, sont plus que de simples aides pour aider à la restitution du chinois en anglais. Ils sont l'aboutissement d'années de synthèses de l'enseignement de maître Xing De, ainsi que de l'environnement et de la vaste communauté au sein desquels ces études prennent place. Truffés de vignettes, de photos et d'expériences personnelles, ils communiquent une grande partie de ce qu'est la pratique dans ces environnements avec ces gens, et sont empreints d'ethnologie. En cela, ils fonctionnent comme les biographies d'autrefois, faisant entrer le lecteur dans l'expérience vécue des pratiques. En tentant d'amener les lecteurs anglais dans un environnement entièrement teinté de la vie des temples de la Chine rurale, Hausen et Tsaur ont produit une nouvelle forme de transmission du Dao, imprégnée de sa tradition et de sa communauté.

Dr. Michael Stanley-Baker est un professeur adjoint d'histoire et de l'Ecole de médecine de Lee Kong Chian de l'Université technique de Nanyang à Singapour. Il est spécialisé dans la religion et la médecine chinoise ; il coédite actuellement deux volumes, *Routledge Handbook of Chinese Medicine* avec le Dr. Vivienne Lo et *Religion and Medicine in Asia: Methodological Insights and Innovations* avec le Dr. Pierce Salguero. Il est titulaire d'un diplôme clinique en médecine chinoise et est vice-président de l'Association Internationale pour l'Etude de la Médecine Asiatique Traditionnelle (IASTAM).

Préface de la Traduction Française

Par Benoit Amoyel

C'est un honneur et un grand privilège de présenter cette traduction à la communauté francophone. Je remercie Johan Hausen pour sa confiance et sa patience dans ce projet, n'étant moi-même qu'un étudiant de Li Shi Fu parmi tant d'autres, loin du monde de la recherche académique et de la traduction. Ma rencontre avec le maître et avec l'enseignement m'a naturellement guidé vers un désir de partage, et il me tenait à cœur lorsque ce livre est paru en anglais, de permettre à une autre partie du lectorat occidental de contempler un tel trésor de sagesse. Il expose brillamment une vision de vie qui m'a profondément transformé et qui je pense, a le potentiel d'impacter grandement la société d'aujourd'hui et de guider l'humain en devenir.

  Je me rappelle encore le goût de cette rencontre, lorsque pour la première fois j'ai ascensionné la montagne du Cheval Blanc, en quête de sens et guidé par une destinée aux contours incertains. C'était un matin encore hivernal, la montagne était brumeuse, le climat froid et l'ambiance mystique. C'est dans ce cadre que j'ai fait la connaissance de Li Shi Fu, haut prêtre du Temple des Cinq Immortels et gardien de ce havre de paix. Au fil des premières semaines passées avec lui, j'ai rapidement réalisé que le daoisme dont j'avais entendu parler en occident n'avait rien à voir avec la profondeur de ce qui était enseigné ici, et durant les mois qui suivirent de nombreux cours furent donnés sur des sujets variés tels que la pratique des arts martiaux, du Qi Gong, de la médecine daoiste, de la géomancie chinoise Feng Shui, de la divination par le Yi Jing, de la pratique méditative, de l'alchimie interne et autres sujets dont je n'avais que de vagues notions. Recevoir de tels enseignements dans ces conditions a été une expérience intense et libératrice, mais j'ai surtout été fasciné par la façon dont Li Shi Fu articulait avec cohérence chacune de ces disciplines autour d'une même direction : définir les contours de ce que l'on nomme *De Dao* 得道 littéralement 'atteindre le Dao'. Il nous a ainsi permis d'établir un fil directeur commun à toutes les pratiques enseignées et bien au-delà, à notre positionnement général dans la vie. Cultiver le Dao en vue de *De Dao* prend donc une dimension plus large, car il s'agit alors de mettre ses pensées, ses paroles et ses actes en alignement avec les lois du Dao, que l'on vive dans un temple ou au cœur de la société. Ainsi, les pratiques sont variées, et c'est au maître qu'il incombe la responsabilité de donner du sens à l'outil ; il se révèle presque indispensable pour cela. Dans la lignée daoiste de la Porte du Dragon, le maître est considéré comme l'un des trois trésors : le Dao, les écritures et finalement le maître. Si le trésor du Dao ne peut être atteint spontanément par l'humain, alors il peut s'appuyer sur le second trésor, celui des écritures, pour retrouver le chemin vers sa nature-intérieure. Si en étudiant les écritures, l'humain n'y trouve pas une clarté suffisante et

Préface de la Traduction Française

reste confus, alors il doit se tourner vers le troisième trésor, celui du maître, afin que ce dernier lui en expose le sens. C'est lorsque l'humain devient capable d'être l'exemple quotidien de la doctrine, qu'il peut alors être considéré comme un maître. Bien qu'il ne se présentât jamais de la sorte, il m'est apparu assez tôt en côtoyant Li Shi Fu qu'il était un de ceux-là, vivant chaque jour en démontrant les principes élevés qu'il nous enseignait. Ainsi, il est l'un des gardiens de la tradition et le représentant d'une lignée d'enseignement qui au cours des siècles, a accumulé génération après génération, la connaissance expérientielle des anciens. Au cours de chaque incarnation, ils ont étudié la vie de leurs prédécesseurs et ont mis en pratique la doctrine, pour finalement en retransmettre l'essence. Comment l'opinion d'un être qui ne se base que sur sa propre expérience, de quelques dizaines d'années tout au plus, pourrait-elle rivaliser avec l'accumulation méticuleuse plurimillénaire d'une lignée de transmission ? Existe-t-il encore des erreurs qu'ils n'ont pas déjà corrigées par le passé ? Des pièges qu'ils n'ont pas expérimentés encore et encore ? Après avoir exploré la vie et transmis pendant si longtemps, quelles leçons pourraient-ils ne pas avoir encore tirées du genre humain ?

Interpréter le savoir avec ses propres filtres n'a rien de répréhensible en soi, mais parler au nom de la tradition sans avoir humblement recherché l'enseignement éclairé d'un maître, sans l'avoir étudié et mis en pratique avec ardeur, est une manière de rompre avec la lignée et de diminuer la tradition.

Li Shi Fu possède une vision profonde et vivante de la façon dont les anciens orientaient leur chemin, sélectionnaient leurs outils, vérifiaient leur avancement, évitaient les détours. Cette vision est profonde car elle s'appuie sur cette tradition de lignage et notamment dans ce livre, sur un texte écrit par Liu Yi Ming, célèbre daoiste du 19ème siècle, appartenant à la lignée de la Porte du Dragon et auteur de nombreux ouvrages faisant office de classiques aujourd'hui. Elle est également vivante car c'est dans la transmission orale mais également dans l'exemple quotidien que Li Shi Fu expose la doctrine. *Les 49 Barrières à la Pratique du Dao* est un ouvrage qui se base sur les nombreux commentaires faits par Li Shi Fu à ses élèves au cours des années sur ce texte ancien majeur, un des piliers de son enseignement.

Traduire cette synthèse m'a permis de réfléchir longuement sur chacune des barrières qui nous empêche de retrouver notre nature-intérieure, ce que les bouddhistes appellent la nature originelle de l'esprit. Selon le niveau de conscience, certains concepts pourront presque choquer le lecteur. Mais une confrontation avec la pensée ancestrale est nécessaire si l'on veut retourner vers ce que spontanément, vie après vie, nous échouons à retrouver : la liberté intérieure constante. Ainsi, ce sont 49 points que l'aspirant au Dao doit étudier, investiguer et pratiquer s'il veut rester cohérent avec son objectif. Ils sont un phare au loin qui permet d'éviter les égarements lorsque les difficultés se feront sentir.

Comme il est dit dans les *Ecritures Liturgiques [Daoistes] du Matin* :

廣修萬劫，証吾神通。

Cultiver avec profondeur face aux dix mille calamités
Est une preuve [de la force] de mon cheminement spirituel.

Les dix mille calamités font référence aux difficultés et à la souffrance, vécues dans nos multiples renaissances au sein de la roue de la réincarnation. Naître en tant qu'humain et cultiver dans ce corps est en soi la preuve d'un cheminement spirituel antérieur fort. Le corps de l'humain est l'outil précieux qui nous permettra ultimement de sortir de ce cycle. Pour cela, il nous faut prendre les rênes de notre propre vie et se débarrasser des conditionnements imposés par notre biologie.

Ouvrir ce livre est un grand pas dans cette direction et se destine à toute personne curieuse de comprendre ce que la quête du Dao implique, selon la lignée de la Porte du Dragon et du Pur Yang. C'est également un ouvrage éclairant pour celui qui a déjà établi cette direction et qui raffine sa nature-intérieure dans la poussière du monde.

Je tiens à remercier toutes les personnes qui m'ont soutenu dans cette entreprise : à mes parents avant tout, pour m'avoir donné la vie et ce corps, pour avoir consacré du temps à la relecture de ce manuscrit, à Charles Salvaing et à Dévi Bushana-Rao pour leur participation spontanée, ainsi qu'à Kim Haight, Anne Mabro Clossen et Sandy Dabo.

Benoit Amoyel (誠羽, 全真龍門第二十四代俗家弟子)
Au cours de l'automne 2022, dans le sud de la France

Préface de la Traduction Anglaise

Par Johan Hausen

Ces paroles d'encouragement de Li Shi Fu résonnent encore dans mes oreilles :

'Tu as suffisamment de matière pour publier au moins vingt livres.'

Après plus de dix ans sous sa tutelle et cinq ans au total sur la montagne du Cheval Blanc, des carnets pleins de notes et de gribouillis, lisibles par moi seul, ont commencé à s'accumuler au point que je me suis senti la mission et l'obligation de me lancer dans ce voyage et cette tâche de rendre accessible au monde le savoir de l'un des derniers sages chinois vivants ; un savoir et une sagesse dont le monde a désespérément besoin.

 A l'origine, la préparation des *49 Barrières à la Pratique du Dao* était censée n'être qu'une tâche brève avec la sortie en douceur de ce nouveau livre dans les six mois tout au plus. J'ai donc promis avec enthousiasme à mon jeune frère daoiste Cheng Liang que ce livre serait publié dans le courant de l'hiver 2018. Après tout, le texte avait déjà été traduit des années auparavant par un étudiant senior et les commentaires accumulés pendant trois années à partir des cours de Xing De étaient déjà transposés sur ordinateur, n'attendant qu'à être assemblés en un seul document. Inutile de dire que le destin avait un autre plan en réserve pour moi. Cette vérité qui éclata rapidement révéla quel était véritablement mon souhait. Après les premiers retours sur le livre, il est devenu évident qu'il serait en grande partie incompréhensible et inutilisable pour le lecteur, ce qui allait à l'encontre de l'objectif de cette publication.

 En outre, il s'est avéré que la traduction du texte des *49 Barrières* lui-même nécessitait une révision majeure, car l'aptitude à transmettre des concepts dans une langue différente de celle d'origine est un effort continu qui s'améliore régulièrement avec le temps. La nouvelle orientation de ce projet prenant davantage d'ampleur, six personnes se mirent à y travailler en simultané : le graphiste, l'artiste, le typographe, deux traducteurs et l'éditeur. Ce que vous tenez entre vos mains est le fruit et le produit final d'un travail laborieux et acharné principalement de ces six personnes, mais également de dizaines d'autres personnes, qui m'ont non seulement apporté de précieux conseils en cours de route, mais qui ont également accepté de donner de leur propre temps gratuitement. Rien que pour l'obtention des notes relatives à ce projet sur dix ans, cinq étudiants seniors de Li Shi Fu ont été impliqués en tant que traducteurs.

 En ce qui me concerne, l'écriture de ce matériel m'a entrainé de manière inattendue vers de multiples sujets, dans un certain nombre de genres et de philosophies, allant des légendes chinoises à Confucius, en passant par Zhuang Zi, Lao

Préface de la Traduction Anglaise

Zi, le bouddhisme, le christianisme, les aventures de Sun Wu Kong et bien d'autres aspects de la culture chinoise. Ce fut un honneur immense que d'être éclairé par ces pans de la culture asiatique auxquels je n'aurais jamais été exposé autrement.

J'ai fait tout mon possible pour m'assurer que la grande majorité de la terminologie, des termes techniques et des références culturelles chinoises soient expliqués dans le livre, soit dans les notes de bas de page, soit dans le Livre III. J'ai toujours voulu que *Les 49 Barrières à la Pratique du Dao* soit un texte indépendant qui se suffise à lui-même, afin que le lecteur n'ai pas à consulter fréquemment un dictionnaire, des ouvrages de référence, ou des moteurs de recherche en ligne.

J'espère sincèrement que *Les 49 Barrières à la Pratique du Dao* entrainera le lecteur dans son propre voyage, dans des eaux inconnues, qu'il cultive la spiritualité depuis peu, ou qu'il soit un pratiquant expérimenté.

Je conclurai donc par cet avertissement du chapitre 41 du Dao De Jing, qui nous dit que lorsqu'un cultivateur avance sur la voie du Dao, il rencontre souvent des déconvenues imprévues et des points de blocage, ce qui implique que des forces supérieures sont à l'œuvre dans de tels cas :

进到若退。

Quand on s'approche du Dao,
Il semble que l'on régresse.

Beijing, le 30 Novembre 2019, Petit Froid [小寒],
Hu Tong de la Santé Eternelle [永康胡同]

Johan Hausen est un acupuncteur et un herboriste agréé en Nouvelle-Zélande, où il réside actuellement. Il est également le co-fondateur de Purple Cloud Institute/Purple Cloud Press et de Aoyao-Medicinals, toutes deux des organisations établies ayant pour mission de préserver la sagesse et la culture asiatique dans les domaines de la médecine, de la guérison et des arts martiaux. Il est, avec Jonas Akers, le traducteur de *Discours sur la Transformation de la Nature-Intérieure* de Wang Feng Yi, un livre sur la guérison des émotions qui sont à l'origine de chaque maladie.

Johan a étudié sous la guidance et la tutelle de Li Shi Fu au Temple des Cinq Immortels depuis 2008. Il y a passé plus de 5 ans au total, à la fois en tant que participant, qu'intervenant et comme étudiant sénior. Johan pratique en société et appartient à la 24ème génération de la tradition de la Porte du Dragon, sous la guidance de Li Shi Fu.

Préface de l'Illustratrice

Par Jennifer King

J'ai été introduite à l'œuvre de Liu Yi Ming sur les barrières au Temple des Cinq Immortels, lors d'un cours sur l'alchimie interne durant l'été 2018. Toute la classe s'était réunie autour de Li Shi Fu aux pieds de la tombe de Liu Li Hang, une imposante pagode blanche, entourée de forêts montagneuses verdoyantes. Il a parlé inlassablement pendant deux jours, mettant en perspective ce que sont les barrières pour le daoiste qui cultive la perfection. Le sujet était vaste, c'est le moins que l'on puisse dire. Aussi, lorsque Johan m'a proposé d'illustrer le texte, j'ai su que ce serait une occasion unique de l'approfondir. Il était question de traiter chaque barrière comme un espace d'exploration et d'en révéler une compréhension plus profonde, afin d'éclairer quelque chose en chacune d'elles qui pourrait être utile à d'autres.

  La tâche semblait parfois écrasante. Je me suis efforcée de créer un langage visuel cohérent qui réunisse les différentes qualités de chacune des 49 barrières. Comme leurs racines sont profondément ancrées dans l'alchimie interne, elles contiennent naturellement de nombreuses branches, de nombreuses nuances de signification. Pour les saisir conceptuellement, contextuellement et dans leur essence, il m'a fallu étudier non seulement la rhétorique daoiste et la langue chinoise, mais également leurs origines alchimiques. Pour cela, je me suis appuyée sur l'immense générosité et l'engagement profond de Johan et de Josh Paynter qui ont mis leur vaste connaissance dans ce domaine au service de mon travail. Je m'incline devant vous deux en signe de gratitude.

  Mon objectif a ainsi évolué vers la création pour chaque barrière d'une image à la fois englobante et énergétiquement définie. Parfois j'ai atteint ce but en cherchant du sens dans les caractères qui décrivent la barrière, car en eux se trouve une sorte de paysage métaphorique qui fait allusion à leur essence profonde. A d'autres moments, ce processus était plus proche d'une pratique méditative qui me plongeait dans un état de quiétude plus propice à l'émergence d'une forme, et invitant une approche plus intuitive et plus clairvoyante. Certaines images sont simplement apparues dans un flux d'encre spontané. L'encre est une substance des plus hypnotisante et mystérieuse. Elle se comporte comme la fumée de l'encens qui s'échappe de l'autel et comme la nature de l'eau que l'on apparente au Dao. Elle présente une expression sublime qui oscille entre les deux, ce qui en fait le support parfait pour capturer les aspects formels et informels de chaque barrière.

Préface de l'Illustratrice

L'encre noire exprime le Yin, le papier blanc fournit sa contrepartie Yang. Les images sont importantes dans les enseignements daoistes car elles offrent une autre voie vers la nature mystérieuse du Dao. J'espère sincèrement que ces illustrations enrichiront le texte de manière à y ouvrir une porte appropriée, non seulement pour l'œil et l'esprit, mais également pour le cœur.

Jennifer King 誠紫
Le Nuage Errant, 2019

Jennifer King est une artiste et illustratrice qui vit et travaille dans la région reculée de l'outback en australie-méridionale. En 2018, elle a effectué un séjour de cinq mois au Temple daoiste des Cinq Immortels dans le Hubei en Chine, où elle y a étudié les arts martiaux, l'alchimie interne, la médecine daoiste, ainsi que les pratiques liturgiques et relatives à l'autel daoiste. Elle est retournée en Chine l'année suivante pour approfondir son intérêt envers la culture visuelle du daoisme et de la tradition chinoise dans la province du Yunnan. Outre ses illustrations qui figurent dans un certain nombre d'ouvrages publiés sur le daoisme, la médecine chinoise et le Qi Gong, elle a également publié une reproduction du Neijing Tu, qu'elle a créée en partenariat avec Josh Paynter.

Introduction

Par T. H. Barrett

La traduction de textes daoistes en langues européennes a sa propre histoire. Elle débute avec les célèbres missions catholiques en Chine, lorsque certains passages du *Daode jing* commencent à être traduits en latin ou en français dans le cadre de descriptions générales de la tradition daoiste.[1] Un passage du chapitre vingt-cinq du *Daode jing* a été traduit en latin au milieu du dix-septième siècle et des passages en français ont ensuite été traduits en anglais.[2] La réaction britannique à ces extraits n'a pas toujours été positive : un critique anonyme d'un ouvrage français du dix-huitième siècle, comprenant 'de larges extraits' du *Daode Jing*, les caractérise comme 'une telle effusion de non-sens qu'elle surpasse peut-être les délires les plus extravagants jamais entendus dans les cellules de Bedlam', l'endroit à Londres réservé aux malades mentaux. Le début du trente-neuvième chapitre y est également traduit, mais le verdict est tout à fait antipathique : '*Lao-tse* a peut-être attaché certains concepts à cette pléthore de mots, mais nous ne pouvons en attacher aucun'.[3] Le caractère insulaire des anglais a également une longue histoire.

Bien évidemment, on peut également trouver des descriptions négatives du daoisme dans les écrits des pères catholiques qui allèrent en Chine. Gaspar da Cruz, OP (c. 1520-1570) écrit : 'Aucun de ces prêtres n'a de femme, mais ils vivent dans le mal et la saleté'.[4] Cette description peut simplement indiquer que l'auteur n'avait pas saisi le fait que le système daoiste est constitué à la fois d'une prêtrise d'hommes mariés et d'hommes célibataires, ce qui aurait sans doute dérangé à l'époque tout adhérent à la Contre-Réforme. Pourtant, de manière générale, l'image donnée à

---

[1] L'érudite qui a effectué les recherches les plus complètes sur le sujet est Claudia Von Collani. La plupart de ses découvertes sont rassemblées dans l'essai "The Manuscript of the *Daode jing* in the British Library", tiré du livre de Lawrence Wang-chi Wong, *Sinologists as Translators in the Seventeenth to Nineteenth Centuries* (Hong Kong: Chinese University of Hong Kong Press, 2015), pp. 39-86.

[2] Voir Von Collani, "Manuscript of the *Daodejing*", p. 42, pour le texte latin de Martino Martini (1614-1661), et remarquez qu'une traduction ultérieure du chapitre 42 mentionné à la p. 44 par Louis Le Comte (1655-1728) w serait vraisemblablement parue en anglais peu de temps après son intégration dans une publication française sur la Chine de 1697, En effet, une version anglaise de cet ouvrage est apparue l'année suivante.

[3] Ces remarques font parties d'une longue étude non-signée sur diverses publications continentales, *Monthly Review, or, Literary Journal*, Volume 58 (1778), pp. 538, 539. Pour la critique du travail vu ici, voir Von Collani, 'Manuscript of the *Daode jing*, pp. 67-8.

[4] C. R. Boxer, *South China in the Sixteenth Century* (Bangkok: Orchid Press, 2004), p. 216. La mauvaise interprétation qui semble être impliquée ici pourrait être à l'origine de la représentation plutôt étrange du clergé daoiste par David Selbourne, *The City of Light* (London: Little, Brown and Company, 1997), pp. 189-190.

Introduction

l'époque par ces observateurs consciencieux du daoisme au sein de la société chinoise, est certainement de valeur et d'une grande précision, néanmoins dans la mesure du possible.⁵ En effet, leur compréhension de la place du daoisme dans l'histoire de la Chine était très différente des faits, bien que cela n'ait rien à voir avec leur intégrité en tant que rapporteurs de ce qu'ils ont vu. Au contraire, leur construction historique des traditions religieuses de la Chine les a obligés à adopter une perspective entièrement fictive sur l'ensemble de l'héritage religieux chinois, et c'est cette perspective qui a eu une influence négative sur la recherche jusqu'à nos jours.

On peut comprendre que ces hommes, en rencontrant pour la première fois une civilisation profondément enracinée et attachée, au moins officiellement, à des idéaux éthiques des plus élevés, se référant à des textes fondateurs nommant le ciel (*tian* 天) comme la plus haute force connue, aient pu trouver irrésistible l'idée d'associer cette notion au Dieu qu'ils vénéraient eux-mêmes. On peut également comprendre pourquoi ils se sont empressés d'expliquer cette apparente révélation aux chinois, car les persuader de ce prétendu héritage jusque-là inconnu, était un grand pas en avant vers la conversion d'une part importante de la race humaine. Cela a eu pour effet immédiat de concentrer une grande partie de leurs efforts intellectuels sur des sources anciennes. En outre, certains croyaient avoir découvert les signes d'une vérité cachée et codée dans leurs écrits, qu'il fallait déchiffrer impérativement afin de retrouver les témoins perdus des rapports entre Dieu et les chinois. Tous les missionnaires n'ont pas été séduits par cette tendance connue sous le nom de 'Figurisme', mais certains des plus grands esprits de la mission ont consacré des années à cette quête. Bien que ce soient les écrits de la tradition confucéenne qui ont retenu la majeure partie de l'attention des figuristes, il fut décidé que le *Daode jing* serait également l'objet de leurs recherches.⁶

Bien que le Figurisme en tant que tel ait fini par être oublié, cette phase de la recherche occidentale sur le daoisme a laissé deux empreintes regrettables à l'étude académique ultérieure. Premièrement, dans cette grande quête de convertir la Chine en en révélant ses racines monothéistes, seuls les textes les plus anciens ont été considérés comme dignes d'intérêt. Il est également certain que les missions protestantes du dix-neuvième siècle n'approuvèrent pas automatiquement les opinions de leurs prédécesseurs catholiques, et en tant que produit d'une époque plus impérialiste, ils furent moins soucieux de trouver les qualités rédemptrices de la civilisation chinoise. Mais ils croyaient au principe 'ad fontes' des réformistes selon lequel un retour aux sources les plus anciennes est le meilleur remède aux corruptions inhérentes à la tradition en cours. De même, une telle façon de penser n'était pas du tout inconnue en Chine. Le grand érudit confucéen Zhu Xi 朱熹 (1130-1200) décrit la tradition daoiste comme étant en plein déclin, bien qu'il concède également que le confucianisme, pour

---

⁵ C'est l'argument de Ronnie Littlejohn, 'Magicians, Enchanters, and Professional Crooks: Early Modern Understandings of Daoism", dans *Encountering China: Early Modern European Responses* de Rachana Sachdev et Qingjun Li (Lewisburg, PA: Bucknell University Press, 2012), pp. 129-159.
⁶ Ceci est le thème du livre de Von Collani, "Manuscript of the *Daode jing*".

sa part, n'avait connu qu'une transmission très inégale. Pourtant, les pères catholiques ont rejeté le confucianisme ressuscité de Zhu, le considérant comme étant complètement égaré.[7] Mais la rhétorique du déclin, en plus de privilégier les œuvres anciennes par rapport à toutes les autres, a eu un autre résultat encore plus insidieux.

En effet, la seconde conséquence à l'approche de la tradition chinoise établie en Europe par le Figurisme, est qu'il devint également habituel de n'accorder absolument aucune crédibilité à tout adhérent ultérieur au daoisme. Les érudits confucéens pouvaient être consultés à l'occasion pour leur expertise linguistique, mais l'idée même de consulter un prêtre daoiste était évidemment absurde pour ceux qui croyaient que ces hommes étaient plongés dans un amalgame de superstitions, résultat de leur contamination progressive de la vérité ancienne par une prolifération incessante de cultes de moindre importance. C'est cette image globale créée par les missionnaires, plutôt que leurs observations quotidiennes, qui s'écartait des faits. On peut constater en revanche dans le monde anglophone, qu'une figure du dix-huitième siècle telle que John Wesley (1703-1791) a pu être traitée avec un respect qui perdure encore de nos jours. De la même façon, les paroles de l'hymne 'Amazing Grace' de son contemporain Isaac Watts (1674-1748), bien que n'étant pas théoriquement sur un pied d'égalité avec la Bible, font désormais partie intégrante de la vie publique américaine, de sorte que les premières lignes peuvent être répétées même par ceux qui ont de la difficulté à se rappeler d'un seul verset de la Bible. En revanche, qu'un auteur chinois tel que Liu Yiming 劉一明 (1734-1821) ait pu avoir quelque chose de valable à dire sur quel que sujet que ce soit était tout simplement impensable pour la plupart des premiers sinologues européens.

Ce n'est qu'au cours du vingtième siècle que nous voyons les prémices d'un changement d'attitude. L'ancien missionnaire Richard Wilhelm (1873-1930) se convertit en effet à la culture chinoise et prend au sérieux des éléments de celle-ci jusqu'alors ignorés par ses prédécesseurs.[8] En effet, comme les recherches récentes l'ont établi, des formes de pratiques daoistes étaient encore importantes pour les chinois urbains et bien éduqués de son époque, comme elles l'étaient du temps de la vie de Liu Yiming.[9] Sa traduction partielle d'une œuvre datant à peu près de la même époque et du même milieu que ceux de Liu Yiming, œuvre toujours importante dans les cercles chinois avec lesquels il était en contact, connue sous son titre français *Le Secret de la Fleur d'Or*, parait en Allemagne en 1929. En partie grâce à son association avec le psychanalyste pionnier C. G. Jung (1875-1961), qui a ajouté au texte principal un long commentaire, offrant ainsi sa propre interprétation à la traduction depuis le chinois de Wilhelm, cet ouvrage finit par trouver un large lectorat, surtout après que la

---

[7] Li Jingde 黎靖德, ed., *Zhuzi yulei* 朱子語類 125 (Beijing: Zhonghua shuju, 1986), p. 3005: 道教最衰, 儒教雖不甚振, 然猶有學者斑斑駁駁, 說些義理.

[8] Il existe un essai très intéressant sur Wilhelm de Michael Lackner, intitulé « Richard Wilhelm, a 'Sinicized' German Translator », aux éditions Vivianne Alleton et Michael Lackner, *De l'un au multiple : traductions du chinois vers les langues européennes* (Paris. Éditions de la maison des sciences de l'homme, 1999), pp. 86-97.

[9] Liu Xun, *Daoist Modern: Innovation, Lay Practice, and the Community of Inner Alchemy in Republican Shanghai* (Cambridge, MA: Harvard University Press, 2009).

Introduction

traduction anglaise de 1931 ait été publiée à nouveau dans une édition augmentée en 1962. Cette version a ensuite été publiée en livre de poche en 1984 et même si la lecture de ce texte est une traduction au second degré, il s'agit tout de même d'une synthèse complexe d'enseignements incorporant des éléments bouddhistes autant que daoistes, ce qui n'a sans doute pas facilité la saisie de son sens originel, mais qui a au moins permis d'établir que le *Daode jing* et d'autres ouvrages anciens n'englobaient pas la totalité de l'héritage daoiste.[10]

Cependant, parmi les chercheurs allemands, l'idée que les écrits daoistes plus tardifs méritaient de l'attention ne s'est pas éteinte, pas plus que l'idée que les dévots chinois pouvaient être utiles pour leur interprétation. Par exemple, l'érudit missionnaire Heinrich Hackmann (1864-1935) a poursuivi son travail de terrain en Chine avec une publication sur les règles monastiques de la communauté daoiste.[11] Eduard Erkes (1891-1958) révèle également dans sa traduction anglaise d'un commentaire du *Daode jing* qui remonte aux premiers Han, que grâce à des contacts chinois à Beijing, il a entrepris une certaine formation à l'assise méditative afin de l'aider à comprendre le texte qu'il traduisait, bien que cet aspect de son approche ne soit pas vraiment clair.[12] Ce n'est toutefois que dans les années 1960 que la recherche historique du pionnier français Henri Maspero (1883-1945), qui à lui seul a presque ouvert la voie à la richesse des ressources médiévales disponible dans le Canon Daoiste, a été en contact direct avec la tradition daoiste vivante de Taiwan. A la même époque, des études historiques japonaises sur le daoisme, remontant à l'implication des japonais dans la société chinoise d'avant-guerre, arrivaient également à maturité. Ensemble, ces deux courants, accompagnés par les publications de quelques autres érudits tels que Hans Steininger (1920-1990), un élève de Erkes, ainsi que par un certain nombre d'autres érudits chinois, ont créé un champ d'Etudes Daoistes Internationales de renom.[13]

Par ailleurs en République Populaire de Chine, ce n'est qu'après la Révolution Culturelle de 1966 à 1976, que l'étude de la religion est devenue partie intégrante de la vie universitaire. Dès lors, il est vite apparu que Liu Yiming n'avait pas été oublié. En 1984, deux chercheurs chinois ont publié une 'Exploration préliminaire de la pensée philosophique daoiste de Liu Yiming', s'appuyant sur un large éventail de ses écrits,

---

[10] Richard Wilhelm, traduit par Cary F. Baynes, *The Secret of the Golden Flower A Chinese Book of Life*, (London: Arkana, 1984). L'édition de 1931 a été publiée par Kegan Paul, Trench et Trübner, et l'édition de 1962 par Routledge et Kegan Paul, toutes deux également à Londres ; Arkana était une filiale de ce dernier éditeur.

[11] Heinrich Hackmann, *Die dreihundert Mönchsgebote des chinesischen Taoismus*, (Amsterdam: Koninklijke Akademie van Wetenschappen, 1931).

[12] Eduard Erkes, *Ho-shang-kung's Commentary on Lao-tse* (Ascona: Artibus Asiae, 1958), p. 7.

[13] Pour une version désormais légèrement étendue du récit de ce cheminement publiée pour la première fois en 1981, voir mes remarques sur Henri Maspero, traduites par Frank A. Kierman, Jr., dans *Taoism and Chinese Religion* (Melbourne and Basel: Quirin Press, 2014), pp. xiii-xxxi, bien que cette enquête ne s'étende pas aux publications allemandes. Hans Steininger a lui-même produit une étude sur un texte médiéval daoiste plus tardif, prétendant une grande ancienneté : *Hauch- und Körperseele und der Dämon bei Kuan Yin-tze*, Leipzig: Otto Harrassowitz, 1953.

mais surtout sur le texte qui donne son interprétation au *Livre des Changements*.[14] C'est d'ailleurs cet élément de l'œuvre de Liu qui sera le premier de ses écrits à être traduit en anglais par Thomas Cleary en 1987.[15] La traduction de Cleary a été accueillie par les critiques universitaires avec beaucoup de réserve, dans la mesure où les liens entre sa propre traduction et les éditions spécifiques de l'œuvre de Liu sur lesquelles il s'appuyait, n'était pas du tout clairs dans son livre et où aucune information complémentaire n'était fournie au-delà de la traduction elle-même. Il aurait pu inclure par exemple les compléments attendus pour une traduction académique, comme des notes de bas de page indiquant la présence dans le texte de citations d'œuvres antérieures.[16] Cependant, grâce à la recherche bibliographique pionnière de la regrettée Monica Esposito (1962-2011), érudite italienne qui a posé les bases d'une étude occidentale académique du daoisme impérial récent, il est désormais possible de voir les relations précises qui existent entre cette traduction des commentaires de Liu du *Livre des Changements* et son original en chinois. Cela a également été le cas pour quatre autres publications de Liu que Cleary a transposées en anglais au cours des cinq années qui suivirent.[17] Ses efforts ont, en tout cas, porté leurs fruits puisque le travail de Liu sur le *I Ching* est désormais considéré comme une partie intégrante de l'étude principale en langue anglaise de l'histoire de ce classique.[18]

Pour celui qui lit le chinois moderne, l'édition d'ouvrages tels que *Le Secret de la Fleur d'Or*, avec une traduction complète et des annotations, est également devenue disponible.[19] En effet, l'étude académique de tels textes, publiée en langue chinoise, est de nos jours manifestement menée selon les normes les plus élevées et les plus rigoureuses.[20] En revanche, pour un lecteur anglophone qui aurait besoin de quelque chose de plus que le type de traduction fourni par Cleary, il n'y a pas eu jusqu'à présent d'introduction pertinente à Liu Yiming. Voici une traduction qui offre justement cela. Elle s'inscrit dans la tradition et se présente sous la forme d'un commentaire complet faisant autorité. Ainsi, elle offre une lecture minutieuse en français par rapport au texte

---

[14] Ma Xu 馬序 et Sheng Guocang 盛国仓, "Liu Yiming Daojiao zhexue sixiang chutan" 刘一明道教哲学思想初探, *Shijie zongjiao yanjiu* 世界宗教研究 17 (1984), pp. 102-112.

[15] Thomas Cleary, *The Taoist I Ching*, Boston and London: Shambhala, 1986.

[16] Pour une évaluation positive du livre de Cleary, voir Edward Hacker, Steve Moore et Lorraine Patsco, *I Ching: An Annotated Bibliography* (New York and London: Routledge, 2002), pp. 22-23 ; pour des extraits de deux critiques moins enthousiastes, voir pp. 161, 280-281.

[17] Monica Esposito, *Facets of Qing Daoism* (Wil/Paris: UniversityMedia, 2014), pp. 27-29. Ce recueil, édité à titre posthume par son mari Urs App, est précédé d'une courte biographie et d'une bibliographie et d'une filmographie complète de son œuvre.

[18] Richard J. Smith, *Fathoming the Cosmos and Ordering the World: The Yijing (I-Ching, or Classic of Changes) and Its Evolution in China* (Charlottesville and London: University of Virginia Press, 2008), pp. 186-187.

[19] Par exemple, Du Cong 杜琮 et Zhang Chaozhong 張超中, *Huangting jing jinyi, Taiyi Jinhua zongzhi jinyi* 黄庭经今译, 太乙金华宗旨今译, Beijing: Zhongguo shehui kexue chubanshe, 1998.

[20] On notera en particulier à cet égard la méticuleuse édition et traduction en deux volumes par Lai Chi Tim 黎志添 d'une œuvre venant de la même tradition que le *Secret de la Fleur d'Or*, publié sous le titre *Xiuxin lianxing: Lüzu shujie wushang xuangong lingmiao zhenjing baihua zhuyi* 修心煉性：呂祖疏解無上玄功靈妙真經白話註解, (Hong Kong: Chinese University Press, 2017).

Introduction

original, ajoutant de nombreuses annotations destinées à aider quiconque vient de l'extérieur de la tradition, à comprendre les nombreux points subtils du langage et de la doctrine daoiste. Loin de suggérer que l'œuvre de Liu n'était que le simple produit d'une phase dégénérative de la tradition ancienne, elle se révèle être un trésor d'images finement travaillées, fondées sur l'expérience cumulative de plusieurs siècles de pratique.

Il reste beaucoup à faire pour explorer les phases plus récentes du daoisme et ce livre, joliment présenté, aidera je l'espère beaucoup d'autres personnes sur la voie d'une plus grande connaissance. Les longues années d'efforts du traducteur n'auront sans aucun doute pas plus grande récompense que celle-ci.

T. H. Barrett est un professeur émérite d'histoire sur l'Asie orientale de l'Ecole des Études Orientales et Africaines de Londres. Parmi ses livres, citons : *'Taoism Under the T'ang'* ; *'Li Ao: Buddhist, Taoist or Neo-Confucian?'* et, avec Peter Hobson, *'Poems of Hanshan'*.

興德
Xing De (Li Shi Fu)

Xing De (Li Shi Fu)

俗名；杜松峰，道名；兴德（别名；理丰、诚道、宗常、大家都称他理师傅）1964年出生在河南省商丘，从12岁就开始先后学习外家少林功夫，内家武当太极功夫和佛教、天主教、基督教、伊斯兰教经典，他去了中国的很多的大山寻找高人老师，拜了很多师傅所以他有很多名字。1991年起他正式成为一个道教信徒，1996年他离开家在武当山成为一个正式出家人，并在湖北省十堰市张湾区白马山找到了他自己的路，在艰苦的状况下经历了许多磨难，跟随他的师傅继续习修炼内丹、学习传统道医、道教符法、咒语等道术。自2000年起他成为五仙庙的住持，是三十代武当山龙门派和高功经忏法师。现任张湾区道协会长。师傅说；

> 不要宣传我，我就是一个要饭人，能活着就已经非常感谢上帝了，名利荣辱已经看淡了，全世界70亿人能够有缘相见的能有几个，是天大的因缘，你们能够把所教的内容学好，用好，能够帮助别人，我就很高兴了。

Le nom commun de Li Shi Fu (1964-) est Du Song Feng et son nom daoiste est Xing De ou Vertu Florissante. Ses autres noms sont Li Feng, Cheng Dao et Zong Chang, mais tout le monde l'appelle Li Shi Fu. Il est né en 1964 dans la ville de Shang Qiu, dans la province du He Nan, en Chine. A douze ans, Xing De a commencé à étudier les arts martiaux externes de Shao Lin et les arts martiaux internes de Wu Dang Tai Ji Gong Fu, ainsi que les écritures classiques du bouddhisme, du christianisme et de l'islam. Il a voyagé dans de nombreuses hautes montagnes de Chine pour y rechercher d'éminents maîtres. Il a été accepté comme disciple par plusieurs d'entre eux et a donc reçu de nombreux noms.

    En 1991, Xing De est devenu officiellement un disciple et adepte du Dao. En 1996, il a quitté son foyer pour devenir renonçant aux monts Wu Dang, puis il a fini par trouver sa propre voie sur la montagne du Cheval Blanc, ville de Shi Yan, district de Zhang Wang, province du Hu Bei, où il a expérimenté de nombreuses souffrances et épreuves dans des conditions très difficiles. Il a appris de son maître les pratiques qui permettent de cultiver l'alchimie interne et a reçu des transmissions sur la médecine daoiste et les talismans, rituels, incantations et autres arts daoistes. En 2000, il est devenu le moine du Temple des Cinq Immortels. Li Shi Fu est un haut prêtre de la 30ème génération de la lignée de la Porte du Dragon de Wu Dang, et est également un maître de cérémonie de Repentance Scripturale :

Xing De (Li Shi Fu)

Je ne veux pas me faire connaître, car je ne suis qu'un mendiant. Etant en vie, je suis déjà très reconnaissant envers les dieux. Je regarde avec indifférence le prestige, la richesse, l'honneur et la gloire. Sur les sept milliards d'habitants du monde entier, combien d'entre eux sommes-nous destinés à rencontrer ? Il doit certainement s'agir d'une relation prédestinée aussi vaste que les cieux. Si les étudiants apprennent bien le contenu transmis, l'appliquent correctement et sont capables d'aider d'autres personnes, alors je suis déjà pleinement satisfait.

—Li Shi Fu

劉一明

Liu Yi Ming

生不知来处，生的事大；死不知去处，死的事大。遍尘世之人，来固糊涂，死亦糊涂，所以轮回不息，常入恶趣，真可痛惜。

《会心内集》

On ne sait pas d'où l'on vient quand on naît et pourtant l'enjeu de la naissance est grand ; on ne sait pas où l'on va à notre mort et pourtant l'enjeu de la mort est grand. Partout, les gens du monde de la poussière arrivent assurément dans la confusion puis meurent dans la confusion. Ainsi, la roue du retour[1] n'arrête [jamais de tourner]. Il est vraiment regrettable que les gens tombent fréquemment dans des destinées fâcheuses.

Recueil Interne sur la Rencontre avec le Cœur-Esprit

Liu Yi Ming (1734-1821) était un célèbre alchimiste interne de la dynastie Qing. Il était appelé 'L'Eveil au Primordial',[2] mais également 'Le Paresseux Simple et Sans Ornements'.[3] Il était originaire de la province du Shan Xi, préfecture de Ping Yang, comté de Qu Wo,[4] dans l'actuelle province du Shan Xi, comté de Wen Xi.[5] Il était un représentant de la 11ème génération de la lignée de la Porte du Dragon.[6] Dans son *Recueil Interne sur la Rencontre avec le Cœur-Esprit*,[7] il raconte :

---

[1] La roue du retour fait référence au cycle des réincarnations ou des renaissances.
[2] En chinois, 悟元子 [wu yuan zi].
[3] En chinois, 素朴散人 [su pu san ren]. *The Encyclopedia of Taoism* traduit son nom par 'Vagabond dans la Simplicité'.
[4] En chinois, 平阳府曲沃县 [ping yang fu qu qo xian].
[5] En chinois, 闻喜县 [wen xi xian].
[6] En chinois, 龙门派 [long men pai].
[7] En chinois, 会心内集 [hui xin nei ji].

十十七岁身得重病，百药不效。次年赴甘省南安养病，愈医愈重，当年所学，百无一用，直至卧床不起。幸喜真人赐方，沉疴尽除，死里逃生，如在轮回走了一遭，可惧可怕。

Lorsque j'eu dix-sept ans [1750 après J.C.], mon corps contracta une maladie grave et les cent médecines n'avaient aucun effet [sur moi]. L'année qui suivit, j'allais dans la ville Nan An, province du Gan Su pour me remettre de ma maladie. Plus je recevais de traitements, plus la maladie s'aggravait. De tout ce que j'avais étudié au cours des années, pas même un élément sur cent ne m'était utile. [La maladie progressa] jusqu'à ce que je sois alité et [incapable] de me lever. J'ai eu la chance de rencontrer un Etre Réalisé et d'obtenir une ordonnance [de plantes], après quoi la maladie grave et persistante disparut complètement. J'avais échappé à une mort certaine. C'était comme si j'avais fait un cycle dans la roue du retour, ce qui est tout à fait effrayant et épouvantable.

A l'âge de dix-neuf ans, il voyagea longuement pour s'enquérir du Dao et à vingt-deux ans, il rencontra Kan Gu[8] à Yu Zhong,[9] aujourd'hui la province du Gan Su. Il reçut les transmissions secrètes de l'alchimie interne, et Kan Gu devint son maître. Par la suite, afin de rechercher, de vérifier et de valider les enseignements reçus, il vécut dans la capitale du pays pendant quatre ans, puis dans la province du He Nan pendant deux ans, pendant un an à Yao Du,[10] dans l'actuelle province du Shan Xi, dans la préfecture de Lin Fen[11] comté de Nan Jiu Ping Yang[12] et pendant trois ans à Xi Tai,[13] dans l'actuelle province du Gan Su, dans le comté de Jing Yuan[14] ; il se déplaça ensuite de part et d'autre pendant quatre années. Pendant ces treize années au total, il put évaluer chacune des écritures provenant des trois enseignements,[15] les étudiant en détail, sans omission. Cependant, il persistait encore certains doutes et certaines difficultés de compréhension qu'il lui fallait élucider. Au cours de la trente-septième année du règne[16] de Qian Long,[17] il se rendit à nouveau au nord du fleuve Han et rencontra le

---

[8] En chinois, 龛谷.
[9] En chinois, 榆中.
[10] En chinois, 尧都.
[11] En chinois, 山西临汾.
[12] En chinois, 南旧平阳.
[13] En chinois, 西秦.
[14] En chinois, 靖远.
[15] Les trois enseignements [san jiao 三教] fait référence au daoisme, au bouddhisme et au confucianisme.
[16] Chaque empereur divisait son règne en plusieurs ères.
[17] En chinois, 乾隆.

Vieil Homme à l'Immortalité Préservée[18] qui lui donna des indications sur les écritures. Le labyrinthe de doutes créé pendant ces treize années fut finalement éclairé et résolu. Dans la seconde moitié de sa vie, il vécut continuellement en réclusion dans la province du Gan Su, dans le comté de Yu Zhong, au mont Qi Yun[19] et au mont Xing Long,[20] afin de cultiver le Dao, d'ériger des autels, de transmettre les enseignements, d'écrire des livres et d'établir ses doctrines. Il devint influant parmi les daoistes de la lignée de la Porte du Dragon et de la Réalisation Complète, dans les régions Shan Xi,[21] Shan Xi,[22] Gan Su et Ning Xia.

Après la transformation finale et l'ascension de Liu Yi Ming en méditation au cours de l'année de fondation du règne de l'empereur Dao Guang[23] (1821 CE), son corps fut déposé dans la Pagode Divine,[24] au mont Xing Feng Tang Lian,[25] artiste et disciple de Liu Yi Ming, a écrit en plusieurs petits textes 'Eloge Inscrit sur la Pagode de mon Vénéré Maître, Liu l'Ainé'[26] afin de rendre hommage à son maître. Ce texte utilise le langage et la terminologie de la philosophie daoiste pour faire l'éloge de la vie de Liu Yi Ming, qui a pratiqué, expliqué et répandu le daoisme :

道气常存于宇宙，慈云普覆于大千。

Le Qi du Dao existe perpétuellement dans cet univers.

Son nuage de bonté et de compassion enveloppe les grands milliers.[27]

Les principales œuvres de Liu Yi Ming sont toutes contenues dans *Les Douze Catégories de Livres sur le Dao*,[28] telles que *Rompre avec les Doutes sur le Langage des Images*,[29] *Différenciations sur les Difficultés à Cultiver la Vérité*,[30] *Différenciations Supplémentaires pour Cultiver le Dao*,[31] *Registres sur l'Eveil au Dao*,[32] *Décret Originel du Voyage vers l'Ouest*,[33] *Recueil Interne de la Rencontre avec le Cœur-Esprit*,[34] *Manuscrit sur le Dépassement des Barrières*,[35]

---

[18] En chinois, 仙留丈人 [xian liu zhang ren]. Fabrizio Pregadio l'a traduit par 'Le Grand Homme qui se Repose dans l'Immortalité'.
[19] En chinois, 栖云山.
[20] En chinois, 兴隆山.
[21] En chinois, 山西.
[22] En chinois, 陕西.
[23] En chinois, 道光.
[24] En chinois, 灵塔.
[25] En chinois, 唐琏.
[26] En chinois, 恩师刘老夫子赞并塔铭 [en shi liu lao fu zi zan bing ta ming].
[27] Les grands milliers [da qian 大千] désigne l'univers illimité et kaléidoscopique.
[28] En chinois, 道书十二种 [dao shu shi er zhong].
[29] En chinois, 象言破疑 [xiang yan po yi].
[30] En chinois, 修真辨难 [xiu zhen bian nan].
[31] En chinois, 修真后辨 [xiu zhen hou bian].
[32] En chinois, 悟道录 [wu dao lu].
[33] En chinois, 西游记原旨 [xi you ji yuan zhi].
[34] En chinois, 会心内集 [hui xin nei ji].
[35] En chinois, 通关文 [tong guan wen].

Explications de la Vérité du Livre des Changements[36] a et *Explications de la Vérité du Livre des Changements de Confucius*.[37] Il a également publié un traité médical sur les troubles oculaires, intitulé *Ophtalmologie de l'Œdème de Sable*.[38]

---

[36] En chinois, 周易闡真 [zhou yi chan zhen].
[37] En chinois, 孔易闡真 [kong yi chan zhen].
[38] En chinois, 沙胀眼科 [sha zhang yan ke].

Remarques sur la traduction, l'édition et la mise en page

La traduction

Le système de romanisation Pin Yin de la République Populaire de Chine a été employé tout au long de l'ouvrage, comme c'est le standard aujourd'hui, bien que de nombreux termes soient connus du grand public grâce à des systèmes antérieurs tels que le Wade-Giles. Les lecteurs doivent noter que l'orthographe de Tao, Kungfu et Chi, par exemple, ont été respectivement transposés en Dao, Gong Fu et Qi. Les mots et noms en Pin Yin sont séparés par des espaces, car par essence, chaque caractère chinois est un pictogramme et une unité autonome. Pour cette raison, il n'y a guère de sens à les regrouper et de ce fait, Beijing devient Bei Jing, Shifu devient Shi Fu, Tiananmen devient Tian An Men.

  La langue chinoise écrite et parlée ne fait pas de distinction entre le singulier et le pluriel, le choix est donc largement laissé à l'appréciation du traducteur, le résultat étant souvent christianisé en conséquence. Les traducteurs ont donc soigneusement pris en considération le contexte culturel, folklorique et religieux, ce qui explique que 天 [tian] et 地狱 [di yu] sont traduits par cieux et mondes inférieurs au pluriel, la croyance en un seul ciel et un seul enfer étant étrangère à la pensée traditionnelle chinoise. Les daoistes croient en plusieurs cieux, qui sont au nombre de 36, répartis en trois royaumes différents. Les seules exceptions où le ciel est traduit au singulier est quand il apparaît clairement dans un contexte chrétien.

  Dans l'ensemble et dans la mesure du possible, les traducteurs ont cherché à traduire chaque mot, même lorsqu'ils faisaient référence à des concepts culturels chinois. Cela s'est avéré particulièrement ardu pour les titres, les noms des écritures, des classiques et des divinités, ainsi que pour les proverbes. Certains termes tels que Qi, traduit parfois par souffle, respiration, ou pire par énergie, n'ont pas de substitut clair en langue occidentale ; ainsi il est préférable de ne pas les traduire.

  Les traducteurs ont été extrêmement méticuleux dans leurs efforts pour éviter le piège d'une traduction basée sur leurs propres filtres ; ils ont ainsi essayé de garder la traduction aussi proche que possible du texte original. Par conséquent, ils ont fait de leur mieux pour n'insérer ou intercaler des mots que lorsque cela était jugé absolument nécessaire afin de faciliter la lecture en anglais, puis en français et de clarifier le sens.

Remarques sur la traduction, l'édition et la mise en page

Les commentaires de Li Shi Fu ont été légèrement modifiés pour transformer les discours oraux en textes lisibles. Toute interprétation ou ajout de matériel est strictement limité aux notes de bas de page.

L'édition

Le texte contient les anomalies suivantes dans le style d'édition.

La terminologie de la médecine chinoise et du daoisme dont le sens est plus large que celui de l'équivalent français a été mis en majuscule dans tout le texte en Pin Yin, tel que Dao, Qi, Gong, Tai Ji, Gong Fu, etc. Tous les autres termes possédant une majuscule contiennent un sens plus profond que ce que les traducteurs peuvent véhiculer en un seul mot. Ce sont les noms d'exercices, de méthodes et de techniques, ou bien les appellations de figures historiques et de déités. Ces termes sont souvent mais pas exclusivement, empruntés au domaine religieux.

Certains mots changent assez radicalement de sens selon le contexte et ne sont pas toujours traduits exactement de la même façon tout au long de l'ouvrage. Un de ces mots est 就 [jiu], qui est lamentablement défini dans le dictionnaire comme 'précis' ou 'exactement'. Selon le contexte, ce mot peut se traduire par 'alors', 'ainsi', 'tout de suite', 'immédiatement', voire parfois être omis lorsqu'il est employé pour souligner un point d'exclamation.

En outre, il est d'usage dans les classiques chinois de ne pas avoir de paragraphes et, traditionnellement, il n'y avait même pas de ponctuation. Des citations ont également été soigneusement sélectionnées par les traducteurs dans ces trois livres, afin de mettre l'accent sur certaines phrases et de fournir une pause au lecteur pour réfléchir sur des points exprimés. Elles ne sont pas indiquées comme des citations dans le texte chinois et n'ont pas été signalées comme telles pendant les cours de Li Shi Fu.

Dans la traduction directe des proverbes, expressions et dictons, ainsi que dans l'intégralité du 'Livre I : Le Livre des Cieux', des verbes, noms et parties de phrases ont été ajoutés entre crochets pour montrer qu'ils ne font pas partie de l'original.

Le texte d'origine du 'Livre I : Le Livre des Cieux' est entièrement restitué en chinois traditionnel [繁体], à l'exception des notes de bas de page, afin de souligner sa fonction emblématique dans ce livre et par respect pour son ancienneté et son auteur de la dynastie Qing, Liu Yi Ming [刘一明]. Tous les autres écrits chinois, qu'ils proviennent de sources modernes ou anciennes, ont été rendus en caractères chinois simplifiés. Ceci est valable pour l'ensemble de l'ouvrage.

Un seul caractère constitue une exception particulière, c'est le mot 'divin' ou 'divinité' [灵], ou *ling* dans sa romanisation, qui apparaîtra toujours sous sa forme traditionnelle 靈. La principale raison pour cela est que ce caractère est indissociable de la déité protectrice et gardienne, nommée l'Officier Divin [靈官], qui se tient à l'entrée du Temple des Cinq Immortels, comme il est d'usage dans les temples daoistes.

Deuxièmement, ce caractère symbolise l'invocation de la pluie par la récitation et la connexion d'un shaman entre les cieux et la terre, ce qui se reflète également dans le découpage de ce texte en trois livres. Enfin, il s'agit d'honorer Cheng Ling [诚靈], Lindsey Wei, sans qui la porte s'ouvrant sur l'écriture de ce livre ne se serait jamais ouverte.

Lorsque des passages, des citations et des notions sont répétées, comme c'est souvent le cas à l'oral, cela peut sembler un peu dérangeant à l'écrit, mais il ne s'agit pas d'une négligence rédactionnelle. Au contraire, ces répétitions ont été conservées afin de souligner l'importance et l'accent placé sur des notions et des points de vue spécifiques qui ont été consciencieusement réitérées par Li Shi Fu.

Etant donné que Li Shi Fu cite fréquemment la Bible, les passages du texte original y sont associés dans les notes de bas de page. Bien qu'il soit d'usage de n'utiliser qu'une seule traduction de la Bible, les traducteurs ont découvert que certaines versions plutôt que d'autres étaient parfois plus appropriées pour souligner le point de vue de Li Shi Fu. Les traductions de la Bible sont indiquées dans le texte par leurs abréviations établies, comme indiqué ci-dessous :

LSG   Louis Segond Bible
BDS   La Bible du Semeur

La mise en page

Le livre se compose au total de trois parties distinctes, représentant les trois puissances [san cai 三才], la trinité des cieux, de la terre et de l'humain.

La première partie, 'Livre I : Le Livre des Cieux' [tian shu 天书], est la version éditée et modifiée par Li Shi Fu du *Manuscrit sur le Dépassement des Barrières* de Liu Yi Ming, qu'il a ensuite transmis par écrit à ses disciples pour qu'ils la traduisent. Les modifications apportées par Li Shi Fu sont conformes au style et à la syntaxe employés dans le texte original. Sa rédaction inclut des petites omissions et des paraphrases visant à rendre le texte plus compact, ainsi que des petits ajouts destinés à rendre le texte plus compréhensible. Le matériel omis correspond à la 13ème Barrière non-essentielle de Liu Yi Ming 'La Barrière du Froid et du Chaud', dont les points fondamentaux ont été incorporés par Li Shi Fu dans la 23ème Barrière, 'La Peur des Difficultés', réduisant ainsi le nombre de barrières à 49 au lieu de 50. Il y a également une raison numérologique à ce changement. Le nombre 49 a une signification importante dans le daoisme, dont les cérémonies sacrificielles rituelles doivent traditionnellement se dérouler pendant 49 jours, soit sept fois sept, un nombre hautement Yang, ce qui dénote l'importance de la numérologie dans le daoisme. Pour la même raison, les rites funéraires ont lieu pendant 49 jours, les prières étant prononcées une fois par semaine pendant sept semaines. Le passage à 49 barrières était également un premier pas vers une version

Remarques sur la traduction, l'édition et la mise en page

plus épurée et plus courte du texte. A l'avenir, Li Shi Fu prévoit de réduire encore leur nombre pour atteindre un total de 36 barrières, fusionant les barrières dont les contenus se recoupent. Ce nombre final reflèterait les 36 cieux du daoisme. Il n'existe actuellement aucune traduction anglaise, partielle ou complète, du texte original de Liu Yi Ming *Le Manuscrit sur le Dépassement des Barrières*. Purple Cloud Press a l'intention de rendre cette traduction disponible dans un avenir proche.

Les 49 Barrières ne suivent pas de séquence particulière ; ainsi il n'est pas nécessaire de les lire dans l'ordre, car si tel était le cas, la Barrière de la Vie et de la Mort aurait certainement été placée en toute fin. Ce livre peut donc être ouvert au hasard, de la même manière que *Le Livre des Changements*, lorsque celui-ci est employé pour la divination, ce qui permet au lecteur d'être guidé vers la barrière dans laquelle il doit s'immerger.

La seconde partie, 'Livre II : Le Livre de la Terre' [di shu 地书], est un commentaire de Li Shi Fu des *49 Barrières*, qui a été transcrit à partir de cours oraux, donnés durant de nombreuses années, puis tapé à l'ordinateur, édité et assemblé en un texte cohérent.

La troisième partie, 'Livre III : Le Livre de l'Humain' [ren shu 人书], est composé d'un vaste matériel permettant d'approfondir des concepts clés et l'histoire de personnages historiques mentionnés dans les Livres I et II et que le lecteur ne connaît peut-être pas. La plupart de ces chapitres sont basés sur les discours et les cours de Li Shi Fu au Temple des Cinq Immortels, sur la montagne du Cheval Blanc, et sont clairement indiqués par un astérisque. Les autres chapitres sont issus de recherches de la part des traducteurs et les sources sont indiquées chaque fois qu'elles sont traçables. L'intention du Livre III est d'éviter au lecteur d'avoir à faire des recherches approfondies et de faire de cet ouvrage une entité autonome, avec moins de questions sans réponses.

I

Le Livre des Cieux

天書

Préface

'非正常'人的修行路
Un Chemin de Pratique pour des *Personnes Anormales*

原文是清時道教劉一明所著［修道五十關］，稍加修改。所謂非正常人，是社會大眾所以為于眾有異，世人土話叫瘋子、神經病、白痴、傻種、二百五、缺心眼、敗家子、不務正業、好吃懶做、唯唯諾諾、百無一用、等等。因為祂們的人生觀、價值觀、世界觀、宇宙觀與世人有異，祂們不去爭名奪勢，不去坑蒙拐騙，不向仕途鑽營，不學唯利是圖，不學投機取巧，雞鴨魚肉不食，傷生害命不做，美色瓊漿遠止。世人看來實是一個無能、無用之廢人。不是嗎？別人會問；祂圖什麼呢？不可思議！

Le texte original de ce manuscrit a été rédigé sous la dynastie Qing par le daoiste Liu Yi Ming sous le titre *Les 50 Barrières à la Pratique du Dao*, et a été légèrement modifié [dans cette version]. Ce que nous appelons une 'personne anormale' correspond à quelqu'un que la société et les masses considèrent comme différent d'elles-mêmes. Dans le jargon courant des gens ordinaires, on les considère comme des fous, des dérangés mentaux, des idiots, des imbéciles, des crétins,[1] pas très futés,[2] des prodigues,[3] négligeant le devoir, heureux de prendre mais paresseux quand il s'agit de travailler,[4] obséquieux,[5] complètement inutile,[6] etc.

    Cela s'explique par le fait que leur[7] vision de la vie humaine, du monde et de l'univers, ainsi que leur système de valeurs, diffèrent de ceux des gens ordinaires. Ils ne recherchent pas la notoriété et ne s'emparent pas du pouvoir pour être influents ; ils ne trichent pas, ne dupent pas, n'arnaquent pas et ne trompent pas ; ils ne se tournent pas vers une carrière officielle pour s'assurer un gain personnel ; ils n'étudient pas dans le seul but de faire du profit ; ils n'apprennent pas à saisir des opportunités en recourant à la ruse ; ils ne mangent pas de poulet, de canard ou de poisson,[8] ils ne commettent pas d'actes qui nuisent à la vie ou qui causent du tort aux êtres vivants ; ils se tiennent à l'écart des tentations charnelles de la beauté physique[9] et de la finesse de l'esprit. Les gens ordinaires les considèrent comme des bons à rien véritablement incapables, incompétents et inutiles. N'en est-il pas ainsi ?

D'autres se demandent [même] :

[Mais] après quoi ces gens peuvent-ils courir[10] ? Cela est inconcevable !

修道四十九關

Les 49 Barrières à la Pratique du Dao

所謂「關」是指阻礙通行的要塞，隘口，要求。此「關」不通，便達不到目的地。這里是指阻礙學道、明道、升華、成仙、成佛的關卡口。這些「關」，有出于先天自然的，有後天熏染社會認知方面的……都于自身的修養程度和對事物認知、理解、把握、選向，及自身的努力程度等等密切相關。

Ce que l'on nomme une 'Barrière' fait généralement référence à une forteresse obstruant une voie de passage, un col montagneux étroit ou alors un prérequis.[11] Lorsque cette 'Barrière' ne peut être franchie, alors il est impossible d'atteindre sa destination.

[Dans ce manuscrit, le mot] barrière désigne ce qui empêche quelqu'un d'étudier le Dao, d'être illuminé[12] par le Dao, de se sublimer lui-même,[13] et de devenir un immortel et un Bouddha. Certaines de ces barrières résultent de conditionnements en lien avec le ciel antérieur, tandis que d'autres aspects sont liés au ciel postérieur, [ce qui ici est une référence à] l'influence corruptrice de la perception sociétale.[14] Elles sont toutes étroitement reliées au niveau de pratique de chacun, à la perception de la matière,[15] à la compréhension et à ses certitudes,[16] aux choix concernant notre direction, à l'ampleur de nos efforts [lorsque nous cultivons], etc.[17]

---

[1] Terme familier du mandarin, *Er Bai Wu* [二百五] est une insulte désignant une personne stupide ou simple d'esprit. Cette expression fait référence à un collier de pièces de cuivre nommé *Ban Diao Zi* [半吊子/半弔子]. Dans la Chine ancienne, on regroupait des pièces de cuivre sur une cordelette par leur trous carrés au centre ; à l'origine mille d'entre elles équivalaient à un *Diao* [吊]. *Ban Diao Zi* signifie

littéralement la moitié d'un *Diao*, c'est-à-dire cinq cents pièces. Comme les modestes intellectuels chinois se faisaient appeler eux-mêmes *Ban Diao Zi* pour déprécier humblement leur expertise, ce terme n'est pas nécessairement péjoratif. En revanche, *Er Bai Wu* est la moitié d'un *Ban Diao Zi* et est donc une expression péjorative. Occasionnellement, Xing De utilisait l'appellation ironique *Er Bai Liu* [二百六] comme une expression équivalente à *Er Bai Wu*. Voir Livre III : Livre de l'Humain, Chapitre 46, *Deux Cent Cinquante* [er bai wu 二百五], pour deux autres explications sur l'origine de ce terme.

[2] En chinois, ce terme signifie littéralement 'manquer de l'œil du cœur-esprit' [que xin yan 缺心眼].

[3] On pourrait traduire 'prodigue' par excessif, irréfléchi, immodéré, dépenser etc. Dans une interprétation plus littérale, cela pourrait signifier quelqu'un qui a dilapidé la fortune familiale.

[4] Il s'agit littéralement de quelqu'un qui aime bien manger mais qui est paresseux lorsqu'il faut agir [hao chi lan zuo 好吃懒做].

[5] Obséquieux désigne une personne qui dit oui à tout.

[6] Une traduction plus proche du texte chinois serait 'sur cent [fois], pas [même] une n'est utile'.

[7] Le pronom utilisé pour 'leur' [ta men 祂们] est dans ce cas le pronom utilisé pour qualifier les dieux et les esprits, ce qui implique possiblement qu'ils cultivent à un niveau plus élevé en comparaison de celui des gens ordinaires. *Ta* [祂] contient le radical signifiant la révélation divine [shi 礻] par opposition au *Ta* [他] abituel qui contient le radical de l'humain [ren 亻].

[8] L'emploi des termes 'canard et poisson' inclut toutes les sortes de viandes, cette expression faisant référence à un groupe de produits carnés plus large. C'est ainsi une référence au végétarisme.

[9] *Mei Se* [美色] signifie littéralement la 'beauté des apparences' ou 'l'apparente beauté', mais dans ce contexte, il s'agit d'une référence aux tentations que génère l'attraction sexuelle et de la beauté séduisante.

[10] Dans le jargon, cela pourrait être exprimé comme suit 'Que diable cherchent ces hommes ?' Non seulement les autres ne savent pas ce qu'ils font, mais on se méfie également de leurs motivations, car leur comportement semble trop étrange.

[11] Les prérequis jouent un rôle essentiel dans l'enseignement de Li Shi Fu. Plus l'étudiant progresse, plus les prérequis deviennent strictes. Li Shi Fu rappelle fréquemment que plus les prérequis sont faibles, plus l'étudiant jouit d'une grande liberté et plus il peut s'égarer sur des chemins tortueux, risquant ainsi de perdre des années avant de retourner sur la voie droite. Cette notion est largement répandue dans la tradition daoiste. L'Ecole de la Porte du Dragon, fondée par le Maître Ancestral Qiu Chu Ji va encore plus loin dans cette direction en faisant respecter Les Grands Préceptes des Trois Autels [san tan da jie 三坛大戒], qui se divisent en Préceptes de la Vérité Initiale [chu zhen jie 初真戒], en Préceptes Intermédiaires de l'Extrémité [zhong ji jie 中极戒] et en Préceptes des Immortels Célestes [tian xian jie 天仙戒].

[12] *Ming* [明] contient le radical du soleil [ri 日] et de la lune [yue 月], désignés dans certaines pratiques daoistes comme 'le soleil et la lune s'unifient dans la lumière' [ri yue he ming 日月合明]. La traduction de *Ming* la plus courante et la plus largement choisie est 'comprendre' [ming bai 明白], ce qui n'exprime pas cependant son sens premier de clarté ou d'illumination. Les traducteurs ressentent que le terme 'illumination' est légèrement trop fort et n'est pas non plus l'option idéale.

[13] *Sheng Hua* [升华] est généralement traduit par 'sublimer'. Un examen plus approfondi de ces deux caractères révèle la signification de 's'élever' [sheng 升] et de 'magnificence', de 'splendeur' et de 'floraison' [hua 华]. Une autre alternative pourrait être 'élever à un niveau supérieur', fournissant une vision plus large de sa signification.

[14] L'influence de la société sur l'individu, ou socio-cognitivisme en psychologie, fait référence à la manière dont les gens interagissent en société, ainsi qu'à l'étude des conventions et des dogmes sociétaux. Dans ce cas, on pourrait le traduire par 'compréhension sociale' mais également par 'préjudice social'.

[15] *Shi Wu* [事物] fait référence aux objets ou aux affaires. Cela représente la perception que l'on a de la matière et des phénomènes.

[16] La certitude [ba wo 把握] désigne également la capacité d'une personne à saisir et à s'agripper fermement aux choses ou aux concepts, avec conviction.

[17] Lors d'une discussion récente avec le traducteur, Li Shi Fu a en outre insisté en disant :

> 有心学习的人，首先参考阅读《太上感应篇》，
> 以清理身心提高自己的振动频率为以后的修炼打好基础。
>
> Les gens qui ont l'intention d'étudier le Dao devraient d'abord lire *Le Traité de Tai Shang sur l'Action et la Réponse,* afin de purifier leur corps, leur cœur-esprit et d'élever leurs fréquences vibratoires, ce qui constituera une bonne fondation lorsqu'ils cultiveront [le Dao] et raffineront [l'Elixir] par la suite.

1ère
La Barrière du Plaisir et du Désir Sexuel

淫欲關

Le Livre I : 1ère Barrière

性，是眾生生生不息之動力，也是修道之人成仙、了道、成佛、做祖、要命第一大關口，順者凡逆者仙。人自色道中而生，從色道而死，色有動之于天者，有出之于人者，動之于天者，是歷劫根塵，發於不知不覺之中，起於無思無慮之時，有出之於人者，見色而情生，遇境而神馳。而自造諸般因果，修道之人若除盡色根，自然靈苗發生，雖遇美色，亦能當場強制，不動欲念，殊不知我不生欲，卻有生欲者在內。不能除而勉強除，不能去而勉強去，除去之法亦多，功深日久，終有除去之時，若色根拔盡，則色身堅固，法身易修，其餘關口，皆易為，出家在家想成仙佛者當如是，即使在家者，雖續人倫延續後代，若能寡淫欲，則精旺氣足，後天充實，自然祛病延年。須知人情濃厚道情微，道用人情人不知。生生不息謂大道，仙佛種子有來因。

La sexualité[1] est un élan créateur de vie incessant pour tous les êtres. C'est également la première grande barrière menaçant la vie de celui qui cultive le Dao[2] pour devenir un immortel, qui [aspire à] comprendre pleinement le Dao, à devenir un bouddha et à servir comme [l'ont fait] les Ancêtres.[3] Suivre le courant[4] [du désir, appartient] au mondain, alors qu'inverser ce courant mène vers l'immortalité.[5] Les gens naissent du Dao du désir sexuel,[6] et meurent également du Dao du désir sexuel.[7] Ce désir sexuel peut être déclenché par les cieux ou émerger de l'humain lui-même. [Dans le cas d'un désir sexuel] qui est provoqué par les cieux, [il résulte] d'une influence [exercée] depuis une éternité[8] par les objets sensoriels.[9] Il apparaît imperceptiblement de façon inconsciente, émergeant [spontanément] sans pensée et sans réflexion [préalable]. [Dans le cas où le désir sexuel] provient de l'humain lui-même, [il est une réponse] à l'observation de la forme,[10] [qui mène alors] au sentiment d'excitation. Dans de telles situations, l'esprit[11] [se met] à galoper, et c'est ainsi, à partir de soi, que causes et conséquences[12] sont créées.

Si ceux qui cultivent le Dao [sont capables] de se débarrasser complètement de la racine du désir sexuel, alors la graine de la divinité[13] apparaîtra naturellement. Bien qu'ils puissent être confrontés à la tentation charnelle face à la beauté physique,[14] ils sont également capables de contrôler fermement [leur désir], sans qu'aucune pensée sexuelle ne puisse émerger. Pour autant, rare sont ceux qui, n'ayant plus de désir sexuel, réalisent [néanmoins] que la racine du désir [est toujours présente] à l'intérieur d'eux. Pour ceux qui sont incapables d'éliminer [cette racine du désir] mais qui s'y efforcent malgré tout, il existe de nombreuses méthodes pour cela. Au fil du temps, leur Gong[15] s'approfondira et le moment viendra où le désir [finira] par être éradiqué. Si la racine du désir sexuel a été complètement éliminée, alors le corps de la forme[16] sera stable et inébranlable. Ainsi le corps de la loi[17] sera simple à cultiver et les barrières restantes seront toutes facilement dépassées.

Que l'on soit un renonçant ou que l'on pratique au cœur de la société, si l'on souhaite devenir un immortel ou un Bouddha, on devrait agir dans ce sens. Si celui qui pratique en société, qui continue à avoir des relations humaines[18] et qui engendre la génération suivante,[19] est capable d'avoir peu de désirs sexuels, alors son essence[20] prospèrera et son Qi sera ample. [Sa constitution] du ciel postérieur sera riche, pleine, régénérée, et naturellement il éliminera les maladies et allongera sa durée de vie.

Il est important de réaliser que lorsque les émotions humaines sont riches et profondes, alors notre perception du Dao s'estompe. Le Dao utilise les émotions humaines sans que l'humain lui-même en soit conscient. La vie qui engendre la vie sans interruption est ce que l'on appelle le grand Dao. C'est la cause qui permet l'arrivée de la graine de l'immortalité et de l'état de Bouddha.[21]

---

[1] *Xing* [性] est communément traduit par nature-intérieure, bien que dans ce contexte, il soit une référence directe à la sexualité.

[2] Il s'agit d'une référence au fait de cultiver ou de pratiquer. D'un côté, la sexualité crée la vie et permet à quelqu'un de naitre, fruit de l'interaction entre un père et une mère. D'un autre côté, elle empêche cette même personne d'atteindre l'immortalité, la conduisant vers une mort ordinaire en accord avec les cycles de la nature.

[3] Les ancêtres [zu 祖] représentent les ancêtres fondateurs d'une école religieuse.

[4] Suivre le courant [shun zhe 顺者] signifie succomber au désir de la chair et au désir sexuel.

[5] Alternativement, cette phrase pourrait être lue comme 'ceux qui suivent leurs désirs sexuels sont [simplement] ordinaires, alors que ceux qui les défient deviennent immortels'.

[6] Le désir sexuel *Se* [色] peut également être traduit par forme ou apparence dans un sens plus littéral. Par exemple, selon le daoisme, il existe trois royaumes célestes, dont l'un se nomme le Royaume de la Forme [se jie 色界]. Dans ce contexte pourtant, il fait clairement référence au désir sexuel.

[7] Une traduction alternative pourrait être 'chaque personne naît sur le chemin du désir sexuel mais y meurt également'.

[8] L'éternité [jie 劫] signifie littéralement les calamités. Il fait également référence au mot sanskrit *kalpa*, un terme provenant de la cosmologie hindouiste et bouddhiste, qui dépint un temps très long à l'échelle humaine.

[9] 'Les objets sensoriels' [gen chen 根尘] se traduit littéralement par la racine de la poussière, un terme bouddhiste qui désigne les six organes des sens et leurs perceptions relatives. D'innombrables vies faites d'expériences sensorielles structurent et conditionnent nos modes de réponses inhérentes aux stimulus externes. Une traduction alternative pourrait être 'Son déclenchement par les cieux est une réponse aux calamités répétées engendrées par les perceptions sensorielles'.

[10] Contempler la forme [jian se 见色] fait référence à la beauté de la silhouette de l'homme et de la femme.

[11] L'esprit [shen 神] est un vaste concept et le définir pleinement ici dépasse le cadre de ces notes de bas de page. Dans le daoisme et la médecine chinoise, l'esprit est l'un des trois trésors ; il est extrêmement précieux et important. Ainsi, une insuffisance de l'esprit est le signe et la manifestation d'un mauvais état de santé mentale, tandis que selon l'alchimie interne daoiste, la plénitude de l'esprit rendra libre le pratiquant du besoin de dormir, et l'esprit sera finalement transformé pour retourner au vide [lian shen huan xu 炼神还虚]. Pour d'autres lectures sur ce sujet voir Elisabeth Rochat de la Vallée dans son livre *Aspects of Spirit: Hun Po Jing Shen Yi Zhi in Classical Chinese Texts,* et Claude Larre et Elisabeth Rochat de la Vallée, *Essence, Spirit, Blood and Qi*.

[12] 'Causes et conséquences' [yin guo 因果] est souvent traduit par karma pour faciliter la compréhension des lecteurs occidentaux. Voir également Livre III : Livre de l'Humain, Chapitre 41, *Gain et Perte* [shi de 失得].

[13] Afin de différencier *Shen* [神] de *Ling* [靈], les traducteurs ont choisi le mot divinité comme traduction la plus appropriée. D'autres publications, comme *Encyclopedia of Daoism,* ont opté pour *Numen* et son origine latine, afin de refléter le sens de *Ling*.

[14] *Mei Se* [美色] signifie littéralement 'la beauté des apparences' ou 'l'apparente beauté' ; mais dans ce contexte, on trouve également une notion de tentation liée au charme et à la beauté du sexe opposé et de son aspect séduisant.

[15] *Gong* signifie compétence. Pour comprendre les diverses couches de compréhension de ce mot, il faut disséquer le caractère *Gong* [功]. Il comprend le radical pour 'travail' [gong 工] et pour 'force' [li 力], ce qui implique que des efforts et un labeur assidus sont nécessaires pour réaliser l'obtention finale d'une compétence. a souvent déclaré à la manière d'une équation, que le temps plus la transpiration engendrent le Gong.

[16] Le corps de la forme correspond au corps physique. *Se Shen* [色身] porte en son nom le même *Se* [色] qui est traduit dans d'autres passages par sexe ou apparence, impliquant que le corps physique est toujours étroitement relié à la sexualité et au désir sexuel. Voir également la 6ème Barrière : La Barrière de la Forme du Corps [se shen guan 色身关].

[17] Le corps de la loi [fa shen 法身] ou corps du *dharma* est un terme issu des commentaires du bouddhisme Mahayana. Il s'agit, au sens figuré, du corps collectif de sagesse formé par les enseignements du bouddha ; il s'agit également de l'état de parfaite vertu et sagesse que tous les bouddhas doivent incarner lors de leur illumination.

[18] Les relations humaines [ren lun 人伦] est un euphémisme pour relations sexuelles.

[19] La génération suivante [hou dai 后代] signifie littéralement la future génération, la descendance, c'est-à-dire perpétuer sa propre lignée familiale et prolonger sa lignée ancestrale.

[20] L'essence [jing 精] possède un sens plus profond et se divise en essence du ciel antérieur et en essence du ciel postérieur. Pour plus d'information voir : Claude Larre et Élisabeth Rochat de la Vallée, *Essence, Spirit, Blood and Qi*.

[21] Cette force motrice de la procréation est également le matériau avec lequel se construit le chemin de l'immortalité.

2ème

La Barrière des Avantages de l'Amour

恩愛關

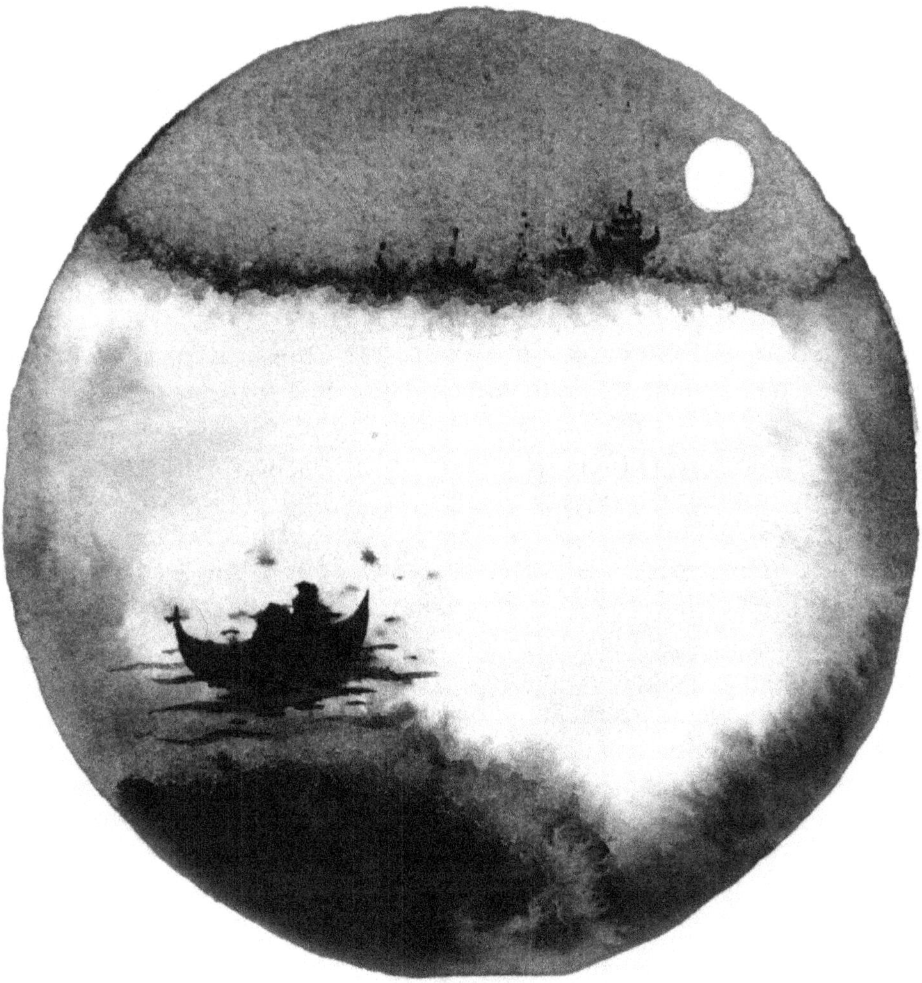

"人生雖有百年期，夭壽窮通莫預知，昨日街頭猶走馬，今朝棺內已眠屍"，此謂人生苦短，看淡世事恩愛，急修大道，方能跳出三界，把握生死。人生在世，萬般皆假，惟有性命是真，大病身危，雖有至親至愛，也替不得患難，代不得苦楚，生平恩情，到此亦無其奈何。但父子兄弟夫婦既聚會在一本戲中，為父者亦必做出為父的道理，為子、為夫、為婦、為親、為友當知各行道理，在自己本分中應當如是，但不過心中明白具是逢場作戲，大家合伙，將這一本戲順順序序作個完結，彼此便了事，既不傷天倫，又不昧本性。便是在家出家，在塵出塵，綜觀古今歷代祖師，能大成其道者，皆無牽無掛，灑灑脫脫，一心專志，勇猛精進，誓達彼岸。

'Bien que la vie humaine dure une centaine d'années, personne ne peut savoir s'il mourra jeune ou s'il aura une longue vie, ni s'il y aura échec ou réussite. Hier, on galopait encore à cheval dans les rues et voilà qu'aujourd'hui, on est un corps froid étendu dans un cercueil'.

C'est ce que l'on appelle l'amère brièveté de la vie humaine. Ce n'est qu'en regardant indifféremment[1] les affaires du monde, les privilèges, l'amour et en cultivant assidument le grand Dao que l'on peut s'échapper des trois royaumes[2] et prendre le contrôle sur la vie et la mort.

Pour l'humain né dans ce monde, les dix mille [choses][3] sont fausses et seules notre nature-intérieure et notre vie-destinée sont réelles. Lorsque notre corps [connait] une maladie grave ou de grands périls, même ceux qui ont la plus grande affection et le plus grand amour [à notre égard] ne peuvent endosser cette adversité et ces souffrances à notre place, et porter notre misère sur leurs épaules. Arrivé à ce point, de tous les privilèges et de tout l'amour [que l'on a reçu] au cours de sa vie, rien ne peut plus nous être profitable.

Père et fils, frère et sœur, mari et femme, nous sommes tous réunis dans le théâtre [de la vie] : en tant que père, il est nécessaire d'agir en accord avec les principes de la paternité et en tant que fils, mari, épouse, proche ou ami, il en est de même ; il faut connaître les principes établis pour chaque [rôle]. Tout rôle [qui nous incombe] devrait être abordé de cette manière. Toutefois, il faut comprendre clairement dans son cœur-esprit[4] qu'agir ainsi n'est rien de plus qu'interpréter [son propre rôle] dans une pièce de théâtre. Avec nos compagnons, nous suivons tous cette pièce, acte par acte,[5] jusqu'à sa conclusion, ce qui [marque] alors pour nous, la fin [de ces relations]. Ainsi, non seulement [le fait de jouer son rôle en accord avec les principes] soutient les liens familiaux,[6] mais cela n'obscurcit pas non plus la nature-intérieure originelle de chacun.[7]

Que l'on pratique en vivant au sein de la société ou que l'on soit un renonçant,[8] dans [ce monde] de poussière ou en train de le quitter,[9] on devrait avoir une connaissance globale [de la vie] de ces maîtres ancestraux de toutes les générations passées et présentes, qui ont été capables d'atteindre le grand Dao. C'est parce qu'ils étaient alors sans entraves et sans inquiétudes, libres et sans retenues, avec un cœur-esprit concentré et déterminé, qu'ils ont vaillamment et férocement progressé, ayant fait le vœu d'atteindre la rive opposée.[10]

---

[1] Littéralement 'regarder avec fadeur' [kan dan 看淡].

[2] Les trois royaumes de l'existence sont le royaume du désir sensuel [yu jie 欲界], le royaume de la forme [se jie 色界] et le royaume du sans-forme [wu se jie 无色界].

[3] 'Les dix mille choses' [wan wu 万物] est une expression chinoise qui désigne l'ensemble des manifestations et des phénomènes de ce monde, dans son intégralité et sa multiplicité.

[4] Le concept *Xin* [心] est littéralement traduit par cœur, mais fait référence à quelque chose de plus vaste que la simple compréhension occidentale de l'organe physique du cœur. En chinois, le cœur abrite l'esprit.

[5] Littéralement 'dans l'ordre' [shun shun xu xu 順順序序].

[6] On parle de relations célestes [tian lun 天伦], c'est-à-dire de relations morales éthiques entre membres d'une même famille.

[7] Cette phrase a été traduite sans la double négation originale. Littéralement, elle se lit : 'Non seulement [jouer son rôle] ne nuit pas aux relations célestes, mais cela permet également de rechercher sa nature-intérieure originale.'

[8] Un renonçant est considéré comme une personne qui a quitté sa famille [chu jia 出家] par opposition à une personne qui vit toujours dans sa famille et qui donc pratique au cours de sa vie en société, ce qui peut se traduire plus littéralement en chinois par 'une personne qui fait partie d'un foyer familial' [zai jia 在家], et ici dans ce texte par 'un pratiquant vivant en société'.

[9] Le monde de poussière [chen 尘] est le monde des passions et des illusions.

[10] 'Traverser jusqu'à la rive opposée' ou 'jusqu'à l'autre rive' est synonyme de se libérer des cycles de la naissance et de la mort.

榮貴關

3ème

La Barrière de l'Honneur et du Prestige

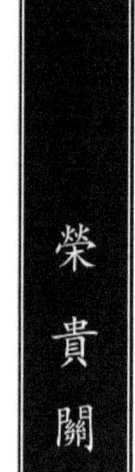

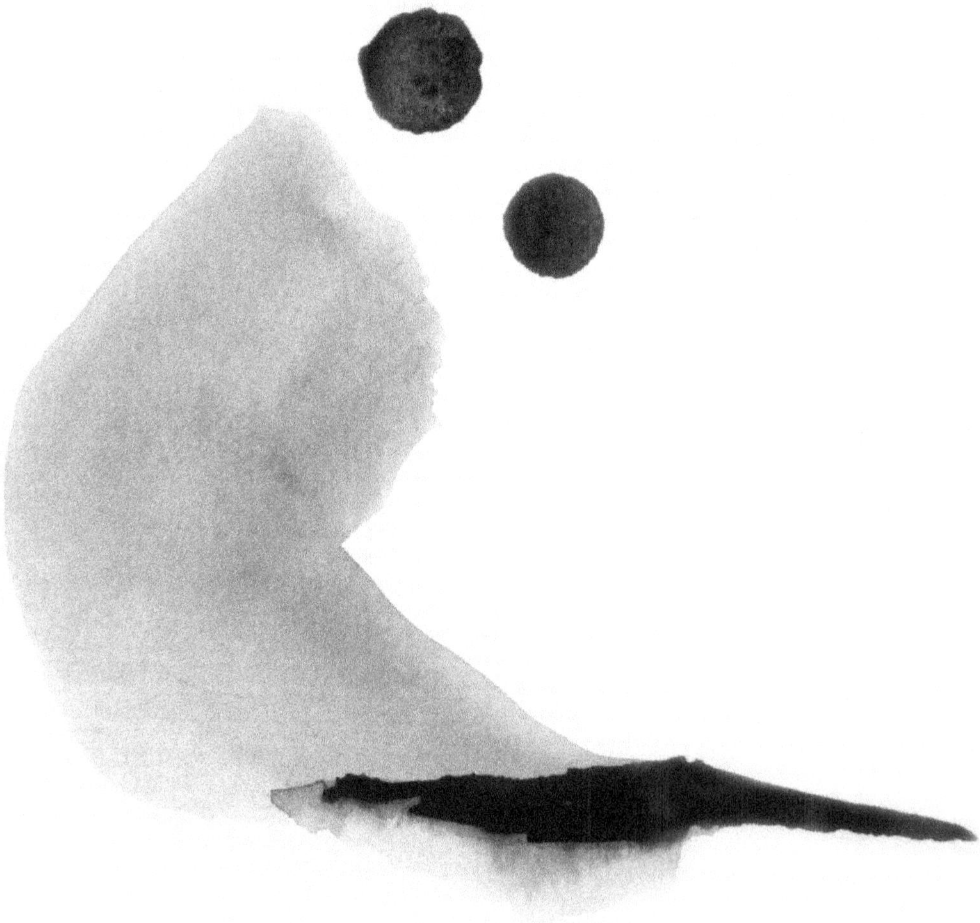

富貴,是人之所欲,榮貴,有天爵與人爵之分,天爵者,道德仁義,人爵者,功名祿位,修天爵者,飽仁義而蘊道德,斂浮華而就樸實,蓄精神而養正氣,不是教避榮貴,是要於榮貴境遇處,做出不貪榮貴的實落工夫,若處榮貴而恃榮貴,或居榮貴而貪榮貴,或出榮貴而不忘榮貴,或遇榮貴而諂媚榮貴,或見榮貴而知是榮貴,皆是不曾打通關口,出入榮貴而不為榮貴所牽,借世法而修道法,修道立德,行其道以救世,處榮貴者忘榮貴,無榮貴者莫羨榮貴,則道法可成。

La richesse et le prestige sont ce que les gens désirent. L'honneur et le prestige se divisent en rang céleste et en rang humain.[1] Le rang céleste correspond au Dao et à la vertu de la bienveillance et de la droiture.[2] Le rang humain correspond au Gong,[3] à la notoriété, au titre et à la position [sociale]. Pour cultiver le rang céleste, il faut être empli de bienveillance et de droiture, accumuler le Dao et la vertu,[4] se réfréner de faire étalage, aller vers la simplicité en restant vrai,[5] accumuler l'essence et l'esprit[6] et nourrir le Qi droit.[7]

Les enseignements ne préconisent pas pour autant d'éviter l'honneur et le prestige. Lorsqu'on les rencontre sur son chemin, on doit faire un effort honnête pour ne pas devenir avide d'un tel honneur et d'un tel prestige. Si l'on est placé dans [des circonstances] où honneur et prestige sont présents, et que l'on [en vient à] dépendre d'eux, alors il se peut que l'on [nourrisse secrètement] un désir pour cet honneur et ce prestige. Peut-être qu'honneur et prestige finiront par s'en aller, mais sera-t-on capable de les oublier pour autant ? Peut-être que l'on rencontrera honneur et prestige mais que l'on se retrouvera à ramper devant eux. Peut-être que face à eux, [on continuera] de les reconnaître comme honneur et prestige.[8] Dans toutes [ces situations], la porte de cette barrière n'a pas encore été ouverte.

Si l'on peut entrer et sortir de l'honneur et du prestige sans s'y laisser attraper, en accord avec les lois du monde,[9] alors on sera capable de cultiver le Dao et les lois du Dao,[10] d'établir la vertu et de disséminer le Dao afin de sauver le monde. Si l'on est confronté à l'honneur et au prestige et que l'on est capable de les oublier, si l'on ne reçoit ni honneur ni prestige et que pour autant on n'en est pas envieux, alors les lois du Dao peuvent être atteintes.

---

[1] C'est une référence directe au passage de *Mencius* [孟子] :

> 孟子曰:有天爵者,有人爵者。仁义忠信,乐善不倦,此天爵也;公卿大夫,此人爵也。古之人修其天爵,而人爵从之。今之人修其天爵,以要人爵;既得人爵,而弃其天爵,则惑之甚者也,终亦必亡而已矣。
> Mencius dit : Il y a [le prestige] du rang céleste et [le prestige] du rang humain. La bienveillance, la droiture, la loyauté, la foi et le plaisir inlassable [qu'il y a à être] bon, sont le prestige du rang céleste. Avoir le prestige d'une haute noblesse et être un haut dignitaire correspond au prestige humain. Les anciens cultivaient le rang céleste et alors le rang humain suivait [naturellement]. Les gens d'aujourd'hui cultivent le rang

céleste car ils convoitent le rang humain. Ayant alors obtenu le rang humain, ils rejettent le rang céleste. Leur confusion est extrême et finalement, le préjudice s'ensuit.

[2] La bienveillance [ren 仁] et la droiture [yi 义] sont des valeurs confucéennes fondamentales.
[3] Voir la 1ère Barrière, note de bas de page 15 pour une brève explication du terme *Gong* [功].
[4] 'Le Dao et la vertu' [dao de 道德] englobe également la moralité d'une personne.
[5] Rester vrai [shi 实] fait référence à l'honnêteté, la sincérité et l'authenticité.
[6] L'essence [精] et l'esprit [神] combinés signifient également la conscience.
[7] Le Qi droit [zheng qi 正气] est synonyme d'intégrité, de rectitude. C'est également un terme utilisé en médecine chinoise pour désigner le Qi de l'estomac.
[8] Si l'on est encore conscient de la notion d'honneur et de prestige, alors c'est que l'on est toujours pris dans ce concept et que l'on à leur égard un soupçon d'attachement, de désir et de tentation persistant.
[9] Les lois du monde [shi fa 世法] sont les pratiques traditionnelles, les phénomènes du monde, et dans le bouddhisme, les enseignements et les dharmas ordinaires.
[10] Les lois du Dao [dao fa 道法] sont le Dharma ou les enseignements du Dao, qui conduisent à la délivrance.

4ème
La Barrière de la Richesse et du Profit

財有世財與法財之分，世財者，金銀珠玉，法財者，功德精誠，積法財者，重功德而輕金銀，以性命為珠寶，以仁義為金玉，以惜氣養神為貨利，以存誠保真為富有，以清淨無為為家業，雖修行，身未離塵世，不能全廢世財，亦當見利思義隨其自然，受之而禳災扶危，修造宮觀，大興教門，用財得當，當積法財，而不可借神詐財，指佛吞金，肥己養私。

La richesse est divisée en richesse terrestre et en richesse du Dharma.[1] Les richesses terrestres sont l'or, l'argent, les perles et le jade, tandis que les richesses du Dharma sont le mérite,[2] la vertu et la sincérité absolue. Ceux qui accumulent la richesse du Dharma mettent l'accent sur les mérites et la vertu, attachant peu [d'importance] à l'or et à l'argent.[3] Ils considèrent la nature-intérieure et la vie-destinée d'une personne comme les [véritables] perles et joyaux ; la bienveillance et la droiture comme l'or et le jade. Ils considèrent également le fait de soigner le Qi et de nourrir l'esprit comme des commodités et du gain ; ils [voient] la préservation de la sincérité et la protection de la vérité comme la détention de la [véritable] richesse. Ils voient la clarté, la quiétude[4] et le non-agir comme leurs biens de famille.[5]

Tant que l'on cultive,[6] le corps n'a pas encore quitté le monde de la poussière,[7] et on ne peut abandonner complètement les richesses terrestres. Ainsi, il faut se conformer naturellement[8] [au dicton] 'face au profit, contempler la droiture'.[9] Il est juste de recevoir [un profit] afin de pouvoir [un jour] conjurer les [futurs] désastres par la prière,[10] d'aider ceux qui sont dans la difficulté, de construire des palais et des monastères,[11] et [d'aider] la porte de la religion[12] à s'épanouir largement ; la richesse doit être employée de façon convenable et appropriée. En plus de cela, il faut accumuler les richesses du Dharma. Il n'est pas acceptable de faire usage des esprits pour extorquer des richesses, de désigner le Bouddha pour faire de l'argent,[13] et de s'engraisser[14] tout en subvenant égoïstement à ses propres besoins.

---

[1] Le Dharma [fa 法] est également appelé la loi et représente la nature de la réalité. Ainsi, la richesse du Dharma [fa cai 法財] pourrait également se traduire par la richesse de la loi.

[2] Le mérite [gong 功] a plusieurs définitions selon le contexte. Dans la maîtrise d'un art par exemple, il désigne une compétence.

[3] On pourrait également traduire par 'accorder plus d'importance aux mérites et à la vertu qu'à l'or et à l'argent' ou bien 'accumuler la richesse de la grande loi est lourd de vertu et léger en or'.

[4] Clarté et quiétude [qing jing 清靜] sont traduits par 'pureté et quiétude' selon Livia Kohn, ou 'pureté et tranquillité' par Louis Komjathy.

[5] Les biens de famille [jia ye 家业] peuvent aussi représenter l'héritage familial ou l'entreprise familiale.

[6] Le mot cultiver ou pratiquer [xiu xing 修行] est composé de deux caractères : réparer et s'exercer ou voyager.

[7] Le mot poussière [chen shi 尘世] représente le monde séculier et ordinaire.

[8] Se conformer naturellement [sui qi zi ran 隨其自然] indique généralement que l'on ne recherche pas le profit par des moyens immoraux, sans pour autant les rejeter lorsqu'ils sont légitimement obtenus.

⁹ Une traduction alternative pourrait être 'ne pas laisser le gain nous égarer'. L'origine de ce dicton se trouve dans *Les Entretiens [de Confucius]* [lun yu 论语], dans le chapitre intitulé 'Questions sur les Statuts' [xian wen 宪问] :

> 见利思义，见危授命，久要不忘平生之言，亦可以为成人矣。
> Quand on rencontre le profit, on doit contempler la droiture ; quand on est face au péril, il faut sacrifier sa propre vie. Pour l'éternité, on ne doit pas oublier les mots [et les promesses] faites dans cette vie. Ainsi, peut-on devenir un homme accompli et parfait.

¹⁰ Avec des moyens financiers suffisants, on peut faire des offrandes sacrificielles dans les temples. De plus, on peut avoir besoin de ressources financières pour se rendre dans les lieux saints et sacrés, pour se procurer des offrandes sacrificielles et pour faire accomplir un rituel par un haut prêtre afin d'éliminer le mauvais karma.

¹¹ Techniquement, la description d'un temple ou d'un monastère communique toujours des informations sur la nature de la religion pratiquée dans ce temple. Généralement, *Si* [寺] désigne un temple bouddhiste et *Guan* [观] un temple ou un monastère daoiste. Comme ces définitions ne sont pas toujours strictement suivies, le terme *Gong Guan* [宫观] a été choisi pour définir de manière neutre les 'palais et monastères'. Un palais [gong 宫] désigne dans ce cas un large bâtiment religieux.

¹² La porte de la religion [jiao men 教门] représente également l'enseignement religieux. Dans son sens premier, ce terme fait référence à l'ordination dans la prêtrise, symbolisée par le franchissement du seuil d'entrée dans le monastère. C'est devenu l'expression dénotant un engagement total dans la réalisation du Dao.

¹³ Cette expression fait référence à une pratique non éthique qui a parfois cours dans les lieux de culte bouddhiste, où les visiteurs et les fidèles sont invités à faire des dons importants au nom de Bouddha et des statues bouddhistes pour ensuite être entièrement empochés par le personnel ou les moines cupides.

¹⁴ Alternativement, il s'agit de s'enrichir soi-même.

5ème

La Barrière de la Pauvreté et du Dénuement

窮困關

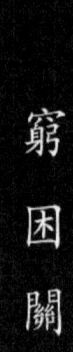

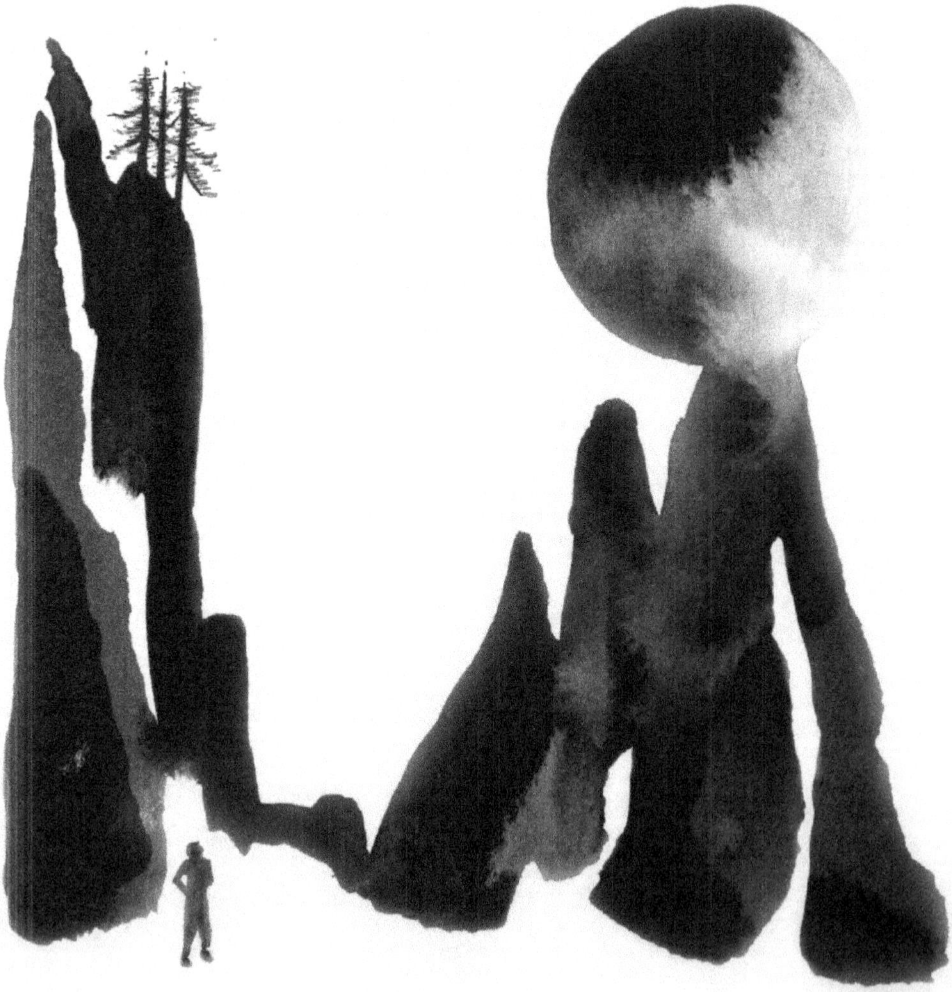

修真之道，與世法相反。須去奢華而守恬淡，處窮困而志不移。若受不得窮困，忍不得飢寒而妄生煩惱，遇艱難而起無明，恨天怨地，便是擋路高山，害道大魔，寸步難移，若想明道，難矣。

Cultiver le Dao véritable est à l'opposé et au contraire des lois du monde.[1] On doit éliminer les extravagances et préserver la tranquillité et l'indifférence.[2] On peut se retrouver dans la pauvreté et le dénuement, mais la détermination ne change pas. Si l'on n'est pas capable de supporter la pauvreté et le dénuement, d'endurer la faim et le froid, que l'on ressent impulsivement irritation et vexation,[3] alors on rencontrera des difficultés et on fera naître [en soi] l'ignorance,[4] une haine envers les cieux et du ressentiment envers la terre. Cela bloquera la voie qui mène aux hautes montagnes ; il s'agit du grand démon qui nuit au Dao.

  Il est alors difficile de faire ne serait-ce qu'un petit pas en avant.[5] Si l'on souhaite être illuminé par le Dao, alors ce [sujet] est difficile.

---

[1] Les lois du monde [shi fa 世法] sont les coutumes et les phénomènes mondains.
[2] C'est-à-dire une indifférence au gain et à la notoriété.
[3] Pour les chinois, les émotions et les sentiments sont activement créés et générés, alors que chez les anglais et chez les français, les émotions sont passivement ressenties ou perçues.
[4] Dans le bouddhisme, l'ignorance ou *avidya* en sanskrit, est la racine de tout mal et de toute souffrance.
[5] Un petit pas [cun bu 寸步] correspond littéralement à un pas long d'un pouce chinois, traditionnellement mesuré selon la largeur du pouce d'une personne, au niveau de l'articulation interphalangienne. C'est l'équivalent d'un dixième de pied chinois, un pied correspondant à [0,32 m].

6ème
La Barrière de la Forme du Corps

真道無形，真性無體，真法無相，莫執此身云是道，此身之外有真身，而常人認假為真。貪貴顯以榮此身，圖財貨以養此身，食肉酒以肥此身，華美服以飾此身，不窮性命之理，大限一到，形壞魄散，命非我有，若想回頭，難矣。

Le Dao véritable est sans forme, la nature-intérieure véritable est sans substance,[1] et la loi[2] véritable est sans apparence.[3] Ne vous accrochez pas à ce corps et ne le considérez pas comme le Dao. A l'extérieur de ce corps, il existe un corps véritable ; pour autant, les gens ordinaires prennent le faux pour le vrai.[4] Ils sont avides de rang [social] et de renommée[5] en vue de glorifier ce corps. Ils usent de stratagèmes pour obtenir des richesses et des commodités afin de nourrir ce corps. Ils mangent de la viande, [boivent] de l'alcool et engraissent ce corps. Ils [acquièrent] de splendides et beaux vêtements afin de décorer ce corps.

Si l'on ne pousse pas à l'extrême[6] les principes de la nature-intérieure et de la vie-destinée,[7] alors dès que la grande limite[8] sera atteinte, la forme s'effondrera et l'âme corporelle se dispersera.[9] La vie n'est pas en ma possession. Si [arrivé à ce point], on souhaite revenir,[10] alors cela sera difficile.

---

[1] La substance [ti 体] pourrait être remplacée par le corps ou la structure. Il est très courant en chinois de séparer un terme composé de deux caractères, en utilisant le premier dans une partie de la phrase puis le second dans une autre partie de la phrase, comme ici forme et substance [xing ti 形体].

[2] La loi [fa 法] fait référence à l'enseignement ou au dharma. C'est une expression probablement adoptée du bouddhisme.

[3] Le mot 'apparence' [xiang 相] véhicule également des notions de type formes, marques, caractéristiques et signes distinctifs.

[4] 'Prendre le faux pour le vrai' [ren jia wei zhen 认假为真] signifie ici prendre ce corps physique pour le corps véritable.

[5] La renommée [xian 显] fait référence à la fonction officielle.

[6] Pousser à 'l'extrême' [qiong 穷] peut être compris comme aller jusqu'au bout, mener à son terme ou bien jusqu'à complète réalisation.

[7] La nature-intérieure [xing 性] et la vie-destinée [ming 命] sont souvent associées l'une à l'autre. La nature-intérieure fait référence au comportement, aux attitudes, au caractère, à la disposition intérieure. Elle fait également référence à la vertu intérieure, à la pratique interne et au travail du raffinement de soi. Dans le daoisme, certains manuscrits sont dédiés à la maîtrise de la nature-intérieure [xing gong 性功], tandis que d'autres le sont à la maîtrise de la vie-destinée [ming gong 命功]. *Les 49 Barrières à la Pratique du Dao* est un parfait exemple de manuscrit traitant de la maîtrise de la nature-intérieure. Il décrit comment affiner et forger les traits de son propre caractère. Il n'explique cependant pas comment transformer son corps physique, ce qui est lien avec la maîtrise de la vie-destinée.

[8] La grande limite [da xian 大限] fait allusion à la durée de vie allouée à une personne et au moment de sa mort.

[9] L'âme corporelle [po 魄] est parfois appelée l'âme Yin ou l'âme terrestre, tandis que sa contrepartie, l'âme éthérée [hun 魂], est considérée comme l'âme Yang ou l'âme céleste. Au total, il existe trois âmes éthérées et sept âmes corporelles. Pour résumer brièvement, au moment de la mort, l'âme éthérée ascensionne et se disperse dans les cieux, pendant que l'âme corporelle plonge et descend dans la terre.

Le concept d'âme éthérée et d'âme corporelle est un élément central tant dans le daoisme que dans la médecine chinoise.

[10] Revenir [hui 回] signifie ici revenir de son lit de mort à la vie.

7ème
La Barrière du Qi de l'Arrogance

傲氣關

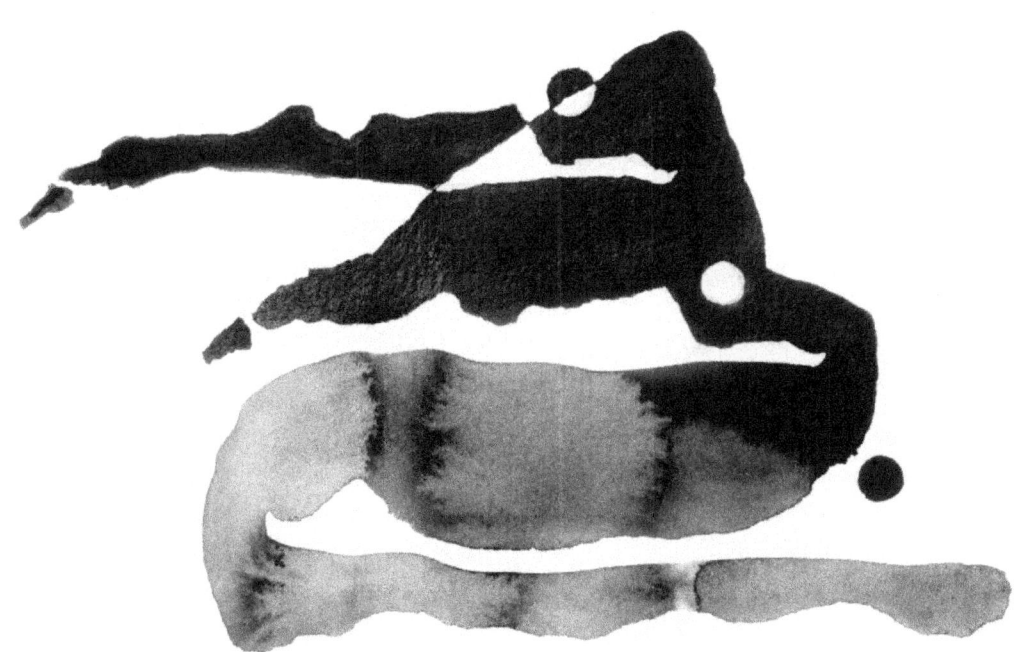

Le Livre I : 7ème Barrière

君子以謙待人，蓋學道者，先要虛心下氣，自卑自小，不滿不盈，不恥下問，尊師敬友，毫無高傲浮躁之氣，方能感遇指點，良友勸勉，修證之法，需求明師指引，良友之益，有半師之功，若是自矜自是，縱然聰明過人，學問出眾，高頭大馬不肯稽首，誰肯真心指道？蓋以惟小故能大，惟卑故能高，惟屈故能直，惟虛故能實也。

Les personnes nobles [font preuve] de modestie dans leur façon de traiter les autres.[1] Pour ceux qui étudient le Dao, il faut d'abord vider son cœur-esprit et abaisser son Qi.[2] Le soi doit être humble et petit, non pas complaisant et imbus de lui-même.[3] On ne doit pas avoir honte lorsque l'on demande [de l'aide] à une tierce personne ou à une personne en dessous de soi ; on doit vénérer ses maîtres et respecter ses amis.

Ce n'est que lorsqu'il n'y a plus la moindre trace[4] d'un Qi arrogant et tumultueux, que l'on est capable de rencontrer et de recevoir une guidance, une direction, des conseils et des encouragements [venant] d'amis bienveillants. Pour [apprendre] les méthodes permettant de cultiver puis vérifier leur véracité, il faut rechercher un maître éclairé qui nous indique [la voie] et qui nous guide. [Recevoir] les bienfaits d'un ami au grand cœur, correspond [déjà] à la moitié du Gong d'un maître. Si l'on se vante et que l'on considère avoir toujours raison, même si l'on est intelligent et que l'on a des connaissances exceptionnelles qui surpassent celles des autres, si l'on a la grosse tête, que l'on monte sur ses grands chevaux[5] et que l'on est peu disposé à faire des concessions, alors qui serait sincèrement[6] disposé à nous montrer le chemin du Dao ?

Ce n'est qu'en étant petit que l'on est capable de devenir grand.[7] Ce n'est qu'en étant humble que l'on est capable de s'élever vers les sommets. Ce n'est qu'en étant apte à fléchir que l'on est capable de devenir droit. Ce n'est qu'en étant vide que l'on devient capable d'être plein.

---

[1] Cette phrase pourrait être simplifiée par 'la personne noble traite les autres avec modestie'.
[2] Abaisser son Qi [xia qi 下气] signifie justement être modeste, ouvert d'esprit et humble. La phrase entière pourrait être traduite plus librement par 'se débarrasser de ses idées préconçues et abaisser son ton'.
[3] 'Être imbus de sa personne' fait également référence à l'allégorie de la tasse de thé qui est pleine et qui empêche d'ajouter tout contenu supplémentaire. Voir le Commentaire de la 15ème Barrière, note de bas de page 3.
[4] La moindre trace [hao 毫] correspond littéralement à la finesse d'un cheveu.
[5] Littéralement 'grosse tête et grand cheval' [gao tou da ma 高头大马]. On trouve un équivalent français : 'avoir la grosse tête et monter sur ses grands chevaux', ce que l'on peut également traduire par : prendre les gens de haut. Il peut également s'agir d'une expression décrivant simplement une personne ayant une grande autorité et un physique imposant.
[6] Littéralement avec un cœur-esprit véritable [zhen xin 真心].
[7] Cette phrase n'est pas sans rappeler le chapitre 63 du *Dao De Jing* de Lao Zi.

8ème
La Barrière de la Jalousie et de la Convoitise

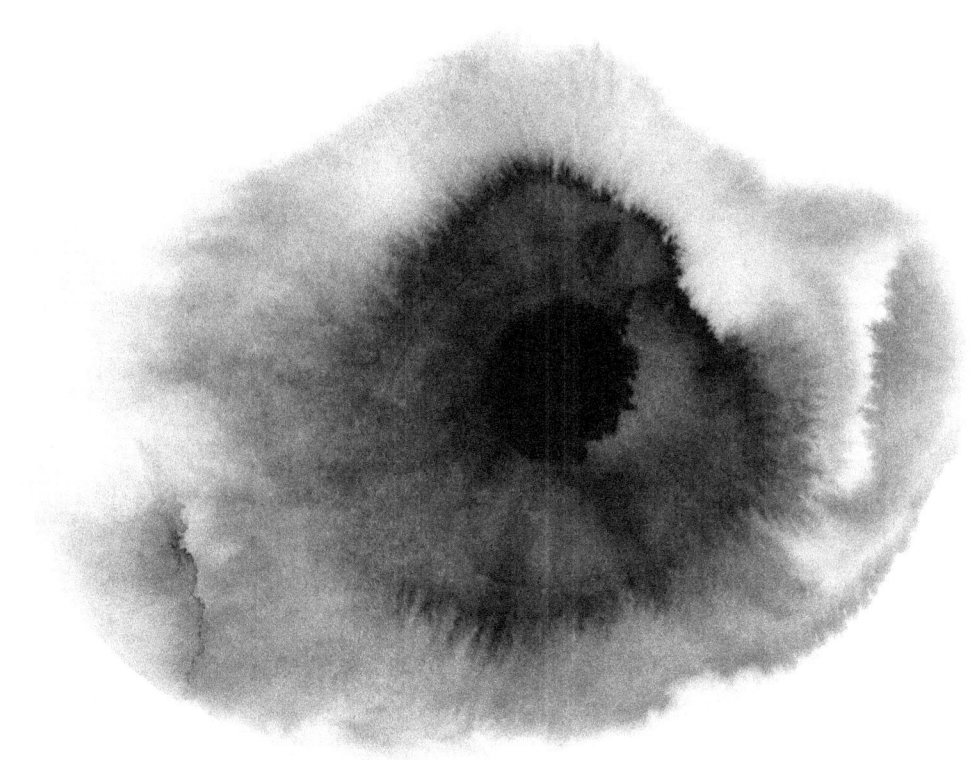

借良友之知，以益我之無知，借彼之所能，以濟我之不能，性命之友，道義之交，理宜親如手足，彼有所得，如我之得，彼有所失，如我之失，方是真心學道之士。見人所長，暗生嫉妒，不悔自己無能，反忌他人超己。要存無私利人，與人為善之慈心，尊人之長，改己之短，低頭作事，方有進益。

J'emprunte le savoir d'un bon ami pour palier à ma propre ignorance. J'emprunte la capacité d'un autre afin de m'aider là où moi-même je ne suis pas capable. Selon ces principes, les camarades [qui sont en quête] de leur nature-intérieure et de leur vie-destinée, et les amis [qui poursuivent] le Dao et la droiture,[1] devraient tous être véritablement proches.[2] Ainsi, ce que l'autre gagne est quelque chose que je gagne également ; ce que l'autre perd est quelque chose que je perds également. Ce n'est que de cette manière que l'on peut devenir un adepte,[3] étudiant le Dao avec un cœur-esprit sincère.

[En revanche], lorsque les gens voient les points forts des autres, ils éprouvent secrètement de la jalousie et de la convoitise. Ils sont sans regrets face à leurs propres manquements et sont bien au contraire jaloux lorsque d'autres les dépassent. On se doit de conserver un cœur-esprit de compassion[4] et bénéficier aux autres de façon désintéressée en accomplissant des actes charitables. On doit respecter les points forts des autres, rectifier ses propres manquements et faire preuve d'humilité lorsque l'on gère ses affaires – ainsi seulement, peut-il y avoir des progrès.

---

[1] La droiture [yi 义] peut aussi être interprétée comme la justice ou la moralité.
[2] Être véritablement proche [qin ru shou zu 亲如手足] d'un ami ou d'un camarade signifie littéralement 'être proche [de l'autre] comme de sa propre main ou de son propre pied'. En français, on peut dire 'proche comme les deux doigts de la main'.
[3] Adepte [shi 士] est un terme adopté par Louis Komjathy. Dans un sens plus élémentaire, il peut désigner un érudit, un intellectuel ou fait référence dans le cadre du Dao à un daoiste [dao shi 道士].
[4] Un cœur-esprit de compassion et de miséricorde est un cœur-esprit d'amour et de pardon. Les termes compassion et miséricorde [ci bei 慈悲] sont empruntés aux enseignements bouddhistes, où ils représentent deux des quatre qualités des demeures divines (*brahmavihara*).

Ci [慈] est *metta*, ou l'amour-bienveillant qui souhaite résolument le bien-être de tous, à l'image de l'amour inconditionnel qu'une mère porte à son nouveau-né. Le second, bei [悲], est *karuna*, ou la compassion qui s'identifie et répond à la souffrance de l'autre, lui souhaitant d'être libéré de sa condition difficile, comme par exemple le souhait ardent d'une mère pour que son enfant guérisse de sa maladie.

Il est intéressant de noter que le mot compassion en chinois, en allemand, en anglais et en français, incorporent tous la notion de souffrance. En chinois, 悲 signifie littéralement tristesse et peine. *Leiden* en allemand signifie souffrir, tandis que compassion se dit *Mit-Leidenschaft*, ce qui signifie littéralement souffrir avec quelqu'un ou partager sa peine. La compassion vient du latin, *passio* signifiant souffrir.

9ème
La Barrière de l'Irritabilité et de l'Emportement

暴躁關

Le Livre I : 9ème Barrière

脾氣燥性有害身心，必須除去，學道之士，以柔弱為先，以和平為本，以隨緣而起為應世，以饒人讓人為要著，對外來惡言惡行等等不順境遇，盡置度外，若只想人順己，不願己從人，稍有磕撞，燥性發作，怒火燒身，而元神出室，津涸氣散，內傷參寶，外敗德行，性亂命搖，暴躁之為害大矣。須做個有氣死人，無心痴漢，心似冷灰，性如凍冰。方能修道。

Un mauvais tempérament[1] et une nature-intérieure impatiente [causent] des dommages et du tort au corps ainsi qu'au cœur-esprit ; cela doit être éradiqué. Les adeptes qui étudient le Dao considèrent la douceur et la faiblesse comme leur priorité,[2] l'harmonie et la paix comme leur fondement. Par ailleurs, ils considèrent le fait de se conformer à sa propre destinée[3] et à ses manifestations [comme étant le moyen permettant de] communier avec le monde.[4] La compassion envers l'autre et le lâcher prise sont des sujets essentiels et importants. Lorsque des circonstances extérieures défavorables se présentent [à eux], tels que des propos ou des comportements malveillants, ils placent [alors ces évènements] complètement en dehors de leur champ de considération.

Si l'on souhaite que les gens ne se conforment qu'à nous, que l'on se refuse à l'idée de suivre quiconque, alors notre propre nature-intérieure impatiente éclatera et s'enflammera au moindre heurt et à la moindre mésaventure. Le feu de la rage brûlera le corps, et l'esprit originel sortira de sa chambre. Les fluides se dessécheront et le Qi se dispersera. A l'intérieur, les trois trésors[5] seront blessés, tandis qu'à l'extérieur, la conduite vertueuse aura échoué et [commencera] à se dégrader. La nature-intérieure de l'individu sera désordonnée et la vie-destinée tremblera. Le préjudice [occasionné] par les actes qui prennent racine dans l'irritabilité et l'emportement est grand. Il est donc nécessaire d'agir comme [quelqu'un qui est déjà] mort mais qui possède tout de même du Qi, comme un fou dénué de cœur-esprit,[6] avec en apparence un cœur-esprit froid comme les cendres et une nature-intérieure semblable à de la glace ; alors seulement sera-t-on capable de cultiver le Dao.

---

[1] Il est intéressant de noter que le tempérament se traduit littéralement par le Qi de la rate [pi qi 脾气].
[2] Cette phrase n'est pas sans rappeler un principe du Tai Ji [太极], l'art martial chinois pratiqué par beaucoup dans les parcs, enchaînant des séquences de mouvements lents :

> 以柔克剛以弱胜強以静制动。
> Il faut employer la douceur pour conquérir la dureté, employer la faiblesse pour triompher de la force, employer la tranquillité pour vaincre le mouvement.

[3] Se conformer à sa destinée [sui yuan 随缘] signifie agir en harmonie avec les paramètres qui conditionnent une situation.
[4] Communier avec le monde [ying shi 应世] signifie savoir comment composer harmonieusement dans les affaires sociales et avec les personnes.
[5] Les trois trésors sont l'essence [jing 精], le Qi [气] et l'esprit [shen 神].

⁶ Être dénué d'un cœur-esprit [wu xin 无心] comme l'explique Li Shi Fu, c'est ressembler à une personne qui ne réfléchit pas et qui est sans sagesse.

10ème
La Barrière des Débats et des Disputes

口舌關

口舌者，是非之根苗，關乎人之節操德行，人不知利害，以善辯為得意，或談人短己長，或謊言詭語，或前言失信，說是論非，或狂言起禍，或高談無實，或咒詛、巧語、讒佞、敗人成事，凡此種種皆是有損無益之事，口莫妄開，舌莫妄動，言者心之聲，舌者心之苗，心田不正，根本已壞，性昧命搖，休想明道。

Les débats et les disputes[1] sont la graine et la racine du vrai et du faux[2] ; ils sont reliés [à la notion] d'intégrité morale et de conduite vertueuse. Pourtant, les gens ne sont conscients ni des avantages, ni des préjudices [qui en découlent]. Si quelqu'un est doué pour débattre, alors il devient fier et complaisant. Une telle personne pourrait alors discourir sur les [points] faibles de l'autre [tout en soulignant] ses propres [points] forts. Une telle personne pourrait mentir et tricher à travers son discours, rompre les promesses faites par le passé, décider de ce qui est juste et discuter de ce qui est faux,[3] [recourir à] des discours enflammés engendrant des calamités, tenir des propos hautains sans [fondements] dans les faits et dans la matière, maudire et souhaiter du mal à quelqu'un, se livrer à des paroles trompeuses, à la calomnie et à la flatterie, ruinant ainsi la réussite des autres[4] ; tous [les comportements] de ce genre sont nuisibles et sans bénéfices :

> N'ouvrez par votre bouche de façon irréfléchie.
> Ne bougez pas votre langue de façon irréfléchie.

Les mots sont le son du cœur-esprit et la langue est le bourgeon du cœur-esprit.[5] Lorsque le cœur-esprit n'est pas droit, la racine est déjà corrompue, la nature-intérieure est obscurcie et la vie-destinée tremble. Dans ce cas, ne pensez pas pouvoir être illuminé par le Dao.

---

[1] Littéralement la bouche et la langue [kou she 口舌], ce qui est une métaphore pour les querelles, les plaidoyers, les discussions enflammées et les disputes.
[2] L'expression 'le vrai et le faux' [shi fei 是非] est une autre analogie pour les disputes et les querelles.
[3] La phrase 'décider de ce qui est juste et discuter de ce qui est faux' [shuo shi lun fei 说是论非] a été traduite littéralement ici ; alors qu'en anglais comme en français, elle peut avoir une connotation positive, en chinois elle a toujours un sens négatif. Une traduction équivalente pourrait être 'commérer et se disputer à propos de ce qui est vrai et de ce qui est faux' [shuo lun shi fei 说论是非].
[4] Réussite [cheng shi 成事] peut également être interprété par traiter ses affaires avec succès.
[5] Cette affirmation est une référence directe à la médecine chinoise. Il y est également dit :

> 心开窍于舌。
> L'orifice du cœur s'ouvre à la langue.

Par ailleurs, le canal d'acupuncture du cœur est directement relié à la langue. Il est intéressant de constater que d'autres langues ont des expressions qui expriment exactement cette même connexion, tel que le dicton allemand *das herz auf der zunge tragen* qui signifie 'porter le cœur sur sa langue'.

11ème
La Barrière de la Colère et de la Haine

瞋恨關

無論福與禍，得與失，先且驅貪瞋，瞋不除，忍不懷，墮入生死輪迴海，地之醇厚，無物不長，無物不載，泰岱至重能負，江海河溪能納，學道者能如地之厚，海之寬，便是無事仙人，神氣不傷，性情如平，大道可期。

Qu'il y ait fortune ou infortune, gain ou perte, il faut d'abord se débarrasser de l'avidité et de la colère. Tant que la colère n'a pas été éliminée et que l'esprit n'est pas devenu tolérant,[1] alors nous retombons [incessamment] dans l'océan des cycles de la vie et de la mort.[2]

Si l'on regarde les richesses et la générosité de la Terre, il n'y a pas un seul être vivant qu'elle ne fait pas croitre, et il n'y a pas un seul être vivant qu'elle ne porte ni ne soutient. Elle peut assumer le poids extrême du mont Tai[3] et accueillir les ruisseaux, les mers, les rivières et les fleuves.

Pour ceux qui étudient le Dao, s'ils sont capables d'être abondants[4] comme la Terre et larges comme les océans, alors ils seront tel un immortel, libres des affaires [du monde]. Lorsque l'esprit et le Qi sont restaurés, que la nature-intérieure et le caractère sont en harmonie, alors on peut espérer atteindre le grand Dao.

---

[1] Tolérance [ren 忍], ou *kshanti* en sanskrit, signifie également la patience et le pardon.
[2] Littéralement, cela signifie la roue du retour de la vie et de la mort [sheng si lun hui 生死轮回] en référence au *samsara*, à la transmigration et à la réincarnation.
[3] Le mont Tai [tai dai 泰岱] est l'un des 'Cinq Sommets [Sacré]' [wu yue 五岳] daoiste en Chine. Voir également le Commentaire de la 35ème Barrière, note de bas de page 3.
[4] Le mot abondance [hou 厚] fait également référence à l'épaisseur et à la bonté.

12ème
La Barrière de Soi et les Autres

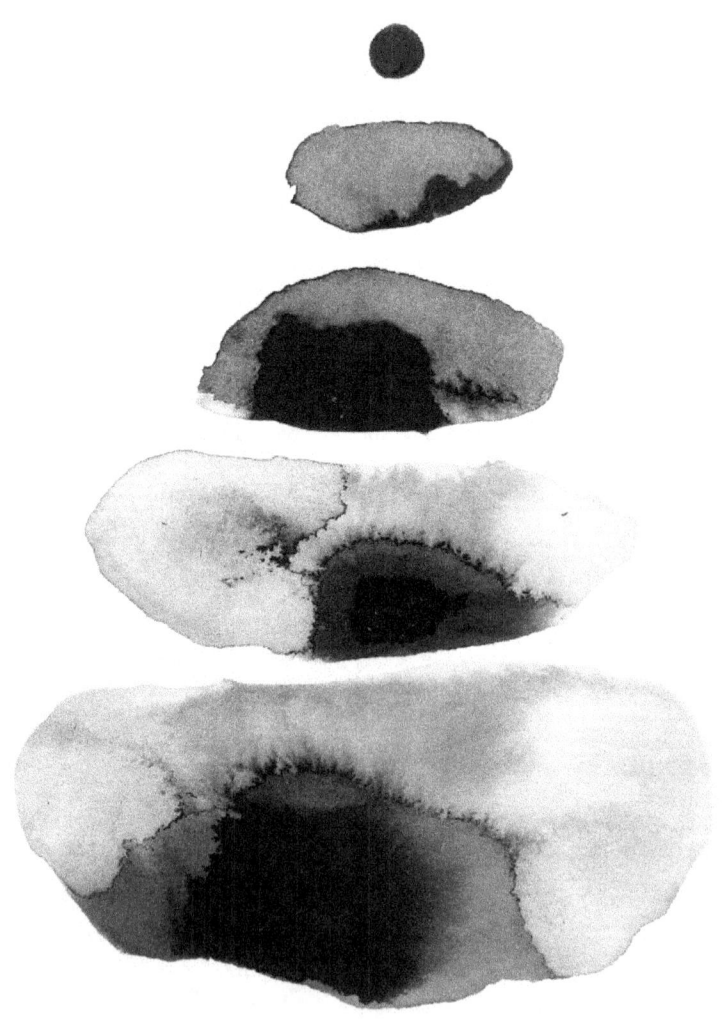

己所不願，勿施於人，修道必須無人我之見，然欲無人，先須無我，有我，則私心起。既無彼此之分，則我如人，人亦如我，守此心、此道、此法而行持之，便是聖賢胚胎，分彼此，輕乎人而重乎己，應事接物，處處爭勝，事事好強，有利處伸手，無利處縮身，殊不知參寸氣斷萬有皆空，應視萬物為一體，視天下為一家，見人有喜如我之喜，見人有憂如我之憂，見人有得若我之得，見人有失若我之失，得饒人時且饒人，宜退步處即退步，全心全意為眾生服務，方是修道人的舉止。

Ce que vous ne désirez pas[1] pour vous-même, ne le faites pas aux autres. Lorsque l'on cultive le Dao, on devrait envisager [les choses sans faire de distinction] entre soi et les autres.[2] Si l'on souhaite ne plus faire [de distinction] avec les autres, alors on doit d'abord se débarrasser du soi.[3] Tant que le soi[4] est présent, un cœur-esprit égotique[5] est présent en conséquence. En revanche, lorsque l'on ne fait plus de distinction entre soi et les autres, alors notre soi devient identique à celui des autres et les autres deviennent identiques à notre propre soi. Préserver son cœur-esprit, le Dao, les lois et les pratiquer en vue de les maintenir, tel est l'embryon de la sagesse.[6] Lorsque l'on fait la différence entre ceci et cela, alors on [finit] par prendre les autres à la légère et à placer l'emphase sur soi-même.[7] Dès lors que l'on sera confronté à un problème et que l'on gèrera des affaires, alors on rivalisera partout pour la victoire et on sera compétitif dans tous les domaines. Là où le gain sera possible, alors on fera un effort et on tendra la main ; là où le gain ne sera pas possible, on se rétractera et on abandonnera. Peu réalisent que lorsque le Qi, [même] de trois pouces chinois[8] est interrompu, les dix milles[9] possessions sont toutes vides.

On devrait voir les dix mille choses[10] comme un seul corps, une seule substance et les considérer sous le ciel comme une seule et même famille. On doit voir la joie de l'autre comme s'il s'agissait de notre propre joie, voir sa tristesse comme s'il s'agissait de notre propre tristesse, voir sa réussite comme s'il s'agissait de notre propre réussite, voir sa perte comme s'il s'agissait de notre propre perte. Quand il est temps de pardonner aux gens, alors on pardonne aux gens. Lorsque l'on se trouve à un endroit d'où on devrait se retirer, alors on se retire. Ce n'est que lorsque notre cœur-esprit et notre intention[11] sont au service de tous les êtres vivants, que l'on a alors l'attitude et le comportement de ceux qui cultivent le Dao.

---

[1] Cette phrase est légèrement modifiée par rapport à sa source originale dans *Les Annales [de Confucius]* [lun yu 论语] :

> 己所不欲勿施于人。
> Ne faites pas aux autres ce que vous ne voudriez pas qu'ils vous fassent.

[2] 'La perspective de soi et des autres' [ren wo jian 人我见] est un concept bouddhiste qui fait référence à l'origine, à la fausse croyance que tous les humains possèdent un maître intérieur, ce que les non-

bouddhistes appellent *atman*, l'âme ou le soi permanent. Ainsi, on pourrait traduire cette phrase par 'on devrait envisager les choses sans cette [fausse] croyance que tous les humains [possèdent] un soi'. Plus tard, elle a été réinterprétée comme 'l'absence de discrimination entre le soi et les autres'. Le texte semble adopter cette interprétation plus récente.

[3] 'Être sans le soi' [wu wo 无我] signifie être désintéressé, altruiste.

[4] 'Je' [wo 我] peut être interprété par le soi ou l'égo.

[5] Un cœur-esprit égotique [si xin 私心] est synonyme de motivations intéressées et d'égocentrisme.

[6] L'embryon de la sagesse [sheng xian pei tai 圣贤胚胎] est le produit de la pratique qui naît sous la forme d'une graine initiale, placée dans le champ de l'élixir inférieur, arrosée par la salive et réchauffée par notre intention et nos pensées.

[7] Prendre à la légère et placer une emphase [qing zhong 轻重] sont interchangeables avec les mots 'accorder une petite ou une grande importance à un sujet'.

[8] Un Qi de trois pouces chinois [san cun qi 叁寸气] peut être comparé à la respiration d'une personne et est une métaphore pour la vie elle-même. Il fait également référence à la distance que parcourt le Qi lors d'une expiration ou d'une inspiration. Dans *Le Pivot Divin* [ling shu 靈枢], un texte médical fondamental chinois qui forme avec *Les Questions Simples* [su wen 素问], *Le Classique Interne de l'Empereur Jaune* [huang di nei jing 黄帝内经], il est suggéré qu'un cycle complet dans le corps humain nécessite 270 respirations, chaque respiration étant composée d'une inspiration et d'une expiration.

[9] Dix milles [wan 万] englobe tout, l'univers dans son entier.

[10] Les dix mille choses [wan wu 万物] sont la myriade de manifestations et de phénomènes. C'est une expression chinoise qui désigne l'ensemble des manifestations de ce monde, dans leur intégralité et leur multiplicité.

[11] Le terme 'intention' [yi 意] est omniprésent dans les traductions de manuscrits daoistes. Il signifie dans ce contexte 'concentrer sa volonté' ou 'placer sa conscience'.

13ème
La Barrière de la Paresse et de l'Inaction

懶惰關

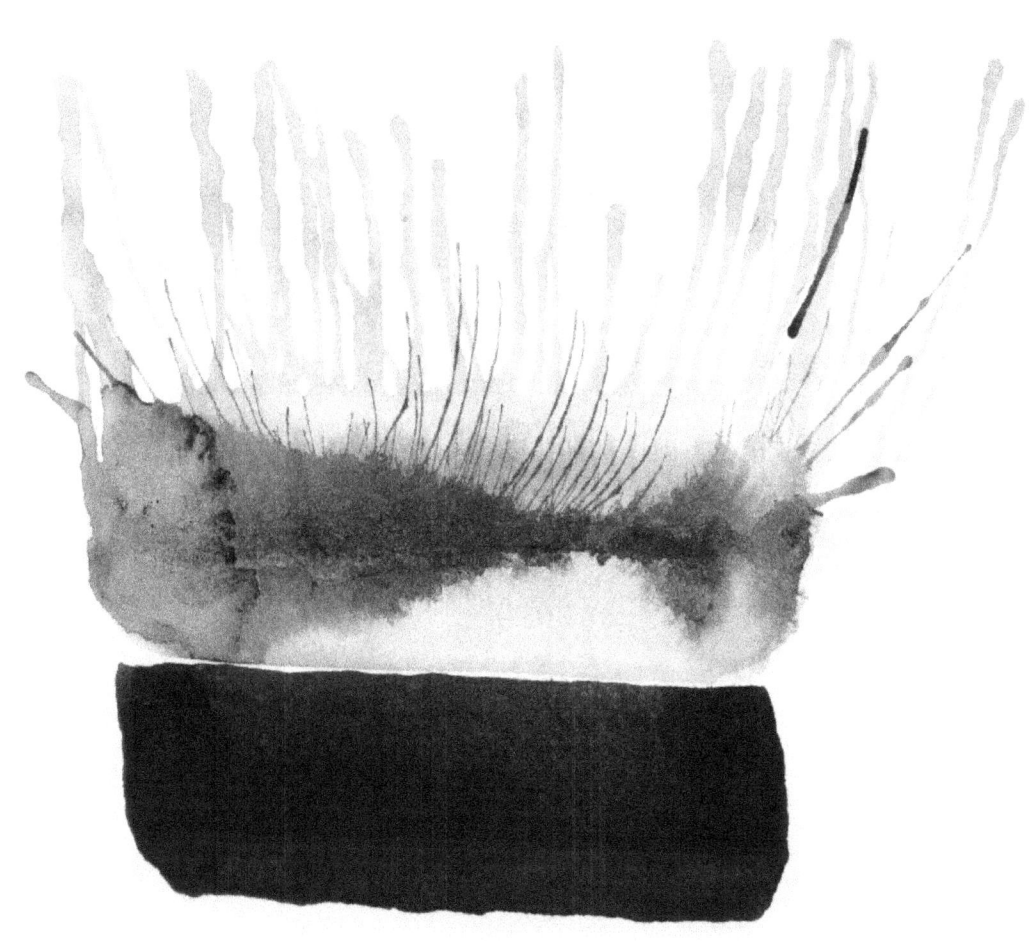

Le Livre I : 13ème Barrière

入道修持，當勇猛精進，不可懶惰偷安，如能攻苦殷勤，志念堅固，有始有終，方能進益，正理不明而日研夜究，災難困苦而志氣倍加，見有一善而即為，見有一惡而即去，時時勉力刻刻用功，若只圖安樂怕受辛苦，見出力之事而遠避，遇善行之時而退步，飽食終日，無所用心，如此行為妄想明道。

Lorsque l'on pénètre le Dao, que l'on se met à le cultiver et à le préserver, on devrait avancer férocement et vaillamment. Il ne faut pas faire preuve de paresse en recherchant un confort temporaire.[1] Ce n'est que lorsque l'on est capable de surmonter l'amertume,[2] d'être extrêmement attentif et doté de pensées déterminées fermes et constantes du début à la fin, que l'on peut alors progresser. Si l'on n'a pas été éclairé par les principes droits, mais que l'on explore la journée et que l'on étudie la nuit, alors bien que l'on rencontre désastres et épreuves, on augmentera [tout de même] considérablement le Qi de la détermination.[3] A chaque fois qu'une [opportunité] de faire le bien se présentera, on la mettra en pratique. A chaque fois que l'on verra une seule [émergence] du mal, on l'éliminera. C'est un travail intense de tous les moments et le Gong est exercé à chaque instant. Si l'on ne cherche que la paix et le bonheur tout en craignant d'avoir à endurer un travail laborieux,[4] et si à la vue d'affaires qui [nécessitent] des efforts, on se maintient à distance, que dans les situations qui [requièrent] une conduite bienveillante, on s'écarte et que l'on mange à sa faim toute la journée sans rien avoir dans quoi engager son cœur-esprit,[5] alors avec une telle conduite et un tel comportement, il est illusoire [de vouloir] être illuminé par le Dao.

---

[1] Rechercher un confort temporaire [tou an 偷安] signifie également fuir les responsabilités.
[2] Surmonter l'amertume [gong ku 攻苦] signifie littéralement 's'attaquer à l'amertume' mais également étudier avec ardeur en vue de la dépasser. L'amertume représente l'austérité, les épreuves et la rigueur de l'ascétisme.
[3] Le Qi de la détermination [zhi qi 志气] est une tournure de phrase chinoise désignant la détermination.
[4] Un dur labeur [xin ku 辛苦] signifie littéralement acre et amer, deux saveurs peu plaisantes.
[5] Engager son cœur-esprit [yong xin 用心] signifie être consciencieux et attentif.

14ème
La Barrière du Talent et de la Sagesse

才智關

Le Livre I : 14ᵉᵐᵉ Barrière

有才不使，有智不用，方能成其才，全其智，何謂才？聰明技巧是也，何謂智？謀慮變通是也，應事接物皆以才智為先，然究其實，人人俱被才智喪其生，恃才而目中無人，用智而苟圖衣食，真正慕道之士，黜聰毀智，韜光養晦，不在塵緣中出頭，不於俗事中爭勝，以誠而入，以柔而用，學道有望，否則，恃才用智，機謀詭詐，本欲向前，則反落於後。

Si l'on possède un talent, on ne devrait pas s'en servir. Si l'on a de la sagesse, on ne devrait pas l'employer. Ce n'est qu'ainsi que l'on sera [véritablement] capable d'obtenir ce talent et d'atteindre cette sagesse. Qu'appelle-t-on le 'talent' ? Il s'agit de l'intelligence et de l'habileté. Qu'appelle-t-on la 'sagesse' ? Il s'agit de [savoir] mener une réflexion attentive et flexible. Pour traiter et répondre aux affaires [du monde], tous les individus considèrent le talent et la sagesse comme étant une priorité. Pourtant, [il est clair] après avoir examiné cette réalité que tous les gens perdent leur vie [en raison] de leur talent et de leur sagesse, car ce talent leur procure [un sens] de droit,[1] et ils perdent ainsi [progressivement] leur considération pour autrui.[2] Ceux qui emploient leur sagesse avec une vision étroite, ne cherchent que des vêtements et de la nourriture.

    Les adeptes qui embrassent véritablement et sincèrement le Dao, rejettent l'intelligence et éradiquent la sagesse, dissimulent leurs capacités, attendent [patiemment] leur heure,[3] et limitent leur implication dans la destinée poussiéreuse.[4] Dans les affaires du monde, ils ne rivalisent pas pour la victoire et au contraire se plongent [dans le Dao] avec sincérité et s'y emploient avec douceur. Ainsi, ils peuvent espérer étudier le Dao. Si l'on se sent supérieur en raison de son talent et de l'emploi de sa sagesse, si l'on fait usage de stratagèmes et de plans rusés et perfides, alors au lieu d'avancer comme on le souhaitait initialement, on se verra au contraire reculer.

---

[1] Shi [恃] est souvent défini par 'se reposer sur' en anglais. Cependant, cela ne reflète pas véritablement le sens de ce contexte, car il y a une connotation négative, comme le fait de s'appuyer sur la renommée, la richesse, le talent, le pouvoir, l'influence et même la propriété de la terre, ou tout ce qui peut donner du pouvoir à une personne. Cela entraine généralement une attitude négative et donne naissance à un sentiment de revendication, de prétention à, de droit. Cette dernière expression est celle retenue ici pour dépeindre cette notion d'arrogance.

[2] Littéralement 'sans regarder les gens dans les yeux' [mu zhong wu ren 目中无人], ce qui signifie considérer tout le monde comme inférieur à soi ou être si arrogant que personne d'autre que soi ne compte.

[3] Dissimuler ses capacités et attendre son heure [tao guang yang hui 韜光養晦] signifie littéralement cacher sa lumière et se renforcer dans l'obscurité.

[4] La destinée poussiéreuse [chen yuan 尘缘] fait référence aux liens qui sont entretenus dans le monde incarné.

15ème
La Barrière de l'Entêtement et de l'Obstination

任性關

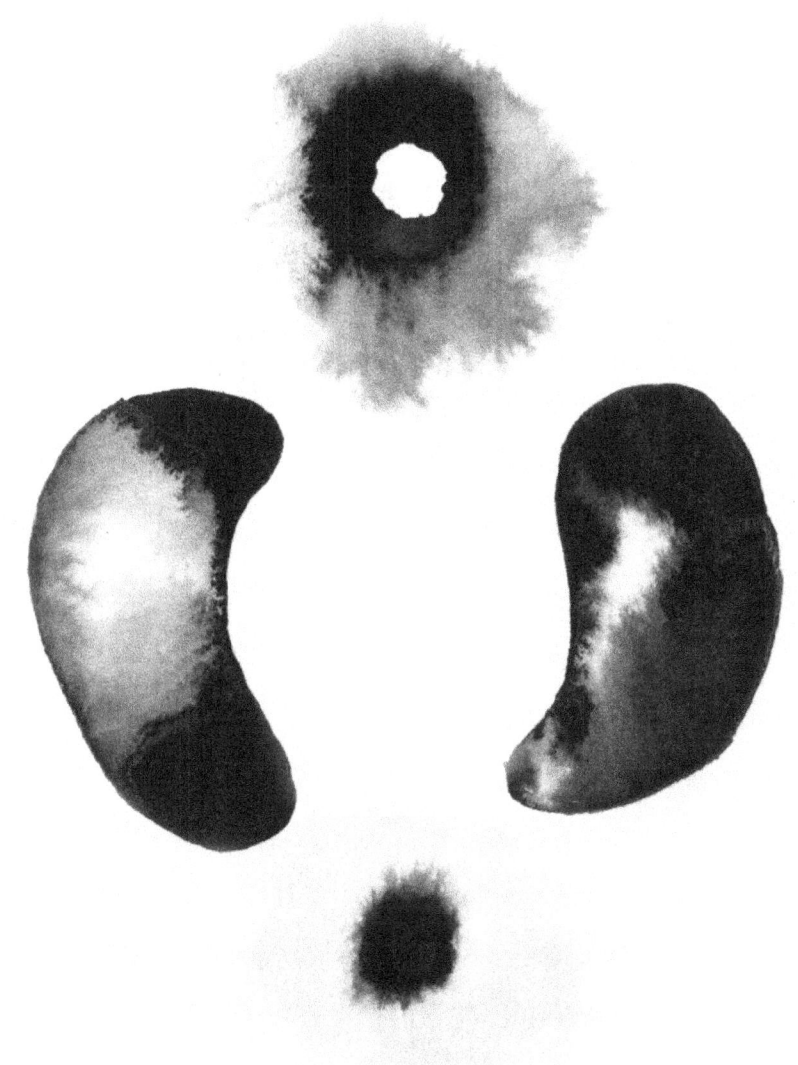

虛心求教，以破迷惘，不知任性之害大矣，既要學道，而又縱性，不肯學好，或欺大壓小而不能和眾，或度量狹窄而不能容物，凡此皆任性之弊，外而惹人嫌惡，內則自種陰毒，若能靜坐常思已過，閒談勿論人非，順人順理，隨方就圓，低頭行事，柔弱安身，把以往一切短視偏知、固執自是漸漸革去，學個無性道人，愚啞呆漢，則道可成。

On devrait vider son cœur-esprit[1] et rechercher les enseignements pour se libérer de la perplexité.[2] Si l'on ne prend pas conscience du grand tort [causé] par l'entêtement et l'obstination, que l'on souhaite étudier plus tard le Dao doté d'une nature-intérieure qui n'a pas été contenue, et que l'on n'est pas disposé à étudier correctement, alors peut-être que l'on [finira par] tromper les grands et opprimer les petits.[3] Ainsi, on ne sera plus capable de s'harmoniser avec la multitude. Peut-être est-on [en réalité] étroit d'esprit et intolérant. Tout cela est [la conséquence] néfaste de l'entêtement et de l'obstination. A l'extérieur, ils engendrent le dégoût et l'aversion des gens, tandis qu'à l'intérieur, ils produisent le poison Yin.

    Si l'on est capable de s'asseoir dans la quiétude et de contempler fréquemment ses propres manquements, que l'on est capable dans les conversations de ne pas discourir sur les fautes d'autrui, [que l'on est capable] de suivre l'autre tout en restant aligné avec les principes, de se conformer au carré comme au cercle,[4] de rester humble en menant ses affaires, de se réfugier dans la douceur et dans la faiblesse, de prendre tous les anciens manques de prévoyance, les connaissances préconçues, l'obstination à se considérer comme ayant toujours raison, et que progressivement on élimine tout cela, que l'on étudie en vue de devenir un daoiste sans nature-intérieure,[5] un fou, un muet et une personne idiote, alors le Dao peut être atteint.

---

[1] Vider son cœur-esprit [xu xin 虛心] fait référence à la première partie d'une affirmation du chapitre 3 du *Dao De Jing* :

虛其心實其腹。
Vider le cœur-esprit et remplir le ventre.

[2] Littéralement se défaire de ce qui laisse perplexe.

[3] Les grands [da 大] représentent 'les forts et les capables', ou bien les personnes en position de pouvoir, ce qui implique parfois également les anciens. En revanche, 'les petits et modestes' [xiao 小] sont l'inverse et sont souvent associés à un caractère faible et inférieur.

[4] Se conformer au carré comme au cercle [sui fang jiu yuan 隨方就圓] signifie s'adapter à tous changements de circonstances. Cette phrase vient du poète Ma Zhi Yuan de la dynastie Yuan, dans *Les Larmes du Vêtement Azur* [qing shan lei 青衫淚]. On peut également faire un parallèle avec le dicton populaire :

盂方水方。
Si la vasque est carrée, alors l'eau sera également carrée.

[5] Être sans nature-intérieure [wu xing 无性] fait référence ici au fait d'être sans le 'soi' et l'ego. En éliminant l'entêtement et les préjugés, on élimine ses schémas d'identification au soi. Or c'est de ces derniers que vient l'entêtement, car on croit alors qu'une idée est bonne ou mauvaise, et on s'y attache fortement. S'exercer à être sans le soi, c'est comme l'eau d'un contenant qui s'adapte à la forme qu'on lui donne, sans opposer ni résistance, ni préjugé.

16ème
La Barrière des Epreuves et de l'Adversité

有一等人不修道時諸般安好，起心修行災厄連連，實是宿債業魔攔道，當堅其志，以苦行消其業，用善行破其障，日久自然安泰，不可因患難而變其初志，真金要在大火裡煉出，荷花需從污泥中拔起，非火不見金之明，非泥不見荷之淨，一切大災大難、大困大厄、大危大險付之於天，應以無心處之，若不退志，自有護持，自然化凶為吉，變禍為福，遇患難而懼怕，見災厄而退志，心亂神馳，難以修道。

Il y a des gens qui, sans étudier le Dao, [jouissent] de paix et de confort en toute circonstance. Pour autant, lorsqu'ils se mettent à cultiver et à pratiquer avec leur cœur-esprit, les désastres et les difficultés [se présentent] les uns après les autres. Il s'agit en réalité [de dettes karmiques] non remboursées et de démons karmiques qui font obstacle au Dao. On doit alors faire preuve d'une détermination ferme, employer des méthodes ascétiques pour éliminer le karma et réaliser des actes méritoires pour dissoudre ces obstructions. Avec le temps, la santé et la paix [reviendront] naturellement. Les épreuves et l'adversité ne doivent pas affecter notre détermination initiale.

L'or véritable est créé par un raffinement qui se fait à grand feu, et le lotus doit s'extraire de la vase et de la boue.[1] On ne verra pas l'éclat de l'or sans de tels feux, et on ne verra pas la pureté du lotus sans cette boue. Tous les grands désastres, toutes les grandes difficultés, les grandes misères et les grandes adversités, tous les grands dangers et les grands risques doivent être confiés aux cieux ; on devrait s'en accommoder sans [fournir d'efforts dans son] cœur-esprit.

Si [l'on persévère] sans perdre sa détermination, alors naturellement on sera protégé et soutenu ; naturellement, ce qui est peu auspicieux deviendra auspicieux et le malheur se transformera en bonne fortune. Si face aux épreuves et à l'adversité, on devient craintif et si, en rencontrant des tourments et des désastres, on perd sa détermination,[2] alors le cœur-esprit sera désordonné et l'esprit galopera au loin[3] – ainsi, il sera difficile de cultiver le Dao.

---

[1] Le lotus est une métaphore du processus de la pratique, lorsque l'on cultive l'impur pour aller vers le pur, depuis les racines plongées dans la boue jusqu'à la beauté éblouissante de la fleur de lotus. Pour en savoir plus sur cette allégorie, voir Livre III : Le Livre de l'Humain, Chapitre 19, *Le Corps Véritable* [zhen shen 真身].

[2] Littéralement 'renoncer' ou 'abandonner sa détermination' [tui zhi 退志].

[3] C'est une référence indirecte au cheval-mental [yi ma 意马] qui représente en nous cet esprit agité et sans repos.

17ème
La Barrière de la Tromperie et de la Trahison

詭詐關

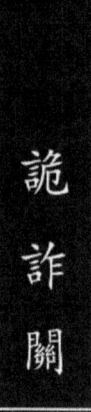

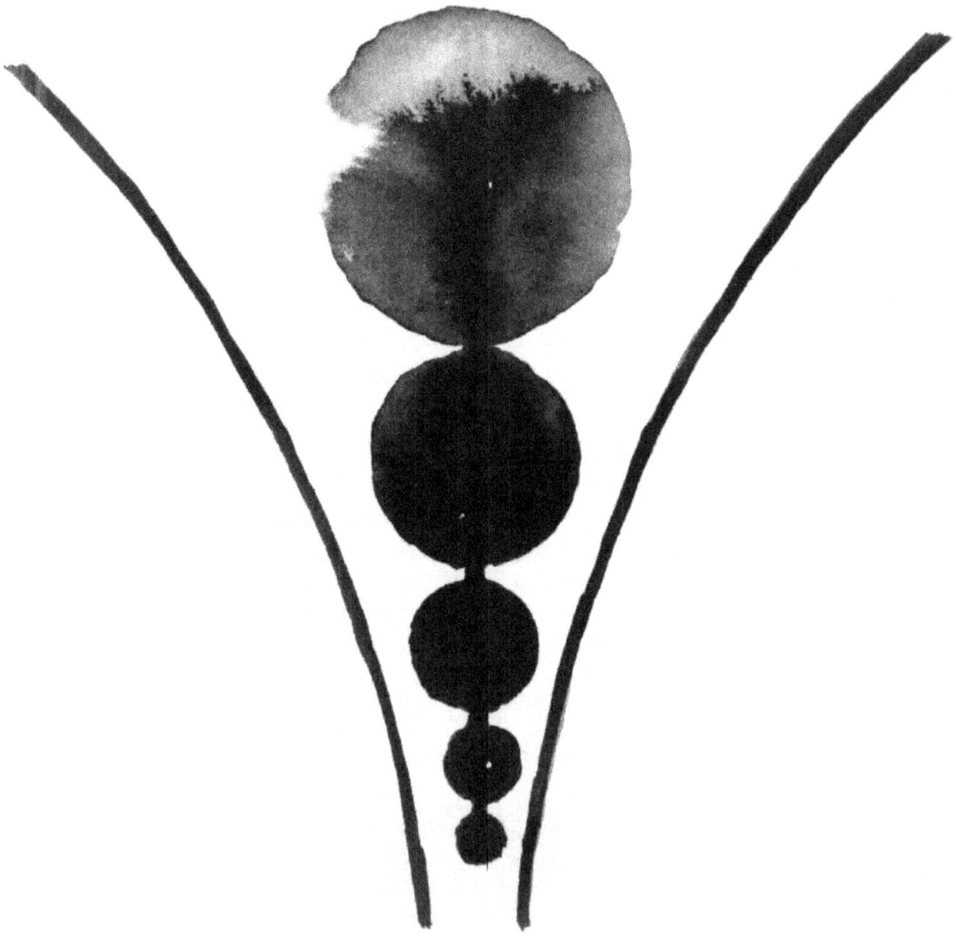

學道貴乎真心實意，自卑自下，方能感遇真師，取信良友，受其益惠，己有真心，而師友即以真心待之，己有實意，而師友即以實意待之，反之詭詐偽行，面是心非，自謂可以瞞哄高明，或指東畫西，虛言誘人，或看經粗略，一過即了，外雖學道，心又圖謀它事，或既想修行，轉身又纏染俗情，不知換個至誠心腸，從實落處進步，萬不可存絲毫詭譎之心，欺人欺己，誤了前程，'誠'之一字，能感天地，通鬼神，動人物，稍有虛假詭詐之念，不但不能求真，而且反昧其真。

L'étude du Dao n'est [véritablement] bénéfique que lorsque l'on possède un cœur-esprit sincère et une intention honnête.[1] C'est en étant humble et en se faisant petit que l'on sera capable de rencontrer un véritable maître et d'entrer en résonnance avec lui, de gagner la confiance d'amis bienveillants et d'en recevoir les privilèges et les bénéfices. Si l'on a un cœur-esprit sincère, alors les maîtres et les amis nous traiterons avec un cœur-esprit sincère. Si l'on a une intention honnête, alors les maîtres et les amis nous traiterons avec une intention honnête.

En revanche, s'il y a fourberie et hypocrisie, alors le visage [dit] oui mais le cœur-esprit [dit] non,[2] et les gens se proclament capables de tromper les personnes intelligentes et éclairées. Peut-être qu'ils pointent vers l'Est mais observent l'Ouest,[3] et qu'ils charment les autres par des discours vides. Peut-être lisent-ils les écritures en les survolant vaguement, avant de les refermer après un simple coup d'œil. Bien que de l'extérieur, ils [semblent] étudier le Dao, leur cœur-esprit est affairé à d'autres préoccupations. Peut-être souhaitaient-ils cultiver le Dao mais ont changé d'avis[4] et peut être se sont-ils déjà laissés empêtrer et entacher par les affaires du monde.[5]

De telles personnes ne savent pas comment convertir leur cœur-esprit[6] vers la haute sincérité et ne savent pas comment positionner [leurs pieds] sur une base ferme afin d'avancer. Il est absolument inacceptable d'avoir la moindre[7] trace de fourberie en son cœur-esprit, trompant non seulement l'autre mais également soi-même, retardant grandement tout progrès.

Avec ce seul caractère chinois 'sincérité', on est capable de percevoir et de ressentir les cieux et la terre, de communier avec les fantômes et les esprits, de toucher les peuples et les êtres.[8] Si l'on a la moindre pensée de mensonge vide[9] et de duperie, alors non seulement on ne pourra pas rechercher la vérité, mais au contraire on la rendra obscure.

---

[1] Une intention honnête [shi yi 实意] signifie également la sincérité.
[2] Cette phrase signifie avoir deux facettes ou être hypocrite.
[3] Pointer vers l'Est en observant l'Ouest [zhi dong hua xi 指东画西] signifie parler de manière évasive.
[4] Changer d'avis [zhuan shen 转身] signifie littéralement 'retourner le corps' ou 'faire demi-tour avec son corps'.
[5] 'Les affaires du monde' [su qing 俗情] est également une référence aux sentiments et aux émotions des gens ordinaires.

⁶ Cœur-esprit [xin chang 心肠] ici signifie littéralement le 'cœur-esprit des intestins'.
⁷ 'Moindre' [si hao 丝毫] fait littéralement référence à l'épaisseur d'un fil de soie.
⁸ 'Êtres' [wu 物] sous entends les dix mille êtres.
⁹ Le mensonge vide [xu jia 虚假] représente l'imposture et la tromperie.

18ème
La Barrière de l'Opinion et des Suppositions

道述，有真有假，有真中之假，有假中之真，有有為，有無為，道之玄妙，言之而言不出，論之而論不及，況以三維有形喻無形，以有象指無象，似是而非，何能真知確見，須把生平自負才能伎倆除去，尋求真師，開明奧義。萬不可以自己假聰明，妄議猜量，自哄自是，否則，不證於人，只求於己，不是在外搜尋，便是身內做作，想明道，難矣。

Dans les récits du Dao, on trouve le vrai et le faux. Il y a le faux dans le vrai et le vrai dans le faux. Il y a l'agir et il y a le non-agir.[1] Si l'on souhaite] parler du merveilleux et des mystères[2] du Dao, alors les mots ne viennent pas. Alors que [l'on cherche] à en parler, les discussions tournent court. Décrire ce qui n'a pas de forme au moyen de ce qui a une forme tridimensionnelle, [tout comme] montrer ce qui n'a pas d'apparence au moyen de ce qui a une apparence, peut sembler être juste mais reste faux. Comment pourrait-on véritablement connaître et voir avec certitude ?

Il faut pour cela abandonner tous les talents et toutes les compétences dont on est fier dans cette vie. On doit rechercher un véritable maître qui ouvre et éclaire les sujets subtils, évitant absolument de se baser sur une intelligence fausse et sur des opinions, des conjectures et des spéculations présomptueuses, se persuadant que l'on a toujours raison. Sinon, ce qui n'a été vérifié et confirmé [que par vous] et personne d'autre ne sera exploré [finalement] que par vous-même, soit en ayant recherché à l'extérieur, soit en prétendant que cela est à l'intérieur de votre corps. Si une telle personne souhaite être éclairée par le Dao, alors cela sera difficile.

---

[1] Dans le bouddhisme, agir [you wei 有为] se réfère aux phénomènes conditionnés par des causes, alors que le non-agir [wu wei 无为] est une référence aux phénomènes qui ne sont conditionnés par aucune cause, c'est-à-dire le *nirvana*. Pour étudier le point de vue daoiste sur ce concept, voir le Livre III : Livre de l'Humain, Chapitre 13, *Le Non-Agir et pourtant Sans Non-Agir* [wu wei er wu bu wei 无为而无不为] et le Livre III : Livre de l'Humain, Chapitre 31, *L'Ecriture de la Clarté et de la Quiétude* [qing jing jing 清静经].

[2] Les merveilles et les mystères [xuan miao 玄妙] représentent en général l'insondable, l'impénétrable.

19ème
La Barrière de l'Absence de Fondement et du Vide

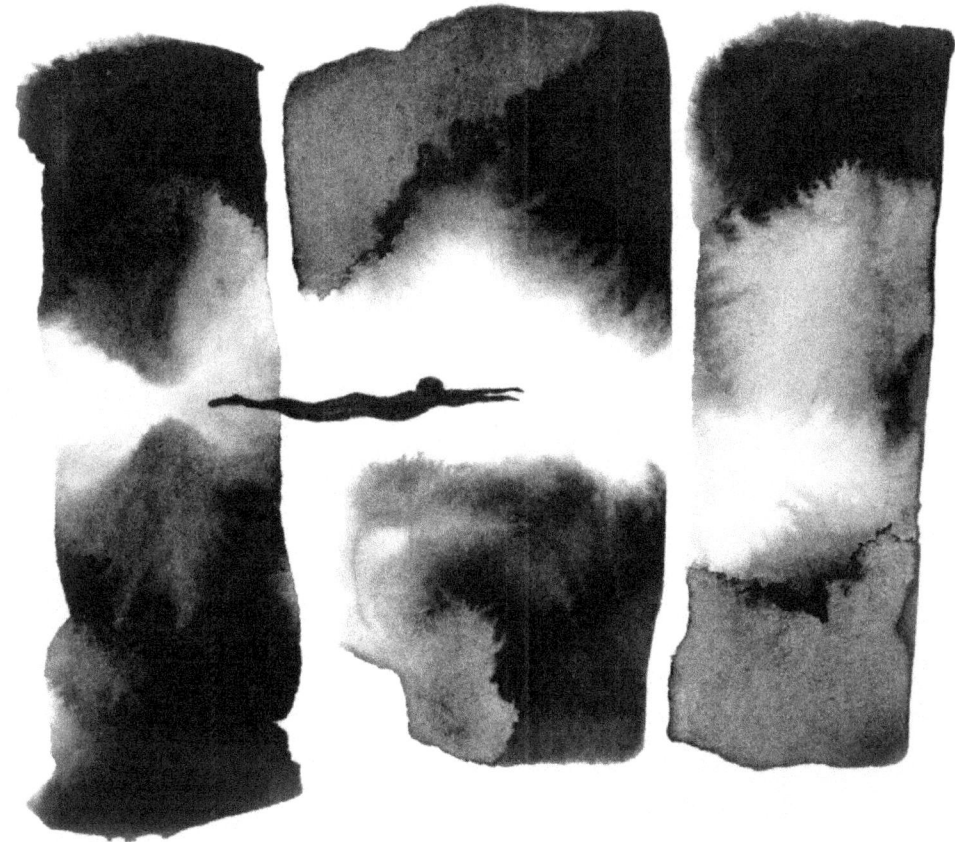

三教聖人，皆以真心實用為貴，而不以懸虛作事，修真之道，是窮理、盡性、至命之學，道門有參乘之法：務上乘者乃上智之人，易于會悟，一了百當，生而知，安而行也。務中乘者乃中智之人，因象會意，聞一知二，學而知，利而行也。務下乘者乃下智之人，極力研究，功深方得，困而學，勉強而行也。三乘之法在人量力而行，雖分三等，俱要從實地上用功，若懸虛不實，主意不定，志念不長，不但中下之人終無進益，即上智之人亦落於空亡，應博學之，審問之，慎思之，明辨之，篤行之，何患大道不明。

Les maîtres des trois sagesses[1] regardaient tous la sincérité[2] et le pragmatisme comme des valeurs [de grande importance] et n'accordaient pas d'attention aux questions qui n'ont aucun fondement et qui sont vides.[3] Cultiver la vérité selon le Dao consiste à étudier les principes en profondeur,[4] [à développer] le plein potentiel de sa nature-intérieure et à parvenir [à la réalisation de sa] vie-destinée.[5]

La porte du Dao[6] contient la loi[7] des trois véhicules : les adeptes du véhicule supérieur sont des personnes possédant une haute sagesse et pour qui il est facile de s'éveiller à la vérité. Lorsqu'ils saisissent un [principe], ils [en comprennent] facilement cent [de plus].[8] Dès leur naissance, ils possèdent la sagesse[9] et c'est avec un [cœur-esprit] satisfait qu'ils pratiquent. Les adeptes du véhicule médian sont, quant à eux, des personnes de sagesse moyenne. [En observant] les signes, ils comprennent sans qu'on ait à leur expliquer. Après avoir entendu un sujet, ils en connaissent deux. C'est par l'étude, [qu'ils obtiennent] la sagesse,[10] et c'est avec [des facultés] aiguisées qu'ils pratiquent. Les adeptes du véhicule inférieur sont des personnes de sagesse inférieure. C'est au travers d'efforts extrêmes qu'ils étudient et recherchent, et ils n'obtiennent [la sagesse] qu'au prix d'un labeur intense.[11] Ils étudient[12] dans l'adversité et ce n'est qu'au travers d'efforts soutenus qu'ils pratiquent. Le dharma des trois véhicules est cultivé selon les capacités de chacun. Bien qu'il soit divisé en trois niveaux, [les adeptes] doivent tous produire de grands efforts sur une base solide.[13]

Si l'on n'a pas de fondements, que l'on est vide et que l'on manque de robustesse, si l'intention est hésitante, et que la détermination[14] et la mémoire[15] ne sont pas durables, alors non seulement les personnes de [sagesse] moyenne et inférieure ne progresseront finalement pas, mais même les personnes de haute sagesse finiront par tomber dans la mort vide.[16] On devrait étudier en profondeur, investiguer par le questionnement, contempler avec soin, différencier avec clarté et pratiquer avec sincérité ; ce faisant, comment pourrait-on craindre de ne pas être illuminé par le grand Dao ?

---

[1] Les trois sagesses, autrement appelées les trois doctrines [san jiao 三教] sont le bouddhisme, le daoisme et le confucianisme.
[2] La sincérité [zhen xin 真心] se traduit littéralement par le cœur-esprit véritable ou sincère.

³ L'absence de fondement, se traduit littéralement par 'en suspension' [xuan 悬] et dépeint quelque chose de suspendu dans les airs, qui ne touche pas le sol, c'est-à-dire qui relève de la pure fantaisie ou de la spéculation, alors que le vide [xu 虚], ou l'abstraction, indique simplement un mirage ou une illusion, quelque chose qui est dépourvu de tout contenu concret. Ainsi, l'absence de fondement et le vide [xuan xu 悬虚] décrivent des paroles creuses et prétentieuses, et un enseignement dont les bases reposent sur des idées abstraites sans fondement, qui ne portent aucun fruit.

⁴ L'expression 'étudier les principes jusqu'au bout' [qiong li 穷理] mérite que l'on s'y attarde. Elle implique d'aller examiner minutieusement la racine de chaque chose et est associée au néo-confucianisme. Les principes [li 理] sont assimilables aux lois de la nature et peuvent être trouvés par l'humain. Pour les néo-confucéens de l'école dominante Cheng Zhu [cheng zhu li xue 程朱理学], on se purifie en étudiant et en découvrant le principe sous-jacent [à chaque chose] afin d'acquérir la connaissance [ge wu zhi zhi 格物致知], ce qui permet de se rapprocher des lois de la nature, considérées comme pures et sans défauts.

⁵ Plus littéralement, cette affirmation pourrait être interprétée comme achever et mener à terme les principes de la nature-intérieure et de la vie-destinée.

⁶ La porte du Dao [dao men 道门] fait référence aux différentes lignées daoistes, ou l'appartenance à un ordre monastique religieux daoiste. Dans ce contexte, on peut également dire qu'il s'agit d'approches différentes par lesquelles les pratiquants atteignent le Dao.

⁷ La loi [fa 法] est un mot qui représente l'enseignement ou le dharma. Dans ce cas, il s'agit d'une méthode spécifique pour atteindre le Dao, à ne pas confondre avec le Dharma, qui implique la nature de la réalité, c'est à dire la vérité absolue.

⁸ En saisissant un principe, ils peuvent en déduire cent autres. Cette phrase est un rappel du proverbe courant chinois :

举一分三。

[Être capable de] faire trois déductions à partir d'un même exemple.

⁹ Cette phrase est issue des *Annales [de Confucius]* [lun yu 论语] dans le chapitre intitulé 'Le Clan Ji' [ji shi 季氏]. La déclaration complète se lit comme suit :

生而知之者，上也；学而知之者，次也；困而学之，又其次也。

Ceux qui possèdent la sagesse à la naissance sont supérieurs. Ceux qui [l'obtiennent] par l'étude, sont secondaires et ceux qui [l'obtiennent] dans l'adversité sont les suivants [après les seconds].

¹⁰ Voir note de bas de page 9.

¹¹ Gong [功] peut signifier labeur, efforts, compétence, mérite et dépassement.

¹² Voir note de bas de page 9.

¹³ Une base solide fait référence à une fondation forte et au fait d'être fermement ancré dans le sol.

¹⁴ La détermination [zhi 志] englobe également les notions de volonté, d'ambition et d'aspiration.

¹⁵ La mémoire ou le souvenir [nian 念] vient de 'se souvenir de la conscience' [wu nian 悟念]. Il s'agit de se souvenir de la voie juste, de sorte que chaque fois que l'on s'écarte de ce que l'on est censé faire, cela nous ramène au chemin et à la pratique voulue. Cette phrase pourrait être traduite plus librement par 'ne pas garder son but en tête'.

¹⁶ La mort vide [kong wang 空亡] est un terme que le daoisme partage avec la géomancie Feng Shui, ce qui peut également se traduire par 'le vide et la mort', 'le néant et la mort', ou même 'perdu dans l'espace'. Cela décrit une situation ou un cadre peu favorable. Dans la méditation daoiste, ce terme représente le Yin absolu, ce qui s'apparente à la mort et au sommeil, et qui empêche la graine de la vie immortelle de naître. Dans ce cas, on pourrait le traduire par 'n'aboutir au final qu'à une perte'. Voir également le Commentaire de la Barrière 46 et ses notes de bas de page 1 et 25.

20ème
La Barrière des Pensées Absurdes

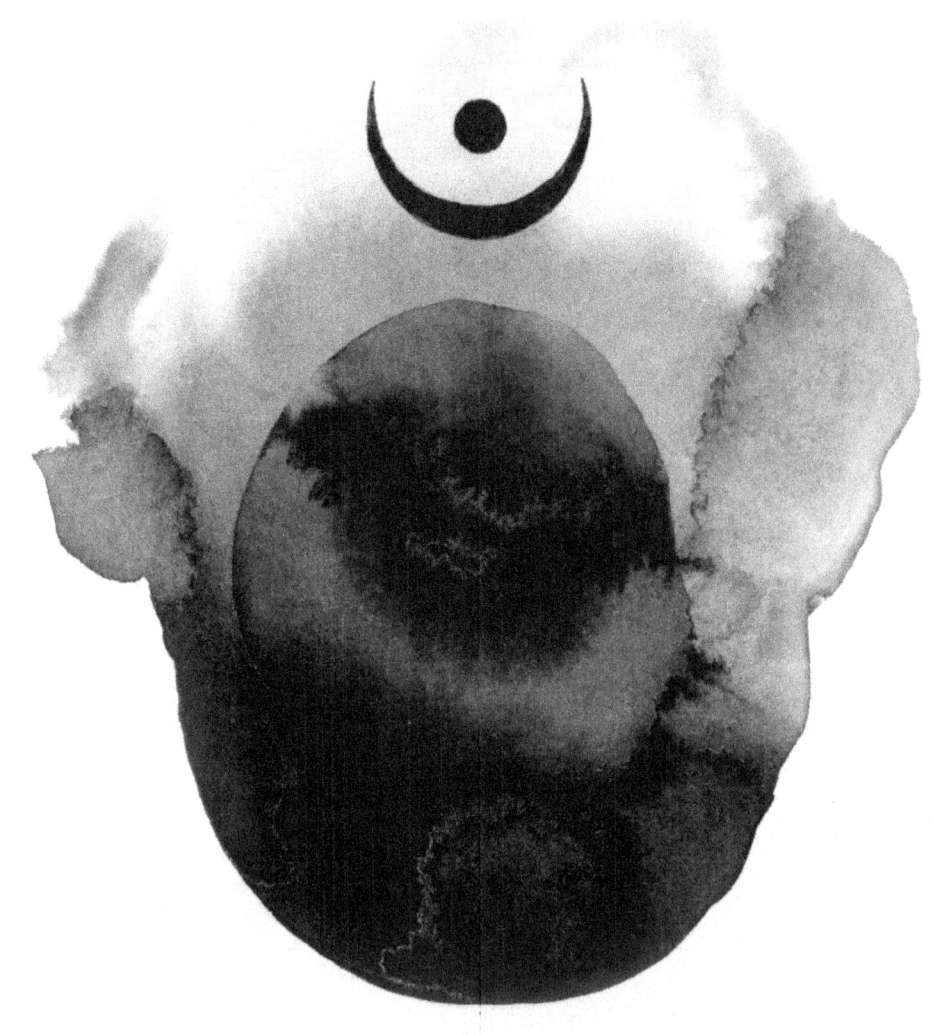

Le Livre I : 20ème Barrière

道必真知實行，非空空妄想而可得也，人為世情所迷，名利所惑，恩愛所牽，認假棄真，立不起志氣，振不起精神，用不得功力，順其所欲，一任識神作殃，方要向前，即便退後，方欲為善，却思作惡，自古成真仙佛，不知受盡多少苦楚，方有感應，不知受盡多少磨煉，方能聞道，不知歷過多少艱險，方能成道，空空妄想便是不能明道的孽根，道且不能明，何能望其成。

Le Dao doit être connu en profondeur et pratiqué avec sincérité. Ce n'est pas par des pensées creuses, vides et absurdes qu'il peut être atteint. Les gens se sont égarés dans les affaires du monde,[1] tentés par la gloire et l'appât du gain, empêtrés dans les privilèges[2] et l'amour ; ils acceptent ce qui est faux et rejettent la vérité, incapables d'établir le Qi de la détermination, de mobiliser leur vigueur, leur essence, leur esprit[3] et d'employer le pouvoir de leur Gong. De telles personnes suivront leurs désirs, permettant à l'esprit de la connaissance[4] d'engendrer des désastres. Alors que l'on sera sur le point d'avancer, on reculera, et au moment où l'on souhaitera agir avec bonté, on pensera plutôt à commettre de mauvais actes.

Depuis la nuit des temps, il y a eu des Êtres Réalisés,[5] des immortels et des bouddhas, mais on ignore combien de souffrances et de misères [ces êtres] ont-ils dû endurer avant de pouvoir finalement ressentir une réponse.[6] On ne sait pas combien de rectifications et de régulations ils ont dû endurer avant de pouvoir entendre le Dao. On ne sait pas combien d'austérités et de dangers ils ont dû expérimenter avant de pouvoir atteindre le Dao.

La pensée creuse, vide et absurde est précisément la racine perfide qui empêche quelqu'un d'être illuminé par le Dao. Ainsi, si l'on n'est pas capable d'être illuminé par le Dao, comment pourrait-on espérer l'atteindre ?

---

[1] Les affaires du monde [shi qing 世情] signifient littéralement le monde des sentiments ou des préoccupations mondaines et désignent également les diverses voies qu'offre le monde et ses tendances sociales.

[2] Les avantages ou faveurs [en 恩] comprennent le fait de plaire à ses supérieurs et de s'en octroyer des privilèges.

[3] Essence et esprit [jing shen 精神] désignent également la conscience de l'individu.

[4] L'esprit de la connaissance [shi shen 识神] a été défini lors d'un cours donné par Li Shi Fu comme un concept d'alchimie interne. Il est en fait divisé en esprit de la connaissance originelle, ou esprit du ciel antérieur [yuan shi shen 元识神] et en esprit de la connaissance du ciel postérieur [hou tian shi shen 后天识神]. Voir également le Commentaire de la Barrière 46, note de page 7.

[5] 'Les Êtres Réalisés' [cheng zhen 成真] sont littéralement 'ceux qui ont atteint la vérité'. Ce terme est équivalent à 真人 [zhen ren]. Le daoiste Lu Sheng [卢生] a déclaré dans *Les Archives de la Grande Histoire* [shi ji 史记], au chapitre 6 :

> 真人者，入水不濡，入火不蒸，陵 云气，与天地久长。
> Lorsque les Êtres Réalisés pénètrent dans l'eau, ils ne sont pas mouillés. Quand ils entrent dans le feu, il ne se brûlent pas ; s'élevant parmi les nuages et la brume, ils sont éternels, unis avec les cieux et la terre.

[6] Percevoir une réponse [ying 应] fait référence à une communion avec les déités et les esprits supérieurs, comme si les prières avaient enfin été entendues. Ce mot apparaît dans un fameux dicton daoiste que l'on peut apercevoir brodé sur les drapeaux suspendus à l'intérieur des temples :

>有求必应。
>Quand on cherche, il y a réponse.

Ceci rappelle fortement la déclaration biblique : 'Demandez, et l'on vous donnera ; cherchez, et vous trouverez ; frappez, et l'on vous 'ouvrira'. [Mattieu 7:7 ; *LSG*]

21ème
La Barrière de la Vie et de la Mort

生死關

不論學道修道，不可有貪生怕死之心。莊子所謂"攝精神而長生，忘精神而無生。"長生之道，必忘生無生，不生不滅，天地能役有形，不能役無形，能役有氣，不能役無氣，能役有心，不能役無心，無心則無氣，無氣則無形，無心于生死，而生死不能累，既有求生之心，則形雖存而心先喪，生氣之苗已敗，死氣之根已栽，千邪百怪，紛紛擾擾，具以死來考。速將生死二字置于度外，坑死坑埋路死路埋，未死先學死，雖生不知生，只有"道"之一字，常掛胸前，否則貪生怕死，寸步難移休想明道。

Que l'on étudie le Dao ou que l'on cultive le Dao, on ne doit pas être doté d'un cœur-esprit attaché à la vie, craignant la mort. C'est ce dont parle Zhuang Zi :

> Préservez l'essence et l'esprit[1] et ayez une longue vie. Oubliez l'essence et l'esprit, et soyez sans naissance et sans vie.[2]

Pour le Dao de la longue vie, il est nécessaire d'oublier la vie elle-même, d'être sans naissance et sans vie, de ne pas naître et de ne pas périr.

Les cieux et la terre peuvent asservir ce qui a une forme mais ne peuvent pas asservir ce qui n'a pas de forme. Ils peuvent asservir ce qui possède du Qi mais ne peuvent pas asservir ce qui n'a pas de Qi. Ils peuvent asservir ce qui possède un cœur-esprit mais ne peuvent pas asservir ce qui n'a pas de cœur-esprit. Être sans cœur-esprit signifie être sans Qi. Être sans Qi signifie être sans forme. Lorsque l'on est dépourvu d'un cœur-esprit[3] [concerné] par la vie et la mort,[4] alors on ne peut être affecté par la vie et la mort.

Dès que l'on a un cœur-esprit qui aspire à la vie, alors même si la forme physique est préservée, le cœur-esprit est déjà perdu et mourant. Le germe du Qi vital est déjà endommagé et il flétrit ; la racine du Qi de la mort est déjà en train de pousser. Au cœur du chaos et du désordre, les uns après les autres, mille fléaux et une centaine de monstres viendront ainsi vous tester au sujet de la mort.[5]

On devrait promptement prendre ces deux caractères chinois[6] 'Vie' et 'Mort', et les placer en dehors de toute considération. Lorsque quelqu'un meurt dans une fosse, alors on l'enterre dans une fosse. Lorsque quelqu'un meurt sur la route, alors on l'enterre sur la route.[7] Pour celui qui n'est pas encore mort, il faut d'abord se familiariser avec la mort,[8] même si, bien que vivant, il ne comprenne pas la vie elle-même. Ce seul caractère chinois 'Dao' devrait être constamment suspendu à notre poitrine. Sinon, aspirant à la vie et craignant la mort, il est alors bien difficile d'avancer ne serait-ce que d'un pas, ou même d'un pouce chinois.[9] On devrait alors cesser de souhaiter être illuminé par le Dao.

[1] Essence et esprit [jing shen 精神] sont souvent traduits par le terme conscience.
[2] Être sans naissance et sans vie [wu sheng 无生] fait référence à l'immortalité. Tout ce qui nait est sujet à la mort et bien que l'on puisse préserver et allonger la vie, on reste néanmoins attaché à la roue de la vie ou *samsara*.
[3] Être sans cœur-esprit [wu xin 无心] dans ce cas, signifie ne pas prêter attention à ou ne pas se préoccuper de la liste d'éléments mentionnée juste au-dessus.
[4] Voir également les Commentaires de la 21ème Barrière.
[5] Être testé au sujet de la mort [kao si 考死] signifie être testé dans sa conception et son rapport à la mort ou bien sur sa peur de la mort.
[6] Les deux caractères chinois [er zi 二字] pourraient être traduits par 'mots' plutôt que par 'caractère' pour un public français.
[7] Cette phrase était utilisée par Tao Shi Fu. Voir également le Livre III : Livre de l'Humain, Chapitre 37, *Tao Fa Zhen* [陶法真] pour plus d'informations sur elle.
[8] Lors d'un cours sur l'alchimie interne, Li Shi Fu a suggéré que pour cela, on devrait observer un cadavre se décomposer au fil du temps, ou regarder un morceau de viande et de chair pourrir jour après jour.
[9] Un pas long d'un pouce chinois [cun bu 寸步] est un pas minuscule car le pouce chinois correspond approximativement à trois centimètres.

22ème
La Barrière de la Complaisance et de l'Autosatisfaction

自滿關

一人知識有限，眾人識知無窮，非能下於人者不能學，非能屈於人者不能知，非能示己之無者不能有，非能尊人之有者不能得。聖賢皆從虛心而成大道，若恃自己聰明博學，自滿而不求，或得些旁門小事，不辨是非，自負而不印證，須知人人是我師，處處皆學問。

Le savoir d'une personne est limité alors que celui de la multitude est infini. [De ce fait], si l'on n'est pas capable de se mettre au niveau de l'autre, alors rien ne peut être appris ; si l'on n'est pas capable de se soumettre à l'autre, alors aucune connaissance ne peut être acquise ; si l'on est incapable de révéler quelles sont nos failles, alors il ne peut y avoir de gain ; si l'on est incapable de respecter ce que les autres ont, alors il ne peut y avoir de gain.

     Tous les sages et les saints ont atteint le grand Dao en ayant un cœur-esprit vide.[1] Si l'on s'appuie [dans les rapports humains] sur son intelligence et son érudition, alors on devient complaisant et on n'arrête de chercher. Peut-être ne sera-t-on confronté qu'aux problèmes mineurs en lien avec les voies de détour,[2] et [que l'on restera incapable de véritablement] différencier le vrai du faux, devenant prétentieux sans même avoir fait vérifier [ses connaissances]. Il est nécessaire de comprendre que chaque personne [croisée] est un enseignant et que tout lieu est un espace d'étude et d'apprentissage.

---

[1] Un cœur-esprit vide [xu xin 虛心] est un esprit ouvert et humble.
[2] Les voies de détour sont les doctrines non orthodoxes ou les enseignements qui ne sont pas acceptés par les détenteurs reconnus et correctement instruits au sein d'une lignée de transmission.

23ème
La Barrière de la Peur des Difficultés

畏難關

天下無難事，只怕有心人。修道至簡至易，行道至堅至難。必須志念堅固。天下至難之事，必是至大之事，至大之事，必是非常之人，下至大之功而方成，若行道容易、一作即成，則天下皆仙佛矣。

Il n'y a rien qui soit difficile sous les cieux pour le cœur-esprit de l'homme [qui est déterminé].¹ Il n'y a rien de plus simple et de plus facile que de cultiver le Dao, et pourtant il n'y a rien de plus difficile et de plus ardu que de pratiquer le Dao. Il faut être ferme et résolu dans sa détermination.² L'affaire la plus difficile sous les cieux doit inévitablement être la plus importante.

Face à une affaire aussi sérieuse, une personne anormale³ devra inévitablement employer son Gong avec vigueur et ce n'est qu'alors qu'elle verra un accomplissement. Si la pratique du Dao était facile et pouvait être réalisée dès sa mise en action, alors sous les cieux, tous seraient des immortels et des bouddhas.

---

¹ 'Une personne qui a un cœur-esprit déterminé' [zhi pa you xin ren 只怕有心人] pourrait se traduire par une personne qui a un but, une intention, une direction ou un mental déterminé. Cette expression est employée par le roi singe Sun Wu Kong [孙悟空] dans *Le Voyage Vers l'Ouest*. On trouve également une phrase similaire dans le texte de la dynastie Song, *Les Vastes Archives des Affaires de la Forêt* [shi lin guang ji 事林广记], par Chen Yuan Jing [陈元靓] :

> 世上无难事，人心自不坚。
> Il n'y a pas d'affaires difficiles à mener dans ce monde, sauf pour les gens qui ne sont pas déterminés dans leur cœur-esprit.

² Littéralement une intention ou des pensées déterminées [zhi nian 志念]. Cette phrase signifie que la détermination et la résolution du cœur-esprit doivent être fermes et solides.

³ Une personne anormale [fei chang zhi ren 非常之人] fait référence ici à une personne extraordinaire. Voir également la Préface du Livre I et le Commentaire de la Préface du Livre II.

24ème

La Barrière de l'Irrespect et du Mépris

輕慢關

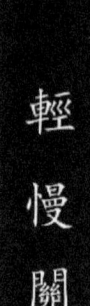

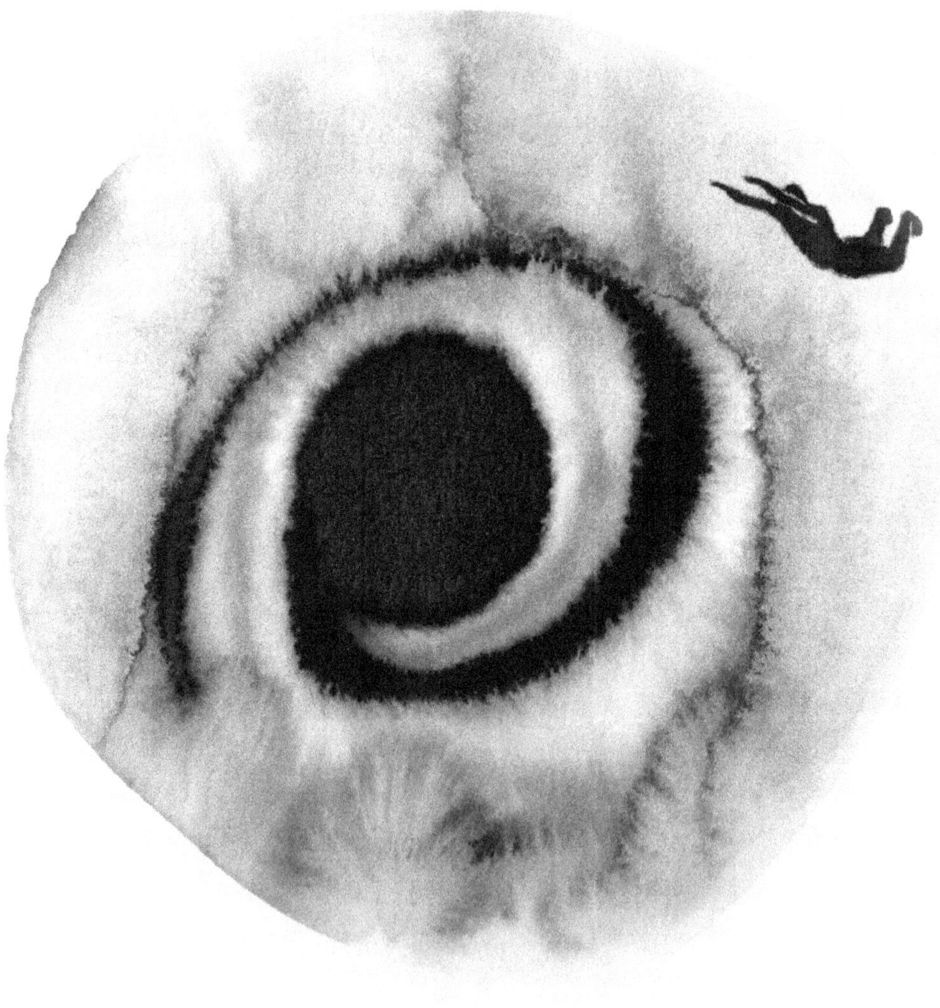

道之為道，時空廣大無際，維維高深莫測，持有限生學，探浩瀚宇環，尚覺似一沙入海，螻蟻抬山，豈可輕褻慢視。慢視乎道，則必因行道不足，而不能苦力前進，修道何來？

Le Dao agit à partir du Dao, car son temps et son espace sont vastes, majestueux et sans limites. Ses dimensions sont élevées, profondes et insondables. Etudier et explorer le vaste et large champ de l'univers depuis sa propre [vue] limitée de la vie[1] est comme [un grain] de sable qui rejoint l'océan ou comme des courtilières[2] et des fourmis [qui cherchent à] déplacer une montagne.

    Comment pourrait-on négliger [le Dao] et le considérer avec mépris ? Si l'on considère le Dao avec mépris, alors notre pratique du Dao deviendra insuffisante et l'on sera bien incapable de progresser, même au prix d'amers efforts.[3] Ainsi, comment pourrait-on réussir à cultiver le Dao[4] ?

---

[1] Cette affirmation est très similaire à celle de la première phrase du *Zhuang Zi* :

> 吾生也有涯，而知也无涯。以有涯隨无涯，殆已。
> Notre vie possède une frontière, pourtant la connaissance n'a pas de contours.
> Utiliser ce qui possède une frontière afin de définir ce qui n'en a pas est épuisant.

[2] Les courtilières ou taupes grillons sont des insectes sans ailes, similaires aux sauterelles, criquets et grillons mais qui vivent sous terre. Leurs membres avant ont la forme d'une pelle et sont utilisés pour creuser. Cette capacité est à l'origine de leur nom. Ces insectes sont originaires de bien des régions du monde et se répandent souvent dans de nouvelles régions.

[3] Des efforts amers [ku li 苦力] signifient un travail dur et des efforts minutieux.

[4] On pourrait traduire cela alternativement par 'comment une telle personne pourrait-elle cultiver le Dao ?'

25ème
La Barrière de la Lâcheté et de la Faiblesse

儒弱關

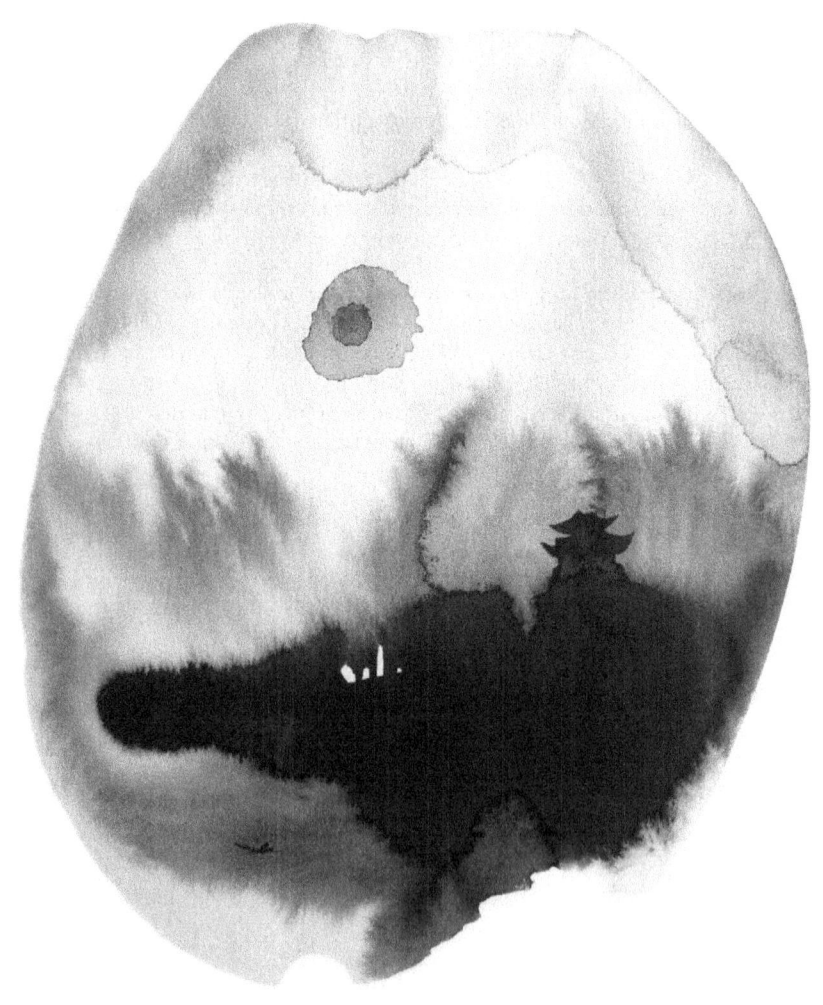

Le Livre I : 25ème Barrière

修道必須勇猛精進，而不可懦弱懈怠，有志，則柔弱者可變為剛強，無志，則剛強者亦變為柔弱，所謂志者，乃剛決果斷，發勇猛志，堅心長久，舉步向前，時時刻刻在性命上留心，行行步步在道理上窮究，不知必盡力求知，不明必苦行求明，以受人之所不能受，方能得人之所不能得，苦人之所不能苦，方能知人之所不能知。

Pour cultiver le Dao, il faut avancer avec courage et ardeur. De plus, on ne doit pas se montrer lâche, faible, mou ou paresseux. Si l'on a de la détermination, alors la mollesse et la faiblesse peuvent se transformer en puissance et en robustesse. Sans détermination, la puissance et la robustesse se transforment en mollesse et en faiblesse.

    La détermination est donc une décision et une résolution forte ; c'est être fermement déterminé et courageux, doté d'un cœur-esprit constant et ferme. Il faut être attentif[1] à notre nature-intérieure et à notre vie-destinée, [à chaque instant et à chaque] étape de notre progression, investiguant soigneusement sur la base des principes du Dao. Ce que l'on ne connait pas, on doit chercher avec vigueur à le connaître. Ce qui n'a pas été éclairé, on doit chercher dans l'ascétisme[2] à l'éclairer. Ce n'est qu'en endurant ce que les autres ne peuvent endurer que l'on pourra obtenir ce que les autres n'ont pu obtenir. Ce n'est qu'en traversant les épreuves que les autres ne peuvent supporter, que l'on pourra connaître ce que les autres n'ont pu connaître.

---

[1] Littéralement, garder ou préserver son cœur-esprit.
[2] L'ascétisme [ku xing 苦行] est traduit mot à mot par 'une pratique amère'. Pour plus d'informations sur ce sujet, voir le Livre III : Le Livre de l'Humain, Chapitre 3, *Amertume* [ku 苦].

26ème
La Barrière de l'Inconstance et de la Brièveté

不久關

修道立德，非一朝一夕之功，必要立長久之志，分邪正，辨是非，終有得意之時。如果妄想速得，急欲見效，無長久之心，少堅固之念，忽進忽退，忽行忽止，怎能登堂探奧。若是三心二意，朝三暮四，必然半途而廢，徒沾修道之明。

Cultiver le Dao et établir la vertu n'est pas un Gong [qui s'acquiert] en un matin et en un soir. Il faut établir une détermination durable, [savoir] distinguer ce qui est nuisible de ce qui est droit, différencier le vrai et le faux ; alors un temps viendra où l'on finira par voir sa volonté s'accomplir.[1] Si l'on souhaite obtenir cela en un instant, que l'on désire anxieusement voir des résultats, sans un cœur-esprit constant et [déterminé], sans une intention ferme et résolue, que l'on avance brusquement puis que l'on recule, que l'on pratique avec intensité puis que l'on s'arrête abruptement, comment pourrait-on alors être capable de monter jusqu'au hall[2] et d'en explorer les profondeurs ? Si l'on possède trois cœurs-esprits et deux intentions,[3] trois le matin et quatre le soir,[4] alors inévitablement on abandonnera à mi-chemin et, bien qu'ayant cultivé le Dao, aucun bénéfice ne viendra.

---

[1] L'accomplissement de sa volonté [de yi 得意] signifie réaliser son but.
[2] Monter jusqu'au hall [deng tang 登堂] se réfère au fait d'ascensionner jusqu'au hall et d'entrer dans la chambre [deng tang ru shi 登堂入室], ce qui signifie atteindre un niveau supérieur de compétence dans ses études.
[3] Avoir trois cœur-esprit et deux intentions [san xin er yi 三心二意] signifie être divisé et indécis.
[4] A l'origine, cette phrase signifiait tromper les gens par la ruse ; plus tard, elle a adopté le sens d'être inconstant et changeant dans sa détermination. On retrouve cette phrase dans *Zhuang Zi* :

狙公賦芧，曰："朝三而莫四。"眾狙皆怒。曰："然則朝四而莫三。"眾狙皆悅。
Lorsque les singes furent gratifiés de petites châtaignes, l'un d'eux dit : 'trois le matin et quatre le soir'. L'ensemble de la tribu des singes se mit en colère, puis un autre dit alors : 'Et bien quatre le matin et trois le soir'. Toute la tribu des singes fut ravie.

27ème
La Barrière de la Résignation et du Désespoir

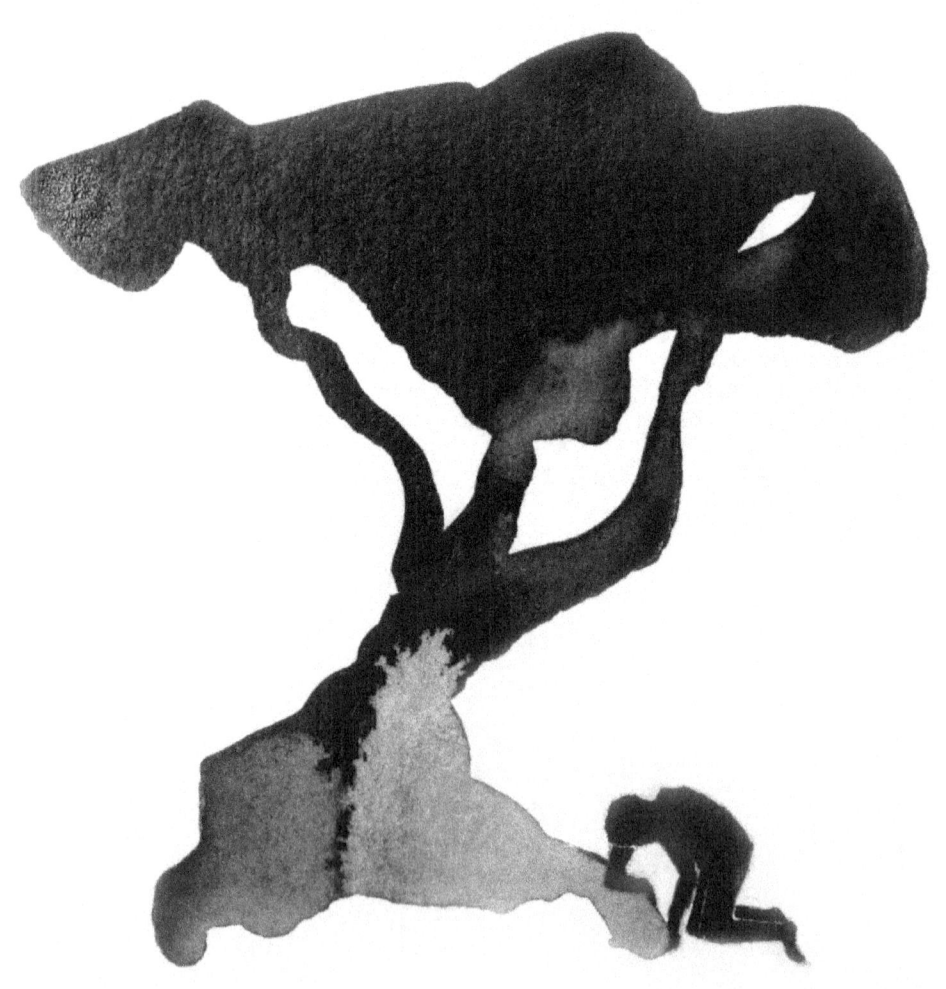

常人曰性命長短，乃有定數，非人所能勝，或曰仙聖是天生，非凡人所能學，或曰大道至深至奧，非等閒所能知，須知人人皆可為聖賢，人人皆可成仙佛，但要至誠至敬、屈己求人，由近達遠、經久不息，人不能成道，豈獸之不如？不知者必欲學而知，不能者必欲學而能，身入道門不思進取，自暴自棄，打混過日，醉生夢死，空空一世，一失人身，萬劫難復。

Les gens ordinaires affirment que la durée de la vie[1] [d'une personne] est prédéterminée[2] et que ce n'est pas quelque chose que les humains peuvent changer. Ils pourraient éventuellement expliquer que [certaines personnes] sont nées avec une immortalité et une sagesse innée, mais que cela ne peut être [acquit] par un homme ordinaire et par l'étude. Ils pourraient peut-être ajouter que le grand Dao est profond et obscur au plus haut point et que ce n'est pas quelque chose que l'homme ordinaire peut connaître.

Il faut savoir que tout le monde sans exception[3] est capable d'agir comme un sage ou un saint, et que nous sommes tous capables de devenir des immortels ou des bouddhas. Il faut pour cela faire preuve de la plus grande sincérité et du plus grand respect, [apprendre à] se dompter soi-même[4] et chercher la rencontre avec l'autre,[5] proche ou au loin de nous et ce, inlassablement pendant une longue période.

S'il n'était pas possible pour les gens d'atteindre le Dao, ne deviendraient-ils pas alors inférieurs aux animaux sauvages ? Ce que l'on ne connait pas, il faut chercher à l'étudier pour l'obtenir et ce que l'on n'est pas capable [de faire], on doit chercher à l'étudier afin [d'acquérir cette nouvelle] capacité. Lorsqu'une personne franchit la porte du Dao[6] avec son corps, elle ne devrait pas [chercher] la progression avec impatience pour abandonner ensuite désespérée,[7] en passant ses journées à la dérive, vivant et mourant comme si elle était enivrée et dans un rêve,[8] gaspillant sa vie comme si [cette dernière] n'avait servi à rien. Une fois que le corps humain a été perdu, il est difficile de revenir [à nouveau] pendant une éternité.[9]

---

[1] La vie [xing ming 性命] signifie ici littéralement la nature-intérieure et la vie-destinée.
[2] Littéralement un nombre fixe [ding shu 定數], désignant le destin, le sort ou la prédestination.
[3] Tous sans exception [ren ren 人人] signifie chaque personne.
[4] Se dompter soi-même [qu ji 屈己] signifie également se plier, se soumettre.
[5] Cela fait référence aux enseignants et aux maîtres ; en effet, on ne devrait pas compter que sur soi-même pour cultiver.
[6] Franchir la porte du Dao [ru dao men 如道門] signifie être ordonné ou entrer dans une lignée religieuse daoiste.
[7] Être abandonné et désespéré [zi bao zi qi 自暴自弃] pourrait être traduit ici comme n'avoir plus aucune ambition. C'est également une référence directe au titre de cette barrière.
[8] Littéralement vivre enivré et mourir en rêvant [zui sheng meng si 醉生梦死].
[9] Une éternité se traduit également par *kalpas*. Voir la 1ère Barrière note de bas de page 8.

28ème
La Barrière de l'Accumulation des Dettes

修道之人須簡樸素行，財富所積，乃十方血汗，非可輕易空受，須隨緣淡泊，一絲一線，當思來處不易，一飲一食，須知成就惟艱，如能修持到道成德備之時，不但消化十方債賬，無始劫以來之宿孽，皆一筆勾銷。只知累積，不知消債，只知挪債，不知還債，世人尚知殺人償命欠債還錢，修道之人無功無行，片善不做，罪積如山，誰能成仙？

Les gens qui cultivent le Dao doivent avoir une conduite sobre, sans artifices et simple car la fortune et les richesses que l'on accumule et qui [proviennent] des dix directions, sont [acquises au prix] de la sueur et du sang.[1] Cela ne peut être pris à la légère et avec désinvolture, ou sans que l'on y réfléchisse. On doit se conformer au destin[2] et rester indifférent et tranquille.[3]

On devrait réfléchir sur le fait que, même s'il ne s'agit que d'un seul fil de soie, sa création n'a rien d'un processus sans effort. On doit être conscient que chaque boisson et chaque repas a été difficile à obtenir. Si l'on est capable de cultiver et de maintenir [cette conscience] jusqu'à ce que l'on atteigne le Dao, et que l'on est doté de vertu, alors non seulement les comptes et les dettes des dix directions seront transformés et éliminés, mais les transgressions karmiques[4] remontant aux âges immémoriaux,[5] seront également effacées d'un seul coup.

Les gens savent comment amasser et accumuler, mais ils ne savent pas comment éliminer leurs dettes. Ils savent comment transférer des dettes mais ne savent pas comment les rembourser. Pourtant, les gens ordinaires ont conscience que lorsqu'ils prennent la vie de quelqu'un, alors ils doivent compenser par leur propre vie ; [ils comprennent également] que s'ils ont une dette, ils doivent la rembourser. Si les humains cultivent le Dao sans [avoir accumulé] de mérite et sans [avoir de] conduite [vertueuse], s'ils n'accomplissent pas même une seule bonne action et qu'ils accumulent une montagne de méfaits, comment pourraient-ils alors devenir immortel ?

---

[1] Voir Livre III : Le Livre de l'Humain, Chapitre 14, *Remarques Concernant l'Entrée dans la Salle à Manger selon la Réalisation Complète* [ru quan zhen zhai tang xu zhi 入全真斋堂须知].
[2] Le destin [yuan 缘] signifie les circonstances que l'on rencontre et dans lesquelles on est impliqué. Cela signifie que l'on ne devrait pas poursuivre ce qui ne nous est pas présenté et que l'on ne devrait pas non plus rejeter ce qui a été obtenu de plein droit. La seconde partie de cette phrase est souvent négligée.
[3] Po [泊] illustre un lac dont la surface est tranquille. Il comprend également le sens d'être ancré. Cette phrase pourrait être traduite par 'vivre tranquillement sans rechercher la gloire et le gain'.
[4] Le mot 'karmique' [su/xiu 宿] fait référence ici dans son sens premier aux vingt-huit constellations de la voute céleste chinoise. Un exposé éclairant sur le destin karmique [su yuan 宿缘], que l'on pourrait également traduire par le destin des constellations, est donné par Wang Feng Yi [王凤仪] dans son *Discours sur la Transformation de la Nature-Intérieure*.
[5] Les temps immémoriaux [wu shi 无始], plus littéralement 'sans commencement', est un terme bouddhiste qui fait référence à l'origine sans commencement de la chaine des transmigrations ou de la roue des réincarnations, mais également à l'absurdité de rechercher le point d'origine de la vie, puisque ce dernier n'existe pas.

29ème
La Barrière de l'Orgueil et de la Fierté

不自高者，終必至於高，不自大者，終必至於大，不自高者能卑於人，不自大者能小於人，藏其所能，以之應世而世人喜，以之學道則師友悅，若外謙恭而內輕慢，或恃才能學問，自負抱道，誰肯以高大之事來說，速把一切自滿自足、傲氣高心，一筆笔勾銷，才能修道。

Les gens qui ne se [considèrent] pas comme ayant [un statut] élevé[1] finiront inévitablement par avoir un statut élevé. De la même manière, les gens qui ne se [considèrent] pas comme grands finiront par devenir grands. Les gens qui ne se [considèrent] pas comme ayant [un statut] élevé sont capables de se mettre [au niveau] des autres. Ceux qui ne se [considèrent] pas comme grands sont capables de se faire petits devant les autres.[2] On devrait cacher ses capacités et ne les utiliser qu'en réponse au monde, afin [d'amener] de la joie chez les gens ordinaires,[3] et que dans l'étude du Dao, pour [amener] de la joie chez nos maîtres et nos amis.

  Si l'on est extérieurement modeste et humble, mais intérieurement irrespectueux et méprisant,[4] que l'on s'appuie sur son talent, ses capacités et son érudition, et que l'on est prétentieux dans sa façon de considérer le Dao, alors qui pourrait être disposé à discuter des sujets élevés et essentiels [de la vie] ? On devrait sans tarder éliminer[5] toute suffisance, toute arrogance[6] et tout dédain en son cœur-esprit. Alors seulement pourra-t-on cultiver le Dao.

---

[1] Elevé [gao 高] signifie littéralement haut, grand et est le même mot que 'arrogance' dans le titre de cette barrière, ce qui porte ici une connotation négative.
[2] Alternativement, se mettre au niveau de l'autre.
[3] Littéralement les gens du monde [shi ren 世人].
[4] Voir également la 24ème Barrière et son Commentaire.
[5] Littéralement annuler, radier [gou xiao 勾銷].
[6] Littéralement le Qi de l'arrogance [ao qi 傲气].

30ème
La Barrière de la Beauté et de l'Ornement

世人所重者外表，所輕者內涵，認其假而棄其真，或怕人笑話而衣巾華美；或耀人耳目而哄人欺世，或道貌岸然而騙人供養，只在假事中做工夫，何嘗在修道上用心思，速速斂華就實，本本分分，淡淡泊泊，模模素素，踏踏實實，以道為尊，以德為貴，事事落實，方有進益。

Les gens de ce monde accordent une grande importance[1] aux apparences extérieures et se soucient peu de [cultiver] l'intérieur. Ils acceptent aveuglément les faussetés [extérieures] et rejettent les vérités [intérieures]. Peut-être ont-ils peur de paraître ridicules aux yeux des autres, se couvrant ainsi de somptueux vêtements. Peut-être éblouissent-ils le regard et les oreilles afin d'amadouer l'autre et de tromper le monde. Peut-être se présentent-ils comme des personnes de haute moralité[2] afin de séduire les gens, et faire que ces derniers les entretiennent et les soutiennent. En ne dirigeant leurs efforts que vers de fausses affaires, ont-ils jamais employé l'intention du cœur-esprit en se basant sur les pratiques du Dao ?

    On doit regagner sans tarder la splendeur et [ne s'engager que dans] ce qui est authentique. Ce n'est que lorsque l'on se contente du sort qui nous est donné, que l'on accomplit son devoir, que l'on est indifférent et tranquille, simple, franc et terre à terre,[3] considérant le Dao et la vertu comme [véritablement] précieux, exécutant et réalisant ses affaires[4] les unes après les autres, que l'on pourra alors progresser.[5]

---

[1] Littéralement, placer du poids sur, placer une emphase sur.
[2] Haute moralité [dao mao 道貌], signifie mot à mot que 'l'apparence du Dao' de la personne est noble et sérieuse.
[3] Terre à terre [ta ta shi shi 踏踏实实] signifie littéralement marcher sur une terre ferme.
[4] Les 'affaires' [shi 事] font ici référence aux étapes qui se présentent à nous quand on cultive. Alternativement et moins littéralement, on pourrait traduire 'lorsque chaque étape [cultivée] aura été exécutée'.
[5] Progrès pourrait être traduit plus littéralement par 'avancer vers le gain'.

31ème

La Barrière de la Fausse Connaissance

假知關

修道必須要真知灼見，而不可以不知為知，有誤大事也，似是而非，當求人開明，心地豁亮，疑惑盡釋，方謂是知，須把自作聰明心腸掃去，未知者急求其知，已知者更求深知，若假裝高明，未知者終不知，稍知者難深知矣。

Lorsque l'on cultive le Dao, on doit avoir une connaissance véritable et une vision profonde.[1] Il ne faut pas considérer connaître [un sujet qu'en réalité] on ignore, car cela pourra nous induire en erreur lorsqu'il sera [temps d'aborder] les moments clés [de la pratique]. Si ce qui semblait juste se révèle faux en réalité, alors on doit rechercher une personne [capable] d'ouvrir et d'éclairer notre compréhension. Lorsque le caractère moral[2] d'une personne sera ouvert et lumineux, que les doutes seront totalement dissipés, alors seulement pourra-t-on parler de connaissance. Il est nécessaire de balayer et d'éliminer toutes les tendances du cœur-esprit[3] à se voir comme intelligent.

    Ceux qui n'ont pas la connaissance doivent urgemment rechercher cette connaissance. Ceux qui savent déjà doivent approfondir cette connaissance. Si l'on prétend faussement être illuminé et sage, alors au final, ceux qui n'ont pas la connaissance ne sauront jamais, et ceux qui ont une connaissance légère auront des difficultés à comprendre [les choses] en profondeur.

---

[1] Profonde vision [deng jian 灼见] pourrait être traduit par une vision lumineuse.
[2] Littéralement le sol ou la terre du cœur-esprit [xin di 心地].
[3] 'Les tendances du cœur-esprit' se traduit littéralement par les intestins du cœur-esprit [xin chang 心肠].

32ème
La Barrière du Mal-Yin

修身應世，須要性情慈和，不可暗藏毒惡，有妨於道也。世人善惡賢愚不一，一人一性，百人百性，或言語衝撞，或行事有偽，須耳聞如不聞，眼見如不見，皆當隨人應，過而不記較，若忘人大恩，記人小怨，陰毒藏於心胸，累年積月不能放下，外而巧言令色，內而暗伏機芒，毀人傷物，不至報復而不休，當畏舉頭三尺，雖暗室而明察秋毫，所謂瞋不除，惡不改，墮入生死輪迴海。

Lorsque l'on cultive le corps et [qu'en parallèle] on s'occupe des affaires du monde, on doit souhaiter que notre nature-intérieure et nos émotions soient harmonieuses et dans la compassion. On ne doit pas secrètement être habité par la cruauté[1] et le mal, car sinon on rencontrera des obstacles sur la voie menant au Dao. Les gens de ce monde, les bons et les mauvais, les vertueux et les sots, sont tous différents. Ainsi, chaque personne a sa propre nature-intérieure et cent personnes possèdent cent nature-intérieures [différentes]. Certains peuvent avoir un discours offensant, tandis que d'autres s'engagent dans l'hypocrisie.[2] [Face à de tels comportements], on devrait entendre avec ses oreilles mais ne rien écouter, on devrait voir avec ses yeux mais ne rien regarder.[3] [En toute circonstances], il est approprié de répondre et d'être conciliant avec l'autre ; mais une fois [l'évènement] passé, on ne devrait plus repenser aux disputes.

Si l'on en vient à oublier la grande qualité des gens pour ne se rappeler que de notre rancune [à leur égard], alors les poisons Yin se dissimuleront dans notre cœur-esprit et dans notre poitrine,[4] s'accumulant au cours des mois et des années sans que l'on puisse s'en défaire. A l'extérieur, on pourrait avoir un langage habile tout en montrant une apparence agréable, mais à l'intérieur on dissimulerait de sombres plans [de vengeance], des pointes d'acier acérées destinées à blesser et à détruire les gens, ainsi [qu'une ambition] qui ne faiblirait qu'après accomplissement de notre revanche.

On devrait craindre ceux qui se situent à trois pieds chinois au-dessus de notre tête,[5] et qui sont capables de percevoir clairement même un poil d'automne[6] dans une chambre noire. Il est dit que si l'on ne supprime pas la haine et que l'on ne corrige pas nos habitudes malsaines, alors on sombrera dans l'océan de la roue du retour[7] de la vie et de la mort.

---

[1] 'Cruauté' [du 毒] peut également être traduite par poison ou toxicité.
[2] L'hypocrisie [xing shi you wei 行事有偽] fait référence à la fausseté ou au comportement mensonger.
[3] Voir également le Commentaire de la 49ème Barrière et la note de bas de page 24.
[4] 'Le cœur-esprit et la poitrine' [xin xiong 心胸] est également une référence à l'étendue de notre propre esprit.
[5] Voir également le Commentaire de la 16ème et 17ème Barrière, ainsi que le Livre III : Le livre de l'Humain, Chapitre 17, *Les Esprits de Lumière* [shen ming 神明].
[6] Le poil d'automne [qiu hao 秋毫] est le plus fin duvet d'automne nouvellement développé sur un oiseau, représentant quelque chose de tellement petit qu'il en est presque indiscernable.
[7] La roue du retour [lun hui 輪迴] est la roue des renaissances ou le *samsara*.

33ème

La Barrière du Désir pour l'Alcool

貪酒關

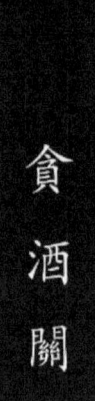

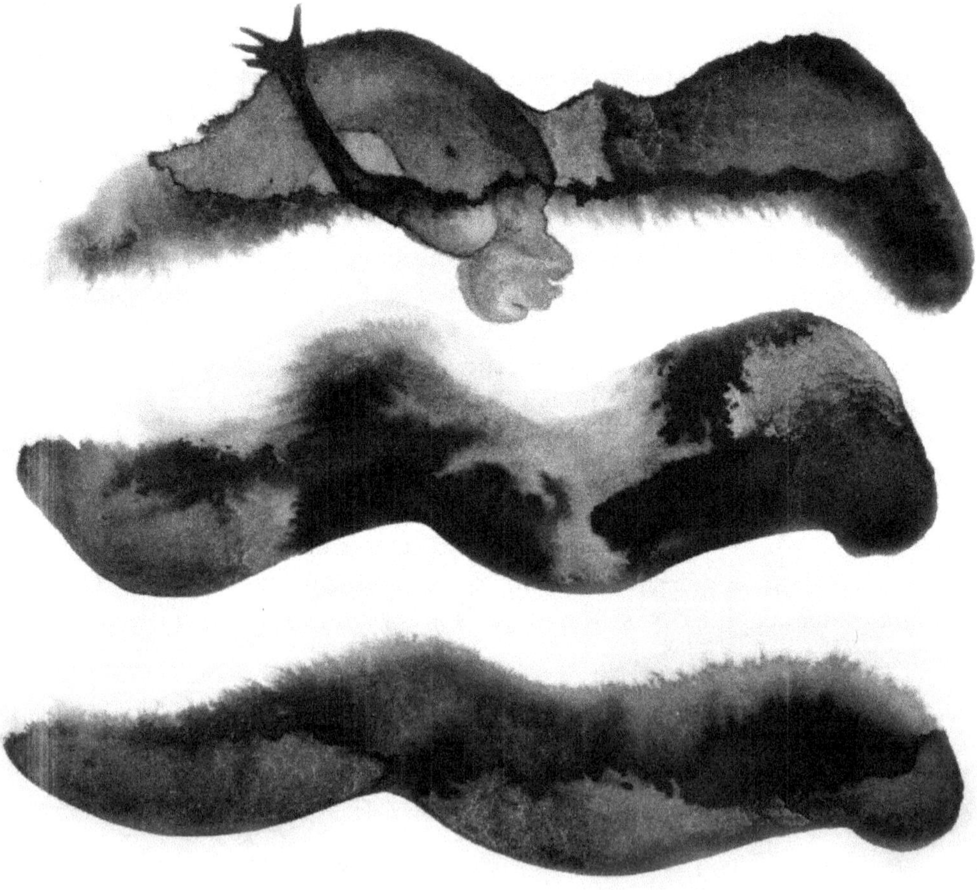

酒色財氣四堵牆，人人俱在裡邊藏，有人跳出牆兒外，便得長生不老方。酒為四害之一，貪於酒，酒醉性迷，色心於此而起，邪念於此而生，氣性於此而發，天真由此而傷，喪德敗行，言行失態，膽大包天，諸事敢為，皆因於酒，自古多少英雄豪傑，往往皆遭此難，必須持戒。

L'alcool, le sexe, la richesse et le Qi[1] sont appelés les quatre murs et tous les humains se dissimulent en eux.[2] Cependant, certains [sont capables] de sauter par-dessus ces murs et d'obtenir la formule de longue vie et du non-vieillissement. L'alcool est l'un de ces quatre préjudices.[3] Lorsque l'on a envie d'alcool[4] et que l'on est ivre, alors la nature-intérieure devient confuse, un cœur-esprit libidineux[5] se réveille, des pensées dangereuses émergent et un mauvais tempérament[6] se dessine. Ainsi, l'innocence céleste[7] est endommagée, la vertu est perdue, le comportement est corrompu et on perd son sang-froid dans ses paroles et ses actes.[8] On devient audacieux à l'extrême[9] et on ose se mêler de toutes les affaires. Tout cela est dû à l'alcool. Depuis des temps immémoriaux, nombreux sont les héros et les personnages exceptionnels qui ont rencontré cette difficulté ; de ce fait, il faut respecter les préceptes.[10]

---

[1] Qi [气] se traduit parfois par pouvoir.
[2] Cela exprime l'idée que les gens se cachent entre ces quatre murs qui forment alors un carré, une enceinte.
[3] Les quatre préjudices [si hai 四害] sont très probablement les mêmes que les quatre murs [si du 四堵]. Alternativement, on pourrait les appeler les quatre afflictions.
[4] Littéralement 'être avide de' [tan 贪].
[5] Littéralement 'le cœur-esprit des apparences'.
[6] Le mauvais tempérament [qi xing 气性] signifie littéralement une nature-intérieure de Qi.
[7] L'innocence céleste [tian zhen 天真] fait référence à la pureté et à la naïveté d'un nouveau-né.
[8] Perdre son sang-froid [shi tai 失态] peut également se traduire par perdre le contrôle de soi ou de sa posture intérieure.
[9] Littéralement avoir 'une vésicule biliaire si grande qu'elle englobe le ciel' [dao jiao wu jie 道教五戒].
[10] Il convient de noter qu'à l'origine, les préceptes [jie 戒], transmis oralement par un maître bouddhiste, désignaient les vertus dans le bouddhisme, ou *sila* en sanskrit. Dans le cadre de l'alcool, le précepte est de cultiver et de maintenir la vertu de ne pas être ivre. Comme seuls les saints peuvent maintenir parfaitement les vertus, cela ne peut être que le but d'un cultivateur. Plus tard cependant, *jie* [戒] ou *sila* a été associé avec *lü* [律] ou *vinaya* en sanskrit, c'est-à-dire le code de conduite de la vie monastique ; c'est devenu quelque chose d'absolument interdit et qui ne doit pas être enfreint. Dans ce cas, le précepte est que le cultivateur doit en toute circonstance s'abstenir de boire de l'alcool. Le texte penche en faveur de cette dernière interprétation. Pour un aperçu plus général de la notion des préceptes dans le daoisme, voir Livre III : Livre de l'Humain, Chapitre 8, *Les Cinq Préceptes du Daoisme* [dao jiao wu jie 道教五戒].

34ème

La Barrière de
la Peur de l'Amertume

怕苦關

初修道，飢渴、寒暑、災病、止欲，煉己、正行，凡此種種皆勞身苦心，為色身舊習所不願，非常人所能知，能行，當知有失必有得，必經勤苦而後成也。常人遇苦而退，見難而止，是不知道在苦中求之意，苦之一字，磨煉意志，為修道者調理身心之良藥，消除業障之大行，若以出家為躲清閒，得衣食，與俗人何異？懼怕辛苦，疑心不果，乃苟延歲月，難以修道。

Lorsque l'on commence à cultiver le Dao, [il faut endurer] la faim et la soif, le froid et la chaleur de l'été, les désastres et la maladie, l'arrêt des désirs, le raffinement du soi et [le maintien] d'une conduite droite ; toutes [les difficultés] de ce genre exigent un dur labeur pour le corps et sont une épreuve pour le cœur-esprit.[1] Au regard des vieilles habitudes de notre corps physique, [ce labeur] n'est pas quelque chose que l'on peut souhaiter,[2] et ce n'est pas non plus quelque chose dont les gens ordinaires sont conscients ou qu'ils peuvent mettre en œuvre. [Néanmoins], il faut savoir que là où il y a perte, il y a également gain.[3] On doit [d'abord] faire preuve d'assiduité et cultiver dans l'amertume[4] pour [éventuellement] réussir plus tard.

Lorsque les gens normaux sont confrontés à l'amertume, ils reculent ; lorsqu'ils font face à la difficulté, ils s'arrêtent. C'est parce qu'ils ne savent pas que le Dao doit être recherché dans l'amertume. Ce seul caractère chinois 'Amertume' signifie aiguiser et raffiner sa propre intention, sa propre détermination.[5] C'est un excellent remède pour ceux qui cultivent le Dao en vue de réguler leur corps et leur cœur-esprit ; c'est également une pratique importante qui permet d'éliminer les afflictions karmiques.[6] En revanche, si l'on envisage le renoncement comme [une solution] de facilité pour se cacher [du monde] et ne pas être accablé par le travail, comme un moyen d'obtenir des vêtements et de la nourriture,[7] alors quelle est la différence [entre une telle personne et] une personne ordinaire[8] ? Si l'on craint de travailler dur,[9] que l'on a des doutes dans son cœur-esprit [sur le fait que cultiver] puisse porter des fruits,[10] alors on ne fait que gaspiller les mois et les années [de sa vie],[11] et il sera très difficile de cultiver le Dao.

---

[1] Cela pourrait être traduit par 'cela éprouve le corps et est pénible pour le cœur-esprit'.
[2] Le corps physique [se shen 色身] fait également référence à l'apparence du corps.
[3] Voir dans le Livre III : Livre de l'Humain, Chapitre 41, *Gain et Perte* [ren shu 人書].
[4] L'amertume [ku 苦] représente également le dur labeur, ou bien le travail assidu malgré les difficultés.
[5] La détermination [zhi 志] sont également les obstacles karmiques ou néfastes, les créatures malfaisantes et les châtiments reçus pour les fautes commises dans des existences précédentes.
[6] Les afflictions karmiques [ye zhang 业障] sont également les obstacles karmiques ou néfastes, les créatures malfaisantes et les châtiments reçus pour les fautes commises dans des existences précédentes.
[7] Dans le passé et encore aujourd'hui, renoncer est un terme qui peut notamment inclure le fait de confier son enfant afin qu'il soit ordonné, ce qui lui garantit la survie et de la nourriture venant des dons et de la mendicité, et suffisamment de vêtements, une robe ou un simple accoutrement, pour se protéger du froid.
[8] Une personne ordinaire [su ren 俗人] est une personne qui se distingue d'un renonçant.

[9] Travailler dur [xin ku 辛苦] signifie littéralement piquant et amer, les deux saveurs peu agréables au goût.
[10] Ne pas porter de fruits [bu guo 不果] signifie ne pas avoir réussi à atteindre ses objectifs.
[11] Littéralement, prolonger les années et les mois dans la négligence.

不信關

35ème
La Barrière du Manque de Foi et du Scepticisme

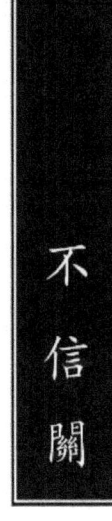

Le Livre I : 35ème Barrière

上士聞道，勤而行之，中士聞道，若存若亡，下士聞道，大笑之，信者，非言語之信，乃真心實意之信。其力最大，能感天動地，通神明，轉生殺，扭生死，為聖為賢，作佛作仙，為修道者第一至寶，認定此字，乃是一心在道，別無二意，但是信又要明辨是非，分得邪正，學道者貴乎信，尤貴乎信得其正，方是真信於道矣。終有所得，否則，或信或疑，主宰不定，妄想明道。

Lorsque l'adepte[1] supérieur écoute le Dao, il le pratique avec diligence. Lorsque l'adepte moyen écoute le Dao, parfois il le maintient, parfois il l'oublie.[2] Lorsque l'adepte inférieur écoute le Dao, il rit grandement. La foi [qui se développe] n'est pas celle des mots mais celle du cœur-esprit véritable et de l'intention sincère. C'est le plus grand des pouvoirs qui permet de percevoir les cieux et de mettre en mouvement la terre, de communier avec les esprits de lumière,[3] d'inverser [le cours de] la naissance et du vieillissement,[4] de renverser [les cycles] de la vie et de la mort,[5] d'agir comme les sages et les saints, de devenir un bouddha et un immortel. C'est le premier et le plus grand des trésors pour quiconque cultive le Dao.

Si l'on préserve avec fermeté ce caractère chinois [de la foi], alors le cœur-esprit se trouve dans le Dao, sans aucune autre intention. Mais dans la foi, il faut différencier clairement ce qui est juste de ce qui est faux, distinguer correctement le mal de la droiture. Ceux qui étudient le Dao [devraient] valoriser leur foi et particulièrement la droiture d'une telle foi ; ce n'est qu'ainsi que l'on peut parler d'une foi véritable [qui vient] du Dao. On finira alors par posséder ce que l'on cherche à obtenir. Sinon, on peut croire puis douter, et être indécis [dans ses tentatives] de maîtrise de soi.[6] [Dans ce cas], il est illusoire [de croire] que l'on peut être illuminé par le Dao.

---

[1] L'adepte [shi 士] est celui qui cultive.
[2] Le sens de cette phrase est que, chez l'adepte moyen, la pratique du Dao est tantôt présente, tantôt absente.
[3] Voir Livre III : Livre de l'Humain, Chapitre 17, *Les Esprits de Lumière* [shen ming 神明].
[4] Naissance et vieillissement [sheng sha 生殺] font référence à la force de vie et de mort.
[5] Cette phrase est difficile à traduire sans perdre les nuances du chinois. Essentiellement, elle dit 'faire plier la naissance, le vieillissement, la vie et la mort'. C'est une allusion au fait d'être capable de tenir ces concepts entre ses mains, d'avoir le plein contrôle sur les cycles de la vie et de la mort. En outre, cette phrase fait également référence à deux hexagrammes du *Livre des Changements*. Tout d'abord, le trigramme du ciel sur celui de la terre, formant l'hexagramme 'Adversité' [fou 否]. Parce que les cieux sont situés au-dessus et qu'ils sont Yang de nature, ils s'élèvent davantage ; la terre est située en dessous et de nature opposée, elle descend davantage, ce qui occasionne un manque d'interaction entre les cieux et la terre, car leurs mouvements respectifs font qu'ils s'éloignent l'un de l'autre. Le second hexagramme voit leur positionnement s'inverser, le trigramme de la terre étant en haut et celui des cieux en bas. Ainsi, en raison de leur nature respective Yin et Yang, ils se rapprochent l'un de l'autre, symbolisant l'harmonie. Ainsi ce deuxième hexagramme se nomme 'Prospérité' [tai 泰].
[6] La maîtrise de soi [zhu zai 主宰] signifie que l'on est au contrôle de sa propre vie, que l'on dirige sa propre vie, ou bien que l'on décide par soi-même, dans le sens où les décisions sont prises du fait de nos propre efforts et de notre propre force de volonté.

36ème
La Barrière du Manque de Maîtrise de Soi

無主關

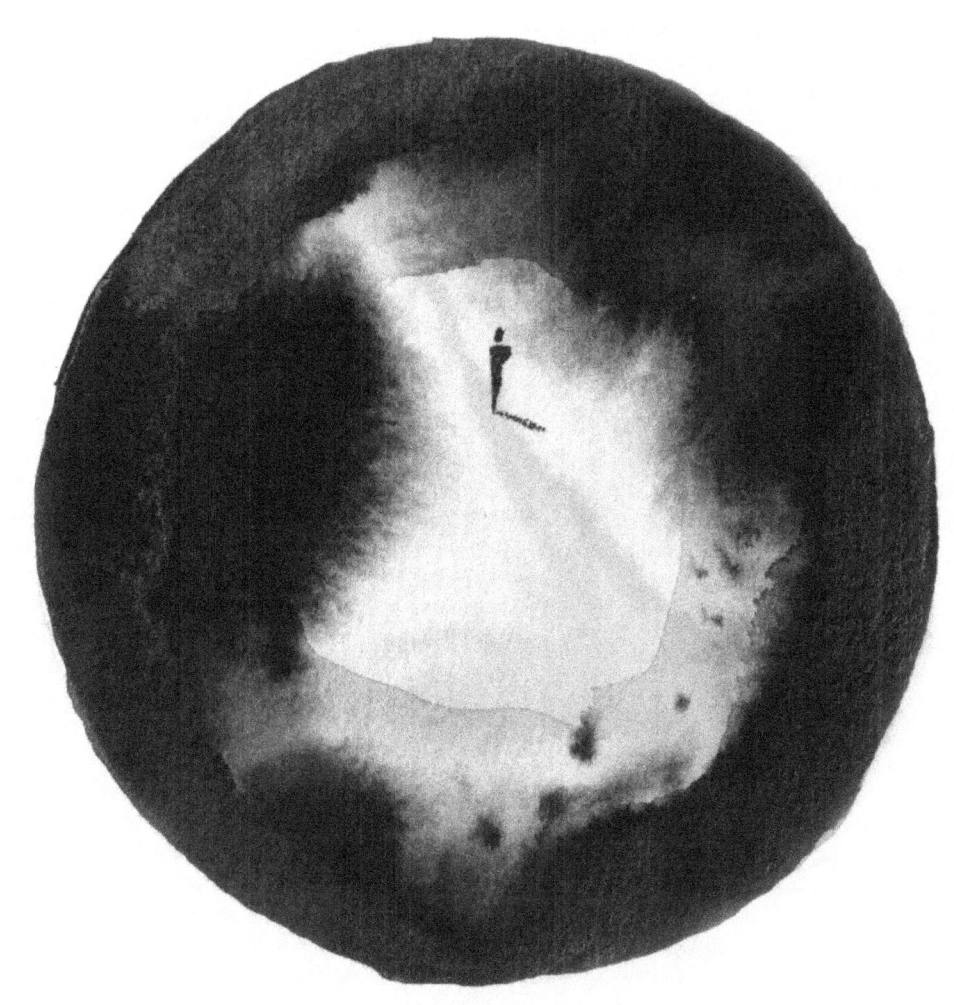

Le Livre I : 36ème Barrière

凡有作為，貴乎先有主宰定見。無有真正主宰，則志虛不實，無有正見則流入偏門，虛度歲月。心有疑惑，不妨求教高明，審問破疑，否則不分真假，本欲求生，反而促死。

Pour chaque comportement et chaque action, on [devrait] d'abord faire preuve de maîtrise de soi et de détermination. Si l'on ne [devient pas] le véritable et légitime maître en charge, la détermination et les idéaux seront vides et sans fondement. Sans une vision élevée, on dérivera et on empruntera des voies de côté,[1] gaspillant des mois et des années [de sa vie].[2]

    Lorsque le cœur-esprit est en proie au doute, il est normal de rechercher des instructions et des enseignements auprès de gens brillants et illuminés, afin d'examiner les questionnements et de lever les doutes [sur la doctrine]. Sinon on ne pourra pas distinguer le vrai du faux, et bien que l'on ait à l'origine souhaité mieux comprendre la vie, on se hâtera vers la mort.

---

[1] La voie de côté [pian men 偏门], littéralement une porte latérale, fait référence à l'enseignement non-orthodoxe ou hérétique, ce que l'on pourrait également traduire par des voies secondaires.

[2] Gaspiller [xu du 虛度] signifie littéralement 'un passage à vide'.

37ème
La Barrière de l'Impatience pour des Résultats Rapides

Le Livre I : 37ème Barrière

修道必須循序而進，漸次用功，日久方得，不可立等而取，急欲見效。經文不究，功德不積，旁門曲徑，見效易而成功難，久而必受其害，真正大道，修的是先天無形之氣，見效難而成功易，不立長久志，不存永遠心，急欲見功，輕視懈怠，本欲上天，反墮於地。欲速則不達。

Lorsque l'on cultive le Dao, il faut avancer [par étape] dans l'ordre approprié et mettre en œuvre son Gong de façon progressive et graduelle ; ce n'est qu'au fil du temps que l'on peut y parvenir. On ne doit pas [rechercher] le gain immédiat ou désirer ardemment voir des résultats. Si l'on n'étudie pas attentivement les écritures classiques, que l'on n'accumule pas les mérites[1] et la vertu, [et que l'on emprunte] des voies secondaires et des sentiers tortueux, alors il est facile d'observer des résultats mais difficile d'obtenir un Gong correct. Sur le long terme, il est certain que cela nous portera préjudice.

[En revanche] lorsque l'on cultive le grand Dao, véritable et droit, c'est le Qi sans forme du ciel antérieur [qui s'accumule] ; il est alors difficile d'observer des résultats mais facile d'obtenir un Gong correct.[2] Si l'on n'établit pas une détermination et des idéaux durables dans le temps, que l'on ne préserve pas un cœur-esprit éternel, que l'on désire hâtivement voir [l'accomplissement] de son Gong tout en étant méprisant [envers autrui], et que l'on se relâche [dans sa pratique], alors bien qu'initialement on ait souhaité s'élever vers les cieux, on se verra au contraire sombrer vers la terre.[3] Si l'on souhaite [obtenir du gain] à la hâte, alors notre but ne sera pas atteint.

---

[1] Le mérite [gong 功] fait également référence dans un contexte différent à la compétence ou au fruit d'un travail.

[2] Cette phrase souligne le contraste avec les résultats visibles obtenus en arpentant les voies secondaires et les chemins tortueux. Ces voies mènent vers des performances et des compétences visibles depuis l'extérieur et qui sont susceptibles d'ébahir les gens, mais qui en retour n'engendrent aucun progrès interne. En comparaison, la véritable pratique se déroule à l'intérieur, rapprochant l'être de son but ultime, tout en restant imperceptible de l'extérieur, aux yeux des autres.

[3] Sombrer vers la terre [zhui yu di 墜於地] dépeint la descente aux enfers.

38ème

La Barrière de la Négligence et du Manque de Réflexion

粗心關

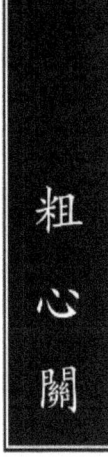

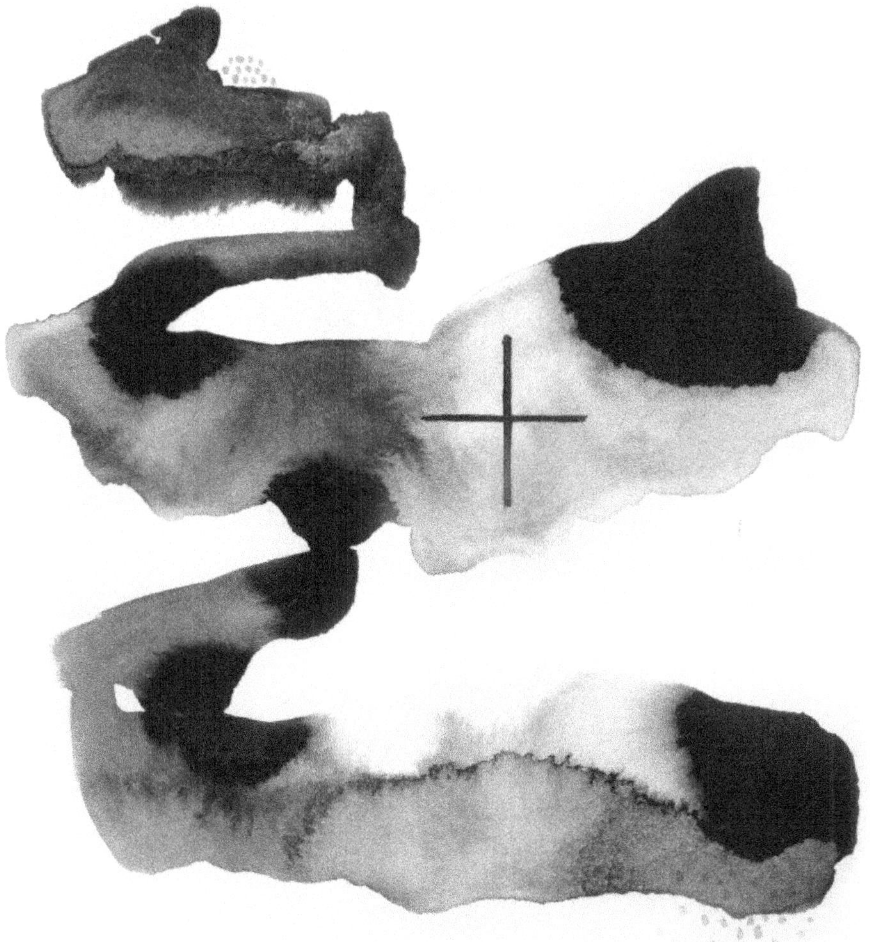

學而不思則罔，思而不學則殆。惟有細心追求，耐的久遠，下工夫者，方能得之，經書萬卷，豈是粗心者可以會悟，須細心鑽研，把道理撥去一層入一層，自己心中了然，實實信得過，一理貫通，才能直登道岸。

Etudier sans réflexion mène à la confusion. Réfléchir sans étudier est synonyme de péril. Ce n'est que lorsque le cœur-esprit est méticuleux dans sa quête, doué d'une patience et d'une persévérance de longue durée, [disposé à] engager du temps et des efforts, que l'on pourra voir [des résultats]. Confronté aux dix mille rouleaux d'écritures, comment quelqu'un dont le cœur-esprit est négligent pourrait-il les comprendre ?

C'est avec un cœur-esprit méticuleux que l'on doit approfondir et investiguer, éliminant certains niveaux de principes et plongeant en d'autres. On doit avoir une compréhension absolue dans son cœur-esprit, avoir une foi véritable et élevée ; d'un seul principe, on doit relier et rassembler [tous les enseignements] ensemble.[1] Ce n'est qu'alors que l'on pourra directement accoster sur les rivages du Dao.

---

[1] Relier et rassembler ensemble [guan tong 貫通] signifie également avoir une connaissance complète.

39ème
La Barrière de la Perte de Temps

虛度關

人身難得，光陰易遷，罔測修短，安逃孽報，不自及早醒悟，惟只甘分待終，學者須當年少時，及早勤學，而不可虛度歲月，若待氣敗神昏，筋骨衰疲，豈不枉來世間一場，生死事大，若在無益處偏去用心，有益處反不著意，只圖豐衣足食，隨波逐流，枉自錯過時光，豈不悲哉，遇師受教，逢友參學，即或大道不明，亦不蹉跎歲月，終得做個好人，免造許多罪孽，若果專心致志，立大行，下大功，神明默佑，大道可冀。

Le corps humain est difficile à obtenir et la vie s'écoule rapidement. Personne ne peut prédire [l'avenir] et parce que le temps [qui nous est alloué pour] cultiver est bref, comment serait-il possible d'échapper aux rétributions karmiques[1] ? Si l'on ne s'éveille pas le plus tôt possible, alors on se contentera simplement de jouer son rôle [dans cette vie] et d'attendre la fin. Celui qui [souhaite] étudier [le Dao] devrait s'y mettre assidument dès que possible, alors qu'il est encore jeune et dans la force de l'âge. On ne devrait pas gaspiller les mois et les années. Si l'on attend que son Qi se dégrade et que l'esprit s'affaiblisse, que ses tendons et ses os se détériorent et s'usent, alors ne serait-on pas venu en vain dans ce monde ?

    La question de la vie et de la mort est capitale. Si l'on s'obstine à engager son cœur-esprit dans des causes futiles, que l'on ne se consacre pas à des causes fécondes et que l'on cherche seulement à obtenir des vêtements et de la nourriture, naviguant au gré des marées[2] et laissant le temps filer en vain, cela ne serait-il pas triste ? Si l'on rencontre des maîtres et que l'on reçoit des instructions, que l'on croise des amis [en chemin] qui étudient avec nous, alors même si le grand Dao n'a pas encore été illuminé, on ne perd pas pour autant mois et années, et on deviendra tout de même une bonne personne, évitant de nombreux problèmes. Si l'on est attentif avec son cœur-esprit, que l'on se dévoue avec détermination, que l'on établit une fondation basée sur des actes méritoires et que l'on fait l'effort [d'employer] le grand Gong, alors automatiquement, les esprits de lumière[3] nous protègeront et le grand Dao pourra être espéré.

---

[1] Le mauvais karma ou rétribution karmique [nie bao 孽报] fait également référence à une notion de réciprocité et de compensation, mais dans le daoisme, cela peut également par exemple désigner les rapports faits à l'empereur de jade par la divinité de la cuisine [zao jun 灶君], sur le mal que nous avons fait.
[2] Naviguer au gré des marées [sui bo zhu liu 隨波逐流] signifie mot pour mot suivre les vagues et pourchasser le courant.
[3] Voir Livre III : Le livre de l'Humain, Chapitre 17, *Les Esprits de Lumière* [shen ming 神明].

40ème
La Barrière de la Détermination Faiblissante

退志關

Le Livre I : 40ème Barrière

人身難得，有了渡河筏子上天梯，當立大志，勇猛精進，證聖成真，今生必成，不待來世。有心學道者雖七十八十，一息若存，尚能還丹，年老者，亦不可灰心退志，半途而廢，須耄而好學，愈老愈勤，至死方休。本來面目不難返還，只怕無志氣無恆心。

Le corps humain est difficile à obtenir. Dès lors que l'on possède un radeau pour traverser la rivière et une échelle pour monter vers les cieux, alors on devrait faire preuve d'une grande détermination, puis aller de l'avant avec bravoure et vigueur,[1] afin de réaliser la sagesse[2] et d'atteindre la vérité.[3] Cela doit être accompli dans cette vie même. N'attendez pas après la prochaine vie.

Si l'on a un cœur-esprit désireux d'étudier le Dao, alors, même si l'on a soixante-dix ou quatre-vingts ans, tant que le souffle de la respiration existe, il est possible de restaurer l'élixir.[4] Les personnes d'un âge avancé ne doivent pas se décourager[5] et ne doivent pas vaciller dans leur détermination pour abandonner à mi-chemin. Même si l'on vieillit, on devrait toujours chercher à apprendre. Plus on est âgé, plus on doit être assidu, ne se reposant qu'au moment de la mort. Il n'est pas difficile de retourner à son apparence originelle,[6] je crains seulement que [l'adepte] ne possède pas [suffisamment] du Qi de la détermination et d'un cœur-esprit de perseverance.

---

[1] Dans le bouddhisme, avancer avec vigueur [jing jin 精进] ou *virya* en sanskrit, désigne une attitude où l'on s'engage dans les choses avec plaisir et bonté, ce qui conduit naturellement à des actes de vertu.

[2] Littéralement, être reconnu comme un sage [zheng sheng 证圣].

[3] Littéralement, devenir la vérité [cheng zhen 成真].

[4] Restaurer l'élixir [huan dan 还丹] est un terme expliqué dans *Le Maître qui Embrasse la Simplicité* [bao pu zi 抱朴子] de Ge Hong [葛洪] :

> 道家炼丹，将丹砂烧成水银，积久又还原成丹砂，循还，称为还丹。
> Dans le daoisme, pour raffiner l'élixir, on chauffe le cinabre jusqu'à ce qu'il se transforme en mercure. Après l'avoir accumulé pendant un certain temps, il revient à son état initial de cinnabre. Ce cycle de transformation est appelé restaurer l'élixir.

[5] Être découragé [hui xin 灰心] signifie littéralement avoir un cœur-esprit comme la cendre.

[6] L'apparence originelle [mian mu 面目] se traduit littéralement par 'le visage et les yeux', mais est également une allusion à la mort ou au rajeunissement, voir au corps originel. En outre, cette expression nous rappelle la fameuse question Chan du vénérable Ling You, de la montagne Wei [沩山靈祐] :

> 父母未生我之前的本来面目是什么？
> Quel était mon visage avant que mon père et ma mère ne me fasse naître ?

On peut également l'attribuer à une question posée par le 6ème patriarche Hui Neng [惠能] au vénérable Hui Ming [慧明], qui cherchait alors à devenir son élève :

> 不思善不思恶。正与么时那个是明上座本来面目。
> Pour celui qui n'a plus à considérer la bonté du cœur et le mal, à ce moment précis, Ming l'Ancien, quelle est son apparence originelle ?

41ème

La Barrière de la Vantardise et de la Suffisance

誇揚關

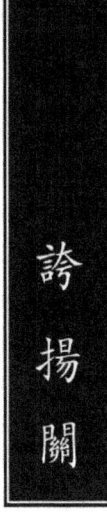

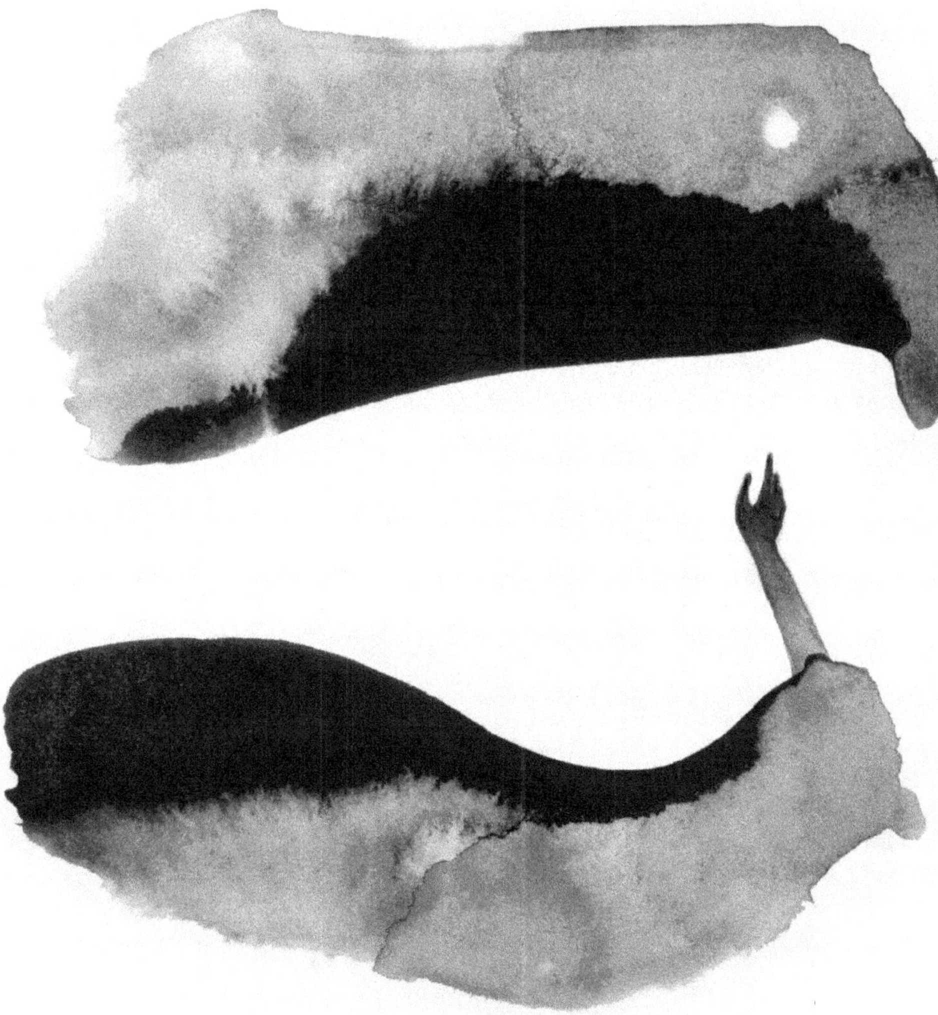

世間學人，學幾個工夫話頭，故弄玄虛，背幾張丹經子書，自負有道，行法效驗，自謂得道，自誇自擂，以此沽名釣譽，實是自招魔障，自入魔道。勸真心修道者，如愚如訥，謹言慎行，莫恃己長，莫圖虛名，未聞道者，低頭學道，已聞道者，低頭修道，步步實證。直待三迁功滿，八百行圓，法身堅固，拔宅飛升而後矣。

Dès lors que les adeptes de ce monde ont appris quelques techniques [de pratiques méditatives][1] et un peu de discours, ils s'engagent délibérément dans la mystification et la tromperie.[2] Ils mémorisent quelques écrits alchimiques et quelques livres de philosophie, puis deviennent vaniteux, [croyant] qu'ils possèdent le Dao. Après avoir pratiqué certaines méthodes qui n'auront donné que quelques résultats escomptés, ils se déclarent alors comme étant de 'ceux qui ont atteint le Dao'. En faisant leurs propres louanges et rythmant [leur propre cadence], ils visent la gloire et la notoriété alors qu'en réalité, ils invitent les forces démoniaques[3] à venir jusqu'à eux, puis [finissent] par entrer dans le Dao démoniaque.

Ceux qui cultivent le Dao avec un cœur-esprit véritable sont invités à agir comme s'ils étaient des idiots ou des faibles d'esprit[4] ; ils doivent être prudent dans leurs paroles et attentifs dans leur conduite. On ne devrait pas s'appuyer sur nos propres forces, ni rechercher une gloire vaine. Ceux qui n'ont pas encore entendu le Dao devraient faire preuve d'humilité et l'étudier. Ceux qui ont déjà entendu le Dao devraient faire preuve d'humilité et le cultiver, en vérifiant pas à pas [chacun de leurs progrès]. Il faut agir ainsi jusqu'à ce que trois mille mérites[5] et huit cents actes [de bienveillance][6] aient été accomplis, après quoi le corps de la loi[7] sera ferme et inflexible, la demeure pourra être déracinée et on sera capable de voler vers les cieux.[8]

---

[1] Les techniques de méditation [gong fu 工夫] semblent être une référence spécifique aux techniques du bouddhisme chinois Chan [chan zong 禅宗].

[2] Mystification et tromperie [xuan xu 玄虛] se traduisent littéralement par mystérieux et vide.

[3] Littéralement des obstructions démoniaques [mo zhang 魔障].

[4] Voir également le Commentaire de la 14ème Barrière.

[5] Littéralement trois changements de Gong [san qian gong 三迁功]. Les caractères chinois 'changement' [qian 迁] et 'mille' [qian 千] sont des homonymes. Le premier fait référence à un changement qui s'opère dans la nature-intérieure d'une personne lorsqu'elle accomplit des actes de bienveillance.

[6] Selon Li Shi Fu, cette affirmation renvoie au dicton selon lequel on doit accumuler trois mille mérites mineurs et huit cents mérites majeurs [san qian gong ba bai guo 三千功八百果] pour obtenir une lumière semblable au Qi pourpre qui émanait de Lao Zi.

[7] Le corps de la loi [fa shen 法身] est le corps du dharma (*dharmakaya*), ce qui signifie l'incarnation la vérité.

[8] Déraciner la demeure et voler vers les cieux [ba zhai fei sheng 拔宅飞升], expression également formulée sous la forme [ba zhai shang sheng 拔宅上升], est une ancienne croyance de la tradition daoiste qui veut que toute la famille et même la maison s'élèvent avec celui qui cultive vers le royaume des immortels. On retrouve cette citation dans *Le Vaste Registre de la Grande Paix* [tai ping guang ji 太平广记],

au chapitre 14. L'histoire de Xu Xun [许逊] qui déracina sa demeure pour s'envoler vers les cieux est décrite ainsi :

> Sous la dynastie Jin de l'Est, Xu Xun [许逊] transportait du bois de chauffage pour prendre soin de sa mère adoptive et partageait un champ de murier avec la veuve de son frère ainé. Il lui avait donné la partie fertile du champ et labourait lui-même les terres stériles et non cultivées. Plus tard, Xu Xun étudia le Dao et devint le magistrat du comté de Jing Yang [旌阳]. Il apportait son aide aux pauvres et protégeait les personnes en difficultés. Il employait les arts daoistes pour servir le peuple. Quelques années plus tard, Xu Xun pressentit que le Dao de ce monde était en déclin et il démissionna de son poste de magistrat du comté. Il voyagea jusqu'au mont Xiao Yao [逍遥山], proche de Yu Zhang [豫章], actuellement Nan Chang [南昌] et fit le vœu de cultiver le Dao. Ceux qui le suivirent furent nombreux.
>
> Durant la période des Jin de l'Est, le daoisme était florissant et beaucoup cherchaient ces fameux maîtres [capables de] transmette le Dao, et nombreux étaient ceux qui cultivaient pour raffiner l'élixir médicinal. A cette époque, un grand serpent et un dragon d'eau apparurent aux alentours de la province du Jiang Xi. Les gens du peuple étaient grandement affligés par leur venue. Xu Xun et ses disciples tuèrent le serpent, décapitèrent le dragon d'eau et reçurent les louanges du peuple. Après avoir passé de nombreuses années à cultiver, dans la seconde année du règne de Tai Kang [太康] de la dynastie Jin (372 apr. J.C.), à l'heure Wu [午时] [11h – 13h], le 1er jour du 8ème mois lunaire, Xu Xun ingéra l'élixir médicinal au mont Xi [西山] de la préfecture de Hong [洪州]. Ensuite, il laissa sa famille ingérer le médicament et 'la maisonnée familiale entière déracina sa demeure pour s'envoler comme des immortels', quarante-deux personnes au total. Xu Xun lui-même est considéré comme l'un des Douze Souverains Réalisés [十二真君].

En outre, déraciner la demeure pourrait être une référence à l'esprit Yang lorsqu'il quitte le corps physique, ou plus précisément s'unifie à lui pour quitter le plan terrestre de la troisième dimension.

42ème
La Barrière des Feux du Fourneau

爐火關

五金八石皆是假，萬草千方總是差。金丹大道，非爐火燒煉外丹之術也。謂金丹者，金取其堅剛不壞之義，丹取其圓成無虧之義，光明奪目，堅剛圓成，故名金丹，即本來先天真一之靈寶，此氣在儒曰太極，在釋曰圓覺，在道曰金丹。來自先天，藏於後天，為性命之根本，人人具有，世間糊塗學人，道在近而求諸遠，事在易而求諸難，不究本意，且世間凡物與我性命非類，安能續得性命，真心學道者，速將爐火關口打通，把一切燒煉丹藥、烹煎茅法，等等偏門事務掃去，在身心性命上細心鑽研，尋出個乾坤爐鼎，否則以金石為點心，以毒藥為命寶，無益于性命。

Les cinq métaux et les huit pierres[1] sont tous faux. Les dix mille plantes et les dix mille formules sont toutes insuffisantes. Le grand Dao de l'élixir d'or[2] n'est pas l'art de brûler et de raffiner l'élixir externe dans les feux du fourneau. Quand on se réfère à 'l'élixir d'or', l'or symbolise la dureté et l'incorruptibilité, tandis que l'élixir revêt le sens de la perfection accomplie et de la pureté. Son éclat saisit le regard,[3] sa fermeté et sa perfection accomplie sont les raisons pour lesquelles on l'appelle l'élixir d'or. C'est le trésor divin véritable et originel du ciel antérieur dans son unité.[4] Ce Qi, que l'on appelle l'élixir d'or dans le daoisme, est appelé 'la limite extrême du fini'[5] dans le confucianisme et 'l'accomplissement de l'illumination'[6] dans le bouddhisme. Il vient du ciel antérieur et est thésaurisé dans le ciel postérieur.[7] Il est la racine de la nature-intérieure et de la vie-destinée,[8] et tout le monde le possède. En ce monde [pourtant], bien que le Dao soit tout près, les étudiants confus le recherchent dans des [endroits] éloignés, et bien que les problèmes [trouvent leur solution] dans la simplicité, ils s'immergent [néanmoins] dans la difficulté.

    Ils n'étudient pas le sens original [des enseignements]. De plus, les objets [externes] de ce monde ne sont pas de la même essence que ma nature-intérieure et que ma vie-destinée ; comment pourraient-ils alors prolonger ma nature-intérieure et ma vie-destinée ? Celui qui étudie le Dao avec un cœur-esprit véritable devrait rapidement ouvrir une voie au travers de la barrière des feux du fourneau. Il faut balayer et éliminer toutes les méthodes Mao[9] [qui visent] à chauffer et à raffiner l'élixir-médicinal, à bouillir et à faire frire, et ainsi de suite, car ce sont toutes des voies de détour.[10] Il faut étudier intensivement le corps, le cœur-esprit, la nature-intérieure et la vie-destinée avec une attention méticuleuse, afin de découvrir[11] les fourneaux du chaudron de Qian et de Kun.[12] Sinon, on en viendra à considérer les métaux et les pierres comme des remèdes légers,[13] et on considèrera les médicaments empoisonnés comme les trésors de la vie-destinée ; ce qui [bien évidemment] n'est d'aucune utilité pour la nature-intérieure et la vie-destinée.

[1] Les cinq métaux [wu jin 五金] sont l'or, l'argent, le cuivre, le fer et l'étain, tandis que les huit pierres [ba shi 八石] sont les huit minéraux, communément répertoriés comme le cinnabre, le réalgar, le mica, l'azurite creuse, le soufre, l'halite, le salpêtre et l'orpiment.

[2] L'élixir d'or du grand Dao [da dao jin dan 大道金丹] est une référence que l'on retrouve dans les écritures classiques daoistes et qui est classifié selon les trois primaires [san yuan 三元], nommément la primaire céleste [tian yuan 天元], la primaire humaine [ren yuan 人元] et la primaire terrestre [di yuan 地元].

[3] Saisir le regard [duo mu 夺目] signifie également être ébloui.

[4] L'expression 'trésor divin' [ling bao 靈宝] correspond également à l'une des trois plus hautes déités du panthéon daoiste, connue sous le nom du Vénérable Céleste du Trésor Divin [ling bao tian zun 靈宝天尊].

[5] La limite extrême du fini [tai ji 太极] est communément traduit par le faîte suprême, comme dans la forme d'arts martiaux très répandue et populaire Tai Ji Quan [太极拳].

[6] L'accomplissement ou la perfection de l'illumination [yuan jue 圓觉] est un terme qui apparaît également dans le titre d'un manuscrit bouddhiste chinois du courant Mahayana, *Le Sutra de la Perfection de l'Illumination* [yuan jue jing 圓觉经].

[7] Être thésaurisé dans le ciel postérieur [cang yu hou tian 藏於后天] signifie qu'il est accumulé et stocké à l'intérieur de notre propre corps depuis la naissance.

[8] Pour plus d'informations, voir le Livre III : Le livre de l'Humain, Chapitre 11, *Nature-Intérieure et Vie-Destinée* [xing ming 性命] ; ainsi que l'article de Fabrizio Pregadio en Anglais 'Destiny, Vital Force, or Existence? On the Meanings of Ming in Daoist Internal Alchemy and its Relation to Xing 性 or Human Nature', qui est téléchargeable gratuitement sur academia.edu

[9] 'Les méthodes Mao' [mao fa 茅法] sont une abréviation pour désigner les méthodes pratiquées sur le mont Mao [mao shan fa 茅山法]. Le mont Mao est une montagne célèbre et une zone géographique d'où proviennent de nombreuses pratiques talismaniques, issues des lignées daoiste du mont Mao [mao shan pai 茅山派].

[10] Les voies de détour désignent les doctrines non orthodoxes ou les enseignements qui ne sont pas reconnus par les détenteurs ayant reçu l'enseignement véritable au sein d'une lignée de transmission.

[11] Littéralement chercher à manifester [xun chu 寻出].

[12] Qian et Kun [乾坤] sont les trigrammes qui représentent respectivement les cieux et la terre.

[13] 'Remèdes légers' ou 'friandises légères' [dian xin 点心], terme qui sera peut-être plus parlant sous son appellation cantonaise Dim Sum.

43ème

La Barrière du Déshonneur et de l'Humiliation

恥辱關

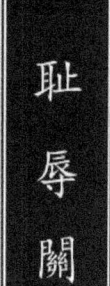

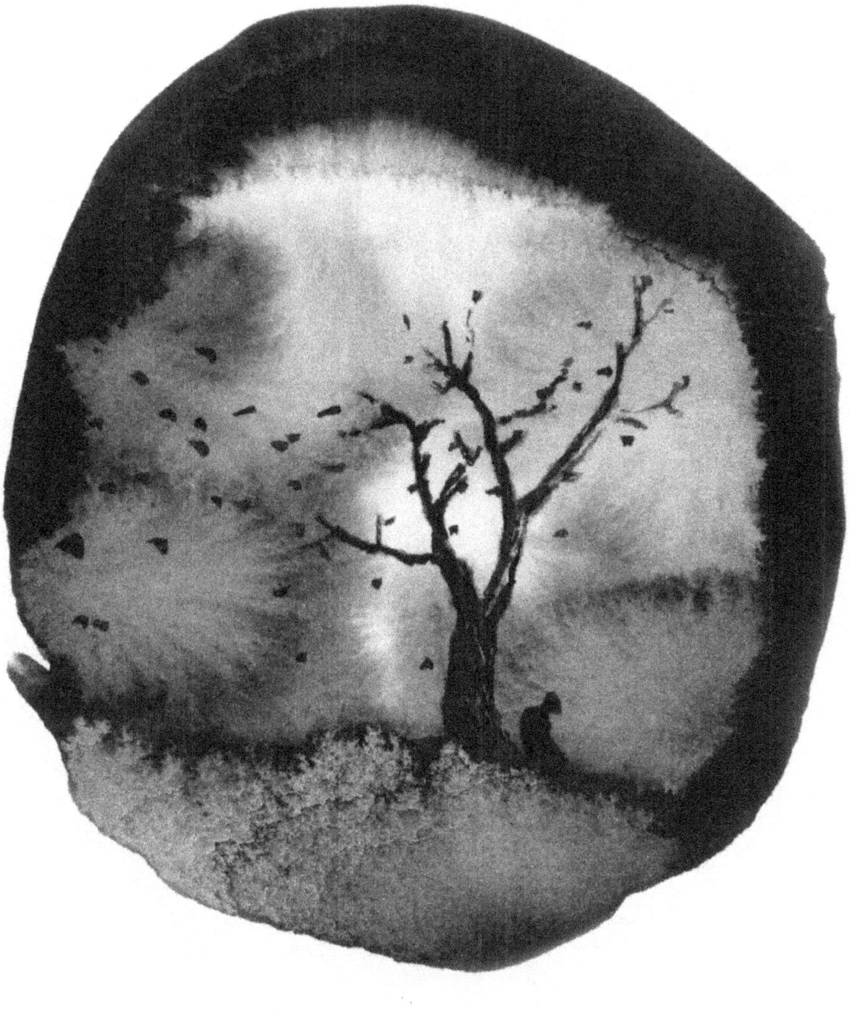

Le Livre 1 : 43ème Barrière

修道者，貴乎能恬然忍受世間偏見短視無知之羞辱也。心態淡漠那有忍字，志念堅固，遇貧窮而抱樸，逢災患而不避，是謂明眼人落井，海之為物，可納百川混濁甜苦污穢之水，不增不減，學道者，能忍辱受垢，遇逆事而不爭，處卑下而不自恥，其量亦是如此，自大者終不大，自尊者終不尊，自是者終不是，把世事上假恥辱，置之度外，方能修道。

Lorsque l'on cultive le Dao, on place une emphase sur l'endurance et sur notre capacité à ne pas se laisser perturber par les humiliations des gens ordinaires, provenant de leurs propres préjugés, de leur propre vision à court terme et ignorance. Si l'attitude du cœur-esprit[1] reste indifférente à toute préoccupation, pourrait-on même parler d'endurance[2] ? Lorsque l'on est résolu et doté de pensées fermes et déterminées, on rencontre le dénuement et on embrasse la simplicité[3] ; on rencontre les calamités désastreuses mais on ne cherche pas à les éviter. C'est ce que l'on appelle 'l'homme au regard clairvoyant tombe dans le puits'.[4]

L'océan [fait partie des dix mille] choses[5] et il peut accueillir les cent rivières, qu'il s'agisse d'eau trouble, douce, amère, sale ou crasseuse, sans que rien ne soit rejeté ou modifié. Ceux qui étudient le Dao sont capables d'endurer l'humiliation et de tolérer le déshonneur. Lorsqu'ils font face à de l'adversité, ils ne la combattent pas.[6] Lorsqu'ils se trouvent dans une position inférieure et sont méprisés, ils n'ont pas honte. Il en va de même pour leur capacité [de tolérance]. Les personnes qui se considèrent comme grandes ne le sont jamais au final. Les personnes qui se considèrent comme vénérables ne sont jamais vénérées au final. Les personnes qui se considèrent comme infaillibles ne sont jamais infaillibles au final. [Lorsque l'on gère] les affaires du monde, il convient de tenir la fausse honte et les humiliations hors de notre champ de considération ; ce n'est qu'ainsi que l'on peut cultiver le Dao.

---

[1] L'attitude du cœur-esprit [xin tai 心态] fait référence au mental ou à la façon de penser d'une personne.
[2] Littéralement, 'comment le caractère chinois pour le terme endurance pourrait-il même exister ?'. Cette phrase signifie que dès qu'une personne est calme, stable et n'est plus affectée par les affaires du monde, la notion 'd'endurance' disparait simplement, car cette personne accepte les choses telles qu'elles sont, sans jugement. Voir également le Commentaire de la 43ème Barrière, note de bas de page 10.
[3] Ce terme fait référence au fameux classique alchimique du daoiste Ge Hong [葛洪], *Le Maître qui Embrasse la Simplicité* [bao pu zi 抱朴子].
[4] L'homme au regard clairvoyant tombe dans le puits [ming yan ren luo jing 明眼人落井] est une référence au *Livre des Changements* [yi jing 易经]. Cette expression signifie que le cultivateur éclairé ne cherche pas à se soustraire à ce que les cieux ont prévu pour lui. Un adepte éclairé peut éventuellement être conscient et anticiper que certains chemins le conduiront au préjudice et à la blessure, comme tomber dans un puits ; mais, il n'a pas l'intention d'éviter ces épreuves et ces souffrances. Cela vient de la croyance selon laquelle il ne faut pas choisir la voie facile, et reflète ce principe que le Dao est recherché dans l'amertume. Comme Li Shi Fu le rappelle fréquemment à ses élèves :

Parmi les grands maîtres, dont Jésus, Shakyamuni et Lao Zi, aucun n'a cultivé dans un hôtel cinq étoiles ou n'a atteint un tel niveau de pratique dans le confort et l'aisance.

[5] Choses [wu 物] est également traduisible par substance, matière ou entité.
[6] Alternativement, 'ils ne se débattent pas avec elle'. En chinois, 争 [zheng] est fameux pour apparaître dans le *Dao De Jing* et dans les textes daoistes pour indiquer que les cultivateurs du Dao ne contestent pas et ne se battent pas avec les autres.

44ème

La Barrière de la Cause et de la Conséquence

因果關

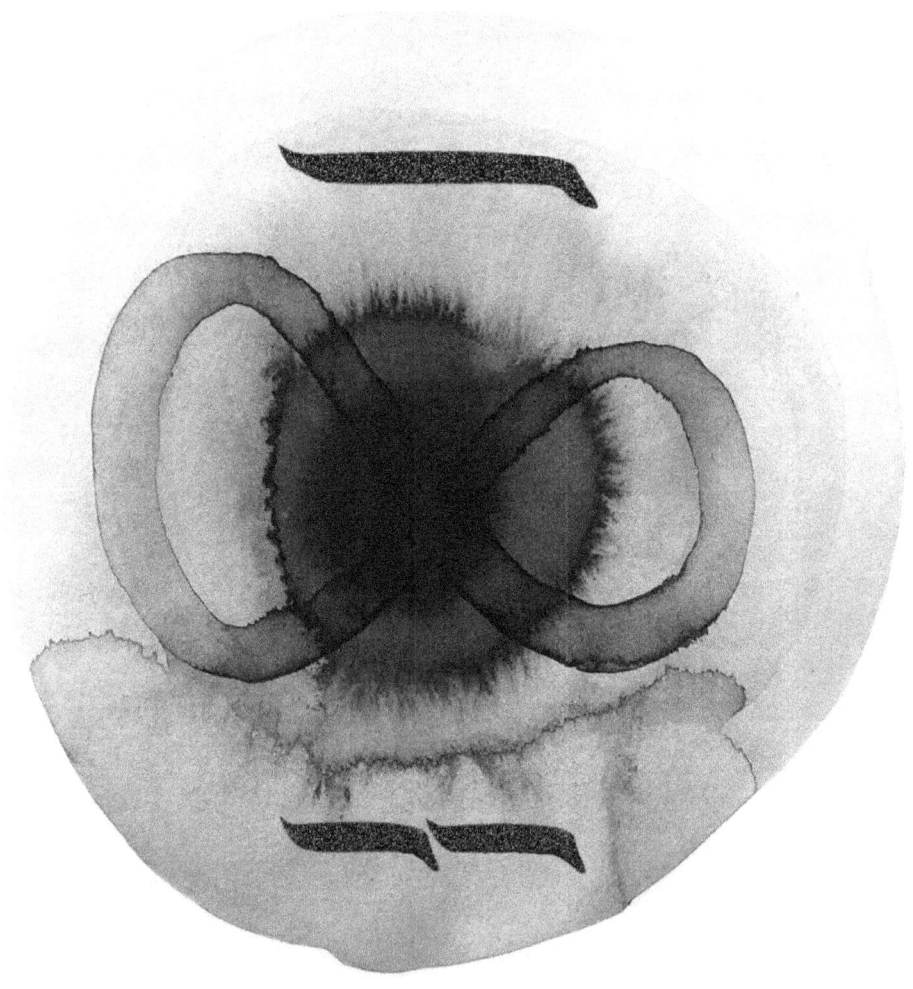

積善之家，必有餘慶，積不善之家，必有餘殃。凡事謹之於始，自能全之於終，善心應以善；惡行應以惡，此感彼應，有因有果，修成善路，他日造物者，送你善路上，自造惡業，他日造物者，送你嘗惡果，先學一個不作惡不造孽的好人，然後以圖上進，了脫生死大事，須知若今生大事不成，則善根已栽，後世來生，一出頭來，便異於人。

Les familles qui accumulent des [actes] de bonté auront une abondance de [raisons pour] célébrer,[1] alors que les familles qui n'accumulent [aucun acte] de bonté connaitront une abondance de calamités.[2] Pour chaque problème, il faut être prudent dès le début, pour finalement être naturellement capable de les résoudre. Un cœur-esprit bienveillant engendre des répercussions qui nous sont favorables, tandis qu'un comportement malfaisant engendre des répercussions qui nous sont néfastes. Pour telle action, il y aura telle réponse,[3] et pour chaque cause, il y aura une conséquence. Si l'on cultive et que l'on pave notre chemin de bienveillance, alors les forces créatrices de cet univers[4] nous accompagneront un jour sur le chemin de la bonté. En revanche, si l'on génère un mauvais karma, alors les forces créatrices nous ferons un jour goûter au fruit de la malveillance.[5]

Tout d'abord, apprenez à être une bonne personne qui ne commet pas d'acte de malfaisance, ni ne s'engage dans des actes répréhensibles, puis mettez en pratique votre plan pour évoluer [vers le Dao] ; comprenez pleinement [l'importance qu'il y a] à résoudre[6] la grande question de la vie et de la mort. Il faut savoir que même si cette grande question n'a pas été résolue dans cette vie-ci, la graine de la bonté aura tout de même été plantée. Ainsi dans une vie future, dès lors que la tête sortira [du ventre de la mère], on sera déjà extraordinaire et distinct des autres personnes.

---

[1] Une abondance de [raisons pour] célébrer [yu qing 餘慶] signifie littéralement un surplus de célébration et de félicité. C'est une référence à la bonne fortune héritée de parents vertueux, la bonne fortune de cette vie-ci et celle qui est transmise aux générations suivantes dans la lignée familiale.

[2] Une abondance de calamités [yu yang 餘殃] signifie littéralement un surplus de calamités, à savoir des malheurs qui se font sentir dans cette vie et dans les vies suivantes, c'est-à-dire les générations ultérieures, longtemps après que la graine ait été plantée.

[3] Ces passages sont soit des citations directes, soit des références au manuscrit *Le Traité de Tai Shang sur l'Action et la Réponse* [tai shang gan ying pian 太上感应篇] qui, accompagné d'explications de Li Shi Fu, apparaît dans un petit livre disponible sur purplecloudinstitute.com

[4] Les forces créatrices de cet univers [zao wu zhe 造物者] sont également les forces divines qui ont créé l'univers.

[5] Le fruit de la malveillance [e guo 惡果] correspond à l'issue ou à la conséquence négative d'actes malfaisants ou malintentionnés.

[6] Résoudre [tuo 脫] signifie littéralement se débarrasser, ce qui rejoint la métaphore daoiste du corps humain comme une couche de vêtements dont on doit finalement se débarrasser si l'on aspire à achever le voyage vers l'immortalité.

45ème
La Barrière du Démon des Livres

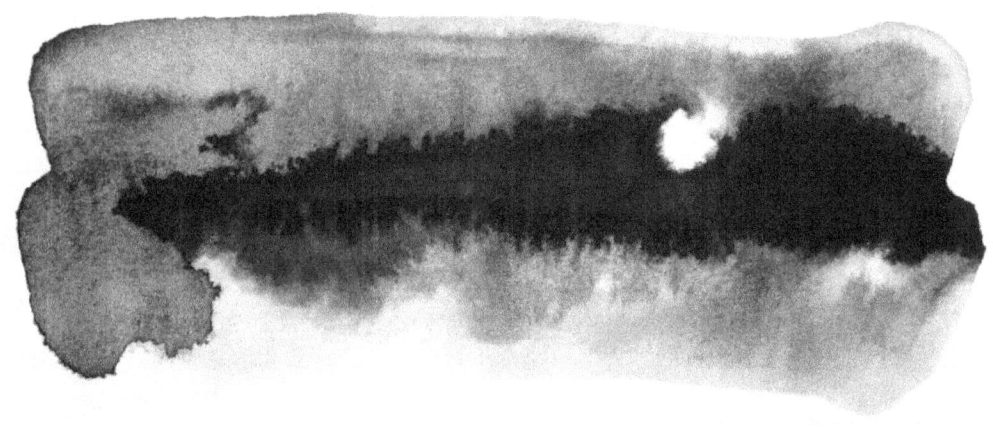

經書者眾多，讀經書而不可偏執經書。若執經書以意猜度，依己偏見，誤之甚矣，棄經書，全不理論，固是大錯，若執經書，不求明師，更是大錯，棄書執書皆非也。若執書為道，中了書魔，不求明師則誤大事，必須細心鑽研，辨別邪正，訪求明師以辨是非，步步印證，方能明道。

Les écritures classiques sont nombreuses.[1] Lorsqu'on lit des écritures, on ne doit pas les aborder avec des idées préconçues. Si l'on aborde les écritures en présumant [de leur contenu] et que l'on forme des hypothèses qui correspondent à nos idées préconçues, alors c'est une très grave erreur. Si on laisse de côté les écritures et que l'on est complètement dénué de principes et de théories rationnels, c'est également une autre grande erreur. Si l'on s'accroche aux écritures sans rechercher un maître éclairé,[2] c'est une erreur encore plus grande.

Que l'on se plonge dans les livres ou qu'on les abandonne, c'est une erreur dans les deux cas. Si l'on se plonge dans les livres [et qu'on les prend] pour le Dao, alors c'est être possédé par le démon des livres. Si l'on ne cherche pas un maître éclairé, alors on négligera les grandes questions. C'est doté d'un cœur-esprit méticuleux que l'on doit étudier intensément, comprendre la différence entre ce qui est mal et ce qui est droit, rechercher un maître éclairé afin d'apprendre à distinguer le vrai du faux, et vérifier et confirmer [les enseignements] étape par étape. Ce n'est qu'ainsi que l'on pourra être illuminé par le Dao.

---

[1] Voir Livre III : Livre de l'Humain, Chapitre 5, *Le Démon de la Liste de Livres* [shu mo mu 书魔目].
[2] Comme il n'y a pas de différence dans la langue chinoise entre le singulier et le pluriel, il revient souvent au traducteur de faire ce choix. Dans le daoisme, il est fréquent d'avoir plusieurs maîtres, même de lignées ou d'écoles différentes, mais il est également courant dans la tradition d'avoir un maître principal. Li Shi Fu lui-même a eu huit maîtres au total.

46ème
La Barrière de l'Attachement au Vide

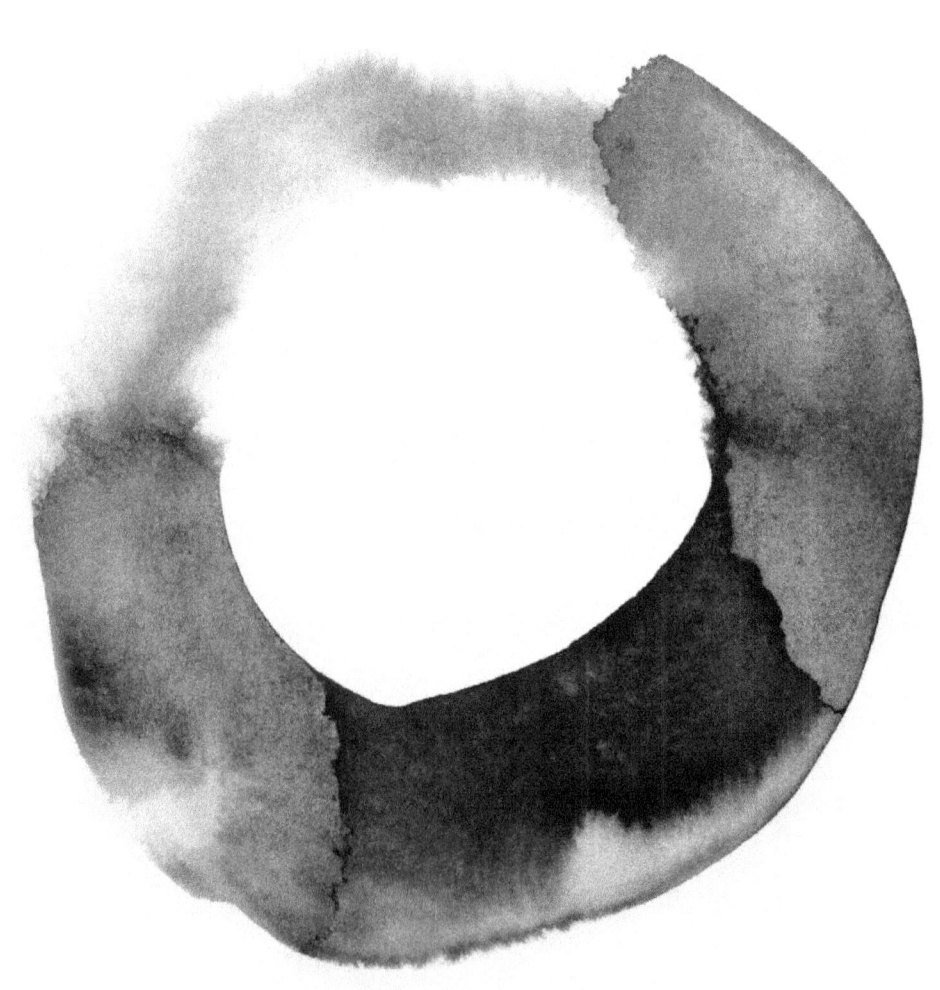

大道非頑空寂滅，道至無而含至有，至虛而含至實，無為而無不為，天地無為而萬物生，日月無為而四時運，是無為之中而有為，非空空無為之說。修道先求明其道，而後力行，若抱道不行是謂守空，謂之修行則不可，人有生以來，受後天陰陽五行之偏氣，又帶輪迴根塵之宿障，若無點化群陰扭轉造化之大功，只以空空無為畢其事，怎能返陰為陽、拔去歷劫孽苦種子。

Le grand Dao n'est ni le vide de l'obstination,[1] ni le calme de l'extinction.[2] Le Dao est la non-existence suprême contenant néanmoins l'existence suprême. Il est le vide absolu contenant néanmoins la plénitude absolue. Il est le non-agir qui porte en lui le sans non-agir. Le non-agir des cieux et de la terre est à la base de la création des dix mille choses. Le non-agir du soleil et de la lune [conduisent] à la rotation des quatre périodes.[3] Il s'agit de phénomènes qui prennent racine dans le non-agir et non d'une doctrine d'un non-agir creux ou inerte. Pour cultiver le Dao, il faut d'abord chercher à être éclairé par le Dao pour ensuite le pratiquer avec ferveur. Si l'on embrasse le Dao mais qu'on ne le pratique pas, alors cela se nomme 'demeurer dans le vide' ; [dans ces conditions], il n'est pas acceptable de dire que l'on 'cultive'.

Dès l'instant où les humains possèdent la vie, ils possèdent également le Qi dévié[4] du ciel postérieur du Yin et du Yang, ainsi que celui des cinq phases.[5] Ils portent également en eux les obstructions [karmiques] passées, conditionnées par des objets sensoriels[6] accumulés au cours [d'innombrables renaissances] au sein de la roue du retour. Si l'on ne possède pas le grand Gong qui permet d'éclairer et de transformer les masses Yin,[7] de saisir et d'inverser [le cours de] la création, et que l'on emploie seulement le non-agir creux et inerte pour réaliser ces choses, comment pourrait-on alors inverser le Yin en Yang[8] ? [Comment pourrait-on] extraire et éliminer les graines [qui ont été plantées] au cours d'éternelles périodes de malfaisance et d'amertume[9] ?

---

[1] Le 'vide de l'obstination' [wan kong 頑空] est problématique car il a une définition différente dans le daoisme et dans le bouddhisme. Selon le daoiste du 10ème siècle, Chen Xi Yi [陈希夷], tiré du *Traité de l'Observation du Vide* [guan kong pian 观空篇], ce terme se définit ainsi :

> 其一曰頑空。何也？虛而不化，滯而不通，陰沉胚渾，清氣埋藏而不发，陽虛质朴而不止，其為至愚者也。
>
> Le premier [des cinq vides] se nomme 'le vide de l'obstination'. Pourquoi ? Car c'est un vide sans transformation ; il est stagnant et sans communion. Le Yin s'est ancré vers le bas [pour développer] l'embryon de la turbidité. Le Qi clair est enterré et accumulé, sans émerger. Le Yang est faux et vide, avec une texture [et une qualité] non raffinées, et sans repos. C'est le vide le plus absurde.

Ce passage semble faire référence au 'vide de l'obstination', le définissant comme étant un état d'esprit confus, qui n'est pas nourri par le Yang clair qui monte au cerveau. Ce 'vide de l'obstination' est loin du vide réel. Comme le maître bouddhiste Xu Yun [虚云] l'a déclaré en 1955 :

空有顽真之分，我们眼所见的虚空，就是顽空。

Le vide [*sunyata*] est différencié en obstination [vide] et en véritable [vide]. Le néant vide que l'on peut voir de ses propres yeux est précisément le vide de l'obstination. Fabrizio Pregadio a choisi de traduire ce terme par 'Inaction' ou 'Vide Inerte', alors que Josh Paynter suggère le 'Vide de l'Ignorance', le définissant comme un type de vide non fondé sur la réalisation ou la sagesse, ce dernier étant appelé le 'Vide de l'Eveillé' [wu kong 悟空].

2 Le calme de l'extinction [ji mie 寂灭] est le *nirvana*.

3 Les quatre périodes [si shi 四时] représentent les quatre saisons.

4 Un Qi dévié [pian qi 偏气] fait référence à tout ce qui a une nature spécifique et qui tire quelqu'un dans une direction. Par exemple, le feu réchauffe et s'élève, ce qui est sa nature déviante. L'eau est refroidie et descend, ce qui est sa nature déviante. Dans ce cadre, les humains sont considérés comme étant initialement purs et sans nature spécifique, mais ils sont tirés hors de ce centre de pureté lorsqu'ils sont soumis aux cinq phases. Ainsi, sous l'effet de cette attraction constante des forces en mouvements, les hommes doivent exercer un travail d'équilibrage délicat.

5 La théorie des cinq phases, communément traduite de façon inexacte par 'les cinq éléments' pour correspondre aux quatre éléments grecs, classe tous les phénomènes substantiels et non substantiels en bois, feu, terre, métal et eau. Par exemple, ils les associent aux cinq organes *zang* du corps humain, le bois correspondant au foie, le feu au cœur, la terre à la rate, le métal aux poumons et l'eau aux reins. De la même manière, les différentes corporalités et caractères de l'homme peuvent être catégorisés de cette façon.

6 Les objets sensoriels [gen chen 根尘] correspondent aux perceptions des six organes sensoriels.

7 Les 'masses Yin' [qun yin 群阴] sont une référence à tout ce qui entrave le cultivateur et l'entraine vers la turbidité, alors que celui-ci cherche à devenir le 'pur Yang' [chun yang 纯阳].

8 Inverser le Yin en Yang [fan yin wei yang 返阴为阳] fait référence au retour à l'état de pur Yang [chun yang 纯阳].

9 L'amertume [ku 苦] correspond aux épreuves et aux difficultés. Voir Livre III : Livre de l'Humain, Chapitre 3, *Amertume* [ku 苦].

47ème

La Barrière de l’Attachement à l’Image

執相關

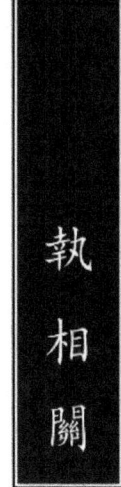

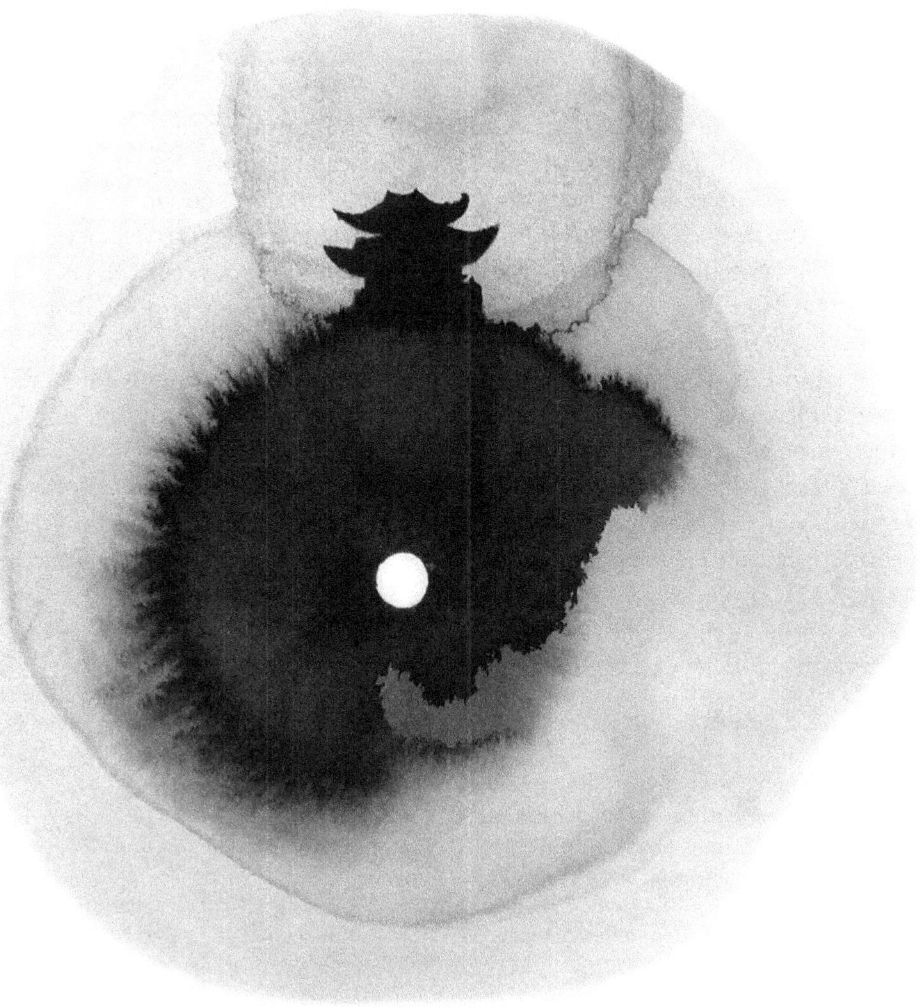

Le Livre I : 47ème Barrière

先天之道能以無形化有形，非一切在色身上做工夫，若無色身從何下手，離身不談道，持像亦失真。色身為四大假合之物，外而眼耳鼻舌口，內而心肝脾肺腎，大限一到，化成一堆朽骨臭肉，若執此身而修，如何了得性命，借假修真，當知色身為人生之大患，故留金丹大道，教人修持性命，無患者，真身也，又名法身、陽神，此身修成，入水不溺，入火不焚，與天地同長久，與日月同光。

Le Dao du ciel antérieur est capable, à partir du sans forme, de transformer ce qui a une forme. Ainsi, [lorsque l'on cultive], les efforts n'ont pas tous à être produits par le corps physique. Néanmoins, sans corps physique, comment pourrait-on entamer [ce processus] ? Une fois que l'on aura quitté le [corps] physique, il n'y aura plus de discussions sur le Dao.[1] Pour autant, s'attacher aux apparences signifie également s'éloigner de la vérité. Le corps physique est un objet [constitué] d'un faux assemblage des quatre grands [éléments].[2] A l'extérieur, ce sont les yeux, les oreilles, le nez, la langue et la bouche, tandis qu'à l'intérieur, ils représentent le cœur, le foie, la rate, les poumons et les reins. Lorsque la grande limite est atteinte,[3] [le corps physique] se transforme en un amas de chair et d'os en décomposition. Si pendant que l'on cultive, on s'attache à ce corps, comment pourrait-on alors acquérir la véritable nature-intérieure et la véritable vie-destinée ? Cela reviendrait à s'appuyer sur le faux pour cultiver le vrai.[4] On devrait être conscient que le corps physique apporte de grands désastres à la vie humaine.

    Il faut donc demeurer dans le grand Dao de l'élixir d'or qui enseigne aux gens comment cultiver et préserver leur nature-intérieure et leur vie-destinée. C'est le corps véritable qui ne subit plus les désastres, et que l'on appelle également le 'Corps de la Loi' et 'L'Esprit Yang'.[5] Lorsque le corps est cultivé jusqu'à l'accomplissement, il peut entrer dans l'eau sans se noyer et entrer dans le feu sans se brûler.[6] Il est aussi durable et permanent que les cieux et la terre, tout aussi brillant que le soleil et la lune.

---

[1] Li Shi Fu s'est souvent référé à cette expression pour souligner que le Dao est inséparable du corps humain et que c'est la raison pour laquelle le daoisme a créé tant de systèmes d'exercices pour préserver la santé.

[2] Les quatre éléments sont le vent, le feu, la terre et l'eau selon le bouddhisme.

[3] Il s'agit ici d'une référence au moment de la mort. Voir la 6ème Barrière, note de bas de page 8.

[4] Cette phrase signifie emprunter le corps physique, considéré comme faux et temporaire, pour atteindre le corps véritable qui jamais ne décline, ni ne se décompose.

[5] Voir également le Livre III : Livre de l'Humain, Chapitre 19, *Le Corps Véritable* [zhen shen 真身].

[6] Cette déclaration est une citation directe provenant de l'écriture daoiste *L'Ecriture Mystérieuse du Sceau de l'Esprit du Noble et Haut Empereur de Jade* [gao shang yu huang xin yin miao jing 高上玉皇心印妙经].

48ème
La Barrière de la Guerre de la Collecte

採戰關

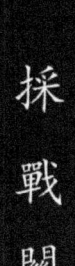

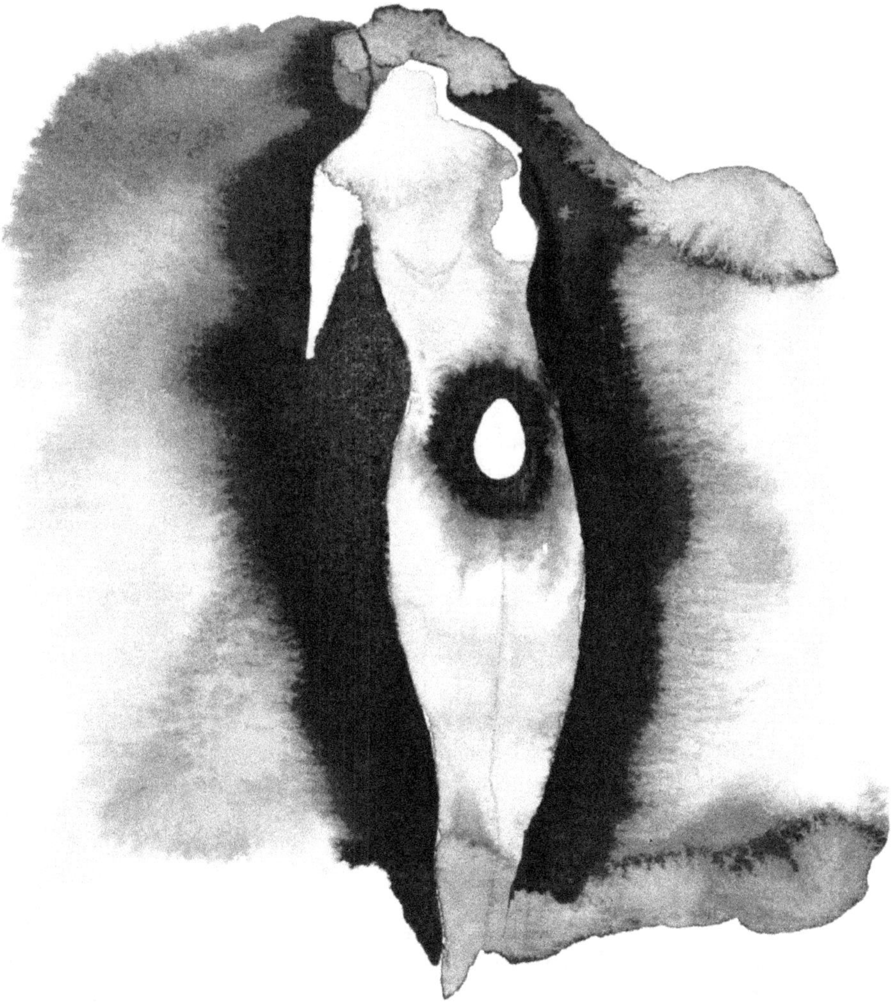

Le Livre I : 48ᵉᵐᵉ Barrière

采陰補陽，外尋它求，望梅止渴，無益於性命，且大損於陰德也。道法與世間男女生人之道無大異，所異者，凡父凡母而生色身，靈父聖母而生法身，丹書所謂陰陽者，即靈父聖母也，乃吾身中之真陰真陽，非在它處。

Collecter le Yin pour compléter le Yang signifie rechercher à l'extérieur de soi-même et chez les autres. [C'est comme essayer] d'étancher sa soif en pensant à des prunes,[1] cela n'apporte aucun bénéfice à la nature-intérieure et à la vie-destinée, [et cause] un grand tort aux vertus Yin.[2] Il n'y a pas de différence fondamentale entre la loi du Dao et le Dao des hommes et des femmes donnant naissance aux humains.

  La différence se trouve dans le fait qu'un père et une mère ordinaires donnent naissance à un corps physique, tandis que le père divin[3] et la mère de sagesse donnent naissance au corps de la loi. Ce que les livres sur l'élixir[4] nomment Yin et Yang sont [en réalité] ce père divin et cette mère de sagesse ; ils sont le véritable Yin et le véritable Yang à l'intérieur même de mon corps et n'en sont donc pas situés à l'extérieur.

---

[1] 'Penser à des prunes pour étancher sa soif' [wang mei zhi ke 望梅止渴] signifiait à l'origine qu'en raison de l'acidité des prunes, lorsque l'on pense à en manger, cela favorise l'apparition de salive dans la bouche, atténuant ainsi la soif. Plus tard, le sens de cette expression s'est étendu aux aspirations et aux souhaits qui n'ont pu être réalisés, ainsi qu'aux fantasmes et à la rêverie qui prennent place lorsque l'on tente de se réconforter. Ce dicton chinois est basé sur une histoire du général Cao Cao [曹操] :

> 有一年夏天，曹操率領部队去讨伐张绣，天气热得出奇，骄阳似火，天上一丝云彩也没有，部队在弯弯曲曲的山道上行走，两边密密的树木和被阳光晒得滚烫的山石，让人透不过气来。到了中午时分，士兵的衣服都湿透了，行军的速度也慢下来，有几个体弱的士兵竟晕倒在路边。曹操看行军的速度越来越慢，担心贻误战机，心里很是着急。可是，眼下几万人马连水都喝不上，又怎么能加快速度呢？他立刻叫来向导，悄悄问他："这附近可有水源？"向导摇摇头说："泉水在山谷的那一边，要绕道过去还有很远的路程。"曹操想了一下说，"不行，时间来不及。"他看了看前边的树林，沉思了一会儿，对向导说："你什么也别说，我来想办法。"他知道此刻即使下命令要求部队加快速度也无济于事。脑筋一转，办法来了，他一夹马肚子，快速赶到队伍前面，用马鞭指着前方说："士兵们，我知道前面有一大片梅林，那里的梅子又大又好吃，我们快点赶路，绕过这个山丘就到梅林了！"士兵们一听，仿佛已吃到嘴里，精神大振，步伐不由得加快了许多。
>
> Une année, en été, le général Cao Cao a mené son armée dans une expédition punitive à l'encontre de Zhang Xiu. Le temps était exceptionnellement chaud, le soleil aveuglant était comme du feu et il n'y avait pas l'ombre d'un nuage dans le ciel. Les troupes devaient voyager le long d'une route de montagne sinueuse. De chaque côté, il y avait une forêt dense et des rochers montagneux brûlés par le soleil, ce qui rendait [le cheminement] étouffant et accablant pour les soldats. A midi, leurs vêtements étaient totalement trempés et la cadence de marche avait ralenti. Quelques soldats aux corps fragiles [commencèrent à] s'évanouir soudainement sur le côté de la route. Quand Cao Cao vit que le rythme de ses troupes devenait de plus en plus lent, il s'inquiéta que cela puisse entraver l'opération militaire en cours et en son cœur-esprit, il devint anxieux. Dans un tel moment, comment imaginer que la cadence puisse augmenter alors que des dizaines de milliers d'hommes et de chevaux ne peuvent pas

obtenir d'eau à boire ? Il appela immédiatement son conseiller et lui demanda à voix basse : 'Y a-t-il une source d'eau à proximité ?' Le Conseiller lui répondit en secouant la tête : 'La source d'eau se trouve de ce côté de la vallée. Il faut y aller par un chemin détourné alors qu'il nous reste encore un long voyage à faire'. Cao Cao réfléchit pendant un instant puis dit : 'Ce n'est pas bon, il sera trop tard'. Il posa son regard au loin, sur une forêt en face d'eux et se mit à réfléchir profondément pendant un moment. Il dit alors à son conseiller : 'Ne dis rien de plus, je vais trouver une solution'.

Il savait dans un tel moment qu'ordonner à ses troupes d'augmenter la cadence ne servirait à rien. Il n'eut qu'à retourner la question une seule fois dans son esprit et alors une idée lui vint. Il enserra le ventre de son cheval et s'élança rapidement à l'avant de ses troupes, la cravache pointée en l'air. Il leur dit alors : 'Soldats, je sais qu'il y a une forêt de pruniers devant nous et les prunes sont grosses et délicieuses. Nous devrions nous dépêcher de poursuivre notre chemin, car une fois que nous aurons contourné cette colline montagneuse, nous arriverons immédiatement devant cette forêt de pruniers'. En entendant cela, c'est comme si les soldats avaient déjà [des prunes] dans la bouche et les mangeaient ; leur essence et leur esprit furent grandement revigorés, de sorte que le rythme de marche ne put qu'augmenter considérablement.

[2] Les vertus Yin sont les vertus cachées qui découlent d'actes de bienveillance accomplis dans le secret. Elles sont considérées comme étant le seul moyen d'être véritablement désintéressé et altruiste dans sa pratique, car la personne n'attend rien en retour. On trouve cette notion dans *Les Quatre Leçons de Liao Fan* [liao fan si xun 了凡四训], un texte datant de la dynastie Ming, rédigé par Yuan Liao Fan [袁了凡], et qui explique le concept de cause et de conséquence, ainsi que la façon dont notre comportement joue un rôle prédominant dans la construction de notre destin :

> 凡为善而人知之，则为阳善；为善而人不知，则为阴德。阴德，天报之；阳善，享世名。
> Tous les actes de bienveillance que peuvent percevoir les gens sont [considérés] comme des mérites Yang. Tous les actes de bienveillance que ne peuvent pas percevoir les gens sont [considérés] comme des vertus Yin. Les vertus Yin sont récompensées par le ciel, alors que les mérites Yang [permettent] de jouir d'une notoriété mondaine.

Par ailleurs, il est dit que les vertus Yin influencent non seulement la personne, mais également sa famille et sa descendance.

[3] Le divin [ling 靈] est parfois traduit par 'numineux', comme dans *Encyclopedia of Daoism* de Fabrizio Pregadio.

[4] Les livres sur l'élixir [dan shu 丹书] sont les ouvrages traitant de l'alchimie interne et externe.

幻景關

49ème

La Barrière des Visions Illusoires

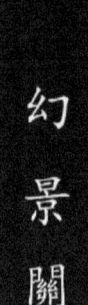

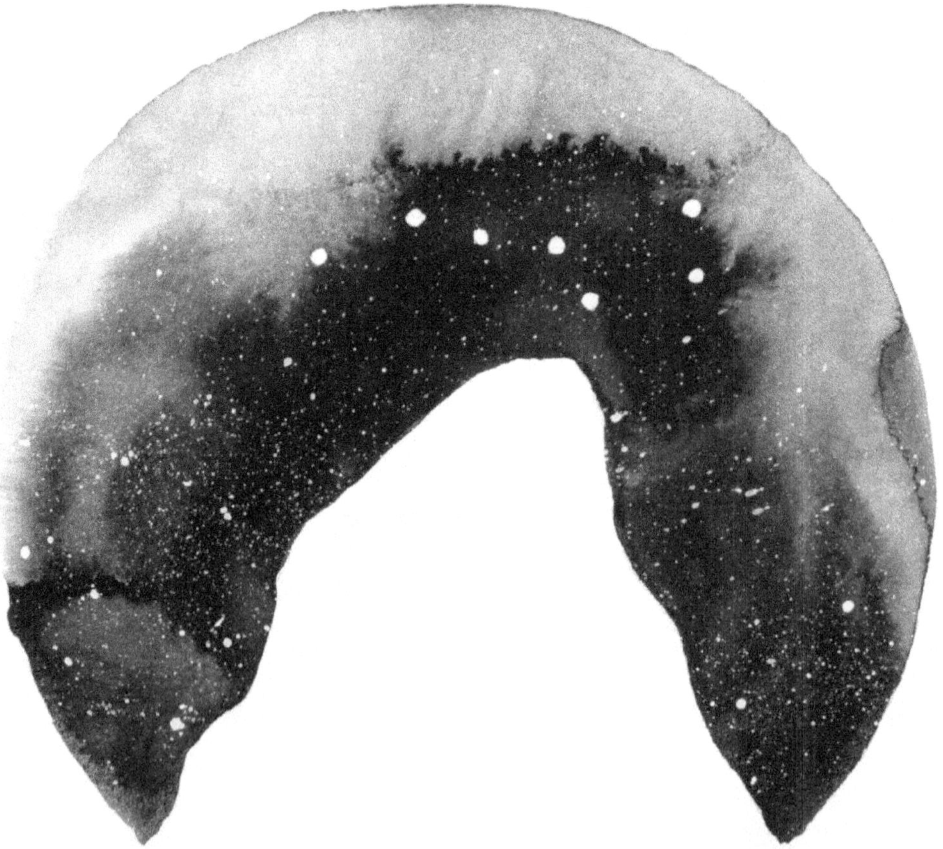

道由漸修而至頓悟，靜中所見幻化百端，若認其幻景，以假為真，即入魔障，輕者受病，重則傷其性命。修道之人不計年月萬般辛苦，八十一難為過次關！持戒練己為過次關！畢生努力為過次關！一切所行為過次關！若無平常戒定熟路，識神作祟，現出奇景怪像，是魔來敗吾道行，考我功修，把持不住，前功盡失，可悲可嘆。境不由己，相由心生，五通現前，或報吉凶，或化鬼怪仙佛，或化美色親情，心中平時所欲舊習一一展來，是因人心沒死盡，欲望沒除完，具是幻景而非正道，總之須見如不見、不聞，不喜、不驚、不懼。須在一生日常平時用功，而非一朝一夕上轎包腳可成。明白次關，才真正明白修道之艱難。

C'est de manière progressive que l'on cultive le Dao en quête de l'éveil soudain[1] ; mais au cœur de la quiétude, des centaines de transformations illusoires se présentent à nous. Si l'on accorde de l'attention à ces visions illusoires et que l'on considère ces faussetés comme étant la vérité, alors on entre immédiatement dans [le domaine] des forces démoniaques.[2] Si [l'on s'y attache] avec légèreté, alors on ne sera que malade. Si [l'on s'y attache] avec force, la nature-intérieure et la vie-destinée seront endommagées. Les gens qui cultivent le Dao ne comptent pas les mois et les années [de confrontation] aux dix mille formes d'épreuves. Ils endurent les 81 difficultés[3] [dans l'espoir de] franchir la barrière suivante sur la liste. Ils maintiennent les préceptes et entrainent leur soi [dans l'espoir de] franchir la barrière suivante sur la liste. Ils consacrent leur vie entière et tous leurs efforts au dépassement de la barrière suivante sur la liste. Ils dédient toutes leurs pratiques au dépassement de la barrière suivante sur la liste.

Si l'on ne [prend] pas l'habitude de [maintenir] les préceptes et de se stabiliser [dans l'assise méditative profonde], comme si [l'on arpentait] des sentiers battus,[4] alors l'esprit de la connaissance[5] apportera des désastres et révèlera des paysages étranges et des formes bizarres. Ce sont des démons qui apparaissent afin de déstabiliser ma pratique du Dao et de tester ma [capacité] à cultiver le Gong. Si j'échoue à maintenir [les préceptes et la stabilisation], alors le Gong antérieur sera complètement perdu, ce qui serait triste et regrettable.

[Pour autant], de telles conditions[6] ne sont pas du fait de notre propre volonté ; ces formes [illusoires] sont générées par le cœur-esprit.[7] Les cinq communions[8] se montrent à moi, annonçant peut-être la fortune ou le malheur, se transformant en fantômes, en monstres, en immortels ou en bouddhas, ou peut-être se présentant sous une forme attrayante, comme celle d'un être cher ou bien d'une personne pour qui on ressent de l'affection. Les unes après les autres, [ces visions] reflètent ce que l'on a l'habitude de désirer en son cœur-esprit ou ce que l'on a coutume de faire depuis longtemps. Elles [apparaissent] car le cœur-esprit de l'humain n'a pas encore complètement péri,[9] et que les désirs et les attentes n'ont pas encore été entièrement éliminés. Ce sont toutes des visions illusoires qui ne sont pas le Dao droit. De ce fait, face à elles, il faut voir sans regarder et entendre sans écouter, sans aucun ravissement, aucune surprise ou aucune crainte. Il faut fournir des efforts tout au long de sa vie, jour après jour, heure après heure. Ce n'est pas quelque chose que l'on peut atteindre en un soir et une matinée,[10] ou [dans le temps qu'il faut] pour faire monter une chaise porteuse ou pour bander un pied. Ce n'est que lorsque l'on a compris quelle est la barrière suivante sur la liste, que l'on peut réaliser pleinement et honnêtement le labeur et la difficulté qu'il y a à cultiver le Dao.

---

[1] L'éveil soudain [dun wu 顿悟] est également appelé *satori* dans le bouddhisme Zen japonais.

[2] Plus littéralement, tomber dans 'les griffes du démon' [mo zhang 魔障].

[3] Les 81 difficultés font très probablement référence aux 81 chapitres du *Voyage Vers L'Ouest* [xi you ji 西游记], dans lequel Tang Seng [唐僧] est évalué et testé par des fantômes, des démons, des gobelins et des monstres. Il est intéressant de noter que le *Classique des Difficultés* [nan jing 难经], un ouvrage médical de référence datant du premier ou du second siècle après J.C., contient également 81 chapitres.

[4] Les sentiers battus [shu lu 熟路] sont ici les sentiers que l'on prend l'habitude d'arpenter régulièrement. C'est une image qui dépeint un enracinement des préceptes et une stabilisation de la pratique dans la vie quotidienne, ce qui devient progressivement un automatisme ; cela permet, lorsque les difficultés se présentent, de ne pas vaciller, ni hésiter.

[5] L'esprit de la connaissance [shi shen 识神] n'a pas de définition universelle. Dans cet exemple, il pourrait faire référence à la conscience d'une personne tout comme au mental qui s'emballe. Voir 20ème Barrière, note de bas de page 4.

[6] Ces conditions [jing 境] font référence à une réalité perçue, comme celle rencontrée pendant la méditation ou lorsque l'on ferme les yeux.

[7] Le cœur-esprit ici n'est pas l'esprit conscient. Il s'agit plutôt d'apparences reflétées par notre esprit lorsqu'il est en proie à des peurs cachées ou des désirs.

[8] Les cinq communions [wu tong 五通] sont cinq types de pouvoirs surnaturels dans le bouddhisme, à savoir l'œil divin, l'oreille divine, la télépathie, le souvenir de ses vies antérieures et le pouvoir d'apparaître à volonté en n'importe quel lieu avec une liberté totale, ce qui inclut le passage au travers d'objets solides, voler, marcher sur l'eau, nager dans un sol dur et monter vers les plus hauts cieux.

[9] Cette phrase est une évocation du proverbe daoiste suivant :

> 人心不死, 道心不生。
> Tant le cœur-esprit de l'humain n'est pas mort, le cœur-esprit du Dao ne peut naître.

Ce concept est relié à la croyance selon laquelle il faut se débarrasser du cœur-esprit d'une personne ordinaire, pour qui les élans majeurs de vie proviennent de l'argent, du pouvoir, du statut et du désir sexuel [qian quan se 钱权色].

[10] Un soir et une matinée [yi zhao yi xi 一朝一夕] désigne une courte période de temps ou une nuit, comme l'expression française 'du jour au lendemain'.

Postface

De Xing De (Li Shi Fu)

罗列以上四十多条，皆是学人要命关口，挡路大魔，须要关关打通，方好进步，事如考试，若有一关考不过，即被一关挡住，虽不能遂然皆通，须渐次着力，终有考过之日，修眞之道，乃上天之道，天下第一大事，天下第一难事，非大志愿，大苦行、大功德方能为。修道之事，非聊聊数语所能尽知，非平常之人所能明，所能行。譬如上学，一年有一年的课程。幼儿、小学、高中、大学岂可一室而教。学知有长短，悟性有快慢，纵是老耶释吕在世谁敢一刀切之。如今大化之时，物资丰富，垂手可得，科技发达，信息无阻。足不出户，丹经史书一览无遗，有明理助道之益。须知有利就有弊，有得就有失，易流于安逸而丧志，起私欲而逐外，失内守而乱真。在'时间就是金钱''效益就是生命'张扬自我，人人逐利的今日，连在世为人都难，更不用说修道了。修道之人能不被物牵，不被欲缠，处污泥而能拔节不染者更是九牛一毛，有意修道者敢不三思而慎之！观此疯言疯语，同者自同，异者自异，欲海无边，法度有缘。咦，佛祖道祖历代得道仙师岂非具是疯子，师言；不知不疯，不疯不成！

[完]

[武当山天马峰杜兴德於凌晨 5.45 分]

Le traité ci-dessus contient plus d'une quarantaine de chapitres, chacun présentant un obstacle majeur pour les étudiants [du Dao]. Ce sont de grands démons qui obstruent le chemin, et ce n'est qu'en les éliminant un par un que l'on peut avancer et progresser. [Cultiver le Dao] est comme passer un test ou un examen, car tant qu'une barrière n'est pas franchie, alors on ne peut plus progresser. Même si l'on ne parvient pas à toutes les franchir, il est important de continuer d'essayer jusqu'au jour où finalement on réussira à l'examen. Le Dao de cultiver la vérité [est donc le Dao] de l'ascension vers les cieux ; c'est l'affaire la plus élevée sous les cieux et également la plus difficile. Ce n'est qu'en ayant une grande détermination, une grande aspiration, une pratique ascétique, un grand Gong et une grande vertu, que l'on peut y parvenir.

Cultiver le Dao n'est pas une notion que l'on peut expliquer de façon exhaustive en quelques mots, et ce n'est pas [non plus] quelque chose que les gens ordinaires peuvent comprendre ou pratiquer. Ce serait comme aller à l'école et [n'y étudier que] pendant une année. Comment pourrait-on enseigner à une classe et [dans le même temps] la maternelle, l'école primaire, le collège, le lycée et l'université ? Pour certains, l'apprentissage et la connaissance sont leurs points forts, tandis que pour d'autres, il s'agit de leurs points faibles. Certains sont rapides à éveiller leur nature-intérieure[1] alors que d'autres sont lents. Même si Lao Zi, Jésus, Shakyamuni et Lü Dong Bin[2] étaient encore de ce monde, qui [parmi eux] oserait imposer une telle uniformité[3] ?

[Nous vivons] aujourd'hui une époque de grande transformation. Les ressources matérielles sont abondantes, variées et on peut y accéder simplement en tendant la main.[4] La science et la technologie sont en pleine expansion, et l'information [circule] sans entraves. Sans avoir à mettre un pied dehors, les écrits alchimiques et les livres d'histoire sont déjà sous nos yeux.[5] Tout ceci favorise [une meilleure] compréhension des principes et contribue au Dao.

Toutefois, il faut savoir que là où il y a des avantages, il y a également des inconvénients ; là où il y a gain, il y a perte. Il est ainsi facile de dériver dans le confort, de perdre sa détermination,[6] de laisser naitre des désirs égoïstes et de les poursuivre dans le [monde] extérieur, échouant ainsi à protéger l'interne, et [semant] le trouble dans ce qui est véritable. Aujourd'hui, [avec des slogans tels que] 'le temps, c'est de l'argent' ou bien 'la vie, c'est être rentable', lorsque les gens déploient leur égo ouvertement [de la sorte] et que tous sont à la recherche du profit, alors il est déjà bien assez difficile de trouver sa place dans ce monde, sans même aborder la notion de cultiver le Dao.

Les cultivateurs du Dao qui sont capables de résister à l'attrait des objets matériels, qui ne s'empêtrent pas dans leurs désirs, qui peuvent être trainés dans la boue et dans la saleté, sans être contaminés et sans perdre leur capacité de monter en graine,[7] sont [rares et aussi peu notable que lorsque] neufs bœufs perdent un poil.[8] Ainsi, ceux qui ont l'intention de cultiver le Dao oseraient-ils [entamer ce processus] tout en étant négligents et sans avoir [au minimum] réfléchi trois fois aux choses par anticipation ? Après avoir lu cette folle déclaration et ces mots, ceux qui partagent les mêmes idées seront d'accord, et les esprits divergents seront en désaccord. L'océan des désirs[9] est sans limite et la loi ne délivre que ceux qui y sont prédestinés.[10]

Le Livre I : Postface

Ha ! Tous les ancêtres bouddhistes et daoistes, et toutes les générations passées de maîtres immortels qui ont atteint le Dao, n'étaient-ils tous pas fous ? Les maîtres ont dit :

> Celui qui ne connait pas [le Dao] n'est pas fou.
> Celui qui n'est pas fou n'a pas atteint [le Dao].

Fin

Montagnes Wu Dang
Pic du Cheval Céleste
Du Xing De
A 5:45, à l'orée du jour

---

[1] Réveiller sa nature-intérieure [wu xing 悟性] fait référence à notre capacité de compréhension.
[2] Voir Livre III : Livre de l'Humain, Chapitre 30, *Les 10 Epreuves de l'Ancêtre Fondateur Lü* [shi shi lü zu 十试吕祖] ainsi que le Chapitre 22, *Lü Dong Bin* [吕洞宾].
[3] Imposer une uniformité [yi dao qie 一刀切] signifie littéralement 'couper avec un seul couteau'.
[4] Littéralement 'en laissant pendre ses mains'. Ce dicton provient de la fameuse histoire chinoise *Les Chroniques au bord du Lac* [shui hu zhuan 水浒传], plus communément appelé *Au bord de l'Eau* ; on pourrait le traduire plus librement par 'on y a facilement accès sans avoir à bouger de son siège'.
[5] Dans le passé, les cultivateurs du Dao devaient voyager loin pour avoir un aperçu des écritures alchimiques. C'est pourquoi Li Shi Fu a fait un pèlerinage aux trois montagnes et aux cinq sommets [san shan wu yue 三山五岳], et dans de nombreux endroits à travers la Chine. Aujourd'hui, le Canon Daoiste [dao zang 道藏] est entièrement accessible en ligne d'un simple clic du doigt.
[6] Perdre sa détermination [sang zhi 丧志] signifie littéralement perdre sa volonté et donc perdre l'objectif de vue.
[7] En agriculture, la montée en graine [ba jie 拔節] est l'étape durant laquelle le tissu internodal commence à s'allonger pour former une tige.
[8] Cette expression 'neufs bœufs – un poil' [jiu niu yi mao 九牛一毛] vient de Si Ma Qian [司马迁] dans son texte datant de la dynastie Han, *Lettre en Réponse à Ren Shao Qing* [bao ren shao qing shu 报任少卿书] :

> 假令仆伏法受诛, 若九牛亡一毛, 与蝼蚁何以异？
> Supposons que les serviteurs reçoivent la peine de mort et soient exécutés ; cela serait comme si neufs bœufs perdaient un poil. En quoi distinguerait-on [cette disparation] de celle d'une seule courtilière ou d'une seule fourmi ?

Cette expression sous-entend qu'une personne capable d'atteindre le Dao est tellement rare qu'elle est aussi peu notable et discrète que la chute d'un seul poil sur une bête qui en possède des millions.
[9] L'océan des désirs [yu hai 欲海] correspond également à l'océan de la lasciveté ou des désirs mondains.
[10] Alternativement, 'ceux qui possèdent les conditions appropriées'.

只可意會
不可言傳

—莊子

Il peut seulement être perçu,

Mais pas décrit par des mots.

—Zhuang Zi

II

Le Livre
de la Terre

地
書

Commentaire de la Préface

前言

Les 49 Barrières à la Pratique du Dao nous expliquent ce qu'il faut faire si l'on souhaite devenir un ange ou un immortel. Les gens ordinaires sont tous affairés et préoccupés par leur travail, et ceux qui empruntent une voie inhabituelle et anormale sont considérés comme des fous. Alors que les gens ordinaires spéculent sur le marché boursier, créent des entreprises, achètent des terres et des propriétés, peuvent être malhonnêtes et fourbes, les personnes anormales, quant à elles, ne s'engagent pas dans de telles activités. De ce fait, elles sont considérées comme des robots ou des machines défectueuses qui ont besoin d'être réparés.

Il convient ici d'examiner de plus près le titre de cet ouvrage, *Les 49 Barrières à la Pratique du Dao*. Le terme 'pratiquer' ou 'cultiver' est composé de deux caractères en chinois : *Xiu Xing* [修行]. Le caractère *Xiu* [修] signifie réparer, tandis que le caractère *Xing*[1] [行] fait référence à ce que vous devriez faire, à comment vous devriez le faire, à comment votre pensée devrait être, ainsi qu'à ce que vous ne devriez pas faire. En effet, les actes méritoires sont les fondations qui pavent [xiu 修] le chemin. *Xiu* désigne également l'intérieur, tandis que *Xing* fait référence à l'extérieur, de sorte que le premier représente la nature-intérieure et le second la vie-destinée.

Cette voie de pratique n'est pas une voie ordinaire car elle est trop difficile pour la plupart des gens. Il faut être fou pour emprunter ce chemin et insister en le parcourant. En termes de navigation, ce serait comme s'il fallait d'un seul coup construire un bateau, préparer l'appareil, établir une carte et une direction, apprendre à naviguer, s'occuper des [réserves] d'eau, s'assurer des stocks de nourriture, d'essence, de la force motrice du bateau, ainsi que de tous les autres composants nécessaires. Ce serait comme naviguer de Shang Hai à San Francisco, il faut que le bateau navigue droit. Sans direction, vous ne saurez pas où aller. Si votre bateau est trop petit et que vous rencontrez un typhon ou une tempête tropicale, alors une grosse vague le renversera. Vous devez donc construire un grand bateau, et sa puissance doit être suffisante pour résister aux intempéries et à tout danger. *Les 49 Barrières à la Pratique du Dao* vous expliquent comment construire un tel bateau.

Une barrière [guan 关] est un embranchement, un carrefour mais également un examen et un test. Tout cultivateur doit affronter d'innombrables épreuves de la sorte, quel que soit le nombre de barrières spécifiées dans ce texte. Sans vouloir vous décourager, il faut préciser que dans *Le Voyage Vers L'Ouest*,[2] il y a 81 épreuves de ce type au total, contre 49 dans ce traité. Ce dernier énumère et décrypte chacune de ces épreuves en detail ; il vous explique comment les surmonter et les franchir.

Fondamentalement la question essentielle est : dans quelle mesure êtes-vous capable de vous défaire de vos conditionnements[3] ?
La première prédisposition naturelle de l'homme et la plus fondamentale est probablement le désir de nourriture. Mais comme l'explique le daoisme :

要想不死，肠中无屎。

    Si vous voulez être éternel,

    Il ne doit y avoir aucune matière à l'intérieur de vos intestins.

Se priver de nourriture, c'est le jeûne, ce que l'on appelle également 'S'Abstenir de Graines'.[4] Pour ce faire, ne mangez pas pendant trois jours au moins, et videz votre intestin grêle et votre gros intestin. Si la moindre quantité de nourriture reste présente, ou que vous ressentez encore le moindre désir de manger, alors c'est que les influences néfastes sont toujours présentes. Il est précisément question ici d'un besoin du corps et d'une demande de nourriture. Mais il est difficile de se passer de nourriture tant on la trouve délicieuse. C'est pourquoi il est dit dans le *Dao De Jing* :

五味令人口爽。

    Chez l'homme, les cinq saveurs engendrent une déviation de la bouche.[5]

Après la nourriture, la deuxième prédisposition naturelle la plus fondamentale de l'homme est la sexualité.[6] Tous les êtres humains sont le produit du désir sexuel. L'être pourrait-il exister sans un père et une mère ? Et comment la présente génération ferait-elle pour avoir des enfants, s'il n'y avait pas de sexualité ? Il s'agit d'un phénomène biologique et il est normal qu'il apparaisse après la puberté, celui-ci découlant d'une phase de vie chez l'humain appartenant au ciel postérieur.[7] Il y a deux types de désir sexuel. Le premier est constitué par des pensées de désirs qui découlent d'objets appréhendés par la vision.[8] Le second est le résultat de la plénitude de l'essence d'une personne. Ces deux types de désirs sont des manifestations naturelles et il est impossible de cultiver le Dao sans cette sexualité. Il est pourtant également vrai que si vous atteignez un certain niveau et que vous n'avez toujours pas dépassé cette question de la sexualité, alors vous ne pouvez pas pénétrer le Dao. Comme le soulignent les classiques alchimiques :

无性难修道，有性不归真。

    Sans désir sexuel, il est difficile de cultiver le Dao.

    [Pourtant, s'il reste] du désir sexuel, on ne peut revenir à ce qui est véritable.[9]

Par comparaison, une bonne tasse est une tasse qui ne fuit pas. Il n'y a qu'un seul but qui est de vous purifier, et de purger votre corps et votre esprit, afin que plus aucun désir personnel et plus aucune attente ne découlent d'eux. Ce n'est que lorsque vos pensées sont pures que l'on peut dire que votre tasse a été parfaitement réparée et qu'elle est maintenant sans fissures, de sorte qu'elle peut contenir de l'eau. Il y a donc 49 trous à réparer ; certains peuvent l'être rapidement, tandis que d'autres sont lents à être colmatés. Dans ce processus de réparation, les gens souffrent donc de privations, car ils sont trop à l'aise dans leur vie en société. C'est pourquoi on appelle cela des 'Barrières', car elles sont difficiles à dépasser. On pourrait les comparer à l'ascension du Mont Everest. Pour commencer, il est nécessaire d'établir un plan. Vous devez préparer les choses importantes que vous prendrez avec vous, et c'est à vous de décider si vous êtes prêt ou non à emprunter ce chemin, car vous n'y êtes ni forcés, ni contraints.

Ceux qui brandissent le drapeau daoiste en occident[10] devraient comparer ce qu'ils étudient avec les exigences de ces *49 Barrières à la Pratique du Dao*, car leur mise en œuvre peut prendre une vie entière. Personne ne peut accomplir cela en un ou deux ans. Il aura fallu dix années de ma vie pour juste résoudre une seule d'entre elles. Ce que vous accomplissez dépend entièrement de vous. Comme Lao Zi l'a souligné dans le *Dao De Jing* :

路在脚下。

Le chemin se trouve sous vos pieds.[11]

---

[1] Dans son utilisation la plus courante, *Xing* [行] signifie voyager, marcher, pratiquer, mettre en œuvre et se conduire d'une certaine façon.

[2] En chinois, 西游记 [xi you ji]. *Le Voyage Vers l'Ouest* est considéré comme l'un des quatre romans classiques de la littérature chinoise. Ecrit sous la dynastie Ming, ce roman relate le pèlerinage légendaire du moine bouddhiste Tang Seng, qui s'aventure vers l'ouest pour acquérir les écritures sacrées qui lui permettront d'apporter la délivrance aux peuples de l'est. Vous pouvez consulter la traduction anglaise de W.J.F. Jenner du travail de Wu Cheng'en, mais également la traduction française d'André Lévy.

[3] Voir également Commentaire de la 1ère Barrière, note de bas de page 6.

[4] Voir le Livre III : Livre de l'Humain, Chapitre 1, *L'Abstention des Graines* [bi gu 辟谷] pour une discussion complète de ce sujet. Voir également *The Arts of Daoism*, Purple Cloud Press, paru en 2021.

[5] Le phrasé de cette traduction est spécifiquement basé sur les explications du moine daoiste Xing De, appelé Li Shi Fu par ses étudiants. Xing De est l'un des noms de Li Shi Fu, qui lui fut donné pour son appartenance à la lignée de la Porte du Dragon, en tant que 30ème génération de maîtres. C'est également le nom qu'il utilise pour ses écrits.

[6] En chinois, 性 [xing].

[7] Le ciel antérieur et le ciel postérieur sont souvent traduits respectivement par prénatal et post-natal, ou l'inné et l'acquis. Le ciel antérieur fait référence au temps qui précède le premier moment où l'on peut voir les cieux, et le ciel postérieur fait référence au temps qui suit ce premier moment où l'on peut voir les cieux. Il s'agit simplement de ce qui précède et de ce qui suit la naissance. Les trois trésors, l'essence, le Qi et l'esprit, peuvent tous être divisés en trésors du ciel antérieur et trésors du ciel postérieur.

[8] On est capable de conserver son énergie vitale en ne sollicitant pas trop les sens extérieurs, par exemple en tournant son regard vers l'intérieur. C'est pourquoi de nombreuses méthodes insistent sur l'observation intérieure et sur l'illumination intérieure [nei guan nei zhao 内观内照].

⁹ On trouve une version légèrement modifiée dans *Chun Yang, les Explications de l'Être Réalisé sur le Dao De Jing* [dao de jing chun yang zhen ren jie yi 道德经纯阳真人解义] :

无身不成道，有身不归真。
Sans corps, on ne peut atteindre le Dao,
[Mais tant que l'on a] un corps, on ne peut pas revenir à ce qui est véritable.

¹⁰ Voir également le Commentaire de la 48ème Barrière.

¹¹ Cette phrase de Li Shi Fu paraphrase le chapitre 64 du *Dao De Jing* :

千里之行，始于足下。
Un voyage d'un millier de lieues chinois commence sous vos pieds.

1ᵉʳ
Commentaire de la Barrière du Plaisir et du Désir Sexuel

淫欲關

春天发生，夏天成熟，秋天结果，冬天收藏。

Le printemps engendre la vie, l'été mûrit, l'automne porte ses fruits et l'hiver met en réserve.[1]

Les dix mille choses[2] de l'univers suivent le cycle du printemps, de l'été, de l'automne et de l'hiver, au fur et à mesure que l'axe de la terre change son inclinaison. La temporalité céleste est dynamique et puisque les humains vivent en son sein, ils doivent également s'y conformer.[3] La différence entre les humains et les animaux, est que ces derniers vivent les cycles naturels de façon fixe et statique. L'être humain quant à lui, bien que toujours soumis aux effets et aux influences des périodes saisonnières,[4] l'est dans une moindre mesure. Les dix mille choses grandissent et engendrent la vie ; sans ce principe constant, il ne resterait pas un seul être humain sur terre. Ainsi, il est préférable de vivre là où la démarcation entre les saisons est nette, à peu près à une trentaine de degrés de latitude, pour éviter le climat équatorial.[5] Parce que nous vivons tous au rythme du lever et du coucher du soleil, toute personne qui mange de la nourriture, qui salive, qui transpire, qui travaille, qui dort et qui défèque, est intrinsèquement liée à la problématique de cette barrière. Ces aspects de notre biologie sont hors du contrôle de l'homme. Vous devez dormir quand vous êtes fatigués et vous devez manger quand vous avez faim. Ces notions n'ont rien à voir avec le renoncement ou la couleur de la robe que vous portez. Que vous soyez une bonne ou une mauvaise personne, que vous soyez riche ou pauvre, quelles que soient vos pensées, vous devrez faire face à cette barrière. La vie humaine se confronte à deux grands défis : la nourriture et le désir sexuel. Selon les mots de Mencius :

食色性也。

Par nature, [les humains] désirent nourriture et sexe.[6]

Depuis la nuit des temps, les humains naissent des conséquences d'un désir sexuel et engendrent de la sorte la génération future. Dans le dicton suivant, le mot sentiment[7] pourrait être remplacé par l'envie sexuelle, ou par des termes analogues comme la nature-intérieure et le désir[8] :

无情难修道，有情不归真。

Sans sentiments, il est difficile de cultiver le Dao,
Avec des sentiments, on ne peut retourner à ce qui est véritable.[9]

Parmi ceux qui pratiquent dans la société ou qui sont renonçants,[10] aucun ne peut échapper à cette problématique. Ainsi, tant que vous avez encore des pulsions de désir sexuel, vous demeurez dans les cycles de la vie et de la mort, et vous devez encore aller aux toilettes pour uriner et déféquer. En clair, vous êtes toujours une personne ordinaire. Il existe deux types de désirs sexuels. Le premier vise à protéger et à engendrer la vie, se situant au niveau de la longévité,[11] tandis que le second implique le raffinement et la transformation de l'élixir du Dao.[12] On devrait d'abord se concentrer sur le premier, afin de protéger et de nourrir la vie, durant notre temps en société.[13]

Pour la longévité, vous devez restaurer et accumuler votre essence[14] afin de devenir fort et puissant. Vous devez d'abord pour y parvenir vous assurer que votre corps est sain et exempt de toute maladie. A partir de là, il vous faudra vous transformer en un être supérieur. Il y a deux conditionnements qui sous-tendent le désir sexuel. Le premier est un conditionnement naturel, tout comme la nature qui produit des graines et qui se transforme en germes, ou comme les bourgeons qui deviennent les feuilles des arbres. Le second conditionnement est artificiel, et étant donné les tendances de l'esprit humain, il concerne quatre-vingt-dix-neuf pour cent des gens. Il se développe à partir d'une déficience de Yang,[15] résultant d'une activité sexuelle excessive et menant vers des douleurs à la taille et vers un manque de force général, trop d'essence ayant été perdue. Toute personne mariée pourra comprendre cela. Vous vous souviendrez alors que le deuxième jour après votre mariage, vous étiez très fatigué. La science prétend qu'il n'y a pas de perte dans l'orgasme sexuel et qu'on peut le comparer au fait de cracher de la salive. La médecine daoiste cependant pense différemment : l'essence contient la force de vie. La forme et la partie matérielle de la vie sont l'essence, tandis que le Qi des cinq organes *zang*[16] est la partie immatérielle et informelle. Au final, tout cela sera perdu. Vous tomberez dans le déclin et vous finirez par mourir, étant donné l'impossibilité pour la plupart des gens d'obtenir la protection et la guérison par les pratiques de longévité. Ne laissez pas l'essence et les fluides[17] s'échapper, mais utilisez plutôt les méthodes qui permettent de les restaurer et devenez un immortel. Tout ceci est abordé en profondeur dans *L'Essentiel du Raccourci à la Grande Réalisation*.[18] Si vous restaurez l'essence et les fluides que vous avez perdus, alors vous atteindrez un stade appelé le 'Raffinement de l'Essence et sa Transformation en Qi'.[19]

Pourtant, avant de vous lancer dans cette étape, vous devez d'abord accomplir vos devoirs familiaux, car une fois que votre essence aura été transformée en Qi, votre capacité à procréer disparaitra.[20] A ce stade, il ne sera plus possible de prolonger votre descendance. Pour cette raison, on considère qu'il n'est pas correct de cultiver les étapes supérieures du Dao sans avoir d'abord élevé ses propres enfants.[21]

Comme il est dit dans la déclaration suivante :

> 有断子绝孙的道？有断子绝孙的路？
>
> Existe-t-il un Dao dans lequel il n'y a ni enfants, ni petits-enfants ?
> Existe-t-il un chemin dans lequel il n'y a ni enfants, ni petits-enfants ?

Demandez-vous si Jésus a eu des descendants,[22] ou si Lao Zi a engendré une génération après lui, et vous réaliserez que tous les grands sages ont eu une descendance. Il y a deux cents ans, si vous étiez autorisés à cultiver le Dao mais que vous n'aviez pas encore élevé d'enfants, alors les enseignements de votre maître étaient questionnés et mis en doute. Cela était considéré comme une violation du principe créateur du Dao, énoncé comme suit : 'l'engendrement sans fin, tel est le grand Dao'.[23] Comme l'a observé Mencius :

> 不孝有三无后为大。
>
> Il existe trois offenses envers la piété filiale,
> Et être sans descendance en est la plus grave.[24]

N'être centré que sur soi, comme si vous étiez la personne la plus importante au monde, c'est véritablement manquer de piété filiale et de respect envers vos parents.[25] Ainsi, tous les cultivateurs du Dao doivent avoir une descendance et avoir fait l'expérience de la vie conjugale. S'ils ne l'ont pas fait, ils doivent retourner dans le monde séculier et trouver un partenaire. En effet, cultiver le Dao se fait à partir du corps humain et sans corps, il est impossible de cultiver le soi. Ainsi, si tout le monde abandonnait le processus de la procréation, il n'y aurait plus personne pour donner naissance au prochain Lao Zi, au prochain Bouddha et au prochain Jésus.

Tous les êtres humains existent dans la troisième dimension, et chacun d'eux est le produit de l'union entre une mère et un père. Cela n'a rien de mauvais en soi. Et pour autant, c'est également la source de tous les problèmes qui surgissent dans nos pensées, dans nos compréhensions et dans nos connaissances. Les humains sont les plus beaux êtres de la création et aucun autre n'est plus grand ou plus important. Quiconque tente d'élever son soi à partir de la cinquième et la sixième dimension mettrait dix mille ans à y parvenir, car dans ces dimensions, les champs temporels et spatiaux sont différents des nôtres. En revanche, lorsque vous êtes dans la troisième dimension avec un corps physique, vous pouvez vous élever directement dans la cinquième ou même la dixième.[26] En effet, la troisième dimension offre une opportunité rare d'accomplir cet exploit dans ce court laps de temps qui nous est donné sur terre. Il est regrettable que les êtres humains soient incapables de vivre plusieurs milliers ou même plusieurs dizaines de milliers d'années, afin de prolonger leur pratique dans le temps. De tels individus cependant, alarmeraient les personnes qui vivent en société. Il existe en Chine un dicton désobligeant à propos des personnes qui ont une longue vie :

老而不死是为贼。

Vieux mais non mourant,

Il doit [certainement] être un escroc.[27]

Dans le passé, l'Ancêtre Fondateur Peng[28] a vécu huit cents ans, et du temps d'Adam, plusieurs personnes ont vécu jusqu'à un âge proche de mille ans.[29] Aujourd'hui, seule une durée de vie de cent ans est possible. Liu Li Hang,[30] 22ème maître de la Porte du Dragon, est arrivé à l'âge de cent deux ans, ce qui était déjà considéré comme un âge très avancé. La pensée des gens en société toutefois, diffère grandement de la compréhension des cultivateurs. Ainsi, vous ne devriez pas restreindre vos pensées aux seuls concepts limités de la société, car la grande majorité des gens n'explorent pas les vraies questions de la vie :

Qui sommes-nous ?

D'où venons-nous ?

Où allons-nous ?

D'où vient le corps physique ?

D'où vient le corps des enfants ?

D'où est venu Shakyamuni ?

D'où est venu Lao Zi ?

D'où les ancêtres fondateurs sont-ils venus ?

Si nous ne comprenons pas comment nous sommes nés, comment pouvons-nous comprendre la façon dont nous allons mourir ?

Seule une personne dans l'histoire ai été engendrée par une mère uniquement – Jésus-Christ. Comment la Vierge Marie a-t-elle pu tomber enceinte sans avoir de mari ? Vous ne devriez pas réfléchir comme les gens ordinaires lorsque vous considérez cette question. Ouvrez votre esprit, car les humains ne sont pas les seuls êtres qui existent dans cet univers et ne sont pas non plus les seuls à posséder un corps physique – il existe également des êtres extra-terrestres. Même si Jésus n'a pas eu de père, l'information génétique de son père était contenue dans son ADN, à l'intérieur de la double hélice.[31] Mais les humains n'ont pas encore trouvé l'origine de cette connaissance. La transmission de notre patrimoine génétique est également un aspect de la théorie daoiste selon laquelle il ne devrait pas y avoir d'interruption dans la lignée et dans la descendance. Vous devriez réfléchir au point de vue scientifique qui compare la quantité d'ADN provenant de la mère, présent chez l'homme et chez la femme. Pourquoi la quantité d'ADN provenant de la mère est-elle plus ou moins la même pour les deux sexes reste une énigme. Enquêtez et faites des recherches afin de comprendre la vie, d'en saisir les principes et les vérités. Si vous ne possédez pas cette compréhension, alors vous manquerez de théorie pour vous orienter, et votre direction dans la vie ne sera pas claire. Sans une telle direction, vos actions et vos comportements deviendront erratiques et incertains.

Au stade initial de la pratique, vous devez effectuer les Cent Jours pour Poser une Fondation,[32] ce qui marque le franchissement d'un cap. Lorsque cette étape est dépassée, les hommes deviennent sans essence et les femmes sans menstruations. Pourtant, le Dao de la nature est le Dao de la vie qui engendre la vie,[33] le Dao des enfants et des petits-enfants sans interruption.[34] L'être humain naît du désir sexuel, mais en meurt également. Il fait partie de notre instinct naturel et tout le monde en est doté à l'origine. Ainsi, il est tout à fait normal d'avoir des difficultés à contrôler ses désirs et c'est pour cette raison qu'il est crucial de ne pas les poursuivre, afin ne pas en devenir avide. Alors que certaines personnes réussissent à éradiquer complètement ce désir, d'autres trouvent cela impossible à faire et sont incapables de devenir des renonçants. Tout le monde veut devenir un ange. Pourtant, il ne s'agit pas ici de savoir ce que vous voulez être, mais plutôt de savoir si vous possédez les conditions préalables nécessaires à cela. Si vous pensez que vous pouvez renoncer à vos désirs tout simplement parce que vous n'avez pas de conjoint, alors vous vous trompez grandement, car cela n'est pas pertinent ; ce problème est sans rapport avec le fait d'avoir ou non un mari ou une femme.[35] Il est plutôt en lien avec les mouvements du désir. Lorsque le désir se manifeste, que vous soyez en couple ou non, les pores et les méridiens du corps s'ouvrent ; de ce fait, naturellement le Qi se disperse.[36] Se mettre en colère quand un désir apparaît n'arrange rien. Raffinez la force de votre résistance pour la pratique ultérieure.

Il y a dix prérequis externes qui doivent tous être maîtrisés correctement.[37] Ils sont listés dans *Les Méthodes Fondamentales de la Porte du Dragon*,[38] et dans les Huit Fondements[39] :

法、财、侣、地、德、慧、悟、缘。

Méthode, Richesse, Compagnonnage, Emplacement,

Vertu, Sagesse, Eveil et Destinée.

Les méthodes viennent en premier car sans elles, vous aurez de grandes difficultés à vaincre vos désirs. L'une de ces méthodes est appelée 'Observer comme si cela était Impur'.[40] Lorsque vous expérimentez un désir, vous pouvez employer cette méthode et ainsi vous tenir à l'écart de telles difficultés durant la journée. Par exemple, si vous n'avez pas encore renoncé au monde pour entrer en réclusion, alors chaque fois que vous voyez une belle femme ou un bel homme, observez cette image comme si elle était en pleine décomposition, répugnante de puanteur et grouillante d'asticots – vous pouvez même la voir comme pleine de pus, de sang, de vers et autres créatures – puis observez la ensuite devenir un squelette d'os blancs. Cette méthode n'éliminera cependant que temporairement la tentation et les désirs. Elle ne résoudra pas ce problème à la racine et ne le transformera pas, de sorte que ce ne sera qu'une question de temps avant que vous ne perdiez à nouveau votre essence. En effet, le désir sera toujours présent, tapi en vous et le feu du cœur[41] finira par s'élever à nouveau. Parce que vous n'êtes pas en contrôle du monde des rêves, vous finirez inévitablement par perdre votre essence dans celui-ci. Dans les rêves, tout est faux, mais l'essence et le Qi que vous perdez en réaction sont réels. Tout le monde a déjà fait l'expérience d'un rêve plaisant[42] et tout le monde pourra comprendre cette allusion.[43] Si les désirs et les passions n'ont pas été dissolus, alors bien qu'il n'y a pas de fuite, la naissance du Yang[44] et la montée du désir finiront tout de même par se faire sentir à nouveau et il sera impossible de les contrôler. Dans le daoisme, lorsque les cultivateurs sont faces à des difficultés, ils devraient les dissoudre et les sublimer, plutôt que de chercher à les réprimer comme on peut le voir dans d'autres courants religieux ou philosophiques. En effet, alors que certains enseignements consacrent beaucoup de temps à porter un jugement sévère sur de tels désirs, cherchant à les brider et à les contraindre, dans le daoisme au contraire, on contrecarre le désir en le dissolvant, en le décomposant et en le transformant. Une fois que l'on a transmuté ce désir, la pratique transformera votre corps pour finalement faire disparaître définitivement cette problématique. Néanmoins, le désir reste la force motrice qui perpétue incessamment la vie.[45] C'est la barrière la plus difficile à franchir et c'est pourquoi elle est la première des 49 barrières.

Lorsque l'essence est pleine, il vous faut la transmuter en Qi. Les daoistes ont leurs propres méthodes pour cela. La version masculine se nomme 'Dompter le Tigre [Blanc]',[46] tandis que la version féminine se nomme 'Soumettre le Dragon [Pourpre]'.[47] Le dragon et le tigre aiment tous deux courir. Le pouvoir acquis en soumettant le dragon et en domptant le tigre est celui de la longévité. Préservez l'essence et sauvegardez les eaux.[48]

'Fermez vos Yeux, Nourrissez l'Esprit'[49] et bouchez vos oreilles. L'essence doit d'abord être complètement restaurée avant que vous ne puissiez en faire usage. Ainsi, l'essence du ciel postérieur peut rétablir l'essence du ciel antérieur.[50] Cela ne peut se faire en une seule fois, tout comme on ne boit pas un grand verre d'eau en une seule gorgée. Cette barrière est la plus difficile car elle est la porte du commencement originel ; elle s'est formée au moment où vous n'étiez qu'un embryon dans le ventre de votre mère. Lorsque les médecins ont coupé votre cordon ombilical, ils vous ont également coupé du ciel antérieur et la nourriture par le ciel postérieur a commencé. Repensez à ces moments où vous étiez dans le ventre de votre mère et regardez même encore plus en arrière. Quand le dos du bébé est frappé,[51] c'est là que débute le ciel postérieur.[52] La vie se termine lorsque l'essence du ciel postérieur n'est plus produite.

Les femmes ont leurs menstruations à intervalles lunaires réguliers, et c'est parce que l'ancien s'évacue que le nouveau peut arriver. La perte menstruelle est normale et naturellement elle cesse avec l'âge. Si les femmes sont capables de soumettre le dragon, non seulement les dépenses liées aux règles s'arrêteront complètement, mais les pertes antérieures pourront également être restaurées. La seule différence entre les femmes et les hommes est que ces derniers ont un corps Yang, alors que les femmes ont un corps Yin.[53] Ainsi les hommes et les femmes doivent employer des méthodes différentes. Une fois que le tigre a été dompté et domestiqué, et que le dragon a été attaché et soumis, alors la suite du chemin est la même pour les deux genres. Si quelqu'un vous suggère qu'après cette étape il y a une différence entre les deux, alors il s'agit d'un autre Dao, d'une voie hétérodoxe et différente, qui ne correspond pas au type de pratique dont il est question ici. Si vous êtes une femme âgée et que vous n'avez plus de menstruations, alors pour cultiver le Dao, vous devrez d'abord entreprendre certaines pratiques pour faire revenir vos règles.[54] Vous devez relancer votre cycle menstruel, puis le transformer pour pouvoir, au moyen de certaines techniques, revenir à nouveau à une absence de menstruations. Il ne s'agit pas ici de ces cas où les femmes n'ont plus de règles parce qu'elles ont accumulé trop de colère ou ont été trop soumises à de fortes pressions. Il en va de même pour les hommes : s'ils ont perdu leur capacité et leur force reproductrice, alors ils doivent s'efforcer de les restaurer par un entrainement spécifique. Et de la même manière, ils doivent ensuite laisser cette force retourner à une absence d'état, en éliminant par un ensemble de techniques spécifiques, cette capacité à avoir des émissions séminales. Sans cela, il est impossible de sublimer le corps. Sans les bonnes méthodes, vous ne serez pas en mesure de compléter ce processus

Comme vous êtes à l'heure actuelle des gens ordinaires et non des renonçants, réduisez votre vie sexuelle au minimum. Le raffinement de l'élixir et la pratique du Dao ne peuvent être envisagés sous des perspectives de longévité, ou selon les critères d'une personne normale qui se limitent simplement à vouloir un corps fort et une longue vie. Pour cesser d'être une personne normale ou ordinaire, vous devez supprimer ces normalités et devenir anormal. C'est pourquoi les 49 barrières sont appelées dans la préface 'Un Chemin de Pratique pour Personnes Anormales'. Depuis la nuit des temps, ces normalités s'inscrivent dans notre ADN. La science a déclaré que les pensées sont capables de modifier la composition de nos propres gènes. Pour atteindre l'élixir du Dao, examinez d'abord votre esprit et ses besoins afin de vous débarrasser de ces désirs, et de votre envie de les assouvir. Lorsque l'on est au niveau de l'élixir du Dao, les érections devraient être naturelles et non une réponse à un désir sexuel basé sur la forme. Il faut donc s'abstenir dans le quotidien de regarder ou de penser à des images qui suscitent le désir, car le Qi qui provient du désir[55] ne doit pas être employé comme matériel de raffinement lorsque l'on cultive, car il implique intrinsèquement ces pensées de désir et de convoitise. Dans le passé, les cultivateurs chinois ne pouvaient pas aborder de tels sujets en public, mais de nos jours, la situation est plus ouverte.[56]

Il faut beaucoup de détermination, de patience et de volonté. Chaque fois qu'un désir apparaît, il doit être recapté puis sublimé dans le processus de transformation de l'élixir. Pour autant, lorsque le désir sexuel se réveille, c'est l'élixir illusoire[57] que l'on génère. Ainsi, tout désir finira par détruire votre élixir et vous mènera à la destruction de votre corps véritable.[58] Quelle que soit la force de votre intention, si vous êtes incapables de transformer vos désirs, alors vous serez incapables de les éliminer. Même si les femmes sont couvertes comme dans l'Islam, les désirs seront toujours présents. Tant que l'œil est capable de voir, le désir émergera. Ce n'est pas une question de vêtements,[59] même si pour le commun des mortels, il serait préférable que le corps reste couvert de vêtements. La vue est la racine du désir la plus puissante, ce qui est inacceptable. Déracinez de tels désirs non pas une fois, deux fois, mais autant de fois que nécessaire, pendant des années s'il le faut. Peu importe quand le désir émerge, vous devriez l'éradiquer immédiatement et le transformer en Qi. C'est pourquoi vous devez vous référer aux huit fondements daoistes. Si vous respectez correctement les préceptes, alors vous pouvez réussir. Les désirs sexuels sont transformés par des méthodes progressant de l'absence de respiration jusqu'à la fin de l'absence de respiration.[60] Raffinez l'essence en Qi, sublimez-les tous les deux et vous n'aurez pas à renaître de nouveau.[61] Votre désir sexuel s'évanouira alors pour ne plus exister. Cela sera visible extérieurement chez les femmes par l'absence de seins et de menstruations, tandis que pour les hommes, le Yin du cheval se cachera dans la boite.[62] Il s'agit d'une procédure qui peut se vérifier pas à pas. Ce n'est pas juste une idée tirée d'un livre, ni une simple imagination.

Dans le daoisme, si une femme renonçante prétend qu'elle a ouvert l'orbite microcosmique et macrocosmique,[63] alors elle doit avoir interrompu son cycle menstruel et sa structure corporelle ainsi que sa forme doivent montrer une transformation. Si elle a toujours de la poitrine, c'est qu'elle n'est pas honnête. Si un homme se vante de son accomplissement et prétend avoir complètement transformé son essence, vous aurez désormais un moyen de juger si cela est véritable ou non.[64] Ces principes vous permettent de distinguer ce qui est véritable de ce qui est faux. Ne laissez pas les autres vous tromper. Bien que les gens aient besoin les uns des autres pour avancer ensemble, lorsque l'on atteint un certain stade de la pratique, il nous faudra quitter la société et poursuivre dans la solitude. Le but ultime est de sublimer les trois corps,[65] de les unifier et de créer un nouveau champ énergétique. Sans ces processus de raffinement et de transformation, vous ne parviendrez à rien. Si vous y êtes parvenu véritablement, alors vous n'aurez plus d'essence et vous cesserez naturellement de manger – vous ne serez plus assujettis à la troisième dimension et serez capables d'accomplir des exploits tels que marcher sur le soleil et jouer sur la lune.[66]

N'écoutez pas ce que les autres prétendent être. Certains arrêtent de cultiver car cette voie est trop difficile pour eux. Ils retournent alors en société pour tenter pendant vingt, trente, voir même quarante ans de réparer leur tasse,[67] puis ils essayent à nouveau de s'engager dans cette pratique. Si vous ouvrez l'orbite microcosmique, vous souffrirez alors d'une perte d'essence, de Qi et d'esprit très rapidement ; vous ne pourrez pas emporter une telle tasse percée dans votre espace de pratique. Le désir sexuel est la fondation de l'alchimie interne. C'est le matériau que vous devez collecter[68] et avec lequel vous devez travailler ; ainsi, il vous faut le protéger. Pour étendre votre longévité, vous devez préserver votre essence et réduire vos pertes, car sinon, en vous abandonnant aux cycles naturels du désir, vous risquez de dilapider tout votre capital dans cette vie jusqu'à votre mort. Les habitudes qui naissent du désir ne se développent que dans un espace-temps valable au niveau de la longévité. En revanche, pour atteindre l'élixir du Dao, les exigences sont élevées. Ne vous avisez pas de commencer à cultiver alors que votre tasse fuit encore. Accumuler de la puissance est un processus difficile, et dès que vous tenterez de l'employer, tout pourra être perdu. Cette puissance est trop précieuse pour être gaspillée et dans cette vie ci, nous n'en avons que trop peu. Il est impossible pour quelqu'un de bien se préparer à cette pratique en seulement un à trois ans. Il y a certains outils que vous devez obtenir avant de vous engager dans ce processus :

上天入地。

On s'élève vers les cieux ou on entre dans la terre.[69]

Les outils dont on parle sont la réalisation et la manifestation du corps Yin.[70] En revanche, pour que le corps Yang[71] s'accomplisse, il doit y avoir la manifestation des signes extérieurs les plus clairs d'une rétraction de la poitrine chez la femme et de l'arrêt des menstruations, comme expliqué précédemment, et l'homme doit se retrouver sans organes génitaux externes, sans pomme d'Adam et ne doit plus avoir d'émissions séminales. Pour cultiver, il faut rajeunir jusqu'à retrouver le corps d'un jeune enfant. Comme le dit un dicton daoiste :

返老还童。

Inverser [le cours] du vieillissement et
Revenir [à l'état de] nourrisson.

A ce moment-là, vous pourrez honnêtement proclamer avoir saisi la vérité de la vie et la tenir entre vos mains. Tout cela ne s'obtient que par la pratique, non pas en parlant ou en faisant des conférences sur le sujet en ville. Si vous ne pratiquez pas convenablement au début, continuez néanmoins d'essayer. Une fois que vous aurez saisi les principes, mettez-les en pratique et soyez patient pendant que vous remboursez les dettes karmiques que vous avez accumulé et qui vous entravent dans les premières étapes. Personne d'autre ne peut faire ce travail à votre place. Si vous possédez les conditions préalables nécessaires et que les bonnes circonstances sont réunies, alors vous finirez par réussir.

En occident, les méthodes transmises sont nombreuses et variées. Mais malheureusement, on n'y transmet aujourd'hui essentiellement que les méthodes mineures de l'élixir du Dao[72] ; elles sont utiles mais ne permettent pas de progresser à un niveau supérieur. Ces méthodes mineures en occident sont principalement orientées sur la double pratique entre l'homme et la femme,[73] autrement appelée 'Les Arts de la Chambre à Coucher'.[74] Les occidentaux pensent que c'est de cette façon que l'on cultive dans le daoisme, car c'est ainsi que les daoistes l'ont transmis. Si personne n'enseigne différemment aux gens, alors ce que ces daoistes égarés prétendent sera inévitablement accepté comme la vérité. C'est pourquoi le Temple des Cinq Immortels a décidé d'ouvrir cette porte qui révèle la voie du chemin droit. Si vous ne pouvez pas vous défaire de vos désirs, alors vous ne pourrez atteindre qu'un certain niveau et il vous manquera les méthodes de transformation et de sublimation.[75] Il n'est pas correct de penser que la méthode impliquant des relations sexuelles entre un homme et une femme, sans qu'il y ait échappement de l'essence, se pratique finalement sans aucune perte.[76] Pour l'expliquer encore une fois, cette compréhension est erronée car tant qu'il y a du désir, même sans éjaculation ou excitation, les pores de la peau s'ouvrent et l'essence, le Qi et le Qi originel s'échappent énergétiquement de façon imperceptible.

Pour autant, les maîtres du passé utilisaient également une autre analogie, celle de l'eau dans un puits. Si vous puisez de l'eau chaque jour dans le puits, alors elle est toujours nouvelle et fraiche. En revanche, si vous laissez l'eau inutilisée dans le puits pendant plusieurs mois, alors elle deviendra stagnante et fétide, devenant ainsi inutilisable. Comme nous le savons tous, l'eau dans le corps humain a deux voies distinctes par lesquelles elle sort – une à l'avant et une à l'arrière. Si l'eau ne quitte pas le corps par l'avant dans les urines, alors elle sera évacuée par l'orifice arrière. Malheureusement, la plupart des gens n'ont pas conscience qu'ils peuvent perdre leur essence et leur Qi par ce type de voie, car cela ne fait pas parti de la connaissance des gens ordinaires. Dans le passé, comme en occident, ces sujets ne pouvaient pas être abordés clairement. Vous devez employer l'eau pour cultiver, jusqu'au point où elle fusionne avec le Dao, ou que vous deveniez un bouddha.

---

[1] Dans *Le Pivot Divin* [ling shu 靈樞], chapitre 44 'S'accorder avec le Qi du Jour Divisé en Quatre Temps' [shun qi yi ri fen wei si shi 顺气一日分为四时], il est dit :

> 歧伯曰：春生，夏长，秋收，冬藏，是气之常也，人亦应之。
> Qi Bo a dit : Le printemps permet la naissance, l'été fait grandir, l'automne récolte et l'hiver stocke ; telle est la constance du Qi et les humains vivent en résonance avec cela.

[2] Les dix mille choses représentent la myriade de substances matérielles.

[3] La temporalité céleste [tian shi 天时] englobe également les notions de conditions climatiques et d'ordre naturel des cieux. Les humains y sont moins assujettis car ils peuvent s'affranchir de ses restrictions et de ses contraintes, par exemple en créant des conditions de températures artificielles en intérieur grâce au chauffage ou à l'air climatisé. Par contraste, les animaux sauvages sont directement exposés aux éléments et sont ainsi davantage sous l'emprise de la temporalité céleste. Néanmoins, les êtres humains sont toujours affectés énergétiquement par le Qi des cieux, le Qi de la terre et la temporalité céleste.

[4] Les périodes saisonnières [jie qi 节气] représentent 24 périodes solaires au cours de l'année. Il existe une autre subdivision en 72 pentades [hou 侯], chacune d'elle durant cinq jours.

[5] En chinois, 赤道 [chi dao] signifie littéralement la voie écarlate.

[6] Cette citation provient de *Mencius*, dans le chapitre 'Gao Zi Première Partie' [gao zi shang 告子上]. On peut y lire :

> 食、色，性也。仁，内也，非外也。义，外也，非内也。
> La nourriture et le sexe sont dans la nature-intérieure [des humains].
> La bienveillance est à l'intérieur, non à l'extérieur.
> La droiture est à l'extérieur, non à l'intérieur.

[7] En chinois, 情 [qing].

[8] En chinois, 性 [xing].

⁹ En effet, on pourrait également lire :

> 无性难修道，有性不归真。
> Si l'on n'a pas de désir sexuel, il est difficile de cultiver le Dao,
> Si l'on a du désir sexuel, on ne peut retourner à ce qui est véritable.

¹⁰ Celui qui pratique dans la société, traduit littéralement en chinois par 'à la maison' [zai jia 在家], est l'opposé du renonçant qui a alors 'quitté son foyer' [chu jia 出家].

¹¹ En chinois, 养生 [yang sheng]. Voir également le Livre III : Livre de l'Humain, Chapitre 10, *Les Cent Jours pour Poser une Fondation* [bai ri zhu ji 百日筑基].

¹² En chinois, 丹道 [dan dao].

¹³ La déclaration de Li Shi Fu se lit comme suit :

> 养生把保养为基础。丹道把炼化为目标。
> Pour la longévité, la protection et la nourriture sont la priorité,
> Pour la voie de l'élixir, le raffinement et la transformation sont l'objectif.

¹⁴ Le terme 'essence' [jing 精] a malheureusement été bien trop souvent réduit au sens de sperme ou de semence dans les langues occidentales, car il représente la matière la plus substantielle des trois trésors – essence, Qi et esprit. En traduisant simplement par 'sécrétions sexuels masculines', ce qui au passage reflète un point de vue androcentrique, de nombreuses nuances du terme sont perdues. Par exemple, comme Li Shi Fu l'explique, l'essence peut également être perdue lorsque les pores de la peau s'ouvrent.

¹⁵ La déficience de Yang est le résultat d'une double perte d'essence et de Yang. Selon les théories daoistes, le simple fait d'avoir des pensées de désir sexuel, ou bien toute expérience physique de ce désir sexuel ouvre les pores de la peau et épuise le Qi et le Yang.

¹⁶ Les cinq organes *zang* sont le foie, le cœur, la rate, les poumons et les reins. En médecine chinoise, on considère qu'ils stockent les essences et les substances les plus raffinées du corps.

¹⁷ En chinois, 液 [ye].

¹⁸ Une traduction des chapitres 1 à 15, ainsi que du dernier chapitre de *L'Essentiel du Raccourci à la Grande Réalisation* [da cheng jie yao 大成捷要] se trouve sur le site internet des Cinq Immortels : http://fiveimmortals.com/les-essentiels-du-raccourci-a-la-grande-realisation-2/?lang=fr
Une traduction intégrale de ce manuscrit sera publiée prochainement par Purple Cloud Press.

¹⁹ En chinois, 炼精化气 [lian jing hua qi].

²⁰ Cette étape est irréversible et on peut alors se retrouver sans descendance, ce qui est considéré comme la plus grande offense faite à ses parents. La capacité de procréer n'est pas un obstacle en soi, mais ne pas avoir d'enfants et ne pas les élever jusqu'à ce qu'ils puissent se tenir debout et être autonomes, pourrait hanter le cultivateur comme un grand regret, et perturber sa pratique de la quiétude profonde.

²¹ Les principes et règles de Li Shi Fu ne doivent en aucun cas être considérés comme dogmatiques et ne sont jamais totalement gravés dans le marbre. Ils devraient plutôt être abordés de manière flexible comme des lignes directrices, destinées à l'étudiant moyen en devenir. De même, bien que Li Shi Fu affirme qu'il soit nécessaire d'avoir des enfants avant d'entrer dans les profondeurs de la pratique, son propre maître, Tao Shi Fu n'a jamais eu d'enfant elle-même, car elle avait une destinée très spéciale avec le Dao.

²² Il existe une hypothèse selon laquelle une lignée de descendants pourrait être retracée à partir de la lignée de Jésus et de sa supposée épouse Marie-Madeleine. Cette théorie est exposée dans *L'Evangile Oublié : le texte qui révèle le mariage de Jésus et de Marie Madeleine*, qui a été unanimement rejeté par l'église.

²³ En chinois, 生生不息是为大道 [sheng sheng bu xi shi wei da dao].

²⁴ Cette citation provient du disciple principal de Confucius, *Mencius* [meng zi 孟子], dans le chapitre intitulé 'Départ de la Loge Lunaire Lou, Première Partie' [li lou shang 离娄上] :

> 不孝有三，无后为大。舜不告而娶，为无后也，君子以为犹告也。
>
> Il existe trois offenses à la piété filiale,
> Et être sans descendance en est la plus grave.
> Shun s'est marié sans l'annoncer [à ses parents]
> Parce qu'il était sans descendance.
> Pour une personne noble, cela était [aussi vertueux] que s'il l'avait annoncé.

Dans ce passage, le terme 'sans descendance', ou plus littéralement 'sans postérité' [wu hou 无后] est problématique car les érudits ne s'accordent pas sur sa signification. Ainsi, il y a deux interprétations principales : premièrement, que l'on ne parvient pas à avoir une descendance ; deuxièmement, que l'on ne remplit pas son devoir en tant que personne de la génération suivante dans la famille. L'interprétation classique est la première, tandis que les interprétations modernes penchent plutôt vers la deuxième. La raison de cette réinterprétation moderne est que Shun, le dernier des cinq empereurs légendaires, qui a plus tard accordé le trône à Yu le Grand, fondateur de la dynastie Shang, venait d'une famille tourmentée dans laquelle son père, sa belle-mère et son beau-frère le détestaient tous et ont tenté à maintes reprises de l'assassiner. Par conséquent, les informer de son mariage à venir n'aurait pas été une affaire importante pour la famille. De plus, il eut deux épouses qui étaient toutes deux des filles du roi Yao le Grand, et il engendra un fils légitime, ainsi que huit enfants bâtards. Son fils légitime s'est avéré plus tard être un imbécile indigne et il préféra donc donner le trône à Yu, connu plus tard comme Yu le Grand.

Bien que Mencius ne précise pas quelles sont les deux autres offenses, il est indiqué dans les *Notes et Commentaires des Treize Classiques* [shi san jing zhu shu 十三经注疏] de Zhao Qi [赵岐] que :

> 于礼有不孝者三，事谓阿意曲从，陷亲不义，一不孝也；
> 家贫亲老，不为禄仕，二不孝也；不娶无子，绝先祖祀，三不孝也。
>
> L'étiquette prévoit trois offenses envers la piété filiale. La première offense à la piété filiale est celle qui consiste à se comporter dans les affaires avec une conformité servile et une déférence exagérée, ce qui discrédite les parents [en leur donnant une réputation] injuste. La seconde offense à la piété filiale est lorsque la famille est pauvre, que les parents sont âgés et que l'on ne prend pas la responsabilité de leur ramener un salaire. La troisième offense faite à la piété filiale est celle de ne pas se marier et de ne pas avoir d'enfants, ce qui marque la fin du culte sacrificiel et des offrandes faites aux ancêtres.

[25] La piété filiale [xiao 孝] se traduit également par le 'respect de ses parents'. Il existe un manuscrit appelé *Le Classique de la Piété Filiale* [xiao jing 孝经], qui a été traduit par Sabine Wilms et publié par Happy Goat Productions.

[26] La possibilité de faire un saut dimensionnel est une opportunité sans précédent pour les êtres humains, car la troisième dimension offre cette fenêtre unique de voyage dimensionnel.

[27] Puisque chaque être humain doit faire face à la mort finalement, celui qui semble défier cette loi est ainsi qualifié moqueusement de menteur ou de tricheur.

[28] Voir Livre III : Livre de l'Humain, Chapitre 20, *L'Ancêtre Fondateur Peng* [彭祖].

[29] La plupart de cette généalogie et de cette descendance peut être trouvée au chapitre 5 du Livre de la Genèse, dans la Bible ; Mahalalel, fils de Kenan et père de Jared a vécu pendant 895 ans ; Enosh, le petit-fils d'Adam et premier fils de Seth a atteint l'âge de 905 ans ; Qénane, petit-fils de Seth et fils d'Enosh a vécu pendant 910 ans. Seth, le troisième fils d'Adam et Eve est mort à l'âge de 912 ans, Adam à 930, Noé à 950 et Jared, fils de Mahalalel et père d'Hénok à 962 ans. La personne la plus âgée mentionnée dans la Bible est Metuschélah (Mathusalem), le fils d'Hénok et grand-père de Noé :

> 玛土撒拉一百八十七岁的时候，生了拉麦。玛土撒拉生拉麦以后，还活了七百八十二年，并且生了其他的儿女。玛土撒拉共活了九百六十九岁，就死了。
> [创世记 5:25-27]
> Metuschélah, âgé de cent quatre-vingt-sept ans, engendra Lémec. Metuschélah vécut, après la naissance de Lémec, sept cent quatre-vingt-deux ans ; et il engendra des fils et des filles. Tous les jours de Metuschélah furent de neuf cent soixante-neuf ans ; puis il mourut. [Genèse 5:25-27 ; *LSG*]

30 Voir Livre III : Livre de l'Humain, Chapitre 36, *Liu Li Hang* [刘理航].

31 Le neuroscientifique Francis Crick, qui a reçu le prix Nobel en 1962 pour sa découverte du secret de la vie, la double hélice, pensait que la vie pouvait avoir été semée sur terre dans le cadre d'une expérience menée par des extra-terrestres. L'astrophysicien Fred Hoyle de l'Université de Cambridge est devenu célèbre pour avoir comparé la probabilité qu'une cellule vivante apparaisse au cours de l'évolution à une tornade balayant une casse et finissant par assembler un Boeing 747.

32 Pour plus d'explications sur *Les Cent Jours pour Poser une Fondation* [bai ri zhu ji 百日筑基], voir Livre III : Livre de l'Humain, Chapitre 10.

33 En chinois, 生生的道 [sheng sheng de dao].

34 En chinois, 不断孙子的道 [bu duan sun zi de dao].

35 Dans le chapitre 3 du *Classique des Catégories* [lei jing 类经], Zhang Jie Bin [张介宾], un célèbre médecin de la dynastie Ming, souligne l'importance de faire cesser les pensées lubriques au lieu de simplement se restreindre physiquement :

> 释氏有戒欲者曰：断阴不如断心，心为功曹，若止功曹，从者都息，邪心不止，断阴何益。
> Le clan Shakyamuni [c.a.d. le bouddhisme] définit des préceptes concernant le désir qui affirment : interrompre le Yin [c.a.d. les désirs sexuels] n'est pas aussi bon que d'interrompre le cœur-esprit. Le cœur-esprit est l'officier du mérite [c.a.d. une personne en charge du recrutement et de la promotion, et parfois aussi de l'éthique disciplinaire]. Si l'on interrompt l'officier du mérite, alors tous ses adeptes [c.a.d. les recrutés] s'arrêtent. [Ainsi], si on ne met pas un terme au cœur-esprit [lorsqu'il est] nocif, alors quel est l'intérêt d'interrompre le Yin [c.a.d. les désirs sexuels] ?

Le passage suivant provient du bouddhisme, dans le *Sutra des 42 Chapitres* [si shi er zhang jing 四十二章经], au sutra 31 :

> 佛言。有人患淫不止。欲自断阴。佛谓之曰。若断其阴。不如断心。心如功曹。功曹若止。从者都息。邪心不止。断阴何益。佛为说偈。欲生于汝意。意以思想生。二心各寂静。非色亦非行。佛言。此偈是迦叶佛说。
> Le Bouddha a dit : il y a des personnes qui souffrent de désirs sexuels perpétuels et qui souhaitent interrompre ces désirs. Le Bouddha s'est alors adressé à eux en disant : si vous interrompez ce Yin [c.a.d. le désir sexuel], ce n'est pas aussi bien que d'interrompre le cœur-esprit. Le cœur-esprit est comme un officier du mérite. Si l'on interrompt l'officier du mérite, alors ses adeptes s'arrêtent. Si on ne met pas un terme au cœur-esprit nocif, alors que peut-on espérer ? Sur cette remarque, le Bouddha prononça les versets [suivant] : les désirs naissent de l'intention d'une personne, tandis que l'intention naît des pensées de cette personne. Lorsque les deux [objets du] cœur-esprit [c.a.d. l'intention et les pensées] sont silencieux et paisibles, alors il n'y a plus [de désir] d'actions physiques et de volition mentale. Le Bouddha a dit : ces versets ont été prononcés par le Bouddha Kashyapa.

36 Cette notion a été d'autant plus renforcée par Chen Zhi Xu [陈致虚], un daoiste influent de la tradition alchimique de la dynastie Yuan, également connu sous le nom de Shang Yang Zi [上阳子], ou le Maître du Yang Supérieur. Le passage suivant est tiré du *Grand Dao de l'Elixir d'Or* [jin dan da dao 金丹大道], au chapitre 2 :

> 世人但知养生止于禁欲，殊不知一念若动，气随心散，精逐气忘。
> Les gens de ce monde, cependant, ne savent pas comment nourrir la vie ni comment s'abstenir du désir sexuel. Ils peinent à réaliser que si une seule pensée est agitée, alors le Qi sera dispersé, car il suit [les mouvements] du cœur-esprit. Ainsi, l'essence aura été expulsée et le Qi aura été perdu.

37 Les dix prérequis ont été établis par le maître daoiste Wang Chang Yue [王常月] dans *Les Méthodes Fondamentales de la Porte du Dragon* [long men xin fa 龙门心法]. Ils s'agit de 'Prendre Refuge dans les Trois Trésors' [gui yi san bao 皈依三宝], 'Se Repentir du Karma des Méfaits Passés' [chan hui zui ye 忏悔罪业], 'Franchir les Obstacles' [duan chu zhang ai 断除障碍], 'Abandonner les Liens Affectifs' [she jue ai yuan 舍绝爱缘], 'Avoir de l'Assiduité et de la Rigueur dans la Pratique des Préceptes' [jie xing jing yan 戒行精严], 'Endurer les Humiliations et Soumettre le Cœur-Esprit' [ren ru xiang xin 忍辱降心], 'Avoir un Corps et un Cœur-Esprit Tranquille et Pur' [qing jing shen xin 清静身心], 'Rechercher les Maîtres et S'Enquérir du Dao' [qiu shi wen dao 求师问道], 'Stabiliser la Sagesse et Attendre avec Attention' [ding hui deng dai 定慧等待] et 'Pratiquer avec Attention la Vérité' [mi xing xiu zhen 密行修真].

38 Les chapitres 1 à 6 des *Méthodes Fondamentales de la Porte du Dragon* [long men xin fa 龙门心法] peuvent être consultés sur le site internet des Cinq Immortels : http://fiveimmortals.com/dragon-gate-law-of-the-heart/?lang=fr
Une traduction complète sera publiée prochainement par Purple Cloud Press.

39 Pour une discussion complète voir le Livre III : Livre de l'Humain, Chapitre 6, *Les Huit Fondements du Daoisme* [dao jiao ba gen ji 道教八根基].

40 Observer comme si cela était impur [bu jing guan 不净观] est une méthode de visualisation qui utilise des pensées de dégout, ce qu'on appelle *asubhasmrti* en sanskrit. L'adepte doit imaginer dans les moindres détails les différentes parties de son propre corps de chair, comme le cerveau, l'estomac, la peau, les matières intestinales, le sang, le pus etc. En faisant cela, on verra clairement de quoi est réellement constitué le corps humain. Le terme *asubhasmrti* signifie en sanskrit 'ne pas contempler [les choses] plaisantes' ou 'contempler [les choses] désagréables'. Globalement, il y a deux approches principales à la méditation dans l'ancien Canon Bouddhiste : la pratique mentionnée plus haut de la contemplation de l'impureté [bu jing guan 不净观] et la méditation de la respiration [an na ban na 安那般那], appelée *anapanasmrti* en sanskrit, et souvent traduite par la pleine conscience de la respiration. Les traducteurs recommandent l'article d'Eric Greene 'Healing Breaths and Rotting Bones: On the relationships between Buddhist and Chinese Meditation Practices during the Eastern Han and the Three Kingdoms Period' téléchargeable gratuitement sur academia.edu

41 Le feu du cœur [xin huo 心火] symbolise les désirs.

42 Un rêve plaisant fait ici référence à un rêve sexuel avec la perte d'essence qui en résulte.

43 Voir également *The Arts of Daoism*, Chapitre 4, 'The Realm of Dreams', Purple Cloud Press, paru en 2021.

44 En chinois, 阳生 [yang sheng].

45 Lors d'un autre cours, Li Shi Fu a cité la phrase suivante :

> 生生不息，是为大道。
> Vie après vie sans interruption,
> Tel est le grand Dao.

Cette phrase trouve son origine dans *Le Commentaire sur l'Evidence du Sens des Caractères de Mencius* [meng zi zi yi shu zheng 孟子字义疏证] de Dai Zhen [戴震], au chapitre intitulé 'Dao' [道] :

> 在天地, 则气化流行, 生生不息。
> Entre les cieux et la terre, le Qi se transforme, s'écoule et se dissémine, vie après vie, sans interruption.

46 En chinois, 伏虎 [fu hu].

47 En chinois, 降龙 [xiang long].

48 Les eaux font référence à l'essence des reins. Selon la théorie des cinq phases, couramment traduit à tort par 'les cinq éléments' pour correspondre aux quatre éléments Grecs, les reins sont représentés par l'eau. Dans la Carte du Paysage Intérieure [nei jing tu 内经图], diagramme symbolisant le processus des pratiques internes du corps humain, l'essence des reins y est également représentée par l'eau, qui remonte à contre-courant par le biais d'une roue à eau.

49 En chinois, 闭目养神 [bi mu yang shen]. Il s'agit d'une méthode de longévité destinée à préserver l'esprit.

50 Voir le Commentaire de la Préface, note de bas de page 7.

51 Frapper le dos du bébé au moment de la naissance était une technique utilisée pour initier la respiration chez le bébé. Le but était de dégager les poumons et les voies respiratoires, ainsi que la bouche, de tout liquide amniotique restant des neuf mois passés dans le ventre de la mère. Par ailleurs, cela favorisait les premiers pleurs du bébé. De nos jours, les médecins ont recours à des méthodes plus douces et le bébé est frictionné avec une serviette ; si nécessaire, une aspiration est faite pour dégager les voies respiratoires et initier le premier souffle de la vie.

52 Il y a deux théories concernant point de départ précis du ciel postérieur : une dit que le ciel postérieur commence lorsque la connexion avec la mère via le cordon ombilical a été coupée ; l'autre dit que le premier souffle du nouveau-né, la première absorption de Qi provenant du ciel postérieur, annonce la phase du ciel postérieur. Ces deux moments peuvent même coïncider.

53 Les femmes sont Yin à l'extérieur et Yang à l'intérieur, par conséquent, leur pratique jusqu'à l'état de pur Yang [chun yang 纯阳] est plus rapide, ce qui constitue un raccourci. Cette notion est davantage développée dans le texte du Canon Daoiste, *L'Essentiel des Méthodes de l'Elixir d'Or de la Femme* [nü jin dan fa yao 女金丹法要].

54 Ces principes suivent ce que Li Shi Fu a appris de ses maîtres et des maîtres de ses maîtres. D'autres écoles daoistes ou d'autres mouvements religieux peuvent avoir un point de vue différent sur cette question. Par exemple, certaines écoles bouddhistes pensent que l'illumination soudaine, appelée *satori* [dun wu 顿悟] est possible à tout moment de la vie.

55 En chinois, 欲气 [yu qi].

56 Li Shi Fu a poursuivi en ajoutant :

> 不是妖道是邪道。
> Ce n'est pas une voie démoniaque,
> [Mais] cela est [tout de même] un mauvais chemin.

On pourrait traduire plus librement cette expression par 'même si la source n'est pas d'inspiration démoniaque, cela reste clairement mauvais'. Il s'agit en l'occurrence d'une expression critique envers les discussions publiques et ouvertes que l'on peut trouver sur la sexualité. Le dicton indique qu'aborder ces sujets oralement reste la rupture d'un tabou, peu importe la façon dont on en parle ou la terminologie employée.

57 En chinois, 幻丹 [huan dan].

58 Voir le texte principal du Commentaire de la 47ème Barrière pour un développement plus profond de cette thématique, ainsi que le Livre III : Livre de l'Humain, Chapitre 19, *Le Corps Véritable* [zhen shen 真身].

59 Li Shi Fu a en outre observé qu'en Allemagne, en Angleterre et en France, il existe des mouvements dans lesquelles les gens se déshabillent et courent tout nus. Il en a été témoin à la télévision et a fait remarquer que si vous êtes déprimés, alors employer cette méthode pourrait vous aider à aller mieux, bien que si vous le fassiez seul, vous seriez probablement catalogué comme dérangé mental.

60 L'absence de respiration est appelée la 'Respiration Embryonnaire' [tai xi 胎息]. En alchimie interne, les désirs sont transformés dans un processus qui dépasse largement la portée de cette note de bas de page ou de ce livre. En bref, à un stade avancé du processus, le cultivateur cessera naturellement de respirer normalement par les poumons, via le nez et la bouche. Il entrera dans un état de respiration dit embryonnaire, qui est comparé à la façon dont les embryons et dont les fœtus respirent dans le ventre de la mère. Cet état n'est toutefois que temporaire et de courte durée, car le cultivateur retrouvera une respiration normale après un certain laps de temps.

61 'Ne pas renaître de nouveau' fait allusion à l'immortalité et à la libération du cycle des réincarnations.

62 En chinois, 马阴藏箱 [ma yin cang xiang]. Dans *L'Essentiel du Raccourci à la Grande Réalisation* [da cheng jie yao 大成捷要], au chapitre intitulé 'Mouvement et Quiétude Sans Déviation' [dong jing wu pian 动静无偏], on peut lire :

> 古人云：世有性功足，而命功亏。纵能养至丹田如朗月，必不能炼至龟缩不举。世有命功足，而性功亏，纵能炼到龟缩不举，必不能养至丹田朗月生辉。惟双修无偏，性命功均，功到时至，则无阴阳偏盛之患。自然马阴藏箱，而丹光生辉，丹田如皓月之印者乎。
>
> Les anciens disaient : le monde possède suffisamment du Gong de la nature-intérieure, mais le Gong de la vie-destinée est insuffisant. Même si l'on était capable de nourrir le champ de l'élixir jusqu'à ce qu'il ressemble à une lune brillante, on ne pourrait très certainement pas le raffiner au point où la tortue se rétracte et ne s'élève plus. Ce n'est que par la double pratique du Gong de la nature-intérieure et de la vie-destinée, sans que l'on ne penche [plus vers l'un que vers l'autre], qu'il n'y aura plus de danger de déséquilibre préférentiel du Yin ou du Yang, lors de l'accomplissement du Gong. Naturellement, le Yin du cheval se cachera dans sa boite et la lumière de l'élixir sera éblouissante. Le champ de l'élixir sera comme imprégné de la lumière de la lune.

63 L'orbite microcosmique [xiao zhou tian 小周天] et l'orbite macrocosmique [da zhou tian 大周天] sont des étapes très avancées de la pratique alchimique, qui peuvent être clairement vérifiées par certaines manifestations internes et externes.

64 Deux ans plus tôt, un visiteur du temple a affirmé que son orbite microcosmique, macrocosmique ainsi que les chakras de son corps s'étaient tous ouvert. Li Shi Fu dut l'interrompre car son affirmation était de toute évidence fausse.

65 Les trois corps comprennent le corps Yin, le corps physique et le corps Yang. Voir le Livre III : Livre de l'Humain, Chapitre 19, *Le Corps Véritable* [zhen shen 真身] pour plus d'explications.

66 En chinois, 步日玩月 [bu ri wan yue].

67 L'analogie de la tasse est fréquemment employée par Li Shi Fu pour désigner le récipient ou le vase qui contient et accumule l'essence d'une personne pour ensuite être transformée en Qi.

68 En chinois, 采 [cai]. Voir le Commentaire de la 48ème Barrière intitulée 'La Guerre de la Collecte' [cai zhan 采战]. Une traduction alternative pourrait être 'récolter' ou 'cueillir'. Ces traductions sont une référence à la médecine, au fait de cueillir et de collecter des remèdes médicinaux [cai yao 菜药].

69 Cette expression est employée pour décrire l'immense champ des possibles de la communion avec l'esprit [shen tong guang da 神通广大]. Elle peut également désigner le fait de réaliser un objectif puis de se précipiter pour sa réalisation dans les quatre directions. Dans le cas présent, elle représente le fait de s'élancer dans les cieux et de plonger dans les entrailles de la terre. Ce dicton vient de Li Fu Yan [李复言] dans *Rapports Continus sur les Mystères et l'Etrange* [xu xuan guai lu 续玄怪录], dans le chapitre intitulé 'Le Ministre Adjoint Lu Cong Shi' [lu pu she cong shi 卢仆射从史] :

> 吾已得炼形之术也，其术自无形成而炼成三尺之形，
> 则上天入地，乘云驾鹤，千变万化，无不可也。
>
> J'ai déjà obtenu l'art de raffiner la forme. C'est par le sans-forme que cela a été rendu possible, puis cela s'est raffiné sous la forme des 'Trois Pieds Chinois' [c'est-à-dire l'esprit Yang]. Dès lors, on [est capable] de s'élever vers les cieux et de pénétrer dans la terre, courir sur les nuages et chevaucher les grues. Face aux mille changements et aux dix mille transformations, il n'y a rien qui ne puisse être accompli.

[70] En chinois, 阴身 [yin shen].
[71] En chinois, 阳身 [yang shen].
[72] En chinois, 小道 [xiao dao].
[73] En chinois, 男女双修 [nan nü shuang xiu].
[74] En chinois, 房中术 [fang zhong shu].
[75] Sublimer [sheng hua 升华] en chinois se traduit mot à mot par 'monter en floraison' et fait également référence au fait 'de s'élever à des niveaux supérieurs'. La floraison est le processus de développement complet, si on utilise l'analogie de la floraison de la plante.
[76] 'Sans échappement de l'essence' fait référence à la rétention du liquide séminal et à la prévention de l'orgasme.

2ème Commentaire de la Barrière des Avantages de l'Amour

Le titre de cette barrière est composé de deux caractères chinois, équivalents aux deux mots français faveurs et amour [en ai 恩愛]. Ils correspondent ainsi à deux niveaux de signification. *En* [恩] fait référence à la grâce, aux faveurs et à la bonté, à l'image de l'assistance que l'on pourvoit à sa propre famille, au fait d'être au service et des avantages que l'on apporte à l'autre. Le second caractère *Ai* [愛] fait référence à l'amour tel qu'il y en a entre un mari et sa femme, à l'amour que l'on a pour sa propre famille, à l'amour qui existe entre un père et une mère pour leurs fils et pour leurs filles, à l'amour qui est partagé entre les membres d'une même famille. Cette barrière ne fait pas référence à l'amour superficiel que l'on peut retrouver chez les élèves de l'école primaire et du collège.[1] Au contraire, il s'agit plutôt d'un amour qui est profondément inscrit en vous et que vous ressentez non seulement pour votre épouse, vos enfants et vos parents, mais aussi pour les personnes du monde entier.

L'aspect romantique de l'amour se trouve au niveau de la longévité, il ne concerne que cette vie-ci et pas au-delà. Si vous vivez en société, vous devriez harmoniser les contraires, en évitant les extrêmes que sont le célibat et la débauche. La façon dont vous vous mélangez et fusionnez en amour devrait être naturelle. Ainsi, l'objectif suprême des pratiques de longévité est d'éviter les comportements excessifs et les modes de vie extravagants, tels que les excès de plaisir sensoriel.

Dans la première phase de la vie adulte, les êtres humains ont des responsabilités et des devoirs envers leurs enfants ; ils doivent les élever jusqu'à ce qu'ils soient complètement adultes et capables d'agir en toute indépendance. Ils ont également des responsabilités envers leurs parents âgés, comme de les aider et de les assister lorsqu'ils se trouvent dans le besoin. Ce sont des pratiques courantes en Chine. On pourrait alors comparer le processus de la vie[2] à un voyage en train, accompagné d'autres personnes. A chaque station de gare, certaines personnes descendent du train pendant que d'autres y montent. A la fin, tout le monde descend du train quand la dernière station est atteinte, lorsque la vie atteint son terminus. Tous les mariages, toutes les relations et tous les partenariats auront une fin.[3] Leur durée est une question de destinée, ainsi, ne vous y attachez pas :

> Lorsque cela se présente à vous, ne vous réjouissez pas.
> Lorsque cela disparait, lâchez prise sans tristesse.[4]

Vous devriez vous demander s'il existe quoi que ce soit d'éternel dans cet univers. Concentrez vos efforts et votre énergie sur ce qui se trouve en face de vous maintenant, et chérissez votre destin. Faites preuve de compassion et de pardon. Le pardon signifie être sans attachement, tandis que la compassion est l'expression d'un amour plus vaste ou du grand amour.[5] N'aimer qu'une seule personne est l'expression d'un amour inférieur ou du petit amour, car il n'envisage pas tous les êtres humains comme appartenant à une même famille.[6] Vous devriez traiter tout le monde avec bonté, avec un cœur-esprit d'amour, quel que soit le degré de parenté. Pour cultiver un tel cœur-esprit d'amour, vous devez vous polir[7] et vous tempérer dans la société, et non pas vous isoler dans une forêt ou en haut d'une montagne.[8]

En revanche, raffiner l'élixir ne peut avoir lieu au cours de la vie en société. Même si Wang Chong Yang[9] avait une grande famille, il a fini par s'enfuir et l'abandonner. Néanmoins, ce genre de situation ne devrait pas être observé depuis notre point de vue ou notre façon de penser actuel. L'étape de l'amour et des avantages qu'il procure est un passage essentiel et nécessaire. C'est avant tout une étape de compassion et de pardon, pratiquée au sein même de la société. Ce n'est qu'après avoir honoré vos responsabilités envers vos proches et envers votre famille que vous pourrez faire des plans pour vous seul. Wang Chong Yang disparut du monde, indifférent à ses affaires, car il avait déjà transcendé les exigences du petit amour, ce que l'on nomme, l'amour pour ses proches. Dans les premières étapes, le petit amour est nécessaire car il constitue le fondement des étapes supérieures de la pratique. Un enfant ne peut entrer au collège sans avoir d'abord été éduqué à l'école primaire. En premier lieu, vous devez cultiver l'amour, être une bonne personne et vous acquitter de vos dettes.

Quel est le rapport qu'entretient l'amour avec la vie, la mort et le corps physique ? Même si vous aimez quelqu'un, vous ne pouvez pas prendre sa place et manger, dormir, être malade, alléger sa douleur ou aller aux toilettes pour lui. Vous ne pouvez prendre sa souffrance. Le temps imparti à un mari et à une femme dans cet univers est limité. Les générations précédentes ont déjà quitté ce monde, ainsi que tous les autres membres de la famille dont les heures étaient également comptées. Leur temps avec vous est déjà écoulé. Ainsi va la vie. Elle comporte deux phases : en premier, vous devez devenir une bonne personne, ce qui posera les fondations pour la seconde partie, celle où vous entrez en réclusion.[10] Si votre femme ou votre mère tombe malade durant votre réclusion, alors il vous faudra revenir pour prendre soin d'elle. Vous serez alors confronté à un dilemme : si vous voulez être une bonne personne et prendre soin de vos proches par soucis pour eux, alors il vous faudra abandonner le raffinement de l'élixir.

Pour franchir la porte[11] de l'au-delà, vous devrez tout laisser derrière vous. Vous ne devriez pas avoir la moindre trace[12] de préoccupation pour quoi que ce soit qui puisse vous tirer vers le bas, pas même pour vos vêtements. Vous devez être totalement détaché et par conséquent sans dévotion, sans vénération et sans respect pour qui que ce soit, même pas pour Lao Zi, Shakyamuni le Bouddha et Jésus Christ. Voilà le haut niveau que vous devez atteindre. Dans la vie normale, élevez vos enfants avec douceur au fil du temps et prenez bien soin de votre famille. Tout le monde est ordinaire et normal au démarrage, personne ne peut atteindre la destination finale en une seule fois. Certaines personnes atteignent un grand âge et à la veille de leur mort réalisent qu'elles n'ont toujours pas réussi à devenir une bonne personne – sans même parler de parvenir à se dépouiller des notions de la vie et de la mort[13] et de prendre le contrôle sur sa propre vie, à savoir de son corps d'immortalité. Il n'y a rien de plus important que cette question. Le contenu de cette barrière n'est pas destiné aux gens ordinaires qui étudient en société.

Le bouddhisme affirme :

普度众生。

On [devrait] délivrer tous les êtres vivants de l'univers.

Pourtant, très peu peuvent réaliser la délivrance pour eux-mêmes, sans parler d'œuvrer pour le salut universel. La plupart des gens sont incapables de nager et en cherchant à sauver les autres de la noyade, ils commencent à couler. Dans le daoisme cependant, la traversée vers l'autre rive dépend du destin de l'individu :

法度有缘。

La délivrance par la loi possède sa propre destinée.

Il n'y a pas de délivrance universelle dans le daoisme. Seuls ceux qui possèdent des qualités intérieures droites et qui sont destinés à entrer, sont autorisés à étudier la connaissance requise. Amour et haine ne sont que des états d'être appartenant au domaine du rêve. Pour franchir la porte céleste, nous devons pleinement saisir les conditions qui sous-tendent la troisième dimension, ainsi que celles qui sous-tendent la planète terre, incluant sa forme et sa matérialité tout autant que ses aspects informels, comme les désirs et la conscience. Ce chemin est très étroit mais les gens veulent le traverser avec un sac-à-dos très lourd. Celui qui est encore rempli de désir pour l'argent par exemple est incapable de se défaire de la convoitise et donc n'est pas autorisé à entrer. Comme il est écrit dans la Bible :

我又告诉你们，骆驼穿过针的眼，比财主进上帝的国还容易呢！

[马太福音 19:24]

Je vous le dis encore, il est plus facile à un chameau de passer par le trou d'une aiguille qu'à un riche d'entrer dans le royaume de Dieu.[14]

[Matthieu 19:24, *LSG*]

---

[1] Il s'agit d'une métaphore souvent utilisée par Li Shi Fu. Voir Livre III : Livre de l'Humain, Chapitre 16, *Le Système Scolaire* [xue xiao xi tong 学校系统].

² En chinois, le processus de la vie se décrit communément en quatre mots, illustrant un cycle passant par la naissance, le vieillissement, tomber malade puis finalement mourir [sheng lao bing si 生老病死].

³ Cette notion est reflétée par le dicton chinois 'Il n'y a pas de banquet sous les cieux qui ne soit pas [finalement] dispersé' [tian xia mei you bu san de yan xi 天下没有不散的演习] ce qui est l'équivalent du dicton français 'Toutes les bonnes choses ont une fin'.

⁴ Cette citation de Li Shi Fu fait écho à un autre dicton bouddhiste :

缘来则聚，缘去则散。
Lorsque le destin se présente, il s'accumule,
Lorsque le destin s'en va, il se disperse.

⁵ En chinois, respectivement 广爱 [guang ai] et 大爱 [da ai].

⁶ Dans le poème de la lignée de la Porte du Dragon, on peut lire :

三界都亲。
Au sein des trois royaumes, tout appartient à la même famille.

Le poème complet peut être consulté dans le Livre III : Livre de l'Humain, Chapitre 28, *Le Poème de la Lignée de la Porte du Dragon* [long men pai shi 龙门派诗].

⁷ Polir fait référence au fait d'aiguiser, de forger et de tempérer son caractère. Un célèbre dicton chinois est à la base de cette expression :

磨杵成针。
[On devrait] aiguiser une barre de fer jusqu'à en faire une aiguille.

Pour l'histoire complète, voir Livre III : Livre de l'Humain, Chapitre 44, *Aiguiser une Barre de Fer jusqu'à en faire une Aiguille* [tie chu mo cheng zhen 铁杵磨成针].

Li Shi Fu fait aussi souvent référence à l'analogie du galet rond de l'océan. Les remous de l'eau sont la pression de la vie en société, qui au fil du temps lisse la surface de la pierre, la ponçant jusqu'à un stade de plus en plus raffiné. Les galets sont une métaphore du caractère humain, et cet exemple doit être étudié pour en distiller l'essence véritable.

⁸ Un dicton daoiste illustre bien cette notion :

小隐于野，大隐于市。
La réclusion inférieure a lieu dans la nature sauvage, la réclusion supérieure [au cœur] de la ville.

⁹ Wang Chong Yang [王重阳] était un disciple de Zhong Li Quan [钟离权], également appelé Yang Droit [zheng yang 正阳] et de Lü Dong Bin [吕洞宾], également appelé Pur Yang [chun yang 纯阳]. Les deux appellations de ces maîtres daoistes de renom contiennent le caractère Yang [阳] dans leur titre. Par conséquent Wang Chong Yang était connu sous le nom de Double Yang [chong yang 重阳]. Voir Livre III : Livre de l'Humain, Chapitre 24, *Wang Chong Yang* [王重阳].

¹⁰ En chinois, 入关 [ru guan].

¹¹ La porte fait référence à l'entrée ou au portail de l'immortalité et du royaume des anges.

¹² Une traduction mot à mot de l'expression 'la moindre trace' en chinois serait 'un fil de soie' [yi si 一丝].

¹³ Li Shi Fu souligne fréquemment que Zhang San Feng [张三丰] atteignit le Dao à l'âge de quatre-vingt-trois ans.

¹⁴ Cette citation n'est pas sans rappeler le sage confucéen Mencius [meng zi 孟子] :

為富不仁矣,為仁不富矣。
Si l'on vise l'opulence, on ne peut être bienveillant.
Si l'on vise la bienveillance, on ne peut être dans l'opulence.

3ème
Commentaire de la Barrière de l'Honneur et du Prestige

榮貴關

La troisième barrière est appelée la 'Barrière de l'Honneur et du Prestige' [rong gui guan 荣贵关]. *Rong* [荣] fait référence à un principe fondamental de la culture chinoise, celui de sauver la face,[1] ce qui est en lien direct avec l'honneur et le rang. Il inclut également la notion de qualité morale. *Gui* [贵] dénote le prestige, la respectabilité, l'autorité et le pouvoir de convoquer autrui. Là où existe l'honneur [rong 荣] se trouve par voie de conséquence le déshonneur [ru 辱]. Ainsi, afin de surmonter cette barrière, il faut apprendre à endurer l'humiliation [ren ru 忍辱]. Si vous comprenez véritablement cette notion, alors la vie deviendra comme un rêve, ou bien un rêve à l'intérieur d'un rêve.[2] Les explications de cette barrière pavent le chemin qui permet de saisir chaque aspect du Dao, et les cultivateurs doivent se conformer minutieusement à ses instructions. Si rang et réputation se présentent à vous, alors acceptez-les sans attachements. Si vous les perdez, vous devez également l'accepter sans amertume ni rancœur. Ne faites aucun effort pour les obtenir et calmez votre cœur-esprit.[3]

Cette barrière est également impliquée lorsque l'on a des désirs pour la richesse et l'influence. Il existe des personnes qui ont investi leur fortune entière dans une seule et même compagnie ; lorsque l'ensemble de leurs parts et actions ont perdu de leur valeur, ils se sont sentis poussés au suicide en sautant d'un immeuble. Leurs pensées ne pouvaient tout simplement plus revenir à un état de normalité. De nombreuses personnes sacrifient leur vie et leur santé en travaillant inlassablement à la poursuite de richesse, de gloire et de gain ; il est donc normal qu'elles meurent prématurément et que la roue de la réincarnation[4] continue de tourner. S'il est parfaitement normal pour un être humain de rechercher la richesse, les cultivateurs quant à eux doivent garder à l'esprit qu'ils ne devraient pas vivre et mourir au sein de la Barrière de l'Honneur et de la Noblesse. Trois caractères chinois devraient caractériser ce paradigme pour les cultivateurs :

放下来。

Lâcher prise.[5]

Vous devez lâcher vos connaissances individuelles, car elles nuisent au Dao et l'entravent. Lâchez prise tout simplement. C'est pour cette raison que j'ai guidé un groupe d'étudiants à travers la Chine dans une expédition de mendicité, afin qu'ils puissent faire l'expérience de ce qu'est perdre la face. Laissez les gens vous prendre de haut, vous humilier, vous insulter, vous rejeter et être méprisants à votre égard. En mendiant, vous ferez l'expérience directe de la raison pour laquelle un renonçant ne devrait pas vivre dans le même endroit pendant trop long, afin d'éviter d'acquérir une quelconque notoriété. Les renonçants devraient savoir quand le moment est venu de s'installer dans un nouvel endroit, là où personne ne les connaît.

Il est difficile d'accepter de perdre la face, c'est pourquoi la troisième barrière est difficile à surmonter. Les gens ordinaires cherchent à obtenir l'autorité et le pouvoir. Vous devez choisir entre une voie ou l'autre, conformément au concept du gain et de la perte.[6] Si vous restez attaché à cette barrière, des problèmes ne manqueront pas d'émerger lorsque vous pratiquerez l'assise méditative et tenterez de cultiver la quiétude. Une fois que vous aurez ouvert la porte[7] des cieux, alors quelqu'un viendra et vous giflera plusieurs fois afin de tester vos croyances sur l'importance de garder la face. Au final, vous devez franchir cette barrière au cours de la pratique alchimique intérieure si vous souhaitez devenir un Bouddha, un immortel ou un ange.

---

[1] Le concept de sauver la face [mian zi 面子] dans la culture chinoise est complexe. Il peut être défini par la notion de dignité ou de prestige, mais aucune traduction ne peut en saisir toutes les nuances subtiles. L'une des pires choses qui puissent arriver à quelqu'un dans la culture chinoise est de perdre la face. Un dicton chinois courant illustre bien ce principe :

> 人要脸树要皮。
> Les gens ont besoin de [sauver] la face, tout comme les arbres ont besoin de leur écorce.

De la même manière, il est également courant en chine de voir les gens faire tout leur possible pour éviter de se faire perdre la face les uns aux autres. En effet, pour un chinois, faire perdre la face délibérément à quelqu'un équivaut souvent à se faire un ennemi pour la vie et est la base de nombreux conflits ultérieurs. Des histoires ont été rapportées, au cours desquelles des étrangers avaient commandé dans un restaurant certains plats qui n'étaient pas disponibles à ce moment-là. Face à un tel embarras et craignant de perdre la face, le serveur avait disparu et on ne l'avait plus jamais revu.

Comprendre ce concept de sauver la face est absolument crucial dans toutes les interactions que l'on peut avoir à des fins commerciales avec des entrepreneurs chinois.

[2] C'est une référence directe à la fameuse déclaration de Zhuang Zi, appelée le Rêve du Papillon [zhuang zhou meng die 庄周梦蝶]. Li Shi Fu suggère éventuellement ici qu'une telle personne sort d'un niveau de rêve pour atteindre un état où elle est capable de voir plus clairement la réalité qui existe derrière le rêve.

[3] Le concept chinois du cœur [xin 心] inclut toujours aussi l'esprit.

[4] La roue de la réincarnation se traduit littéralement en chinois par la roue du retour [lun hui 轮回] et est équivalent à la notion en sanskrit de *samsara*.

[5] Li Shi Fu insiste souvent sur ces trois mots [fang xia lai 放下来]. Lorsqu'on lui a demandé comment faire une synthèse du *Discours sur la Transformation de la Nature-Intérieure* de Wang Feng Yi, il a également répondu par ces mots qui embellissent désormais, de sa propre calligraphie, la couverture de la traduction de Wang Feng Yi. Malgré la simplicité de ce message, le sens profond de ces trois mots ne sera dévoilé, comme pour Li Shi Fu, qu'après avoir cultivé pendant des années.

⁶ Gain et perte [shi de 失得] sont une notion délicate et complexe du daoisme. On pourrait tenter de la résumer comme signifiant que chaque gain quelque part est associé à une perte dans un autre domaine. Voir le Livre III : Livre de l'Humain, Chapitre 41, *Gain et Perte* [shi de 失得].

⁷ La porte est une analogie faisant référence au portail menant vers les cieux supérieurs, ce qui est similaire à la porte du Royaume des Cieux dans le christianisme.

4ème
Commentaire de la
Barrière de la Richesse et du Profit

財
利
關

Cette barrière s'inscrit dans le prolongement de la précédente et ensemble, elles forment un tout. Elle traite de la richesse sous deux aspects ou niveaux de compréhension distincts : l'un concerne la richesse extérieure, représentée par l'or, l'argent, les perles et les biens précieux ; l'autre concerne la richesse intérieure.

外财
La Richesse Extérieure

Plus vous possédez de biens, plus vous vous sentirez gonflé d'un sentiment d'opulence, de rang et d'honneur ; la peau de votre visage n'en sera que plus épaisse.[1] Pourtant, les daoistes exigent que vous ne possédiez pas plus de deux ensembles de vêtements. Si vous en avez un troisième, vous devriez le donner à quelqu'un dans le besoin, car vous ne devez pas convoiter la richesse. La cupidité est à proscrire, tant sur le plan moral que sur le plan social ; cela est encore plus vrai pour quelqu'un qui aspire à une pratique élevée. La Bible donne un avertissement à ce propos :

> 钱在哪里，心在哪里。
>
> Là où se trouve votre argent,
> Est là où se trouve votre esprit.[2]

Votre vie ne vous appartient pas véritablement,[3] vous devez donc lâcher prise sur ce qui doit être abandonné. Lorsqu'une opportunité se présente, agissez en conséquence. Il ne devrait pas y avoir un sens de quelque chose qui 'doit' être fait, ni non plus une notion de tour de force, car employer la force et suivre le cours naturel des choses[4] sont deux directions opposées l'une à l'autre. Acceptez simplement tout gain matériel qui se présente à vous et sachez le laisser partir lorsqu'il est temps ; vous ne devez en aucun cas y rester attaché.

Quand vous chercherez un endroit de réclusion[5] afin de cultiver, vous aurez besoin de nourriture pour ouvrir et franchir cette barrière. Vous aurez également besoin d'un protecteur, d'un compagnon daoiste.[6] Bien que vos besoins soient peu nombreux lorsque vous êtes un renonçant daoiste, vous n'êtes pas totalement libre pour autant, ni exempt de toute contrainte monétaire. Vous aurez toujours besoin d'acheter du riz et de la farine,[7] car votre pratique ne vous laissera pas le temps de planter vos propres céréales. Vous devrez également vous procurer les ustensiles nécessaires à la vie courante. Enfin, vous devrez soutenir la famille de votre compagnon daoiste, pour lui éviter les soucis et l'aider à conserver sa tranquillité d'esprit. Il ne s'agit pas d'être avide de richesses, ni de savoir si vous devez posséder une grande compagnie pétrolière. Il s'agit de garantir le strict nécessaire à la vie. Au contraire de l'alchimie externe qui requiert beaucoup d'argent pour acheter des ingrédients tels que l'or, lorsqu'il s'agit d'alchimie interne, vous n'avez besoin que d'un mode de vie simple. Tout ce dont vous pourriez avoir besoin se trouve à l'intérieur de vous. Demandez aux cultivateurs des montagnes de Wu Dang sur la véracité de ce dicton :

无财不能养道。

Sans argent vous ne pouvez pas nourrir le Dao.

Cette compréhension du mot 'argent', ou du terme 'richesse' est radicalement différente de sa signification mondaine. Sans argent, le Temple de Tai Shan[8] sur la montagne du Cheval Blanc n'existerait pas. Il fut construit uniquement en raison de ma volonté de venir en aide à davantage de personnes :

出家人不爱财，多多易善。

Les renonçants n'ont pas d'amour pour la richesse,
Mais ils en utilisent une grande partie par bienveillance.[9]

Yi [易] représente le changement et dans ce cas, signifie le changement dans la manière dont vous utilisez quelque chose. C'est la façon dont vous utilisez votre richesse qui est primordiale. Si vous ne poursuivez pas la richesse, alors vous en obtiendrez beaucoup et vous finirez par en avoir encore plus. Il s'agit de se demander si cette richesse est véritablement vôtre et si elle vous accompagnera lorsque vous quittez ce monde. Vous n'êtes que le gardien de l'argent qui passe entre vos mains. Vous ne pouvez pas prendre vos économies et votre carte de crédit avec vous quand vous mourrez. Employez la richesse qui vous est allouée de façon judicieuse et rationnelle. Construisez des temples et des centres de longévité.

Au Temple des Cinq Immortels, des travaux de construction ont été entrepris pour s'assurer que les toits ne fuient plus, afin que les nouveaux étudiants aient un espace d'entrainement. Mais lorsqu'il pleut, tout le monde court encore par reflexe vers l'autel principal pour s'abriter. Les conditions ne sont pas encore à la hauteur et le Temple des Cinq Immortels a encore besoin de rénovations supplémentaires. La question essentielle est de savoir si vous utilisez votre richesse pour aider les autres ou bien pour votre propre bénéfice et enrichissement personnel. Sans cet espace du Dao[10] sur la montagne du Cheval Blanc, sans ce temple, personne ne pourrait venir ici pour communiquer, partager et échanger, pas même ce petit nombre d'étudiants qui ont eu cette grande destinée et cette chance parmi des milliards d'individus sur la planète terre :

> 千年的道场，万年的寺庙，僧人是流水。
>
> L'espace du Dao[11] [traverse les] dix mille ans,[12]
>
> Le temple [traverse] les dix mille ans,
>
> Les moines bouddhistes sont comme l'eau qui passe.[13]

Si vous avez de la richesse extérieure et que vous voulez aider les gens, alors cela peut être une bonne manière de l'employer. Même prendre un billet d'avion pour rendre visite à un maître en Chine requiert de l'argent. Si vous êtes sans richesse, alors vous devriez utiliser la médecine daoiste : il faut pour cela une aiguille, une paire de mains, une poignée d'herbes, un bol d'eau, un bâton d'encens véritable et un creuset pour l'élixir.[14] Pour les bases du quotidien, vous devez également avoir un certain degré de richesse.

Les riches veulent ajouter de l'huile à leur lampe[15] pour vivre plus longtemps. Ils veulent réparer leur corps afin de maintenir un rythme d'activité encore plus rapide. Pour les hauts fonctionnaires en Chine, la longévité est appelée le 'Gong de la Réparation' ou le 'Gong de la Réparation du Véhicule', le véhicule étant ici une métaphore du corps humain. Il est dit que si vous possédez des richesses extérieures, vous ne pourrez pas entrer dans le Royaume des Cieux. Ainsi, vous devez être capable à la fois d'entrer, comme de sortir des cieux – c'est-à-dire être capable de posséder de l'argent sans avoir de sentiment de culpabilité, mais également de savoir s'en passer. Que vos vêtements coûtent un *Yuan*[16] ou un million, il se peut que la voie des cieux vous rende riche ou pauvre dans cette vie.

内财
La Richesse Intérieure

Le deuxième aspect de cette barrière est la richesse intérieure, qui est sans forme. La richesse intérieure correspond à la pratique du Dao et des vertus, qui aident à atteindre le but ultime de l'ascension vers les cieux. Votre richesse intérieure se constitue par le nombre d'actes méritoires que vous avez accumulés au cours de votre vie. Elle est appelée 'richesse' car elle permet de rembourser les dettes que vous avez contracté lors d'incarnations précédentes et de résoudre vos afflictions karmiques.[17] Plus vous accumulez de mérite, plus votre champ énergétique devient grand et pur. Ainsi les maîtres du passé ont dit :

> 法、财、侣、地、德、慧、悟、缘。
>
> Méthode, Richesse, Compagnonnage, Emplacement,
> Vertu, Sagesse, Eveil et Destinée.[18]

Dans son ensemble, cette barrière met l'emphase sur la richesse intérieure car la pratique du Dao et des vertus, de la compassion, du pardon et de l'amour, sont finalement la véritable richesse.

---

[1] Avoir la peau épaisse [hou pi 厚皮] signifie être insensible à quelque chose, non réceptif et imperméable à toute critique.

[2] Cette citation de la Bible apparaît dans le chapitre intitulé 'Ne soyez pas Inquiet et Accumulez les Richesses au Ciel' [bu yao you lü ji cai yu tian 不要忧虑积财于天] :

> 你们要变卖所有的周济人，为自己预备永不坏的钱囊、用不尽的财宝在天上，就是贼不能近、虫不能蛀的地方。因为你的财宝在那里，你的心也在那里。
> [路加福音 12:33-34]
> Vendez ce que vous possédez, et donnez-le en aumônes. Faites-vous des bourses qui ne s'usent point, un trésor inépuisable dans les cieux, où le voleur n'approche point, et où la teigne ne détruit point. Car là où est votre trésor, là aussi sera votre cœur.
> [Luc 12: 33-34 ; *LSG*]

[3] Li Shi Fu rappelle souvent à ses étudiants :

> Vous ne pouvez pas contrôler vos pulsations cardiaques ou votre respiration,
> Ainsi, qu'est-ce qui vous appartient réellement ?

[4] En chinois, 顺其自然 [shun qi zi ran].

[5] En chinois, 闲关 [bi guan].

[6] On raconte, par exemple, que Li Béquille de Fer [tie guai li 铁拐李], un des populaires Huit Immortels, fut laissé pour mort par son compagnon daoiste. Son histoire fait office de mise en garde. Des démons venus d'une autre réalité provoquèrent la mort de la mère du compagnon et acolyte daoiste, ce qui conduisit ce dernier à abandonner le corps en apparence mou et figé du cultivateur daoiste, afin de retourner chez lui et d'arranger les funérailles de sa mère. Car le corps du cultivateur était en apparence sans vie, il le brûla avant de partir. Quand Li Béquille de Fer revint vers ce qui aurait dû être son corps, il n'y avait plus d'endroit dans lequel retourner. Il n'eut d'autre choix que de prendre le corps d'un mendiant qui venait juste de mourir. Il fut alors condamné à hériter de la jambe estropiée du mendiant et depuis cet instant, il se mit à boiter. C'est pourquoi on le nomma Li Béquille de Fer.

[7] Riz et farine sont des aliments de base en Chine, et ils sont vus comme des produits de première nécessité pour la survie.

[8] Le Temple de Tai Shan [tai shan miao 泰山庙] est un temple érigé par Li Shi Fu et dédié au Grand Souverain de la Montagne de l'Est [dong yue da di 东岳大帝]. Tous les matériaux nécessaires à sa construction ont été montés à dos de mule, l'endroit étant inaccessible aux camions ou aux voitures.

⁹ Il s'agit d'une modification du dicton :

> 出家人不爱财，多多益善。
> Les renonçants n'ont pas d'amour pour la richesse,
> Mais une grande quantité [de richesse] permet [d'acquérir] du mérite.

¹⁰ L'espace du Dao fait référence à un lieu qui possède un champ énergétique spécial et au sein duquel se déroulent les rituels daoistes et bouddhistes.

¹¹ L'espace du Dao [dao chang 道场] pourrait également être remplacé par l'expression 'espace de guérison' [liao chang 疗场] selon Li Shi Fu.

¹² Dix mille ans sont une référence à un temps extrêmement long, voir à l'éternité.

¹³ Il y a un dicton chinois qui résume le sens de cette citation de Li Shi Fu :

> 铁打的营盘兵流水的。
> Les forteresses sont fortes comme le fer,
> Les soldats y circulent comme l'eau.

¹⁴ Cette liste d'objets est communément appelée les Six Unités [liu yi 六一], représentant les six outils de guérison employés dans les lignées daoistes. Il s'agit d'un bâton d'encens [yi zhu xiang 一株香], d'un bol d'eau [yi wan shui 一碗水], d'une paire de mains [yi shuang shou 一双手], d'une aiguille [yi gen zhen 一根针], d'une poignée d'herbes [yi ba cao 一把草] et d'un creuset pour l'élixir [yi lu dan 一炉丹]. Parfois un pinceau [yi zhi bi 一支笔] est ajouté, devenant ainsi les Sept Unités [qi yi 七一]. Pour une discussion complète sur *Les Six Unités*, voir *The Arts of Daoism*, Purple Cloud Press, publié en 2021.

¹⁵ Cette référence à l'huile remonte à l'utilisation des lampes à huile dont la flamme inconstante est devenue une image métaphorique de la fugacité de la vie humaine.

¹⁶ Le *Yuan* [元] est la monnaie chinoise.

¹⁷ L'expression chinoise désignant les afflictions karmiques [ye zhang 业障] signifie littéralement 'actes et obstacles', ce qui implique clairement que les actions menées par une personne au cours d'une existence antérieure appellent à des compensations dans cette vie. Une autre définition pour le terme 'affliction karmique' se réfère à 'une créature maléfique empêchant les moines bouddhistes de progresser vers l'éveil'. Ainsi, un prérequis pour la pratique daoiste est établi comme suit :

> 三千功圆，八百果满。
> Trois mille mérites [mineurs doivent être] complétés.
> Tandis que huit cents mérites [majeurs doivent être] réalisés.

Un jour, on demanda à Li Shi Fu si les actes méritoires pouvaient accorder la vie éternelle. Il répondit :

> Ils ne peuvent vous accorder la vie éternelle, mais ils seront d'une grande aide lorsque vous cultiverez. Certains enseignants se sont assis en méditation, ont chanté les écritures et récité des incantations pendant des décennies, et pourtant à la fin, ils n'avaient toujours pas atteint le Dao. Vous pourriez obtenir le confort du corps, le confort physique, mais pour autant, lorsque l'heure de la mort sera venue, ce corps n'aura plus aucune vie en lui. Cela montrera que vous vous êtes engagé dans une mauvaise pratique.

Néanmoins, sans commettre d'actes méritoires, on sera incapable de s'élever, tout comme l'a transmis Zhong Li Quan [钟离权] à son disciple, Lü Dong Bin [吕洞宾] :

> 这样，当你完成三千功德，八百善行，道功圆满之后，我就来度你成仙。
> De cette manière, une fois que tu auras accompli trois mille mérites et vertus charitables

et huit cents actions de bienveillance, et lorsque le Gong du Dao aura été totalement atteint, alors à cet instant précis, je viendrai te délivrer et tu deviendras un immortel.

Pour plus d'informations sur le karma, voir Livre III : Livre de l'Humain, Chapitre 42, *Rembourser les Dettes* [huan zhang 还帐].

[18] Pour plus d'informations, voir Livre III : Livre de l'Humain, Chapitre 6, *Les Huit Fondements du Daoisme* [dao jiao ba gen ji 道教八根基].

5ème
Commentaire de la Barrière de la Pauvreté et du Dénuement

Les gens qui possèdent de l'argent et qui sont habitués à séjourner dans des hôtels cinq étoiles, seraient bien incapables de supporter la vie dans une tente. Ils devraient essayer de vivre comme un mendiant errant, avec une canne, un bol à aumône et un fouet à queue de cheval.[1] Si vous êtes un mendiant en ville et que vous n'avez pas cinq Jiao[2] en poche, alors vous ne pouvez même pas utiliser les toilettes publiques. Et avec vos vêtements en lambeaux, aucun bâtiment public ou aucun local commercial ne vous permettra d'utiliser leurs installations non plus. Si pour vous c'est un véritable problème de ne pas pouvoir prendre de douche, de devoir porter des vêtements déchirés, de manger de la nourriture ordinaire et insipide, alors c'est que vous aspirez à un meilleur style de vie. Mais quel que soit votre moyen de subsistance, que vous soyez riche ou pauvre, vous devriez suivre le cours naturel des choses.[3] En Inde, il existe des pratiques ascétiques[4] marginales et spécifiques qui vous obligent à vivre d'une certaine façon,[5] mais elles sont forcées, artificielles et s'écartent ainsi du naturel. La véritable fonction de l'amertume[6] est d'éliminer les désirs afin qu'ils n'affectent plus les fréquences de notre cerveau.[7] Ainsi, le raffinement de l'élixir[8] ne se fait pas dans un hôtel cinq étoiles.

Comme de nombreux maîtres l'ont observé :

道在苦中求。

Le Dao est recherché dans l'amertume.[9]

Amertume et fatigue vous permettent de percevoir plus clairement l'existence et d'en explorer son sens. De plus, elles vous aident à entrer dans la quiétude, ce qui est votre but. Il existe cette histoire de l'Esprit de la Montagne et de l'Esprit de la Terre[10], qui ont protégé l'Ancêtre Fondateur Qiu[11] en envoyant une fille lui apporter de la nourriture et le sauver, alors qu'il mourait de faim. La morale de cette histoire est que même si un cultivateur est prêt à mourir au cœur de l'austérité, cela lui sera rendu impossible car les déités l'en empêcheront. Dans le passé, cette notion était appelée 'Faire l'Aumône' ou 'Faire acte de Charité'.[12] Comme nous l'avons vu dans la 4ème Barrière, il était considéré comme suffisant pour un daoiste d'avoir deux ensembles de vêtements, et en avoir trois était vu comme un excès.

Tout dépend de la façon dont vous décidez de vivre et quels sont vos besoins. Il y a une histoire vraie à propos d'un maître de la montagne Hua,[13] dont la seule possession était une marmite dans laquelle il faisait cuire du maïs. Une moitié seulement de la marmite lui servait de nourriture pour tout un mois. Tous les trois jours, il la faisait chauffer et ne prenait que quelques grains.[14] Il est difficile d'imaginer un mode de vie plus austère et plus simpliste que celui-ci. Ce maître n'était pas en mesure de planter des céréales ou des légumes lui-même, car son esprit était rivé sur la pratique de la quiétude. Bien qu'il n'eût pas encore transcendé le besoin de manger,[15] il avait cependant déjà stabilisé son cœur-esprit.[16] En vous confrontant à de telles difficultés, vous pavez le chemin de la pratique – les épreuves en lien avec l'appauvrissement sont vos tests et vos examens. Si vous souhaitez entrer en réclusion, et dans le même temps gagner de l'argent et manger de la nourriture délicieuse, alors c'est que l'objet votre pratique a perdu son sens et son objectif. Que vous ayez des biens ou non, c'est à vous qu'il appartient de modeler votre vie.

Si vous êtes très pauvres et sans argent, dans une situation désespérée et dans la difficulté, alors vous ne pourrez pas vous payer la plus petite chose que vous puissiez vouloir. Néanmoins, il existe des difficultés mineures, tout comme il existe des difficultés majeures. Vous pouvez étudier le Dao, mais cela ne génèrera que de la richesse spirituelle, et non des possessions matérielles. Vous devez donc garder cela en tête et préserver cet état de conscience. Si vous n'aviez pas atteint un certain niveau matériel et monétaire, alors vous n'auriez aucune connaissance de quelque sorte que ce soit. Si vous êtes affamé et qu'il n'y a pas de nourriture disponible pour vous, vous ne seriez même pas capable physiquement de sortir pour aller mendier. Ce qui compte réellement est la direction que vous donnez à votre vie. Votre foi doit être inébranlable. En société, la plupart des gens aiment manger, jouer et être heureux. Si vous rencontrez des difficultés matérielles et que vous n'avez pas d'argent, alors vous serez incapables de dépasser ces problématiques. Au final, cela pourrait même vous amener à retourner vers votre ancienne vie en société. Cette incompatibilité pose un dilemme.

Si vous désirez honneur, respect, dignité et que vous essayez dans le même temps de cultiver le Dao, alors vos efforts ne porteront pas leurs fruits. Les privilèges, la dignité et l'honneur sont de grands démons qui nuisent au Dao. Vous resterez bloqués aux stades préliminaires, n'ayant pas encore compris ce que vous souhaitez réaliser ; il sera dès lors extrêmement difficile de progresser. Les fondations pour être un étudiant du Dao sont avant tout d'être une personne ordinaire – vous devez avoir une famille. Et tant que vous aurez à vous occuper de vos devoirs conjugaux, envers un mari ou une femme, envers des enfants jeunes ou plus âgés, alors c'est que vous ne vous serez pas encore acquittés de vos responsabilités. Ainsi, causes et conséquences[17] auront encore une forte emprise sur vous.

Suivez le chemin méthodiquement et dans l'ordre, de sorte que vous ne soyez plus dans le besoin matériel lors des étapes ultérieures. Si vous progressez harmonieusement dans l'ordre des choses, vous obtiendrez finalement la capacité de discerner si le matériel d'étude d'un enseignant daoiste est authentique en ce qui concerne le véritable sens du Dao, le raffinement de l'élixir et le troisième corps. Vous serez capable de juger si les enseignements daoistes transmis en occident sont véritablement en accord avec la pratique daoiste. Vous saurez reconnaître les imposteurs et serez en mesure de démentir leurs affirmations sur l'authenticité de leurs pratiques daoistes.

---

[1] Le fouet à queue de cheval [fu chen 拂尘] est un instrument daoiste rituélique considéré comme l'un des trois éléments essentiels à prendre avec soi lors d'un pèlerinage spirituel. Il est fabriqué en reliant au bout d'un long manche en bois, des poils de queue de cheval. A l'origine, il fut conçu pour chasser les mouches et les moustiques ainsi que pour balayer doucement la poussière des surfaces délicates. Le caractère chinois désignant le fouet à queue de cheval se traduit par refuser la poussière, ou balayer la poussière, ce qui a une signification pragmatique mais également spirituelle. En effet, le fouet à queue de cheval est devenu très tôt un symbole des cérémonies daoistes et de la vie monastique.
Un proverbe commun en Chine dit :

手拿拂尘不是凡人。
La personne qui tient le fouet n'est pas une personne ordinaire.

Au cours du pèlerinage spirituel, le fouet à queue de cheval était censé servir de rappel aux prêtres daoistes que les pensées négatives et les distractions sont comme des moustiques bourdonnant autour d'eux, et que cela peut être balayé grâce à cet outil rituélique. De plus, le fouet à queue de cheval a la capacité de purifier l'espace, d'éliminer les désirs, source de distraction [za nian 杂念], les énergies maléfiques et les champs énergétiques négatifs. Le fouet à queue de cheval est fréquemment employé dans des films tels que 'Le Voyage Vers l'Ouest' et 'Painted Skin', où il est suspendu à l'extérieur de la chambre d'une personne pour éloigner les fantômes démoniaques.

[2] Le *Jiao* [角] est une monnaie chinoise ; dix *Jiao* font un *Yuan* et dans le jargon, cinq *Jiao* sont souvent appelés *Wu Mao* [五毛]. Même pour les chinois les plus pauvres, il est facile d'avoir cinq *Jiao*.

[3] Suivre le cours naturel des choses [shun qi zi ran 顺其自然] est un concept daoiste fondamental. Lorsque vient l'hiver et ses températures froides, les humains doivent porter plus de vêtements. C'est un exemple très simple d'un principe de vie en harmonie avec la nature. Un autre exemple serait de manger des fruits et des légumes en accord avec la saison et avec ce qui pousse localement, plutôt que de les recevoir par bateau après qu'ils aient traversé la moitié du globe.

[4] La pratique ascétique en chinois signifie littéralement 'la pratique de l'amertume' [ku xing 苦行], signifiant endurer des épreuves. Voir également la discussion du Livre III : Livre de l'Humain, Chapitre 3, *Amertume* [ku 苦].

[5] Li Shi Fu fait peut-être référence ici à des groupes marginaux comme les sadhus Aghori, qui s'adonnent à des pratiques ascétiques telles que la consommation d'aliments avariés, de matières fécales et d'urine dans le but de surmonter les émotions de faiblesse, de peur et de dégoût. Ainsi, ils espèrent trouver la pureté au-delà de la mort, du mal et de la saleté.

[6] Voir la note de bas de page 4 pour plus de détails sur l'amertume.

[7] Selon les théories daoistes de Li Shi Fu, la société et sa pression diminuent les fréquences du cerveau, entravant la progression de l'individu en chemin vers des vibrations supérieures.

[8] Voir le Commentaire de la 1ère barrière, note de bas de page 13.

[9] On peut trouver une gravure sur pierre dans le comté de Da Zu [大足], municipalité de Chong Qing [重庆] qui indique :

吾道苦中求乐，众生乐中求苦。
Mon Dao recherche la joie dans l'amertume ;
Alors que les masses recherchent l'amertume dans la joie.

[10] Cette histoire de l'Esprit de la Terre, Tu Di [土地] et du Père Fondateur Qiu [qiu zu 丘祖], est racontée dans *Recueils sur les Immortels du Lotus d'Or* [jin lian xian shi 金莲仙史] :

马丹阳觉得事情奇怪，就问丘处机：我和你在庙中冻饿了三天，就有土地托梦善人送来斋饭。师弟，你是不是动念了？丘处机不敢隐瞒，如实相告，因他饥寒难耐，难以守持，于是动了一念，希望 有人送些汤面暖身。可是没有想到，神明果然知道他的心念，真的就去善人家托梦了。马丹阳一听，怒道："我事先有言吩咐于你，修道之人不可动心妄想。你今日起了一念，就摇动虚空神明到他家托梦，我和你现在日无寸进之功，反而受他的供养，有何福分能够承当？如果我和你一样，将来可是要变牛变马去还债的，倒不如现在各自分开，我回山东修养，任凭你天堂地狱之路，你就随心所欲的去吧。"

Ma Dan Yang, [l'un des Sept Disciples Réalisés de Wang Chong Yang], sentant que la question était étrange, demanda directement [au Père Fondateur] Qiu Chu Ji :

> Toi et moi avons été gelés et affamés dans le temple pendant trois jours et c'est à ce moment précis que l'Esprit de la Terre est apparu dans les rêves d'une personne bienveillante pour qu'elle nous apporte de la nourriture végétarienne. Petit frère de la religion, aurais-tu été animé par des pensées déviantes ?

Qiu Chu Ji n'osa rien cacher et il raconta les choses telles qu'elles furent véritablement. Parce que la faim et le froid étaient difficiles à supporter, qu'il était difficile de se préserver et de se maintenir [à l'intérieur], alors il fut animé par une pensée unique, espérant que quelqu'un lui apporte [un bol de] soupe de nouilles pour réchauffer son corps. Il n'avait cependant pas imaginé que les Esprits de Lumière connaitraient la pensée de son cœur-esprit et qu'ils en viendraient à visiter la maison d'une personne bienveillante, afin de lui envoyer des messages en rêve. Quand Ma Dan Yang entendit cela, il répondit avec colère :

> Je t'avais parlé précédemment afin de te donner des instructions : les personnes qui cultivent le Dao ne sont pas autorisées à stimuler leur cœur-esprit et à avoir des pensées déviantes. Aujourd'hui, tu as donné naissance à une pensée qui a poussé les Esprits de Lumière de la vacuité creuse à apparaître au domicile d'une personne et dans ses rêves. Chaque jour depuis lors, toi et moi n'avons pas progressé d'un pouce dans notre Gong. Maintenant au contraire, en recevant ces offrandes [de l'Esprit de la Terre], de combien de notre bonne fortune accumulée [par les mérites passés] devenons-nous redevables ? Si j'étais comme toi, alors dans le futur je me transformerais en bœuf ou en cheval afin de rembourser cette dette [karmique]. Il serait préférable que nous prenions désormais des chemins différents. Je vais retourner dans la province du Shan Dong pour cultiver et me nourrir [de ma pratique]. Peu importe que ta route te mène dans le hall céleste ou dans les prisons de la terre, tu suivras [les inclinaisons de] ton cœur-esprit et de ce qu'il désire.

'L'Incantation de l'Esprit de la Terre' [tu di zhou 土地咒], que l'on trouve dans *La Liturgie [Daoiste] du Matin* [zao wan gong ke 早晚功课], apporte un éclairage supplémentaire sur la déité daoiste de l'Esprit de la Terre et sur son culte.

11 Qiu Chu Ji [丘处机] est l'un des Sept Réalisés [qi zhen 七真] que sont les sept disciples vénérés du maître daoiste Wang Chong Yang [王重阳], fondateur de l'Ecole de la Réalisation Complète [quan zhen pai 全真派]. On peut trouver plus d'informations sur Qiu Chu Ji dans la 'Précieuse Déclaration des Sept Réalisés', un éloge trouvable dans *La Liturgie [Daoiste] du Matin* et dans le Livre III : Livre de l'Humain, Chapitre 23, *Qiu Chu Ji* [丘处机].

12 En chinois, faire l'aumône se traduit littéralement par 'donner en y renonçant' ou 'pourvoir dans l'abandon' [shi she 施舍].

13 En chinois, 华山 [hua shan].
14 Li Shi Fu a commenté la fin de cette phrase en disant dans un registre plus familier 'Que peut-on vouloir d'autre ?'
15 Voir le Livre III : Livre de l'Humain, Chapitre 1, *S'Abstenir de Graines* [bi gu 辟谷].
16 La stabilisation du cœur-esprit fait référence à un état profond de tranquillité.
17 Voir Livre III : Livre de l'Humain, Chapitre 42, *Rembourser les Dettes* [huan zhang 还帐].

6ème
Commentaire de la Barrière de la Forme du Corps

Cette barrière concerne la libération du corps humain. La majorité des barrières trouvent leur origine dans le corps physique, qui est d'une fréquence vibratoire basse. Pourtant ce corps est la base fondamentale nécessaire pour obtenir le corps d'éternité. Vous devez par conséquent vous occuper de votre corps et le maintenir propre et embelli, prendre soin de lui comme lorsque vous vous brossez les dents tous les jours. Si vous ne pouvez pas mener votre pratique jusqu'au bout dans cette vie ci, alors vous aurez un problème, car la réincarnation ne pourra jamais être garantie. C'est pourquoi les chinois ont inventé les pratiques de longévité – afin de prolonger la durée de leur vie sur terre, et d'avoir plus de temps pour cultiver et atteindre l'objectif ultime de cette pratique qu'est l'immortalité. Presque toutes les méthodes de longévité connues trouvent leur origine dans le daoisme – on pourrait dire quatre-vingt-dix-huit pour cent d'entre elles. Ainsi, bien que vous dépendiez de votre corps, vous ne devriez pas y être attaché pour autant. Prenez soin de votre chair physique car elle doit être assez forte pour soutenir la pratique du Gong[1] ; vous devez avoir de la force musculaire, du Qi et du sang. Au stade initial de la pratique, vous devriez éliminer les maladies et purifier votre corps, car dans les cieux, il n'existe pas d'ange qui soit malade. Pour cultiver, il vous faut un corps sain ; de ce fait, aimez votre corps et prenez en soin. Par exemple, pour ce qui est de prendre soin de vos yeux, ne suivez pas mon exemple, car je passe entre cinq et dix heures par jour sur internet,[2] et par conséquent ma vue se détériore. En revanche, si vous cherchez à éviter la fatigue et que vous la craignez, ou que vous êtes à la recherche d'une peau plus douce,[3] alors vous avez une mauvaise approche de la vie, ne vous battant que pour avoir toujours plus de confort. Avec une telle attitude, votre vie vous échappera de plus en plus vite. Manger, dormir et faire de l'exercice font partie intégrante de la longévité, mais ils ne constituent pas pour autant la véritable protection de la vie.

Il existe certains aspects de la santé qui ne sont pas pleinement compris par le commun des mortels en société. Un exemple est celui des antibiotiques qui non seulement ne protègent pas bien, mais qui sont également nocifs et destructeurs pour le corps. Souvent, lorsque les problèmes d'une partie du corps ont été guéris par la médecine moderne, une autre partie se met à souffrir d'effets secondaires. C'est pourquoi on ne peut pas considérer cela comme une véritable protection pour le corps. Ce sujet relève du domaine de la médecine daoiste. Dans le *Dao De Jing*, il est dit :

大患为于身。
Les grands désastres sont liés au corps.[4]

Cette affirmation suggère que beaucoup de problèmes trouvent leur origine dans le corps physique et dans la chair. Le corps est frêle et faible, car il ne peut pas supporter les adversités que sont le froid, la chaleur, la fatigue, la faim et la soif. Il est la source de désirs égoïstes qui ne sont pas acceptables. Si votre corps a froid, alors vous allez vous mettre à la recherche de chaleur et de vêtements confortables. Si vous voyez quelqu'un conduire une voiture clinquante et onéreuse, alors vous allez aussi vouloir acheter une Lamborghini. Sans le corps, tous ces problèmes qui sont en lien avec les désirs égoïstes n'existeraient pas et les grands désastres énoncés dans le *Dao De Jing* ne se produiraient pas. Le corps n'existe dans la troisième dimension que pour un temps limité seulement et il s'étend rarement à plus d'une centaine d'année. Avec l'aide de la science et de la technologie, vous pouvez peut-être retrouver une apparence plus jeune, mais vous ne pouvez pas retourner dans le ventre de votre mère. La durée de votre vie n'est pas quelque chose que vous pouvez contrôler – vous vivez actuellement dans une maison qui n'est qu'une demeure temporaire. L'objectif quand on cherche à préserver sa longévité est de disposer de plus de temps pour étudier, et non pour prolonger l'assouvissement des plaisirs du corps physique. Dans le bouddhisme, le corps physique est appelé le Sac de Chairs Puantes.[5]

Quelle que soit la hauteur à laquelle vous vous élevez dans les airs, vous finirez par heurter le filet qui est tendu au-dessus de la Terre,[6] et vous serez renvoyé dans votre corps physique. C'est la raison pour laquelle la toute dernière barrière est la Barrière de la Vie et de la Mort. Sur la fin, Shakyamuni s'est abandonné à la mort sous l'arbre de la Bodhi, de même que Jésus a consenti à être cloué sur la croix ; Lao Zi non plus n'a pas essayer d'échapper à la mort car il savait que s'élever vers les cieux ou descendre dans les prisons terrestres était futile. C'est ainsi que seul, il est finalement parti sur le dos d'un bœuf et on ignore où il est allé. De nombreux ancêtres fondateurs[7] ont eu à franchir la Barrière de la Vie et de la Mort. De ce fait, le corps de la troisième dimension est employé à des fins plus élevées dans le daoisme. Il s'agit d'atteindre la vérité qui est contenue dans le faux :

借假修炼真。
[On doit] emprunter le faux pour cultiver le vrai.[8]

Comme le raconte le christianisme, vous pouvez ressusciter votre corps physique, car en lui se trouve un corps divin.[9] C'est un principe identique à celui que l'on trouve dans le daoisme.

Par conséquent, si vous ne parvenez pas à prendre le contrôle de votre vie[10] dans ce court laps de temps que vous avez sur Terre, il vous faudra patienter jusqu'à l'incarnation suivante avant qu'une telle opportunité se présente à nouveau. Peut-être que votre intention est de gagner beaucoup d'argent dans cette vie et de reporter toute pratique jusqu'à l'incarnation suivante. Une telle stratégie cependant ne serait qu'une illusion, comme la poursuite d'une chimère. Essayer de planifier votre prochaine vie serait comme de chercher à planifier les rêves que vous allez faire la nuit prochaine - c'est tout simplement impossible. Bien que ce corps physique soit un sac de chairs puantes, il est néanmoins extrêmement précieux :

一世修成。

C'est en une seule vie que la pratique [doit] être achevée.[11]

Il est primordial que vous terminiez de cultiver dans cette vie même et que vous n'attendiez pas la suivante pour cela. Vous devez avoir la plus haute détermination dès maintenant afin de tirer le meilleur parti de cette vie qui vous a été donnée, et faire de votre mieux pour atteindre le but final de la pratique, quels que soient les rebondissements que vous rencontrez. Bien que ce corps doive souffrir de la cause et de la conséquence, et qu'il doive affronter des épreuves, on le surnomme 'la loi de la traversée [de la rivière]'[12] à dessein. En vous permettant de traverser le fleuve, il est le navire qui vous mène à la délivrance, car c'est bien d'un bateau dont vous avez besoin pour vous diriger et avancer vers l'autre rive. Pour employer une analogie différente, vous avez besoin du corps comme d'une échelle pour vous permettre de monter vers les cieux. Une fois que vous vous êtes élevés jusqu'aux cieux, l'échelle n'est alors plus une nécessité et peut être abandonnée – tout comme il serait insensé de continuer à tirer le bateau sur la terre ferme de l'autre rive, alors que vous avez déjà traversé la rivière. Vous avez besoin de l'échelle et du bateau au stade initial et dans les niveaux de pratique inférieurs ; mais plus tard, vous devrez vous en défaire.[13] Quand vous en êtes arrivé à ce stade, vous devriez vous débarrasser du corps humain, car il existe un corps supérieur[14] qui peut être trouvé en son sein, basé sur la sublimation de l'essence et du Qi. La pratique méditative, par exemple, peut transformer la fatigue et est bien plus efficace que le sommeil pour restaurer le corps.[15] Si vous n'utilisez pas votre corps pour cultiver, alors il se gaspillera et se décomposera – et vous finirez par monter le long de la cheminée fumante qui transforme votre corps en cendre.[16] Dans la vie, rien ne peut être garanti.[17]

---

[1] Le caractère Gong [功] est composé de deux radicaux ; le premier radical [gong 工] prête sa phonétique au mot, il signifie le travail ; le second radical [li 力] signifie la puissance ou la force. Par conséquent, pour atteindre un niveau de compétence élevé, il faut fournir des efforts, travailler dur et avoir de la force. Ou bien comme Li Shi Fu le résume avec simplicité :

汗水加时间等于功。
Transpiration plus temps égalent Gong.

[2] Comme Li Shi Fu n'a besoin que de quatre à cinq heures de sommeil, il passe du temps sur internet au beau milieu de la nuit à élargir ses horizons sur de nombreux sujets, tels que les extraterrestres par exemple. Il est également un fervent amateur de programmes sur la nature tels que *Planet Earth* sur la BBC, car en observant les lois de la nature, il reconnaît les principes daoistes.

³ La recherche d'une peau plus douce signifie que l'on évite le dur labeur, c'est-à-dire les callosités formées par le travail physique.

⁴ C'est un extrait du Chapitre 13. La citation originale dans son intégralité est la suivante :

> 吾所以有大患者，为吾有身，及吾无身，吾有何患?
> La raison pour laquelle je suis [accablé] par les grands désastres est que je possède un corps humain. Si je n'avais pas de corps humain, comment pourrais-je être [touché] par quelque désastre que ce soit ?

Il est intéressant de noter que Zhang Jing Yue [张景岳] dans *Le Compendium Complet de [Zhang] Jing Yue* [jing yue quan shu 景岳全书], prend une position opposée en disant :

> 吾所以有大乐者为吾有形，使吾无形，吾有何乐?
> Ce qui m'apporte la plus grande joie, c'est la possession de ma forme physique. Si je ne possédais pas cette forme physique, de quelle joie pourrait-on parler ?

⁵ En chinois, 臭皮带 [chou pi dai] désigne le corps humain et est un terme emprunté au bouddhisme.

⁶ Le filet tendu autour de la Terre est une barrière au sens physique et métaphysique qui nous empêche de nous sublimer.

⁷ *Zu Shi* [祖师] en chinois désigne les fondateurs de mouvements religieux ou d'enseignements philosophiques.

⁸ Cette phrase figure dans un texte appelé *Le Grand Dao de la Vertu du Cœur* [da dao xin de 大道心德] qui proviendrait de la Mère d'Or du Lac de Jade [yao chi jin mu 瑶池金母], plus connue sous le nom de la Déesse Mère de l'Ouest [xi wang mu 西王母] :

> 天道降于世，劝人行善以修真，造功立果，以光灵性，则人可长生，
> 此乃性命双修之法也。性命双修，应借假修真才能成功。
> Le Dao céleste est descendu dans le monde pour exhorter les gens à faire preuve de bonté et pour qu'ils cultivent la vérité. [Il a exhorté les gens] à générer du mérite et à réaliser de bonnes actions pour que rayonne la nature-intérieure divine et que les gens puissent mener une longue vie. Il s'agit par conséquent de la méthode de la double pratique de la nature-intérieure et de la vie-destinée. Cette double pratique devrait emprunter le faux pour cultiver le vrai – ce n'est qu'alors que l'on sera capable d'accomplir ce Gong.

⁹ En chinois, 灵体 [ling ti].

¹⁰ Prendre le contrôler de sa vie est synonyme d'atteindre l'immortalité et d'échapper à la roue de la vie ou de la réincarnation.

¹¹ De façon surprenante, le Bouddha lui-même aurait dit :

> 末法时，我和弟子将脱掉袈纱走出寺庙一世修成。
> Dans l'ère du Dharma Déclinant [c'est-à-dire une ère où les saints se font rares et où le bouddhisme s'éteint lentement], moi et mes disciples devrions enlever nos robes de moines, sortir des temples et achever notre pratique en une seule vie.

¹² *Fa Du* [法度], parfois écrit 法渡 sont tous deux identiques dans leur signification.

¹³ L'auteur J. Hausen estime que ce point peut constituer la principale différence entre le daoisme et le bouddhisme. Dans le premier, le corps est utilisé comme un véhicule pour atteindre des niveaux supérieurs, tandis que dans le bouddhisme, le corps est souvent considéré comme un obstacle dont on doit se débarrasser le plus tôt possible.

¹⁴ Communément appelé le corps Yang tout au long de ce traité.

[15] Li Shi Fu a déclaré qu'une heure de méditation peut équivaloir à deux heures de sommeil.
[16] Monter le long de la cheminée fumante est une métaphore pour la crémation.
[17] En guise de point final à cette barrière, Li Shi Fu a terminé en comparant la vie à un champ de bataille :

> La vie ne peut jamais être considérée comme acquise ; regarder les informations sur l'Ukraine ou la Syrie, là où des bombes sont lâchées chaque jour, rend ce point très clair.

Au moment où Li Shi Fu a fait cette déclaration, l'Ukraine était déchirée par la guerre à la suite de l'annexion de la Crimée par la Russie, pendant qu'en Syrie, différentes parties étaient soutenues par la Russie, les Etats Unis d'Amérique et la Turquie, au détriment des dommages collatéraux causés à la population syrienne.

7ème
Commentaire de la Barrière du Qi de l'Arrogance

傲氣關

Quelqu'un d'arrogant[1] se considère lui-même comme le plus grand Lao Zi sous les cieux.[2] Cette barrière concerne ainsi celui qui se considère comme étant la personne la plus importante au monde, qui est doué d'un mépris au moins aussi grand pour les autres, et qui manque d'humilité et de tolérance. Ses penchants centraux sont reliés à la notion chinoise de ne pas perdre la face,[3] ainsi qu'au penchant humain pour la recherche de la victoire au détriment des autres. Ce désir de compétition s'étend également au monde des arts martiaux où l'on défie les autres au combat. On retrouve également une compétitivité inhérente aux domaines matérialistes de la société, par exemple lorsque se disputent les vêtements et les tenues les plus chers. La cause profonde de ce problème se trouve dans la nature humaine. Par conséquent, vous devez vous en défaire. C'est seulement en faisant preuve d'humilité et en ayant les pensées d'un enfant que l'on sera capable de franchir la porte des cieux. Le christianisme et le daoisme ont des prérequis identiques à cet égard – ils ont juste des manières différentes d'exprimer ce principe.[4] Ces gens prennent le un pour le transformer en deux, le deux pour le transformer en cinq et transforment ainsi la réalité en mensonge. Dans le daoisme, il existe donc une règle qui incite à l'humilité :

> 不问不说。
>
> Si on ne vous le demande pas, n'en parlez pas.[5]

Être arrogant signifie faire sentir sa présence alors que vous n'avez pas été approché ou invité à parler. C'est fondamentalement un problème en lien avec le soi, et qui démontre un manque de respect et d'humilité. Si vous êtes trop honteux et embarrassé pour apprendre de personnes que vous considérez comme inférieures à vous, alors c'est que vous devez vider votre coupe, celle du soi, pour pouvoir la remplir à nouveau. Dans le *Dao De Jing,* il est écrit :

> 是以圣人后其身而身先，外其身而身存。
>
> Ceux qui sont éclairés font passer leur corps en dernier et pourtant leur corps vient en premier. Ils se placent hors de leur corps et pourtant leur corps survit.[6]

Si vous êtes détachés du corps physique, alors le corps véritable[7] vous sera accordé. Soyez humble, car les humains sont tout petits dans cet univers. L'Ancêtre Fondateur Qiu[8] était le cultivateur le plus intelligent de tous, car à partir d'un seul exemple, il pouvait en déduire dix.[9] De ce fait, l'étude des livres était inappropriée pour son niveau de pratique et il fut envoyé au loin par son maître. L'étude des principes du daoisme n'est qu'une phase initiale, car lorsque l'on cultive, le but est d'aller au-delà du simple apprentissage et de cesser finalement l'étude livresque. Une fois que vous avez compris la voie et sa direction, ses méthodes et ses théories, alors il n'est plus nécessaire d'étudier, et vous devriez vous en défaire autant que possible.

Bien que les connaissances scientifiques se soient développées grandement, un élément aussi important que le cerveau n'a toujours pas été totalement investigué. C'est pourquoi la compréhension générale du contenu et des informations du cerveau est si limitée ; elle n'a pas encore été véritablement appréhendée. Selon les scientifiques, soixante pour cent des capacités de notre cerveau sont inutilisés et personne ne sait quelles fonctions pourraient avoir les quarante pour cent restants. Il est toutefois possible que la désactivation d'une aire ou d'une région du cerveau puisse ouvrir une compréhension sur l'expérience que fait l'homme de la terre. La terre ne serait dès lors plus la terre, car elle serait devenue le Royaume des Cieux. Une telle transformation peut également être observée lorsque l'on consomme des drogues, ce que le daoisme et Li Shi Fu ne recommandent pas, cela n'appartenant pas à la voie véritable.[10] Vous devriez étudier et expérimenter, faire la synthèse des leçons que vous avez apprises, élever vos pensées et vous sublimer[11] dans le soi supérieur. Cultiver est un processus tellement riche en contenu qu'il ne pourra jamais être abordé entièrement par l'étude – ainsi personne n'arrête véritablement de pratiquer ou d'apprendre.[12] Ne soyez pas fier et prétentieux. Soyez humble. Il y a un proverbe commun en Chine qui exprime cela :

山外有山，天外有天，人外有人。

Il existe une montagne au-delà des montagnes,

Il existe un ciel au-delà des cieux

Il existe un être humain au-delà des êtres humains.[13]

---

[1] L'arrogance est exprimée en chinois par le Qi de l'arrogance [ao qi 傲气].

[2] Être le plus grand Lao Zi sous les cieux signifie se sentir au sommet du monde, ou plus familièrement se prendre pour le grand chef, voir même pour Dieu.

[3] 'Ne pas perdre la face' consiste à préserver la dignité d'une personne et à éviter l'embarras.

[4] Cette phrase fait allusion à deux citations, la première venant du chapitre 10 du *Dao De Jing* et la seconde d'un chapitre de la Bible intitulé 'Qui est le plus Grand ?' :

> 专气致柔，能如婴儿乎？
> En concentrant son Qi jusqu'à atteindre la plus grande des douceurs, se pourrait-il qu'il redevienne semblable à celui d'un enfant ?

> 这时，门徒上前来，问耶稣："在天国谁最伟大？耶稣叫了一个小孩子来站在他们当中，然后说：我 实在告诉你们，你们若不变得像小孩子那样，绝不能进天国。所以，凡像这小孩子一样谦卑的人，在天国才是最伟大的。" [马太福音 18:1-4]
>
> En ce moment, les disciples s'approchèrent de Jésus, et dirent: Qui donc est le plus grand dans le royaume des cieux ? Jésus, ayant appelé un petit enfant, le plaça au milieu d'eux, et dit : Je vous le dis en vérité, si vous ne vous convertissez et si vous ne devenez comme les petits enfants, vous n'entrerez pas dans le royaume des cieux. C'est pourquoi, quiconque se rendra humble comme ce petit enfant sera le plus grand dans le royaume des cieux. [Matthieu 18:1-4 ; *LSG*]

5 Il existe une deuxième signification à cette phrase. Le maître ne répondra que si le disciple lui pose la question, afin de s'assurer que l'instruction est adaptée au niveau du disciple et ne dépasse pas les limites de sa compréhension à ce stade. Cette notion est reflétée dans ce dicton des anciens maîtres :

> 三口不说，六耳不传。
>
> [Lorsqu'il y a] trois bouches, [les enseignements] ne sont pas expliqués ; [lorsqu'il y a] six oreilles, [les enseignements] ne sont pas transmis.

6 Cette citation vient du Chapitre 7 et ressemble de façon intrigante à une phrase de la Bible :

> 只是有在后的将要在前，有在前的将要在后。[路加福音 13:30]
>
> Et voici, il y en a des derniers qui seront les premiers, et des premiers qui seront les derniers. [Luc 13:30 ; *LSG*]

7 Le corps véritable est également appelé le corps Yang. Il résulte de la fusion entre le corps Yin et le corps physique. Pour plus d'informations, voir Livre III : Livre de l'Humain, Chapitre 19, *Le Corps Véritable* [zhen shen 真身].

8 Voir Livre III : Livre de l'Humain, Chapitre 23, *Qiu Chu Ji* [丘处机].

9 Cette phrase fait allusion à un dicton chinois courant :

> 举一反三。
>
> On [devrait] faire trois déductions [à partir] d'un seul exemple.

10 Voir également l'article de LoAn Tran intitulé 'Ayahuasca - Vine of the Soul?' sur ce sujet sous : http://fiveimmortals.com/ayahuasca/

11 Sublimer [sheng hua 升华] se traduit littéralement par 'monter en floraison'. Voir également le Commentaire de la 1ère Barrière, note de bas de page 75.

12 Il s'agit d'une référence au Bouddha Shakyamuni, qui même en cultivant à haut niveau conseillait à ses adeptes de ne jamais cesser de pratiquer, car il avait réalisé à quel point il reste toujours de quoi étudier.

13 La signification inhérente de ce proverbe est que si vous pensez que vous êtes grand, alors il y a toujours quelqu'un de plus grand que vous. Ainsi, il est important d'être une personne décente, qui n'est pas prétentieuse et arrogante, mais qui fait plutôt preuve d'humilité. En outre, ce proverbe explique que les personnes dotées de compétences élevées, supérieures et puissantes devraient reconnaître qu'il y aura toujours quelqu'un qui sera encore plus habile qu'elles.

8ème
Commentaire de la Barrière de la Jalousie et de la Convoitise

嫉妒關

Un cœur-esprit de jalousie et de convoitise est un gros rocher qui obstrue le chemin, et un démon colossal qui nuit au Dao. C'est une déviation importante sur la route ou encore une frontière ou un portail qui empêche votre progression sur la voie. Si vous ne supportez pas que quelqu'un soit meilleur que vous, alors jalousie et convoitise conditionneront votre attitude, de quelque façon que ce soit et en toute circonstance. Ainsi, lorsque vous rencontrerez des difficultés, vous regarderez toujours vers l'extérieur de vous-même afin de repérer les défauts des autres, plutôt que de regarder vers l'intérieur en direction de vos propres erreurs ou manquements. Si vous trouvez que quelqu'un est beau, alors vous devenez jaloux dans votre cœur-esprit. Si vous voyez quelqu'un de plus fort que vous, vous pouvez devenir envieux et tout faire pour le surpasser. Si vous conduisez une Charade[1] bon marché qui ne coute que vingt ou trente mille *Yuan*, et que vous voyez une autre personne conduire une Lamborghini, alors vous aspirez à conduire une voiture plus chère. Si vous travaillez dans une grande compagnie avec de nombreux employés et que le patron fait l'éloge de l'un de vos collègues, vous vous demandez alors pourquoi ces félicitations ne vous sont pas adressées. Dès lors que le patron distribue une enveloppe rouge[2] à quelqu'un d'autre, vous vous demandez à nouveau pourquoi cela ne vous est pas destiné. Se comparer aux autres conduit à des ruminations sans fin, telles que pourquoi ce sont toujours les autres qui sont récompensés par l'honneur et l'autorité, et non pas vous.

L'égo, le cœur-esprit du soi,[3] va se développer et gonfler dans de telles situations. Plus l'égo grandit et s'élargit, plus l'influence qu'il a sur vous est forte, et plus vous vous éloignez du Dao. Ne cherchez pas à être plus grand que les autres. Plus vous détenez d'argent, plus votre maison est grande et plus vous inspirerez chez les autres de la jalousie, de la convoitise et de la haine. Lorsque deux hommes désirent une même femme, ou bien lorsque deux femmes veulent le même homme, il ne peut y avoir d'issue favorable à cela, car se créeront jalousie, convoitise et haine entre rivaux, ainsi qu'un engouement obsessionnel pour la personne désirée. Si vous éprouvez de la jalousie, alors vous manquez de compassion et d'amour universel.[4]

Faites-vous petit et ayez une attitude modeste, car il y a toujours quelque chose à apprendre. Les grands érudits ont souvent tendance à manquer de tolérance et d'humilité, car ils sont trop préoccupés par eux-mêmes. Ils sont fiers de leur savoir unique ; mais les moustiques ont leur propre savoir également. Il serait impossible pour un maître érudit d'étudier avec quelqu'un d'une connaissance supérieure, car alors personne ne pourrait enseigner quoi que ce soit à cet individu. Mais pour une personne modeste en revanche, comme le sage Confuciu⁵ l'a fait remarquer :

三人行，必有我师。

Quand trois personnes voyagent ensemble,
L'une d'entre elles doit certainement être mon enseignant.⁶

---

¹ Une Charade [xia li 夏利] est la marque d'une voiture chinoise bon marché.
² Une enveloppe rouge [hong bao 红包] en Chine contient toujours de l'argent, et est généralement donnée par des invités à leurs hôtes lors d'occasions spéciales telles que les mariages, l'obtention d'un diplôme, la naissance d'un bébé ou l'anniversaire d'une personne âgée. C'est une façon traditionnelle de souhaiter bonne chance et de partager des moments de bénédiction.
³ Le Cœur-Esprit du soi en chinois signifie littéralement soi-moi-cœur [zi wo zi xin 自我自心].
⁴ Un récit éclairant mais légèrement différent sur l'amour universel [jian ai 兼爱] se trouve dans *Le Classique de Mo* [mo jing 墨经] de Mo Zi [墨子] :

> 子墨子曰：夫挈泰山以超江河，自古之及今，生民而来未尝有也。今若夫兼相爱，交相利，此自先圣六王者亲行之。
>
> Mo Zi a dit : Depuis les temps anciens jusqu'à aujourd'hui, il n'y eu personne au monde capable de soulever le Mont Tai et de le porter à travers la rivière Yang Zi et la rivière Jaune. Pourtant il semble désormais que l'amour universel et mutuel, ainsi que l'aide mutuelle [entre les gens] aient été pratiqués directement depuis l'époque des anciens Six Rois Sages.

⁵ Confucius est le philosophe le plus célèbre de Chine et ses idées ont influencé une vaste partie de la civilisation asiatique. Cependant, Confucius est la forme latine et anglicane de son nom chinois Kong Zi [孔子]. Le terme Confucius n'a pas de sens en soi et il fut inventé au 18ème siècle. L'intention derrière cela était de lui conférer une aura honorifique en lui choisissant un nom latin. Selon certaines sources, le caractère *Kong* fait référence à des paroles de gratitude exprimées après que des prières aient été entendues, comme par exemple celles de parents implorant pour avoir une progéniture.
⁶ Cette citation est tirée des *Annales [de Confucius]* [lun yu 论语], chapitre 7 [shu er 述而].

9ème
Commentaire de la Barrière de l'Irritabilité et de l'Emportement

暴躁關

Le thème de cette barrière concerne le caractère de notre propre nature-intérieure. Il n'est pas facile de changer une personnalité humaine qui a pris forme depuis l'enfance. Ainsi, il est dit :

山难改，性难移。

Les montagnes sont difficiles à transformer,
Et la nature-intérieure est difficile à changer.[1]

Changer notre nature est aussi difficile que de creuser une montagne pour la déplacer – même si aujourd'hui l'humanité dispose d'armes nucléaires et au sens littéral, est capable de déplacer des montagnes. Un tel changement de la nature-intérieure est particulièrement difficile pour les personnes qui ont une tendance à l'irritabilité. Une personne irritable crie, se dispute et s'énerve pour tout ce qui ne lui convient pas. Or se battre et se disputer chaque jour empêche l'apaisement du cœur-esprit et l'harmonie du Qi.[2] C'est également l'un de mes plus vieux vices et défauts : un besoin impulsif de faire les choses le plus vite possible. Parce que mon esprit est tellement préoccupé par les nombreuses obligations que j'ai envers les villageois et l'Association Daoiste, je suis impatient de progresser davantage vers l'objectif final.

Si vous sentez votre colère monter, vous devriez imiter la nature de l'eau, car cultiver devrait s'apparenter à l'eau qui coule.[3] Son caractère est doux et lisse :

以柔弱为本。

On [devrait] prendre la douceur et la faiblesse comme fondement.[4]

Cela est particulièrement vrai pour les hommes qui possèdent du Yang à l'extérieur et du Yin à l'intérieur.[5] Certaines personnes ressemblent à une poche remplie de gaz, ou à un estomac plein de Qi qui se déchargent lorsqu'un seuil de pression maximale est franchi. Une seule allumette et une telle personne peut s'enflammer puis exploser aussi facilement qu'un bâton de dynamite. Une personne irritable vous criera dessus si vous lui dite quelque chose qu'elle ne veut pas entendre, car elle a un tempérament qui l'empêche d'écouter les autres. Il est malheureusement possible qu'en Chine, si vous marchez sur le pied de quelqu'un par mégarde, il sorte un couteau et vous poignarde en retour. En cette période de grands changements où les pressions sociales sont à leur paroxysme, tout le monde a un tempérament irritable. Mais le Qi céleste[6] est déjà arrivé. Quel que soit le niveau de pratique, si les personnes irritables ne changent pas leur tempérament, alors leur fréquence vibratoire ne s'aligneront pas avec les transformations de l'univers. Par conséquent, lorsque le champ énergétique de l'univers s'élèvera,[7] alors ces personnes disparaitront face aux circonstances et à la sélection naturelle. Comme le dit le dicton :

柔顺，无为，不争。

[On devrait être dans un état] de douceur, d'abandon, de non-agir et de non-contestation.[8]

Si vous manquez de patience et de tolérance,[9] alors il est inutile de discuter. Vous luttez et vous vous battez en vain. Votre jugement personnel sur ce qui est vrai et ce qui est faux, sur ce qui est bien et ce qui est mal, prévaut sur tout le reste. Pourtant, ces appréciations ne découlent que de votre propre raisonnement et de votre propre conditionnement individuel.

Si vous compreniez pleinement les causes et les conséquences, alors vous sauriez comment prévenir les retombées de vos actions. Par exemple, lorsqu'une personne est en colère contre vous, elle peut vous gifler au visage ou vous frapper à plusieurs reprises. Mais si vous vous abstenez de frapper en retour, alors au bout d'un moment, la personne finira par cesser de vous attaquer.[10] Il est impensable de continuer à attaquer quelqu'un pendant deux heures alors que l'autre ne bouge pas d'un pouce. Si en revanche vous ripostez, alors vous ne pouvez plus vous détacher du résultat, des conséquences ou des retombées de cet acte. Autrefois, les combats à mains nues se limitaient à trois coups de poing seulement et aujourd'hui ils se terminent encore plus vite – avec un ou deux coups seulement. Lorsque votre irritabilité en est au point d'un volcan qui a atteint sa limite maximale, alors vous entrez en éruption et explosez car vous ne pouvez pas contenir la tension plus longtemps. Pour autant, si vous ne bougez pas même le petit doigt face à une personne qui vous a craché dessus et vous a insulté, alors les gens penseront que vous êtes devenus fou. Même la plus grande tolérance a son point de rupture. Ainsi, les cultivateurs doivent se concentrer sur la douceur et la flexibilité, dans le but d'éviter d'en arriver là. Chacune des sept émotions,[11] comme le bonheur, la joie, la colère et la tristesse engendrent un résultat, une conséquence et ont une retombée. Dans chacune d'elles se cache un danger :

一丝魔在.

Un fil de soie démoniaque y est présent.[12]

Ne pas se défendre, ne pas lever la main sur son agresseur, ne signifie pas pour autant que vous manquez de Gong.[13] Il s'agit ici d'un autre niveau. Il y a différentes règles et exigences quand vous pratiquez le Gong Fu[14] :

惩恶扬善。

On [devrait] punir celui qui est malveillant et propager la bienveillance.[15]

Mais si vous n'avez pas la capacité de déployer votre Gong, alors vous serez impuissant à défendre quelqu'un. Si quelqu'un agresse un enfant dans la rue, vous devez le protéger. Afin d'arrêter l'agresseur, vous devez avoir les compétences nécessaires, surtout s'il vous dépasse en taille et en poids. Dans votre pratique du Gong Fu :

见义勇为。

Vous [devez] confronter [le mal] avec bravoure et au moyen d'actions chevaleresques.[16]

Vous devriez intervenir lorsque vous êtes témoin d'une injustice, demeurant ainsi conscient de votre devoir. Pratiquez des actes méritoires et honorez votre responsabilité. C'est à la fois difficile et simple. La violence cause de grands dommages, et la bonté de vos actions influencera votre champ énergétique et sa couleur. Lorsque certaines personnes vous font du mal et que vous leur présentez des excuses en réponse, alors vous ouvrez une porte vers le hall céleste[17] pour elles et pour les autres, car les vibrations positives affectent l'humanité dans son ensemble. En revanche, si quelqu'un vous frappe et que vous voulez tuer cette personne en retour, alors vous ouvrez une porte donnant sur les mondes inférieurs :

一念上天，一念入地。

En une seule pensée, on s'élève vers les cieux,
En une seule pensée, on plonge vers la terre.[18]

---

[1] Cette citation se trouve dans le chapitre 62 de *Destinées de Mariages pour l'Eveil du Monde* [xing shi yin yuan zhuan 醒世姻缘传], un roman chinois classique qui raconte l'histoire d'un mari violent qui doit payer les offenses faites au cours de sa vie précédente en se réincarnant dans un mariage tourmenté :

> 既是吃了这么一场大亏，也该把那捉弄人的旧性改了才是；谁知那山难改性难移，外甥点灯，还是照舅。
>
> Après avoir subi une telle perte, cet [évènement] aurait dû permettre à sa vieille nature -intérieure de changer, celle [qui prend plaisir] à se moquer des autres. Qui aurait pu penser qu'il soit aussi difficile de remodeler une montagne que de modifier sa nature-intérieure ?

[2] Un cœur-esprit apaisé et un Qi harmonieux [xin ping qi he 心平气和] désignent un état dans lequel les pensées ou la conscience sont paisibles, sans aucun sentiment d'agitation ou de constriction. Il désigne également la maîtrise ou la reprise de contrôle de ses propres émotions, ainsi que leur apaisement. L'agitation et la colère sont absentes. Il y a plusieurs références à ce concept dans la littérature

chinoise ; l'une d'elles remonte au temps de la dynastie Jin, dans l'ouvrage *Contes de la Restauration de la Pure Amitié* [fu zhi chun jiao shuo 复之纯交说] de Wang Ruo Xu [王若虚] :

> 吾病始兆，悟而药之，治养以方………
> 行之期月，乃复其常，心平气和，百邪不攻，乃愈而康。
>
> Lorsque ma maladie commença à devenir inquiétante, j'en pris conscience puis me mis à prendre des plantes. Je me suis soigné et nourri de formules… Après un cycle lunaire, j'étais revenu à un état normal. Avec un cœur-esprit apaisé et un Qi harmonieux, les cent démons ne pouvaient plus m'attaquer. Ainsi je me suis restauré et j'ai retrouvé ma santé.

3 Dans le *Dao De Jing*, au chapitre 8, on peut lire :

> 上善若水。水善利万物而不争。
>
> La haute bienveillance est à l'image de l'eau. La bienveillance de l'eau est bénéfique pour les dix mille choses et ne se dispute pas [avec quoi que ce soit].

Li Shi Fu explique que la haute compassion se trouve dans l'eau. La vie de tous les êtres, dans leur multiplication et dans leur reproduction, ne peut s'exprimer sans eau ; pourtant l'eau ne demande rien en retour et n'a pas besoin d'être payée. Ce que les gens ne sont pas capable de faire, elle l'entreprend. Là où les hommes ne vont pas, elle s'y dirige, toujours vers le bas et jamais vers le haut. C'est dans la nature de l'eau d'être accordée à qui en a besoin. Alors que le désir des hommes est toujours de prendre, la nature de l'eau est celle de donner.

4 On trouve une citation similaire dans le Huai Nan Zi [淮南子] au chapitre intitulé 'Instructions sur le Dao Originel' [yuan dao xun 原道训] :

> 柔弱以静，舒安以定，攻大坚，莫能与之争。
>
> Doux et faible dans la quiétude, détendu et calme dans la détermination,
> Lorsque l'on s'attaque à la grandeur et à la robustesse, il n'y a personne qui puisse nous contester.

5 Les femmes sont Yin à l'extérieur et Yang à l'intérieur ; ainsi leur pratique vers l'état de pur Yang [chun yang 纯阳] est plus rapide et constitue en cela un raccourci.

6 Le Qi céleste [tian qi 天气] est un terme qui signifie également le climat et la météo, englobant au final tous les changements du Qi dans l'univers.

7 Pour plus d'informations sur ce point, voir la série Divulgation Cosmique sur Gaia TV.

8 Le non-agir [wu wei 无为] est un thème majeur du *Dao De Jing*, dans les chapitres 8, 22, 36, 63, 68 et dans la phrase de clôture du chapitre 81.

9 Une traduction alternative pour le mot tolérance [bao rong 包容] est indulgence et ouverture.

10 Frapper en retour se traduit littéralement en chinois par 'renvoyer la main' [huan shou 还手].

11 Les sept émotions [qi qing 七情] sont : colère, joie excessive, réflexion, tristesse, peur, soucis et effroi.

12 Un fil de soie [yi si 一丝] en chinois indique par essence la moindre quantité ou volume.

13 Sur le sens du mot Gong, voir la 1ère Barrière, note de bas de page 15.

14 Gong Fu [功夫] est techniquement la manière correcte d'écrire Kung Fu.

15 Il s'agit d'un concept philosophique daoiste. Les daoistes croient que punir le mal [cheng e 惩恶] équivaut précisément à répandre la bienveillance [yang shan 扬善]. Punir les forces du mal est récompensé ; cela témoigne de la détermination et de la volonté d'une personne à faire preuve de bienveillance. Dans le *Livre des Changements* [周易], il est écrit :

> 君子以遏恶扬善，顺天休命。
>
> La personne noble fait preuve de bonté en contenant le mal, obéissant au mandat du corps céleste.

16 Cette citation est tirée des *Annales [de Confucius]* [lun yu 论语], dans le chapitre intitulé 'Pour le Bien du Gouvernement' [为政] :

> 见义不为，无勇也。
> Lorsque l'on rencontre [une situation qui réclame] justice et que l'on n'agit pas, alors on est une personne sans courage.

17 Le hall céleste [tian tang 天堂] est synonyme du paradis, des cieux et du nirvana.

18 Le grand maître bouddhiste chinois Xing Yun [xing yu da shi 星云大师], a déclaré dans ses *Ecrits Mystérieux sur la Floraison du Dharma* [fa hua xuan wen 法华玄义] :

> 三界无别法，唯是一心作。心能地狱，心能天堂，
> 心能凡夫，心能贤圣。一念天堂一念地狱.
> Il n'existe pas de lois alternatives dans les trois royaumes ; elles sont toutes engendrées par le cœur-esprit seulement. Le cœur-esprit peut générer les prisons de la terre ; le cœur-esprit peut devenir le hall céleste ; le cœur-esprit peut être ordinaire ; le cœur-esprit peut être celui du sage. En une seule pensée, le hall céleste se manifeste. En une seule pensée, ce sont les prisons de la terre qui se manifestent.

10ème
Commentaire de la Barrière des Débats et des Disputes

Cette barrière concerne donc les disputes et les débats, avec pour base le jugement sur ce qui est bon et ce qui est mauvais. Elle concerne également l'amour de la compétition qui peut émerger lors de ces débats, même lorsqu'il n'y a aucun motif réel de contestation ou de dispute. Ces querelles trouvent leur origine dans la parole, dans les mots qui sortent de la bouche.[1] Fermez donc votre bouche et laissez reposer votre langue, afin qu'il n'y ait pas de discours désordonnés :

闭口掩舌，开口神气散。

Fermez votre bouche et refoulez votre langue,

Car lorsque vous ouvrez votre bouche, l'esprit et le Qi se dispersent.[2]

Lorsque l'on parle trop, on consomme de l'énergie et de la puissance, ce qui présente certains risques et dangers. Soyez prudent lorsque vous racontez des histoires. Ne parlez pas en bien ou en mal des gens, car toute parole exerce un certain degré d'influence sur ces personnes. Chacun a son propre chemin, et est affecté par la loi de la cause et de la conséquence. Ne prenez pas la cause de quelqu'un d'autre et n'en faites pas votre propre conséquence. Cela porterait atteinte aux cieux et à la raison.[3] Il est une règle dans le bouddhisme qui demande de s'abstenir de raconter des choses qui n'ont pas de sens ou qui sont obscures. Ne jurez pas et ne maudissez pas. Ayez l'air d'un idiot, afin que les gens ne se préoccupent pas de vous.[4] Evitez toute absurdité, dites la vérité, ne mentez pas et ne trichez pas. Cette barrière est également liée à l'un des Cinq Préceptes du Daoisme,[5] qui préconise également de ne pas raconter d'inepties.[6] Il est trompeur de présenter le faux comme le vrai.

Il existe toutefois une situation particulière pour laquelle il est acceptable de ne pas raconter la vérité. Si un père âgé est mourant, hospitalisé pour une maladie grave et que son fils vient de décéder à la maison, alors personne ne devrait informer le père de ce malheur. Personne ne devrait jouer le rôle du messager impitoyable, porteur d'une telle nouvelle. Au lieu de cela, vous devriez raconter au père que son fils est sur le point de se marier et qu'il l'encourage à récupérer rapidement, car sa présence sera requise. Ainsi, le père malade se rétablira rapidement et sera capable de résister à la maladie. Plus tard, lorsque vous devrez lui annoncer la terrible nouvelle, il sera plus à même de faire face mentalement à cette tragédie. C'est une forme de tromperie, mais une tromperie bienveillante - un mensonge blanc. Néanmoins, examinez soigneusement les circonstances avant d'employer une telle tromperie.[7] Soyez conscient du fait que votre conduite en matière de discours peut engendrer des afflictions karmiques.

Vous devriez vous efforcer de créer un magnifique champ énergétique autour de vous, par la bienveillance et l'amour. Les gens ordinaires sont incapables de percevoir un tel champ, avec leur vision limitée et leurs yeux normaux.[8] Au contraire de la croyance générale, ce n'est pas l'étudiant qui choisit le maître, mais bien le maître qui choisit l'étudiant en observant cette lumière qui irradie de lui. Les pensées et la conduite d'une personne affectent son champ énergétique :

善业结善果，恶业结恶果。

Les afflictions karmiques bienveillantes engendrent des conséquences bénéfiques.

Les afflictions karmiques malfaisantes engendrent des conséquences néfastes.[9]

Abandonnez toute méchanceté. Il est inexcusable d'attaquer quelqu'un qui vous a simplement marché sur le pied.[10] Avoir un cœur-esprit meurtrier[11] est inacceptable, tout comme l'est la crainte des forces du mal.

En outre, ne suivez pas les sages bienveillants qui peuvent apparaître dans vos visions, pas même lorsqu'il s'agit du Bouddha ou de Lao Zi, car ils pourraient n'être que des démons déguisés. Il n'y a qu'une seule façon correcte de réagir à de tels phénomènes :

耳目口三宝，固赛勿发通，真人潜深渊，浮游守规中。

Les oreilles, les yeux et le nez sont les trois trésors,

Obstruez-les fermement, ainsi il n'y aura plus de communications ;

Les êtres réalisés sont plongés dans les abîmes,

C'est en flottant et en vagabondant qu'ils protègent la loi du centre.[12]

Parlez moins et ainsi vous protégerez votre Qi, minimisant sa dispersion. De la même manière, abstenez-vous de trop écouter, car cela a pour conséquence de consommer votre essence, en l'occurrence par les oreilles. Si vos yeux sont tournés vers l'extérieur et qu'ils recherchent autour d'eux de façon excessive, alors cela sera également une perte d'essence et d'esprit. Si vous restez trois jours sans ouvrir la bouche, sans même parler de cent jours, alors vous comprendrez ce qu'être silencieux signifie.

Dans les campagnes, les femmes âgées en groupe aiment faire des commérages et répandre des rumeurs. Si vous en avez l'occasion un jour, vous devriez les écouter. Ceci est la grande joie et le grand passetemps de leurs vies. Elles débattent de ce qui est bien et de ce qui est mal.[13] Il s'agit simplement d'une habitude et non d'une discrimination morale. Là où il n'y avait pas de problème, elles en créent à partir de rien, répandant ainsi des rumeurs. D'une certaine manière, elles parlent de sésame et à la fin de la conversation, le sésame est devenu une pastèque.

---

[1] Il existe un dicton populaire qui souligne ce principe :

> 病从口入，祸从口出。
> Les maladies [sont générées] par ce qui entre dans la bouche, tandis que les catastrophes [sont générées] par ce qui sort de la bouche.

[2] La première partie de cette phrase rappelle un poème de la période des Cinq Dynasties, de Feng Dao [冯道], intitulé 'La Langue' [she 舌] :

> 口是祸之门，舌是斩身刀。闭口深藏舌，安身处处牢。
> La bouche est la porte du désastre, tandis que la langue est le couteau qui terrasse le corps. Fermez la bouche et dissimulez profondément la langue, pour que peu importe l'endroit où l'on s'abrite, on puisse y être en sécurité.

La deuxième partie de la phrase se trouve également dans le Chapitre 2 du *Voyage Vers l'Ouest* [xi you ji 西游记] :

> 修行的人，口开神气散，舌动是非生，如何在此嚷笑？
> Cultivateurs, lorsque vous ouvrez la bouche, l'esprit et le Qi se dispersent ; lorsque votre langue bouge, les querelles s'ensuivent. Pourquoi tout ce vacarme et toutes ces railleries ?

[3] Une offense faite aux cieux et à la raison [shang tian hai li 伤天害理] est une traduction légèrement moins littérale.

[4] Li Shi Fu, avec son sens de l'humour unique, a prévenu en plaisantant qu'il ne fallait pas faire l'imbécile dans les rues chinoises très fréquentées, sous peine de se faire écraser par une voiture.

[5] Voir le Livre III : Livre de l'Humain, Chapitre 8, *Les Cinq Préceptes du Daoisme* [wu jie 五戒].

[6] Li Shi Fu a un jour raconté l'histoire suivante :

> Quand Tao Shi Fu résidait à Lou Guan Tai [楼观台], un haut prêtre plaisantait à propos d'un ouvrier du temple qui avait souffert de cauchemars et d'insomnie la nuit précédente. Avec légèreté, le haut prêtre lui fit remarquer que Yan Wang [阎王], le Roi des Enfers, devait probablement essayer de mettre la main sur lui, car dans son rêve, les fantômes le cherchaient pour jouer, alors qu'il s'en allait promener vers la Porte des Enfers. Dès que le haut prêtre eut prononcé ces mots, l'ouvrier se trouva figé, incapable de bouger. Une personne qui récite les écritures tous les jours ne devrait pas plaisanter de la sorte, car les ondes sonores, le champ énergétique et les pensées en lien avec les écritures se trouvaient tous présents dans cet instant. Réciter les écritures est un Gong, une compétence médicale, un rituel des arts daoistes. Elles créent un grand champ énergétique et permettent d'obtenir du Qi très rapidement. Dans le Palais du Ciel Pourpre, Zi Xiao Gong [紫霄宫] à Wu Dang, seuls les invalides, les personnes âgées, les faibles et les malades sont exemptés de service pour le chant des écritures.

[7] Ce cas est une exception rare et ne représente en aucun cas la norme. Même pour les praticiens qui cultivent à un certain degré, il peut être difficile de reconnaître une telle exception et d'appliquer cet exemple correctement, sans tomber dans le piège de la fausse justification.

⁸ Les yeux normaux sont traduits poétiquement en chinois par 'les yeux de chair et de l'embryon commun' [rou yan fan tai 肉眼凡胎], par opposition aux yeux de la loi ou aux yeux du *Dharma* [fa yan 法眼], grâce auxquels Singet par exemple voit le monde dans *Le Voyage Vers l'Ouest*. Ainsi son regard pénètre les déguisements, les masques et les transformations opérées par les démons et le mal.

⁹ Il est également possible de remplacer le terme afflictions karmiques [ye 业] par cause [yin 因], dans cette expression :

善因结善果。恶因结恶果。
Les causes bienveillantes engendrent des conséquences bénéfiques.
Les causes malfaisantes engendrent des conséquences néfastes.

Cette expression provient d'un passage du *Sutra du Collier des Karmas Primaires du Boddhisattva* [pu sa ying luo ben ye jing 菩萨璎珞本业经] :

是故善果从善因生，是故恶果从恶因生。
C'est la raison pour laquelle les conséquences bénéfiques naissent de causes bienveillantes.
Et c'est la raison pour laquelle les conséquences défavorables naissent de causes néfastes.

¹⁰ Voir le Commentaire de la 9ème Barrière pour d'autres références à ce sujet.

¹¹ Le cœur-esprit meurtrier peut également être traduit par le cœur-esprit de la malveillance [sha xin 煞心].

¹² La citation originale dans l'ouvrage *Les Marques de la Parenté avec le Trois* [san tong qi 参同契] est la suivante :

耳目口三宝，闭塞勿发通，真人潜深渊，浮游守规中。
Les oreilles, les yeux et la bouche sont les trois trésors.
Fermez-les et obstruez-les, ainsi il n'y aura plus de communications ;
Les être réalisés sont immergés dans les abîmes,
C'est en flottant et en vagabondant qu'ils protègent la loi du centre.

Li Shi Fu explique qu'en ouvrant la bouche, on disperse le Qi, qu'en écoutant vers l'extérieur, on consomme notre essence, et qu'en portant son regard vers l'extérieur, on consomme notre esprit.

¹³ En chinois, il existe un dicton populaire qui souligne cette tendance qu'ont les anciens dans les campagnes à commérer et à s'éloigner des faits réels :

东家长西家短。
La maison de l'Est a des avantages, tandis que la maison de l'Ouest a des inconvénients.

Parfois ce dicton s'étend à 'la maison de l'Est a des avantages, la maison de l'Ouest a des désavantages, trois crapauds et quatre yeux' [dong jia chang xi jia duan san zhi ha ma si zhi yan 东家长西家短三只蛤蟆四只眼] ou bien 'la maison de l'Est a des avantages, la maison de l'Ouest a des désavantages, sept petites assiettes et huit bols' [dong jia chang xi jia duan qi ge die ze ba ge wan 东家长西家短七个碟子八个碗]. Les crapauds et leurs yeux représentent le contenu insignifiant de ces commérages, mais c'est également une rime en chinois. Quant aux bols et aux petites assiettes, bien qu'ils soient des objets domestiques essentiels, ils sont également futiles et insignifiants dans les conversations plus profondes ; ils servent néanmoins de sujet de conversation aux gens qui bavardent pour le plaisir de bavarder. Cela s'apparente en français à l'expression 'parler chiffons'.

11ème
Commentaire de la Barrière de la Colère et de la Haine

瞋恨關

La onzième barrière concerne l'orgueil et la haine. Quelqu'un de rancunier va par exemple ruminer sur le fait de ne pas avoir reçu un prix, ou de ne pas avoir reçu une aide quelconque. Il en voudra à ses frères et sœurs car il pensera que leur mère était plus généreuse avec eux qu'avec lui, et que leur père les aimait davantage. Pourtant, qu'il s'agisse de gain ou de perte,[1] d'honneur ou de déshonneur,[2] celui qui cherche le Dao doit abandonner tout cela. Les véritables cultivateurs ont même déjà dépassé la notion de pardon et de tolérance.[3] Pratiquer la compassion dans la société est le fondement même du Dao, vous devez étudier ce concept de près. En comprenant le Dao, vous recevrez de son aide et vous deviendrez une personne de grande vertu.

Vous ne cultivez pas le Dao lorsque vous retournez chez vous en colère et en rage contre quelqu'un, en respirant furieusement comme un taureau, même si vous n'êtes pas allés jusqu'à le frapper. Prenez un nouveau départ et la prochaine fois que vous vous trouverez dans une telle situation, vous serez mieux à même de la tolérer, sans perdre votre calme. Petit à petit, au cours du temps, vous deviendrez de plus en plus stable et ferme, comme si vous empiliez des pierres, les unes sur les autres, en vue de former une montagne.[4] Ce n'est que lorsqu'il n'y aura plus aucun ressentiment qu'il pourra y avoir une véritable tolérance. Dans la société, de nombreuses personnes ordinaires ont de la tolérance à divers degrés, et c'est en faisant preuve de tolérance que vous pourrez accomplir plus, car toutes les rivières se jettent dans le même océan :

百川归海，海纳百川。

Les cent rivières retournent à l'océan,
Ainsi l'océan reçoit les cent rivières.[5]

Un petit lac ne se remplit pas rapidement lorsqu'il n'est alimenté que par de petites quantités d'eau ; c'est un processus lent. La tolérance est précisément de la même nature que l'endurance. Si vous êtes incapable d'endurer une situation, alors cela créera des difficultés. Mais pour autant, si vous faites appel à vos capacités d'endurance, alors c'est que votre cœur-esprit n'est pas tranquille. Or votre objectif est d'avoir un cœur-esprit stable et un Qi harmonieux.[6] Ainsi, la patience et la tolérance[7] sont des qualités souhaitables au début de la pratique, mais elles représentent un attachement à un stade plus avancé, car endurer et tolérer impliquent une lutte. Ce sont également des vertus qui découlent d'une façon de penser, d'une compréhension cognitive et non du plan métaphysique de la source. C'est ce que dit le Seigneur Lao[8] dans *L'Ecriture de la Clarté et de la Quiétude* :

执者知之，不明道德。

Celui qui s'accroche à la connaissance,

Ne comprend ni le Dao ni les vertus.[9]

Toutefois, quiconque a acquis un certain degré de tolérance et d'indulgence, les considérant comme des principes et de la vertu, a déjà atteint un niveau considérablement élevé. La tolérance et l'indulgence sont pour les personnes ordinaires, alors que la compassion est pour les cultivateurs qui raffinent l'élixir.[10] Les véritables cultivateurs se trouvent bien au-delà de la tolérance, car ils ont transcendé le besoin de supporter ou de résister à quelque chose. Si vous agissez avec compassion, alors même si les gens vous attaquent ou vous réprimandent, votre réponse transformera et éliminera les reproches et la haine.[11] De cette façon, ces personnes seront incapables d'affecter négativement la circulation interne de votre Qi. Au contraire, lorsque vous vous accrochez à vos émotions, cela finit par endommager votre corps. On pourrait comparer vos trésors[12] à du bois. Une fois que vous y avez mis le feu, ils se consument pour finir en cendres, puis disparaissent. Dans *L'Ecriture du Talisman Caché*, il est écrit :

火生于木，祸发必克。

Le feu nait du bois,

Quand des calamités se produisent,

Il y a certainement destruction.[13]

Par opposition à cela, votre objectif est de restaurer les trésors jusqu'à ce qu'ils soient pleins, ce qui vous permettra de les transformer ; pour cela vous devez accumuler l'essence, rassembler le Qi et protéger l'esprit.[14]

---

[1] Pour une discussion détaillée sur ce sujet, voir Livre III : Livre de l'Humain, Chapitre 41, *Gains et Pertes* [de shi 得失].

[2] L'honneur et le déshonneur [rong ru 荣辱], ou l'honneur et l'humiliation sont des notions profondément ancrées dans la société et la culture chinoise.

[3] En chinois, le pardon et la tolérance [ren 忍] impliquent une notion d'endurance et donc d'un certain degré de séparation avec le grand amour et la compassion ; en effet, dans le pardon et la tolérance, il y a une certaine implication de résistance et d'effort.

[4] Empiler des pierres pour former une montagne [lei shi wei shan 磊石为山] est une image qui montre comment de petits efforts constants peuvent mener à quelque chose de considérable.

⁵ 'Les cent rivières retournent à l'océan' est une expression qui remonte au chapitre *Instructions et Discours sur les Rivières* du Huai Nan Zi [huai nan zi si lun xun 南子氾论训] :

> 百川异源，而皆归于海。
> Les cent rivières ont différentes sources,
> Pourtant elles retournent toutes à l'océan.

'L'océan contient les cent rivières' est un dicton qui apparaît sous la dynastie Jin dans la *Préface sur l'Eloge des Grands Ministres des Trois Royaumes* [san guo ming chen xu zan 三国名臣序赞], de Yuan Hong [袁宏] :

> 形器不存，方寸海纳。
> Quand le vaisseau physique n'existe plus, le 'Pouce Carré' [c'est-à-dire l'esprit, est capable] de contenir l'océan dans son entièreté.

Li Zhou Han [李周翰] note :

> 方寸之心，如海之纳百川也，言其包含广也。
> Le cœur-esprit qui est [de la taille] d'un pouce carré, est comme l'océan qui reçoit les cent rivières. Telle est l'immensité de la totalité de l'être.

⁶ Un cœur-esprit stable et un Qi harmonieux [xin ping qi he 心平气和] sont des notions discutées plus en détail dans le Commentaire de la 9ème Barrière, note de bas de page 2.

⁷ Voir le Commentaire de la 9ème Barrière, note de bas de page 9 pour plus de détail.

⁸ Le Seigneur Lao [lao jun 老君] est Lao Zi.

⁹ Pour une traduction partielle de *L'Ecriture de la Clarté et de la Quiétude* [qing jing jing 清静经], voir Livre III : Livre de l'Homme, Chapitre 31.

¹⁰ Le raffinement de l'élixir [lian dan 炼丹] est une étape supérieure du processus de pratique alchimique.

¹¹ En chinois, 化除斥恨 [hua yu chi hen].

¹² Les trésors font référence aux trois trésors que sont l'essence, le Qi et l'esprit. Vous trouverez de plus amples informations sur les trois trésors [san bao 三宝] dans l'article *The Three Treasures – An Enquiry into the Writings of Wu Shouyang* de Paul van Enckevort, téléchargeable sur : www.academia.edu

¹³ Pour une interprétation précise de *L'Ecriture du Talisman Caché* [yin fu jing 阴符经], voir la traduction de Louis Komjathy.

¹⁴ Accumuler l'essence, rassembler le Qi et protéger l'esprit [ji jing lei qi bao shen 积精累气保神] est une règle à respecter pour éviter toute fuite ou perte, et ainsi préserver les trois trésors.

12ème
Commentaire de la Barrière de Soi et les Autres

C'est la barrière de la distinction entre ce qui vous appartient et ce qui appartient aux autres. Plus le périmètre de ce qui influence votre vie sera grand, plus vos désirs et vos attachements seront grands. C'est à vous de décider de la grandeur ou de la petitesse du cercle que vous dessinez autour de vous. Plus vous possédez de maisons, plus vous investissez d'argent, plus vous possédez de choses précieuses et plus vos soucis sont grands. C'est le principe de la cause et des conséquences. Vous pensez que toutes ces choses vous appartiennent, mais la vie n'est qu'un rêve et rien ne vous appartient véritablement. En revanche, plus le cercle que vous dessinez autour de vous est petit, et moins vous aurez d'attachements et de soucis.

Rien de ce à quoi vous êtes attaché n'est vôtre pour l'éternité, car tout appartient à tout le monde. Ne considérez pas votre maison comme un espace qui est à vous simplement parce que vous l'occupez. Les êtres humains sont les enfants de la Terre Mère et pourtant elle ne les revendique pas comme sa possession. On pourrait dire que la Terre fait preuve de la tolérance la plus élevée, alors que l'égo humain rumine constamment à propos de toi et de moi, de ce qui est à toi et de ce qui est à moi. Comme cela est rapporté depuis les temps anciens dans *Les Annales [de Confucius]* :

己所不欲勿施于人。

Ce que vous ne souhaitez pas que l'on vous fasse,
Ne le faites pas aux autres.[1]

Pourtant, les humains continuent de creuser la terre pour y chercher du pétrole et des minéraux. La terre appartient à tout le monde. Les humains sont juste des visiteurs temporaires et ils n'ont que brièvement existé sur terre. Apprenez à vous pardonner et à pardonner aux autres. Aidez les autres comme s'ils faisaient partie de votre famille. Soyez heureux quand ils sont heureux et souffrez quand ils souffrent. Personne n'a besoin de guerre. Lorsque les autres sont plongés dans la guerre, vous devriez avoir l'impression d'être impliqué dans ce conflit. Lorsque les autres tombent malade, vous devriez avoir l'impression d'être tombé malade. Il s'agit d'une expérience mutuelle de souffrance et de préoccupation :

> Je connais la souffrance de la maladie,
>
> Alors je ne te souhaite pas d'être malade.
>
> Mon pays a connu la guerre,
>
> Alors je ne souhaite pas que d'autres y soient confrontés.
>
> La guerre dans un autre pays est comme une guerre dans mon propre pays.

Vous devez à l'intérieur de vous faire émerger un cœur de compassion. Dédiez vos pensées au secours de tous les êtres vivants et soyez à leur service. Harmonisez-vous et unifiez-vous avec les autres dans l'empathie. Tous les êtres humains habitent la même terre, quelle que soit leur nationalité, leurs différences de langage et leur apparence extérieure. Vous devriez avoir un plus grand sens de l'harmonie et de la compassion. Aux origines de l'existence, il n'y avait pas de séparation – il n'y avait qu'un seul ciel bleu et un seul soleil. Avec un cœur-esprit sincère, avec sollicitude et avec attention, aimez et protégez le monde entier ainsi que la vie qu'il abrite.

Autrefois en Chine, il était possible de voir cinq générations vivre sous le même toit : arrière-grands-parents, grands-parents, parents, enfants et petits-enfants. Aujourd'hui, il existe des lois et des règles qui séparent les familles. Lorsque vous atteignez l'âge de dix-huit ans, vous quittez tout simplement la maison. La propriété et les biens de votre père et de votre mère sont à eux seuls, pas à vous. Il est rare de nos jours en Chine de voir quatre générations vivre ensemble dans la même maison, bien que l'on trouve encore cela couramment pour trois générations. Il est du devoir du père et de la mère d'élever des enfants et de les aider à subvenir à leurs besoins. Une fois que les enfants sont mariés, alors les grands-parents attendent avec impatience d'avoir des petits-enfants. L'image d'un grand-père embrassant son petit-fils[2] a une longue tradition en Chine. Le grand-père est heureux dans sa vieillesse et joue avec l'enfant tous les jours. Même s'il n'y a personne d'autre à la maison, il reste quelqu'un avec qui parler. L'humanité est une seule grande famille et les êtres humains ne sont pas vraiment séparés les uns des autres :

> 三界都亲。天下一家。天人合一。万物同体。众生平等。
>
> Au sein des trois royaumes, tout est apparenté,[3]
>
> Il n'y a qu'une seule famille sous les cieux.
>
> Les cieux et l'humain sont unis.
>
> Les dix mille choses partagent un seul et même corps.
>
> Et tous les êtres vivants sont égaux.

Si vous ne ressentez pas le grand amour, alors vous ne pouvez pas entrer aux cieux. Voyez les frères, les parents et les membres de la famille d'autrui comme étant de la vôtre – tel est le grand amour. Pratiquez, et ainsi éliminez toute discrimination :

炼去分别心，炼去自我心，炼去种种私心。

Raffinez [votre soi] pour éradiquer le cœur-esprit de la différence.

Raffinez [votre soi] pour éradiquer le cœur-esprit du soi.

Raffinez [votre soi] pour éradiquer toute trace d'un cœur-esprit d'égoïsme.[4]

La pratique du Dao est un processus qui commence par la compassion ordinaire pour la transformer en une grande compassion – comme l'ont montré l'amour manifesté par des personnes telles que Bouddha et Jésus. Il existe une méthode par laquelle une personne ordinaire peut imiter l'amour de Guan Yin.[5] Il s'agit lorsque vous rencontrer un problème de vous demander 'Comment Guan Yin répondrait-elle à cela ?' et d'agir en conséquence. Vous pouvez tout aussi bien vous demander 'Que ferait Jésus dans une telle circonstance ?' et vous comporter en conséquence. Comme si vous étiez le Bouddha lui-même, demandez-vous 'Que ferait Shakyamuni dans une telle situation ?' et agissez en consequence.

---

[1] *Les Annales [de Confucius]* [lun yu 论语] sont l'un des quatre livres confucéens [si shu 四书] ; les trois autres sont *Le Grand Apprentissage* [da xue 大学], *La Doctrine du Moyen* [zhong yong 中庸] et *Mencius* [meng zi 孟子].

[2] Ce dicton est basé sur la philosophie de Confucius et doit être compris comme non spécifique au genre.

[3] Voir la 2ème Barrière, note de bas de page 6. Pour le poème complet des cent générations, voir le Livre III : Livre de l'Humain, Chapitre 28, *Le Poème de la Lignée de la Porte du Dragon* [long men pai shi 龙门派诗].

[4] La phrase suivante de Mencius, un disciple de Confucius, est un parallèle parfait avec cette notion :

老吾老以及人之老，　幼吾幼以及人之幼。

Lorsque j'honore mes ancêtres, je tends également la main aux ancêtres des autres, Lorsque je prends soin de mes enfants, je tends également la main aux enfants des autres.

[5] Guan Yin [观音] ou Guan Shi Yin Pu Sa [观世音菩萨] est la Boddhisattva de la Compassion. Son nom signifie littéralement 'Entendre les Cris du Monde'. Elle est l'équivalent de *Avalokiteshvara* en Inde.

13ème Commentaire de la Barrière de la Paresse et de l'Inaction

懶惰關

Il est impossible pour une personne paresseuse de suivre ce chemin avec succès. On parle de paresse lorsque, après un court laps de temps, la personne relâche ses efforts dans la pratique. Une telle personne n'est tout simplement pas entièrement disposée à suivre le Dao, car alors, dès qu'elle rencontre des difficultés, elle cesse de pratiquer. Il est préférable pour les paresseux de retourner à une existence normale, car sinon, ils ne feront que perdre leur vie et leur temps. Au stade initial, vous devez être assidus. Ne craignez pas l'amertume,[1] la fatigue et l'effort. Avancez avec vigueur [jing jin 精进], appliquez-vous à progresser et à faire des efforts dans votre étude. Si vous n'apprenez pas les principes du daoisme, alors vous ne serez pas en mesure de cultiver dans les étapes ultérieures. Une fois que vous en avez saisis les principes, vous êtes prêt à entrer dans la pratique plus profondément et vous devez alors décider de cultiver dans un engagement total. Il s'agit d'avoir la bonne méthode [jing 精] et la bonne direction [jin 进]. Dans un premier temps, vous devez déterminer la direction dans laquelle vous souhaitez avancer. Si vous voulez acheter des vêtements dans un centre commercial, vous devez vous diriger vers le centre commercial et vers une boutique de vêtements.

Il est également important de ne pas confondre la clarté et la quiétude,[2] avec la paresse, car on fait alors référence à une autre étape au cours de laquelle vous devez vous arrêter, entrer dans la quiétude, et tranquilliser le corps et l'esprit. Il s'agit ici de ne pas faire preuve de paresse lorsque vous devez accumuler le Gong, obtenir de la vertu, mettre en pratique le Dao et réaliser des actes méritoires. Franchissez cette barrière, puis entrez en réclusion et abstenez-vous de graines.[3] Comme une fourmi, vous devez aller de l'avant avec courage et férocité. Mais cette analogie ne fait pas référence à votre forme et à votre structure,[4] car il n'est pas question ici de bouger physiquement depuis votre chambre. C'est parce que vous semblez immobile de l'extérieur que les gens pensent à tort que vous êtes paresseux, comme dans le dicton :

懶道士啥都不做。

Daoistes paresseux,

Ils ne font rien du tout.

Mais en réalité, peu importe l'impression que vous donnez aux gens de l'extérieur, vous êtes occupés jusqu'à la fatigue, assis et affairé comme une poule est assise sur son œuf.[5] Au moment où le poussin aura éclos, la poule sera devenue extrêmement maigre, car elle aura manqué de temps pour s'alimenter correctement.⁶ Restez focalisé sur votre volonté et n'abandonnez pas malgré les difficultés de la pratique. De surcroît, ne remettez pas vos efforts à plus tard en pensant qu'il vous reste beaucoup de temps et que vous pourrez toujours essayer plus tard lorsque vous serez vieux, peut-être à soixante-dix ou quatre-vingts ans. En ayant cette idée de reporter vos engagements à plus tard, vous frappez déjà à la porte de la mort, car alors vos pensées et votre cœur-esprit sont déjà devenus statiques. Certains cultivateurs accèdent rapidement aux niveaux supérieurs, une fois qu'ils ont appris la théorie et les principes, car ils craignent que le temps ne leur soit compté. On ne peut jamais considérer le fait d'être en vie comme acquis. Tout récemment par exemple, on a annoncé aux informations qu'un bateau de croisière reliant le Si Chuan et Shang Hai avait été renversé par un typhon, et que plusieurs centaines de personnes s'étaient noyées. Chaque cultivateur, bien que calme, voyage sur un bateau qui peut chavirer à tout instant. Lâchez ce que vous devez lâcher, lorsque vous avez expérimenté ce que vous deviez expérimenter.

---

[1] Voir Livre III : Livre de l'Humain, Chapitre 3, *Amertume* [ku 苦] pour une explication complète de ce terme.

[2] Le concept de clarté et de quiétude [qing jing 清静] est développé en détail dans *L'Ecriture de la Clarté et de la Quiétude* [qing jing jing 清静经], qui fait partie de la *Liturgie [Daoiste] Du Matin* [zao gong ke 早功课]. Voir le Livre III : Livre de l'Humain, Chapitre 31.

[3] Voir Livre III : Livre de l'Humain, Chapitre 1, *S'abstenir de Graines* [bi gu 辟谷].

[4] Forme et structure [xing ti 形体] représentent le corps physique dans ce cas, en opposition avec ce qui n'a pas de forme.

[5] La poule assise sur son œuf est une analogie pour la protection du champ inférieur de l'élixir. Vous ne devez pas vous laisser distraire, même une fraction de seconde.

[6] Li Shi Fu fait référence ici au grand degré de préoccupation d'une telle personne. Dans cette étape, on est 'bien plus préoccupé par d'autres choses que par sa propre perte de poids', ce qui est donc une allusion directe à la perte de poids qui s'opère chez la poule qui couve son œuf.

14ème
Commentaire de la
Barrière du Talent et de la Sagesse

Exercez votre talent et votre compréhension. Une fois que vous avez appréhendé le sens de la vie et de la voie, cachez votre sagesse et vos aptitudes, soyez tel un idiot ou un fou, bien que ce ne soit pas chose facile à faire. Dissimulez votre intelligence et votre savoir ; n'attirez pas l'attention sur vous. Cachez vos capacités et attendez votre heure.[1] Ainsi, dans le *Dao De Jing*, il est dit :

> 大辩若讷。
>
> Les grands débats ressemblent à un bégaiement.[2]

Na [讷] fait référence à un fou ou à un idiot. Avec la sagesse d'un idiot, les conflits sont absents. Si vous croyez que quelqu'un a tort, alors c'est que vous êtes encore en proie au jugement et à la discrimination. Si vous croyez que quelque chose doit être fait d'une certaine manière plutôt que d'une autre, cela implique que vous savez prédire comment les choses vont évoluer sur la planète terre, même dans cinq cents ans. Participer à des débats dans le but de montrer que vous avez raison et que quelqu'un d'autre a tort, vous attirera des ennuis. N'entrez pas en compétition avec les autres. Comme le conseille Lao Zi, lâchez prise sur votre intellect :

> 大智若愚。
>
> La grande sagesse s'apparente à une folie.[3]

Vous devez devenir semblable à un idiot qui ne réagit pas quand on le maudit et qui ne lève pas la main en guise de réponse lorsqu'on le frappe. Donnez simplement aux gens ce qu'ils demandent. Et si vous avez la connaissance des Cinq Yeux et des Six Canaux,[4] n'utilisez pas ces pouvoirs, car plus vous vous en servirez, plus ils créeront de problèmes. Cependant, seule une personne dotée d'une haute sagesse est capable de se comporter de la sorte, une personne dépourvue du soi et de l'égo. Vous devez clairement connaître les conséquences de vos actes, sans pour autant chercher à éviter ou à en fuir leur dénouement :

慧而不用。明眼人落井。

La sagesse n'est pas employée.

L'humain doué de clairvoyance tombe dans le puits.[5]

C'est ce que l'on appelle 'Eliminer les Afflictions Karmiques'.[6] Seules quelques rares personnes sont capables d'agir en accord avec ces enseignements daoistes, tout en poursuivant leur pratique pour le restant de leur vie. Comme l'explique le *Dao De Jing* :

大音希声。

Les grandes paroles sont rarement prononcées.[7]

知者不言，言者不知。

Ceux qui savent ne parlent pas,

Ceux qui parlent ne savent pas.[8]

Mais je continue cependant à manger amer,[9] même si j'ai perdu mes cheveux et que ma barbe est devenue blanche. Quatre-vingt-dix-neuf personnes sur cent me font des reproches à ce sujet. Ils me traitent d'idiot, de fou, de psychopathe ou de schizophrène. Certaines choses ne sont pas telles que la société peut les percevoir. Les cultivateurs étudient l'esprit, l'immortalité et la sagesse. L'espace du daoiste lui vient d'une puissance supérieure. Quand j'étais jeune, j'ai cherché un maître à la barbe blanche que je pourrais vénérer et aujourd'hui, j'en suis devenu un moi-même, comme l'esprit véritable d'une statue. Mes cheveux ont commencé à tomber en 2011, lorsque le temple dédié au Maître Ancestral[10] a été construit en haut de la montagne. Cela a nécessité de l'argent, car toute bonne chose nécessite des actes pour qu'elle se réalise. Aussi longtemps que vous vivez dans ce monde, vous devriez entreprendre de tels actes. La société chinoise ne suit pas les principes décrits dans les écritures daoistes, mais préfère se référer à trois livres dont les idées circulent au sein du peuple depuis deux mille cinq cents ans. L'un de ces trois est appelé *Les Trente Six Stratagèmes*,[11] et on le consulte lorsque l'on souhaite vaincre un rival à la guerre ou dans les affaires. Les deux autres *L'Ecriture du Vieux Renard*[12] et *L'Etude sur l'Obscurité Profonde* [hou hei xue 厚黑学][13] vous enseignent comment tricher et comment employer la ruse. Le caractère *Hou* [厚] signifie avoir la peau du visage épaisse, c'est-à-dire avoir perdu tout sens de bienveillance, de compassion et de tolérance. Le caractère *Hei* [黑] représente l'invisible, l'obscurité, le cœur sombre, les sociétés noires et secrètes, ainsi que le fait de ne pas vouloir que les autres sachent ce que vous faites. Il est inutile de préciser quel type de personnage on devient en étudiant ces trois textes.

¹ La phrase 'cacher ses capacités et attendre son heure' [tao guang yang hui 韬光养晦] se compose de deux parties. La première signifie littéralement 'préserver' ou 'cacher sa lumière', et la deuxième se traduit par 'nourrir l'obscurité'. La première partie signifie retenir les rayons de sa propre lumière ou de sa propre radiance, ce qui dans sa signification étendue, implique d'éviter de montrer son visage. La plus ancienne apparition de ce proverbe remonte au Royaume de Liang, durant la période des dynasties du Sud (502-557), dans la préface du prince héritier Xiao Tong, dans *Le Recueil du Professeur Jing Jie* [jing jie xian sheng ji 靖节先生集] :

> 圣人韬光，贤人遁世。
> Les sages cachent leurs capacités et les saints fuient le monde.

Une phrase similaire apparaît dans le *Livre des Jin* [jin shu 晋书], au chapitre intitulé 'Les transmissions de Huang Fu Mi' [huang fu mi chuan 皇甫谧传]. Ce livre fut compilé au début de la dynastie Tang à partir de documents conservés dans des archives plus anciennes :

> 韬光逐薮，含章未曜。
> On [devrait] dissimuler son éclat et errer dans les marais. On [devrait] contenir sa brillance et l'empêcher de resplendir.

La deuxième partie de la phrase 'attendre son heure' ou 'nourrir l'obscurité', désigne le fait de se rendre invisible, et de faire disparaitre ses empreintes pour ne pas laisser de traces, ce qui signifie vivre en ermite.

² *Dao De Jing*, Chapitre 45.

³ 'La grande sagesse s'apparente à une folie' est une ancienne expression chinoise qui vient de Su Shi [苏轼], célèbre homme d'état, poète et érudit de la dynastie Song, dans *He Ou Yang Explique la Démission du Petit Maître de son Poste* [he ou yang shao shi zhi shi qi 贺欧阳少师致仕启] :

> 大勇若怯，大智如愚。
> La grande bravoure ressemble à de la lâcheté, et la grande sagesse s'apparente à une folie.

⁴ Les 'Cinq Yeux et les Six Canaux' [wu yan liu tong 五眼六通] sont des pouvoirs et des outils psychiques que les pratiquants peuvent obtenir sur le chemin de la pratique, comme la télékinésie, la télépathie etc.

⁵ Ce dicton Chan [禅], c'est à dire Zen en Japonais, est tiré du *Rapport Pointant la Lune* [zhi yue lu 指月录] de Qu Ru Ji [瞿汝稷] (1548-1610). Ce qui à première vue peut sembler contradictoire, s'explique de la manière suivante : il ne faut pas, par peur du chemin rocailleux, toujours rechercher la facilité dans la vie. Les sages, lorsqu'ils savent qu'ils tomberont dans un précipice, laissent néanmoins la chose se produire, afin d'approfondir leur pratique, quelle que soit l'amertume qu'ils peuvent y rencontrer. C'est une autre raison pour laquelle les sages ne font pas de tirages divinatoires avec les hexagrammes du *Livre des Changements* [yi jing 易经] :

> 圣人无算。
> Les sages ne font pas de divination.

Là où les sages vont, est l'endroit où ils sont censés aller. Ils endurent le bon comme le mauvais, et il n'y a donc pas besoin de prédire ou de faire des prévisions sur l'avenir. Après tout, le Dao se trouve dans l'amertume.

⁶ Les afflictions karmiques peuvent également être traduites par les obstacles karmiques [ye zhang 业障].

⁷ Cette citation est tirée du Chapitre 41 du *Dao De Jing*. Li Shi Fu a un jour paraphrasé cette citation de la manière suivante :

> 大听无听。
> Les grandes déclarations ne font aucun bruit.

Il s'agit d'avoir le plus grand impact en ne se faisant pas connaître et en travaillant silencieusement dans les coulisses. Le professeur de musique de Li Shi Fu, maître Shen Wu [慎吴] a également utilisé cette phrase dans ses enseignements, suggérant que les fréquences vibratoires élevés exercent une influence majeure dans la guérison par la musique.

[8] *Dao De Jing*, Chapitre 56.

[9] Voir Livre III : Livre de l'Humain, Chapitre 3, *Amertume* [ku 苦].

[10] Le Maître Ancestral [zu shi 祖师] est une référence au Guerrier Véritable [zhen wu 真武]. Voir Livre III : Livre de l'Humain, Chapitre 25.

[11] *Les Trente Six Stratagèmes* [san shi liu ji 三十六计] ont été traduits et édités en anglais sous différents noms tels que *Le Livre des Stratagèmes* et *Les Trente-Six Stratégies de la Chine Ancienne*.

[12] *Le Classique du Vieux Renard* [lao hu li jing 老狐狸经] a été publié par Zou Bin en 2009 et n'a toujours pas été traduit en anglais à ce jour.

[13] *L'Etude de l'Obscurité Profonde* [hou hei xue 厚黑学] a été écrit par Li Zong Wu (1879-1943) en 1917. C'est un traité philosophique qui affirme que la peau du visage doit être épaisse mais invisible, et que le cœur-esprit doit être noir, sans couleurs visibles, pour réussir et devenir un héros ou un demi-dieu. Le livre énumère des personnages historiques célèbres tels que Cao Cao [曹操], Liu Bei [刘备], Sun Quan[孙权], Si Ma Yu [司马懿], Xiang Yu [项羽] et Liu Bang [刘邦], présentés à titre d'exemple afin de valider les théories de l'ouvrage et de montrer comment la noirceur ou la blancheur du caractère de ces personnages a pu influencer leurs succès ou leurs échecs.

Bien que le travail de Li Zong Wu soit satirique et contienne un style d'écriture qui ridiculise et taquine ses lecteurs, il a rencontré de façon inattendue un accueil chaleureux et enthousiaste. Li Zong Wu est ainsi devenu le maître ancestral de *L'Etude de l'Obscurité Profonde*. Ce travail littéraire a fleuri dans les années 80 et est également devenu un bestseller à Taiwan, à Hong Kong et au Japon. De plus, l'œuvre est racontée du point de vue d'un individu peu défini, qui réfléchit à cet aspect noir, sombre et égoïste de la nature humaine, ce qui correspond également à la façon dont de nombreuses personnes traitent en affaire. L'auteur, dans un sens aigu de mission personnelle et doué d'une perspicacité affûtée, expose et révèle en profondeur les ténèbres politiques de la société et la corruption de l'administration, en les attaquant sévèrement. Par la suite, il amène un point de vue et une perspective qui diffèrent :

> 用厚黑以图谋一己之私利，是极卑劣之行为；
> 用厚黑以图谋众人公利，是至高无上之道德。
>
> Si avec [une peau] épaisse et [un cœur-esprit] noir, on conspire et on manigance pour son propre bénéfice et son propre gain, alors c'est un comportement extrêmement méprisable.
> Si avec [une peau] épaisse et [un cœur-esprit] noir, on travaille pour le bénéfice et le bien-être du peuple, il s'agit là du Dao et des vertus les plus sublimes et les plus insurpassables.

15ème
Commentaire de la Barrière de l'Entêtement et de l'Obstination

任性關

Votre intention doit être de rester concentré sur le chemin, et ce de manière déterminée et obstinée. Si vous regarder les autres autour de vous, alors les problèmes viendront à vous. Lorsqu'ils sont là, orientez plutôt votre regard sur votre propre personne. Recherchez en vous quelles sont vos propres erreurs et imperfections. Etes-vous obstiné ou entêté ? Au lieu de regarder la buche qui se trouve dans l'œil de votre voisin, examinez d'abord le vôtre.[1] Il existe un dicton populaire en Chine qui fait référence à cet examen de soi :

> 猪八戒打手电，孙悟空拿镜子。
>
> Porcet tient une torche,
> Singet prend un miroir.[2]

Cette barrière concerne également l'attachement que l'on peut avoir à sa propre connaissance, aux distinctions que l'on fait entre le vrai et le faux. La cause se trouve dans votre propre nature-intérieure et s'exprime au travers d'un soi prétentieux, hautain et arrogant. Si vous êtes obstiné et entêté, alors vous êtes incapable d'écouter les autres. Ainsi, parce que votre tasse est déjà pleine,[3] il n'y a plus d'intérêt pour vous à étudier. Vos idées préconçues[4] ne sont pas ouvertes à la transformation et vous ne pouvez donc plus progresser. Vous vous accrochez à trop d'informations et de suppositions qui appartiennent au passé, de sorte que votre tasse n'a plus d'espace libre et ne peut pas être remplie.

   Pour illustrer cela, on peut employer l'analogie du système administratif de la montagne du Cheval Blanc en Chine, où se trouve le Temple des Cinq Immortels. Il est géré par un fonctionnaire qui doit sans cesse suivre les ordres du gouverneur de la municipalité de Bai Lin. Ce fonctionnaire en retour ne peut imposer sa volonté librement, car il doit lui-même se conformer aux directives d'un fonctionnaire supérieur en charge du district de Zhong Wan, qui ne peut pas non plus avoir son propre agenda, car il doit suivre les ordres du gouverneur de la province du Hu Bei. Finalement, en bout de chaine, cet officiel est supervisé par Xi Jin Ping, président de la Chine et lui seul peut suivre son propre agenda. Tous les systèmes chinois sont hiérarchisés de la sorte. Ainsi, il est impossible pour quelqu'un de décider par exemple, sur la base de ses idées préconçues, qu'un président est trop vieux pour exercer, que le pays a besoin d'un changement et que par conséquent, le président doit se retirer. De la même manière, Donald Trump, le président des Etats Unis continuera de parler dans l'exercice de sa fonction, bien que l'on puisse reconnaitre qu'il soit trop franc et qu'il manque de retenue dans ses propos.

L'enjeu principal de cette barrière est votre connaissance et votre mode de pensée préalable. La plupart des gens n'adhèrent qu'à leur propre système de croyance et à ce qu'ils estiment comme étant juste et correct.[5] Pourtant, ces idées préconçues sont hautement discutables et subjectives, contrairement à la connaissance des cultivateurs qui vient de la détermination et de la mise en œuvre[6] des théories et des principes du daoisme. Cette connaissance se situe à un niveau où l'enseignant a déjà traversé la rivière, et a transcendé les considérations et les conjectures personnelles. Vous pourriez avoir votre propre expérience de ce qu'est barboter dans la rivière, mais au final, il ne s'agira que d'une estimation personnelle. L'attitude à adopter doit être juste, et vous devriez aborder les choses avec humilité, douceur et flexibilité, doté d'un corps immergé dans la quiétude. Si vous vous disputez chaque jour avec votre employeur, il en viendra à ne plus rien vouloir faire avec vous. Fermez votre bouche et ne dites rien. Après tout, qu'y aurait-il à dire ?

装聋作哑。

Il [faudrait] faire semblant d'être sourd et agir comme un muet.[7]

Vous devriez ressembler à un sourd-muet, même si vous n'êtes pas sourd et que vous êtes tout à fait capable d'entendre. Le Dao de l'ascension vers les cieux vous apprend à agir de la sorte. L'expression suivante avertit le lecteur qu'il devrait s'adapter aux circonstances, tout comme l'eau tourne quand elle aborde un virage. Soyez comme l'eau et étudiez-la. Comme le dit un autre dicton chinois :

随方就圆。

[On devrait pouvoir] se conformer au carré comme au rond.[8]

Vous ne pouvez cultiver le Dao si vous cherchez à diriger le flux de l'eau. Même l'entrainement au Gong Fu peut sembler plutôt confortable en comparaison de l'étude et de la pratique du Dao. Mais si vous faites suffisamment d'efforts, alors un jour vous aurez l'opportunité de frapper à la porte des cieux et de l'ouvrir, pour autant que vous ayez abandonné vos considérations et croyances individuelles.

---

[1] L'origine de cette citation se trouve dans la Bible :

> 为什么看见你弟兄眼中有刺却不想自己眼中有梁木呢?你自己眼中有梁木,怎能对弟兄说:'容我去掉你眼中的刺呢?你这假冒为善的人!先去掉自己眼中的梁木,然后才能看得清楚,去掉你弟兄眼中的刺。' [马太福音7: 3-5]

> Pourquoi vois-tu les grains de sciure dans l'œil de ton frère, alors que tu ne remarques pas la poutre qui est dans le tien ? Comment oses-tu dire à ton frère : 'Laisse-moi enlever cette sciure de ton œil', alors qu'il y a une poutre dans le tien ? Hypocrite ! Commence donc par retirer la poutre de ton œil ; alors tu y verras assez clair pour ôter la sciure de l'œil de ton frère. [Matthieu 7:3-5 ; *BDS*]

2 Porcet et Singet sont des personnages du célèbre roman chinois *Le Voyage Vers l'Ouest*, une des quatre romans classiques [si jing 四经] en Chine, avec *Le Rêve dans le Pavillon Rouge* [hong lou meng 红楼梦], *Le Roman des Trois Royaumes* [san guo yan yi 三国演义] et *Les Chroniques au Bord de l'Eau* [shui hu zhuan 水浒传]. *Le Voyage Vers l'Ouest* incorporerait de nombreuses instructions pour les pratiques alchimiques internes. Le nom de Singet signifie littéralement 'Sun, [celui] qui s'est Eveillé à la Vacuité' [sun wu kong 孙悟空] et Porcet se traduit littéralement par 'Les Huit Préceptes de Cochon' [zhu ba jie 猪八戒].

3 Cette allusion fait référence au célèbre conte Zen d'un maître qui continue à verser du thé dans la tasse de son étudiant, tandis que celle-ci commence à déborder. Alors que l'étudiant objecte timidement à son maître que sa tasse est plus que pleine, le maître rétorque que l'élève est comme cette tasse et qu'il doit d'abord vider sa propre coupe avant de pouvoir éventuellement la remplir de thé à nouveau. Voir *Zen Flesh, Zen Bones* de Paul Reps et Nyogen Senzaki pour l'histoire complète.

4 La notion d'idées préconçues est souvent définie par Li Shi Fu comme étant les estimations propres de chacun ou plus familièrement le 'je considère que' [wo ren wei 我认为].

5 En français, on appelle cela un 'biais de confirmation', ce qui est une référence au fait que seules certaines parties de l'information sont soigneusement sélectionnées par soi-même, puis finalement adoptées afin de renforcer un système de croyances et d'idéologies déjà existant.

6 La mise en œuvre se traduit littéralement par 'abaisser la main' [xia shou 下手] en chinois, ce qui implique un déplacement des mains pour commencer une tâche.

7 Ce dicton est une référence au fait de ne pas prêter délibérément attention et d'agir comme si l'on n'était pas conscient. Il remonte à la *Collection des Trois Loisirs* [san xian ji 三闲集], dans le chapitre 'Au Sommet du Clocher' [zai zhong lou shang 在钟楼上], de Lu Xun [鲁迅] :

> 于是只好袭用仙传的古法，装聋作哑，置之不问不闻之列。
> Par conséquent, on est forcé de suivre et d'employer les méthodes ancestrales transmises par les immortels. On [devrait] faire semblant d'être sourd, agir tel un muet et se comporter comme quelqu'un qui ni n'écoute, ni ne pose pas de questions.

8 Cette expression remonte à la dynastie Song, lorsqu'elle est apparue dans les *Archives de ce qui a été Entendu et Vu au cours des Quatre Dynasties* [si chao wen jian lu 四朝闻见录] de Ye Shao Weng [叶绍翁]. Elle indique qu'il faut s'ajuster aux changements de situations, selon les circonstances.

16ème
Commentaire de la Barrière des Epreuves et de l'Adversité

Il y aura des désastres sur le chemin de la pratique. Il se peut que vous décidiez de ne pas vous engager dans ce voyage car vous êtes finalement satisfait de la vie que vous menez, vous possédez des voitures et des maisons, vous vous adonnez à des activités qui vous plaisent et vous mangez de la bonne nourriture. Comme le chemin est extrêmement difficile, il faudrait être fou pour vouloir le suivre. Il serait même préférable de ne pas l'emprunter afin que personne[1] ne se préoccupe de vous. Mais une fois que vous le prenez, alors *ils*[2] vous accompagneront, et vous observeront d'en haut et d'en bas. Comme le dit cet ancien dicton :

> 举头三尺有神明。
>
> Levez la tête et trois pieds chinois au-dessus de vous se trouvent les Esprits de Lumière.[3]

Si *ils* devaient vous abandonner, alors cultiver serait vain.

Dès lors que vous avez bien compris les principes de la voie et de la pratique, alors vous en êtes au stade de la Mise en Action[4] ; vous êtes très près du seuil de la porte principale.[5] Par conséquent, les afflictions karmiques vont vous chercher et vont déclencher des calamités dans votre vie. Elles attaqueront là où c'est le plus douloureux pour vous. Elles trouveront le bon levier pour accentuer vos inquiétudes et créer des désastres encore plus grands. Vous pourriez même vous retrouver affamé et assoiffé sans pour autant être capable d'en mourir, car il vous faudrait alors endurer cette épreuve. Si vous êtes incapable de supporter de telles épreuves, alors vous cesserez de pratiquer, car la pression extérieure sera devenue trop grande. Vous changerez de direction et redeviendrez une personne normale à nouveau.

> Pourrez-vous grimper à l'échelle ?
> Pourrez-vous ouvrir la porte ?

Certains n'ont peur de rien, peu importe les tests ou les examens qui leurs sont donnés, alors que d'autres ne peuvent tout simplement pas les supporter, car cela est trop strict. Ils s'enfuient de la salle d'examen et il n'y a aucun moyen de les arrêter une fois qu'ils ont décidé de retourner à une vie normale et de conduire une Lamborghini à la place. C'est une bonne façon d'être si vous êtes une personne ordinaire et non un cultivateur. Cependant, si vous cultivez et que vous cherchez à vous échapper sans avoir à rembourser vos dettes, alors vous verrez que cela est impossible, car *ils* ne vous laisseront pas vous échapper :

> Les gens normaux payent leurs dettes dans la vie suivante,
> Les cultivateurs n'ont que cette vie-ci pour les rembourser.[6]

Personne ne sait d'où vient le karma. Mais quelle que soit la source des afflictions karmiques, il est primordial pour chacun de les atténuer et finalement de les éliminer. Le Dao ne peut être cultivé dans un hôtel cinq étoiles, car l'amertume[7] est nécessaire pour franchir cette barrière. Mais, vous ne serez pas seul :

> 苦行消业自有护道。皆神保护身。说进去，就来了。
> Les pratiques ascétiques éliminent le karma et le soi est protégé par le Dao. Tous les Esprits protègent votre corps. Quand vous passerez [le portail], c'est précisément à ce moment qu'ils apparaîtront.

Lorsque le Bouddha Shakyamuni s'est assis sous l'arbre de la Bodhi, il a dû chasser les démons et éliminer les afflictions karmiques en renonçant à sa vie ; il s'est abandonné à la mort, sans même parler des calamités et des épreuves physiques que son corps a dû subir.[8] Comme il est dit dans ce dicton :

> 无魔不成道。
> Sans démons, on ne peut atteindre le Dao.

A la fin, il ne restait plus un seul démon pour tourmenter Shakyamuni sous l'arbre. Au collège et au lycée, vous êtes soumis à certains types d'examens par vos professeurs, alors qu'à l'université vous êtes confronté à d'autres types d'examens. Mais une fois que vous avez passé ces épreuves, plus personne ne peut vous retenir. Juste un mot d'avertissement ici : la vie est très paisible sans que vous cultiviez. Peu importe à quel point la vie quotidienne d'un cultivateur est ordonnée, à l'instant même où il s'assoie pour pratiquer, sa vie devient chaotique :

> 达道难题。
> Atteindre le Dao est une affaire difficile.

---

[1] Le terme 'personne' fait ici référence à des énergies externes et des afflictions karmiques.
[2] Le terme *ils* implique des êtres, des vibrations, des énergies de dimensions supérieures.
[3] Voir Livre III : Livre de l'Humain, Chapitre 17, *Les Esprits de Lumière* [shen ming 神明], pour plus d'explications.
[4] Voir Livre III : Livre de l'Humain, Chapitre 18, *Les Trois Etapes de la Pratique* [san bu xiu xing 三步修行].
[5] La porte principale fait référence à un portail qui mène vers des réalités et des mondes supérieurs.
[6] L'analogie de la dette est expliquée en détail dans le Livre III : Livre de l'Humain, Chapitre 42, *Rembourser les Dettes* [huan zhang 还帐].
[7] Voir Livre III : Livre de l'Humain, Chapitre 3, *L'Amertume* [ku 苦], pour plus d'informations.
[8] Shakyamuni, anciennement le prince Siddhârta Gautama, a atteint l'illumination alors qu'il était assis sous l'arbre de la Bodhi, à Bodh Gaya, dans l'état Indien moderne du Bihar. L'arbre de la Bodhi est identifié comme étant un figuier sacré *Ficus Religiosa*. Selon différentes traditions, Shakyamuni est resté assis en profonde méditation sous le figuier sacré pendant un jour et une nuit, ou pendant trois jours et trois nuits, et certains parlent même de quarante-cinq jours. Au cours de cette période, il fut hanté par Mara, le seigneur de la mort, ainsi que par la tentation des plaisirs sensuels, par des attaques démoniaques, ainsi que par le rejet de son droit et de sa prétention à l'illumination. Néanmoins, le cœur-esprit de Shakyamuni est resté imperturbable et n'a pas bougé. Ainsi, il réalisa l'illumination et devint le Bouddha.

17ème
Commentaire de la Barrière de la Tromperie et de la Trahison

Le premier caractère chinois *Gui* [诡] du nom de la Barrière de la Tromperie et de la Trahison [gui zha guan 诡诈关], signifie sournois ou rusé. Ce qui est vrai est vrai, alors n'essayez pas de le cacher. Communiquez avec sincérité et honnêteté.[1] Ne parlez que de ce que vous connaissez et de la façon dont les choses sont réellement. Beaucoup de cultivateurs prétendent vouloir étudier le Dao mais ont des arrière-pensées et désirent vendre le Dao pour leur propre profit. Cette barrière concerne donc le manque d'honnêteté. Pour étudier le Dao, vous devez être pourvu de ce que l'on peut décrire en un seul caractère : la 'Sincérité'.

Lorsque vous étudiez, mettez tout votre cœur-esprit au service de cette tâche. Lorsque vous dites une chose devant quelqu'un, puis quelque chose de différent dès qu'il a le dos tourné, alors cela s'appelle être malhonnête. Ceci inclut également le fait de tromper votre maître spirituel. Liu Li Hang, appartenant à la 22ème génération de transmetteurs de la Porte du Dragon[2] et maître de Li Shi Fu, mettait fortement en garde ses élèves sur l'importance de ne pas tromper le maître.[3] Lorsque vos actes ne sont pas en accords avec ce que vous affirmez à votre maître concernant vos réalisations, alors il s'agit d'une tromperie. Vous ne pouvez pas étudier le daoisme sans honnêteté. Souvenez-vous de ce vieil adage :

> 头上三尺记录功和过的神。
> Il y a un esprit trois pieds chinois au-dessus de votre tête,
> Et il enregistre vos mérites et vos fautes.[4]

En occident, on l'appelle un 'Ange Gardien', celui qui est toujours conscient de tout ce que vous faites, même quand vous êtes seul dans votre chambre. Comme le dit un proverbe chinois, 'dans la chambre obscure, ne trompez pas le cœur-esprit'.[5] Ces êtres de la troisième dimension sont omniscients et des êtres similaires existent dans la quatrième dimension. Tout passe par votre cerveau, ce qui d'une certaine manière pourrait être comparé à un téléphone. C'est comme si l'identité de la personne que vous appelez et tout ce que vous échangez avec elle était connu des services secrets, comme cela est souvent le cas aux Etats-Unis d'Amérique.[6] Tout ce à quoi vous pensez est intercepté par ces êtres surnaturels de dimensions supérieures, comme si vous les appeliez directement avec votre téléphone portable. Ainsi, ne violez pas le principe de la sincérité et de l'honnêteté. Les évènements qui se présentent dans vos vies sont déterminés par vos pensées :

> 恶有恶因，善有善因。
>
> Le mal est causé par le mal,
> La bonté est causée par la bonté.[7]

C'est pourquoi les cultivateurs doivent agir avec sincérité et honnêteté dans chacune de leurs actions. Si vous êtes hautement intègre dans votre attitude, alors il n'y a aucun besoin de prier, car *ils*[8] sont totalement conscients de toutes vos pensées, et ils maîtrisent l'art de lire dans vos pensées.

Cela se reflète dans une phrase importante de Liu Li Hang[9] :

> 以诚通天梯，诸真仙下瑶阶。
>
> Lorsque [l'on est pourvu] de sincérité, alors on se connecte à l'échelle céleste par laquelle tous les véritables immortels descendent l'escalier de jade.[10]

Si vous vous comportez de façon désintéressée et sans fausseté, alors vous serez doté d'un grand pouvoir, incluant même la capacité d'influencer les plantes,[11] sans avoir besoin de prier pour obtenir une telle aide.

> 学道路上来。
>
> La voie de l'étude du Dao mène vers le haut.

---

[1] On ne saurait trop insister sur l'importance de la sincérité et de l'honnêteté [cheng xin 诚信] en tant que concept fondateur du daoisme.

[2] Voir Livre III : Livre de l'Humain, Chapitre 28, *Le Poème de la Lignée de la Porte du Dragon* [long men pai shi 龙门派诗].

[3] En chinois, 欺瞒老师. Ce *Ne Pas* apparaît également dans les six grands interdits daoistes [liu bu xing 六不行] concernant la relation maître-disciple, sous la forme d'une interdiction de tromper son maître et

d'éteindre ainsi la lignée ancestrale [qi shi zu mie 欺师灭祖]. La déclaration complète de Liu Li Hang est la suivante :

> 不行欺师灭祖背师判道。
>
> Ne trompez pas votre maître, ne coupez pas [les transmissions] ancestrales, ne tournez pas le dos à votre maître et ne trahissez pas le Dao.

[4] Voir également le commentaire de la 16ème Barrière. Pour une discussion complète sur cette citation, voir Livre III : Livre de l'Humain, Chapitre 17, *Les Esprits de Lumière* [shen ming 神明].

[5] En chinois, 暗室不欺心 [an shi bu qi xin]. Une traduction alternative de cette phrase pourrait être 'dans la chambre obscure, n'ignorez pas ce que vous dicte de votre conscience'.

[6] Li Shi Fu a très probablement fait allusion au cas d'Edward Snowden dans cet exemple.

[7] Cette citation provient du 14ème volume *Obtenir des Conséquences Bienfaisantes grâce à des Causes Bienfaisantes* [zhong shan yin de shan guo 种善因得善果]. Son sens est également proche de cette autre citation :

> 善有善报，恶有恶报。
>
> [Celui qui agit] par bienveillance obtiendra des récompenses bénéfiques.
> [Celui qui agit] avec malfaisance obtiendra des récompenses néfastes.

Voir également le Commentaire de la 44ème Barrière, note de bas de page 24, ainsi que le Livre III : Livre de l'Humain, Chapitre 42, *Rembourser les Dettes* [huan zhang 还账].

[8] Voir le Commentaire de la 16ème Barrière, note de bas de page 2.

[9] Voir Livre III : Livre de l'Humain, Chapitre 36, pour une courte biographie de Liu Li Hang.

[10] Li Shi Fu a également paraphrasé les mots de Liu Li Hang :

> La sincérité supprime les obstructions et permet l'accès à l'échelle céleste.
> Tous les esprits descendent de leur trône dans l'étang de jade.

[11] La science a découvert que les plantes sont affectées positivement par certains types de musique, de toucher et d'interaction avec les humains. Li Shi Fu suggère ici que lorsqu'une personne a une fréquence vibratoire énergétique élevée, alors les plantes peuvent être affectées simplement par la proximité d'une telle présence.

18ème
Commentaire de la Barrière de l'Opinion et des Suppositions

La méthodologie, la pratique doivent être étudiées et entreprises avec une intention sincère et un cœur-esprit sincère.[1] Si vous deviez vous questionner et examiner tel ou tel aspect de la méthodologie pour déterminer s'il est juste ou faux, alors cela reviendrait à avoir un cœur-esprit de doute[2] et à devenir sceptique. Par conséquent, vous finiriez par remettre en question la manière dont les choses ont été établies, ainsi que leurs résultats possibles. Vous pourriez alors estimer qu'un livre est correct, alors qu'un autre est faux. Vous pourriez vous demander pourquoi vous n'êtes pas en mesure d'atteindre un niveau de pratique que d'autres parmi vous ont déjà atteint. Pourquoi d'autres seraient-ils capables d'atteindre certains endroits, alors que vous ne parvenez pas jusque-là[3] ? Même si vous n'avez pas encore fait de percée, continuez à fournir des efforts. Ne cherchez pas les réponses à vos problèmes dans le monde extérieur, mais cherchez plutôt à l'intérieur de vous, en vous demandant :

> D'où le problème a-t-il émergé ?
>
> Qu'avez-vous fait de bien ?
>
> Où sont vos lacunes et vos défaillances[4] ?

Tout ce que vous devez faire pour résoudre la problématique en question est de fournir un effort. Parfois, vous n'avez pas la capacité de faire une bonne discrimination, car alors vous n'avez pas encore atteint un certain niveau de pratique. Dans la société d'aujourd'hui, trop de personnes brandissent le drapeau du daoisme et trop en font de la publicité pour essayer de le vendre. Vous devez être capable d'avoir du discernement, et cette capacité à discerner correctement vient de votre propre expérience. Si vous ne vous concentrez que sur les qualités et sur les torts qu'ont les gens, alors vous serez incapable d'avoir un bon discernement. Les personnes qui n'ont jamais fait l'ascension de la montagne du Cheval Blanc, seront surprises d'apprendre que le Temple des Cinq Immortels se trouve à son sommet. C'est seulement en ayant fait l'ascension vous-même et après l'avoir vu de vos propres yeux, que vous saurez véritablement ce qu'il en est. N'acceptez pas tout ce qui vous est enseigné comme la vérité ultime. Apprenez auprès de plusieurs maîtres et comparez leur sagesse.

Les cultivateurs étudient un matériel qui a été transmis par des maîtres depuis des milliers d'années et qui se base sur leurs expériences cumulées ; il ne s'agit pas seulement de l'expérience d'une seule personne. Mettez ce matériel en pratique et appliquez ce que vous apprenez.

Il n'est pas nécessaire de vagabonder sur trop de chemins tortueux. La vie est très courte et il n'y a tout simplement pas assez de temps pour cela. Pour autant, si vous n'explorez pas ces chemins secondaires, vous pourriez regretter plus tard de ne pas avoir suivi certaines directions ou de ne pas être parvenu à certains endroits. Ainsi, lorsque vous rencontrez des difficultés, regardez en vous et ne cherchez pas de réponse à l'extérieur. Contemplez toutes ces situations dans lesquelles vous n'avez pas réussi et celles dans lesquelles vous n'avez pas encore lâché prise. Réfléchissez à la façon dont vous pourriez améliorer votre capacité de discernement. Il y a tout un processus et une séquence par lesquels vous étudiez le Dao, cultivez le Dao, vous éveillez au Dao, atteignez le Dao, pour enfin devenir un avec le Dao. Si les adeptes du Dao ne vous expliquent pas quel est ce processus, alors le chemin ne sera pas clair pour vous. C'est pourquoi il existe les écritures, les exposés et les cours pour expliquer le Dao. Appliquer et pratiquer le Dao, c'est le mettre en action. Le processus d'éveil au Dao et d'atteinte du Dao est une saisie de la vérité. Il est authentique et réel.

与道合一。与源头合一。

[On doit] devenir un avec le Dao.

Et s'unifier avec la source.

Ceci est l'objectif de tout cultivateur. Si quelqu'un vous dit que le sel est amer, alors essayez-le vous-même pour le découvrir. Si quelqu'un vous dit que les prunes vertes sont sucrées, goutez-les vous-même pour vérifier une telle affirmation. Vous devez d'abord apprendre à nager avant de pouvoir sauver quelqu'un de la noyade. Vous devez donc étudier la nature de l'eau. Selon les mots de Confucius :

学而习之。

Etudiez et mettez en pratique.[5]

Ce n'est qu'en sautant dans l'eau que vous saurez si elle est chaude ou froide.[6]

---

[1] Avoir une intention sincère [cheng yi 诚意] et un cœur-esprit sincère [cheng xin 诚心] sont des valeurs fondamentales du daoisme.

[2] Avoir un cœur-esprit de doute [qi yi xin 起疑心] signifie avoir un mental en proie au doute. Avoir des doutes sur vos capacités dans la vie quotidienne pourrait limiter votre potentiel et constituer un obstacle à l'accomplissement de vos objectifs.

[3] Le terme 'là' est une analogie pour les dimensions et les royaumes supérieurs.

[4] Quelles que soient vos ambitions au regard de la pratique, ce conseil devrait être appliqué dans la vie de tous les jours afin d'être une meilleure personne.

⁵ Cette phrase provient des *Annales [de Confucius]* [lun yu 论语].
⁶ Cette phrase est tirée d'un proverbe chinois très connu :

>鸭饮水冷暖自知。
>Lorsque le canard boit l'eau,
>Alors il sait de lui-même si elle est chaude ou froide.

19ème

Commentaire de la Barrière de l'Absence de Fondement et du Vide

Cette barrière concerne tout ce qui a trait aux faux-semblants. Si vous ne portez qu'un seul objet sur vous, vous ne devriez pas prétendre en avoir trois. Ne dites pas que vous comprenez un sujet alors que vous ne le comprenez pas. Lorsque votre maître vous instruit à propos du Dao, il se peut que vous en compreniez certains aspects, mais que d'autres restent obscurs. Ainsi, dès lors que vous abordez ces sujets, vous devriez admettre dès le début que vous ne saisissez pas certains points, qu'il s'agisse de termes propres aux écritures alchimiques, ou à quoi que ce soit d'autre. Ce que vous avez compris, vous pouvez en parler. Mais ne parlez pas de manière confuse de choses que vous ne comprenez pas. Si vous n'avez pas saisi la théorie fondamentale, la voie ou l'objectif d'un sujet, alors vous devriez consacrer du temps et des efforts à faire des recherches à ce sujet, afin de pouvoir finalement distinguer le vrai du faux. Les mécanismes et le merveilleux de la vie en évolution ne pourront jamais être complètement appréhendés par la science, car elle s'appuie principalement sur les découvertes des paléontologues qui doivent creuser le sol et extraire ce qui y est profondément enfoui. Posez des questions sur ce que vous ne comprenez pas. Réfléchissez aux vérités que l'on vous enseigne, car il est essentiel que vous les saisissiez. Vous devez être conscient que ce processus est séquentiel et implique trois étapes principales : 'Sonder la Racine même des Choses', 'Avancer et Pratiquer', puis 'Saisir et Sublimer la Vie-Destinée'.[1] Ce qui est important est que vous vérifiiez la véracité des enseignements qui vous ont été transmis, par votre propre compréhension et votre propre expérience.

L'Ancêtre Fondateur Wang Chang Yue[2] n'eut pas moins de vingt maîtres au total, et chacun d'entre eux enseignait des choses différentes. Vous devez comparer les enseignements et ne pas simplement croire aveuglément ce qui dit un maître. Tracer un caractère chinois se fait dans un ordre particulier : les traits de base, incluant le trait descendant vers la droite, le trait horizontal, le trait vertical et le trait descendant vers la gauche.[3] Vous devriez évaluer les points sur lesquels les maîtres diffèrent, puis les soupeser vous-même. Demandez-vous sans cesse 'pourquoi ?', car si vous êtes un tant soit peu confus, vous ne pourrez pas mettre les enseignements en pratique. Communiquez sincèrement et ouvertement sur vos difficultés, et partagez-les avec les autres. Les pratiquants sur le chemin ont besoin d'étudier, de comprendre et de cultiver. La plupart des gens ne devraient pas aspirer au niveau de sagesse le plus élevé, car leur compréhension serait présentement trop insuffisante ; ils ne devraient pas non plus s'abaisser au niveau le plus bas qui appartient à celui des idiots. Ils doivent aspirer à un niveau de compréhension moyen.[4]

---

[1] La première étape pourrait également être traduite par 'Epuiser les Principes' [qiong li 穷理], autrement dit les étudier jusqu'à leur complète compréhension. La seconde étape signifie mettre les principes en action [jin xing 进行]. L'étape finale et ultime 'Le Plein Accomplissement de la Vie-Destinée' [liao ming 了命] consiste à pouvoir se qualifier de maître et de dirigeant de sa propre vie. Voir le Livre III : Livre de l'Humain, Chapitre 18, *Les Trois Etapes de la Pratique* [san bu xiu xing 三步修行].

[2] L'Ancêtre Fondateur Wang Chang Yue [王常月祖师] devint l'abbé du Monastère des Nuages Blancs [bai yun guan 白云观] à Bei Jing en 1656. On lui attribue la fondation soutenue par l'état, des temples de la lignée de la Porte du Dragon [long men 龙门], ainsi que le renouveau de la tradition de la Réalisation Complète [quan zhen 全真], à la fin de la période des Ming et au début de celle des Qing. Il est l'auteur des *Méthodes Fondamentales de la Porte du Dragon* [long men xin fa 龙门心法], à paraître prochainement sous Purple Cloud Press.

[3] En chinois, 捺平衡竖撇 [na ping heng shu pie]. Li Shi Fu n'a pas poursuivi l'explication de cet exemple. Le traducteur J. Hausen pense que premièrement, bien que l'ordre des traits soit le même pour tous les caractères, au final, un caractère calligraphié peut avoir un aspect très singulier et donc métaphoriquement, l'étudiant qui connait l'ordre de base du tracé des traits, serait capable d'observer les différences et les similarités qu'il y a entre les maîtres. Deuxièmement, l'ordre des traits pourrait également être une analogie avec le processus d'apprentissage par étape mentionné précédemment dans cette barrière.

[4] Li Shi Fu conclut sa leçon en évoquant un scénario de l'école primaire, qui représente le niveau inférieur de la sagesse et non le niveau de compréhension moyen :

> A l'école primaire, l'enseignant crie aux enfants et aux tout petits :
> Vous comprenez ?
> Et ils répondent tous en criant :
> Oui, nous comprenons.

20ème
Commentaire de la Barrière des Pensées Absurdes

妄想關

Ce qui vous empêche de franchir cette barrière est votre espoir que la manne[1] tombe du ciel. Vous rêvez peut-être que les extraterrestres viennent vous aider et que les OVNI viennent vous chercher. Vous devriez abandonner de tels souhaits, car les espèces extra-terrestres sont toutes terrifiées par les bactéries, les virus et autres maladies que portent les humains. Les êtres humains sont remplis de toxines et leurs intestins sont pleins d'excréments.[2] Ne soyez pas à la recherche d'un raccourci qui allègerait votre amertume, car sur le chemin de la pratique, il n'en existe pas. Vous devez être sérieux dans vos efforts et accomplir vos objectifs ici sur terre, où vous devrez endurer de nombreuses souffrances. Lorsque vous êtes sur ce chemin, à porter ce lourd sac à dos, il n'y a pas de temps pour se plaindre et personne n'est disponible pour vous aider. Vous ne pouvez atteindre les cieux en un seul pas.[3]

Pour atteindre votre objectif, il faut avoir une pratique vigoureuse. Par conséquent, ne soyez pas effrayé par l'amertume et la fatigue. Commencez votre pratique ici et maintenant. Vous vous trouvez actuellement à un point de votre vie que vous avez atteint grâce à vos propres efforts. Chaque personne a ses propres afflictions karmiques.[4] Néanmoins, bien que des chemins puissent sembler similaires, des personnes auront une certaine forme d'affliction à éliminer, tandis que d'autres en affronteront de différentes. Ce processus d'élimination doit être effectué petit à petit, cellule par cellule, cheveu par cheveu et pore par pore. Ne pensez pas qu'il suffit d'attacher une ceinture d'explosifs à votre corps et de vous faire exploser pour atteindre les cieux, comme le proclament certains extrémistes religieux. S'il existait une machine à voyager dans le temps et l'espace, capable de vous fournir un chemin facile vers l'immortalité, alors vous devriez certainement vous tourner vers une telle technologie de pointe ainsi que vers les scientifiques qui l'ont construite, si vous êtes suffisamment riche pour vous le permettre. Cependant, il n'existe pas de tels raccourcis dans le daoisme. Pour obtenir la longévité et une apparence plus jeune, les scientifiques pourraient prendre le sang et la moelle osseuse d'une personne jeune pour l'injecter dans le corps d'une personne plus âgée.[5] Si vous souhaitez atteindre l'immortalité en prenant simplement une pilule, alors vous pourriez jouer le rôle principal de la pièce de théâtre de la montagne du Cheval Blanc, qui doit encore être écrite par le vieil ami de Li Shi Fu, Trois Royaumes,[6] et qui s'intitule avec ironie 'Trois Royaumes à la

Le Livre II : 20ᵉᵐᵉ Commentaire

Recherche de la Pilule d'Immortalité',[7] racontant l'histoire d'une personne trop paresseuse pour cultiver.

---

[1] Le terme original ici employé en plaisantant par Li Shi Fu était une tourte à la viande italienne, car l'étudiant senior qui traduisait à l'époque de ce cours était italien.

[2] Il existe un vieux dicton chinois concernant l'obligation de s'abstenir de graines, lorsque l'on souhaite devenir un immortel :

> 若要不死，肠中无屎。
> Si vous voulez ne pas mourir, alors l'intérieur de vos intestins doivent être exempt de toute matières.

Pour une discussion approfondie sur les concepts de *L'Abstention de Graines* [bi gu 辟谷], voir Livre III : Livre de l'Humain, Chapitre 1, ainsi que *The Arts of Daoism*, publié par Purple Cloud Press.

[3] Alors que Li Shi Fu a employé les caractères 一步上天 [yi bu shang tian], le dicton original est :

> 一步登天。
> En un pas, s'élever jusqu'aux cieux.

Cette expression désigne le fait d'atteindre un royaume ou un niveau très élevé d'un seul mouvement. Elle fait parfois également référence à quelqu'un qui a soudainement réalisé toutes ses ambitions, en ayant grimpé à un endroit plus élevé.

[4] Les afflictions karmiques sont également une référence à la notion d'obstacle karmique [ye zhang 业障].

[5] Selon de nouvelles recherches, les cellules souches présentes dans la moelle osseuse détiennent la clé du processus de vieillissement et l'injection de telles cellules pourrait non seulement ralentir ce processus, mais également l'inverser, comme l'ont montré certaines études sur les souris.

[6] Le vieil ami de Li Shi Fu se nomme Trois Royaumes [san guo 三国] en référence au célèbre roman *Le Roman des Trois Royaumes* [san guo yan yi 三国演义]. Un jour, il a protesté en disant que la méditation était une pratique trop ardue, que le chant des écritures était trop épuisant et que Li Shi Fu devrait simplement lui donner la pilule de d'immortalité à la place. La morale est que quelqu'un qui souhaite atteindre le Dao sans faire d'efforts, sans foi, sans écritures, sans incantations, sans cultiver et sans mérite, échouera inévitablement.

[7] En chinois, 三国求丹 [san guo qiu dan].

21ème
Commentaire de la Barrière de Barrière de la Vie et de la Mort

生死關

Vous pouvez être doté d'un cœur-esprit véritable et d'une intention droite, mais pour autant avoir trop de difficulté à lâcher votre peur de la mort. C'est une peur qui nuit à la vie elle-même. C'est la plus grande de toutes les peurs humaines et c'est celle qui a le plus grand impact sur nous. Confronté à cette barrière, on devient 'avide de vie, craignant la mort'.[1] Personne n'est sans peur face à la mort et il ne suffit pas d'affirmer verbalement que nous ne la craignons pas.

Les histoires de Jésus et de Bouddha traitent précisément de cette barrière. Quand le Prince Gautama a vu la mort pour la première fois, il en fut effrayé et commença à rechercher la formule qui empêche de mourir.[2] Shakyamuni a subi un grand nombre de souffrances, mais il a fini par voir avec clarté ce que sont la vie et la mort sous l'arbre de la Bodhi, puis il a franchi la Barrière de la Vie et de la Mort. Progressivement, ouvrez la porte du Nirvana et contemplez la vérité de la vie. Si pour un court instant, vous receviez cette puissance de vie, alors vous auriez le pouvoir d'abandonner cette peur de la mort. Le christianisme nous dit :

> N'ayez pas peur de la mort,
>
> Car vous monterez au Ciel.[3]

On pourrait faire valoir cependant que les chrétiens ne savent pas où se situe ce Ciel en termes scientifiques. Sur la place Tian An Men à Bei Jing, des membres de la lignée du Fa Lun Gong se sont imbibés de pétrole avant de s'immoler par le feu.[4] Au Tibet, des moines se sont également immolés par le feu jusqu'à la mort.[5] Ces personnes sont-elles spirituellement les plus élevées dans les cieux et sur la terre ? En Syrie et en Iraq, des combattants déclenchent des ceintures d'explosifs afin de monter aux cieux et d'emmener avec eux un large nombre d'innocents. Pourtant, aucun d'entre eux ne connait sa véritable destination.

La plupart des gens sont des êtres normaux et non pas des cultivateurs. Pour autant, on ne devrait pas se contenter de rester au niveau de la longévité, car sinon, chronologiquement parlant, cette barrière serait la dernière et le point final de ce manuscrit. Au niveau actuel, le corps humain est la chose la plus précieuse de toutes, car il est l'échelle qui mène vers les cieux et le navire qui permet de traverser la rivière.

Ce corps peut être cultivé en une série d'étapes, comme on progresse depuis l'école primaire jusqu'à l'université. Ainsi, si votre approche du chemin ne s'articule qu'autour de facteurs matériels propices à la longévité, tels que des aliments nutritifs et des vêtements confortables et chauds, alors vous serez incapable de cultiver le Dao et de vous élever au-delà du niveau de la longévité. Il n'y aura pas de voie disponible pour vous permettre de progresser. Votre voyage s'arrêtera à ce point. Mais ce n'est pas un problème, car en société les gens naissent et meurent.[6] Comme l'ancienne abbesse du Temple des Cinq Immortels, Tao Shi Fu,[7] l'a déclaré :

坑死埋坑路死埋路。

Si je meurs dans une fosse, enterrez-moi dans une fosse. Si je meurs sur la route, enterrez-moi sur la route.

C'est en demandant à être simplement donné en pâture aux chiens si un enterrement approprié ne peut avoir lieu, que l'on définit le genre de mentalité élevée et de détermination suggérée par la déclaration de Tao Shi Fu. Une telle volonté crée l'élan qui vous fait avancer. De nos jours cependant, vous ne pouvez être enterré là où vous le souhaitez, car sinon la police débarquerait et déterrerait votre corps. Les autorités insisteraient alors pour savoir où et quand vous êtes mort. Tout le monde est confronté à la mort tôt ou tard. Mais avant de mourir, il est indispensable que vous étudiiez la mort elle-même :

Comment envisager la mort ?

Qui connait la méthode parfaite pour mourir ?

Qui a déjà contemplé la mort ?

Les gens meurent à différents moments de leur vie et, de leur vivant, ils ont des perceptions différentes de la mort ainsi que différentes approches de celle-ci. De nombreuses personnes se font incinérer par exemple. Lorsque votre Qi est coupé[8] et que votre cœur cesse de battre pourrait plus ou moins être considéré comme le moment de votre mort. Mais en réalité, personne ne peut le savoir avec certitude. Tout d'abord, vous devez réfléchir à la mort et à la façon dont vous allez mourir. Il en va de même pour votre naissance. On pourrait considérer cela comme une forme d'ignorance majeur que de ne pas savoir comment l'on est né et comment l'on va mourir, car la naissance et la mort sont les deux moments clés de la vie humaine. Si vous n'avez pas réfléchi à ces questions d'extrême importance et que vous n'avez pas trouvé un moyen d'échapper à la confusion qu'elles peuvent créer, alors vous devez étudier la naissance et la mort de manière plus approfondie. Les pratiquants disposent de beaucoup de temps pour contempler et examiner ces questions avec soin. Cette exigence se situe néanmoins sur le versant de la longévité. A ce niveau, il est préjudiciable pour le corps de vivre dans un environnement qui a une géomancie negative.[9] Cependant, il existe des différences entre les méthodes de longévité et la pratique du Dao. Quiconque affirme que cultiver le Dao n'appartient pas à la longévité et que cela est préjudiciable au corps, doit être corrigé sur ce point.

Bien évidemment, cultiver n'est pas la même chose que la longévité. L'Ancêtre Fondateur Qiu[10] était le plus grand parmi ceux qui cultivent au-delà de la longévité. Shakyamuni traversa également des périodes de faims inimaginables, jusqu'au bord de la mort. Les enseignements sur la longévité sont destinés à la société et ils ne correspondent même pas au niveau de l'école primaire en termes de spiritualité ; ils se situent plutôt du niveau de la maternelle. Milarepa était affligé de grosses ampoules et de plaies purulentes, fourmillantes de vers et d'asticots. Tout comme eux, vous devriez :

磨练意志。磨练肉体。

Tempérer votre volonté. Tempérer vos chairs.

Si vous en veniez à être découragé par les difficultés, alors votre élan vers l'avant s'arrêterait et vous ne seriez jamais diplômé du collège. Finalement, il n'y aurait plus aucun moyen d'avancer sur la voie et vous retourneriez en société. Ainsi, il vous faut passer au travers de cette barrière.

Restreindre vos pensées mais également votre respiration fait partie intégrante du contenu de cette barrière. La respiration embryonnaire[11] ne se développe pas au travers d'un entrainement rigoureux, c'est quelque chose que vous obtenez et réalisez naturellement ; ainsi ce concept est englobé et caché au sein même de cette barrière. Vous devez en comprendre la teneur, même si vous n'êtes pas encore prêt à entrer dans la pratique. C'est chronologiquement la toute dernière barrière. A l'intérieur d'elle, vous êtes soumis au pouvoir des cieux et de la terre ; vous êtes également contrôlé par votre respiration, par le Yin et le Yang. Vous devriez contempler la fameuse description de Zhuang Zi :

庄子鼓盆之戚。

Zhuang Zi frappait le tambour après la mort de sa femme.[12]

---

[1] La phrase chinoise 'avide de vie, craignant la mort' [tan sheng pa si 贪生怕死] fait référence à une peur extrême de la mort, ce qui peut conduire une personne à perdre son sens de la justice et de la droiture. A l'origine, cette phrase s'appliquait aux soldats qui battaient en retraite sur le champ de bataille. Dans l'usage moderne, elle désigne les personnes qui sont trop effrayées pour entreprendre une tâche quelconque.

[2] En chinois, 找不死方子 [zhao bu si fang zi]. La 'Formule pour empêcher la Mort' [bu si fang 不死方] apparaît dans la *Formule en Rime pour l'Inversion de l'Elixir* [huan dan ge jue 还丹歌诀] de Yuan Yang Zi [元阳子], écrite durant la Période des Cinq Dynasties (907-960) :

长生药，不死丹，世人欲作寻复难。心犹豫，意迟疑，八丹方法由来有，如何不取一门知。二人语，共商量，日夜寻思不死方。若取黑铅并姹女，腾身天上自翱翔。一为左，一为右，阴阳具足还丹就。真须炼，必长生，逍遥自在紫雲庭。

La médecine de longue vie, 'l'Elixir qui empêche de Mourir', que les gens communs désirent fabriquer, est difficile à trouver et à dupliquer. Quand le cœur-esprit est indécis, que l'intention du mental est hésitante et que la méthode originelle des Huit Elixirs existe toujours, comment ne pas préférer la connaissance de cette porte singulière ? Les hommes conversent et discutent ensemble jours et nuits, réfléchissant et cherchant la 'Formule qui empêche de mourir'. Si l'on choisit simplement le plomb noir pour le combiner à la belle dame [c'est-à-dire le cinnabre], alors le corps galopera vers les cieux en s'élevant de lui-même. Si Yin et Yang se complète suffisamment, l'un à gauche, l'autre à droite, alors c'est l'Inversion de l'Elixir. Si l'on patiente véritablement, jusqu'à ce qu'il soit tempéré et raffiné, alors la vie sera certainement de longue durée et on sera libre de ses mouvements, sans entraves dans la 'Cour du Nuage Violet'.

3 Cette phrase trouve son origine dans la Bible :

> 你们这一小群哪，不要怕，因为你们的父乐意把国度赐给你们。[路加福音 12:32]
> Ne crains point, petit troupeau, car votre Père a trouvé bon de vous donner le Royaume. [Luc, 12:32 ; *LSG*]

4 Cet incident est contesté par l'organisation Fa Lun Gong. Il aurait eu lieu à Bei Jing le 23 Janvier 2001, et est connu comme les 'auto-immolations de la place Tian An Men' [tian an men zi fen shi jian 天安门自焚事件]. Le gouvernement chinois a rapporté que cinq membres du Fa Lun Gong s'étaient immolés par le feu, alors que le Fa Lun Gong a nié ce fait, soulignant que ses enseignements interdisent spécifiquement le suicide.

5 L'auto-immolation des moines tibétains est bien plus fréquente et a couté la vie de plus d'une centaine de moines et de nones à ce jour, principalement dans la région Si Chuan. Ce mouvement est toujours en cours. Le Dalai Lama est resté neutre par rapport à ces actes et n'a toujours pas fait de déclarations publiques, en marquant son positionnement pour ou contre.

6 Une traduction plus littérale serait 'naissance après naissance, mort après mort' [sheng sheng si si 生生死死], qui est une allusion à la roue de la vie, ou le *samsara* en sanskrit. Il est fait référence au concept de renaissance et de transmigration.

7 Pour plus d'information sur Tao Shi Fu [陶师傅], voir Livre III : Livre de l'Humain, Chapitre 37, *Tao Fa Zhen* [陶法真].

8 Le moment où le Qi est coupé pourrait également être interprété comme le moment où la respiration cesse.

9 La géomancie chinoise est également mieux connue sous le nom de Feng Shui [风水] – vent et eau.

10 Voir Livre III : Livre de l'Humain, Chapitre 23, pour une courte introduction sur l'Ancêtre Fondateur Qiu [zu qiu 祖丘], également connu sous le nom de Qiu Chu Ji [丘处机].

11 La respiration embryonnaire [tai xi 胎息] fait référence à la respiration du ciel antérieur. Elle est similaire à la respiration d'un bébé dans le ventre de sa mère.

12 Voir Livre III : Livre de l'Humain, Chapitre 32, pour une histoire complète, intitulée 'La Plus Grande Joie de Zhuang Zi' [zhuang zi zhi le 庄子至乐], qui exprime la pensée de Zhuang Zi [庄子] à propos de la vie et de la mort.

22ème
Commentaire de la Barrière de la Complaisance et de l'Autosatisfaction

Cette barrière pourrait être présentée comme avoir un problème 'd'excès d'assurance dans la manière de gérer des choses'.[1] Vous pensez avoir déjà compris le problème en question et vous n'écoutez pas l'avis des autres. Votre coupe est déjà pleine et vous ne pouvez rien y ajouter.[2] Comme le dit un célèbre dicton chinois :

> 虚心使人进行，骄傲使人落后。
> La modestie conduit au progrès,
> Et l'arrogance vous fait reculer.[3]

Ce type d'arrogance ne se base que sur des conjectures, des suppositions et des croyances personnelles. Face à l'immensité de l'univers et à la durée d'une vie humaine, ce que les gens comprennent est infime. Ils sont même incapables de comprendre la vie et la mort. Il est question ici de reconnaître qu'en définitif, on ne comprend véritablement que peu de choses. Seule la science peut oser faire des déclarations audacieuses sur l'univers. Stephen Hawking[4] a donné l'exemple de ce qu'une personne sévèrement handicapée peut accomplir, et nul n'a été surpris de voir que des gens bien portant puissent écouter une telle personne. Vous devriez vous demander :

> Etes-vous vraiment en bonne santé ?
> Est-il véritablement handicapé ?

Se considérer soi-même en bonne santé et considérer Hawking handicapé, n'est qu'un point de vue. Vous devez reconnaître qu'il ne s'agit là aussi que de conjectures et de croyances. Votre opinion ne sera toujours qu'une parmi les nombreuses possibilités qui existent dans cet univers. C'est pourquoi Confucius a dit :

> 三人行必有我师。
> [Si nous sommes] trois personnes à voyager ensemble, alors l'une d'entre elles doit [certainement] être mon professeur.[5]

Vous devriez vous comporter avec modestie et ne pas sans cesse marcher au-devant de vos deux autres compagnons. La modestie est requise si vous étudiez auprès d'un maître. Personne ne vous donnera plus de nourriture si vous avez déjà pris votre part. Ce n'est que si vous vous retrouvez sans vêtement, qu'*ils*[6] vous donneront quelque chose à porter. De ce fait, si vous êtes arrogant et hautain, que vous considérez avoir tout compris, alors personne ne sera disposé à vous enseigner quoi que ce soit. L'eau s'écoule toujours en direction du point le plus bas, elle ne remonte jamais vers le point le plus haut.[7] La complaisance,[8] thème de cette barrière, est un état dans lequel vous vous êtes enfermé, un espace dont vous devenez incapable de vous échapper tant mentalement que physiquement. C'est vous qui avez tracé le cercle qui délimite cet espace et qui détermine votre rapport à la vie, à la société et à votre famille.[9] Pourtant, vous ne devriez être confiné dans aucun espace clos et contraint par aucune connaissance personnelle limitante.

---

[1] En chinois 自恃为事 [zi shi wei shi]. Le terme 'assurance' [zi shi 自恃] se retrouve dans un texte classique majeur au 53ème chapitre du *Roman des Trois Royaumes* [san guo yan yi 三国演义] :

> 二人自恃勇力，乃对赵範曰：刘备若来，某二人愿为前部。
> Ces deux personnes avaient de l'assurance dans leur courage et dans leur force. C'est pourquoi ils dirent à Zhao Fan, 'si Liu Bei en vient à se montrer, alors nous serons tous deux prêts à nous battre à l'avant-garde'.

[2] Voir le Commentaire de la 15ème Barrière, note de bas de page 3.
[3] Une traduction alternative pourrait être 'Un cœur-esprit modeste fait avancer les gens, [alors que] la prétention les retient'. Cette affirmation était fréquemment employée par Mao Ze Dong [毛泽东].
[4] Stephen Hawking (1942-2018) était un célèbre physicien anglais qui souffrait d'une maladie rare des neurones moteurs, ce qui a fini par lui coûter la vie plus de cinquante ans après le pronostic médical initial. Il était encore en vie du temps où Li Shi Fu faisait ce cours.
[5] Cette affirmation est tirée du chapitre 7 [shu er 述而] des *Annales [de Confucius]* [lun yu 论语].
[6] *Ils* est une référence aux êtres supérieurs, aux déités et aux esprits. Voir également le Commentaire de la 16ème barrière, note de bas de page 2.
[7] Cette phrase est une citation directe du *Dao De Jing*, chapitre 8.
[8] La complaisance en chinois signifie être imbu de sa personne [zi man 自满].
[9] Voir le Commentaire de la 12ème barrière pour une discussion complète sur ce concept du cercle.

23ème
Commentaire de la Barrière de la Peur des Difficultés

畏難關

Le nom de cette barrière est composé de deux caractères chinois : *Wei* [畏] qui signifie être effrayé, et *Nan* [难] qui fait référence à la difficulté, l'austérité et l'épreuve.[1] Dépasser la peur est chose facile à dire mais difficile à mettre en pratique, car la plupart des gens ont du mal à s'en défaire. Tout le monde cependant peut finir par atteindre cet objectif. Vous devez investir tout votre cœur dans la pratique, même s'il n'y a aucune garantie de succès. Vous pourriez avoir la plus sincère intention de prendre la place de l'actuel président des Etats Unis, cela ne veut pas dire pour autant que vous réussirez dans cette entreprise. Cependant, ne craignez pas les difficultés qui se présenteront sur le chemin, car cela pourrait vous empêcher de mettre vos plans à exécution. Comme le dit le célèbre dicton chinois :

> 天下无难事，只怕有心人。
>
> Sous les cieux, il n'y a rien qui soit difficile,
> Tant que l'on est déterminé dans son cœur-esprit.[2]

De nombreuses peurs proviennent de vos connaissances limitées et de vos modes de pensée habituels. L'endroit où il est le plus ardu de vaincre sa peur est donc l'intérieur même de votre esprit. Mais si vous êtes honnête et téméraire, et que vous n'envisagez que des pensées véritables, alors vous serez surveillé et protégé par des forces et des entités supérieures :

> 诸神拥护。
>
> Tous les esprits nous soutiennent et nous protègent.[3]

C'est parce que tous les esprits vous surveillent que des opportunités vous seront données. Si vous vous mettez à penser que la pratique est trop difficile, alors tout est fini et vous pouvez dire adieu à tout progrès supplémentaire. Dans de telles circonstances, aucun ange ne viendra vous aider et vous protéger, ni ne vous tirera par les cheveux pour vous forcer à vous relever. Jésus avait de grandes capacités tout comme Shakyamuni, et pourtant aucun d'entre eux n'avait le pouvoir de transporter le monde entier dans un endroit meilleur. Si vous n'êtes pas disposés à y aller avec eux, alors c'est que vous n'êtes pas encore prêt et vous ne pouvez-vous en prendre qu'à vous-même. Il y a une loi et un principe fondamental dans la troisième dimension : le libre arbitre.[4] Le chemin que vous souhaitez emprunter se trouve juste sous vos pieds.[5] C'est à vous de décider si vous voulez embarquer ou non dans ce voyage. Et si cela était une affaire facile, alors tout le monde sur terre aurait des ailes dans le dos pour voler. La réalité est que la pratique est très difficile. Pour autant, la méthode qui permet de dépasser ses propres difficultés peut être résumée en trois caractères seulement :

放下来。
Lâchez prise.[6]

Si vous demeurez dans la crainte des difficultés et que vous vous inquiétez sans cesse pour une chose ou pour une autre, alors à la fin il ne vous restera rien. Tout ce que vous possédez devra finalement être abandonné. Les gens ne peuvent emprunter cette voie que si cela est leur destin. De telles personnes ont une raison pour être sur terre et elles sont chargées d'une mission. Il existe cependant une méthode facile qui peut être employée comme alternative : si l'on vous frappe suffisamment fort à la tête avec un bâton, ainsi, vous perdrez la mémoire. Pensez à toutes ces personnes hospitalisées qui souffrent de pertes de mémoire et qui de ce fait ont lâché prise, et comparez cela à toutes ces personnes ordinaires qui ont en permanence dix singes agités dans la tête.[7]

---

[1] Les austérités [jian nan 艰难] et les épreuves [kun nan 困难] sont toutes deux des références directes au mot chinois *Nan* [难] qui est contenu dans le titre de cette barrière [wei nan guan 畏难关].

[2] Le président Mao Ze Dong a utilisé cette expression, sous une forme légèrement modifiée mais avec le même sens, dans son poème 'Remonter sur le Mont Jing Gang' [chong shang jing gang shan 重上井冈山] :

> 世上无难事，只要肯登攀。
> Dans ce monde, il n'y a pas d'affaire qui soit difficile,
> Tant que l'on est prêt à s'élever.

Le dicton original est bien connu dans tous les foyers, et sa traduction littérale mot pour mot est qu'il n'y a rien en ce monde qui soit difficile à accomplir tant que l'on y met notre cœur-esprit et que l'on oriente notre mental sur l'accomplissement de cela. L'origine de ce dicton remonte à la dynastie Song, dans le 9ème rouleau intitulé *Vastes Archives de la Forêt des Affaires* [shi lin guang ji 事林广记] de Chen Yuan Jing [陈元靓] :

> 世上无难事，人心自不坚。
> Dans ce monde, il n'y a pas d'affaires difficiles,
> Seul le cœur-esprit de l'humain lui-même n'est pas ferme.

On retrouve également ce dicton dans *Le Voyage Vers l'Ouest* [xi you ji 西游记] de Wu Cheng En [吴承恩], dans le 2ème chapitre mettant en scène le roi singe Sun Wu Kong [孙悟空] en train de se lamenter :

> 这个却难！却难！祖师道：世上无难事，只怕有心人。悟空闻得此言，叩头礼拜。
> Cela est difficile ! Vraiment difficile ! Le maître ancestral a enseigné : 'Dans ce monde, il n'existe aucune affaire qui soit difficile, tant que les gens ont une détermination ferme.' Lorsque Wu Kong entendit cette leçon, il s'inclina et se prosterna en signe de respect.

3 Cette citation peut être retrouvée dans le 1ᵉʳ rouleau des *Ecritures Bouddhistes d'Ananda enquêtant sur les Questions de Bonne et de Mauvaise Fortune* [a nan wen shi fo ji xiong jing 阿难问事佛吉凶经] :

> 善恶由心祸福由人，如影追形如响随声，天无不覆地无不载；戒行之德福应自然，天神拥护感动十方，与天参德功勋巍巍，众圣嗟叹难可称量，智士达命没身不邪，善知佛教可得度世之道。
> Le bien et le mal dépendent du cœur-esprit, la bonne fortune et le malheur dépendent des gens eux-mêmes. Ils sont comme une ombre qui poursuit sa forme, ou comme un écho qui poursuit un son. Il n'y a rien qui ne soit pas protégé par les cieux et il n'y a rien qui ne soit pas soutenu par la terre. La vertu et la bonne fortune qui viennent de la pratique des préceptes seront naturelles, car alors les esprits célestes soutiendront et protègeront [de tels pratiquants], et [leur pratique] touchera et influencera [tous les êtres] dans les dix directions. La vertu [de telles personnes] sera comme celle des cieux et leurs réalisations méritoires seront majestueuses et imposantes. Plein d'émerveillement, les sages les salueront grandement. L'érudit sage et ceux qui comprennent la vie ne commettent aucun mal de leur vivant. En comprenant correctement les instructions du Bouddha, on peut réussir sur le chemin de la délivrance.

4 Le libre arbitre [zi wo xuan ze fa ze 自我选择法则] correspond à la liberté qu'a une personne de choisir.
5 Lao Zi a déclaré cette célèbre phrase :

> 千里之行，始于足下。
> Un voyage de mille lieues chinois commence avec ce qui se trouve sous vos pieds.

Cette phrase est communément traduite par 'Un voyage de mille lieues commence par un simple pas', ce qui ne reflète pas exactement le texte chinois d'origine.
6 Voir le Commentaire de la 3ᵉᵐᵉ Barrière, note de bas de page 5.
7 Les singes sont souvent une référence au cœur-singe [xin yuan 心猿]. Avec le cheval-mental [yi ma 马], ils représentent un concept daoiste central dans les pratiques spirituelles. Ils font référence aux obstacles générés par nos propres pensées et à la course galopante de l'esprit, souvent appelé le singe-esprit en occident.

24ème
Commentaire de la Barrière de l'Irrespect et du Mépris

La 24ème barrière concerne 'le mépris' [qing man 轻慢] et le fait de considérer quelque chose comme étant sans importance. *Qing* [轻] signifie regarder de haut, tandis que *Man* [慢] représente la maltraitance de quelqu'un ou de quelque chose. Vous pourriez vous demander :

> Qui oserait mépriser Dieu ?
> Qui oserait mépriser le vrai Dao ?
> Qui oserait offenser le Dao ?

Dans ces questions, les noms employés sont interchangeables, car Dieu est le grand Dao. Il est si grand que vous pourriez passer votre vie entière à l'explorer et à essayer de le connaître. Face à lui, votre connaissance ne peut être que limitée, car l'univers est trop vaste et la vie trop merveilleuse. Vous devriez explorer, étudier, vous efforcer de comprendre et avancer pas à pas dans la vie. L'orgueil n'est certainement pas une petite chose à dépasser. Faites de grands efforts et endurez l'amertume[1] afin de progresser et d'investiguer ce qui est à venir. Ainsi, vous pourrez élargir votre sagesse et apprendre à courir plus vite ; peut-être même un jour serez-vous capable de sauter par-dessus la clôture et de vous échapper de la ferme des animaux.[2]

Pourtant, rares sont ceux qui parviennent à s'en échapper, comme cette vache aux Etats Unis qui sur le chemin menant à l'abattoir fut capable de s'évader. Cette vache était intelligente, elle a ouvert sa sagesse et a sauté hors du camion avant que le couteau du boucher ne l'atteigne. La police n'a pas été capable de l'attraper pendant trois jours et le gouverneur de la province l'a même appelé 'La Vache Libre'. Elle était alors la seule vache libre du monde, et elle a couru pendant des jours avant d'être arrêtée. Les humains eux, n'ont pas d'endroit où s'enfuir. S'il leur était possible d'obtenir un passeport international, alors ils pourraient vivre dans n'importe quel pays et leur limite ne s'arrêterait qu'à la planète Terre seulement. C'est un scénario très plausible. Mais la Terre est plutôt petite comparée à l'immensité de l'univers. Li Shi Fu tamponnerait votre passeport pour vous s'il le pouvait, mais aucune autorité gouvernementale ne le reconnaîtrait.

N'attachez pas d'importance aux aspirations que les gens ont en société. Ce sont des choses facilement atteignables et qui sont tout aussi rapidement perdues. De nombreux maîtres ont recherché et étudié le Dao, endurant de nombreuses années d'ascétisme, jusqu'à ce que leurs maîtres considèrent finalement que tous les tests d'un même genre avaient été passés.[3] Ces maîtres se tiennent à vos côtés et observent comment vous surmontez les obstacles qui vous sont présentés sur le chemin, ainsi que les méthodes que vous employez. Si vous avez résolu un problème avec succès, alors vous passez à quelque chose de différent et vous devez étudier à nouveau, afin que vos maîtres puissent voir vos pensées et votre façon de considérer certains problèmes. L'Ancêtre Fondateur Lü[4] eut lui-même à traverser dix épreuves.[5] Au cours de l'une d'elles, il rencontra un vieil homme aux pieds nus, un étranger pour lui, et qui lui demanda de l'aider à mettre ses chaussures. Ceci est un exemple concret de ce que peuvent être ces épreuves ; en l'occurrence ici, il s'agissait d'un test concernant la bonté de cœur de l'Ancêtre Lü et l'étendue de son propre amour. Transmettre le Dao requiert l'attitude responsable d'un transmetteur, comme le démontrent les enseignants et les maîtres : vous ne mettez pas une mitraillette automatique, tel un AK-47, entre les mains d'un enfant.[6] N'essayez pas de visualiser ce que sont les choses lorsqu'elles sont observées depuis le sommet d'une montagne alors que vous vous en trouvez toujours à la base, car votre vision est alors limitée et étriquée :

山上往下看。

Depuis le sommet de la montagne, regardez en bas.

---

[1] Voir Livre III : Livre de l'Humain, Chapitre 3, *L'Amertume* [ku 苦] pour plus d'explications sur ce terme.

[2] La ferme des animaux est une référence au film d'animation 'Chicken Run' [xiao ji kuai pao 小鸡快跑]. Li Shi Fu faisait fréquemment la comparaison entre l'existence des humains sur Terre, et le contrôle d'un fermier qui veille à ce que tous ses poulets soient dans leur enclos et qu'ils ne s'échappent pas. Il s'agit d'une métaphore pour désigner ce qui empêche les êtres humains de se libérer de leurs chaines dans cette dimension. En l'occurrence, il s'agit non seulement de forces énergétiques supérieures, mais également des gouvernements et des dirigeants politiques qui ont établi des lois et des règles afin d'étiqueter les êtres humains comme on le fait pour les vaches, afin de les maintenir sous contrôle.

[3] Les différents types d'épreuves comprennent des défis physiques tels que ceux que Milarepa a dû subir lorsqu'il lui fallut reconstruire plusieurs fois un temple en pierre. D'autres types de tests sont sans forme et comprennent des épreuves mentales et psychologiques, telles que celles de Siddhârta Gautama sous l'arbre de la Bodhi, lorsque de belles séductrices apparaissaient et que des démons menaçaient de prendre sa vie.

[4] Lü Dong Bin [呂洞賓] est l'un des Huit Immortels et l'Ancêtre Fondateur de la lignée du Pur Yang et de la lignée La Ta [邋遢].

[5] Voir également Livre III : Livre de l'Humain, Chapitre 30, *Les Dix Epreuves de l'Ancêtre Fondateur Lü* [shi shi lü zu 十试吕祖].

[6] Cette comparaison provient d'une vidéo filmée quelque part en Afrique, dans laquelle un AK-47 est remis par des soldats à un chimpanzé. Voir le lien permanent :
https://drive.google.com/open?id=1odLymvEjjLu-Kk9ksCMe2F_Nm9xZRJTN

25ème

Commentaire de la Barrière de la Lâcheté et de la Faiblesse

儒弱關

Le thème de la lâcheté dans cette barrière se décline en deux aspects principaux. Le premier aspect se réfère à une faiblesse au niveau de la pensée, comme on peut l'observer lorsque l'on manque d'une direction de vie bien définie et d'une volonté de réussir. Le second aspect se situe au niveau du physique, lorsque l'on est découragé par les faiblesses de la chair et incapable d'endurer les épreuves et les austérités. Cette amertume est ce qui pose le plus grand défi :

> 渴不行，饿不行。
>
> Avoir soif est intolérable,
>
> Avoir faim est intolérable.

Le corps physique est friand de confort et aime séjourner dans les hôtels cinq étoiles. Même porter la main à la bouche pour manger est un effort trop grand et on préférerait simplement avoir à l'ouvrir pour être nourri.[1] Le corps préférerait également le confort de pouvoir aller aux toilettes en ayant quelqu'un pour lui essuyer les fesses.[2] Mais cultiver est une voie qui révèle une toute nouvelle vie, votre être éternel. Si cela était facile, alors tout le monde serait déjà devenu un Bouddha ou un immortel. Ce voyage requiert donc de la détermination et il ne peut être accompli dans un hôtel de luxe qui prend soin de vos moindres désirs. Vous devez être ferme et résolu lorsque vous décidez de vous embarquer dans ce voyage. Souvenez-vous de Wang Chong Yang[3] qui mit finalement le feu à sa hutte.[4] Il a été dit :

> 道在苦中。
>
> Le Dao se trouve dans l'amertume.[5]

Seule une vie d'ascèse peut affirmer votre foi, votre tempérament et votre volonté. Sinon, même une petite fatigue ou une petite amertume vous feront vaciller dans votre pratique. De la même manière, si des problèmes surgissaient dans votre famille, vous voudriez rentrer chez vous et toute votre pratique cesserait. Ou bien vous pourriez être accepté dans un établissement de renom telle que l'Université de Harvard, et alors vous retourneriez chez vous pour vous y préparer. Il y aurait un conflit inévitable entre votre pratique et vos impulsions pour le monde extérieur ; il vous faudrait alors faire un choix et prendre une décision. Si vous n'êtes pas doté d'un profond engagement et d'une grande volonté,[6] alors vous ne parviendrez pas à réaliser le Dao.

Une fois que vous êtes affirmé dans vos aspirations et vos idéaux, vous devriez les mettre en pratique. Mais ce n'est pas comme un voyage où vous vous arrêtez dès que vous êtes fatigué pour prendre du repos. Lorsque l'on cultive et que l'on fait une pause, c'est comme si l'on s'arrêtait au milieu de la rivière. Vous commencez donc à comprendre ce que signifie réellement porter sa croix au sommet de la montagne. Aucun des ancêtres fondateurs[7] n'était diplômé de Harvard, d'Oxford ou de l'université de Qing Hua à Bei Jing.[8] Il serait peut-être bon d'étudier dans de tels endroits si vous voulez vous assurer un moyen de subsistance décent. Cependant, pour étudier le Dao et la voie du Bouddha, de telles institutions sont des obstacles. Ce que vous avez étudié à l'université a un champ d'application limité en ce qui concerne votre compréhension de la vie et votre soutien à l'humanité, sans compter que bien trop souvent, vos connaissances sont appliquées de manière préjudiciable à l'homme. La science a ses limites, elle ne peut être d'une grande aide pour votre élévation et pour votre purification spirituelle. Le véritable objectif de l'étude de la chimie par exemple pourrait être d'inventer quelque chose de véritablement précieux, comme une poudre médicale dispersible qui pourrait être employée après une explosion nucléaire, afin d'en annuler les effets toxiques. Comme de nombreux pays sont désormais en possession de l'arme nucléaire, les guerres n'éclatent plus aussi facilement qu'avant, car personne n'ose faire un tel pas. Si tous les missiles nucléaires étaient lancés, ils détruiraient la Terre plusieurs fois. Il suffirait qu'un seul dirigeant gouvernemental fou appuie sur un bouton pour que d'autres dirigeants fassent de même et que l'humanité entière en paie le prix. Personne ne serait en mesure de contrôler ces gens. Ainsi, on pourrait dire que les gouvernements contrôlent qui va vivre et qui va mourir. Il y a eu une expérience aux Etats Unis au cours de laquelle des scientifiques travaillaient à créer une arme biochimique pouvant être cachée dans une petite bouteille et ayant la capacité d'anéantir la moitié de la population sur Terre. Un dicton bien connu en Chine parle des dommages collatéraux infligés à ceux qui n'ont rien à voir avec une telle situation :

城门失火殃及池鱼。

Quand les portes de la ville prennent feu,
Un tel désastre [finit] par toucher les poissons présents dans les douves.[9]

Pour résumé, les êtres humains doivent faire face à de nombreux défis en lien avec le corps physique. Dans le *Dao De Jing*, cette notion est décrite en une phrase :

大患为于身。

Les grands désastres [proviennent tous] du corps.[10]

¹ Pendant une classe, Li Shi Fu a fait référence au film *'Les Temps Modernes'*, une comédie américaine de 1936 avec Charlie Chaplin. Dans une scène, les travailleurs sont attachés à une machine qui les nourrit automatiquement à l'heure du déjeuner, afin d'augmenter leur productivité tout en réduisant le temps nécessaire au repas. Inutile de dire que le rôle du cobaye pour tester cette machine n'est autre que Charlie Chaplin et évidemment tout se passe horriblement mal.

² Au Japon, des toilettes high-techs sont déjà réalité. Ces appareils sophistiqués offrent diverses fonctions telles que des jets d'eau chaude, une cuvette chauffante et une chasse d'eau commandée par un geste de main. Il est même possible sur certains modèles de réguler la température et la pression du jet d'eau.

³ Voir également Livre III : Livre de l'Humain, Chapitre 24, *Wang Chong Yang* [王重阳].

⁴ A l'origine, Wang Chong Yang s'était creusé lui-même une cave, l'appelant 'la Tombe du Mort-Vivant' ou 'la Tombe du Mort qui Revient à la Vie' [huo si ren mu 活死人墓] ; il y passa trois ans. Lorsqu'il réapparut, il la remplit de terre à nouveau pour marquer la fin de cette période de pratique et partit s'installer alors dans l'actuel Hu Xian, anciennement Liu Jiang 劉蔣, dans les montagnes du Zhong Nan. Il vécut ainsi dans une hutte et continua à cultiver. Quatre ans plus tard, il mit feu à cette hutte en dansant et en chantant autour des flammes, sans aucun signe d'attachement à son égard. Voir note de bas de page 3.

⁵ Voir Livre III : Livre de l'Humain, Chapitre 3, *L'Amertume* [ku 苦], pour une discussion plus complète sur ce terme.

⁶ Avoir un profond engagement et une grande volonté [hong shi da yuan 弘誓大源] est une expression que l'on retrouve principalement dans un contexte religieux, lorsqu'un adepte entre dans une lignée ou dans une école.

⁷ Les ancêtres fondateurs [zu shi 祖师] sont parfois appelés des patriarches, interprétés alors selon un contexte confucéen comme des chefs de famille. Il ne s'agit en aucun cas de fondateurs d'enseignements religieux ou d'écoles exclusivement masculins.

⁸ L'Université de Qing Hua à Bei Jing [北京清华大学] est une université d'élite en Chine qui a produit de nombreux dirigeants politiques, hommes d'affaires de haut rang et grands érudits de la culture.

⁹ Dans son *Manuscrit de la Dynastie Liang sur l'Urgence* [xi liang wen 檄梁文], Du Bi [杜弼], au cours de la dynastie Qi du Nord, dit :

> 但恐楚国亡猿，祸延林木，城门失火，殃及池鱼。
> Si le [roi du] Royaume de Chu en venait à perdre son singe, alors le désastre s'étendrait jusqu'à la forêt. Si les portes de la ville prenaient feu, alors ce désastre s'étendrait jusqu'aux poissons présents dans les douves.

Quand le roi Chu perdit son singe, il brûla et abattu toute la forêt pour le trouver. Quand les portes de la ville prennent feu, alors tout le monde se précipite vers les douves pour chercher de l'eau. Une fois que toute l'eau a été employée, alors les poissons meurent également. Cette métaphore rappelle que l'on subit des dommages collatéraux ou que l'on rencontre des calamités en étant impliqué dans un évènement, même en tant que spectateur.

¹⁰ La phrase originale du *Dao De Jing* au chapitre 13 est la suivante :

> 吾所以有大患者，为吾有身。及吾无身，吾有何患?
> C'est parce que je possède un corps que les grandes calamités me trouvent. Si je ne possédais pas ce corps, alors quelles calamités pourrait-il y avoir ?

Voir également le Commentaire de la 6ème Barrière, note de bas de page 4, pour une discussion plus approfondie sur ce sujet.

26ème
Commentaire de la Barrière de l'Inconstance et de la Brièveté

Cette barrière fait référence à quelque chose qui n'est pas constant et durable, telle que votre foi.

> Dès que le voyage devient amer, vous arrêtez.
> Dès que vous êtes fatigué, vous arrêtez.
> Dès que vous êtes malade, vous arrêtez.

A certains moments vous êtes intéressé et enthousiaste, et à d'autres vous ne l'êtes pas. Votre humeur et votre tempérament sont très changeants. Si vous n'avez pas de patience, de persévérance et que vous n'avez pas une foi ferme, alors votre détermination ne durera pas longtemps. On peut trouver un exemple concret de cela dans la pratique du Gong Fu ou de n'importe quel type de Gong, sans même parler de cultiver. Au début, vous êtes excessivement enthousiaste, vous vous entraînez assidûment, de manière extrêmement dure et vous poussez ce champ d'étude à son plus haut niveau ; un mois plus tard, vous ralentissez, puis finalement vous abandonnez totalement. Un jour vos pensées sont tournées vers l'Est, le lendemain vers l'Ouest et le surlendemain elles galopent en direction du Sud.[1] Votre cœur-esprit n'est alors ni établi, ni déterminé, et vous agissez simplement par curiosité, pour jouer. De nombreux étudiants restent avec leurs maîtres daoistes pendant plusieurs années, mais ce n'est pas suffisant. Cela peut vous aider à ouvrir quelques portes sur le sentier de la pratique, mais pour véritablement raffiner votre caractère, vous devez rester avec un enseignant pendant plusieurs décennies. Alors que le Gong de la Vie-Destinée[2] ne prendra que cent ou deux cents jours, voire une année, le Gong de la Nature-Intérieure[3] quant à lui est considérablement plus laborieux et nécessite beaucoup plus de temps. Comme il est dit en Chine :

> 不急于求成。
> Ne soyez pas impatient de réussir.[4]

Comme je le répète souvent, vous devriez avancer lentement et avec régularité, un pas après l'autre.[5] Si vous n'avez pas encore validé vos examens, alors vous aurez d'autres occasions de les repasser en temps voulu. A l'inverse, vous auriez tort de chercher à les éviter. Peu importe le nombre d'épreuves et de tests que vous devez subir, ne perdez pas de vue votre objectif et continuez à avancer. Comme l'a dit Shakyamuni, 'ne vous arrêtez pas'. Vous avez beaucoup de temps pour explorer et étudier, même si les cultivateurs soutiennent que la vie est trop courte. La tâche à accomplir pourrait être comparée à la construction d'une haute bâtisse qui ne peut s'élever que progressivement, une brique après l'autre. Milarepa a dû transporter des pierres du bas de la montagne jusqu'en haut pour y construire un temple, car son maître lui objectait que les pierres déjà présentes au sommet n'étaient pas convenables. Une fois que la construction fut achevée, son maître décida finalement que le temple n'était pas à un niveau suffisamment élevé et qu'une autre montagne à l'Est était plus adaptée et plus belle. Une fois que ce second temple fut élevé, le maître changea une troisième fois d'avis, préférant finalement les pierres utilisées pour le temple précédent. Ainsi, Milarepa dû transporter toutes ces pierres d'une montagne à l'autre.

苦中考试。
C'est au cœur de l'amertume que l'on est éprouvé et testé.

Cette histoire nous parle d'un temple extérieur, mais en réalité elle fait référence à un temple intérieur déjà construit avant le début de l'histoire. Milarepa ne prononça pas un seul mot de complainte. Plus tard, il devint un bouddha, car il avait passé le test de la foi.

---

[1] En chinois, cette expression s'inspire du nom de deux provinces, l'une à l'Est – Shan Dong [山东] et l'autre à l'Ouest – Shan Xi [山西].

[2] Voir le Commentaire de la 19ème Barrière, note de bas de page 1.

[3] Voir Livre III : Livre de l'Humain, Chapitre 11, *Nature-Intérieure et Vie-Destinée* [xing ming 性命].

[4] Ce dicton moderne fait référence à un désir urgent d'atteindre des objectifs. Il est mentionné dans l'ouvrage de Yu Xun [鲁迅] appelé *Collection des Accents Régionaux* [nan qiang bei diao ji 南腔北调集] dans le chapitre 'Souvenirs Oubliés' [wei le wang que de ji nian 为了忘却的记念].

[5] Cette phrase en chinois pourrait être interprétée plus librement par 'les choses viendront sur votre chemin à leur propre rythme' [man man lai 慢慢来]. Li Shi Fu a souvent déclaré que tant que votre direction est bonne et que vous continuez à mettre un pied devant l'autre, alors vous finirez par atteindre votre destination. Si vous envisagez d'aller à Bei Jing, la capitale du Nord, mais que vous vous dirigez en réalité vers Nan Jing, la capitale du Sud, alors vous n'y arriverez jamais, quels que soient vos efforts et votre rapidité.

27ème
Commentaire de la Barrière de la Résignation et du Désespoir

La résignation survient lorsqu'en raison de difficultés, vous ne vous trouvez plus en mesure de suivre pleinement votre voie et que vous finissez par vous considérer comme sans-espoir.[1] Les êtres humains n'ont même pas la bonté d'un chien, comme on peut le voir dans une vidéo[2] que j'ai montré à certains d'entre vous. On peut y voir un chien qui tente désespérément de sauver des poissons étendus sur le sol en les aspergeant d'eau, alors que le caméraman se contente de regarder sans intervenir. J'ai été très attristé par ce comportement humain. Un proverbe chinois dit que lorsque la situation est mauvaise, on ne doit pas l'empirer en écrasant le pot craquelé.[3] Inutile de préciser qu'une tasse craquelée et percée est déjà inutilisable.

Le corps physique que nous possédons tous est en réalité trois corps en un.[4] L'essence, le Qi et l'esprit doivent être unifiés, ce qui est semblable à l'union du Père, du Fils et du Saint Esprit. Dieu est en chacun de nous :

大道与我们同在。

Le grand Dao existe en nous.

Cependant, les êtres humains sont trop stupides et échouent à comprendre les principes inhérents au corps, alors que ce sont ces principes qui rendent notre corps si précieux. Ce n'est que grâce à ce sac de chairs puantes que les humains peuvent s'élever, mais bien souvent il n'est qu'un bateau sans gouvernail. Une autre loi importante est que les animaux sont incapables de cultiver le Dao. Il n'y a qu'avec le corps physique de l'humain que l'on peut se rectifier,[5] et chaque être humain sur Terre est en possession de ce corps unique. Il est pourtant trop difficile pour beaucoup de cultiver ce corps, mais ceci est un autre problème. La peau du corps humain est le plus beau vêtement au monde et aucun autre vêtement n'est nécessaire. Cependant, beaucoup de personnes veulent se faire tatouer le corps, car l'apparence naturelle de leur peau n'est plus suffisamment attractive à leurs yeux. Les gens oublient que le corps humain est difficile à obtenir :

今世今生成人。

C'est au cours de cette existence et dans cette génération,
Que l'on [doit] devenir une personne réalisée.

Avoir l'occasion de s'incarner dans ce corps humain n'est pas chose facile. Vous ne devriez pas compter sur la transmigration et la renaissance, car personne ne peut savoir ce qu'il sera dans la prochaine vie, ni même s'il peut se permettre d'attendre jusque-là pour avoir un nouveau corps, pas même moi. Alors tirez le meilleur parti de votre corps dans cette existence même. Vous devez atteindre l'autre rive dans cette vie-ci. Certains enseignants qui ne sont pas daoistes prétendent que vous pouvez reporter votre pratique jusqu'à après le moment de votre mort ou bien jusqu'à votre prochaine vie, lorsqu'une nouvelle chance vous sera donnée. Mais cela n'est pas le cas dans le daoisme. Vous n'avez aucun contrôle sur votre prochaine incarnation et vous pourriez très bien continuer à tournoyer dans la spirale du *samsara* pendant des centaines d'années, avant d'avoir une autre chance.

Les plantes et les animaux ne seront jamais capables de cultiver le Dao, même s'ils essayaient pendant cent ou même mille ans. Il existe deux plantes médicales chinoises, He Shou Wu[6] et Ren Shen,[7] qui absorbent le Qi céleste et le Qi terrestre.[8] Elles sont donc capables temporairement de prendre une forme humaine. Il existe également de nombreuses histoires et légendes sur les renards et les serpents qui prennent une forme humaine. Un arbre centenaire aura observé et absorbé les essences du soleil et de la lune bien plus qu'un humain n'est capable de le faire. Le champ bioénergétique des arbres est très large et parfois, d'autres êtres unifient leurs champs à lui et y puisent de son énergie. Mais les arbres sont incapables de cultiver. Ce n'est qu'avec un corps physique qu'il est possible de monter et de descendre.[9] Toutefois, des forces et des champs externes peuvent emprunter à votre champ énergétique, afin d'obtenir du mérite pour leur propre élévation. Lorsque cela se produit, vous pouvez penser que vous accomplissez une bonne action, mais au final c'est le champ extérieur qui s'est attaché à vous qui récolte le mérite engendré pour vos actions bienveillantes. En échange, ces champs peuvent vous donner des jouets tels que des pouvoirs psychiques et autres outils de ce genre,[10] mais ils sont susceptibles de vous les reprendre à tout moment, car ils ne proviennent pas de votre propre pratique. Ces champs emprunteront à votre corps physique et détourneront votre mérite ; c'est vous qui en subirez les conséquences. Ainsi, dans le daoisme, il est conseillé de :

慧而不用。

[Posséder] la sagesse, mais ne pas l'employer.[11]

Ce n'est qu'en réalisant votre corps original[12] que ces outils et compétences psychiques seront véritablement vôtres. Rien ne vous appartient qui ne soit issu de votre propre pratique. A défaut, ces compétences sont aussi insignifiantes que des mots prononcés en rêve. Au début des années 1980, la pratiquante de Qi Gong la plus connue en Chine était Zhang Xiang Yu.[13] Un jour, alors qu'elle n'était encore qu'une personne ordinaire, elle randonnait et descendait d'un sommet montagneux comme celui de la montagne du Cheval Blanc. Au cours de sa descente, elle décida de s'arrêter, puis s'endormit sur une pierre. Lorsqu'elle rouvrit les yeux, alors les montagnes n'étaient plus seulement des montagnes, et l'eau n'était plus seulement de l'eau.[14] Elle avait acquis une connaissance spéciale et des capacités de clairvoyance. Elle pouvait percevoir avec une parfaite lucidité la situation de toute une famille, l'endroit précis où se trouvaient ces personnes, leurs difficultés futures et comment ils allaient mourir. En conséquence, pendant dix ans, nombreux furent les actes de bienveillance qu'elle accomplit. Mais au fil du temps, certaines difficultés se sont présentées à elle. Croyant qu'elle était invincible et merveilleuse, unique en son genre, elle se mit à rechercher la célébrité, demandant de grosses sommes d'argent pour ses services psychiques. Le résultat en fut que finalement, un soir, tous ses pouvoirs lui furent retirés, comme une personne malade depuis des années peut guérir soudainement du jour au lendemain.

  Ne poursuivez pas de telles capacités car elles sont faciles à perdre et ne sont valables que si elles vous sont accordées par votre maître.[15] Dans ce cas seulement, vous pouvez vous en servir. Cependant, votre maître peut aussi vous les retirer à tout moment car elles ne sont pas le fruit de votre propre pratique. C'est pourquoi ces capacités ne devraient être acquises que lorsque l'on atteint le niveau des Trois Années d'Allaitement [du Nourrisson].[16] Néanmoins, certaines personnes ont la chance d'être dotées de tels pouvoirs à la naissance.[17] Ce sont de vastes pouvoirs que l'on appelle pour autant 'des attachements au corps'. Vous pourriez penser que ces outils vous appartiennent mais cela serait une erreur, car ils ont seulement été rattachés à vous. L'amertume n'est pas nécessaire pour les obtenir et quatre-vingt-dix-neuf pour cent de ces pouvoirs ne requièrent pas de pratique interne. Cela fait partie de la nature humaine que de vouloir obtenir de tels attachements, de devenir omniscient et d'être une source d'admiration pour les autres. Mais ces capacités spéciales en lien avec le corps ne doivent cependant pas être confondues avec la réalisation du sixième sens, l'unification du Qi de l'esprit,[18] et la double pratique de la Nature-Intérieure et de la Vie-Destinée.[19] Il y a 7,6 milliards d'individus sur la planète Terre et ceux qui entrent en contact avec cet enseignement sont peu nombreux, sans même parler de ceux qui les prennent au sérieux. J'encourage à cultiver toutes les personnes qui en ont la possibilité, mais je ne peux pas garantir qu'elles se rendront jusqu'à la destination finale. L'endroit où vous arriverez dépendra finalement de votre destinée, de votre bonne fortune et de la guidance de votre soi supérieur. Ainsi, avancez lentement et vous ferez des progrès.

---

[1] 'Se considérer comme sans espoir' [zi bao zi q 自暴自弃] est un dicton chinois qui signifie que l'on a accepté de stagner, que l'on ne cherche plus à avancer ou à progresser. Cette expression se trouve au chapitre 4 de Mencius, intitulé 'Départ depuis la Demeure Lunaire Lou Partie I' [li lou shang 离娄上] :

> 自暴者，不可与有言也；自弃者，不可与有为也。言非礼义，谓之自暴也；吾身不能居仁由义，谓之自弃也。仁，人之安宅也；义，人之正路也。旷安宅而弗居，舍正路而不由，哀哉。
>
> Avec ceux qui se détruisent eux-mêmes, il n'est plus possible de parler. Avec ceux qui s'abandonnent, il n'est plus possible de collaborer. Si les mots vont à l'encontre de l'étiquette et de la droiture, alors on appelle cela la 'Ruine de Soi'. Si je suis incapable de demeurer dans la bienveillance et d'obéir à la droiture, alors on appelle cela 'l'Abandon de Soi'. La bienveillance est la demeure protectrice des humains, la droiture est le juste chemin des humains. Négliger la demeure protectrice et ne pas y demeurer, abandonner le juste chemin et ne plus le suivre est déplorable et lamentable.

[2] Cette vidéo peut être visionnée sous le lien permanent suivant : https://drive.google.com/open?id=0B7z7EvzLD6hVQUliTDc5RGhVX0E

[3] Ecraser le pot craquelé [po guan zi po shuai 破罐子破摔] est une expression chinoise pour l'attitude résignée qu'ont certaines personnes n'ayant pas l'intention de corriger leurs erreurs. Cette phrase provient du 15ème chapitre de l'ouvrage de Mo Ying Feng [莫应丰] intitulé L'*Hymne du Général* [jiang jun yin 将军吟] :

> 不能讲怪话，千万千万，不要拿破罐子破摔的态度。
> On ne peut pas parler de façon absurde.
> Par tous les moyens et dans n'importe quelle situation, ne vous comportez pas comme la personne qui écrase le pot craquelé.

[4] Les trois corps en un [san wei yi ti 三位一体] sont le corps physique, le corps Yin et le corps Yang.

[5] Le mot 'Rectifier' [xiu 修] comporte plusieurs niveaux de signification. Il est souvent réduit à la signification de 'Cultiver' ou 'Pratiquer' [xiu xing 修行], mais fait plus précisément référence au fait de rectifier sa conduite et de corriger sa trajectoire, comme Li Shi Fu l'explique dans l'un de ses cours.

[6] Le nom botanique de He Shou Wu [何首乌] est *Polygonatum Multiflorum*.

[7] Le nom botanique de Ren Shen [人参] est *Panax Ginseng*.

[8] Comme leur nom l'indique, le Qi céleste vient des cieux et le Qi terrestre vient de la terre et du sol. Selon la théorie daoiste, l'être humain occupe une place entre les cieux et la terre, et puise donc dans le Qi céleste et dans le Qi terrestre. Sans ces deux, il serait incapable de survivre. En ce sens, les êtres humains ne sont pas différents des plantes qui sur le plan biologique, absorbent les nutriments de la terre et reçoivent la lumière du soleil, ainsi que la pluie céleste. En Chine, on apprend parfois aux enfants à marcher pieds nus lorsqu'ils semblent manquer de Qi terrestre, ce que les occidentaux appellent fréquemment 'un manque d'ancrage'.

[9] Monter et descendre équivaut à voyager dans les dimensions supérieures et inférieures, à monter aux cieux ou entrer dans la terre [shang tian ru di 上天入地].

[10] Ces outils comprennent la lecture des pensées, le contrôle mental et la guérison à distance.

[11] Cette affirmation est tirée du chapitre 6 de l'écriture daoiste *S'asseoir dans l'Oubli* [zuo wang lun 坐忘论] :

> 慧既生已，宝而怀之，勿以多知而伤于定。非生慧之难，慧而不用为难。自古忘形者众，忘名者寡。慧而不用，是忘名者也，天下希及之，是故为难。
>
> Lorsque la sagesse est née, chérissez-la et gardez-la précieusement. Ne vous retrouvez pas entravé lors de votre stabilisation [dans la méditation profonde] par un excès de connaissances. Il ne s'agit pas d'une difficulté à générer la sagesse, mais plutôt d'une difficulté à posséder la sagesse sans pour autant l'employer. Depuis les temps anciens, ceux qui oublient la forme ont été nombreux, mais ceux qui oublient leur réputation ont été peu nombreux. Ceux qui possèdent la sagesse mais qui ne l'emploient pas sont

ceux qui oublient leur réputation. Très peu de personnes sous les cieux peuvent y parvenir, c'est pourquoi cela est difficile.

[12] Le corps originel [yuan shen 元身] est le résultat de la fusion entre le corps physique, le corps Yin et le corps Yang.

[13] Zhang Xiang Yu [张香玉] était une femme chinoise qui en 1983 a été capable de guérir un grand nombre de personnes simplement par la parole, en soufflant sur elles et en leur donnant de l'eau à boire. Elle était dotée d'un Qi Gong naturel remarquable [da zi ran qi gong 大自然气功]. Avant cela, elle était interprète dans des opéras traditionnels. Un jour, elle escalada une montagne puis se trouva très fatiguée. Elle s'allongea puis s'endormit. Quand elle se réveilla, elle avait les aptitudes mentionnées précédemment. Elle pouvait observer le Qi des gens, l'emplacement de leurs maladies, ainsi que les problèmes qu'ils avaient dans leur foyer familial. Finalement, elle fut attirée par l'argent et tout aussi rapidement qu'elle avait atteint son Gong, elle le perdit du jour au lendemain.

[14] Il s'agit également d'une célèbre phrase issue du bouddhisme Chan, comme l'indique Qing Yuan Wei Xin [青原惟信] :

> 老僧三十年前未参禅时、见山是山、见水是水、及至后來亲见知识、有个入处、见山不是山、见水不是水、而今得个休歇处、依然见山祗是山、见水祗是水。
>
> Il y a trente ans, avant que je ne pratique la méditation, moi, un vieux moine bouddhiste, je ne voyais les montagnes que comme des montagnes et l'eau que comme de l'eau. Par la suite, ayant personnellement expérimenté la connaissance [supérieure], je suis entré dans un endroit où je ne voyais plus les montagnes comme des montagnes et je ne voyais plus l'eau comme de l'eau. Aujourd'hui cependant, j'ai atteint un lieu de repos et de nouveau, je [peux] voir les montagnes comme des montagnes seulement et l'eau comme de l'eau seulement.

[15] Il y a certaines cérémonies et certains rituels, tels que 'Ouvrir la Lumière' [kai guang 开光], au cours desquels le maître allume les feux intérieurs du disciple.

[16] Les Trois Années d'Allaitement [du Nourrisson] [san nian pu ru 三年哺乳] sont considérées comme l'accomplissement supérieur [shang cheng 上成], équivalent au Raffinement du Qi et de sa Transformation en Esprit [lian qi hua shen 炼气化神]. Les Trois Années d'Allaitement [du Nourrisson] est l'étape qui suit la période des Dix Mois pour Nourrir l'Embryon et des Cent Jours pour Poser la Fondation. On compare ainsi l'éducation d'un jeune enfant aux quelques années de pratique du Gong et de pratique du Soi permettant de devenir un adulte fort qui ne craint pas le vent, la pluie, l'orage ou les éclairs. De la même manière, les adultes peuvent voyager jusqu'en Chine pour participer à des cours sur le daoisme parce qu'ils ont compris comment venir jusque-là, les lois qu'il leur faut respecter et ils sont capables de se protéger eux-mêmes. Ce n'est qu'à cette étape de la vie que le pratiquant sait ce qu'il est capable de faire ou non. Vous ne sauteriez pas du haut de la falaise à l'arrière du Pic du Cheval Céleste si on vous le demandait. De la même manière, vous ne boiriez pas non plus d'arsenic si on vous en donnait, car vous avez acquis un certain contrôle de soi et une capacité de discernement. En revanche, un enfant plus crédule serait capable de sauter et de boire le poison. Il est question ici du stade de développement. Voir également Livre III : Livre de l'Humain, Chapitre 10, *Les Cent Jours pour Poser une Fondation* [bai ri zhu ji 百日筑基].

[17] Inelia Benz par exemple, affirme être née avec de tels dons extraordinaires.

[18] Le Qi de l'esprit [shen qi 神气] est une lumière vive qui se manifestera après des pratiques de visualisation, d'observation et de concentration. Par la suite, ce Qi est amené dans les champs de l'élixir supérieur, moyen et inférieur. Il est également appelé la 'Lumière de Sagesse' ou bien le 'Rayonnement de Sagesse' [hui guang 慧光]. Il joue un rôle crucial dans les pratiques alchimiques internes. Voir Livre III : Livre de l'Humain, Chapitre 12, *La Méthode de la Lumière de Sagesse* [hui guang fa 慧光法].

[19] Voir Livre III : Livre de l'Humain, Chapitre 11, *Nature-Intérieure et Vie-Destinée* [xing ming 性命].

28ème

Commentaire de la Barrière de l'Accumulation des Dettes

累債關

Cette barrière se trouve sur le chemin de celui qui a envie d'accumuler de plus en plus de biens et de richesses. C'est ce que l'on appelle 'accumuler de la terre pour en faire une montagne'.[1] Mais en ce qui concerne les êtres humains, il ne s'agit pas d'une référence au fait d'accumuler de la terre mais plutôt des afflictions karmiques. Cette barrière concerne le besoin de créer une abondance de richesses afin de les garder pour soi.[2] Dans ce monde, il vous faut gagner votre vie d'une manière ou d'une autre, afin de garantir votre survie aux niveaux les plus essentiels. Pour autant, vous ne devriez agir qu'en qualité de gardien temporaire de ces richesses. Dans la société, vous devriez consommer le minimum, évitant les articles de luxe et de valeur. Vous devriez :

> 检素抱朴。
>
> Être sans ornements,
>
> Et embrasser la simplicité.[3]

Accumulez du mérite et remboursez vos dettes.[4] N'en créez pas de nouvelles, mais cherchez plutôt à vous débarrasser des anciennes. Ayez une vie simple, sans rechercher le gain matériel et vous obtiendrez du mérite : 'par l'ascèse et la conduite bienveillante, accumulez le Gong et amassez la Vertu'.[5] Votre mode de vie et vos exigences doivent rester simples. Dans le salon du Temple des Cinq Immortels, il y a une affiche qui dit :

> 一粥一餐当思来之不易。
>
> [Lorsqu'on nous sert un bol] de gruau ou un repas,
>
> Il faut se rappeler que cela n'a pas été facile à produire.[6]

La nourriture est précieuse car au sommet d'une montagne, les repas et les ustensiles ne sont pas accessibles aisément et ne viennent pas sans labeur. Mon strict style de vie du passé au temple peut en attester.[7] A cette époque, ma nourriture se résumait à un porridge de maïs et à des légumes marinés dans le sel. Après en avoir mangé trois bols, j'en étais rassasié. Pourtant peu de temps après, j'avais faim à nouveau. Les pommes des terres que nous consommions avec Tao Shi Fi[8] étaient incroyablement décomposées et nauséabondes. Dès que j'en prenais une, elle se désagrégeait entre mes doigts. Pour atténuer la puanteur de ces pommes de terre, nous devions d'abord leur enlever la peau, les placer dans une bassine, y ajouter de l'eau, puis changer l'eau fréquemment tous les trois jours. Finalement, nous les mélangions avec de la farine et un peu d'eau pour en faire une galette plate. Chaque année pendant trois ans, nous avons dû endurer de nombreux mois de la sorte. Inutile de préciser que nous n'osions pas gaspiller la moindre parcelle de nourriture. Ainsi, vous devriez apprécier et chérir votre nourriture et vos ustensiles, en ne laissant rien se gâter. Ne laissez pas un seul grain de riz dans votre bol.[9] Trois règles ont été établies par Li Cheng Yu,[10] une ancienne nonne de Wu Dang :

> On doit manger jusqu'au dernier grain de riz.
> On doit lécher son bol jusqu'à ce qu'il soit propre.
> On doit verser de l'eau chaude dans le bol et la boire en trois gorgées.

Lorsque l'on pratique 'Les Trois Gorgées de Soupe font Revenir le Dragon',[11] on devrait réciter l'incantation suivante :

> 随母上天堂。
> En suivant la mère,[12] on s'élève vers le hall céleste.

Lorsque j'étais jeune, moi, mes frères et mes sœurs devions mémoriser une comptine qui nous rappelait qu'il faut être reconnaissants pour toute nourriture que nous mangeons :

> 锄禾日当午, 汗滴禾下土, 谁知盘中餐, 粒粒皆辛苦。
> Lors de la moisson, [quand] le jour atteint midi,
> La sueur coule sur le sol au pied des céréales.
> Qui se rappelle que pour le repas [présent] dans son assiette,
> Chaque céréale [est récoltée au prix] d'un dur labeur[13] ?

Chaque grain de riz nécessite de cultiver et de labourer la terre, de planter des graines, de les arroser jusqu'à pleine croissance et finalement de les récolter. Soyez attentifs quand vous menez votre vie quotidienne et évitez tout ce qui est luxueux, comme les pattes d'ours et les ailerons de requins[14] que tout le monde en Chine cherche manger. Restez simple et sans ornement. Comme le conseillait déjà le *Dao De Jing* il y a plus de deux mille ans :

> 不贵难得之货。
> Abstenez-vous de convoiter ce qui est difficile à obtenir.[15]

Le Livre II : 28ᵉᵐᵉ Commentaire

Si vous avez en excès, donnez à ceux qui n'ont pas assez. Si vous avez en abondance, donnez aux personnes qui sont démunies. Comme le recommande le *Dao De Jing* :

损有余而补不足。

Diminuez ce qui est excessif,
Et restaurez ce qui est insuffisant.¹⁶

Si vous possédez trois ensembles de vêtements, donnez-en un car vous cherchez à être sans ornement. Néanmoins, un certain degré de richesse est acceptable en certaines occasions, comme un moyen d'atteindre son but. Par exemple, il faut une grosse somme d'argent pour rénover un temple et aider les gens autour, ce qui est un acte méritoire. Cela implique néanmoins une immersion temporaire dans des affaires et les transactions des gens de la société.

---

¹ En chinois 堆土为山 [dui tu wei shan]. Ce dicton apparaît dans *Xun Zi* [荀子], un texte portant le nom de l'un des principaux disciples de Confucius, au chapitre intitulé 'L'Ecriture Dévotionnelle Confucéenne' [ru xiao pian 儒效篇] :

> 积土成山，风雨兴焉；积水成渊，蛟龙生焉。
> En amassant de la terre, une montagne se forme, puis vent et pluie s'y rassemblent en force. L'eau collectée forme un bassin profond et de là naît le dragon du déluge.

Le sens de cette analogie est que le succès d'une entreprise dépend de la collecte de petites choses qui, comme un goutte à goutte, s'accumulent progressivement pour devenir grandes. Ainsi, ce qui est petit se transforme en quelque chose de plus grand.

² Cette phrase peut être traduite littéralement par 'accumuler des richesses et ne pas les faire circuler' [ji cai bu san 集财不散].

³ Embrasser la simplicité [bao pu 抱朴] est un concept profondément ancré dans le daoisme. Pour en savoir plus sur ce concept, voir Livre III : Livre de l'Humain, Chapitre 7.

⁴ Les dettes ne font pas ici seulement référence à des dettes financières mais également à des afflictions karmiques.

⁵ En chinois, 苦行善行积功累德 [ku xing shan xing ji gong lei de]. 'Accumulez le Gong et amassez la Vertu' signifie aider les autres dans leurs besoins par des actes de bienveillance et de vertu, et leur accorder grâce et faveurs. Cette expression apparaît dans le *Rapport sur les Trois Origines* [san yuan ji 三元记] de Shen Shou Xian [沈受先], au chapitre intitulé 'Les Standards des Cieux' [ge tian 格天] :

> 冯商的，冯商的，积功累德；冯商的，冯商的，施仁布泽。
> Peu importe l'affaire, peu importe l'affaire,
> Accumulez le Gong et amassez la Vertu ;
> Peu importe l'affaire, Peu importe l'affaire,
> Agissez avec humanité et répandez la bienveillance.

⁶ Cette phrase est un extrait de *Adages pour Guérir la Famille* [zhi jia ge yan 治家格言] de Zhu Bai Lu [朱柏庐] :

> 一粥一饭，当思来之不易；半丝半缕，恒念物力维艰。
> [Qu'il s'agisse] d'un bol de gruau ou d'un repas, il faut se rappeler que cela n'a pas été

facile à produire. [Qu'il s'agisse] de la moitié d'un fil de soie ou de la moitié d'une cordelette, il [faut] savoir que les ressources matérielles sont difficiles [à obtenir].

Pour plus d'informations sur ce sujet, voir Livre III : Livre de l'Humain, Chapitre 14, *Remarques Concernant l'Entrée dans la Salle à Manger selon la Réalisation Complète* [ru quan zhen zhai tang xu zhi 入全真斋堂须知].

7 Li Shi Fu a décrit de façon très vivante les difficultés auxquelles il a dû faire face dans le passé, lorsque Tao Shi Fu était encore en vie. Au cours d'une période, ils ne virent pas le soleil pendant dix jours, ce qui fut la plus longue période d'obscurité qu'il ait jamais expérimentée. Le Temple des Cinq Immortels était englouti et caché dans les nuages, ce qui créait une atmosphère brumeuse, humide et pluvieuse. Comme il n'y avait pas de chauffage électrique, les couvertures de lits étaient trempées. La seule façon de les sécher était d'ériger quatre piliers autour d'un feu ouvert et de suspendre les couvertures au-dessus. Même dans ce cas, Li Shi Fu ne parvenait pas à se réchauffer et à être suffisamment confortable pour dormir avant 4h30 ou 5h30 du matin.

8 Tao Shi Fu [陶师傅], Maître Tao, est l'ancienne abbesse du Temple des Cinq Immortels et l'un des maîtres les plus influents de Li Shi Fu. Pour l'histoire de Tao Shi Fu qui est gravée sur sa pierre tombale, voir Livre III : Livre de l'Humain, Chapitre 37, *Tao Fa Zhen* [陶法真].

9 Il s'agit de l'un des nombreux préceptes que l'on respecte lors des repas pris au Temple des Cinq Immortels.

10 Une courte anecdote sur Li Cheng Yu [李诚玉] évoque sa bravoure :

> Lorsqu'on ordonna à ceux qui vivaient dans le temple de le quitter, une nonne daoiste de Wu Dang nommée Li Cheng Yu a fait une chose très courageuse. Refusant de partir, elle a scellé sa bouche avec de la colle et s'est assise en méditation sur les marches du temple. Sans nourriture et sans eau, elle est restée ainsi pendant plusieurs jours. Etonnés par de telles capacités, les Gardes Rouges l'autorisèrent avec quelques daoistes de haut rang à rester dans le temple.
> [source: https://daoistgate.com/the-truth-about-wudang-history/]

11 'Les Trois Gorgées de Soupe font Revenir le Dragon' [san kou hui long tang 三口回龙汤] ne doit pas être confondu avec la formule secrète du même nom de Zhu Jing Fu [朱景富] de la dynastie Song du Sud appelée 'La Décoction du Retour du Dragon' [hui long tang 回龙汤]. Dans ce dernier cas, il s'agit d'un nom fantaisiste faisant référence à la consommation de sa propre urine, avec pour promesse de renforcer son corps et d'améliorer la vigueur de son apparence.

12 La mère représente ici le maître.

13 Ce poème est connu dans tous les foyers. Il provient de la dynastie Tang et des poèmes de Li Shen [李绅], intitulés 'Plaidoyer pour les Fermiers' [悯农]. On raconte que Li Shen eut une vie placée sous le signe de la bonne fortune et qu'il en retira beaucoup de gloire. Il buvait le vin que d'autres familles lui offraient, mangeait leurs légumes et écoutait leur poésie. En retour, Li Shen souhaita un jour les glorifier par un de ses poèmes. Il se tourna vers les cieux, prit une longue inspiration et récita ces vers d'un soupir profond :

> 春种一粒粟，秋收万颗子。四海无闲田，农夫犹饿死！
> Au printemps, vous semez un grain de millet,
> En automne, vous en récoltez dix mille perles.
> Au sein des quatre mers, il n'y a pas de champ stérile,
> Et pourtant les fermiers meurent toujours de faim.

14 Pattes d'ours et ailerons de requins sont considérés comme des mets délicats en Chine.

15 L'origine de cette phrase se trouve dans le chapitre 3 du *Dao De Jing*.

16 Cette phrase se retrouve au chapitre 77 du *Dao De Jing*.

29ème
Commentaire de la Barrière de l'Orgueil et de la Fierté

Lorsqu'il y a arrogance, cela indique que le soi est trop hautain. Si tel est votre cas, alors personne ne voudra vous instruire, car votre attitude suggère que vous n'avez plus rien à apprendre. Quoi que vous étudiiez, vous devriez avoir le mode de pensée et l'attitude d'une personne ordinaire, car en réalité, nous sommes tous des êtres ordinaires. Ne vous comportez pas comme si vous étiez le meilleur des candidats à l'examen impérial le plus élevé,[1] ou comme si vous étiez un grand fondateur religieux ou un grand professeur. Ne vous prenez pas pour un ange, un arhat,[2] un Esprit Céleste[3] ou une émanation de la Boddhisattva Guan Shi Yin.[4] L'objectif du cultivateur est d'être au service de l'autre en employant une puissance supérieure et en agissant depuis un amour universel. Si vous souhaitez étudier le Dao, imitez la nature de l'eau qui coule vers le bas et qui continue sans cesse de descendre jusqu'au point le plus profond de la Terre. Soyez petit mais bon, et gardez votre tasse vide. La Bible affirme que les citadins qui deviennent riches et célèbres seront les plus petits au ciel, tandis que les personnes les plus humbles et les plus petites y seront les plus grandes.[5] Soyez modestes et construisez sur cette base :

> 不耻下问。
>
> N'ayez pas honte de poser une question
> à quelqu'un qui se trouve en dessous de vous.[6]

---

[1] Le système d'examen impérial chinois remonte à la dynastie Han (206 avant J.C. – 220 après J.C.). Sa fonction était de sélectionner les futurs officiels du pays et les érudits les plus aptes à travailler pour la bureaucratie. L'accent était mis sur l'excellence dans la connaissance des classiques et le style littéraire. Son principal atout était sa capacité à créer une unité culturelle dans une région aussi vaste que la Chine. La réussite à l'examen assurait une sécurité sociale, l'obtention de privilèges et était donc très recherchée. Ce système a été maintenu jusqu'à la dernière dynastie impériale, la dynastie Qing. Li Shi Fu fait référence ici au grade le plus élevé sous la dynastie Ming, celui de 'Novice au Royaume de l'Erudition' [jin shi 进士], un honneur qui était nécessaire pour obtenir les plus hautes fonctions.

[2] Un *arhat* [luo han 罗汉] est un mot sanskrit qui signifie littéralement 'Celui qui est Digne'. Dans le bouddhisme, il désigne une personne accomplie qui a acquis une compréhension de la véritable nature de l'existence et a atteint l'illumination spirituelle. Un *arhat* n'est plus soumis à la réincarnation car il s'est libéré des liens qui l'attachent au désir.

³ Les esprits célestes [tian shen 天神] sont également appelés les 'Esprits de Lumière qui se trouvent dans les Cieux' [tian shang de shen ming 天上的神明].

⁴ La Boddhisattva Guan Shi Yin [观世音菩萨] est la Boddhisattva de la Compassion, également connue sous son nom sanskrit *Avalokiteshvara*. Pour plus de détails, voir Livre III : Livre de l'Humain, Chapitre 38.

⁵ Le passage original de la Bible est le suivant :

> 耶稣说：我实在告诉你们，到万物更新、人子坐在祂荣耀的宝座上时，你们这些跟从我的人也要坐在十二个宝座上，审判以色列的十二个支派。无论谁为我的名而撇下房屋、弟兄、姊妹、父母、儿女或田地，都要得到百倍的赏赐，而且承受永生。然而，许多为首的将要殿后，殿后的将要为首。[马太福音 19:28-30]
>
> Jésus leur répondit : 'Je vous le dis en vérité, quand le Fils de l'homme, au renouvellement de toutes choses, sera assis sur le trône de sa gloire, vous qui m'avez suivi, vous serez de même assis sur douze trônes, et vous jugerez les douze tribus d'Israël. Et quiconque aura quitté, à cause de mon nom, ses frères, ou ses sœurs, ou son père, ou sa mère, ou sa femme, ou ses enfants, ou ses terres, ou ses maisons, recevra le centuple, et héritera la vie éternelle. Plusieurs des premiers seront les derniers, et plusieurs des derniers seront les premiers.' [Matthieu 19:28-30 ; *LSG*]

⁶ Cette phrase suggère que l'on devrait adopter une attitude humble, être désireux d'apprendre et ne pas considérer comme indigne de demander conseil à une personne moins instruite ou d'un statut inférieur au sien. Cette expression provient des *Annales [de Confucius]* [lun yu 论语], au chapitre intitulé 'Gong Ye Chang' [公冶长] :

> 孔文子何以谓之文也？子曰：'敏而好学，不耻下问，是以谓之文也。'
>
> Pourquoi Kong Wen Zi [c'est-à-dire Confucius] se fait-il appeler Wen ? Le maître répondit : 'Il est perspicace et aime apprendre. Il n'est pas embarrassé de demander [et d'apprendre] de celui qui lui est inférieur. C'est pourquoi on l'appelle Wen.'

Il convient de préciser que Wen [文] signifie civilisation, culture et écriture. Ce nom donné à Confucius pourrait ainsi être traduit par 'Confucius le Cultivé'.

30ème
Commentaire de la Barrière de la Beauté et de l'Ornement

L'ornement est une référence à l'apparence extérieure des gens et à leur façon de s'habiller. Les gens aiment porter des vêtements attrayants, et une tenue assortie d'un sac à la mode peut coûter des dizaines de milliers de *Yuan*. De plus, il ne suffit pas juste d'être beau une fois, mais jour après jour, vous ressentez le besoin de vous montrer au mieux. Si votre visage est trop foncé, alors vous le frottez et le poudrez de blanc.[1] Cette obsession peut même être telle que les gens ne quittent pas leur maison tant que leur coiffure n'est pas impeccablement stylisée. Et ces mêmes personnes ne peuvent pas se coucher tant qu'elles n'ont pas brossé leurs dents. Cette barrière concerne également les accessoires d'apparat extérieur tels que le rouge à lèvres, les beaux colliers, les bijoux et autres parures et mises en valeurs superficielles. Certaines femmes aiment épiler leurs sourcils jusqu'à ce qu'ils forment une fine ligne. Un jour par exemple, on a rapporté un incident survenu en Chine où des vieilles dames étaient sorties avec des grandes boucles d'oreilles. Deux personnes sont passées à moto et par l'arrière leur ont arraché ces bijoux. De telles parures sont à la fois très coûteuses et totalement dénuées de sens.

Oubliez les belles apparences et travaillez plutôt à avoir un caractère intérieur simple. Soyez juste sobre et sans artifices. Ayez un visage et une apparence ordinaire. Ne vous laissez pas aveugler par l'aspect extérieur des choses : 'ne jugez pas les gens sur leur apparence'.[2] Ce qui est illuminé de l'intérieur ne se voit pas à l'extérieur. Avez-vous réfléchi à l'apparence qu'aura votre visage dans cent ans, sans même parler de celui que vous aurez après votre mort ? Votre apparence extérieure peut être magnifique, mais cela reflète-t-il votre beauté intérieure ? Le *Dao De Jing* dit :

五色令人盲目。

Les cinq couleurs rendent les gens aveugles.[3]

Le stimulus externe des sens perturbe la vérité. Ainsi quand vous regardez les formes extérieures, vous oubliez ce qui est véritable :

道在身中，不往外求。

Le Dao se trouve à l'intérieur du corps,
Ainsi, ne le cherchez pas à l'extérieur.[4]

Les activités humaines sont principalement tournées vers l'extérieur plutôt que vers l'intérieur. Ceci est la mauvaise direction. Le concept d'être simple et sans artifices[5] implique de 'revenir à une simplicité et de retourner à la vérité'.[6] Tout ce qui se trouve hors du cœur-esprit sera de courte durée. Cela ne pourrait durer que si vous engagiez du temps et des efforts vers la simplicité.

Les célébrités comme les stars de cinéma semblent prestigieuses sur les photos et tout le monde est influencé par elles. Mais une fois démaquillés, leurs visages semblent très différents. Elles ressemblent plutôt à la grand-mère dans Harry Potter.[7] En Chine, il y a eu une fois une affaire de meurtre qui impliquait un mari et sa femme. Ils voulaient tous deux sortir et l'homme avait attendu pendant deux heures le temps que sa femme se maquille. Il lui demanda d'accélérer la cadence puis finit par en perdre la tête. Il se mit alors à la battre à mort avec un bâton. Voici un exemple d'attention et de la valeur accordée aux apparences extérieures. Pour autant, il ne serait pas juste de penser que vous n'avez pas besoin de l'extérieur, vous devriez juste être normal et naturel dans votre façon de vous présenter. Ne soyez pas attaché à cette forme extérieure et ne vous en préoccupez pas trop. Il existe en permanence une course pour savoir qui a les plus beaux vêtements et qui a le plus beau manteau en queue de pie.[8] Pourtant si les cultivateurs se mettaient à ressembler à des gentlemans, alors ce serait la fin de leur pratique. Dans les années 1990, j'ai rencontré un enseignant à Nan Yang sur le mont Wu Duo[9] qui ne s'était pas lavé la tête pendant dix-huit ans. L'état de ses cheveux était inimaginable et des nids d'oiseaux s'y étaient même installés. Il ressemblait à l'Ancêtre Fondateur le Guerrier Véritable.[10]

---

[1] La blancheur est une obsession des chinois, pour les mêmes raisons qu'autrefois en Europe ; c'est-à-dire pour marquer et délimiter les classes sociales. Le bronzage était assimilé au travail du paysan dans les champs et donc à un statut social bas. Ainsi, la couleur de la peau servait à indiquer la place d'une personne dans la société. Une peau blanche suggérait que la personne était capable de vivre en intérieur et qu'elle appartenait donc à la haute ou à la moyenne classe, avec le confort de vie correspondant. Malheureusement, cet idéal blanc s'est transformé en une industrie de plusieurs milliards de dollars, promouvant des crèmes cosmétiques et des procédures invasives.

[2] En chinois, 别以貌取人 [bie yi mao qu ren]. Cette expression trouve son origine dans un ajout ultérieur aux *Archives du Grand Historien* [shi ji 史记] de Si Ma Qian [司马迁], au chapitre intitulé 'Biographie Historique des Disciples de Confucius' [zhong ni di zi lie zhuan 仲尼弟子列传] :

> 澹台灭明，武城人，字子羽。少孔子三十九岁。状貌甚恶。欲事孔子，孔子以为材薄。既已受业，退而修行，行不由径，非公事不见卿大夫。南游至江，从弟子三百人，设取予去就，名施乎诸侯。孔子闻之，曰："吾以言取人，失之宰予；以貌取人，失之子羽。"

Tan Tai Mie Ming résidait à Wu Cheng, son prénom social était Zi Yu et il était plus jeune que Confucius de 39 ans. Son état physique et son apparence étaient extrêmement mauvais. Il désirait servir Confucius mais Confucius estimait que ses talents étaient médiocres. Après avoir reçu des enseignements, il se retira pour cultiver. Il ne prenait jamais de raccourcis et ne rencontrait jamais d'officiels, hormis pour des affaires importantes. Un jour, il voyagea vers le sud pour atteindre la Rivière Yang Zi et trois cents disciples l'ont suivi. En raison de la courtoisie dont il faisait preuve en acceptant ou en refusant les offres de postes officiels, sa réputation s'est propagée au sein des seigneurs féodaux. Lorsque Confucius entendit cela, il dit : 'J'ai jugé les gens par leur discours, c'est pourquoi j'ai échoué avec Zai Yu. J'ai également jugé les gens sur leur apparence extérieure, c'est pourquoi j'ai échoué avec Zi Yu.'

Zai Yu était un autre disciple de Confucius. Il était beau, éloquent et doué pour les débats. Cependant, il a été critiqué plus tard par Confucius pour le décalage qu'il y avait entre son discours et son comportement. On a également supposé que Zai Yu avait rejoint la rébellion de Tian Chang [田常] pour faire partie de ceux qui furent massacrés par Chen Heng [陈恒]. Si Ma Zhen [司马贞] de la dynastie Tang suspecte néanmoins que cette affirmation soit fausse et qu'il y ait eu confusion entre Kan Zhi [阚止], également nommé Zi Wo [子我] et Zai Yu.

3 Le contexte dans lequel apparaît cette phrase, au chapitre 12 du *Dao De Jing*, est le suivant :

> 五色令人目盲；五音令人耳聋；五味令人口爽。
> Les cinq couleurs rendent les gens aveugles ;
> Les cinq sons rendent les gens sourds ;
> Les cinq saveurs font dévier la bouche des gens.

4 Cette phrase n'est pas sans rappeler les processus alchimiques daoistes :

> 汞非铅，铅汞原在身中求，只须身心寂不动。
> Le mercure n'est pas le plomb ; mercure et plomb sont à rechercher essentiellement dans le corps. Il suffit d'avoir un corps et un cœur-esprit pour devenir tranquille et immobile.

5 En chinois 朴素 [pu su]. Voir également Livre III : Livre de l'Humain, Chapitre 7, *Embrasser la Simplicité* [bao pu 抱朴].

6 En chinois, 返朴归真 [fan pu gui zhen]. Cette expression s'écrit également 反璞归真 et se prononce exactement de la même manière. Elle provient du chapitre 11 des *Stratégies des Royaumes Combattants* [zhan guo ce 战国策] :

> 归真反璞，则终身不辱。
> Si l'on revient à la simplicité et que l'on retourne à la vérité,
> Alors, tout au long de sa vie, on ne rencontrera ni déshonneur ni humiliation.

7 Li Shi Fu fait ici référence à Bathilda Tourdesac dans la version cinématographique de *Harry Potter et les Reliques de la Mort, 1ère Partie* de J.K. Rowling.

8 Un manteau en queue de pie est un autre nom pour manteau de soirée. Depuis les années 1850, il est devenu la norme dans le cadre du code vestimentaire de la cravate blanche en soirée, ce qui est désormais également connu sous le nom de costume de soirée, réservé aux occasions formelles du soir.

9 Le mont Wu Duo [wu duo shan 五朵山] à Nan Yang [南阳] fait partie des Trois Montagnes [san yue 三山] sacrées. Voir également le Commentaire de la 35ème Barrière, note de bas de page 3 pour la liste complète des Trois Montagnes.

10 Le Guerrier Véritable [zhen wu 真武] est une divinité appartenant au Ciel du Nord. Il est souvent représenté avec les cheveux détachés, quelque peu négligé et les pieds nus, ce qui pourrait refléter son lien étroit avec la Terre et le Qi de cette dernière. Pour avoir une image différente de celle décrite dans *Le Voyage Vers L'Ouest* [xi you ji 西游记] au chapitre 66, voir Livre III : Livre de l'Humain, Chapitre 25, *Le Guerrier Véritable* [zhen wu 真武].

31ème
Commentaire de la Barrière de la Fausse Connaissance

假知關

Cette barrière est en lien avec certaines des précédentes. Parfois, les gens pensent qu'ils connaissent tout d'un sujet alors que ce n'est pas le cas. Vous devez développer une compréhension très claire de chaque étape du chemin et de chacun de ses aspects théoriques et pratiques. Ainsi, vous devriez raffiner le soi tout en rassemblant le cœur-esprit.[1] Par le passé, un visiteur du Temple des Cinq Immortels a prétendu avoir déjà atteint la respiration embryonnaire.[2] Cette personne était convaincue de posséder cette connaissance, pourtant elle ne l'avait pas. Cette affaire concerne la vie elle-même. Il vous faut en comprendre les aspects les plus subtils ainsi que les moindres détails de la pratique, sinon votre vie pourrait être endommagée ou même prendre fin.[3] Chaque porte verrouillée possède une clé qui permet de l'ouvrir. Si vous vous trouvez devant la porte et que vous ne possédez pas la clé, alors même si vous êtes prêts à entrer, vous vous trouverez impuissants et vous ne saurez pas quoi faire.

Saisissez les principes,[4] puis gravez les méthodes et les théories dans votre mémoire. Ceci est la première étape pour le cultivateur ordinaire débutant. Il y a trois étapes au total si vous souhaitez résoudre la problématique de la vie et de la mort. La première consiste à 'Raffiner le Soi et Rassembler le Cœur-Esprit' ou à 'Être Illuminé par les Principes' ; la seconde se nomme 'Réaliser sa Nature-Intérieure' ; la troisième et dernière étape est appelée 'Accomplir Pleinement la Vie Destinée'.[5] Au cours de l'étape initiale, on doit :

炼己成熟，万缘皆空。

Raffiner le soi jusqu'à accomplissement,
Alors, les dix mille destins seront tous vides.[6]

Au fur et à mesure que vous suivez ce processus, il s'agit d'être clairement conscient de ce que vous connaissez et de ce que vous ne connaissez pas. Vous ne devez pas prétendre posséder une connaissance que vous n'avez pas. Il vous faut adopter l'attitude du sage Confucius :

Le Livre II : 31ème Commentaire

知之为知之，不知为不知，是知也。

Parler de ce que l'on connait, quand on le connait,
Et dire que l'on ne sait pas, quand on ne sait pas,
Ceci est connaître.[7]

---

[1] 'Raffiner le Soi et Rassembler le Cœur-Esprit' est une référence au fait de constamment ramener ses pensées errantes et tortueuses au champ de l'élixir [dan tian 丹田] inférieur, l'espace entre le nombril et les reins. On appelle cela également 'Enfermer le Cœur-Singe' [suo xin yuan 锁心猿] et 'Attacher l'Esprit-Cheval' [shuan yi ma 拴意马].

[2] Voir le Commentaire de la 21ème Barrière, note de bas de page 11.

[3] Lorsque l'on cultive, il existe une étape spécifique du processus durant laquelle le pratiquant est tenté de laisser derrière lui l'enveloppe du corps physique et de sortir sous la forme du corps Yin [yin shen 阴身]. Quand l'adepte succombe à cette tentation, alors le corps physique cesse d'exister et la chance d'atteindre un stade encore plus élevé sous la forme du corps Yang [yang shen 阳身] est perdue.

[4] Voir Livre III : Livre de l'Humain, Chapitre 18, *Les Trois Etapes de la Pratique* [san bu xiu xing 三部修行] pour une discussion plus détaillée. 'Saisir les Principes' pourrait également être traduit par 'Être Illuminé par les Principes' [ming li 明理].

[5] Voir la note de bas de page 4.

[6] Cette dernière phrase possède plusieurs degrés de signification et apparaît généralement en huit caractères chinois :

> 万法随缘。万缘皆空。
> Les dix milles lois s'accordent avec le destin.
> Les dix milles destins sont tous vides.

La première partie de cette phrase implique que toutes les affaires, toutes les manifestations et tous les phénomènes dépendent du destin et de la prédétermination. Parce que les conditions sont réunies, alors les phénomènes ou les évènements se produisent. Au contraire, lorsque les conditions ne sont plus réunies, alors les phénomènes ou les évènements cessent d'exister. Ce point est absolument crucial pour le cultivateur bouddhiste sur le chemin de l'éveil, car il fait allusion à la doctrine fondamentale de la cause. Pour qu'un phénomène se produise, des conditions spécifiques sont requises. Si ces conditions ne sont pas réunies, alors le phénomène ne peut se produire. La seconde partie de la phrase suggère que toutes les conditions et tous les stimulus sont en réalité vides et inexistants.

   Ces deux phrases indiquent globalement qu'aucun objet ou matériau n'existera pour l'éternité, car tous doivent continuellement suivre le changement lié à la prédétermination et en conséquence se transformer au cours de ce processus. Prédétermination et destinée eux-mêmes font partie intégrante de ce changement et de ces transformations constantes. Tout est comme un rêve ou une illusion. Au final, rien n'est digne que l'on y développe des affinités et des attachements.

[7] Cette citation est tirée du second chapitre [wei zheng 为政] des *Annales [de Confucius]* [lun yu 论语].

32ème
Commentaire de la Barrière du Mal-Yin

Il est question dans cette barrière de compassion et de forces karmiques démoniaques. Cultivez la compassion et ne nourrissez pas en vous un cœur-esprit maléfique. N'oubliez pas de faire preuve de gratitude envers ceux qui vous aident et de pardonner ceux qui vous blessent ; sinon, vous vous mettrez à ruminer votre vengeance, patientant jusqu'à ce qu'une opportunité de riposter se présente. Le cultivateur doit développer un cœur-esprit de compassion, de pardon[1] et d'amour. Ainsi, le Grand Immortel[2] Tuo Cheng Ren [度成仁], Aîné des Immortels du Temple des Cinq Immortels, est l'incarnation même d'un cœur-esprit de bienveillance, car il porte le caractère bienveillance dans son propre nom – Ren [仁]. Vous devez d'abord étudier afin de devenir une personne droite et bienveillante. Si vous ne fréquentez pas l'école primaire dans un premier temps, comment ferez-vous pour aller jusqu'au collège ? Si vous ne posez pas de fondations, comment pourrez-vous alors construire une maison ? Avoir un cœur-esprit de compassion et être une bonne personne est le point de départ :

> 慈悲爱心善良立身之本。
>
> La compassion, le cœur-esprit d'amour et de bienveillance sont la base pour vous établir en société.[3]

Si vous n'avez pas de compassion, il vous sera impossible de pratiquer le véritable Gong Fu.[4] Si vous avez une tendance à ressentir de la colère, alors le Sha Qi[5] montera en vous lorsque vous serez confronté à des situations dangereuses et difficiles. L'objectif du véritable Gong Fu est de développer votre Qi et de rendre votre corps plus fort ; il ne s'agit certainement pas de l'employer pour faire mal aux gens. Pour autant, il est vrai que vous avez besoin de Sha Qi pour la compétition. Cheng Zhou,[6] un pratiquant d'arts martiaux à qui son professeur lui avait dit un jour de se rendre au Temple des Cinq Immortels, en est un excellent exemple. Il est un ancien champion de Jiu Jitsu Brésilien et de boxe. Il a voyagé dans le monde entier et affirme que je suis le premier maître qu'il rencontre à enseigner le Gong Fu, sans pour autant le pratiquer. Le Sha Qi du Gong Fu s'exprime et se libère dans le combat. Parfois vous n'êtes même pas conscient de son émergence et ce n'est que lorsque le mal est déjà fait qu'on le remarque. Un étudiant qui se faisait appeler Buffle de Fer[7] en est un parfait exemple. Il effrayait tout le monde avec ses coups de l'avant-bras.[8] J'étais à l'extérieur du Temple des Cinq Immortels et je l'observais pratiquer son Qi Gong de Fer. Je me suis alors levé de mon siège, ayant décidé d'échanger trois coups avec lui. Lorsque nos avant-bras se sont entrechoqués, Buffle de Fer s'est alors rétracté. Sa petite amie s'est presque mise à pleurer, totalement bouleversée par les avant-bras de Buffle de Fer qui s'étaient mis à enfler. J'ai alors immédiatement réalisé mon erreur. J'ai placé mes mains sur sa blessure pour la soigner. Il y a également eu un autre incident de ce type lorsque j'ai donné un coup de coude de côté à un pratiquant d'arts martiaux d'une trentaine d'années, et que lui ai cassé la côte. Le Sha Qi doit être abandonné afin d'être transformé et dissous dans la compassion.

Toute pratique possède un niveau de compréhension inférieur et supérieur.[9] Les élèves de l'école primaire, du collège et du lycée comprendront un même sujet de différentes manières. Si vous n'êtes pas une bonne personne et que vous agissez de façon nocive, par exemple en trichant, en trompant et en volant, alors vous n'aurez pas les bases nécessaires pour étudier le Dao. Le fait de briser et de détruire ce qui a été produit en société par un dur labeur, ou de nuire à quelqu'un sur le plan psychologique est appelé le 'Mal Yin'[10] :

斤斤计较。毁人伤物。

[C'est comme] si l'on argumentait pour chaque once et que l'on détruisait les gens en ruinant toute chose.[11]

Vous devez vous détacher de tels comportements malfaisants. Ne communiquez qu'avec bienveillance, pardon et compassion. Dans la société, trop de gens parlent avec un cœur-esprit malfaisant, blessant ainsi les autres, ce qui finalement revient à se porter préjudice à soi-même. Les véritables cultivateurs en revanche ne relèvent pas ces affronts et les mettent de côté en rigolant. Les gens ordinaires sont incapables de se comporter ainsi, étant plutôt enclins par exemple à la vengeance lorsqu'ils se sentent trompés par quelqu'un. Chaque niveau a son propre lot de connaissance et ses propres exigences. Les personnes ordinaires agissent en fonction des standards de la société et de la compréhension des masses. Les véritables cultivateurs du Dao ont des impératifs plus élevés.

---

[1] Une autre traduction pour le 'cœur-esprit de pardon' [bao rong xin 包容心] serait un 'cœur-esprit de tolérance' ou bien un 'cœur-esprit d'inclusion'.
[2] L'histoire du Grand Immortel Tuo Cheng Ren [庹成仁] est racontée dans le Livre III : Livre de l'Humain, Chapitre 33, *Les Cinq Immortels* [wu xian 五仙].
[3] L'expression 's'établir' se traduit littéralement par 'établir son corps' [li shen 立身], ce qui peut être interprété comme le fait d'établir les bases d'une autonomie, de pouvoir se tenir campé sur ses deux pieds. Cela est considéré comme un critère essentiel pour le fonctionnement en société. Ce concept est expliqué dans l'ouvrage de Liu Qing Zhi [刘清之], *Rapports Pénétrants pour Alerter le Fils* [jie zi tong lu 戒子通录], datant du 12ème siècle :

夫言行可覆，信之至也；推美引恶，德之至也；扬名显亲，孝之至也；兄弟怡怡，宗族欣欣，悌之至也；临财莫过乎让。此五者立身之本。

> Lorsque le discours d'une personne correspond à ses actions, alors il s'agit de la plus haute intégrité. Lorsque l'on promeut le bien, tout en guidant [les autres] en dehors de la méchanceté, alors il s'agit de la plus haute vertu. Lorsque l'on devient célèbre et que l'on glorifie ses parents, alors il s'agit de la plus haute piété filiale. Lorsque les frères sont en harmonie et que les membres du clan sont heureux, alors il s'agit du devoir de fraternité le plus élevé. Lorsque l'on a l'occasion de faire des profits monétaires, rien n'est supérieur au fait de les donner et de les partager avec les autres. Telles sont les cinq bases fondamentales qui permettent de s'établir [en société].

[4] La pratique du Gong Fu se divise en plusieurs niveaux selon Li Shi Fu. Le stade initial et le plus grossier est celui du Gong Fu martial dont l'objectif est de pouvoir se défendre soi-même et défendre ses proches à tout prix, même si cela peut impliquer de devoir prendre la vie de quelqu'un d'autre. Le stade intermédiaire du Gong Fu est une forme plus subtile qui correspond au véritable Gong Fu. Le but est alors de renforcer le corps pour qu'il puisse se défendre contre les attaques extérieures sans forme. Le véritable Gong Fu repose sur les clés de la compassion et de l'amour, afin de s'ouvrir à des pouvoirs supérieurs.

Li Shi Fu a souvent élaboré sur ces questionnements relatifs aux liens entre le Gong Fu martial et la compassion en demandant à ses élèves : si un lion était sur le point de manger un cerf, sauveriez-vous le cerf et laisseriez le lion mourir de faim ? Où est votre compassion pour le cerf ? Où est votre compassion pour le lion ? Un des Cinq Préceptes Daoistes est de ne pas tuer. Si vous aviez une clairvoyance suffisamment développée pour savoir qu'un dictateur tuerait des millions de personnes innocentes au cours de son règne et que vous aviez une occasion d'empêcher cela en prenant sa vie, le feriez-vous ? Où est votre compassion pour ce dirigeant ? Où est votre compassion pour les millions de vies innocentes ?

[5] Le Sha Qi [煞气], qui est souvent mal orthographié et écrit 杀气, pourrait être traduit par 'Qi Malfaisant'. Il joue un rôle majeur dans la géomancie [feng shui 风水] et dans la pratique du Gong Fu. Le Sha Qi porte toujours une connotation négative en lui. En Feng Shui par exemple, il est à éviter quand on choisit un lieu de vie, car il aura alors des effets néfastes sur la santé des résidents. En revanche dans le Gong Fu, le Sha Qi est nécessaire lorsque l'on visualise son adversaire durant l'entrainement, afin de développer la capacité à ne pas retenir ses coups lorsqu'un cas de légitime défense se présente. Il peut également libérer un pouvoir sans précédent lors d'un combat pour la survie.

[6] Le nom de naissance de Cheng Zhou [诚舟] est Pedro Solana. Pour un résumé de sa vie et de sa carrière dans les arts martiaux, voir Livre III : Livre de l'Humain, Chapitre 48, *Pedro Solana - Le Guerrier Spirituel*. Par ailleurs, Lindsey Wei a écrit un livre sur Pedro qui s'intitule *Path of the Spiritual Warrior - Life and Teachings of Muay Thai Fighter Pedro Solana*, publié par Purple Cloud Press.

[7] Buffle de Fer [tie niu 铁牛] est un terme affectueux donné par Li Shi Fu à un étudiant qui participa au premier cours sur le daoisme organisé au Temple des Cinq Immortels.

[8] Le coup de l'avant-bras [peng bei 碰臂] est une Compétence de Fer ou un Gong Annexe conçu pour renforcer les avant-bras du pratiquant afin qu'ils deviennent aussi durs qu'une barre d'acier. Pour plus d'informations, voir Livre III : Livre de l'Humain, Chapitre 49, *Le Gong Annexe* [fu zhu gong 辅助功].

[9] Voir note de bas de page 4.

[10] Le Mal Yin [yin e 阴恶] représente ici la partie sombre des entités vivantes, telle que les fantômes et les entités négatives qui sont associés avec la nuit et le moment Yin du jour. Il se manifeste en après-midi pour atteindre son apogée à minuit.

[11] Argumenter pour chaque once [jin jin ji jiao 斤斤计较] est un dicton chinois. Cette première partie de la phrase faisait référence à l'époque à la méticulosité et l'attention que l'on porte aux choses, mais elle signifie aujourd'hui la trivialité. Ce proverbe a donc fini par signifier que l'on se préoccupe trop de sujets insignifiants.

33ème

Commentaire de la Barrière du Désir pour l'Alcool

Je n'ai pas bu d'alcool pendant dix ans et les bouteilles ont fini par être pleines de moisissures dans ma chambre. J'accompagne les invités lorsqu'ils boivent, mais je ne bois jamais par moi-même. Il est difficile d'échapper à la consommation d'alcool car il s'agit d'un élément très important de la culture chinoise.[1] Par le passé, si vous vouliez que les choses soient faites, il fallait boire. Si vous étudiiez et appreniez l'art de boire, alors tout le monde en Chine était votre ami - un copain de viande et de saoulerie[2] comme on dit. Lorsque vous côtoyez des dirigeants et des représentants du gouvernement, vous n'avez pas d'autres choix que de boire, qui que vous soyez. Tel est le contexte culturel en Chine. Les citoyens doivent suivre les ordres de leurs dirigeants, que cela leur semble juste ou non, même lorsqu'ils sont renonçants. Il est peut-être possible pour une personne seule de quitter la société et de suivre sa propre voie, mais pour celui qui a une femme et des enfants, cela ne peut être fait. Même si vous êtes une personne solitaire en charge d'un temple, lorsque l'espace du Dao[3] est abandonné, alors il est récupéré par des représentants gouvernementaux. Ainsi, je boirais avec les dirigeants et les représentants officiels.[4] Mais je n'enseigne pas à mes étudiants comment boire.

En Russie, il fait terriblement froid en hiver et beaucoup de gens meurent congelés lorsque ivres, ils s'évanouissent et se raidissent à force de ne plus bouger.[5] Certaines personnes deviennent folles sous l'effet de l'alcool, se déshabillent, puis sautent et courent partout. Je ne me suis jamais comporté de la sorte. Certaines personnes ne supportent pas de s'abstenir de boire même pour un jour, cela s'appelle 'être avide d'alcool'.[6] On dit que l'un des disciples du Bouddha possédait les plus grands pouvoirs et les plus grandes capacités de l'esprit.[7] Ainsi, il était capable de soumettre des éléphants et des lions, mais après avoir bu, il n'était même pas capable de vaincre une fourmi. Lorsque l'on boit, on perd le contrôle de soi et on oublie qui on est. C'est pourquoi l'alcool est interdit dans le bouddhisme.[8] Cependant, il n'est pas interdit dans le daoisme et il peut être consommé à deux occasions particulières : premièrement, lorsqu'il est pris à des fins médicinales, et secondairement lorsqu'il est requis dans les conventions culturelles en Chine et que vous recevez des invités. Dans le premier cas, l'alcool peut être bénéfique pour la santé lorsqu'il est pris avec d'autres plantes. Il peut également être un médicament efficace à lui seul, car l'alcool possède une nature réchauffante et puissante. Dans les temps anciens, l'un de ces remèdes à base d'alcool portait le nom de 'Vin de Céréales du Distillateur Du Kang',[9] un breuvage ancestral dépositaire d'une culture vieille d'au moins mille ans. L'alcool médicinal est autorisé pour les personnes âgées, infirmes, boiteuses ou malades par exemple.[10]

Il renforce la rate,[11] fortifie le sang[12] et élimine la fatigue ainsi que les douleurs persistantes. Mais cela ne signifie pas pour autant que vous êtes autorisé à vous enivrer et à devenir fou. L'alcool doit être consommé avec mesure et de façon contrôlée. Si vous n'avez pas de problème avec votre corps, alors il n'est pas acceptable de boire régulièrement, comme ceux qui boivent un verre par jour. L'alcool est désormais interdit au Temple des Cinq Immortels ainsi que lorsque les étudiants descendent à l'hôtel en ville.[13] Par le passé, je n'autorisais la consommation d'alcool qu'à une seule occasion spéciale, une petite célébration avec quelques verres pour fêter la fin de chaque cours organisé au Temple des Cinq Immortels. Mais la consommation d'alcool lors de ces célébrations s'intensifiait rapidement et une cuve entière d'alcool pouvait être consommée sans retenue. Alors que l'alcool peut être bénéfique lorsqu'il est pris avec raison, le danger réside toujours dans le fait que plus vous en buvez, plus vous voulez en boire. C'est pourquoi j'ai déclaré une interdiction totale d'alcool au temple.

---

[1] La culture chinoise est communément appelée une 'Culture de Recherche' [yan jiu wen hua 研究文化]. La 'recherche' [yan jiu 研究] est ici un jeu de mot puisque son homonyme signifie 'Cigarettes et Alcool' [yan jiu 烟酒]. Si vous ne fumez pas et ne buvez pas lorsque vous vous trouvez avec des gens, alors vous risquez de vous retrouver marginalisé, car s'abstenir est considéré comme un manque de courtoisie envers son hôte. Cela est particulièrement valable dans les campagnes ou lorsque l'on conduit des affaires dans les zones rurales et urbaines. Un célèbre dicton l'illustre bien :

> 酒逢知己千杯少，话不投机半句多。
> Lorsque l'on retrouve un ami intime et que l'on boit, mille coupes ne sont pas suffisantes ; lorsque la conversation ne présente que peu de points communs, alors même une demi-phrase est de trop.

[2] Un copain de viande et de saoulerie [jiu rou peng you 酒肉朋友] désigne quelqu'un avec qui vous vous gavez de nourriture et d'alcool dans des interactions quelque peu superficielles.

[3] L'espace du Dao ou le champ daoiste [dao chang 道场] représente le lieu de prière et de dévotion au Dao, ainsi qu'à ses aspects spirituels et religieux.

[4] En Chine, il est d'usage de trinquer avec un verre de 50 millilitres d'alcool à base de céréales ou de maïs, appelé l'alcool blanc [bai jiu 白酒], souvent pris en début de repas sur un estomac vide.

[5] Cette observation est basée sur la propre expérience de Li Shi Fu lors de voyage d'affaires dans certaines régions de Russie avant de devenir renonçant. Il a été témoin d'une consommation excessive d'alcool de cerise à fort degré. Cela l'a surpris car pour lui en Chine, tous les alcools sont fermentés à partir de céréales ou de maïs.

[6] Être avide d'alcool [tan jiu 贪酒] fait référence à un besoin addictif d'alcool. Pour une discussion détaillée sur l'alcool et sur *Les Cinq Préceptes du Daoisme* [dao jiao wu jie 道教五戒], voir Livre III : Livre de l'Humain, Chapitre 8.

[7] Les pouvoirs de l'esprit [shen li 神力] représentent des capacités extraordinaires.

[8] L'histoire du disciple du Bouddha est racontée dans le *Mahasanghikavinaya* [mo he seng qi lü 摩诃僧祇律] au 20ème rouleau.

⁹ Le Vin de Céréales du Distillateur Du Kang [du kang zao jiu 杜康糟酒], inventé par le Clan Du [du zu 杜族], est considéré comme la plus ancienne forme de médecine en Chine, datant traditionnellement de quatre mille ans. On l'utilisait pour guérir, réduire la douleur, mobiliser le Qi et le sang et réchauffer l'intérieur du corps. C'est en observant des singes devenir ivres après avoir consommé des fruits fermentés que le Clan Du décida d'aller plus loin dans cette exploration.

¹⁰ En chinois, 老残病弱 [lao can bing ruo] – les anciens, les infirmes, les malades et les faibles. Li Shi Fu suit ici une liste traditionnelle daoiste d'exception. Pour l'infirme du village, le but était de soulager temporairement et d'atténuer la douleur et la souffrance qui au fil du temps finissait par développer de l'arthrose dans diverses articulations, due à une démarche boiteuse.

¹¹ En médecine chinoise, les organes désignent un ensemble plus vaste de significations. Par exemple, la rate joue un rôle crucial dans la production du Qi ainsi que dans la transformation et le transport de l'essence et des nutriments issus des aliments.

¹² Le sang dans cet exemple doit être défini selon la médecine chinoise. Par exemple, le sang est la mère du Qi mais également la demeure de l'esprit.

¹³ Il est courant que les étudiants descendent de la montagne jusqu'à la ville la plus proche pendant leurs journées et demie de congé à la fin de la semaine. Ils peuvent ainsi retirer de l'argent, déguster différents types de nourriture ou bien utiliser une connexion internet rapide. Les instructions de Li Shi Fu étaient pour les étudiants de ne pas consommer d'alcool, car ils risquaient de perdre le sens des mesures, et les troubles créés par une seule personne pouvait coûter leur emploi aux cinq fonctionnaires en charge de la sécurité des étrangers. Au final, cela pourrait conduire à la fermeture du Temple des Cinq Immortels aux étrangers, leur sécurité ne pouvant être garantie par Li Shi Fu.

34ème
Commentaire de la Barrière de la Peur de l'Amertume

怕苦關

Le chemin est très amer.[1] Vous devez évaluer la souffrance que l'on y rencontre et la comparer avec à la finalité de ce parcours, pour déterminer si cela vaut la peine de s'y engager. Les gens de la société font tout pour éviter l'amertume. C'est parce qu'ils ne savent pas exactement ce qu'il y a à gagner en échange du sacrifice de leur vie. Il est impossible de cultiver le Dao dans des environnements riches et luxueux comme les hôtels cinq étoiles, car alors vous deviendriez faibles, comme une plante qui pousse sous serre et qui devient trop fragile pour affronter l'extérieur avec le vent, la pluie et le soleil brûlant. Vous devez être résolu, avec des idéaux élevés et une forte motivation. Les épreuves[2] que vous rencontrez sont des tests et des examens qui permettent de renforcer votre volonté, et qui vous empêchent également de rester accroché aux vieilles habitudes que vous ne souhaitez pas changer et qui bloquent votre chemin. Vous avez peut-être l'habitude de boire du café et de fumer des cigarettes. Examinez vos propres lacunes avant de réprimander celles des autres, et concentrez-vous sur vos propres efforts ainsi que sur votre propre progression. Il faut une grande détermination pour se défaire de ses tendances habituelles et le bon moment pour les éliminer varie selon les individus. Vous pourriez par exemple être capable d'arrêter de faire quelque chose mais continuer de le désirer dans votre esprit. Le lâcher prise doit être méthodique et graduel. Tout dépend de l'étendue de votre attachement à vos préférences et à vos goûts, ainsi que de combien vous souhaitez en éliminer.

La purification du corps physique ne prend pas beaucoup de temps. Avant cela, la première étape consiste à nettoyer l'esprit en profondeur. Ce défi est le plus difficile de tous et s'abstenir de boire de l'alcool ou de manger de la viande sont des défis mineurs en comparaison. Ne faites pas d'excès avec la nourriture et sevrez-vous progressivement de vos mauvaises habitudes. Il n'y a aucun problème à avancer lentement, tant que vous allez dans la bonne direction. Cependant, si vous n'êtes pas en mesure d'obtenir la connaissance appropriée et qu'en conséquence, vous vous retrouvez bloqué sur un chemin tortueux, alors cela pourrait menacer votre vie.[3] Pour l'instant, commencez simplement par vous débarrasser de vos petits défauts, vices et égarements. Nettoyez votre chambre et mettez-la en ordre. Ce processus pourrait même prendre vingt ou trente ans. La Bible utilise l'exemple du mariage.[4]

Le Livre II : 34ème Commentaire

Traditionnellement, lorsqu'une épouse avait été choisie, il y avait certains préparatifs à faire pour la nuit de noce, tout comme la préparation de la chambre.

La peur des difficultés[5] est un grand danger pour les cultivateurs, car elle peut les conduire à perdre leur foi et leur motivation, les poussant à abandonner le chemin.

---

[1] Voir note de bas de page 4 dans le Commentaire de la 5ème barrière. Voir également Livre III : Livre de l'Humain, Chapitre 3, *Amertume* [ku 苦].

[2] Le mot chinois pour épreuves [ku nan 苦难] contient le caractère 'Amertume' [ku 苦] ; littéralement, cela signifie amertume et difficultés.

[3] Li Shi Fu mettait souvent en garde contre les démons et les fantômes qui peuvent prendre la forme d'un être aimé, d'une mère, d'un père, d'une femme, d'un mari, ou bien même de Jésus, Lao Zi ou Shakyamuni. Ils peuvent détourner le cultivateur vers un chemin tortueux d'où il n'y a pas de retour. Sans méthode, sans connaissance et sans instruction droite quant à ces dangers, le cultivateur pourrait bien succomber à la tentation.

[4] Li Shi Fu a peut-être fait allusion à cette parabole de la Bible qui se nomme 'la Parabole du Banquet de Noce' :

> 耶稣又用比喻对他们说："天国好象一个王，为儿子摆设婚筵。他派仆人去叫被邀请的人来参加婚筵。但他们不肯来。他再派另一些仆人去，说：'你们告诉被邀请的人，我已经预备好了筵席，公牛和肥畜已经宰了，一切都预备妥当。来参加婚筵吧！'但那些人却不理会就走了；有的去耕田，有的去作买卖，其余的抓住王的仆人，凌辱他们，并且把他们杀了。王就发怒，派兵消灭那些凶手，焚毁他们的城。然后对仆人说：'婚筵已经预备好了，只是被邀请的人不配。所以你们要到大路口，凡遇见的，都请来参加婚筵。'"
>
> 那些仆人就走到街上，把所有遇见的，不论好人坏人，都招聚了来，婚筵上就坐满了人。王进来与赴筵的人见面，看见有一个人没有穿著婚筵的礼服，就对他说：'朋友，你没有婚筵的礼服，怎能进到这里来呢？'他就无话可说。于是王对侍从说：'把他的手和脚都绑起来，丢到外面的黑暗里，在那里必要哀哭切齿。'因为被召的人多，选上的人少。[马太福音 22: 1-14]
>
> Jésus, prenant la parole, leur parla de nouveau en parabole, et il dit : Le royaume des cieux est semblable à un roi qui fit des noces pour son fils. Il envoya ses serviteurs appeler ceux qui étaient invités aux noces ; mais ils ne voulurent pas venir. Il envoya encore d'autres serviteurs, en disant : Dites aux conviés : Voici, j'ai préparé mon festin ; mes bœufs et mes bêtes grasses sont tués, tout est prêt, venez aux noces. Mais, sans s'inquiéter de l'invitation, ils s'en allèrent, celui-ci à son champ, celui-là à son trafic ; et les autres se saisirent des serviteurs, les outragèrent et les tuèrent. Le roi fut irrité ; il envoya ses troupes, fit périr ces meurtriers, et brûla leur ville.
>
> Alors il dit à ses serviteurs : Les noces sont prêtes ; mais les conviés n'en étaient pas dignes. Allez donc dans les carrefours, et appelez aux noces tous ceux que vous trouverez. Ces serviteurs allèrent dans les chemins, rassemblèrent tous ceux qu'ils trouvèrent, méchants et bons, et la salle des noces fut pleine de convives. Le roi entra pour voir ceux qui étaient à table, et il aperçut là un homme qui n'avait pas revêtu un habit de noces. Il lui dit : Mon ami, comment es-tu entré ici sans avoir un habit de noces? Cet homme eut la bouche fermée. Alors le roi dit aux serviteurs : Liez-lui les pieds et les mains, et jetez-le dans les ténèbres du dehors, où il y aura des pleurs et des grincements de dents. Car il y a beaucoup d'appelés, mais peu d'élus. [Matthieu 22:1-14 ; *LSG*]

[5] La peur des difficultés [pa ku 怕苦] comporte également le mot 'Amertume' [ku 苦] et signifie littéralement être effrayé par l'amertume.

35ème

Commentaire de la Barrière du Manque de Foi et du Scepticisme

Dans le passé, les gens ordinaires en Chine ne croyaient pas à la quatrième dimension.¹ De la même manière, il y a huit cents ans personne ne connaissait la physique quantique. Il n'y avait pas de télescope Hubble et on ne pouvait que regarder la vaste étendue du ciel à l'œil nu en essayant de voir au loin. Même encore aujourd'hui, vous n'êtes pas obligé d'accepter tout phénomène comme étant la vérité. Que vous y croyiez ou non dépend entièrement de vous. La science continue de se développer et même si elle a déjà évolué rapidement et est devenue hautement avancée, il reste toujours de nombreuses choses dans cet univers qui restent inexpliquées. Tant que vous n'êtes pas encore en mesure de discerner quel est le bon chemin à suivre et d'avoir foi en lui, alors il vous faut consulter de nombreux maîtres, puis comparer leurs enseignements pour déterminer la vérité.² Durant la dynastie Qing (1644-1911), les cultivateurs daoistes voyageaient jusqu'aux Trois Montagnes et jusqu'aux Cinq Sommets³ pour pouvoir étudier auprès d'une quarantaine de maîtres différents. De la même manière, je vous encourage mes étudiants, à apprendre de plusieurs professeurs différents - j'ai moi-même eu au total huit enseignants et maîtres.⁴ Pour faire une simple analogie, ce n'est qu'après avoir reçu plusieurs cacahuètes que vous serez en mesure de comparer et de déterminer laquelle est la plus grosse. Tout dépend de si vous obtenez une capacité de discernement suffisante par rapport au contenu de ce que vous souhaitez étudier.

Dans le *Dao De Jing*, il est dit :

不笑不足为道。

Si l'on ne peut en rire,

Alors on ne peut pas appeler cela le Dao.⁵

Quiconque mendie de la nourriture en tant que renonçant se retrouvera en proie à l'humiliation, à la colère et à la tromperie des gens ordinaires de la société. Il sera considéré comme un fou⁶ et d'un statut aussi bas que celui d'un enfant. Comme l'observe le *Dao De Jing* :

Le Livre II : 35ème Commentaire

上士闻道勤而行之，中士闻道若存若亡，下士闻道 大笑之。

Quand l'adepte supérieur[7] entend parler du Dao,
Il le met en pratique avec diligence.
Quand l'adepte intermédiaire entend parler du Dao,
C'est comme si [le Dao parfois] existait [et parfois] disparaissait.[8]
Quand l'adepte inférieur entend parler du Dao,
Il en rigole grandement.[9]

Lorsqu'ils entendent parler du Dao, les cultivateurs supérieurs commencent immédiatement à faire de grands efforts et ainsi obtiennent la sagesse. Les cultivateurs intermédiaires poursuivront le Dao par intermittence. Ceux qui sont au niveau le plus bas manqueront totalement de sagesse, riront de vous, vous prendront de haut et vous insulteront. Une fois que vous en aurez saisi les principes, cette voie de pratique vous permettra de devenir un ange.[10] Aucune autre voie n'est plus importante que celle-là. Si vous continuez à attendre jusqu'à ce que votre dernier souffle soit venu et que vous soyez mort, alors l'opportunité de devenir un ange vous aura échappé :

酒色财气都想贪，还想成为大天使。

Ils sont avides d'alcool, de désir sexuel, de richesse et de Qi,[11]
Et ils souhaitent en même temps devenir de grands messagers célestes.[12]

Pour ériger une bâtisse de grande hauteur, il faut des fondations très profondes. Cultiver peut vous mener très loin, ce qui dépendra de la taille du bateau que vous emploierez pour traverser l'océan. Si vous manquez d'aptitudes et que vous n'avez qu'un petit bateau, alors vous ne devriez pas vous aventurer sur cet océan. Vous devriez vous contenter de jouer en toute sécurité sur la côte ou sur la plage. Pour autant, le chemin se trouve sous vos pieds[13] et personne ne le marchera pour vous. Il vous faudra embarquer seul dans ce voyage et trouver votre propre élan pour aller de l'avant. Pour les gens ordinaires de la société, le bouddhisme et le daoisme peuvent vous indiquer ce qui est mal, ce que vous ne devriez pas faire, et comment pratiquer des actes méritoires. Ils offrent des lignes directrices qui sont appropriées au niveau de compréhension des masses de la société. Même les cultivateurs de haut niveau ne devraient pas violer ces principes. Mais au-delà de cela, il existe un niveau encore plus élevé, totalement dépourvu de préceptes, où tout y est entièrement naturel. Le point fondamental est que chaque étape de la pratique est un processus qui possède ses propres exigences spécifiques. C'est pourquoi cette barrière exige de vous que vous établissiez une foi inébranlable pour transcender cette réalité et découvrir des dimensions encore plus élevées que la quatrième.

¹ La quatrième dimension est un terme utilisé ici en guise d'exemple de dimension supérieure à la troisième dimension, c'est-à-dire à ce monde. Li Shi Fu souligne fréquemment que la quatrième dimension ne peut être appréhendée par des concepts issus de la troisième dimension.

² Le concept daoiste de la vérité fait référence à une vérité ultime qui dépasse la portée de la pensée. Ainsi, tous les cultivateurs de l'Ecole de la Réalisation Complète [quan zhen 全真], l'une des écoles principales du daoisme, adoptent les Dix Préceptes pour Cultiver la Vérité [xiu zhen shi jie 修真十戒].

³ Les Trois Montagnes et les Cinq Sommets font référence à huit montagnes sacrées et vénérées par les daoistes en Chine. Les Trois Montagnes [san shan 三山] sont le Mont Mao [mao shan 茅山] dans le Jiang Su, le Mont Long Hu [long hu shan 龙虎山] et le Mont Ge Zao [ge zao shan 阁皂山], tous deux dans la province du Jiang Xi. Les Cinq Sommets [五岳] sont le Sommet Est [dong yue 东岳] ou Mont Tai [tai shan 泰山] dans la province du Shan Dong, le Sommet Ouest [xi yue 西岳] ou Mont Hua [hua shan 华山] dans la province du Shan Xi, le Sommet Sud [nan yue 南岳] ou Mont Heng [heng shan 衡山] dans la province du Hu Nan, le Sommet Nord [bei yue 北岳], autrement appelé Mont Heng [heng shan 恒山] dans la province du Shan Xi [山西] et le Sommet Central [zhong yue 中岳] ou Mont Song [song shan 嵩山] dans la province du He Nan.

⁴ Dans le commentaire de la 36ème Barrière, Li Shi Fu stipule que l'on ne devrait pas au final étudier avec moins de vingt maîtres différents. Mais, il peut y avoir des exceptions, surtout parmi ceux qui ont des capacités et un dévouement exceptionnel. Comme Li Shi Fu le souligne ici, il a été lui-même instruit par huit maîtres. Il explique que chaque maître lui a transmis l'équivalent de quatre-vingts ans de connaissances, ce qui revient environ à six cents ans. Il a également déclaré à ce sujet : 'Mais de combien de temps disposez-vous ? Vous devez prendre l'instruction du maître et en faire un résumé pour vous-même. Faites un pas vers ce que vous avez appris et vous serez capable d'en comprendre dix de plus. Ne considérez pas le savoir de vos maîtres comme le saint graal mais mettez-le en pratique. Etudiez avec de nombreux professeurs et comparez-les. Il n'est pas nécessaire d'étudier autant qu'eux ont étudié, car en appliquant la synthèse de leurs enseignements, vous prenez ainsi un raccourci'.

⁵ Cette citation provient du chapitre 41 du Dao De Jing. Une traduction alternative pourrait être 'ce dont on ne peut rire ne peut être considéré comme le Dao'.

⁶ Voir l'explication du terme original chinois dans la Préface du Livre I : Livre des Cieux, note de bas de page 1. Voir également dans le Livre III : Livre de l'Humain, Chapitre 46, *Deux Cent Cinquante* [er bai wu 二百五].

⁷ Ce passage est difficile à traduire pour les raisons suivantes. Littéralement, on peut lire 'l'érudit supérieur, l'érudit intermédiaire, l'érudit inférieur'. Cependant, le mot 士 [shi] a fait l'objet de débats. D'autres traducteurs ont opté pour 'une personne supérieure', 'un adepte', 'un haut gentilhomme' ou bien 'un sage'. On peut supposer que Lao Zi ne parle ni d'une personne déjà sur le chemin spirituel, ni de la classe de lettrés présente à son époque. Ainsi, ce passage a été interprété un peu plus librement.

⁸ Le sens de cette phrase est que parfois le Dao est au cœur de la vie de l'adepte et parfois il en est absent.

⁹ Cette citation est également tirée du Chapitre 41 du *Dao De Jing*.

¹⁰ Comme Li Shi Fu est bien versé dans l'étude de la Bible, il conceptualise et assimile fréquemment l'immortalité au royaume des anges et ce afin de faciliter la compréhension des étudiants occidentaux.

¹¹ Alcool, désir sexuel, richesses et Qi sont qualifiés des 'faussetés' dans le *Discours sur la Transformation de la Nature-Intérieure* de Wang Feng Yi, traduit par Hausen et Akers :

> 假的（指财、色、荣、辱等。)来了,要把它看透,知道是上天使它来考验我的.
> Quand l'alcool, le désir sexuel, la richesse et le Qi (en référence à la richesse, la luxure, la gloire et le déshonneur, etc.) se présentent, il faut voir clairement à travers eux. Il faut savoir que les cieux les laissent apparaître afin de tester le soi.

Voir Livre III : Livre de l'Humain, Chapitre 2, *Alcool, Désir Sexuel, Richesse et Qi* [jiu se cai qi 酒色财气] pour une discussion plus détaillée sur les quatre vices.

¹² Cette citation de Li Shi Fu n'est pas sans rappeler une déclaration de Tao Shi Fu, la défunte abbesse du Temple des Cinq Immortels :

吃喝嫖赌都想贪，又想修个大神仙。

Ils veulent tous manger [en excès], boire [en excès], fréquenter des prostituées, parier,
Et désirent en même temps cultiver et devenir de grands esprits immortels.

Pour plus d'informations sur Tao Shi Fu, voir Livre III : Livre de l'Humain, Chapitre 37, *Tao Fa Zhen* [陶法真].

[13] Cette métaphore renvoie à une fameuse citation de Lao Zi. Voir le commentaire de la 23ème Barrière, note de bas de page 5, pour la citation complète.

36ème
Commentaire de la Barrière du Manque de Maîtrise de Soi

Cette barrière fait référence à votre direction et à votre finalité. Sans maître, il vous manquera un but, une orientation et une véritable compréhension théorique. Si vous perdez de vue la direction que vous prenez, alors vous vous trouverez dans une situation difficile. En effet, dénué d'une connaissance théorique et d'un but clair, vous ne pourrez pas savoir ce que vous faites. Vous passerez vos journées dans un état appelé 'lointain et indistinct'.[1] La vie est trop courte pour être passée dans cet état flou. Un tiers de notre existence est déjà consacré au monde des rêves durant la nuit, lorsque nous dormons. C'est pourquoi, chaque matin, vous vous réveillez dans un état de confusion et vous commencez votre journée en ne sachant pas de suite ce que vous faites. Soyez fixes quant à votre direction, soyez fermes dans votre cœur-esprit et ayez du courage. Commencez par développer votre capacité de discernement. Votre esprit et votre Qi guideront votre vie-destinée,[2] et votre volonté d'atteindre la vérité vous donnera l'élan nécessaire. Pour le daoisme, la vie est comme le sable du désert qui, balayé par les vents, vole puis disparait. Lorsque vous voyagez dans ce désert, la vérité vous donne une direction, sans laquelle vous dériveriez comme le sable du désert lui-même. Vous n'auriez alors aucune idée d'où se trouve la sortie, ni où trouver des oasis pour avoir de l'eau. Comme l'affirme une écriture daoiste :

> 身外有身。可以从身体里边出来了。
>
> Il existe un corps en dehors du corps,
>
> Vous pouvez sortir de ce corps.[3]

Ce corps s'assemble, prend forme puis se disperse[4] dans le sans-forme. Mais avant cela, il est facile de s'égarer et de rester coincé dans le désert, sur un mauvais chemin. D'autres religions peuvent vous menacer de persécutions et de mort si vous n'avez pas foi en leurs croyances. En Chine, la plus grande peur des chrétiens est qu'un dieu vengeur descende et leur inflige un châtiment, en les détruisant eux et toute leur famille. La foi vous aide à épaissir le fond de votre wok,[5] afin que ce dernier ne soit pas détérioré plus tard par la chaleur ou lorsqu'il tombe par terre. Ainsi, en étant doté d'une foi inébranlable, vous finirez par avoir cette possibilité d'entreprendre le Gong de la vie-destinée. Vous avez des feuilles de thé sur la table, alors mettez-les dans votre tasse et ajoutez-y de l'eau. C'est ainsi que vous devriez approcher la théorie et la philosophie du Gong de la vie-destinée. La première phase de la pratique consiste à Saisir les Principes, étape après étape. Commencez par rechercher des maîtres qui peuvent vous renseigner sur le Dao.[6] Il ne suffit pas d'avoir un ou deux maîtres, ni même dix. Vous devez comprendre pleinement les enseignements d'une vingtaine de maîtres différents, puis vérifier leurs dires par votre propre expérience. Etablissez fermement votre direction. Déterminez si vous êtes prêt à aller de l'avant et élaborez une stratégie. Ce plan doit impliquer la présence d'un maître, car sans lui, vous seriez comme un bateau sans gouvernail sur l'océan. Le Gong de la vie-destinée doit être fermement ancré dans le Gong de la nature-intérieure,[7] ce qui est souvent appelé la double pratique de la vie-destinée et de la nature-intérieure.[8] *Xing* [性], la conduite ou la nature-intérieure d'une personne représente ses pensées, alors que *Ming* [命] représente sa vie-destinée dans le corps physique. Ce n'est qu'en combinant ces deux éléments ensemble qu'il existe un 'Vous', car sans eux, vous ne seriez qu'un zombie dans un état végétatif. Cela soulève la question de savoir ce qui vous définit : le corps physique ou bien l'esprit dans votre cerveau ? En Union Soviétique, il était soi-disant possible de transplanter une tête sur un autre corps,[9] mais vous ne pouvez pas pour autant implanter certaines pensées dans l'esprit de quelqu'un d'autre. Le Dao, dans sa grandeur, reste insaisissable et insondable, et pourtant il se prête à la mise en pratique[10] :

> 只可作，不可以说！
>
> Il ne peut qu'être mis en pratique,
> Et on ne peut en parler.[11]

---

[1] L'expression chinoise 'lointain et indistinct' [huang huang hu hu 恍恍惚惚] est riche d'un sens profond. Elle est souvent traduite par 'une absence d'esprit', bien que cela ait une connotation négative et puisse être trompeur. Dans le contexte daoiste, cette phrase tente de décrire un état d'esprit sans pensées et donc insondable pour l'esprit pensant ; alors que dans un contexte non daoiste, cela fait référence au fait d'être distrait et d'avoir un esprit vagabond. *L'Ecriture Mystérieuse du Sceau de l'Esprit du Noble et Haut Empereur de Jade* [gao shang yu huang xin yin miao jing 高上玉皇心印妙经] appartenant à la *Liturgie [Daoiste] du Matin* [zao gong ke 早功课], offre un autre aperçu de cette phrase :

> 上药三品，神与炁精，恍恍惚惚，杳杳冥冥，存无守有。
> Il y a trois médecines supérieures : l'esprit, le Qi et l'essence. Soyez comme
> si vous étiez lointain et indistinct, dans l'obscurité et la profondeur.
> Préservez la non-existence et protégez l'existence.

[2] L'esprit et le Qi doivent être complètement restaurés afin de pouvoir être sublimés. Cette étape marque également le moment de la transformation de votre corps physique dans le processus d'acquisition du Gong de la vie-destinée. Voir également le Livre III : Livre de l'Humain, Chapitre 11, *Nature-Intérieure et Vie-Destinée* [xing ming 性命].

[3] Le corps en dehors du corps est un concept expliqué plus en détail dans le 8ème chapitre de *L'Essentiel du Raccourci à la Grande Réalisation* [da cheng jie yao 大成捷要], intitulé 'Les 24 Instructions sur les Mécanismes Célestes du Grand Elixir de la Primaire Céleste' [tian yuan da dan er shi si jie kou jue tian

ji mu lu 天元大丹二十四节口诀天机目录], à paraître prochainement sous Purple Cloud Press :

> 第廿三身外有身天机三年乳哺。
> 23ème : En dehors du corps il y a un corps – C'est le mécanisme céleste des Trois Ans d'Allaitement [du nourrisson].

Li Shi Fu a expliqué que ce vingt-troisième point concerne la méthode du raffinement du corps Yang sur trois ans, Le 'Mécanisme Céleste' est autrement appelé le 'Mystérieux Travail de l'Univers'.

4 Le dicton original chinois apparaît dans *Les Ecritures [Daoistes] du Matin* [zao gong ke 早功课], au sein de *L'Ecriture Mystérieuse du Sceau de l'Esprit du Noble et Haut Empereur de Jade* [gao shang yu huang xin yin miao jing 高上玉皇心印妙经] :

> 其聚则有，其散则零。
> Quand cela se rassemble, il y a existence. Quand cela se disperse, il y a néant.

De plus, il est dit dans le roman chinois classique du dix-huitième siècle, *Le Rêve dans le Pavillon Rouge* [hong lou meng 红楼梦] :

> 聚则成形，散则成气。
> En se rassemblant, ils prennent forme. En se dispersant, ils deviennent Qi.

5 Epaissir le fond de votre wok ou le culotter, est une métaphore pour le renforcement et l'endurcissement de la foi et de la volonté, ce qui permet de ne pas vaciller lorsqu'on a atteint un point de rupture dans la pratique. En général, on épaissit la patine d'un wok en y faisant chauffer de l'huile, par exemple de l'huile d'arachide.

6 En chinois, 寻师问道 [xun shi wen dao].

7 En chinois, 性功 [xing gong].

8 En chinois, 性命双修 [xing ming shuang xiu].

9 Ce prétendu exploit de l'ancienne Union-Soviétique est fortement défendu par certains croyants dans la théorie du complot. On peut noter que récemment l'italien Sergio Canavero et son collègue chinois Xiao Ping Ren ont prédit publiquement qu'ils seraient bientôt en mesure de transplanter la tête humaine d'une personne vivante sur le cadavre d'un donneur. Les deux chirurgiens, néanmoins considérés comme des rebelles irresponsables par de nombreux pairs, se présentent comme des pionniers défiant une institution médicale étriquée. Ils affirment que celui qui donne sa tête sera une personne atteinte d'une maladie dégénérative, dont le corps se délabre alors que l'esprit reste actif. [source: https://www.vox.com/the-big-idea/2018/4/2/17173470/human-head-transplant-canavero-ethics-bioethics]

10 Li Shi Fu a également établi une comparaison entre le Gong de la vie-destinée, une pratique du Dao qui ne doit pas être discutée ouvertement, et ce qui se passe entre un mari et une épouse la nuit. En raison des inhibitions sociales, ce sont des sujets de conversation tabous mais qui peuvent être mis en pratique.

11 Cette phrase rappelle fortement le chapitre intitulé 'Le Dao Céleste' [tian dao 天道] du *Zhuang Zi* [庄子] :

> 只可意会不可言传。
> Il ne peut être que vécu et ne peut être transmis par des mots.

Cette déclaration fait référence au mystère [ao miao 奥妙], car il est difficile d'en parler avec clarté. Elle signifie également que cet état est trop subtil [wei miao 微妙] pour être élaboré davantage. Cela rappelle également l'ouverture du *Dao De Jing* :

> 道可道非常道。
> Le Dao dont on peut parler n'est pas le Dao constant.

37ème
Commentaire de la Barrière de l'Impatience pour des Résultats Rapides

Tout le monde veut en finir rapidement et obtenir le maximum de gain avec le minimum d'efforts. Mais si la pratique était si facile sous la Grande Voute,[1] alors le monde entier serait rempli d'immortels d'or,[2] d'anges et de messagers célestes. Après tout, pour la plupart des gens, atteindre le premier étage d'un bâtiment en un seul saut est impossible, car personne ne peut bondir aussi haut. Pourtant cela est tout à fait possible, mais pas spontanément. Seuls ceux qui se sont entrainés au Gong de la Légèreté[3] pendant huit à dix ans peuvent le faire. De la même manière, il est impossible lorsque l'on vit en société de construire la maison de la vie[4] en un à trois mois d'épreuves et de tribulations.[5] Par peur de la difficulté, la plupart des gens veulent terminer leur entrainement en une année seulement. Pourtant il faut beaucoup de temps à un enfant pour qu'il grandisse et devienne un adulte. Comme on le dit souvent en Chine :

不急于求成。

Ne soyez pas impatient de réussir.[6]

Vous reconnaissez la grandeur du Dao, des immortels et vous savez que l'esprit d'immortalité[7] vous attend dans les royaumes supérieurs, mais vous ne savez pas comment aller jusque-là. Certaines personnes demandent à ce qu'un raccourci vers l'immortalité leur soit donné, comme mon ancien élève qui s'appelle 'Trois Royaumes'.[8] Cet épisode est souvent raconté au Temple des Cinq Immortels comme l'histoire comique de 'Trois Royaumes à la Recherche de la Pilule'.[9] Il y a de nombreuses personnes comme Trois Royaumes qui croient à tort qu'il y existe une pilule magique et qu'il suffit de l'avaler pour atteindre l'objectif. Dans le *Voyage Vers l'Ouest*,[10] l'Ancien Souverain Tai Shang Lao Jun[11] possède une telle pilule, mais comme pour Singet, il vous faudrait la lui voler. Et cette pilule n'est pas aussi efficace que le disque volant de l'inventeur britannique John Searl, qui vous emmène au ciel et dans l'espace.[12] Ceux qui sont comme Trois Royaumes veulent atteindre l'objectif final de la pratique en un seul bond ; mais dans l'étude du Dao il n'y a pas de raccourci, sauf celui du champ universel actuellement présent[13] qui accélère son processus. Mais, cette accélération est difficile à obtenir et dépend de votre détermination dans la pratique de la méditation assise.

Faites des recherches sur ce que vous souhaitez étudier et prenez le temps de traiter et d'absorber ce que vous avez appris, tout comme après chaque repas, vous avez besoin de temps pour digérer ce que vous venez de manger. Le temps passe vite et la vie est courte, mais pour autant, ne persistez pas à toujours rechercher un raccourci. Plus vous souhaitez atteindre rapidement l'accomplissement de la pratique, plus vous vous créerez des problèmes et plus cela deviendra un attachement. C'est comme conduire à grande vitesse sur l'autoroute, vous vous exposez aux dangers et aux désastres. Si vous n'avez pas suffisamment de temps pour appuyer sur le frein, alors vous serez incapable d'éviter les obstacles qui se présentent. Si vous ne parvenez pas à vous détacher de ces questionnements et que vous ne faites que les contourner, alors c'est sous une autre forme que vous verrez survenir demain d'autres types de problèmes. Ne soyez pas attaché et lâchez prise sincèrement. Cela ne veut pas dire pour autant que vous pouvez lâcher tous vos problèmes en une seule fois. Si vous abandonnez la notoriété, cela ne signifie pas pour autant que vous arriverez à renoncer à la richesse. Si vous renoncez à la richesse, cela ne signifie pas pour autant que vous serez capable de laisser partir la vie et la famille. Personne ne peut savoir quand, où et comment ces questions vont soudainement se poser dans votre vie.

Prenez votre temps, comme dans l'art, telle la sculpture qui doit être pratiquée lentement si vous souhaitez réaliser quelque chose de magnifique. Aujourd'hui, depuis l'arrivée des technologies modernes, il n'y a plus besoin de sculpter à la main car tout peut être réalisé par machine, tout comme il n'est plus nécessaire d'écrire les caractères, car on peut les taper sur un clavier d'ordinateur et les imprimer. En revanche quand il s'agit de cultiver, comme l'indique le titre de cette barrière, il ne faut pas s'attendre à ce type de résultats rapides. En marchant chaque jour sur le chemin de la pratique, faites attention aux endroits où vos pensées vagabondent. Les cultivateurs cheminent seuls, car personne ne peut marcher à leur place. N'espérez pas qu'en un instant, les soucoupes volantes ou autres OVNI descendent pour vous emmener. Il vous faut changer votre ADN afin de pouvoir absorber la lumière comme le font les arbres et ainsi être capable de respirer sans avoir besoin d'air. Vous ne pouvez pas compter sur les extraterrestres pour qu'ils accomplissent cela à votre place. Si vous souhaitez obtenir de tels résultats, vous ne devriez pas cultiver de façon irrégulière, comme deux heures un jour, puis une heure ou rien du tout le lendemain. Soyez cohérent dans votre pratique.

---

[1] La Grande Voute [da luo 大罗] fréquemment appelée la 'Grande Voute Céleste' [da luo tian 大罗天], est le ciel le plus élevé des deux systèmes cosmologiques daoistes. Elle se situe au-dessus des trois cieux de la Clarté de Jade [yu qing 玉清], de la Haute Clarté [shang qing 上清] et de la Grande Clarté [tai qing 太清], ainsi qu'au-dessus des trois royaumes et ses 28 cieux que sont le Royaume du Désir [yu jie 欲界], le Royaume de la Forme [se jie 色界] et le Royaume du Sans-Forme [wu se jie 无色界].

[2] Les immortels d'or [jin xian 金仙] représentent le rang le plus élevé des immortels. Pour cette raison, le temple principal du Temple des Cinq Immortels porte une plaque où est inscrit 'Hall du Temple des Immortels d'Or' [jin xian dian 金仙殿]. Il existe en outre un classique alchimique intitulé *Entretiens sur les Vérifications des Immortels d'Or* [jin xian zheng lun 金仙正论], qui reste encore à traduire en anglais.

³ Pour plus de détails sur le *Gong de la Légèreté* [qing gong 轻功], voir Livre III : Livre de l'Humain, Chapitre 47.

⁴ La maison de la vie fait référence à l'accomplissement de la pratique de la nature-intérieure d'une personne.

⁵ Voir Livre III : Livre de l'Humain, Chapitre 30, *Les Dix Epreuves de l'Ancêtre Fondateur Lü* [shi shi lü zu 十式吕祖].

⁶ Voir le Commentaire de la 26ème Barrière, note de bas de page 4.

⁷ Pour une discussion détaillée sur *Les Cinq Rangs d'Immortels* [wu pin xian ren 五品僊人], voir Livre III : Livre de l'Humain, Chapitre 9.

⁸ Voir le Commentaire de la 20ème Barrière, note de bas de page 6.

⁹ Trois Royaumes à la Recherche de la Pilule [san guo qiu dan 三国求丹] est devenu une métaphore du désir d'atteindre l'immortalité en prenant un raccourci et en avalant simplement la pilule d'immortalité. Voir le Commentaire de la 20ème Barrière, note de bas de page 6.

¹⁰ Voir Commentaire de la Préface, note de bas de page 2.

¹¹ L'histoire de la pilule élixir de l'Ancien Souverain Tai Shang Lao Jun [太上老君] volée par Sun Wu Kong, appelé Singet par André Lévy, est contée dans le Chapitre 5 du *Voyage Vers l'Ouest* de Wu Cheng En.

¹² L'histoire de John Searl et de l'Effet-Searl qui produit de l'énergie zéro est bien documentée en ligne. De l'information à ce sujet peut être trouvée dans une vidéo sur le lien suivant : https://drive.google.com/open?id=1pGVMkvThXfEuqc4I5xgJjfu4r3AOIw21

¹³ Li Shi Fu fait ici allusion à la croyance selon laquelle nous entrons dans un nouvel âge d'or, un âge de conscience supérieure. Cela serait dû aux changements d'alignements planétaires et se fonde également sur les propres expériences de Li Shi Fu lorsqu'il cultive la quiétude. Certains cercles de penseurs sont d'avis qu'une fois qu'un nombre critique de personnes aura atteint cette conscience supérieure, alors comme un effet boule de neige, la fréquence vibratoire se propagera rapidement, même entre des personnes séparées dans l'espace. Cette notion est appelé en occident 'La Théorie du Centième Singe'.

38ème
Commentaire de la Barrière de la Négligence et du Manque de Réflexion

Soyez attentif et ne vous fiez pas à vos croyances personnelles. Vous êtes concerné par cette barrière lorsque vous vous croyez intelligent, bien que vous ne compreniez rien. Vous êtes suffisant et ne pouvez pas accepter de ne pas comprendre quelque chose. Vous ne devriez pas être négligent de la sorte. Il y a une expression bien connue en chinois pour désigner la négligence : monter à cheval et regarder les fleurs.[1] Cultiver n'est pas comme acheter des légumes sur un marché, où vous n'avez simplement qu'à les peser jusqu'à ce que cela fasse plus ou moins un *liang*.[2] Une meilleure comparaison serait le métier d'horloger, domaine dans lequel les suisses excellent le plus, et où il faut être méticuleux. Il est très difficile de fabriquer de grandes montres, mais l'assemblage d'une petite montre est une tâche encore plus ardue.[3] Posez-vous les questions suivantes :

> Où en êtes-vous dans votre pratique du Dao ?
>
> Que rencontrez-vous ?
>
> Comment résolvez-vous les obstacles ?
>
> Comment prévenez-vous l'apparition des dangers ?

Si vous saisissez réellement les principes et les méthodes, alors vous pouvez prévenir les dangers,[4] ce qui est d'une grande importance car votre corps est précieux. Tous les êtres qui vivent au sein des trois royaumes veulent obtenir un corps physique humain ; mais vous ne comprenez peut-être pas le sens de cette phrase.[5] Certaines de ces entités qui désirent un corps n'appartiennent pas à la forme et sont sans forme.[6] Afin de poursuivre leurs objectifs et d'exécuter leurs plans dans ce monde de poussière,[7] *elles*[8] ont besoin d'entrer dans un corps. Vous ne pourrez jamais savoir avec certitude si certaines de vos actions ont été réalisées par elles ou non. De la même manière, ne pensez pas que tous les mots que vous formulez sont prononcés par vous directement. Le corps physique et le corps divin[9] occupent deux niveaux différents. C'est pourquoi il est dit dans la Bible :

> Voyagez vers l'extérieur et transmettez la Voie,
> Ne vous questionnez pas avant de parler.[10]

Le Livre II : 38ᵉᵐᵉ Commentaire

Assurez-vous de bien comprendre les principes du Dao afin d'éviter toute confusion. Si vous souhaitez visiter un pays étranger et passer la douane mais que vous avez oublié votre passeport, alors vous ne serez pas autorisé à entrer. Vous devez comprendre pleinement chaque étape du chemin, afin de pouvoir mettre en œuvre la pratique. Par conséquent, étudiez les principes et comprenez leurs détails. Dans le daoisme, il y a une écriture liturgique appelée *L'Ecriture Mystérieuse du Sceau de l'Esprit du Noble et Haut Empereur de Jade*, qui affirme :

> 诵持万边，妙理自明。
>
> Récitez l'écriture dix mille fois,
>
> Et vous saisirez naturellement ses merveilleuses théories par vous-même.[11]

Cela pourrait être comparé au *Dao De Jing* dont le sens est difficile à pénétrer la première fois que vous le lisez. Mais peut-être que six mois plus tard, ou même un an ou deux, sa signification devient plus claire.

---

[1] Monter à cheval et regarder les fleurs [zou ma guan hua 走马观花] signifie que l'on passe trop vite devant les choses pour en avoir une bonne perception.

[2] Un Liang [两] en mesure moderne équivaut à 50 grammes.

[3] Il existe une vieille blague en Chine que Li Shi Fu a raconté dans cet exemple : 'Une personne entre dans une bijouterie pour acheter une grosse montre et dit : vous n'avez que des grosses montres chères ; alors donnez-moi une petite montre gratuitement'.

[4] Les dangers peuvent survenir pour un certain nombre de raisons. Comme mentionné dans le commentaire d'une barrière précédente, le cultivateur pourrait abandonner l'enveloppe physique derrière lui lorsqu'il est tenté par les pouvoirs psychiques du corps Yin. Il s'agit là d'un danger interne, tandis que les dangers externes proviennent d'entités énergétiques qui souhaitent s'emparer d'un corps humain, pour atteindre des stades de pratique supérieure.

[5] Voir Commentaire de la 27ᵉᵐᵉ Barrière où ce point est discuté en détail.

[6] La forme [you xing 有形] et le sans-forme [wu xing 无形] sont des concepts clés du daoisme. La forme est ce qui est visible et tangible, alors que le sans-forme dans ce contexte, pourrait être assimilé aux fantômes et aux possessions par les esprits.

[7] Le monde de la poussière est une abréviation pour le monde de la poussière rouge [hong chen 红尘] qui est une métaphore pour décrire le monde des humains dirigé par le rang, le pouvoir, l'officiel, le prestige, la richesse et autres. La poussière est utilisée ici comme analogie, car elle est si fine et si subtile qu'elle ne connaît pas de frontière et qu'elle est poussée par les vents, affectant ainsi toutes les couches de la société.

[8] *Elles* fait référence aux forces énergétiques et entités externes.

[9] Le corps divin [ling ti 靈体] également traduit par 'corps sacré' se nomme également le 'corps de conscience' [jing shen ti 精神体], le 'corps du pouvoir' [neng liang ti 能量体] et le 'corps du rayonnement circulaire' [guang huan ti 光环体].

[10] La citation originale de la Bible se lit comme suit :

> 十一个门徒往加利利去，到了耶稣指定的山上。他们看见耶稣就拜他，但仍然有些人怀疑。耶稣上前来，对他们说："天上地上一切权柄都赐给我了。所以，你们要去使万民作我的门徒，奉父子圣灵的名，给他们施洗，我吩咐你们的一切，都要教导他们遵守。这样，我就常常与你们同在，直到这世代的终结。" [马太福音 28:16-20]

Les onze disciples allèrent en Galilée, sur la montagne que Jésus leur avait désignée. Quand ils le virent, ils se prosternèrent devant lui. Mais quelques-uns eurent des doutes. Jésus, s'étant approché, leur parla ainsi : Tout pouvoir m'a été donné dans le ciel et sur la terre. Allez, faites de toutes les nations des disciples, les baptisant au nom du Père, du Fils et du Saint Esprit, et enseignez-leur à observer tout ce que je vous ai prescrit. Et voici, je suis avec vous tous les jours, jusqu'à la fin du monde. [Matthieu 28:16-20 ; *LSG*]

¹¹ En chinois, 高上玉皇心印妙经 [gao shang you huang xin yin miao jing]. Cette écriture daoiste est incluse dans la *Liturgie de la Porte Mystérieuse du Matin* [xuan men zao ke 玄门早课].

39ème
Commentaire de la Barrière de la Perte de Temps

Profitez dès maintenant de ce moment opportun pour cultiver, protéger et nourrir les trois trésors que sont l'essence, le Qi et l'esprit. Lorsque le corps expérimente de la difficulté, il ne s'agit pas de problèmes majeurs, mais néanmoins, il vous faut d'abord le guérir avant de pouvoir continuer. D'innombrables souffrances[1] pendant de nombreuses vies sont nécessaires pour obtenir un corps humain et il est facile de le perdre. Quand vous avez saisi les principes du Dao, si vous ne pouvez pas supporter les épreuves qui se dressent sur les chemins de la vie, alors c'est que vous devez déjà être vieux dans l'âge. Pour les jeunes, cela est aisé car l'essence, le Qi et l'esprit se restaurent facilement, et le corps récupère vite. En revanche, les personnes plus âgées doivent récupérer leur essence, leur Qi et leur esprit avant de pouvoir cultiver. Si ces trois ont tous été épuisés et que vous êtes un homme sans essence ou une femme sans menstruations, alors vous devez restaurer ces derniers avant de cultiver. En faisant ainsi, il sera possible de retrouver l'état d'une jeune personne. Cultiver est un processus qui repose sur la dynamique incessante des cycles de la vie[2] et permet de créer la graine d'une nouvelle vie. Mais si vous attendez d'être avancé en âge, alors le processus sera plus lent que lorsque vous étiez jeune. Pour autant, les jeunes ont également leur propre lot de problèmes car ils ne sont pas stables, et beaucoup d'aspects de leur vie doivent encore prendre de la maturité. Ils ont tendance à penser une chose un jour puis quelque chose de complètement différent le lendemain. Ne considérez pas cette vie et cet univers comme étant vôtre et ne vivez pas non plus avec ce faux sentiment que tout cela est trop tôt pour vous. Comme le dit le *Dao De Jing* :

> 上士闻道，勤而行之。
>
> Lorsqu'il entend parler du Dao,
> Le sage[3] fait de grands efforts pour le mettre en pratique.[4]

Commencez dès votre plus jeune âge[5] à mettre en pratique et à cultiver le Dao, lorsque vous avez de la force et que vous êtes capable d'accumuler de l'essence rapidement. Pour une personne plus âgée, il faut un à trois ans pour que l'essence perdue ne revienne par la pratique, bien que cela varie selon les individus. Mais les jeunes ont besoin de passer par une phase de vie où ils expérimentent et où ils peuvent s'aventurer temporairement sur des chemins tortueux, car ils ont alors le sentiment d'avoir tout le temps du monde. Malgré cela, le temps n'attend personne et vous n'avez pas le pouvoir de l'arrêter. C'est à vous d'élaborer votre propre plan et de décider si cultiver est suffisamment important pour que vous l'entrepreniez ou non. Le temps passe et les espaces changent, s'évanouissant au fur et à mesure qu'ils s'éloignent et ils ne peuvent pas revenir. Dans la troisième dimension, votre temps est limité et vous pourriez perdre votre chance de cultiver. Si vous attendez trop longtemps, vous n'aurez ni le temps ni la capacité de voyager à la recherche de maîtres, capables de vous enseigner le Dao. Vous n'aurez pas non plus le temps de tester et de confirmer leurs enseignements. Si vous devenez trop faibles avec l'âge et que vous ne pouvez plus escalader une montagne, alors vous ne pourrez pas venir étudier sur la montagne du Cheval Blanc. Dès lors, commencez lorsque vous êtes jeune et que votre corps a une capacité de récupération rapide, avant que vous n'ayez perdu votre vigueur ou bien certaines vertus intérieures nécessaires,[6] ce qui vous retiendrait au niveau le plus bas de votre pratique.

En ce qui concerne le Dao, il existe trois types de personnes en général. La personne élevée déploie un effort considérable. Dans le bouddhisme on appelle cela 'la volonté courageuse et féroce de progresser, et d'aller vers l'avant avec vigueur'.[7] La personne du niveau intermédiaire est quelqu'un qui pêche, comme Pierre dans la Bible.[8] Les personnes de niveau inférieure, dans la troisième et dernière catégorie, seront pleines de doutes et de scepticisme quand elles entendront parler du Dao. Elles seront incapables d'abandonner leurs maisons et leurs entreprises de pêche, et à la fin elles se moqueront de vous en riant :

不笑不足为道。

Si l'on n'en rit pas,

Alors il ne s'agit pas du Dao.[9]

La vie est comme une feuille qui flotte sur la mer ou comme un petit bateau balloté par les vagues. S'il n'est pas suffisamment robuste pour résister à l'océan, alors les vents le couleront. Et vous n'aurez peut-être pas d'autres opportunités de résoudre cette problématique de vie.

---

[1] 'D'innombrables souffrances' en chinois se traduit littéralement par 'des milliers de piquants et dix mille amertumes' [qian xin wan ku 千辛万苦]. Cette expression est une référence à deux des cinq saveurs de la médecine chinoise que sont le piquant ou l'acre et l'amer. Voir également Livre III : Livre de l'Humain, Chapitre 3, *Amertume* [ku 苦].

[2] Les incessants cycles de la vie [sheng sheng bu xi 生生不息] font allusion à la roue de la vie ou le *samsara*.

[3] Voir le Commentaire de la 35ème Barrière, note de bas de page 7.

[4] Cette citation vient du Chapitre 41 du *Dao De Jing*.

⁵ Le jeune âge se définit par comparaison aux personnes âgées. Il inclut par exemple les femmes pré-ménopausées, donc les femmes de moins de cinquante ans.

⁶ Li Shi Fu sous-entend ici que les cultivateurs commencent souvent avec de l'enthousiasme et avec les meilleures intentions qui soient. Mais avec le temps, ces intentions se ternissent et sont tâchées par ce qu'il appelle 'la cuve de teinture' [ran gang 染缸], c'est-à-dire la société ; métaphoriquement, on entre dans la société en portant des vêtements blancs, et on en ressort les vêtements chargés des couleurs du monde et de poussière. Un célèbre dicton chinois fait référence à cette influence des choses qui nous entourent :

> 近朱者赤，近墨者黑。
> Ce qui entre dans le cinnabre devient rouge,
> Ce qui entre dans l'encre devient noir.

⁷ En chinois, 勇猛精进 [yong meng jing jin]. La signification originale de cette expression était celui de travailler ardemment, cultivant et raffinant sa propre conduite, que ce soit dans un contexte bouddhiste ou daoiste. Par la suite, son sens a été modifié ; cette expression signifie désormais avancer avec bravoure et vigueur. Elle provient du *Sutra Sukhavativyuha* [wu liang shou jing 无量寿经] :

> 勇猛精进，志愿无倦。
> [Il faut posséder] une volonté courageuse et féroce de progresser, puis aller vers l'avant avec vigueur ; [il faut posséder] de la détermination et de la volonté sans pour autant se fatiguer.

⁸ La référence au passage biblique est la suivante :

> 耶稣沿着加利利湖边行走的时候，看见被称为彼得的西门和安得烈两兄弟正在撒网打鱼，他们是渔夫。耶稣对他们说："来跟从我！我要使你们成为得人的渔夫。"
> 他们立刻撇下渔网，跟从了耶稣。[马太福音 4:18-20]
> Comme [Jésus] marchait le long de la mer de Galilée, il vit deux frères, Simon, appelé Pierre, et André, son frère, qui jetaient un filet dans la mer; car ils étaient pêcheurs. Il leur dit: 'Suivez-moi, et je vous ferai pêcheurs d'hommes'. Aussitôt, ils laissèrent les filets, et le suivirent. [Matthieu 4:18-20 ; *LSG*]

Ce que Li Shi Fu signifie ici est que tout individu possède la liberté de choisir et personne, pas même un saint ou un sage, ne peut vous forcer à faire quelque chose que vous ne souhaitez pas faire. Li Shi Fu appelle cela la 'loi de la troisième dimension'. Pour les gens qui appartiennent au niveau intermédiaire, en raison de ce libre arbitre et de cette capacité d'agir, certains poursuivront le Dao alors que d'autres choisiront de ne pas le faire. Ou bien parfois ils le suivront et d'autres fois non. De même, dans l'exemple ci-dessus, Pierre avait le choix. Personne ne pouvait insister pour qu'il aille avec eux, pas même Jésus. Pierre aurait pu répondre que son travail était d'attraper des poissons chaque jour, que les affaires étaient bonnes et ainsi, pourquoi aurait-il dû tout quitter pour suivre Jésus ?

⁹ Voir également le Commentaire de la 35ème Barrière, note de bas de page 5.

40ème

Commentaire de la Barrière de la Détermination Faiblissante

Il existe de nombreuses similitudes entre cette barrière et la 23ème 'La Barrière de la Peur des Difficultés'. Elle fait référence ici à une personne qui a pris la résolution initiale de cultiver, mais qui a tendance à abandonner prématurément ses engagements sur le long terme. Les cultivateurs lorsqu'ils commencent sont emplis de foi et montrent une volonté enthousiaste d'agir selon leurs intentions initiales. Cependant, arrivés à mi-parcours, ils flanchent et veulent retourner à leur ancienne vie en société. On appelle cela 'abandonner à mi-parcours'.[1] C'est comme si vous construisiez la moitié d'une maison et que vous arrêtiez en plein milieu car vous vous sentez trop fatigué pour la terminer. Au début, cultiver peut s'apparenter à un chemin facile et confortable, mais vous ne savez pas combien de difficultés vous attendent par la suite. Certaines personnes ne comprennent pas qu'en réalité, il s'agit de gravir une échelle céleste.

L'âge n'est pas un obstacle insurmontable dans le processus du raffinement de l'élixir. L'Ancêtre Fondateur Zhang San Feng[2] a commencé à cultiver à l'âge de quatre-vingt-trois ans. Les personnes jeunes ont encore beaucoup de temps. Ainsi pour le moment, ne prenez pas de mesures trop radicales et concentrez-vous plutôt sur la longévité, avec pour objectif de développer un corps sain. Faire fréquemment un pas en avant puis deux en arrière, est tout à fait normal.[3]

Comme cela a été dit dans la barrière précédente :

上士闻道，勤而行之。

Lorsque la personne supérieure entend parler du Dao,
Elle le met en pratique avec diligence.[4]

Même lorsqu'elle a deux jours de repos, la personne supérieure n'oublie pas le Dao. Apprendre les méthodes et les techniques, mais ne pas les mettre en pratique, est un problème qui ne peut être résolu que par l'individu lui-même. Personne ne peut vous forcer à cultiver. La vie dans cet univers est une chance à saisir et vous devriez vous sentir privilégié. Il est très difficile d'obtenir une vie humaine, et chaque vie est unique et ne se répète pas.

¹ En chinois, 半途而废 [ban tu er fei]. Cette citation remonte à une histoire du *Livre des Han Postérieurs* [han hou shu 后汉书].
² Zhang San Feng [张三丰] est une figure très importante du daoisme et du monde des arts martiaux. Il est né à Liao Dong [辽东], durant la septième année de l'ère du règne de Chun You [淳佑] (1247 apr. J.C.) et est réputé pour avoir vécu plus de 307 ans jusqu'au milieu de la dynastie Ming. Parmi ses écrits notoires, on trouve *L'Arbre Sans Racine* [wu gen shu 无根树]. On y fait allusion dans la déclaration suivante tirée de *L'Ecriture de la Sagesse et de la Vie-Destinée* [hui ming jing 慧命经] de Liu Hua Yang, écrit en 1794 et considérée comme la raison pour laquelle Zhang San Feng fut capable de restaurer son essence :

> 老僧会接无根树, 能续无油海底灯。
> Le vieux moine a été capable de greffer l'arbre sans racine,
> Et de remplir la lampe qui manquait d'huile, au fond des océans.

³ Un esprit occidental pourrait interpréter cette phrase comme l'idée d'aller de l'avant et de faire des progrès constants dans l'ensemble malgré quelques retours en arrière ou quelques chutes occasionnelles. Mais dans cet exemple, Li Shi Fu fait allusion à la façon dont certains cultivateurs sur la voie semblent être tirés en arrière par des forces extérieures, manifestées par exemple sous la forme d'une blessure physique ou bien d'une maladie. Tout cela se produit dans le but de susciter des doutes et d'un point de vue extérieur, on peut paraître s'en sortir moins bien qu'une personne ordinaire qui ne cultive pas. C'est pourquoi Li Shi Fu déclare souvent qu'il est bien plus facile de rester sur la voie de la normalité, car dès l'instant où vous commencez à cultiver, *ils* (c'est-à-dire les esprits extérieurs) commenceront à faire attention à vous et à venir vous chercher. Ceci aide à expliquer pourquoi Li Shi Fu est tombé deux fois d'une falaise, malgré son agilité et son habileté.
⁴ Cette citation provient du chapitre 41 du *Dao De Jing*. Voir également le Commentaire de la 35ème Barrière pour l'intégralité de la citation, ainsi que le Commentaire de la 39ème Barrière pour plus d'information.

41ème
Commentaire de la Barrière de la Vantardise et de la Suffisance

誇揚關

Vantardise et suffisance dans cette barrière sont en lien à la façon dont nous évaluons notre degré d'accomplissement et notre conduite. Nombreux sont ceux qui prétendent avoir progressé davantage dans leur pratique et dans leur compréhension que ce n'est le cas en réalité. Cette barrière est similaire à la 29ème Barrière sur l'arrogance et la fierté, car elle inclut également la notion de vantardise lorsqu'il s'agit de ses accomplissements personnels. Pour ceux qui étudient le Dao, cette barrière inclut le fait de se targuer de réalisations basées sur la forme[1] ou appartenant au sans forme.[2] Certains pratiquants ont la fausse impression qu'ils savent tout et que personne ne peut les surpasser. Plutôt que de vous vanter de vos connaissances, gardez à l'esprit que :

慧而不用。

[Vous devriez posséder] une sagesse qui n'a pas encore été mise en pratique.[3]

On peut comparer cela au fait de posséder chez soi une arme à feu avec un permis mais que l'on n'utilise pas. La conduite de l'homme en société est régie par des lois et des règles, comme par exemple l'interdiction de passer la douane avec des armes pour aller dans un autre pays. De la même manière, un administrateur céleste a la charge de la troisième dimension et il y a un gardien solaire qui patrouille dans l'espace.[4] Vous ne devez pas enfreindre leurs lois, car si vous enfreignez les règles de la troisième dimension, alors vous risquez de devoir affronter des difficultés et des épreuves, y compris des punitions célestes. Ainsi, le daoisme exige une adhésion stricte aux décrets célestes.[5] Nombreux sont les pratiquants qui ont atteint un certain niveau de Gong ou de sagesse, mais ils restent cependant bien loin des capacités d'un ange. Ainsi, le fonctionnement des cieux est sous tendu par des lois célestes qui ne sont pas censées être divulguées aux non-pratiquants.[6]
Ne vous considérez pas comme intelligent, car comme le proclame le *Dao De jing* :

大智若愚。

La grande sagesse ressemble à une folie.[7]

Le Livre II : 41ème Commentaire

D'autre part, vous ne devriez pas non plus succomber aux sentiments et aux émotions humaines ; même la joie est un démon qui se dresse sur la voie du raffinement de l'élixir. Si un ami apprécie vos talents, cela est une petite réussite mais vous devriez être indifférent à de telles louanges. Elles ne sont qu'un test parmi tant d'autres à venir. Protégez votre champ énergétique de telles perturbations et ne vous laissez pas être agité par les sept émotions.[8] C'est dans l'absence de peur et d'émotion que vous serez alors capable de préserver votre cœur-esprit et de le maintenir stable :

有心修道，无心得道。

C'est avec le cœur-esprit que l'on cultive le Dao.

[Mais] c'est dépourvu de tout cœur-esprit que l'on atteint le Dao.[9]

---

[1] Les réalisations basées sur la forme incluent par exemple, les capacités physiques du Gong Fu et les pouvoirs obtenus par l'alchimie interne.

[2] Les réalisations dans le sans-forme incluent par exemple le non-attachement et l'équanimité.

[3] Cette citation est tirée du chapitre 6 de l'écriture daoiste *S'Asseoir Dans l'Oubli* [zuo wang lun 坐忘论]. Elle incite le cultivateur à être discret dans son comportement et à ne pas faire usage de pouvoirs qu'il pourrait avoir acquis sur le chemin de la pratique. De tels pouvoirs sont considérés comme des tentations qui égarent et détournent l'adepte de son véritable objectif qu'est le stade suprême d'immortalité. Voir le texte principal du Commentaire de la 14ème Barrière, ainsi que le Commentaire de la 27ème Barrière, note de bas de page 11, pour la citation complète.

[4] Selon certaines théories de la conspiration, le gardien solaire (ou 'solar warden' en anglais) est le nom de code d'un programme de flotte spatiale qui fait partie d'une entreprise internationale visant à mettre en place une force de défense spatiale. Ce terme est fréquemment employé dans une série mise en ligne sur Gaia, qui s'appelle 'Divulgations Cosmiques', animée par David Wilcock et Corey Goode et qui peut être regardée après souscription sur le lien suivant : https://www.gaia.com/series/cosmic-disclosure

[5] Li Shi Fu fait référence ici aux décrets célestes pour deux raisons. Premièrement, ils établissent un standard moral que le pratiquant doit suivre, afin d'avoir une bonne conduite et d'apaiser les cieux. Deuxièmement, ils représentent les décrets célestes qui ne peuvent pas être pleinement compris depuis le point de vue terrestre. Les secrets des cieux et leur pouvoir de subvertir les lois physiques sont hautement gardés, car l'esprit humain serait susceptible d'abuser d'une telle connaissance. Il doit d'abord la transcender pour s'assurer que soit respectée la continuité de l'ordre naturel.

Selon la légende, les décrets célestes [tian tiao 天条] doivent être suivis par tous les êtres vivants. Dans la Chine ancienne, la population croyait que les esprits dans le royaume du sans-forme avaient la tache de superviser et d'examiner les paroles et les actes des êtres du monde. Ils étaient également en charge des récompenses et des punitions pour les mérites et les fautes. Ces esprits devaient à leur tour respecter strictement les décrets célestes, car toute violation de ces règles entraînait de graves sanctions. Il est dit qu'après que les cieux et la terre aient pris forme, des lois fixes et immuables furent émises par la cour céleste. Dans le christianisme, ces lois sont appelées 'Les Commandements de Dieu'.

Dans *Le Voyage vers l'Ouest* [xi you ji 西游记], les décrets célestes sont enfreints à plusieurs reprises. Un tel incident est relaté au Chapitre 9 :

我认得你，你不是秀士，乃是泾河龙王。
你违了玉帝敕旨，改了时辰，克了点数，犯了天条。

>Je vous reconnais, vous n'êtes pas un érudit ayant passé l'examen du premier niveau. Vous êtes en fait le Roi Dragon de la Rivière Jing. Vous avez transgressé le décret impérial de l'Empereur de Jade. En changeant les heures [prévues pour la pluie] et en retenant le nombre de gouttes, vous avez enfreint les décrets célestes.

Les décrets célestes sont décrits dans le chapitre 12 des *Rapports et Stratégies de l'Ordre Céleste* [tian xu ji lüe 天序记略].

[6] Le danger d'instruire les non-pratiquants sur les lois célestes réside dans leur manque d'accomplissement spirituel, comme par exemple, celui de ne pas avoir élevé leur compassion et leur sagesse. Li Shi Fu comparerait cela au fait de mettre un pistolet entre les mains d'un enfant dont la sagesse ne s'est pas encore ouverte. Le potentiel de désastre est grand, ce serait comme donner à quelqu'un le contrôle total de la Terre. Il pourrait vouloir perturber l'ordre naturel des choses pour des raisons purement fantaisistes. Avec de si grands pouvoirs, en une pensée on pourrait mettre fin à la vie d'une autre personne.

[7] Voir le Commentaire de la 14ème Barrière, note de bas de page 3.

[8] Les sept émotions sont la joie, la colère, l'inquiétude, la rumination, la tristesse, la peur et la terreur. La terreur est parfois traduite par effroi et désigne l'escalade de la peur.

[9] Être dépourvu de tout cœur-esprit humain peut être interprété comme le fait d'être dépourvu de toute intention ou de tout but. C'est une absence de jugement mental, un état d'indifférence ou d'absence d'esprit. Cet état se rapproche du sens que le daoisme donne à l'expression chinoise 'lointain et indistinct' [huang huang hu hu 恍恍惚惚]. Voir le Commentaire de la 36ème Barrière, note de bas de page 1. Il est remarquable que les deux caractères chinois pour 'lointain et indistinct' contiennent tous les deux le radical du cœur-esprit. Huang [恍] le contient une fois sur la gauche [忄], alors que Hu [惚] le contient deux fois, une à gauche [忄] et une en dessous [心]. Pour autant, cela n'indique pas que le cœur-esprit doive être présent pour cet état mais plutôt le contraire, car c'est l'absence de tout cœur-esprit qui est requise.

Lorsqu'il est dit : c'est avec le cœur-esprit que l'on cultive le Dao, cela indique que le grand amour, la compassion et la tolérance sont indispensables pour cultiver le Dao. En effet, ils fournissent une impulsion nécessaire lorsque l'on s'approche de la rupture face à l'adversité ou au manque de progrès, et que l'on se trouve prêt à abandonner la pratique. Li Shi Fu a comparé cela au fait de faire rouler un rocher dans le sens d'une montée, puis de le lâcher pour cause de fatigue. Il commencera alors à rouler vers le bas et pourrait bien vous écraser au passage. Si l'on pratique de bonnes actions et que l'on fait preuve d'empathie, alors des forces supérieures viendront nous apporter leur soutien. Néanmoins, comme l'indique la deuxième partie de la phrase, pour franchir l'étape finale du retour au Dao, le cultivateur doit se défaire du moindre attachement, incluant même l'amour qu'il peut porter pour sa propre mère, son père, sa femme, ses enfants, ses frères et ses sœurs. Ce n'est qu'alors qu'il pourra se considérer comme faisant 'Un avec le Dao'.

42ème
Commentaire de la Barrière des Feux du Fourneau

Cette barrière traite à la fois d'alchimie externe[1] et d'alchimie interne.[2] La première devrait être évitée car elle engendre trop de problèmes. Du temps de l'avènement du Communisme en 1949, la Chine comptait plus de cinq cents millions d'habitants et les matériaux nécessaires à l'alchimie externe était déjà devenus trop rares et trop difficiles à obtenir pour de nombreuses personnes. Dans l'alchimie externe, les feux du fourneau sont utilisés pour raffiner les métaux et pour tempérer le mercure et le plomb. Le plomb peut ainsi être changé en or car ses atomes et ses molécules peuvent se transformer. Il pourrait même être utilisé pour construire un vaisseau spatial volant.[3] Pourtant, plus la science devient avancée et évoluée, plus elle se complexifie et perd de sa signification originelle.

  Au regard de l'alchimie interne, les applications de la science du monde physique, de la technologie et de l'intelligence artificielle sont controversées. Si vous essayez de les utiliser pour concevoir la pilule d'immortalité et que vous vous servez de machines comme auxiliaire, alors il deviendra plus difficile d'élever le corps divin[4] à mesure que le cultivateur progresse. Les pratiquants qui emploient des méthodes technologiques perdront leur nature-intérieure divine ainsi que leur soi supérieur, car alors ils ne cultivent plus le corps. La haute technologie ne se préoccupe pas de la façon dont quelqu'un peut penser, ou même du caractère divin.[5] Les méthodes externes donnent des résultats très rapides et tout le monde aimerait que la manne[6] lui tombe instantanément du ciel. Ainsi, pour la plupart des gens, l'idée de dédier leur vie humaine entière à la pratique n'est pas très attrayante. Les êtres humains sont devenus comme des robots et il se pourrait bien qu'un jour ils soient éliminés par sélection naturelle, comme certains le prophétisent. La pratique interne est dirigée vers l'intérieur et ne s'appuie pas sur la science ou la technologie. La science ne peut dissoudre les pensées d'une personne et transformer la nature-intérieure divine. Elle peut implanter une puce dans le cerveau de l'homme et contrôler ses pensées, mais elle ne peut pas influencer l'âme ou en prendre le contrôle. La science ne peut télécharger la compassion, la tolérance et l'amour via un ordinateur auquel elle finira par faire ressembler l'être humain. Comme les humains n'ont pas encore atteint ce stade, des micropuces ont été mises au point en tant que carte d'identité. Elles consignent vos relevés de salaires, vos transactions financières ainsi que votre origine, votre résidence et bien d'autres choses.

Tout ce qui est externe est contrefait et faux. Les bonbons et les sucettes ne sont tentants que pour les enfants seulement. N'écoutez personne et ne cherchez rien qui soit situé à l'extérieur. La science et la technologie qui ne sont axés que sur l'externe, se développent rapidement, ce qui est très dangereux. La science n'évoluera jamais au point d'être capable de créer un soi supérieur puisqu'elle rejette la notion d'âme divine. Ainsi elle ne pourra jamais recréer l'unification des cieux, de la terre et de l'humain, qui est nécessaire pour sublimer ce corps :

道在内求，不在外求。修道往里找，不是往外找。

Recherchez le Dao à l'intérieur [de votre corps], ne le cherchez pas à l'extérieur.

Ainsi, cultiver Dao, c'est chercher à l'intérieur et non pas chercher à l'extérieur.

Ainsi, parce que le Dao se trouve à l'intérieur du corps, le rechercher à l'extérieur n'aura aucun impact sur la nature-intérieure et la vie-destinée.[7] Alors que les pratiquants du passé pouvaient transformer le cuivre en or, les feux du fourneau représentent aujourd'hui essentiellement un symbole de cet élixir d'immortalité dans l'alchimie interne. On l'appelle également 'l'Elixir de l'Obtention de Qian et Kun',[8] 'l'Elixir de l'Obtention du Yin et du Yang' et 'l'Elixir d'Or'. Ne le cherchez pas à l'extérieur du corps, mais élevez plutôt vos fréquences vibratoires et ne raffinez que la nature-intérieure divine. Cherchez l'élixir interne à l'intérieur de vous.

---

[1] Il existe une écriture traitant d'alchimie externe [wai dan 外丹] intitulée *Registres sur la Rencontre Fortuite au Village de Pêcheur* [yu zhuang xie hou lu 渔庄邂逅录]. Elle n'a toujours pas été traduite à ce jour.

[2] Lors d'une conversation autour d'un feu sous la remise, Li Shi Fu a transmis une liste des classiques et écritures importants d'alchimie interne [dan jing 丹经]. Pour consulter cette liste complète et connaître les versions déjà traduites, voir Livre III : Livre de l'Humain, Chapitre 5, *Le Démon de la Liste de Livre* [shu mo mu 书魔目].

[3] Il s'agit d'une référence à John Searl qui aurait construit un disque volant dans les années 1950. Voir le Commentaire de la 37ème Barrière, note de bas de page 12.

[4] Voir le Commentaire de la 38ème Barrière, note de bas de page 9.

[5] Le caractère divin [ling xing 靈性] ou la nature-intérieure divine peut être définie comme la sagesse qui est conférée par les cieux [tian fu de zhi hui 天赋的智慧]. De manière générale, cela fait également référence à l'intelligence et à la sagesse supérieure [cong ming cai hui 聪明才智], plus particulièrement à la perspicacité spirituelle et au pouvoir de compréhension. Il peut être également traduit littéralement par 'l'éveil de sa nature-intérieure' [wu xing 悟性]. Le terme 'caractère divin' apparaît dans un texte bouddhiste, *Le Manuscrit de Shakyamuni sur les Gravures de l'Image de Bouddha* [shi jia wen fo xiang ming 释迦文佛像铭], et ce d'une manière qui ressemble étonnamment à la vision daoiste :

眇求靈性，旷追玄轸，道虽有门，迹无可朕。

[Les gens] cherchent humblement la nature-intérieure divine et pourchassent vainement le chariot mystérieux. Bien qu'il existe une porte d'accès au Dao, de sa trace on ne trouve aucun signe.

En outre, on le retrouve dans le *Registres sur le Lotus d'Or* [jin lian ji 金莲记] de Ming Chen Ru Yuan [明陈汝元], dans le chapitre intitulé 'Rencontres à la Périphérie' [jiao yu 郊遇] :

> 自家叫做佛印，生来有些靈性，只为了悟一心，因此削光兩鬢。
>
> On m'appelle 'Le Sceau du Bouddha'. A la naissance, j'ai été doté d'une certaine nature-intérieure divine. Je me suis ensuite consacré uniquement à l'éveil du cœur-esprit unique ; c'est pourquoi j'ai rasé les cheveux de mes tempes.

[6] D'une manière similaire au Commentaire de la 20ème Barrière, Li Shi Fu a littéralement parlé 'd'une pizza qui tombe du ciel', car le principal étudiant sénior qui traduisait à l'époque était d'Italie.

[7] Pour une description détaillée de la nature-intérieure et de la vie-destinée [xing ming 性命], voir le Livre III : Livre de l'Humain, Chapitre 11, ainsi que 'Avant-Propos' de Mattias Daly.

[8] Qian et Kun représentent les cieux et la terre et jouent un rôle crucial dans le système de divination du *Livre des Changements* [yi jing 易经]. Qian et Kun apparaissent également dans les discours alchimiques. Pour plus d'informations sur ces termes, voir en ligne l'article de Fabrizio Pregadio sur le lien suivant : https://www.goldenelixir.com/jindan/ctq_1.html

43ème
Commentaire de la Barrière du Déshonneur et de l'Humiliation

耻辱關

Tout cultivateur doté de compassion doit entrer dans la société.[1] Cela ressemblera à une immersion dans une cuve de teinture[2] au sein de laquelle, il sera confronté à la diffamation et à l'humiliation. Dans le monde social, de telles afflictions et de telles disputes se produisent au nom de la dignité et de l'honneur, précisément car les gens ne supportent pas la moindre offense ou le fait de perdre la face. Mais si vous ne supportez pas d'être humilié, alors c'est que vous n'avez pas encore la peau suffisamment épaisse.[3] Ce sujet a été discuté dans les barrières précédentes.

En Chine, il existe un dicton :

上得了大堂。下得了厨房。钻得了入裆。

On [devrait] monter dans le grand hall,

Descendre à la cuisine,

Et ramper sous l'entrejambe.[4]

La première affirmation fait référence à la sagesse qu'a une personne, à sa possession de la connaissance et des principes, ce que l'on apparente ici à une épouse élégamment vêtue. La seconde affirmation vous incite à agir et à vous occuper de vos affaires vous-même, ce qui est comme 'aller à la cuisine' pour y préparer un repas. Vous devez vous soumettre au monde de la poussière et à son lot d'insultes et d'humiliations, car sinon vous ressemblerez à une plante verte d'intérieur qui ne peut pas être exposée au soleil car elle a été trop choyée et protégée des intempéries extérieures.[5] Cherchez et apprenez à vous tempérer, car si vous êtes trop fragile, vous ne serez pas capable de marcher sur cette voie. La troisième affirmation vous incite à baisser la tête et à être humble. Comme le dit également la Bible, 'les plus petits ici-bas sur terre sont les plus grands là-haut dans le ciel', tout comme les personnes les plus importantes en ville, sont les plus insignifiantes en haut d'une montagne.[6] Ceux qui sont premiers seront les derniers.[7]

Selon les mots d'un proverbe chinois :

低大海容纳百川。

Les petits et les grands océans s'accommodent des cent rivières.[8]

Les gens devraient devenir comme les océans mentionnés dans ce dicton, à savoir entièrement disponibles et réceptifs, se situant à un niveau inférieur à celui des cours d'eau terrestres.

L'océan a la qualité du pardon car il accepte aussi bien le bon comme le mauvais, sans distinction. Vous devez faire preuve de tolérance lorsque vous êtes confrontés à l'injure et à l'humiliation. Il est intéressant d'examiner la composition du caractère[9] chinois pour le mot 'tolérance' :

Il désigne 'un cœur-esprit transpercé par un couteau', bien que la moitié du caractère pour 'couteau' [dao 刀] contenu ici, ait été modifié par un trait barré sur la gauche. Néanmoins, ce couteau possède toujours un manche. Le caractère pour 'tolérance' *Ren* [忍][10] dépeint ainsi un cœur-esprit troublé et inquiet. En effet, pour tolérer ou endurer quelque chose, il faut éprouver un certain degré de mécontentement. Mais cet état attirera à vous des forces malfaisantes[11] et accentuera le fardeau du karma, comme l'appellent les bouddhistes, ce qui est une référence à tout ce dont vous héritez de vos vies antérieures. Au contraire, lorsque vous en êtes au stade ultime de la compassion, il n'y a plus aucune conséquence karmique négative. Pour autant, on peut également dire que la tolérance atténue considérablement le karma. Les résultats et les conséquences de vos actions passées suivent la théorie de la cause et de la conséquence,[12] cela doit être dissout. Si vous répondez au karma avec compassion, alors cela empêchera les injures et les humiliations d'affecter le calme de vos ondes cérébrales. Comme nous l'avons vu dans une barrière précédente, les cultivateurs qui vont mendier dans la rue sont souvent soumis à de telles insultes.[13] Les mendiants sont considérés comme étant le plus bas niveau de la société, cette dernière les envisageant comme un lion ou un tigre regarde un mouton. Mais un tel point de vue est ignorant et il n'y a aucune raison pour que la mendicité soit considérée comme honteuse ou embarrassante. Plus longtemps on reste immobile à un endroit, plus on devient digne et plus alors on gagne le respect des autres. C'est pourquoi j'évoque fréquemment la mendicité comme étant un idéal à suivre. En société cependant, les personnes pensent différemment à ce sujet, ce qui correspond à la différence entre un jugement observé du point de vue des cieux et un jugement observé du point de vue de la Terre.[14] Ne prenez pas les mendiants de haut, car il faut d'abord descendre pour pouvoir s'élever. Ce n'est que si vous redevenez comme un enfant[15] que vous pourrez alors monter. Mais la vie en société est basée sur le pouvoir, l'autorité et la richesse, et les plus pauvres sont considérés comme le bas de l'échelle. Ainsi, tout le monde recherche la richesse. Comme le dit un proverbe chinois :

> 有钱有奶，有奶有娘。
> Avoir de l'argent, c'est avoir du lait,
> Avoir du lait, c'est être la mère.[16]

Sans les vertus et le Dao, les gens ne font rien de plus que gagner et dépenser de l'argent, ce qui est comme donner et recevoir du lait. Pour obtenir de l'argent, ils emploient tous les stratagèmes ou tous les moyens tordus possibles, tels que ceux décrits dans *Les Trente-Six Stratagèmes*, *Etude sur l'Obscurité Profonde* et *L'Ecriture du Vieux Renard*.[17] Ces personnes perdent tout sens de gentillesse et de compassion, car elles ne pensent qu'à acquérir plus de richesses et de biens. Par contraste, l'Ancêtre Fondateur Qiu[18] prenait souvent la faim comme un moyen de se débarrasser des pensées séculières, et s'est retrouvé au plus bas de l'échelle dans la société des hommes. Il fut pour autant le plus grand de tous les contributeurs au daoisme. Dans la Chine d'aujourd'hui, si en tant que cultivateur les gens ne vous considèrent pas comme fou, cela sera presque un exploit, car 'ils considèrent la valeur économique comme un concept fondamental'.[19] Entrainez-vous à faire preuve de tolérance en société, afin d'évaluer votre capacité d'endurance et la mesure dans laquelle vous pouvez être mis au défi avant de déborder. Mais si vous êtes trop étiré,[20] alors vous atteindrez un point de rupture et devrez changer d'environnement. La haine, l'animosité et les disputes créent des champs énergétiques négatifs et ne sont pas propices à la longévité, encore moins au raffinement de l'élixir. Dans la société, la parole est toujours donnée pour des opinions contraires et les gens tombent en désaccord. Je suis heureux d'avoir le statut de fou dans un tel contexte, car dans notre société actuelle, Wang Chong Yang[21] lui-même serait catalogué comme malade mental et envoyé à l'hôpital. La vie était difficile à l'époque et l'est encore plus aujourd'hui lorsque quelqu'un s'adresse à vous en des termes humiliants. Si on ne vous donne pas de riz lorsque vous mendiez, remerciez la personne, expirez, secouez la poussière de vos pieds, élevez votre esprit et poursuivez votre voyage.[22]

---

[1] Malgré une tradition d'ermites isolés et de moines errants, cette phrase souligne le fait qu'il existe différentes étapes sur le chemin de la pratique. Li Shi Fu a souvent utilisé la métaphore d'une pierre dans l'océan. Au début elle est de forme irrégulière et inégale, mais au cours du temps, ses arrêtes et ses bords se lissent à force d'être brassés et remués par les eaux. La pierre représente la nature-intérieure d'une personne, tandis que les eaux symbolisent la société. Une fois que vous êtes complètement arrondi par les évènements abrasifs de la ville, par les insultes et les humiliations, alors vous pouvez passer à l'étape suivante qu'est la réclusion. Ainsi, il faut d'abord accumuler des mérites en société, puis être capable d'abandonner la compassion et vivre en dehors de la société.

² Cela signifie entrer dans la société, dans le monde dit de la poussière rouge, où l'on doit résister aux influences et à l'impact négatif de la pensée et des conventions séculaires. C'est pourquoi Li Shi Fu fait référence à cette image de la cuve dans laquelle les objets et les vêtements sont teints. Voir également le Commentaire de la 39ème Barrière, note de bas de page 6.

³ Avoir la peau épaisse en chinois signifie littéralement avoir la peau du visage épaisse. Reliée à l'idée de ne pas perdre la face, cette notion est expliquée dans le Commentaire de la 3ème Barrière, note de bas de page 1.

⁴ Il existe une version légèrement modifiée des deux premières phrases :

上得厅堂下的厨房.
[On devrait] monter dans le hall et descendre à la cuisine.

Ces trois vers cités par Li Shi Fu sont issus d'une Chine traditionnelle à la vision patriarcale et machiste concernant les vertus de l'épouse idéale. Plus généralement, ils représentent la capacité de s'occuper de tout et de tout gérer à la perfection, d'assumer ses responsabilités personnelles dans les relations et d'être aguerri et expérimenté dans la gestion des affaires.

Le hall fait référence par exemple au fait de s'habiller selon le protocole pour une occasion, comme recevoir des invités de marque. Sa signification peut également être étendue à toute performance que l'on accomplit. La deuxième partie de phrase ne concerne pas seulement la cuisine mais inclut également tous les travaux ménagers dont il faut s'occuper, peu importe qu'ils soient salissants ou inférieurs. On pourrait dire que les deux premières phrases offrent un contraste apparent entre le monde des occasions officielles où se juxtaposent la finesse du code vestimentaire, les discussions sur la haute littérature et l'art, et le monde poussiéreux des taches et de la saleté, qui requiert de grands efforts sans qu'un mot de complainte ne soit prononcé. Cette expression est aujourd'hui utilisée dans une grande variété de situations diverses, par exemple, pour faire l'éloge de quelqu'un ou bien prendre à la dérision son propre orgueil. Elle peut également être employée pour décrire les marchandises dont la qualité varie du haut de gamme au bas de gamme.

La troisième et dernière partie de cette citation, ramper sous l'entrejambe, est mieux expliquée dans l'histoire de Han Xin [韩信], un des Trois Héros du Début de la Dynastie des Han [han chu san jie 汉初三杰]. On la retrouve dans Les Registres du Grand Historien [shi ji 史记] de Si Ma Qian [司马迁] au chapitre intitulé 'La Biographie du Marquis de Huai Yin' [huai yin hou lie zhuan 淮阴侯列传]. Voir Livre III : Livre de l'Humain, Chapitre 45, Han Xin [韩信].

⁵ Tout comme un jeune plant dans une serre qui n'a jamais eu l'opportunité de devenir fort et résilient aux conditions climatiques extérieures, une personne qui se laisse bercer par un faux sentiment de sécurité et de force évalue mal en conséquence son propre niveau d'accomplissement. Il a de ce fait été insuffisamment testé et éprouvé. Aussi difficile que puisse être la vie en société, c'est également un moyen de devenir une personne meilleure et plus forte. Fuir la société pour s'isoler ou avoir une vie monastique n'est pas la bonne façon de cultiver sa nature-intérieure. Une histoire bouddhiste raconte le périple d'un ermite qui pensait à tort avoir maîtrisé l'indifférence dans les montagnes reculées ; lorsqu'il fut insulté par un berger, il perdit immédiatement son sang-froid et le berger s'éloigna en riant, rappelant à l'ermite son accomplissement auto-proclamé de l'équanimité.

Il existe une autre histoire humoristique Zen intitulée 'Indifférent aux Huit Vents Mais Balayé par un Pet [venu] de l'Autre Côté de la Rivière', qui met en scène l'écrivain et calligraphe Su Dong Po [苏东坡] de la dynastie Song du Nord et le maître Zen Fo Yin [佛印].

⁶ Les montagnes sont considérées comme des endroits où d'anciens mortels ont acquis l'immortalité. Pour cette raison, les ermites et les reclus se réfugiaient traditionnellement dans ces montagnes pour leur quête finale, mais également pour leur permettre d'échapper au chaos de la guerre et d'être plus proche de la voute céleste.

⁷ La déclaration biblique originale est la suivante :

> 这时候，彼得对耶稣说:"看，我们舍弃一切跟从了你，我们将来究竟会怎么样呢？"耶稣对他们说:我确实地告诉你们：在新的世界里，当人子坐在他荣耀宝座上的时候，你们这些跟从我的人也要坐在十二个宝座上，审判以色列的十二个支派。凡是为我名的缘故而舍弃房屋，或兄弟，或姐妹，或父亲，或母亲，或儿女，或田产的人，都将得到百倍，并且继承永恒的生命。不过许多在前的，将要在后；许多在后的，将要在前。"[马太福音 19：27-30]
>
> Pierre, prenant alors la parole, lui dit : 'Voici, nous avons tout quitté, et nous t'avons suivi ; qu'en sera-t-il pour nous ?' Jésus leur répondit : 'Je vous le dis en vérité, quand le Fils de l'homme, au renouvellement de toutes choses, sera assis sur le trône de sa gloire, vous qui m'avez suivi, vous serez de même assis sur douze trônes, et vous jugerez les douze tribus d'Israël. Et quiconque aura quitté, à cause de mon nom, ses frères, ou ses sœurs, ou son père, ou sa mère, ou sa femme, ou ses enfants, ou ses terres, ou ses maisons, recevra le centuple, et héritera la vie éternelle. Plusieurs des premiers seront les derniers, et plusieurs des derniers seront les premiers'. [Matthieu 19:27-30 ; *LSG*]

8 Voir le Commentaire de la 11ème Barrière, note de bas de page 5.

9 Chaque caractère chinois est considéré comme un pictogramme, tout comme les hiéroglyphes qui représentent une image. Par opposition, on trouve l'alphabet qui est composé d'une chaine de lettres aléatoires assemblées arbitrairement pour désigner un objet. Chaque pictogramme est composé de plusieurs parties appelées des radicaux. Par exemple, le caractère pour l'homme ou le mâle [nan 男] désigne un champ [tian 田] en haut et la vigueur ou la force [li 力] en bas, en référence aux hommes qui travaillent vigoureusement dans les champs.

10 Le caractère pour 'tolérance' [ren 忍] est constitué du cœur-esprit [xin 心] en bas et de la lame d'un couteau [ren 刃] en haut, ce qui ressemble au caractère pour couteau [dao 刀], rayé sur un côté. Cette image est en lien avec la douleur car la tolérance [ren 忍] signifie également endurer. Ainsi, on est donc déjà séparé du grand amour et de la compassion, puisque la notion de résistance est ici impliquée. Pour endurer une situation dérangeante, il faut plus ou moins s'y résoudre et en atténuer l'impact ; mais il faudra tout même la porter comme un fardeau. Au stade supérieur de la compassion, il est possible de se défaire entièrement de ce poids et alors cette notion d'endurance disparait. Le mot 'tolérance' [ren 忍] ne doit pas être confondu avec son homonyme plus connu, le caractère chinois pour l'humanité ou la bienveillance [ren 仁].

11 Les forces malveillantes [ye li 业力] sont étroitement liées au concept de cause et de conséquence. Voir Livre III : Livre de l'Humain, Chapitre 42 pour une discussion sur *Rembourser les Dettes* [huan zhang 还帐].

12 Voir la note de bas de page précédente.

13 Voir les Commentaires de la 3ème et de la 5ème Barrière.

14 Il existe un dicton courant chinois qui exprime la différence fondamentale entre les cieux et la terre :

> 天地悬隔。
> Les cieux et la terre sont suspendus séparés [l'un de l'autre].

15 Voir Commentaire de la 7ème Barrière, note de bas de page 4.

16 Cette phrase satirique se moque des gens qui sont sans position, sans dignité et sans honneur. Dès qu'apparaît une personne qui pourrait leur présenter utilité et avantages, ils la courtisent et recherchent ses faveurs pour tenter d'obtenir ce qu'ils veulent.

17 Voir le Commentaire de la 14ème Barrière, note de bas de page 11-13.

18 Voir le Commentaire de la 5ème Barrière, note de bas de page 11 et le Livre III : Livre de l'Humain, Chapitre 23, *Qiu Chu Ji* [丘处机].

19 En chinois, 以经济为中心 [yi jing ji wei zhong xin]. Donner la priorité à l'économie est un thème central de la pensée socialiste initiale du parti communiste chinois. Elle est également considérée comme la

condition fondamentale à l'épanouissement et à la prospérité du pays, ainsi qu'à sa paix et à sa stabilité au long terme.

[20] Le terme 'être étiré', littéralement 'élargir', est ici analogue à celui d'une montgolfière qui ne peut être gonflée que jusqu'à un certain point avant d'éclater.

[21] Voir le Commentaire de la 2ème Barrière, note de bas de page 9, ainsi que le Livre III : Livre de l'Humain, Chapitre 24, *Wang Chong Yang* [王重阳].

[22] Dans la Bible, il est dit :

> '如果有人不接待你们，不听你们的话，你们离开那一家那一城的时候，就要把脚上的灰尘跺下去。' [马太福音 10:14]
>
> 'Lorsqu'on ne vous recevra pas et qu'on n'écoutera pas vos paroles, sortez de cette maison ou de cette ville et secouez la poussière de vos pieds.' [Matthieu 10:14 ; *LSG*]

44ème
Commentaire de la Barrière de la Cause et de la Conséquence

La barrière de la cause et de la conséquence est ainsi nommée de la sorte que sans une cause telle que celle de votre père et de votre mère, alors il n'y aurait pas la conséquence de votre naissance.[1] Les causes entraînent inévitablement des conséquences ; si vous agressez quelqu'un, la police viendra vous chercher. Il existe également un dicton chinois qui met en évidence les conséquences qu'il y a à se reposer sur l'autre :

吃人家的嘴软，拿人家的手短。

En mangeant [la nourriture qui vient] de l'autre, la bouche se ramollit.[2]

En prenant [ce qui vient] de l'autre, les mains deviennent petites.[3]

Vos pensées et vos actions ont un grand pouvoir, elles peuvent changer la trajectoire de votre chemin. Ainsi, devant de telles conséquences, vous pouvez simplement prendre conscience de ce que vous devriez faire et penser. De même, ne croyez pas à tort que parce que vos pensées ne se manifestent pas à l'extérieur, alors elles ne peuvent être connues[4] :

暗室不欺心，举头三尺有神明。

Dans la chambre obscure, ne trompez pas le cœur-esprit.

Levez la tête et trois pieds chinois au-dessus de vous se trouvent les Esprits de Lumière.[5]

Les dix mille choses, ce qui inclut tous les esprits, sont conscients de vos pensées, car vos champs sont connectés. Vos pensées et vos intentions peuvent s'aligner et se rencontrer avec celles d'autres esprits. Ce phénomène est lié aux ondes cérébrales et au champ biologiques. Si votre cœur-esprit projette[6] des pensées et des idées de bienveillance et de bonté, alors cela produira de bons résultats. Certains résultats sont prévisibles, d'autres non. Comme il est dit au sein de la Famille Daoiste[7] :

一念上天，一念入地。一念之差，即天地之隔。

En une seule pensée, on s'élève vers les cieux,
En une seule pensée, on descend vers la terre.
Faillir simplement d'une seule pensée
Est la distinction qui existe entre les cieux et la terre.[8]

Vous devez réfléchir au résultat que vous souhaitez obtenir, car vous êtes le créateur de vos pensées.

Certaines personnes commettent des crimes et croient qu'elles peuvent s'en sortir sans conséquences. L'année dernière, la police a résolu une affaire instructive à ce sujet. Dans le Si Chuan, l'ainée d'une sororité avait assassiné sa jeune sœur et l'avait ensuite enterrée. La famille et la police ont longtemps cherché la jeune sœur, mais elle restait introuvable. La jeune sœur défunte a donc envoyé un message en rêve à une autre de ses sœurs ainées, lui faisant savoir qui l'avait tuée et où elle avait été enterrée. Cette sœur ainée avait jusqu'à présent cru que sa sœur disparue était partie travailler quelque part ailleurs. Pourtant, lorsqu'elle se réveilla, elle rapporta son rêve et le lieu de l'enterrement à la police. Ils refusèrent tout d'abord de la prendre au sérieux, bien qu'elle ait insisté sur la clarté de son rêve. La sœur ainée pleura et souleva une telle clameur que la police finit par céder et décida d'enquêter sur la base de ses dires. Ils creusèrent alors dans le sol avec des pelles et finirent par retrouver le corps. Car l'œil intérieur de la sœur ainée avait été ouvert lors du rêve, elle put voir la cause et c'est pourquoi la meurtrière fut attrapée en conséquence :

有善因有善报，有恶因有恶报。

Les causes bienveillantes ont des conséquences favorables.
Les causes malveillantes ont des récompenses défavorables.[9]

Selon les mots de la Bodhisattva Guan Shi Yin[10] :

诸恶莫作，众善奉行。

Ne commettez pas d'actions malfaisante,
Ne poursuivez que la vertu.[11]

Avoir de la bonté,[12] c'est faire preuve de compassion et être doté d'un cœur-esprit d'amour. Si vous accomplissez de bonnes actions, alors vous n'engendrerez pas de mauvais résultats. Vous pourriez objecter que malgré les nombreuses personnes que vous avez aidées par le passé, vous continuez de rencontrer des problèmes et des difficultés. Mais pour autant, vous n'avez pas idée de toutes les causes que vous avez engendrées au cours de vos précédentes incarnations. Ainsi, ne vous préoccupez pas de vos vies passées ou à venir. Un exemple de ce type karma provenant de vies antérieures est celui du jeune chinois appelé Lei Feng.[13] Il a accompli un grand nombre de bonnes actions et tout le monde voulait lui ressembler. Pourtant, il est mort alors qu'il n'avait encore qu'une vingtaine d'années. Vous pourriez vous demander peut-être comment cela se fait-il qu'il meure si jeune en ayant vécu si vertueusement ? On s'attendrait plutôt à ce qu'il jouisse d'une longue vie. Mais ce ne sont là que des suppositions et des réflexions humaines basée sur la connaissance des masses et de la troisième dimension. Vous êtes incapable de voir le karma supérieur à l'œuvre dans une telle situation. De nombreuses afflictions provenant de vies antérieures nous assaillent et nous ne pouvons pas les éviter. Il n'y a aucune méthode pour les faire disparaître. Les dettes karmiques du passé sont trop vastes pour être déplacées ou changées.

La problématique du karma se décompose en deux aspects. Avant d'entrer dans ce monde, on vous fait signer un contrat[14] ce qui en constitue le premier. Lorsque vous avez une mission, vous avancez dans cette direction et atteignez un certain point ; mais si vous mourez avant qu'elle ne soit accomplie, alors vous n'avez pas rempli les termes de votre contrat et vous devez revenir dans la vie suivante pour continuer. Le second aspect du karma concerne vos relations avec les gens. Alors que les conflits se présentent à vous dans cette vie, vous resterez sur le droit chemin dès lors que vous vous abstenez d'agir de façon malfaisante et que vous pratiquez de bonnes actions. Cela vous aidera à vous élever. Chacun possède son propre destin et vit dans son propre espace-temps. Si vous aviez vécu en Europe et en Asie durant la Seconde Guerre Mondiale, vous n'auriez pas pu trouver la paix. En Chine, pendant la résistance de la Seconde Guerre Sino-Japonaise,[15] tout le monde fuyait vers les montagnes pour éviter le conflit. A cette époque, personne ne pouvait se sentir détendu en marchant dans la rue, sans même parler de ce que les gens ont dû ressentir durant la Seconde Guerre Mondiale. La même chose se passe actuellement en Syrie et en Afghanistan, voir aux Etats-Unis dans certaines régions la nuit. Cela démontre comment l'espace-temps change et combien les lieux sont différents. Ainsi, lorsque vous vous occupez de la cause et de ses conséquences, ayez une vision claire de la cause et de comment elle pourrait affecter le futur, ceci afin d'éviter de mauvais résultats. Un proverbe chinois souligne ce principe :

做善之家必有余庆。作恶之家必有余殃。

Les familles qui pratiquent des actes de bienveillance expérimenteront un surplus de réjouissance. Les familles qui pratiquent des actes de malveillance expérimenteront un surplus de désastres.[16]

Les enseignements nous incitent à accumuler du mérite et à éviter les actes de malveillance.[17] Lorsque vous vous comportez de manière vertueuse, alors votre cœur-esprit est clair, libre de tout soucis et votre champ bioénergétique est pur. La gratitude des autres s'accumule dans un champ qui devient apparent pour vous et qui est très beau et pur. Mais si votre cœur-esprit est négatif et que vous pratiquez des actes de malveillance, alors cela modifiera votre système endocrinien. Vous ne pourrez plus dormir tant vous craindrez d'être traqué par ceux avec qui vous avez mal agi. Ainsi, vous devez :

把现在做好，修正自己的路。

Agir correctement dans l'instant et rectifier votre propre chemin.

Tout cela est votre responsabilité car personne d'autre ne peut vous élever.[18] Comme on peut le voir sur le diagramme des coordonnées[19] enseignées dans le daoisme, ce qui se trouve au-dessus et en dessous vous aidera, ainsi que le feront les autres personnes. Cela s'apparente au fait de rembourser ses dettes,[20] par exemple. Ce n'est qu'après les avoir remboursées que vous saurez combien vous avez gagné en vous en libérant.

Cependant, les actes méritoires ne devraient pas être réalisés en vue d'obtenir une récompense, car de telles pensées ne sont pas droites. Ne vous demandez pas quels effets auront vos bonnes actions. Ne pensez pas que parce que vous avez donné dix *Yuan*[21] à un mendiant, alors vous vous trouvez en droit de recevoir vous-même une somme plus importante. Evitez d'avoir un tel état d'esprit. Peut-être obtiendrez-vous une récompense sous une forme que vous n'aviez pas prévue. La compassion et la tolérance n'ont besoin de rien en retour :

不求而自得。有心做，无心求。善有善果，恶有恶果。

Sans chercher, on accomplit.[22]

Agissez avec le cœur-esprit, mais cherchez sans le cœur-esprit.[23]

La bienveillance entraîne des conséquences favorables,

La malveillance entraîne des conséquences défavorables.[24]

Le mal compromet le bien et progressivement, il change le champ énergétique de chacun. C'est pourquoi le champ des personnes malveillantes est gris, sombre et malsain, alors que le champ des personnes méritantes est rayonnant.

Dans les anciens temps, Hua Tuo[25] a écrit un grand nombre de livres sur la médecine et a effectué des guérisons, des opérations chirurgicales et a même effectué la première opération à cerveau ouvert. Il pouvait percevoir les organes et les méridiens,[26] ainsi que la localisation précise du problème médical. Sa compassion en tant que médecin lui permit de soulager un grand nombre de souffrances. Il est le plus remarquable de tous les guérisseurs de la Porte de la Médecine Daoiste.[27] Imitez Hua Tuo, cultivez votre caractère divin et votre compassion. Soyez une lumière brillante pour les autres, comme le sel de la terre et le levain, dont on fait l'éloge dans la Bible.[28] Maintenant que vous avez acquis la connaissance de ces principes, changez vos causes et donc vos conséquences ; employez cela à bon escient pour subvenir à vos besoins et à ceux de votre famille.

¹ Li Shi Fu a expliqué que la cause [yin 因] est le 'à cause de' [yin wei 因为], alors que la conséquence [guo 果] est le 'c'est pourquoi' [suo yi 所以] : 'à cause de' A, 'c'est pourquoi' B est arrivé.
² Ainsi, on aura du mal à critiquer une personne si elle fait quelque chose de mal, car elle nous nourrit.
³ Ainsi, on n'essayera pas d'arrêter une personne qui agit mal. Ce dicton apparaît en 1982 dans le roman de Li Xiao Ming [李晓明] intitulé *Le Vent Balaie les Nuages Restants* [feng sao can yun 风扫残云]. Les dettes de la bouche correspondent à une incapacité d'afficher des principes droits, ainsi qu'un Qi fort et déterminé au moment de parler. La petitesse des mains suggère que l'on sera obligé de rembourser de telles dettes en lien avec les faveurs qui nous ont été faites. Dans l'ensemble, cette citation signifie que l'on ne doit pas manger et prendre aux autres sans retenue. Au moment de rendre les faveurs, on évitera alors ce que l'on appelle 'les principes déraisonnables et l'injustice' [li bu zhi qi bu zhuang 理不直气不壮]. Cette citation sous-tend aussi un autre concept important de la société chinoise, celui de 'Devoir des Faveurs' [qian ren qing 欠人情], ce qui signifie littéralement devoir des sentiments humains. En Chine, si quelqu'un vous fait une faveur, on assume automatiquement qu'à un moment donné, dans un avenir proche, vous lui rembourserez cette faveur. Ce concept est conforme à la réciprocité confucéenne ; on attend même souvent de la personne qu'elle dépasse l'ampleur de la faveur initiale lorsqu'elle la rend, comme l'exprime le dicton suivant :

> 滴水之恩当涌泉相报。
> Si vous avez reçu une goutte de bienveillance de la part d'une personne,
> Alors c'est une fontaine de bienveillance que vous devriez lui rendre.

⁴ Il existe un passage dans la Bible qui reflète cette notion :

> 那鉴察人心的，晓得圣灵的心意，因为圣灵照着，神的旨意替圣徒祈求。[罗马书 8:27]
> Et Dieu qui scrute les cœurs sait ce vers quoi tend l'Esprit, car c'est en accord avec Dieu qu'il intercède pour les membres du peuple saint. [Romain 8:27 ; *BDS*]

⁵ Voir Commentaire de la 17ème Barrière, note de bas de page 4 et 5.
⁶ La projection du cœur-esprit signifie littéralement 'émettre le cœur-esprit' [fa xin 发心].
⁷ La Famille Daoiste [dao jia 道家] désigne la tradition daoiste dans son ensemble, avant et après son institutionnalisation monastique, trop souvent simplifiée à l'extrême en une distinction entre le daoisme philosophique pré-monastique et le daoisme religieux post-monastique.
   Pour plus d'informations et de discussions sur les différences entre le daoisme religieux [dao jiao 道教] et la philosophie daoiste [dao jia 道家], voir l'ouvrage de Louis Komjathy *The Daoist Tradition: An Introduction* au 1er chapitre 'Approaching Daoism'.
⁸ L'expression 'faillir d'une seule pensée' [yi nian zhi cha 一念之差] apparaît dans un poème de la dynastie Song, écrit par Lu You [陆游] et intitulé 'Le Monastère du Vieil Homme' [zhang ren guan 丈人观] :

> 我亦诵经五千文，一念之差堕世纷。
> Je chante également les cinq mille caractères de la liturgie [du *Dao De Jing*] ;
> Si je faillis d'une seule pensée, alors je plongerais dans les enchevêtrements du monde.

⁹ Voir également le Commentaire de la 10ème Barrière, note de bas de page 9 et le Commentaire de la 17ème Barrière, note de bas de page 7.
¹⁰ Voir le Commentaire de la 12ème Barrière, note de bas de page 5, ainsi que le Livre III : Livre de l'Humain, Chapitre 38, *La Bodhisattva Guan Shi Yin* [观世音菩萨].
¹¹ Cette expression est la première moitié d'un verset bouddhiste :

> 诸恶莫作，众善奉行，自净其意，是诸佛教。
> Ne commettez pas de mauvaises actions, ne poursuivez que la vertu et purifiez vos pensées. Tel est l'enseignement de tous les bouddhas.

¹² La bonté [shan liang 善良] se traduit alternativement par la bonté de cœur ou même par la vertu, comme dans cette célèbre déclaration du *Dao De Jing* :

上善若水。
La plus haute vertu est semblable [à la nature] de l'eau.

¹³ Lei Feng [雷锋] était un jeune membre de l'Armée Populaire de Libération qui mourut en 1962 dans un tragique accident à l'âge de 22 ans pour devenir par la suite un modèle et un héros de la Chine Communiste. L'Esprit de Lei Feng [lei feng shen 雷锋神] promut en Chine, vit pour servir le peuple, fait de bonnes actions et suit les hauts standards moraux que Lei Feng est censé avoir illustré par sa modestie et son altruisme.

¹⁴ Li Shi Fu a déclaré qu'il existe un contrat céleste qu'il faut accepter pour entrer dans la troisième dimension. Il a ainsi souligné que l'on ne peut se soustraire que temporairement à ces exigences et que même le suicide ne fera que programmer une nouvelle naissance pour remplir le contrat. Li Shi Fu lui-même a tenté d'échapper à ses responsabilités et devoirs d'enseignant, mais en vain. Il existe un fameux dicton d'origine inconnue qui parle de cela :

跑得了和尚，跑不了庙。
Le moine peut s'enfuir, mais le temple ne bouge pas.

En anglais, on dirait que l'on peut s'enfuir mais pas se cacher. S'il est écrit dans votre contrat que vous serez un cultivateur du Dao, alors vous pourrez éviter ce genre de vie pendant quelques années, par exemple, mais les circonstances finiront par vous rattraper et vous pousser vers cela.

¹⁵ La Seconde Guerre Sino-Japonaise s'est déroulée entre 1937 et 1945, coïncidant avec la Seconde Guerre Mondiale. L'estimation du nombre total de mort varie entre 10 et 25 millions de civils chinois et environ quatre millions de soldats chinois et japonais. En Chine, on l'appelle la 'Guerre de la Résistance'.

¹⁶ Cette citation, légèrement modifiée, provient du *Commentaire sur le Livre des Changements* [yi zhuan 易传], dans un texte [wen yan 文言] sur le Trigramme Kun [kun gua 坤卦] :

积善之家必有余庆，积恶之家必有余殃。臣弑其君，子弑其父，
非一朝一夕之故，其所由来者渐矣，由辩之不早辩也。
Les familles qui accumulent de la bienveillance connaitront certainement un surplus [d'occasions] de célébrer, alors que les familles qui accumulent de la malveillance connaîtront certainement un surplus de désastres. Le fait qu'un ministre assassine son empereur ou qu'un fils assassine son père, n'est pas une affaire [qui se crée] en une seule matinée ou une seule soirée.
Ce qui a causé [ce désastre] s'est développé progressivement et est également dû au fait que [le problème] n'a pas été identifié à l'avance.

¹⁷ En conséquence, les rétributions se produisent d'elles-mêmes. Comme le mentionne un texte daoiste majeur du douzième siècle, *Le Traité de Tai Shang sur l'Action et la Réponse* [tai shang gan ying pian 太上感应篇] :

太上曰：祸福无门，惟人自召，善恶之报，如影随形。
受辱不怨，受宠若惊。施恩不求报，与人不追悔。
Tai Shang dit : Fortune et infortune [ne sont pas des chemins dont] les portes [vous sont attribuées], vous seuls les invitez en vous-même. Les réciprocités de la bonté et de la malveillance sont comme une ombre qui suit sa forme. Lorsque vous êtes sujet à l'humiliation, n'en soyez pas rancunier. Lorsque vous recevez des faveurs, [agissez] comme si vous étiez surpris. Lorsque vous accordez des faveurs aux autres, ne cherchez pas de contrepartie. Lorsque vous donnez aux autres, [n'ayez] pas de remords.

18 Voir le Commentaire de la 39ème Barrière, note de bas de page 8 pour l'exemple de Jésus et de Pierre. Li Shi Fu faisait aussi parfois l'analogie avec le fait de tirer quelqu'un hors de l'eau par les cheveux. Si vous lâchez prise, il retombe à l'endroit d'où vous l'avez tiré.

19 Voir Livre III : Livre de l'Humain, Chapitre 15, *Le Point Zéro* [ling dian 零点], pour un aperçu de ce diagramme des coordonnées selon le daoisme.

20 Voir Livre III : Livre de l'Humain, Chapitre 42, *Rembourser Ses Dettes* [huan zhang 还帐] pour une discussion sur ce concept.

21 La monnaie chinoise.

22 Cette phrase n'est pas sans rappeler un passage du *Discours sur la Transformation de la Nature-Intérieure* de Wang Feng Yi [王凤仪] :

> 佛界人不思而得，神界人思则得之，魔（心）界人『求』才能得，
> 鬼（身）界人『争』才能的。本着天道所做的就是天德，也就能不思而得。
> Les personnes du Royaume du Bouddha n'ont rien à l'esprit et obtiennent quelque chose.
> Les personnes du Royaume de l'Esprit réfléchissent et obtiennent la réalisation.
> Les personnes du Royaume des Démons (du Cœur) 'cherchent', ce n'est qu'alors qu'elles sont capables de réalisation.
> Les personnes du Royaume des Fantômes (du Corps) 'contestent', ce n'est qu'alors qu'elles sont capables de réalisation.
> Se conformer à toutes les actions du Dao céleste est la Vertu céleste.
> Il est possible d'obtenir un gain sans contemplation.

Il y a également une citation plus courte provenant d'un maître bouddhiste :

> 禅本无心得之，勿以有心求之。欲求而不得，不求而自得。
> La racine du Chan est atteinte en étant sans cœur-esprit.
> Ne le cherchez pas dans la présence du cœur-esprit.
> En vous efforçant de l'obtenir, vous ne l'obtiendrez pas,
> En ne la cherchant pas, vous l'obtiendrez.

23 Ces deux lignes rappellent l'importance de s'engager dans des actes méritoires au sein de la société, en faisant preuve de compassion et d'un grand amour, mais rappellent également que celui qui cherche à ne faire qu'un avec le Dao doit aussi se débarrasser de son cœur-esprit et l'abandonner. Il existe un fameux dicton dans le daoisme tiré du *Discours sur la Transformation de la Nature-Intérieure* de Wang Feng Yi [王凤仪] :

> 人心一死，道心自生。
> Une fois que le cœur-esprit de l'humain meurt,
> Alors le cœur-esprit du Dao naît de lui-même.

24 La seconde partie de cette affirmation apparaît sous une forme légèrement modifiée dans la pièce musicale datant de la dynastie Yuan, *L'Erreur Commise par Pang Ju Shi de Libérer les Dettes de la Vie Suivante* [pang ju shi cuo fang lai sheng zhai 庞居士误放来生债] de Liu Jun Xi [刘君锡] :

> 善有善报，恶有恶报；不是不报，时辰未到。
> La bonté engendre des récompenses bénéfiques.
> La malveillance engendre des récompenses calamiteuses.
> Ce n'est pas qu'il n'y aura pas de récompenses,
> Mais seulement que le moment [approprié] n'est pas encore venu.

[25] Voir Livre III : Livre de l'Humain, Chapitre 21, pour un récit biographique complet sur *Hua Tuo* [华佗].

[26] Hua Tuo fut connu pour sa capacité à percevoir le parcours du Qi dans le corps du patient et à discerner les obstructions et les blocages. Cet exploit, une capacité que seuls les cultivateurs du Qi de haut niveau ont, va au-delà de ce que l'occident appelle la vision aux rayons X. De la même façon, le fondateur de l'agriculture et de la phytothérapie chinoise, appelé l'Esprit du Fermier [shen nong 神农] était connu pour être capable de voir les effets des plantes qu'il ingérait à travers son estomac transparent. On pourrait suggérer que comme Hua Tuo, il avait maîtrisé l'art d'observer les flux du Qi dans le corps.

[27] La Porte de la Médecine Daoiste [dao yi men 道医门] désigne une école religieuse spécifique qui s'adonne à la pratique de la médecine daoiste, également connue sous le nom de l'Ecole du Roi Médecin [yao wang men pai 药王门派], qui n'est autre que Sun Si Miao [孙思邈]. Pour un article plus complet sur le sujet écrit en anglais par Daniel Spigelman, voir :
http://purplecloudinstitute.com/forgotten-treasure-of-the-daoist-medicine-king-sect/

[28] Dans la Bible, le sel de la terre et le levain pour faire lever le pain sont utilisés comme une métaphore :

> 你们是世上的盐。盐若失了味，怎能叫它再咸呢?
> 以后无用，不过丢在外面，被人践踏了。[马太福音 5:13]
>
> Vous êtes le sel de la terre. Mais si le sel perd sa saveur, avec quoi la lui rendra-t-on ? Il ne sert plus qu'à être jeté dehors, et foulé aux pieds par les hommes. [Matthieu 5:13 ; *LSG*]

> 他又对他们讲个比喻说："天国好像面酵，有妇人拿来藏在三斗面里，
> 直等全团都发起来。" [马太福音 13:33]
>
> Il leur dit cette autre parabole : Le royaume des cieux est semblable à du levain qu'une femme a pris et mis dans trois mesures de farine, jusqu'à ce que la pâte soit toute levée. [Matthieu 13:33 ; *LSG*]

45ème
Commentaire de la Barrière du Démon des Livres

Il y a trop de livres dans les bibliothèques de ce monde. Comme un grand nombre d'entre eux sont maintenant publiés en ligne et sont faciles à obtenir, vous pouvez lire jusqu'à en avoir le vertige. Cela créera des problèmes, car vous n'avez pas l'habileté nécessaire pour les différencier et il faut du temps pour acquérir un tel pouvoir de discrimination. En attendant, vous vous contenterez simplement de considérer que certains livres sont bons et que d'autres sont mauvais. Ainsi, votre chemin deviendra désordonné car dans les livres, il manque les indications ou les explications directes des maîtres. Vous vous égarerez dans les formes mineures les moins significatives du Dao et de ses méthodes, car elles sont plus faciles et plus rapides d'accès. Si vous pratiquez et conduisez votre chemin seulement à partir d'une connaissance livresque, vous trouverez que vos problèmes sont insolubles. En Chine, le second dirigeant de l'Association Daoiste, Chen Ying Ning[1] a lu l'intégralité du Canon Daoiste. Il lui fallut sept années et demie pour terminer cela et cette période de sa vie l'épuisa. Il devint une personne très instruite après avoir lu tous ces livres, qui ne représentent pas moins de 5480 rouleaux. Vous pouvez ainsi clairement voir de quoi le cerveau humain est capable en termes d'apprentissage livresque. Néanmoins, on appelle cela 'Sombrer dans les Livres'. Comme l'ont clairement indiqué les maîtres du passé, vous ne devriez lire 'qu'un à sept livres ; vingt livres tout au plus sont suffisants'.

    Limitez-vous à ce nombre d'ouvrage et jetez le reste. Les librairies sont vastes et foisonnantes, mais elles sont dépourvues de principe directeur et de sélectivité au moment de l'achat. Vous pouvez également utiliser internet, mais choisissez ce que vous voulez étudier. Ne vous contentez pas d'y vagabonder sans but précis, car cela entrainera des complications. Vous ne serez pas en mesure de vous contrôler et c'est vous qui finirez par être contrôlé. Il y a cependant quelques livres qu'il est nécessaire et essentiel de lire[2] :

> *L'Essentiel du Raccourci à la Grande Réalisation*[3] [da cheng jie yao 大成捷要]
>
> *Les Méthodes Fondamentales de la Porte du Dragon*[4] [long men xin fa 龙门心法]

Les 49 Barrières à la Pratique du Dao[5] [xiu dao si shi jiu guan 修道四十九关]
Le Livre du Dao et de la Vertu[6] [dao de jing 道德经]

Il y a également des vidéos en ligne que vous devriez regarder et je pourrais vous en recommander suffisamment pour deux mois de visionnage à temps complet.[7] Regardez de telles vidéos avec un objectif précis et non pas seulement une envie de vous distraire, comme vous pourriez le faire avec des vidéos de corps dénudés ou autre. Sélectionnez ce que vous regardez, car il existe de nombreuses vidéos qui peuvent vous ouvrir l'esprit et vous aider dans la vie.

Dans le daoisme, il existe certains maîtres que l'on appelle 'Les Maîtres des Ecritures'.[8] Parce que lire un trop grand nombre de classiques vous rendrait perplexe, vous avez besoin d'un maître qui les explique et qui les ouvre pour vous. Mais au final, vous devrez en vérifier le contenu par vous-même et le mettre en application. Il vous faudra étudier de nombreux classiques pour acquérir une capacité de discernement suffisante, puis ensuite vous devrez les laisser de côté. Par exemple, vous pouvez hésiter sur plusieurs interprétations possibles d'un classique scriptural, puis au travers de la méditation assise, essayer de déterminer laquelle est véritable. Pour autant, l'étude des classiques n'est pas comme celle du Gong Fu, avec laquelle plus vous pratiquez, plus vous raffinez et plus cela devient profond :

理论 [经书] 老师传授，自己实践。

Les théories [des écritures classiques] se transmettent par les maîtres,
Mais vous seul les mettez en pratique.[9]

Le maître vient en premier, les classiques qu'il enseigne en second, et la troisième partie consiste en la mise en œuvre des enseignements par la conduite et la pratique. Ne vous attachez pas aux classiques et à votre propre expérience limitée de ceux-ci. Par exemple, Hui Neng,[10] le sixième patriarche du bouddhisme Chan, était illettré. Pourtant, il fut capable d'étudier car il écoutait et communiquait avec son maître, posait des questions, en saisissait les réponses puis mettait en application ce qu'il avait appris. Être attaché aux livres et aux classiques est préjudiciable pour le pratiquant :

假传万卷经不如一真话。

La fausse transmission des dix mille rouleaux et écritures
N'est pas aussi bonne qu'un seul mot vrai.[11]

Au final, ce processus d'étude des écritures peut être résumé en trois mots seulement :

放下来。
Lâchez prise.[12]

¹ En chinois, 陈撄宁.
² Pour une liste plus complète donnée par Li Shi Fu lors d'un autre cours, voir Livre III : Livre de l'Humain, Chapitre 5, *Le Démon du Livre* [shu mo mu 书魔目].
³ Une traduction des chapitres 1 à 15 ainsi que du dernier chapitre peut être trouvée sur la page web du Temple des Cinq Immortels :
http://fiveimmortals.com/the-essentials-of-the-shortcut-to- the-great-achievement/
Une traduction complète sera publiée prochainement chez Purple Cloud Press.
⁴ Une traduction des chapitres 1 à 6 peut être trouvée sur la page web du Temple des Cinq Immortels : http://fiveimmortals.com/dragon-gate-law-of-the-heart/?lang=fr
Une traduction complète sera publiée prochainement chez Purple Cloud Press.
⁵ Purple Cloud Press prévoit de publier *Les 50 Barrières* de Liu Yi Ming [刘一明] dans un avenir proche.
⁶ Les traducteurs recommandent la version de Louis Komjathy de ce texte, intitulé *The Book of the Venerable Masters*.
⁷ Li Shi Fu fait référence ici à *Divulgation Cosmique*, disponible sur Gaia TV.
⁸ Il existe huit types de maîtres de cérémonies dans le daoisme, dont l'un est le Maître des Ecritures [shi shu 师书]. En pratique bien sûr, un enseignant peut prendre le rôle de plusieurs de ces subdivisions.
⁹ Cette citation rappelle une comptine mnémotechnique issue du Tai Ji qui est transmise oralement [tai ji quan kou jue 太极拳口訣] et qui apparaît dans *Photographies de la Boxe du Tai Ji* [tai ji quan tu 太極拳圖] de Chu Min Yi [褚民誼] :

> 入门引路须口授，功夫无息法自修。
> Lorsque l'on franchit la porte [de la religion], on doit [s'appuyer] sur l'instruction orale pour guider son chemin ; le Gong Fu est [pratiqué] sans relâche, sa méthodologie [provient de] la pratique de soi.

¹⁰ Le sixième patriarche ou sixième ancêtre Hui Neng [liu zu hui neng 六祖惠能] du bouddhisme Chan, est une figure semi-légendaire. Il est censé avoir été un illettré qui atteignit subitement l'éveil grâce à la transmission orale du Sutra du Diamant. Il a été choisi par le cinquième patriarche comme son successeur après avoir prouvé sa compréhension, bien qu'il n'ait jamais reçu d'éducation formelle.
¹¹ Cette citation est adaptée d'un dicton daoiste qui a été transmis oralement :

> 真传一句话，假传万卷书。
> Les vrais enseignements [se transmettent] en une seule phrase,
> Tandis que les faux enseignements [se transmettent en] dix mille rouleaux et écritures.

Cette déclaration signifie essentiellement que les vrais enseignements vont droit au but et peuvent résoudre les questions doctrinales en une seule phrase, alors que les faux enseignements sont pleins de conjectures, de théories et de spéculations sans fins, qui ne peuvent pas résoudre de telles questions, même au travers d'un millier de livres.

¹² Voir le Commentaire de la 3ème Barrière, note de bas de page 5.

46ème
Commentaire de la Barrière de l'Attachement au Vide

Cette barrière est une mise en garde contre le risque de tomber dans ce que le daoisme appelle 'la Mort Vide'[1] et le Néant.[2] On parle de vide car il ne peut être vu, touché ou saisi. Si vous fermez les yeux et que vous essayez d'y penser, alors il disparait. De cette façon, vous entrez dans un état 'd'Observation du Vide'. C'est un processus au cours duquel le vide apparaît d'abord, puis est suivi du non-vide. C'est le sans non-agir que cherchent les cultivateurs, mais il faut d'abord pour cela être dans le non-agir.[3] *Les Ecritures Liturgiques [Daoistes] du Matin et du Soir* expliquent ce qui est requis :

> 观空不空。
>
> Observez le vide,
> Comme s'il n'était pas vide.[4]

Dans le vide, il y a le non-vide, renfermant l'existence même,[5] mais les gens ne le perçoivent pas dans la troisième dimension car leurs yeux ne perçoivent qu'un spectre lumineux limité. Il en est de même pour l'ouïe, le gout et les autres sens ; il existe de nombreux espaces et fréquences que nous ne pouvons pas percevoir. De plus, le vide lui-même est considéré comme un attachement. Votre essence, votre Qi et votre esprit ne sont pas vides. L'ouverture et la fermeture de la passe mystérieuse[6] sont issues du vide et du néant, car le vide le plus profond contient en lui l'essence de l'existence.[7]

Cette relation s'exprime au travers de deux concepts majeurs dans le daoisme : le non-agir et le soi spontané.[8] Le non-agir est également sans non-agir, mais il faut commencer par le non-agir, le Point Zéro.[9] A partir de là, un mouvement se fera sentir et il mènera vers l'ouverture d'une plus grande sagesse. Le non-agir est décrit dans le *Dao De Jing*. Rien ne doit être fait ou mis en œuvre ; il faut seulement cultiver la quiétude et l'assise méditative. Mais soyez prudent durant ce processus, car il est fréquent, lorsque l'on n'a pas encore atteint le Point Zéro, de sombrer dans le vide total.[10] Ce type d'expérience est fréquent et a été gravé dans le marbre. Tout y est semblable, tout y est vide, que l'on cultive ou non. Pour autant, n'essayez pas de définir le vide et le non-être à partir de vos propres compréhensions mentales. Il est vain de tenter d'atteindre le Point Zéro en restant assis dans un état d'inertie, sans connaître les principes et sans avoir reçu la lumière divine,[11] ce qui, pour les cultivateurs, équivaut à une mère poule qui pond un œuf et le protège avec soin.[12]

Si vous ne prenez pas le contrôle de votre vie et que vous ne la consacrez pas à la pratique, alors vous mourrez comme une personne ordinaire, maintenue dans les cycles de la transmigration vie après vie. Lorsque cette vie se termine, alors il n'y a plus moyen d'y revenir et vous avez perdu cette opportunité de devenir illuminé. Même si vous essayez de vous élever par les drogues, vous aurez toujours une mort ordinaire à la fin. Ce n'est pas de cette façon que l'on peut prendre le contrôle de sa vie et que l'on peut devenir un immortel. Cultiver l'élixir est la seule voie qui peut vous permettre de réussir, sauf dans des occasions très rares et spéciales.[13] S'asseoir en méditation consiste-t-il à ne rien faire ? Non, loin de là ! Si vous êtes clair, pur et tranquille, et que vous pratiquez correctement, alors vous ne devriez pas sombrer dans la mort vide. Il existe toujours une graine. Comment un tel état pourrait-il être vide ?

一靈独存，是为不空。

Lorsqu'une [parcelle] du divin existe, indépendamment,
Il s'agit du non-vide.[14]

Le non-vide et la divinité sont précisément les fruits de l'assise méditative et de la pratique de la quiétude.[15] Il suffit juste d'en être conscient, car le secret pour atteindre ces états est de justement ne pas concentrer son attention à leur recherche. Ils sont présents, comme le sont les règles célestes qui régissent les cycles cosmiques. Les gens ordinaires ne peuvent pas voir ou connaître leur passé, mais les quatre saisons se déroulent sous leurs yeux. Vous pouvez contempler les mouvements cycliques du soleil et de la lune, observer les dix mille choses croitre au printemps, puis décliner et se décomposer en automne. La plupart des gens cependant ne comprennent pas ces évènements, car ils n'ont pas essayé de les investiguer. Si vous avez fait une telle recherche, alors vous connaitrez la position du soleil dans la galaxie, ses cycles et ses orbites, ainsi que la distance qu'il y a entre la lune de la Terre :

至虛含至有，无极而太极，无极生太极，无中生有。

Le néant absolu contient l'existence la plus profonde. L'Infini Sans Limite[16] est également la Limite Extrême du Fini.[17] Au sein du vide, nait l'existence.[18]

道生一，一生二，二生三，三生万物。

Le Dao donne naissance au un, le un donne naissance au deux, le deux donne naissance au trois, le trois donne naissance aux dix mille choses.[19]

Tout cela est juste devant vous, mais vous n'avez pas recherché de tout votre cœur et vous ne l'avez pas encore trouvé. Pour cela, vous devez vous laisser aller au vide, à la quiétude, au néant et à la tranquillité.

Comme indiqué sur le diagramme des coordonnées daoistes,[20] commencez votre pratique en cherchant d'abord le Point Zéro en vous. Alors l'étincelle de la lumière divine[21] émergera du vide et du néant. Comme chaque cultivateur s'efforce de le faire, vous devez saisir ce point unique pour parvenir au divin qui se trouve dans le néant, au mouvement qui se trouve dans la quiétude vide.[22] Pour voir l'invisible de cette façon, pour percevoir le divin caché au sein du néant, vous devez suivre l'exemple qui vous sera transmis par les maîtres daoistes. Cela se fera soit par des instructions, soit par une perception directe,[23] afin que vous ayez une idée de ce que vous recherchez. La lumière divine apparaît tel un mouvement qui émerge de la quiétude la plus absolue.[24] Cet infime scintillement divin présent dans le néant est la graine de la vie nouvelle et de l'immortalité.[25]

Mais comment dans un tel état de paix et de stabilité, le mouvement peut-il être initié ? Si le soleil est à son point le plus bas, comment peut-il encore se lever ? La divinité qui s'élève au sein du néant et de la tranquillité vide est la graine de la nouvelle vie. Elle est donc à la fois vide et non-vide.[26] Comme le dit le *Dao De Jing* :

无为而无不为。

Le non-agir est comme le sans non-agir.[27]

De plus, cette barrière concerne également la distinction qu'il y a entre l'existence et la non-existence.[28] Soyez clair dans votre perception de cela, ainsi vous éviterez les fausses alertes et la mort vide.[29] La matière d'un rêve par exemple est caractérisée par la non-existence, tandis que les perceptions durant le rêve telles que les ressentis ou les impressions ont la caractéristique de l'existence. Le vide et la vacuité[30] représentent la non-existence, tandis que l'état lointain et l'indistinct,[31] dans le sens daoiste d'une absence de cœur-esprit, est une forme d'existence. On retrouve dans le caractère *Huang* [恍], qui fait partie de cette expression 'lointain et indistinct', le radical de la lumière *Guang* [光]. Cela fait référence à la lumière de la sagesse[32] émergeant d'un état mental lointain et indistinct, composée à la fois de la non-existence et de l'existence. Concentrez-vous et dirigez votre attention sur la lumière de sagesse ; elle est le feu et le Qi devant vos yeux.[33] Sans cette lumière, il n'y a que la mort et le sommeil, qui sont l'essence même du vide :

光不为空。

S'il y a de la lumière,

Alors on ne peut considérer cela comme vide.

D'où vient cette lumière ? Selon le daoisme, elle provient de l'unification de l'élixir, de l'esprit et du Qi durant la pratique. Cette lumière de sagesse est un rayonnement qui est perçu au centre du croisement des yeux.[34] Cette transformation survient progressivement et graduellement. Par conséquent, soyez patient et calme dans votre assise méditative. Même si vous pratiquez depuis trente ans et que vous n'avez toujours pas résolu la problématique de la vie et de la mort, cela restera néanmoins bénéfique pour la longévité. Ainsi, il est bon d'être paisible car cela favorise la préservation de l'essence, du Qi et de l'esprit, et contribue lorsque ces derniers sont abondants à prolonger la vie.

---

[1] Dans ce terme 'mort vide' [kong wang 空亡], le caractère chinois [wang 亡] selon Li Shi Fu, peut s'écrire accompagné des radicaux du Roi [wang 王] et de la Lune [yue 月]. Ils forment ainsi un nouvel homonyme signifiant 'espérer ou aspirer à' [wang 望]. Ainsi, la mort vide désigne un espoir vain pour la pratique et une croyance erronée que le simple vide est synonyme de succès.

Ce terme mort vide est également partagé dans le daoisme avec la géomancie Feng Shui, qui est également traduit par vide et mort, néant et mort, ou même espace perdu, et dépeint une situation ou un cadre peu propice. Dans la méditation daoiste, il représente un état de Yin absolu qui s'apparente au sommeil et à la mort, et qui empêche aussi la graine de l'immortalité de naître.

[2] Dans l'Ecole daoiste Wu-Liu [wu liu pai 伍柳派], le vide [xu kong 虚空] doit être dépassé afin de 'raffiner le vide et retourner au Dao' [lian xu he dao 炼虚合道]. Comme l'affirme Liu Hua Yang [柳华阳] dans *Le Classique de la Sagesse et de la Vie-Destinée* [hui ming jing 慧命经], au chapitre intitulé 'Le Diagramme l'Elimination du Vide' [fen sui xu kong tu 粉碎虚空图] :

一片光辉周法界，虚空朗彻天心耀；双忘寂净最灵虚，海水澄清潭月溶。

Le rayonnement de la lumière englobe tous les royaumes de la loi. Le vide est clair et omniprésent, et le cœur-esprit céleste l'illumine ; oublier à la fois [le cœur-esprit et le corps] dans le silence et la pureté, constitue le vide le plus divin ; comme si les eaux de l'océan devenaient claires et que la lune se dissolvait dans les bassins profonds.

[3] Les concepts du non-agir [wu wei 无为] et du sans non-agir [wu bu wei 无不为] sont un thème du chapitre 37 du *Dao De Jing* [道德经], qui commence ainsi :

道常无为，而无不为。

Le Dao est constamment non-agir,
Mais il est aussi sans non-agir.

Voir Livre III : Livre de l'Humain, Chapitre 13, *Non-Agir et Pourtant Sans Non-Agir* [wu wei er wu bu wei 无为而无不为].

[4] Cela fait allusion à un passage de *L'Ecriture de la Clarté et de la Quiétude* [qing jing jing 清静经], qui indique :

观空亦空，空无所空；所空既无。无无亦无。

On observe le vide comme étant également vide,
Et le vide comme n'étant pas ce qui est vide.
Comme ce qui est vide est le non-être,
Alors l'absence du non-être est également inexistante.

[5] Il y a ici une résonnance frappante entre le daoisme et une déclaration célèbre du *Sutra du Cœur* du bouddhisme Mahayana : 'La forme est vide et le vide est forme'.

[6] La passe mystérieuse [xuan guan 玄关] est décrite dans *L'Essentiel du Raccourci à la Grande Réalisation* [da cheng jie yao 大成捷要] :

中间名曰：玄关。乃无中生有之处。炼精炼到精满气足，自然产出真一之气，玄关自开。。。有守山根为玄关者，是不知玄关为无中生有之妙喻。不炼真阳，必终归空亡。

> Le centre est appelé 'la passe mystérieuse'. C'est l'endroit où l'existence émerge du néant. Raffinez l'essence jusqu'à ce qu'elle soit pleine et que le Qi soit abondant. Alors le Qi de l'unité véritable sera naturellement généré et la passe mystérieuse s'ouvrira d'elle-même…
>
> Certains protègent la racine de la montagne [c'est-à-dire l'arête du nez] comme si c'était la passe mystérieuse. Ils ne savent pas que la passe mystérieuse est la merveilleuse métaphore de l'existence émergeant du néant. Si l'on ne raffine pas le Yang véritable, il est inévitable que l'on retourne finalement vers une mort vide.

Li Shi Fu a également déclaré que la passe mystérieuse n'est pas la forme physique du troisième œil, le point d'acupuncture Tai Yang [太阳], la glande pinéale ou encore le sans forme. Elle est considérée comme inexprimable par le langage et ne peut être qu'approchée.

Tao Shi Fu [陶师傅], l'ancienne abbesse du Temple des Cinq Immortels, a déclaré un jour :

> 玄关一窍窍中有动有静有玄妙。
>
> Dans l'unique orifice de la passe mystérieuse,
> Il y a le mouvement et l'immobilité,
> Les profondeurs et les merveilles.

Zhang San Feng [张三丰], le légendaire fondateur daoiste du Tai Ji au douzième siècle, aurait déclaré dans son *Chant sur l'Assise Méditative* [da zuo ge 打坐歌] :

> 初打坐，学参禅，这个消息在玄关。秘秘绵绵调呼吸，一阴一阳鼎内煎。
>
> Au stade initial de l'assise méditative et de l'étude de la pratique du Chan,
> Cette information est [contenue] dans la passe mystérieuse.
> Régulez secrètement et sans interruption l'expiration et l'inspiration.
> Un Yin et un Yang sont décoctés dans le chaudron.

[7] L'expression 'le vide le plus profond contient en lui l'essence de l'existence' [zhi wu er han zhi you 至无而含至有] apparaît dans le commentaire de Liu Yi Ming [刘一明] sur *L'Ecriture [Daoiste] du Talisman Caché* [yin fu jing 阴符经], qui développe davantage ce concept :

> 古今学人，皆认昭昭灵灵之识神，以为本来之元神，故着空执相，千奇百怪，到老无成，有死而已，殊不知此神为后天之神，而非先天之神，乃神而实不神者。先天之神，非色非空，至无而含至有，至虚而含至实，乃不神之神，而实至神者。奈何世人只知后天之神而神，甘入於轮回，不知先天不神之神，能保乎性命，无怪乎万物盗我之气而罔觉也。
>
> Tous les étudiants anciens et récents [du Dao] apprécient l'esprit clair et divin de la connaissance, et le considèrent comme étant la source de l'esprit originel. C'est ainsi qu'ils s'attachent au vide, s'accrochent aux images, aux dix mille [formes] étranges et aux cent bizarreries. Lorsqu'ils atteignent la vieillesse, ils sont finalement sans succès et il n'y a rien d'autre que la mort [pour eux].
>
> En fait, [les gens] ne savent pas que cet esprit [de la connaissance] est un esprit du ciel postérieur et non un esprit du ciel antérieur. De ce fait, bien qu'on le [qualifie] d'esprit, en réalité il n'est pas un esprit. Les esprits du ciel antérieur n'ont pas de forme et ne sont pas vides. Ils sont le vide le plus profond, mais ils contiennent pour autant l'essence de l'existence. Ils sont le vide le plus profond, mais ils contiennent la substantialité la plus ultime. Ainsi, bien que l'on [qualifie] ces esprits de non-esprits, ils sont en réalité des esprits de la plus haute importance.
>
> Que faire pour les gens ordinaires qui ne reconnaissent l'esprit que dans le ciel postérieur ? De leur propre initiative, ils plongent dans la roue du retour [de la vie et

de la mort] et ne savent pas que les esprits du ciel antérieur non-esprits sont capables de protéger leur nature-intérieure et leur vie-destinée. Il n'est donc pas surprenant que les dix mille choses volent imperceptiblement le Qi de telles personnes.

Ce passage met ainsi en garde contre les dangers de tomber dans la mort vide, de rencontrer nombre d'images en réalité vides mais de les considérer comme des esprits. Ces images sont ce que l'on appelle les 'esprits du ciel postérieur' car elles sont le produit de cette vie humaine, c'est-à-dire des projections illusoires. Elles n'ont aucune valeur pour l'objectif final de la pratique et ne font que conduire l'homme à mourir en vain et à retourner dans le samsara. Les véritables esprits, que l'on nomme ici les 'Non-Esprits' ou 'Esprits du Ciel Antérieur' sont sans forme. Ils sont des protecteurs qui aident à unifier la nature-intérieure et la vie-destinée.

Ce concept de l'existence qui réside dans le vide se retrouve également dans de nombreuses écritures, bien que décrit de manière légèrement différente. Par exemple, dans *L'Essentiel du Raccourci à la Grande Réalisation* [da cheng jie yao 大成捷要], il est dit que 'l'existence naît du néant' [wu zhong sheng you 无中生有] :

日月被此离火凝照，箕风吹嘘，自然黑中生白，水里火发，
温暖之气，旋绕气穴，而为真阳初动，无中生有。

Comme le soleil et la lune reçoivent la lumière attentive du feu Li [trigramme], et que les vents soufflent et sifflent, la blancheur est naturellement générée depuis l'obscurité et le feu est émis à partir de l'eau. Le Qi chaud s'enroule de lui-même autour de la cavité du Qi et c'est le mouvement initial du Yang véritable. L'existence naît ainsi du néant.

Il s'agit d'une référence aux soufflets du fourneau, ce qui est une analogie pour la respiration. Selon la compréhension chinoise des polarités, comme le célèbre diagramme du Yin et du Yang, le blanc naît naturellement à l'intérieur du noir et ainsi une lumière se développe lentement à partir de l'obscurité. C'est comme lorsqu'il n'y a qu'un léger clair de lune visible lors du troisième jour du mois lunaire. Le soleil et la lune sont des métaphores qui illustrent les processus alchimiques internes.

[8] Le soi spontané signifie littéralement 'Ainsi de lui-même' [zi ran 自然], que l'on traduit plus souvent par 'Naturel' ou 'Spontané'. Cette notion est bien connue grâce à un passage du *Dao De Jing* chapitre 25, où sont expliquées les voies du monde :

人法地，地法天，天法道，道法自然。
L'humain se modèle sur la terre.
La terre se modèle sur les cieux.
Les cieux se modèlent sur le Dao.
Le Dao se modèle spontanément sur lui-même.

[9] Voir Livre III : Livre de l'Humain, Chapitre 15, *Point Zéro* [ling dian 零点].

[10] Li Shi Fu compare le Point Zéro à un état situé entre la veille et le sommeil, avec un pied dans chaque monde. En revanche, le vide total consiste à s'être endormi et à n'exister que dans le monde des rêves. Le Point Zéro, c'est entrer dans un nouvel état où les pensées sont absentes. Il s'agit d'un concept qui a été développé par Li Shi Fu en mêlant les théories traditionnelles du Yin et du Yang, les états méditatifs tels que 'lointain et indistinct' [huang huang hu hu 恍恍惚惚], et les études occidentales des civilisations ainsi que des technologies anciennes.

[11] La lumière divine ou radiance divine [ling guang 靈光] est mentionnée dans *L'Essentiel du Raccourci à la Grande Réalisation* [da cheng jie yao 大成捷要] au chapitre intitulé 'Les Mécanismes Célestes de la Création de la Véritable Graine, Ni Vieille Ni Fragile' [chan zhen' zhong bu lao bu nen tian ji 产真种不老不嫩天机]. Cette expression à la fois daoiste et bouddhiste fait référence dans le bouddhisme Mahayana à la 'Nature de Bouddha', que tout être vivant possède par essence. Elle est pure et claire, sans aucune souillure. Sa divinité brille et émet une lumière rayonnante. Les deux termes 'lumière

divine' se réfèrent chacun à la nature originelle de l'être humain et ils apparaissent tous deux dans un passage de *L'Assemblée à la Source des Cinq Lanternes* [wu deng hui yuan 五灯会元], une histoire remontant à la dynastie Song (1252), sur le bouddhisme Chan en Chine :

> 灵光独耀，迥脱根尘，体露真常，不拘文字。心性无染，本自真成，但离妄缘，即如如佛。
>
> [L'étincelle] de la lumière divine brille d'elle-même ; [par elle] on s'échappe loin de la poussière des cinq sens et on révèle entièrement ce qui est véritable et constant, bien au-delà des limites de l'écriture et des mots. La nature-intérieure du cœur-esprit est sans souillure ni contamination ; elle est originellement et primordialement véritable et accomplie. Si l'on abandonne nos conditionnements prédestinés absurdes, alors on apparaîtra immédiatement sous la forme d'un Bouddha.

Cette étincelle de lumière divine est le fondement pour devenir un Bouddha et agir comme un maître ancestral.

[12] La mère poule qui protège son œuf est une métaphore du soin et de l'attention que requiert la lumière divine. Pas un seul instant elle ne doit être laissée sans surveillance, tout comme la poule est extrêmement rapide pour aller boire de l'eau, pendant qu'elle couve ses œufs.

[13] Il existe un phénomène d'illumination soudain ou abrupte, appelé *Satori* [dun wu 顿悟] dans le bouddhisme.

[14] L'expression 'une parcelle du divin est [toujours] présente' [yi ling du cun 一灵独存] fait référence chez le cultivateur à l'existence intérieure de la connaissance divine et de la nature-intérieure originelle. Une fois que l'on a atteint un certain niveau de pratique, la nature du cœur-esprit devient lumineuse et brillante, et les dix mille pensées sont complètement désintégrées. Ce qui reste en fin de compte, c'est la connaissance du divin et de la nature-intérieure originelle. Ces éléments sont constants et ne s'éteignent jamais. Ainsi, on dit qu'ils 'existent indépendamment' [du cun 独存]. Comme il est mentionné dans *Les Discussions Directes sur le Mécanisme Mystérieux* [xuan ji zhi jiang 玄机直讲] de Zhang San Feng [张三丰] :

> 始将双目微闭，垂帘观照...，万念俱泯，一灵独存。
>
> Commencez par fermer légèrement les deux yeux, baissez les rideaux, observez et éclairez... Alors que les dix mille pensées s'évanouissent complètement, le divin se révèle.

[15] Pratiquer la quiétude [lian jing 炼静] comprend plusieurs aspects tels que l'assise méditative qui permet d'atteindre un état de calme de l'esprit.

[16] En chinois, 无极 [wu ji], souvent laissé sans traduction.

[17] En chinois, 太极 [tai ji], souvent traduit par 'Le Faîte Suprême' ou plus littéralement par 'La Polarité Extrême' ou 'La Limite Extrême'.

[18] Voir également note de bas de page 7.

[19] Ce passage provient du chapitre 42 du *Dao De Jing* et raconte l'évolution du monde.

[20] Ce diagramme des coordonnées est étroitement relié au Point Zéro. Il pourrait être vu comme une carte représentant la chronologie linéaire pour celui qui cultive. Sur cette carte, l'horizontale pointe vers une direction menant à la mort, avec pour cause principale les désirs, et la direction opposée mène vers une nouvelle vie. Voir Livre III : Livre de l'Humain, Chapitre 15, *Point Zéro* [ling dian 零点].

[21] En chinois, 一点灵光 [yi dian ling guang]. Une traduction alternative pour 'étincelle' pourrait être : grain, particule, point unique ou scintillement.

[22] En chinois, 虚灵 [xu ling].

[23] Il s'agit d'une référence à un rituel daoïste connu sous le nom de 'L'Ouverture de la Lumière' [kai guang 开光].

²⁴ L'expression 'il y a du mouvement dans l'extrême immobilité' [jing ji er dong 静极而动] est citée dans *Explications du Diagramme de la Limite Extrême* [tai ji tu shuo 太极图说] de Zhou Dun Yi [周敦颐], philosophe et cosmologue chinois du 11ᵉᵐᵉ siècle :

> 无极而太极。太极动而生阳，动极而静，静而生阴，静极复动。
> 一动一静，互为其根；分阴分阳，两仪是立焉。
> L'Infini Sans Limite est comme la Limite Extrême. La Limite Extrême se met en mouvement et donne naissance au Yang. Lorsque le mouvement atteint son maximum, il s'immobilise. C'est dans la quiétude que naît le Yin. Quand la quiétude atteint son maximum, il y a à nouveau du mouvement. L'un est mouvement, l'autre est quiétude ; mutuellement, ils agissent comme la racine l'un de l'autre ; lorsqu'ils sont séparés et rendus distincts en Yin et en Yang, alors les deux polarités sont établies.

Pour une discussion plus approfondie de ce texte, voir le livre de Joseph Adler qui traduit et commente *Les Explications sur le Diagramme de la Limite Extrême* [tai ji tu shuo 太极图说] de Zhu Xi [朱熹], célèbre néo-confucianiste du 12ᵉᵐᵉ siècle.

²⁵ Le vide présente toujours le danger de la plongée dans l'obscurité complète, c'est-à-dire dans le Yin sans Yang. Pour cette raison, le pratiquant devrait toujours garder les yeux légèrement ouverts, ce qui permet à une petite source de lumière, telle qu'une bougie ou le bout incandescent d'un bâton d'encens, de passer. Comme il est facile de basculer dans l'état de rêve et dans l'obscurité complète du Yin, cette lumière extérieure agira comme une source de Yang. Comme l'extérieur et l'intérieur s'influencent mutuellement, en ne tombant pas dans le Yin absolu, le cultivateur peut alors manifester la lumière divine puis avancer.

²⁶ 'Le vide est comme le non-vide' [kong er bu kong 空而不空] est un concept exploré plus en détail dans *L'Ecriture Profonde sur la Caverne Mystérieuse du Grand Souverain et le Trésors Sacré de l'Ascension vers les Mystères pour Eviter les Désastres et Prolonger la Vie* [tai shang dong xuan ling bao sheng xuan xiao mie hu ming miao jing 太上洞玄灵宝升玄消灾护命妙经], qui se trouve dans *Les Ecritures Liturgiques [Daoistes] du Matin et du Soir* [zao wan gong ke 早晚功课].

²⁷ Voir chapitre 37 du *Dao De Jing* pour plus de contexte.

²⁸ 'L'existence' ou 'être' [you 有] et 'la non-existence' ou 'le non-être' [wu 无] sont des thèmes majeurs des écritures daoistes ainsi que des concepts hautement abstraits. Ces écritures servent souvent à court-circuiter l'esprit analytique de l'individu en évoquant des paradoxes que l'intellect est incapable de résoudre et de déchiffrer, ouvrant ainsi une porte vers ce qui est au-delà du processus de pensée conscient.

²⁹ La fausse alerte et la mort vide [xu jing kong wang 虚惊空亡] sont des concepts empruntés à la géomancie chinoise [feng shui 风水]. Voir également note de bas de page 1. La fausse alerte joue un rôle dans la divination par les huit trigrammes, en particulier avec le trigramme de l'Eclair [zhen gua 震卦]. Si par exemple on tire ce trigramme lorsque l'on se renseigne sur la naissance imminente d'un enfant, cela semble indiquer qu'il y a un danger mais qu'au final, il s'agira d'un problème mineur et donc d'une fausse alerte. Dans ce cas, il s'agit d'une référence au fait d'être capable de voir au travers de l'illusion, du sans-forme, du non-existent et à ne pas laisser ces derniers nous surprendre en pleine quiétude.

³⁰ Le vide et la vacuité [kong dong 空洞] représentent le plan cosmique du Qi originel [yuan qi 元气], générateur et transformateur. Le Qi originel est ainsi le catalyseur de la création et des transformations dans l'univers ; il est également responsable dans le corps humain du changement et des transformations des différents types de substances, par exemple, la transformation du Qi ancestral [zong qi 宗气] en Qi véritable [zhen qi 真气]. Selon la théorie du Yin et du Yang, le Qi est associé au Yang et est considéré comme immatériel, tandis que le Yin est considéré comme matériel : par exemple, le vent est Yang mais l'humidité est Yin. C'est pourquoi le plan cosmique du vide et de la vacuité est qualifié par Li Shi Fu de non-existence. Son pouvoir de transformation ainsi que le Qi

originel ne peuvent être mesurés ou vus. Ils ne sont perceptibles que par leurs effets. Ce terme apparaît dans plusieurs classiques littéraires du daoisme, tel que dans ce poème, écrit sous la dynastie Tang par Wu Yun [吴筠], intitulé 'L'Immortel Errant' [you xian 游仙] :

空洞凝真精，乃为虚中实。
Le vide et la vacuité concentrent la véritable essence,
Ils sont le solide dans le vide.

On voit dans cette citation que les substances et l'univers lui-même émergent du néant, ce qui ressemble à la théorie du Big Bang de la cosmologie scientifique. Le solide est donc contenu dans le vide. Ce terme apparaît également dans le 2ème rouleau des *Sept Tirages de la Malle aux Livres des Nuages* [yun ji qi qian 云笈七签] :

元气于眇莽之内，幽冥之外，生乎空洞。
Le Qi originel est à l'intérieur du vaste indistinct,
Et hors de l'obscurité profonde.
Il est né du vide et de la vacuité.

[31] Autrement traduit par 'absence d'esprit' qui au sens daoiste du terme n'a pas de connotation négative. Pour une analyse plus approfondie de ce terme, littéralement 'Lointain et Indistinct' [huang huang hu hu 恍恍惚惚], voir également le Commentaire de la 36ème Barrière note de bas de page 1 et le Commentaire de la 41ème Barrière, note de bas de page 9.

[32] La lumière de sagesse [hui guang 慧光] est une autre appellation pour la lumière divine ou radiance divine [ling guang 靈光].

[33] La lumière de la sagesse doit être visualisée devant les yeux du cultivateur puis absorbée, bien qu'elle puisse apparaître spontanément ou être manifestée à volonté par certains pratiquants, ce qui les dispense alors du besoin de visualisation. Une fois qu'elle est apparue, le cultivateur doit la placer dans le champ de l'élixir inférieur pour les hommes et dans le champ de l'élixir moyen pour les femmes.

[34] Voir Livre III : Livre de l'Humain, Chapitre 12, *La Méthode de la Lumière de Sagesse* [hui guang fa 慧光法].

47ème
Commentaire de la Barrière de l'Attachement à l'Image

執相關

Les barrières 47, 48 et 49 sont très similaires et interreliées les unes aux autres. Dans la troisième dimension, notre connaissance, notre pensée et notre corps physique sont attachés à des images et à des formes. Nos pensées sont limitées, tout comme le sont nos yeux et nos oreilles :

> 离身不谈道，谈靈性之道，内里之道，天地人一体。
>
> [Les enseignements qui] s'éloignent du corps ne parlent pas du Dao. [Les enseignements qui] parlent du caractère divin du Dao et du Dao présent à l'intérieur de soi, [présentent] les cieux, la terre et l'humain comme un seul et même corps.[1]

Le but du cultivateur est de fusionner le soi avec la grande nature, afin qu'ils ne fassent plus qu'un. Cependant, pour parvenir à cette fusion, ils ont besoin du corps physique, car sans lui, il est difficile de cultiver le Dao. Comme vous êtes physiquement attachés à la chair du corps, plus vous la nourrissez et meilleur c'est. Aimez et protégez le Qi des cinq organes zang,[2] abritez-vous du vent et protégez-vous de la pluie. Etudiez correctement, et apprenez à supporter le froid et la chaleur. Préservez votre corps et vous aurez plus de temps pour étudier ; c'est ainsi que vous accélérerez votre avancée dans la pratique. Laissez tomber les attachements et les peurs. Nourrissez le corps physique avec de la bonne nourriture et gardez le bien vêtu. Néanmoins, s'apporter de tels soins ne se situe qu'au niveau de la longévité. L'existence de votre corps a ses propres limites ; en fait, il ne peut même pas être considéré comme votre propre corps. Pouvez-vous le faire cesser de respirer ? Pouvez-vous empêcher votre cœur de battre ? Vous devriez réfléchir sur ce que devient le corps lorsqu'il se décompose et ainsi, laisser la vie vous enseigner. Cela vous aidera à réaliser que le corps n'est pas quelque chose que vous pouvez finalement contrôler. Vous ne pouvez même pas vous empêcher d'avoir envie d'aller aux toilettes. De ce fait, ne vous attachez pas à votre corps physique, mais utilisez-le :

认假为真。借假修真。

[Au lieu] de considérer les faussetés comme ce qui est véritable,
Empruntez ce qui est faux pour cultiver le vrai.

C'est en employant ce sac de chairs[3] que vous pouvez unifier les trois corps.[4] Ce n'est qu'alors que vous atteindrez votre corps véritable. Dans le passé, cette étape de la pratique était appelée 'l'Unification de la Nature-Intérieure et de la Vie-Destinée'.[5] Ne vous attachez donc pas seulement au Gong de la vie-destinée qui concerne la chair physique, mais cultivez-le conjointement à la nature-intérieure. Si vous pratiquez exclusivement le premier, cela ne vous mènera qu'à un certain degré de sublimation[6] avec le temps, mais ce n'est que lorsque la nature-intérieure et la vie-destinée auront fusionné, que vous obtiendrez l'autre corps, le corps Yang et que vous pourrez le raffiner à son tour. Si vous vous occupez seulement de votre corps physique sans essayer de l'unifier avec vos pensées, c'est comme si vous deveniez un zombie ou une plante, un simple corps sans esprit. Lâchez prise sur le corps comme l'ont fait les grands enseignants et les grands maîtres du passé. Dans cette barrière, vous êtes confrontés à votre attachement à la vie et à la mort, c'est-à-dire à un attachement pour votre corps physique. Lorsque vous atteindrez l'ultime barrière de la vie et de la mort, vous serez assaillis par de grands démons. Observez-les sans réagir.[7] Ils viennent pour vous attaquer et pour essayer de vous tuer, mais si vous réagissez par la peur, alors tout sera fini.[8] Bien qu'il n'y ait aucun moyen d'étudier, de s'élever et de sublimer sans ce corps, vous ne devriez pas pour autant vous attacher à cette simple embarcation qui vous permet de traverser la rivière. Une fois que vous avez atteint l'autre rive, il vous faudra abandonner ce bateau,[9] car dans cette barrière, c'est votre attachement au corps qui vous empêchera de monter sur le rivage.

Une fois que vous serez parvenu au corps Yin, vous ne vous accrocherez plus au Sac de Chairs Puantes. Quiconque a acquis le corps Yin n'a plus aucun désir pour ce corps physique de la troisième dimension, lui qui passe de vie en vie et de mort en mort.[10]

C'est pourquoi de nombreux maîtres ont abandonné leur corps physique arrivé à ce stade, lorsqu'ils ont fait l'expérience du corps Yin hors de leur corps physique. Mais cela est une erreur, car le corps physique est très précieux. Sans lui, le corps Yang ne peut être atteint. S'interrompre à ce stade, c'est négliger les deux étapes suivantes et supérieures qui doivent ensuite être franchies :

炼神还虚。炼虚合道。

Raffiner l'esprit pour retourner au vide,
Raffiner le vide pour s'unir avec le Dao.[11]

On pourrait dire que le raffinement de l'esprit pour retourner au vide correspond à un niveau d'étude supérieure type universitaire,[12] tandis que le raffinement du vide et l'unification avec le Dao, se situe au niveau le plus élevé, ce que l'on pourrait comparer à un doctorat ou à un haut niveau de maîtrise. Il s'agit de retourner au Dao et à la source originelle ; c'est une fusion avec le Dao.[13] Autrefois en Chine, les maîtres qui atteignaient le corps Yin souhaitaient dès lors pouvoir vagabonder sans contraintes. Lorsque vous en êtes à l'étape du raffinement de l'esprit pour retourner au vide, vous pourriez enterrer votre corps dans le sol,[14] car vous possédez déjà de grands pouvoirs et de grandes capacités ; vous pourriez alors rechercher les endroits les plus tranquilles pour cultiver, telles les Trente-Six Cavernes Célestes et les Soixante-Douze Terres Providentielles.[15] Ces endroits se situent sous la terre, dans des grottes et sous de grandes montagnes. Aucun cultivateur n'en sort jamais, car alors il y saisit les lois,[16] y compris celle de la cause et de la conséquence.[17] Il a compris quelles sont les activités du gardien solaire,[18] ce dernier pouvant être comparé au fermier qui dirige une ferme de vaches.[19] Certaines vaches grimpent par-dessus la clôture et confirment que le fermier est présent. Certaines vaches bondissent et sautent de joie lorsqu'elles sont relâchées d'un petit enclos et déplacées vers un plus grand espace après l'hiver. Elles pensent qu'elles sont libres car elles ne voient plus les limites.[20]

Ce corps est extrêmement précieux. Lorsque vous atteignez le stade du raffinement de l'esprit pour retourner dans le vide et que vous avez obtenu le corps Yang, vous emportez avec vous le corps physique.[21] Ce dernier s'est alors complètement transformé en matière quantique, pour utiliser un terme de la science moderne, qui n'était pas accessible aux cultivateurs du passé. Seule la physique quantique pourrait expliquer un tel état ; et pourtant il n'existe aucun mot, ni aucune théorie capable de décrire précisément cet état dans lequel il est possible de prendre des formes à volonté ou d'être sans forme.[22] Dans la phase précédente, celle du raffinement du Qi et de sa transformation en esprit,[23] bien que le corps Yin soit capable d'aller et de venir, peu importe où il va, il est toujours soumis aux influences de la troisième dimension.[24] Et comme il reste deux autres niveaux d'études à dépasser, si vous quittez votre corps avec le corps Yin, alors vous ne pourrez pas vous unifier avec les dimensions supérieures. Tant que vous n'aurez pas surmonté cette barrière, vous ne pourrez pas retourner à la source :

离身不谈道，执相难归真。

[Les enseignements qui] s'éloignent du corps ne parlent pas du Dao.
Ceux qui s'accrochent aux images luttent pour revenir vers la vérité.[25]

---

[1] 'Les cieux, la terre et l'humain forment un seul et même corps' [tian di ren yi ti 天地人一体] est un concept central de la philosophie chinoise. Les cieux, la terre et l'humain sont considérés comme les trois trésors [san cai 三才], les cieux en haut, la terre en bas et l'humain entre les deux, réunis par le Qi des cieux et le Qi de la terre. Ce concept est souvent exprimé par la phrase suivante :

天地人，三才合一。
Les cieux, la terre et l'humain,
Ces trois trésors s'unifient dans l'unité.

Pour s'unifier, les trois trésors doivent correspondre les uns aux autres. Cela repose sur le monisme de Lao Zi [yi yuan lun 一元论], selon lequel l'univers est constitué d'une seule substance. Ainsi, les cieux, la terre et l'humain partagent un seul et même corps.

2 Les cinq organes *zang* sont le foie, le cœur, la rate, les poumons et les reins. Parfois, le pancréas est associé à la rate.

3 Le sac de chair fait référence au 'Sac de Chairs Puantes'. Voir le Commentaire de la 6ème Barrière, note de bas de page 5.

4 Les trois corps font référence au corps physique, au corps Yin et au corps Yang. Voir Livre III : Livre de l'Humain, Chapitre 19, *Le Corps Véritable* [zhen shen 真身].

5 Plus une discussion complète sur la Nature-Intérieure et la Vie-Destinée [xing ming 性命], voir Livre III : Livre de l'Humain, Chapitre 11.

6 La sublimation [sheng hua 升华] se traduit littéralement par 'monter en floraison'. Voir également le Commentaire de la 1ère Barrière, note de bas de page 75.

7 Regarder sans réagir [kan dan 看淡] ou plus littéralement 'regarder avec fadeur' signifie observer quelque chose avec indifférence.

8 'Tout sera fini' signifie que tout progrès dans la pratique s'arrêtera, car ce n'est qu'en surmontant cette barrière et en passant cette épreuve que l'immortalité peut être atteinte. Pour y parvenir, il faut se débarrasser de toutes les émotions. On peut même être confronté à la mort en cas d'échec.

9 Le bateau est une métaphore pour le véhicule ou l'embarcation [zai ti 载体] qui mène vers l'illumination.

10 De vie en vie et de mort en mort [sheng sheng si si 生生死死] fait allusion aux cycles récurrents de la réincarnation.

11 Les *Explications de la Tablette de Jade sur la Nature-Intérieure et la Vie-Destinée* [xing ming gui zhi 性命圭旨] déclarent :

> 炼神还虚还不是最高境界，称修道之人有时只知炼精化炁，
> 炼炁化神，炼神还虚而止，竟遗忘了炼虚合道一段。
>
> Raffiner l'esprit afin de retourner au vide n'est pas encore la réalité la plus élevée. Cela revient à dire que les personnes qui cultivent le Dao ne connaissent parfois que le raffinement de l'essence et sa transformation en Qi, le raffinement du Qi et sa transformation en esprit et le raffinement de l'esprit pour retourner au vide. Mais en s'arrêtant là, ils oublient en fait l'étape du raffinement du vide et de l'unification avec le Dao.

Comme l'affirme Yuan Jun Zi [元君子] dans l'ouvrage de Liu Hua Yang [柳花阳], *L'Essentiel du Raccourci à la Grande Réalisation* [da cheng jie yao 大成捷要] :

> 三节炼神还虚，名曰上成乳哺。欲超凡入圣，成仙佛，经纬天地，辅助造化，而行三年乳哺之功。是必炼神以还虚，及能出有入无。
>
> La troisième étape est le raffinement de l'esprit et le retour au vide. On appelle cela 'La Grande Réalisation de l'Allaitement [du Nourrisson]'. Si l'on souhaite dépasser l'ordinaire et entrer dans la sagesse, devenir un immortel ou un Bouddha, créer, gouverner et contrôler les longitudes et les latitudes des cieux et de la terre, alors il faut continuer à pratiquer le Gong des Trois Années de l'Allaitement [du Nourrisson]. Il faut raffiner l'esprit afin de retourner au vide ; on sera ainsi capable d'aller au-delà de l'existence et d'entrer dans la non-existence.

12 Pour une explication détaillée des analogies faites par Li Shi Fu avec le système scolaire [xue xiao xi tong 学校系统], voir Livre III : Livre de l'Humain, Chapitre 16.

13 En chinois, 与道合一 [yu dao he yi].

[14] Wang Chong Yang par exemple se serait enterré dans le sol, ce dont témoigne la bannière qui se trouvait au-dessus de sa hutte, selon *Les Archives de l'Ancêtre Droit Lotus d'Or* [jin lian zheng zong ji 金莲正宗记] :

> 活死人分王嚞乖，水云别是一欢谐，道名唤作重阳子，谑号称为没地埋。
> 生来路口不忘怀，行殡须是挂灵牌。即非惑众窥图利，为使人知递攒排。
> Le mort vivant Wang Zhe était anormal. Se détacher des eaux et des nuages est joyeux et harmonieux. Il était connu sous son nom daoiste Wang Chong Zi. Son surnom était 'celui qui n'a pas de lieu pour une sépulture'. Au carrefour de la naissance, on ne [doit] pas oublier que lors de la procession funéraire, il faut accrocher la tablette commémorative divine. Il ne s'agit pas d'induire les gens en erreur, ni d'attendre une occasion pour s'enrichir. Il s'agit de faire savoir aux gens comment se rassembler progressivement en rang.

Voir également Livre III : Livre de l'Humain, Chapitre 24, *Wang Chong Yang* [王重阳].

[15] En chinois, 三十六洞天，七十二富地 [san shi liu dong tian qi shi er fu di]. Ce sont des lieux mythologiques et géographique propices à la pratique.

[16] Le terme 'lois' [fa ze 法则] pourrait être interprété par le dharma ou les enseignements.

[17] Pour une analyse plus approfondie de la notion de cause et de conséquence [yin guo 因果], voir Livre III : Livre de l'Humain, Chapitre 42, *Rembourser les Dettes* [huan zhang 还帐].

[18] Le gardien solaire représente les forces qui nous contrôlent, comme par exemple nos gouvernements. Dans un sens plus daoiste, il représente des forces supérieures et des champs énergétiques. Voir le Commentaire de la 41ème Barrière, note de bas de page 4.

[19] Cette analogie mérite d'être approfondie. Une ferme animale est une métaphore pour cette Terre sur laquelle nous sommes tous retenus prisonniers, comme des animaux dans leurs enclos. Nos passeports ressemblent aux tatouages sur les oreilles des vaches. Quiconque possède une carte d'identité est pris dans ce système. Ceux qui nous gouvernent et qui contrôlent les moindres gestes des gens sont les fermiers. Ils décident de ce que les gens mangent principalement, c'est-à-dire en termes d'information, ce qui est révélé et divulgué aux masses. Li Shi Fu recommande également le film 'Chicken Run' dans lequel les poulets pourraient représenter les vaches et les humains. Un des poulets parvient à s'échapper de la ferme. De la même manière que les gens au pouvoir tentent de garder les masses sous contrôle, les démons font de leurs mieux pour mettre un terme aux efforts de pratique des cultivateurs dévoués. On demanda un jour à Li Shi Fu pourquoi les forces négatives s'investissent dans cette obstruction et il répondit que même dans les cieux, les guerres existaient toujours.

[20] Les vaches ne comprennent pas les rouages de ce qui se passe autour d'elles. En fait, elles sont piégées et contrôlées, tout comme les humains sont sous la surveillance et la gouvernance des gardiens solaires, selon les théoriciens de la conspiration. La vache qui a vu le fermier pourrait être assimilée à Edward Snowden. Autrefois, les cultivateurs faisaient semblant d'être des idiots comme toutes les autres vaches pour ne pas se faire remarquer. Ils pouvaient ainsi continuer à cultiver au lieu d'être convoqué à la cour pour servir l'empereur. Les vaches qui se comportent mal sont les premières à être envoyées à l'abattoir. Li Shi Fu fait référence à la scène d'une vidéo sur les vaches qu'il a souvent montré à ses étudiants. Elle peut être visionnée à l'adresse suivante : https://drive.google.com/open?id=1lQ-NSrPYXEVTYmMH1wxL2KLikdhgzeml

[21] Ce corps Yang est capable de se déplacer dans la troisième dimension en tant que matière quantique, ainsi que dans les royaumes supérieurs. Ce type de corps peut aller sur le soleil, sur la lune ou sur n'importe quelle planète, car il ne connait plus ni le froid, ni la chaleur et n'a pas besoin d'oxygène ou d'air. Comme l'exprime un dicton daoiste :

> 步日玩月。
> On [est capable] de marcher sur le soleil et de jouer sur la lune.

[22] Voir le Commentaire de la 36ème Barrière, note de bas de page 4, pour l'origine du sens de cette phrase.

[23] Pour résumer brièvement, la phase du raffinement du Qi et sa transformation en esprit donne naissance au corps Yin, ce qui conduit à une merveilleuse expérience hors du corps. Arrivé à ce point, de nombreux cultivateurs abandonnent le corps physique. Pourtant, c'est l'étape suivante du raffinement de l'esprit et du retour au vide qui mène au corps Yang, également appelé le 'Troisième Corps' ou 'Esprit-Yang'. Il est l'unification de la chair physique avec le corps Yin.

[24] Comme le corps Yin est toujours sous le contrôle et le dictat des lois et des règles de la troisième dimension, il est par exemple incapable de transporter de la matière physique d'un endroit à un autre. Pour pouvoir manipuler des objets physiques, il lui faudrait un corps de chair.

[25] On trouve une citation similaire dans le *Traité sur l'Eveil à la Réalité* [wu zhen pian 悟真篇] de l'alchimiste Zhang Bo Duan [张伯端], au chapitre 'Le Chant du Pont de Pierre' [shi qiao ge 石桥歌], écrit en 1075 :

> 妙道不离自家身。
> Le mystérieux Dao n'est pas séparé de notre propre corps.

48ème
Commentaire de la Barrière de la Guerre de la Collecte

La 48ème barrière concerne la guerre qui existe pour l'appropriation de la force d'autrui.[1] Le premier mot du titre de cette barrière est *Cai* [采], il signifie prendre la force, le pouvoir de l'autre. Le second mot *Zhan* [战] ou 'guerre' désigne les méthodes employées pour cela, retrouvées principalement en occident, comme les arts de la chambre à coucher[2] par exemple. Ces méthodes sont la raison principale de cette barrière, ce qui n'est pas facile à décrire. Cela est très relié à un manque de compassion ; c'est comme faire pression sur quelqu'un pour obtenir de l'argent ou lui voler ses économies. C'est une guerre entre le Yin et le Yang, ou entre les hommes et les femmes. Ne cherchez pas à prendre le Qi venant du champ d'une autre personne, comme lors de relations sexuelles, car cela reviendrait alors à suivre des chemins déviants. Le chaman africain Credo Mutwa a raconté comment il a été témoin de telles méthodes où les hommes utilisent l'énergie vitale des femmes pour prolonger leur propre vie et leur propre champ énergétique.[3] Pourtant, si vous avez unifié les pensées des cieux, de la terre et de l'humain, alors vous n'avez pas à faire face à ce genre de problème et vous n'avez pas en conséquence le manque de compassion qu'il implique, car vous êtes alors capable d'absorber facilement le Yin et le Yang des cieux et de la terre. Certains pratiquants sont mêmes capables de percevoir comment leur Qi leur est volé par d'autres. N'oubliez pas que le Dao se cultive avec une compassion supérieure qui œuvre en faveur de tous :

> 大道为行也，天下为公。
>
> Lorsque le grand Dao est pratiqué,
>
> Tout ce qui se trouve sous les cieux est pour la communauté.[4]

En occident, il n'existe pas de véritable méthodologie telle que celle du Dao droit, et les pratiquants ne mettent en œuvre que des méthodes mineures, incluant les arts de la chambre à coucher. Vous pourriez à première vue considérer ces méthodes comme très mystérieuses et bénéfiques. Pourtant, elles ne concernent pas le grand Dao, seulement le Dao mineur. De ce fait, ces techniques sont faciles et complaisantes.[5] Elles ne sont pas propices à l'atteinte de l'immortalité et ne permettent pas à l'individu de faire pousser ses ailes.[6]

大道不在，小道必猖：旁门左道。

Lorsque le grand Dao n'est pas présent,
C'est que le Dao mineur doit être féroce :
Telles sont les voies détournées,
Du Dao non-orthodoxe.[7]

Si le Grand Dao est absent, le Dao mineur prend le relais :

猫不在家，老鼠成精。山中无老虎，猴子称大王。

Lorsque le chat n'est pas à la maison, les rats se transforment en gobelin.
Lorsque le tigre est absent de la montagne, les singes se font élire grands rois.

Trop d'étudiants considèrent à tort que le daoisme se résume à ce que les hommes collectent le Yin des femmes et que les femmes recueillent le Yang des hommes. C'est ce qu'on appelle 'la double pratique du mari et de l'épouse',[8] ou 'la double pratique de l'homme et de la femme',[9] mais également 'la méthode de l'élixir des eaux boueuses'[10] en raison de son impureté. On l'appelle communément 'l'Art de la Chambre à Coucher' par euphémisme – l'art de ce qui se passe à l'intérieur de la chambre – car, par le passé dans la société chinoise, on ne pouvait pas aborder ouvertement ces sujets. Ces pratiques se situent au niveau de la longévité du corps physique et ne permettent pas de cultiver. Pourtant le Yin et le Yang se trouvent dans le corps de chaque personne :

男人外阳内阴。女人外阴内阳。

Les hommes sont Yang à l'extérieur et Yin à l'intérieur,
Les femmes sont Yin à l'extérieur et Yang à l'intérieur.[11]

L'occident considère que les hommes sont Yang et que les femmes sont Yin, mais en réalité les deux existent en chacun de nous. Les pratiquants ont la fausse opinion que les hommes doivent prendre le Yin des femmes et vice-versa, généralement connu comme 'prendre[12] le Yin pour supplémenter le Yang'.[13] Les arts de la chambre à coucher ont un aspect très attrayant en occident où les mœurs sont plus libérées. Les gens sont séduits par la perspective de devenir un ange grâce à ces méthodes. Tout le monde est attiré par l'idée d'une pratique élevée grâce à des techniques plaisantes. Ainsi, les gens ne se concentrent que sur de telles méthodes. Cependant, bien que de telles méthodes existent, elles n'appartiennent pas à la grande voie, celle du caractère divin[14] qui développe un corps d'éternité. Tout ce qui possède une forme finira par se délabrer et se décomposer. Le raffinement de l'élixir est pratiqué afin de transformer les cellules du corps et de créer un champ énergétique spécial. Les maîtres ont précisé qu'au cours de cette pratique, le sang passe de la couleur rouge à la couleur blanche, comme si les globules blancs avaient remplacé les globules rouges. Le corps physique et le caractère divin[15] de l'individu, en accord avec les cieux, la terre et le 'soi spontané', créent un nouveau type de pouvoir qui émerge de votre propre corps. Cette méthode est très différente de celle qui consiste à utiliser le corps de quelqu'un d'autre afin de prolonger sa propre vie, car il est question ici de n'utiliser que sa propre vie.

Il y a deux problèmes intrinsèques aux méthodes qui impliquent la sexualité et la double pratique de l'homme et de la femme. Le premier est qu'il est difficile d'en parler ouvertement. Les arts de la chambre à coucher enfreignent le Dao et il n'est pas du tout nécessaire que les maîtres en parlent pour enseigner le Dao. Le second problème est qu'il est facile d'adopter de telles pratiques mais qu'il est extrêmement difficile d'en sortir. Cela est dû au fait que les pratiques sexuelles constituent le fondement de la chair physique. Les pensées sexuelles perturbent également la quiétude et la pureté de la pratique :

一动一静。清净思维。

[Lorsqu'il y a un équilibre entre] le mouvement et la quiétude,
Les pensées sont pures et tranquilles.[16]

Tout le monde a des pensées distrayantes, sauf le Guerrier de Diamant[17] dans le bouddhisme, pour qui pas une seule pensée ne s'élève.[18] Les pratiques sexuelles du daoisme ou des méthodes tantriques ouvrent les vannes d'un désir incontrôlable. C'est une voie dangereuse :

万无一成。

Sur dix mille, pas un ne peut y parvenir.

En réalité, pas même un sur cent mille ne peut pratiquer avec succès dans les eaux boueuses. Arpenter les chemins de la bataille pour la collecte du Yin et du Yang[19] est un interdit dans le daoisme. En effet, la grande majorité tombera dans des désirs lubriques et cherchera à les satisfaire, consommant et gaspillant ainsi une précieuse essence, du Qi et l'esprit. Leurs pulsions sexuelles deviendront incontrôlables, comme un rocher inarrêtable dévalant une montagne, les écrasant au passage. Peu d'entre eux y survivront car ils ne pourront plus s'arrêter de dépenser leur énergie de cette façon. Pour autant, certains classiques daoistes précisent une fréquence saine à laquelle l'essence peut être perdue.[20] Comme vos cellules se renouvellent tous les sept jours, l'essence des jeunes gens peut être restaurée après une semaine d'abstinence ou même avant. Mais de façon générale, si vous ne pouvez pas vous abstenir de rapports sexuels, alors une fois par mois est autorisée. Votre désir peut également être la cause d'effusions durant la nuit au cours de certains rêves sexuels. De nombreux pratiquants pensent que l'assouvissement du désir sexuel n'engendre pas de perte d'essence et de Qi, que ces derniers restent indemnes. Vous pourriez insister en rappelant qu'aucune essence ne se perd, que ce soit le jour ou la nuit.[21] Mais dès que des pensées de désir émergent, les pores de votre peau s'ouvrent et le Qi originel[22] se disperse. De plus, ce genre de pensées s'installe en vous et mijote à certains niveaux de votre inconscient.[23]

Vous vous retrouverez avec ce que l'on appelle 'L'Elixir Illusoire'.[24] Il est le produit de la méthode de l'élixir vide des eaux boueuses.[25] Vous serez incapable d'acquérir une pilule d'Elixir, l'Elixir médicament ou encore le matériau de l'Elixir.[26] La méthode des eaux boueuses est similaire à l'action qu'ont les plantes médicinales chinoises pour les rhumes courants et qui induisent une transpiration du corps.[27] Elle engendre un déluge de désirs sexuels que personne ne peut contenir et dans lequel tout le monde se noie. Dans une telle situation, votre corps n'est plus normal, car il possède désormais de nombreuses ouvertures.[28] Cela produit de la chaleur et du froid, qui entraineront sur le long terme des maladies qu'aucune médecine ne peut guérir, ni occidentale, ni chinoise. Si vous nagez ainsi à contre-courant,[29] vos pensées deviendront boueuses, seront altérées et votre Qi sera par conséquence impur. Vous ne serez plus jamais en mesure de le transformer. Cultiver comporte des exigences strictes et personne ne peut réussir dans sa pratique en perdant son essence une fois par semaine ou même une fois par mois.[30] Toute méthode qui fait usage du désir est une voie déviante et une diversion. Pour les gens vivant en société, de telles approches pourraient néanmoins être considérées comme un moyen de se questionner sur la voie, comme lorsque l'on frappe à une porte pour découvrir ce qu'il y a derrière. Cependant, une fois que la porte a été ouverte, il vous faudra arrêter d'y frapper. C'est comme une pierre que l'on jette pour essayer de dessiner les contours du chemin à suivre, comme lorsque l'on jette une pierre dans un puits pour en sonder la profondeur. La pierre peut être utile à un certain point, mais elle doit être abandonnée une fois qu'elle a rempli son rôle :

投石问路。

On jette une pierre pour questionner le chemin.[31]

Si vous ne pouvez pas transformer votre désir, alors vous ne pouvez pas vous transformer en immortel. De même, vous ne pouvez pas retourner à ce qui est véritable tant que vous avez des sentiments.[32] Pour autant, s'il n'y a aucune perte d'essence, alors on peut comparer cela à l'eau d'un puits qui reste immobile ; elle finit par devenir turbide. Le point essentiel dans tout cela n'est pas la rétention de l'essence, dont il existe une forme masculine et féminine, mais plutôt que toute pensée de désir nuit au raffinement de l'élixir et à la création de la nouvelle vie qui en découle. De telles pensées distrayantes donnent de la force à l'élixir illusoire, ce qui est impropre à la pratique. Seules des forces pures peuvent être employées avec efficacité.

On ne saurait trop insister sur l'importance qu'ont nos pensées. En occident, tout ce qui y est transmis des enseignements daoistes est la durée pendant laquelle on peut s'adonner aux pratiques sexuelles sans perdre son essence. *L'Essentiel du Raccourci à la Grande Réalisation* a été traduit afin de clarifier cette idée fausse. La pulsion sexuelle est le besoin le plus puissant de la vie humaine. Il est très difficile de le contrôler et il crée des problèmes physiques, des maladies étranges et des maux incurables, comme du sang dans les urines ou des émissions purulentes. Si vous préservez votre essence mais que votre femme ou votre mari désire avoir des rapports sexuels avec vous, alors vous vous trouvez face à un autre dilemme qui peut possiblement vous conduire au divorce. Si votre tasse n'a pas encore été réparée et que vous autorisez votre partenaire à y faire de nouvelles fissures, alors vous ne pourrez jamais la réparer.[33] Si la femme ou le mari cultive correctement, mais que le conjoint ne l'approuve pas, alors il y aura également des problèmes. Il est très difficile de raffiner l'élixir et de cultiver le Dao tout en vivant en société. En cela, il est acceptable pour un homme et une femme d'avoir des relations sexuelles, ce qui peut également présenter certains avantages au niveau de la santé et de la longévité. Cela aide le système reproducteur à être puissant mais il entraîne en revanche une dispersion du Qi. On se situe ainsi au niveau de l'école primaire, celui qui précède le collège et le lycée. A ce stade, le pratiquant semble être une personne ordinaire qui participe aux activités extérieures sociétales, comme manger au restaurant et s'amuser. Les gens sont tous les mêmes à ce niveau et peuvent être traitées uniformément.[34] Ils peuvent entreprendre des pratiques de longévité mais ne sont pas encore prêts pour le raffinement de l'élixir. Quiconque prétend le contraire est un charlatan. Dès lors, vous êtes capable de distinguer ce qui est faux et ce qu'est le véritable Dao :

> 一切有形，一切有下品，无为空洞，清静。
>
> Tout ce qui a une forme est un produit inférieur, [par contraste avec] le non-agir [sans forme] qui est vide et creux, pur et tranquille.[35]

Par conséquent, si vous suivez un enseignement en Europe et en Amérique pour apprendre à cultiver l'élixir daoiste, et que des techniques et des pratiques sexuelles vous sont présentées, alors vous pourrez reconnaitre directement la méthodologie de l'élixir des eaux boueuses. Dans l'hindouisme et le bouddhisme tantrique, on trouve des temples avec des sculptures qui représentent des positions et des actes sexuels, ce qui indique que ce sont des voies déviantes. Les archéologues ont découvert ces temples, dont beaucoup avaient été ruinés et détruits. Peut-être qu'avec le temps, cela s'est transformé en Yoga.[36] Les méthodes des eaux boueuses sont loin du Dao dont les pratiques sont au contraire appelées 'Les Méthodes de l'Elixir de la Clarté et de la Quiétude'.[37] Si l'on ne traduit pas davantage de classiques daoistes en langue occidentale, alors les pratiquants n'en seront jamais conscients. L'un de ces textes se nomme *Les Marques de la Parenté avec le Trois*,[38] dans lequel les trois unifications sont celles de l'essence, du Qi et de l'esprit, également représentées par le soleil, la lune et les étoiles. Unifier les cieux, la terre et l'humain, c'est former et générer l'élixir, de l'énergie et une nouvelle vie.

Même les chinois ne comprennent pas cela quand ils lisent ces textes sans explications. S'il n'existe pas de traduction d'un classique daoiste et que votre connaissance de la langue chinoise est bonne, alors il est de votre devoir et de votre responsabilité de le traduire afin de partager le grand Dao avec tous. Il est important cependant que vous ne fassiez pas une mauvaise traduction, pour éviter d'influencer négativement le lecteur. Il est difficile de déchiffrer le sens voulu et les subtilités de la terminologie et des expressions daoistes. Vous devez connaître le contenu qui est exprimé. Cela ne doit pas ressembler à une traduction faite en ligne sur internet où les paragraphes sont traduits automatiquement par un programme électronique, ce qui serait comme un aveugle qui galope à cheval.[39]

Soyez attentif dans votre étude afin de pouvoir discriminer clairement. Le *Dao De Jing*, le *Yin Fu Jing*[40] et les classiques alchimiques ont tous souligné le fait que la force et l'élan du désir doivent être employés en tant que fondation pour la grande médecine.[41] Mais cette force motrice est trop grande. De génération en génération, le désir sexuel est le fondement de la vie renouvelée et ce depuis les tout premiers êtres humains sur Terre. Il se poursuit, vie après vie sans s'arrêter.[42] Il est la force motrice d'une procréation sans fin :

仙佛种子从那人来的？

D'où vient la graine des immortels et des bouddhas ?

Le Bouddha Shakyamuni et Lao Zi ne sont pas sortis d'une pierre[43] et ne sont pas tombés des cieux. Lorsque vous êtes d'un âge mûr, que vous avez fondé une famille et que vos enfants ont grandi, alors vos parents sont probablement décédés et vos responsabilités familiales ont été remplies ; vous avez fait ce que vous aviez à faire. Il n'existe pas de Dao où la génération suivante n'est pas engendrée.[44] Une fois que les pratiquants masculins ont transformé l'essence, alors leurs organes génitaux externes se rétracteront[45] et leur capacité à se reproduire aura disparu. Il faut dix à trente ans pour se préparer à cette étape. Vous devez d'abord avoir une vie riche et abondante, qui doit ensuite être sublimée. Les gains ne dépassent-ils pas ici les pertes[46] ? Il faut avoir des sentiments et des émotions[47] au départ car sans désir sexuel, on ne peut pas cultiver jusqu'au bout. Si vous atteignez un certain niveau sans être capable d'obtenir de diplôme, si vous avez du désir sexuel mais que vous ne savez pas comment l'utiliser, alors vous n'aurez pas le pouvoir de frapper à la porte de l'immortalité :

无情难修道，有情难归真。

Si vous n'avez pas de sentiments, il est difficile de cultiver le Dao,

Si vous avez des sentiments, il est difficile de revenir à la vérité.[48]

Vous devez accumuler de l'énergie, et ne pas la perdre ni la disperser. Le désir est un mouvement qui se dirige vers l'extérieur, c'est pourquoi vous devez le ramener à l'intérieur et le récupérer, de la même manière que vous devez le faire pour vos pensées en méditation lorsqu'elles s'égarent.[49] Telle est la pratique du raffinement.

Le caractère chinois pour le raffinement possède le radical du feu[50] :

Le raffinement repose uniquement sur vos propres efforts. Il est vrai que le mot *Cai* [采] dans le titre de cette barrière signifie saisir, s'emparer de quelque chose, mais la société a une vision erronée de telles pratiques qui ne consistent pas à voler le Yin ou le Yang par exemple. Au lieu de cela, vous devriez unifier votre essence, votre Qi et votre esprit pour construire votre champ énergétique par le raffinement. Le mouvement est la fondation de la sublimation. Celle-ci ne découle pas de pensées de désir mais émerge naturellement de la clarté et de la quiétude. A ce stade, les pensées humaines ne sont plus d'aucune utilité.[51]

Dans le passé, personne n'osait parler de cela, alors il fallait recourir à des analogies. Dans les traités alchimiques, 'Générer le Yang'[52] signifie avoir une érection. Cette réserve à l'égard de la sexualité est fortement liée au confucianisme[53] qui en deux mille cinq cents ans s'est profondément ancré dans la psyché chinoise et exerce encore une forte emprise sur la pensée en Chine :

失道而后德。失德而后仁。失仁而后礼。失礼而后义。

Si le Dao se perd, alors il reste la vertu.

Si la vertu se perd, alors il reste la bienveillance.

Si la bienveillance se perd, alors il reste l'étiquette.

Si l'étiquette se perd, alors il reste la droiture morale.[54]

La droiture morale est au niveau le plus bas. Mais comme dans le système scolaire, il vous faut démarrer par le premier niveau. Vous devez d'abord connaitre le code de la route et prendre des leçons de conduite avant de pouvoir conduire une voiture sur la route. Il en va de même pour les principes et les méthodes du daoisme qui doivent d'abord être appris, avant que vous ne vous engagiez dans ce long et ardu voyage de pratiques. Comme le dit le *Livre des Changements* :

寂然不动，感而遂通。

[En étant] tranquille, naturel et immobile,

La perception [se fait] et la communion se réalise.[55]

Une fois que vous avez atteint cet état de quiétude et que vous avez unifié les cieux et la terre, alors il n'est plus nécessaire de prendre le Yin ou le Yang d'un partenaire, car ces derniers sont disponibles partout et les énergies s'échangent à un niveau supérieur. Il s'agit d'un échange qui n'est plus motivé par les apparences[56] et le désir ; il est pur et non-pollué. A ce stade, les cultivateurs n'ont plus besoin du désir, et persister à le suivre est le mauvais chemin. L'obstacle le plus difficile est en réalité le tout premier, la barrière du désir, car il engendre aisément un égarement dans la quête du Dao, une voie fausse et non-orthodoxe. Vous devez ainsi d'abord dépasser cette barrière et éliminer la peur de la mort. Ceci ne peut être contourné, car vous ne pouvez échapper aux instincts les plus fondamentaux de votre existence, tels que la faim et la soif, car le corps physique a des besoins. Il est extrêmement difficile de contrôler sa biologie. Les pratiquants doivent comprendre qu'ils sont des élèves d'école primaire et qu'il y aura plus à apprendre au collège et au lycée où on leur enseignera les grandes voies et méthodes. Elles ne se manifesteront pas d'emblée. Au début, les pratiques déviantes peuvent sembler fonctionner très bien, mais tôt ou tard, il ne restera plus rien de votre vitalité, jusqu'au point où vous en perdrez même votre vie. J'ai été stupéfait d'entendre tant d'étudiants ne parler que de ces pratiques de bas niveau. Cette quête au travers de la sexualité est une obstruction qui empêche les gens de rechercher le grand Dao. De ce fait, ils se dirigent dans la mauvaise direction :

大道至简至易。

Le grand Dao est de la plus grande simplicité et de la plus grande facilité.

Le grand Dao est direct. Ne restez pas attaché et lâchez prise car le Dao est à l'intérieur de votre corps. Ne le cherchez pas à l'extérieur. L'apparence de l'homme et celle de la femme appartiennent à l'extérieur. Tournez votre regard vers l'intérieur. Les autres peuvent vous accompagner et vous aider, mais ils ne peuvent pas prendre la souffrance à votre place. La question principale est de savoir si vous pouvez accumuler et rassembler votre essence. En occident, il n'y a pratiquement aucune école daoiste qui soit au niveau du lycée, mais seulement des enseignements d'école primaire. Une des cinq vertus constantes de Confucius[57] est la bienveillance ou l'humanité.[58] Le cœur-esprit de l'humain doit aimer tout le monde.[59] Les règles et les lois sont pour les gens ordinaires et comme le souligne le *Dao De Jing*, ces règles de conduite sont les prémices du chaos.[60] Elles créent le feu du désordre et conduisent à la différenciation et à la discrimination. Le grand Dao en revanche, apporte l'unification entre les cieux, la terre et l'humain. Le confucianisme, quant à lui, enseigne aux gens à se maîtriser et à se conformer à l'étiquette.[61] Dirigez votre conduite et observez en quoi cela serait-il une erreur de ne pas avoir de telles règles dans la vie quotidienne. Autrefois, les chamans traçaient un cercle sur le sol et cela constituait une prison.[62] Personne n'osait s'échapper de ces cercles d'emprisonnement, une pratique qui a duré plus de trois mille ans à travers les premières dynasties chinoise Xia, Shang et Zhou.[63] Sans un tel respect pour les règles alors c'est le chaos, comme aujourd'hui en Chine où les gens traversent la route comme ils le souhaitent, n'importe quand et n'importe où. Conformez-vous aux exigences sociales. Il existe de nombreuses sortes de Dao ou de Voies, chacune avec ses propres règles. Pour n'en citer que quelques-unes : il y a le Dao de la société, le Dao des parents, le Dao du mari et de la femme, le Dao de la circulation du Qi dans le corps et le Dao du système digestif. En outre, il y a aussi le Dao de la compréhension, le Dao des cycles, ainsi que le Dao du retour au mécanisme mystérieux.[64] Mais, le grand Dao ne suit qu'une seule règle, la règle du Soi Spontané. Comme le déclare le *Dao De Jing* :

道法自然。

Le grand Dao suit les lois du soi spontané.[65]

---

[1] Le mot 'prendre [le pouvoir d'autrui]' est 采 [cai] en chinois et il est plutôt difficile à traduire avec précision. Il désigne littéralement la cueillette de plantes, d'herbes médicinales ou des légumes sauvages. Certains auteurs comme Douglas Wile le traduisent par 'voler et se renforcer'.

[2] En chinois, 房中术 [fang zhong shu].

[3] L'intégralité d'un entretien avec Credo Mutwa, chef de tribu africain, peut être consulté et téléchargé sur le lien suivant : https://drive.google.com/open?id=11E0WEkqeTp0FVeLDduqS-ntJQ0L9YKn2

[4] La première partie de la phrase se trouve à l'origine sous la dynastie des Han de l'Ouest dans *Le Livre des Rites* [li ji 礼记] de Dai Sheng [戴圣], au chapitre intitulé 'La Transmission des Rites' [li yun pian 礼运篇] :

大道之行也，与三代之英，丘未之逮也，而有志焉。
大道之行也，天下为公，选贤与能，讲信修睦。

Le grand Dao a été pratiqué par des personnes exceptionnelles durant trois générations, auxquelles Qiu [Confucius] n'a jamais été capable de se mesurer, même s'il aspirait à le faire. Lorsque le grand Dao est pratiqué, il n'y a qu'une seule communauté sous les cieux. Ceux qui sont vertueux et capables sont élus pour [gouverner], et [les gens] parlent de bonne foi en cultivant l'amitié [avec leurs voisins].

[5] Le Dao droit [zheng dao 正道] et les méthodes droites [zheng fa 正法] sont parfois traduits par le 'Dao orthodoxe' et les 'méthodes orthodoxes', par opposition aux méthodes mineures [xiao fa 小法] et le Dao mineur [xiao dao 小道], également appelés le 'Dao hétérodoxe' ou le 'Dao hérétique'.

[6] Faire pousser ses ailes, c'est devenir un immortel et cela se nomme également 'se transformer en un [être] ailé ou à plume' [yu hua 羽化], ou plus littéralement se transformer en un 'être ailé' [yu shi 羽士]. Li Shi Fu plaisantait parfois en demandant à un étudiant de se retourner, puis il déclarait alors en soupirant 'Ah, tu n'as pas encore fait pousser tes ailes'.

[7] Il existe une citation similaire :

大道不畅小道必猖。
Lorsque le grand Dao n'est pas libre,
Le Dao mineur est certainement déchainé.

Cela signifie que si le chemin du grand Dao présente des entraves, alors c'est que le chemin du Dao mineur est très fréquenté et qu'il opprime la grandeur et la force du Qi du grand Dao. Il s'agit d'une situation où les chemins déviants et le Dao hérétique deviennent de plus en plus indomptables et dépravés.

[8] En chinois, 夫妻双修 [fu qi shuang xiu].

[9] En chinois, 男女双修 [nan nü shuang xiu].

[10] En chinois, 泥水丹法 [ni shui dan fa]. La méthode de l'élixir des eaux boueuses est également appelé

'L'Elixir de la Chambre de la Dame' [gui dan 闺丹]. Elle fut développée à partir des arts de la chambre à coucher. *Le Rêve dans le Pavillon Rouge* [hong lou meng 红楼梦] indique que :

> 男人是泥做的，女人是水做的。泥水烧结而成器，男女修炼可成丹。
>
> Les hommes sont faits de boue et les femmes sont faites d'eau. Lorsque la boue et l'eau sont agglomérées et cuits, alors cela peut former un récipient. [De même], lorsque l'homme et la femme cultivent ensemble, l'élixir peut être atteint.

Les méthodes de l'élixir [dan fa 丹法] étaient prolifiques sous la dynastie Ming, mais elles ont également été très réprimandées par les traditions orthodoxes de l'élixir [zheng tong dan jia 正统丹家] qui les considéraient comme des voies et des arts déviants [pang men xie shu 旁门邪术].

[11] Ce concept est précisé dans *La Rectification des Erreurs du Chercheur de l'Elixir d'Or* [jin dan jiu zheng pian 金丹就正篇] :

> 阴阳者，一男一女也，一离一坎也，一铅一汞也，此大丹之药物也。夫坎之真气谓之铅，离之真精谓之汞，先天之精积于我，先天之气取于彼。何以故？彼坎也，外阴而内阳，于象为水为月，其于人也为女。我离也，外阳而内阴，于象为火为日，其于人也为男。故夫男女阴阳之道，顺之则生人，逆之则成丹。
>
> Yin et Yang : l'un est masculin, l'autre est féminin ; l'un est le trigramme Li, l'autre est le trigramme Kan ; l'un est le plomb, l'autre est le mercure ; telles sont les substances médicinales qui composent le grand élixir. Le Qi véritable du trigramme Kan est appelé 'Plomb', tandis que l'essence véritable du trigramme Li est appelée 'Mercure'. L'essence du ciel antérieur est accumulée en moi, tandis que le Qi du ciel antérieur est pris à l'autre. Quelle en est la raison ? C'est parce que l'autre est le trigramme Kan, qu'il est Yin à l'extérieur et Yang à l'intérieur, portant l'image de l'eau et de la lune. Ainsi, si l'on regarde les gens, il s'agit de la femme. [De la même manière], le trigramme Li me représente, il est Yang à l'extérieur et Yin à l'intérieur, portant l'image du feu et du soleil. Ainsi, si l'on regarde les gens, il s'agit de l'homme. C'est pourquoi ce Dao du Yin et du Yang, lorsqu'il est suivi, donne naissance aux humains et lorsqu'il est inversé, donne naissance à l'élixir.

Un extrait traduit en anglais de ce traité peut être trouvée dans le livre de Fabrizio Pregadio, intitulé *Taoist Internal Alchemy : An Anthology of Neidan Texts*.

[12] Prendre, comme indiqué ci-dessus, fait référence aux notions de prélever, de cueillir, de collecter et de rassembler, mais implique également et plus fortement le vol.

[13] La notion daoiste de 'prendre le Yin pour supplémenter le Yang' est également considérée à tort comme signifiant, pour les hommes de 'se mélanger sans fuite' [jiao er bu xie 交而不泄], ou 'échanger avec les femmes de nombreuses fois, sans compter une seule goutte d'essence drainée' [shu yi nü er mo shu xie jing 数易女而莫数泻精]. Il a également été dit qu'un orgasme avec une femme est capable d'augmenter et de fortifier la force vitale de l'homme et qu'ainsi, l'acte sexuel devrait être prolongé par les hommes le plus longtemps possible afin d'atteindre cet objectif de prendre le Yin pour supplémenter le Yang. Cette théorie est également applicable pour les femmes, qui peuvent prendre le Yang des hommes pour supplémenter leur Yin. Le fait de prendre le Yin pour supplémenter le Yang et le Yang pour supplémenter le Yin a été critiqué comme une forme de 'vampirisme sexuel' par certains chercheurs occidentaux. Cette pratique n'est nullement encouragée par Li Shi Fu, qui l'a même fortement rejetée. Voici l'intéressant article de Paul Godin (2006) sur ce sujet, 'The Cultural and Religious Background of Sexual Vampirism in Ancient China'.

Par conséquent, bien que la citation suivante soit hautement patriarcale, conformément à son context historique, elle ne doit pas être considérée comme reflétant un enseignement sexiste relié au daoisme. Voir également Rudolf Pfister (2012) 'Gendering Sexual Pleasure in Early and Medieval China'.

Dans *Les Formules Essentielles valant Mille Pieces d'Or* [qian jin yao fang 千金要方], le rouleau 29 dit :

> 夫房中术者，其道甚近，而人莫能行其法。一夜御十女，闭固而已，此房中之术毕矣。
>
> Les arts de la chambre à coucher sont très proches du Dao, pourtant les gens sont incapables de mettre en œuvre leurs méthodes. [Être capable] de gouverner dix femmes en une seule nuit, c'est tout simplement retenir et consolider [son] essence. Ceci est l'apogée des arts de la chambre à coucher.

En outre, L'Essentiel du Raccourci à la Grande Réalisation [da cheng jie yao 大成捷要], dans le chapitre 'Explications sur les Vérifications du Renversement' [fan huan zheng yan shuo 返还证验说], fait allusion à ce que ce concept signifie réellement. Il s'agit d'un processus interne, qui n'a pas besoin de recourir à une supplémentation externe et qui permet de coupler le Qi et l'esprit à l'intérieur du corps :

> 真气升降，一日有数十样变化，婴儿诧女自然交欢配合，此是采阴补阳一节。
>
> Le Qi véritable monte et descend ; en une journée, il y a des douzaines de sortes de transformations. Le nourrisson et la jeune fille s'entremêlent et s'unissent naturellement ; c'est l'étape de prendre le Yin pour supplémenter le Yang.

[14] Pour une discussion plus détaillée sur le caractère divin [ling xing 靈性], voir le Commentaire de la 42ème Barrière, note de bas de page 5 ou la note de bas de page suivante.

[15] En chinois, 靈性 [ling xing] désigne le raffinement complet de la nature-intérieure [jin xing 尽性]. Associé au travail du corps physique, le caractère divin représente l'unification de la nature-intérieure et de la vie-destinée.

[16] En Asie, dans le système d'arts martiaux et de longévité Tai Ji Quan [太极拳], un traité appelé *Tai Ji Gong* [太极功] de Song Shu Ming [宋书铭] dit :

> 一动无有不动，一静无有不静。
>
> Une fois en mouvement, il n'y a rien qui ne soit pas en mouvement.
> Une fois tranquille, il n'y a rien qui ne soit pas tranquille.

Pour une traduction complète de ce traité par Paul Brennan, voir :
https://brennantranslation.wordpress.com/2017/03/15/teachings-of-song-shuming/

[17] Le Guerrier de Diamant ou le Guerrier Vajra est vénéré comme la déité protectrice du Bouddha, du dharma et de la *sangha*. Pour plus d'informations sur le Guerrier de Diamant, voir Livre III : Livre de l'Humain, Chapitre 40, *Le Guerrier Vajra* [jin gang li shi 金刚力士].

[18] Pas une seule pensée ne s'élève [yi nian bu qi 一念不起] est l'un des huit adages de la transmissions orale du Zhi Neng Qi Gong [智能气功], traduit librement par le Qi Gong de la Capacité de la Sagesse. A l'origine, cet adage désigne un état de vide et de tranquillité au sein duquel pas une seule pensée n'émerge. Concernant l'étape antérieure à celle-ci, le stade de cultiver la nature-intérieure [xing 性], le sage néo-confucéen Wang Feng Yi [王凤仪] a déclaré ce qui suit :

> 正念一生，神就来，邪念一起，鬼就到。
>
> Dès que des pensées droites sont générées, les esprits apparaissent immédiatement.
> Dès que des pensées malfaisantes émergent, les fantômes apparaissent immédiatement.

[19] En chinois, 采战 [cai zhan].

[20] Le chapitre 16 de *L'Ecriture de la Femme Simple* [su nü jing 素女经], intitulé 'Les Sept Effusions' [qi shi 七施], fait des recommandations sur la fréquence de la perte d'essence en fonction de l'âge. Le mot 'effusion' en chinois [shi 施] englobe également le sens d'utiliser, d'appliquer, d'exécuter et de réaliser. Il fait évidemment référence aux émissions séminales :

黃帝問素女曰：道要不欲失精，宜愛液者也。即欲子，何可得瀉？

素女曰：人有強弱，年有老壯，各隨其氣力，不欲強快，強快即有所損。故男子年十五，盛者可一日再施，瘦者一日一施；年二十，盛者日再施，羸者可一日一施；年三十，盛者可一日一施，劣者二日一施；年四十，盛者三日一施，虛者四日一施；年五十，盛者可五日一施，虛者可十日一施；年六十，盛者十日一施，虛者廿日一施；年七十，盛者可廿日一施，虛者不施。

L'Empereur Jaune a demandé à la Femme Simple :

> Il est essentiel pour le Dao de ne pas perdre d'essence et il est approprié de préserver ses fluides. Si l'on devait désirer un fils, comment pourrait-on se permettre toute fuite ?

La Femme Simple répondit :

> Les gens peuvent être fort ou faible, vieux ou jeune. Chaque personne s'adapte à la force de son Qi. Il n'est pas désirable de [prétendre] être fort pour la satisfaction [de ses désirs], car cela nuit et blesse. Ainsi, les hommes âgés de quinze ans, s'ils sont vigoureux, ont le droit de faire une effusion [c'est à dire de faire couler leurs fluides] deux fois par jour ; s'ils sont maigres, ils n'ont le droit qu'à une effusion par jour. A l'âge de vingt ans, s'ils sont vigoureux, deux effusions par jour [sont permises] ; s'ils sont minces, une seule effusion par jour [est permise]. A l'âge de trente ans, s'ils sont vigoureux, une seule effusion par jour ; s'ils sont faibles, une effusion tous les deux jours. A l'âge de quarante ans, s'ils sont vigoureux, une effusion est permise tous les trois jours ; s'ils sont déficients, une effusion tous les quatre jours. A l'âge de cinquante ans, s'ils sont vigoureux, une effusion est permise tous les cinq jours ; s'ils sont déficients, une effusion chaque dix jours. A l'âge de soixante ans, s'ils sont vigoureux, une effusion est permise tous les dix jours ; s'ils sont déficients, une effusion tous les vingt jours. A l'âge de soixante-dix ans, s'ils sont vigoureux, une effusion tous les vingt jours ; s'ils sont déficients, il ne devrait pas y avoir d'effusion.

[21] Cette phrase fait principalement référence à la non-éjaculation, mais aussi aux actes sexuels qui n'impliquent pas l'orgasme en général.
[22] En chinois, [yuan qi 元气].
[23] Voir également le Commentaire de la 1ère Barrière.
[24] En chinois, 幻丹 [huan dan], ou 幻想丹 [huan xiang dan].
[25] En chinois, 虛空泥水丹法 [xu kong ni shui dan fa].
[26] En chinois, 丹剂 [dan ji], 丹药 [dan yao], ou 丹质 [dan zhi]. Ces trois termes sont interchangeables et désignent la substance nécessaire pour initier les phases de pratique supérieure.
[27] En médecine chinoise, on les appelle les 'plantes qui libèrent la surface'.
[28] Les ouvertures font référence aux pores par lesquels l'essence, le Qi et l'esprit s'échappent de manière imperceptible.
[29] En chinois, 逆水行舟 [ni shui xing zhou]. Habituellement, cette expression fait référence au fait de se déplacer en amont, en naviguant avec son bateau à contre-courant. Elle implique que si l'on ne fait pas d'efforts pour avancer, alors on reculera inévitablement. Dans ce cas cependant, l'expression est liée aux méthodes de l'eau boueuse. Il est également possible que Li Shi Fu ait voulu faire un jeu de mot, car en chinois, les mots pour 'contrer' et 's'opposer' [ni 逆] et 'boueux' [ni 泥] sont des homonymes.
[30] Cela peut sembler contradictoire avec ce qui a été dit plus tôt dans cette barrière, mais Li Shi Fu fait référence à différentes étapes de la pratique. Dans les premières étapes, il est acceptable de perdre de l'essence une fois par mois, mais dans les étapes ultérieures, il est absolument interdit de perdre tout ou partie de son essence.

31 Cette expression est tirée des *Cas de Shi Gong* [shi gong an 施公案], au chapitre 292. Elle fait référence au fait de jeter une pierre dans un endroit sombre et obscure avant d'y entrer ou de s'y faufiler, pour voir s'il y a un écho ou non. Ce geste permet d'évaluer le terrain et les circonstances en présence.

32 En chinois, 有情不归真 [you qing bu gui zhen]. Voir le Commentaire de la 1ère Barrière.

33 La tasse est le récipient qui retient l'essence.

34 En chinois, traiter tout le monde uniformément est considéré de manière idiomatique comme 'les couper tous avec un seul couteau' [yi dao ge 一刀切]. C'est une analogie avec l'utilisation d'une solution universelle pour traiter un problème.

35 Li Shi Fu place ici l'acte sexuel dans la dimension de la forme. Les pratiques supérieures appartiennent au sans-forme et reposent uniquement sur la pureté et la tranquillité. Dans une autre discussion, Li Shi Fu a fourni une citation similaire :

> 万般有形皆下品，唯有空空是大道。
> Les dix mille sortes de formes sont toutes de grade inférieur,
> Seuls le vide et le néant sont le grand Dao.

Elle provient d'un célèbre proverbe bouddhiste que certains ont attribué à Sun Wu kong [孙悟空], le légendaire Roi Singe dans *Le Voyage Vers l'Ouest* :

> 万般神通皆小术，唯有空空是大道。
> Les dix mille formes de communications avec les esprits sont toutes des arts inférieurs, Seul le vide et le néant sont le grand Dao.

36 L'opinion de Li Shi Fu en ce qui concerne les arts de la chambre à coucher et les pratiques similaires du yoga tantrique, reflète fortement son affiliation à l'orthodoxie de l'Ecole de la Réalisation Complète qui met l'accent sur le célibat et la vie monastique.

37 En chinois, 清净丹法 [qing jing dan fa].

38 En chinois, 参同契 [san tong qi]. Ce livre a d'ailleurs été traduit par Fabrizio Pregadio sous le titre '*Seal of the Unity of the Three*'.

39 Il existe une expression similaire :

> 盲人瞎马。
> Une personne aveugle monte un cheval aveugle.

Cela indique le fait de se trouver dans une situation dangereuse aux circonstances imprévisibles. Ce dicton apparaît dans un texte de la dynastie Song de Liu Yi Qing [刘义庆] intitulé *Un Nouveau Récit des Histoires du Monde* [shi shuo xin yu 世说新语], au chapitre 'Taquinerie et Ridicule' [pai tiao 排调].

40 En chinois, 阴符经 [yin fu jing] est traduit de diverses manières : *L'Ecriture de la Convergence du Yin*, *L'Ecriture du Talisman-Yin*, *Le Livre de l'Accord Caché*, *Le Classique de l'Harmonie entre ce qui est Visible et ce qui est Invisible*, entre autres titres. Son titre complet est cependant *L'Ecriture de l'Empereur Jaune sur le Talisman Caché* [huang di yin fu jing 黄帝阴符经]. Il fut écrit par Li Shan Lao Mu [骊山老母]. L'érudit daoiste Louis Komjathy a émis l'hypothèse que son écriture remonte à la fin du 6ème siècle de notre ère. Li Shi Fu a expliqué que pour raffiner l'élixir et cultiver le Dao, deux écritures principales doivent être lues : le *Yin Fu Jing* et le *Dao De Jing*. Le premier donne une direction et a été comparé par Li Shi Fu au gouvernail d'un bateau, tandis que la seconde fournit des informations supplémentaires.

41 Dans la pratique alchimique, le désir et la force sexuelle sont cruciaux pour initier la fabrication de la grande médecine ou la graine de la nouvelle vie ; on ne peut se passer de ces deux ingrédients. On pourrait considérer qu'il s'agit d'un moyen ingénieux imaginé par les daoistes pour exploiter la pulsion créatrice externe infinie de vie et la diriger vers la création interne d'une nouvelle vie.

42 Voir le Commentaire de la 1ère Barrière.

43 Il s'agit d'une allusion à la naissance de Sun Wu kong, le Roi Singe, dans le premier chapitre du *Voyage Vers l'Ouest* :

> 正当顶上，有一块仙石。。。一日迸裂，产一石卵，似圆球样大。因见风，化作一个石猴，五官俱备，四肢皆全。便就学爬学走，拜了四方。目运两道金光，射冲斗府。
> Juste au sommet, il y avait une pierre d'immortalité… Un jour, elle s'ouvrit, produisant un ovule de pierre, dont la forme était celle d'une sphère ronde. Lorsque le vent se mit à souffler dessus, l'ovule se transforma en un singe de pierre, qui possédait les cinq organes des sens et avait les quatre membres actifs. Il apprit ensuite à ramper, à marcher puis à se prosterner face aux quatre directions. Ses yeux arboraient deux rayons d'or qui s'élançaient et se dirigeaient [dans les cieux] vers la résidence de la Grande Ourse.

[44] En chinois, 没有掐断传承之道 [mei you qia duan chuan cheng zhi dao]. Le daoisme préconise de ne pas mettre fin à la lignée ancestrale familiale en n'ayant pas de descendance. C'est pourquoi Li Shi Fu insiste fréquemment sur le fait qu'il faut d'abord avoir des enfants et que cultiver vient après.

[45] Cette rétraction des organes génitaux externe signifie qu'ils se réduisent jusqu'à un niveau indiscernable. Ainsi les caractéristiques sexuelles secondaires disparaissent et le genre de la personne devient en quelque sorte neutre, à la manière des représentations du boddhisattva Guan Shi Yin, dans lesquelles il est difficile de distinguer le masculin du féminin. Voir également le Commentaire de la 1ère Barrière.

[46] En chinois, 得不偿失 [de bu chang shi], littéralement 'les gains ne compensent-ils pas les pertes ?'.

[47] En chinois, 情 [qing].

[48] Les sentiments [qing 情] font référence ici au désir sexuel [qing yu 情欲]. Voir également le Commentaire de la 1ère Barrière.

[49] Pour ramener le désir à l'intérieur, il faut utiliser toute sa force de volonté en association avec une méthode de respiration forte appelée le 'Feu Martial' [wu huo 武火]. Il s'agit de faire revenir l'excitation sexuelle dans son corps. Cela va diminuer l'afflux sanguin vers les organes sexuels chez l'homme et la femme, ce qui signifie que chez l'homme, l'érection va s'atténuer.

[50] Ce feu évoque un processus employé dans l'affinage des métaux à la forge, lorsqu'ils sont purifiés. Son origine est très probablement liée à l'alchimie externe et est décrit en trois aspects. Dans un premier temps, le processus est long, graduel, ardu et passe par une série d'étapes. En second, le feu correspond aux pensées et à l'intention nécessaires à la pratique. En troisième, le résultat final est un produit ou un matériau raffiné, ce qui correspond dans notre cas au corps véritable. La deuxième phase, 'la phase du feu' [huo hou 火候] est un terme couramment utilisé en alchimie interne qui désigne l'emploi de différentes intensités de techniques respiratoires, allant du feu civil [wen huo 文火] au feu martial [wu huo 武火]. Voir également Livre III : Livre de l'Humain, Chapitre 10, *Les Cent Jours pour Poser une Fondation* [bai ri zhu ji 百日筑基].

[51] Pour clarifier, pendant les premiers stades de la pratique, l'excitation sexuelle découle de pensées de désir, stimulées par les apparences et la forme. Mais avec le temps, en suivant certaines séries d'exercices, de mouvements et d'instructions, les érections physiques se produiront sans qu'aucune pensée ou imagination sexuelle n'intervienne. Elles émergeront du calme le plus total. Comme le dit un proverbe chinois :

> 静中有动。
> Dans la quiétude se trouve le mouvement.

Li Shi Fu a comparé ce phénomène à la façon dont les bébés garçons ont parfois des érections spontanées malgré l'absence d'hormones qui n'émergeront que plus tard à la puberté.

[52] En chinois, 生阳 [sheng yang].

[53] Le confucianisme met l'accent sur des vertus telles que :

> 孝悌忠信礼义廉耻。
> Le respect de ses parents, de la fratrie, la loyauté, la foi,
> la bienséance, la droiture, l'incorruptibilité et l'humilité.

54 Cette citation provient du chapitre 38 du *Dao De Jing*.

55 Ce passage indique que les sensations et perceptions naissent de la tranquillité la plus totale. En cultivant la quiétude profonde, le mouvement se générera de lui-même pour mener éventuellement à la génération du Yang. C'est ce qui conduira finalement à la communion avec les royaumes supérieurs. Parmi les éditions recommandées du *Livre des Changements* [yi jing 易经], citons *The Complete I Ching* de Alfred Huang et *I Ching* de Richard Wilhelm.

56 Sans apparences [wu se 无色] peut également être interprété par 'Sans Forme'.

57 Voir Livre III : Livre de l'Humain, Chapitre 43 pour une discussion complète sur *Les Cinq Vertus Constantes* [wu chang de 五常德].

58 En chinois, 仁 [ren].

59 En chinois, 人心必须爱人 [ren xin bi xu ai ren].

60 La phrase complète se trouve au chapitre 38 du *Dao De Jing* :

> 夫礼者，忠信之薄，而乱之首。
> La droiture morale est une expression superficielle de la loyauté et de la foi, mais également le début du chaos.

61 'Se maîtriser et se conformer à l'étiquette' [ke ji fu li 克己复礼] apparaît dans *Les Annales [de Confucius]* [lun yu 论语], au chapitre intitulé 'Yan Yuan' [颜渊] :

> 克己复礼为仁。一日克己复礼，天下归仁焉！为仁由己，而由人乎哉？
> Se maîtriser et se conformer à l'étiquette, c'est la bienveillance. Si pour un jour, le soi est maîtrisé et l'étiquette est rétablie, alors tout ce qui se trouve sous les cieux retrouvera la bienveillance. Agir avec bienveillance dépend de soi, comment cela pourrait-il dépendre des autres ?

62 La légende raconte que dans la lointaine antiquité, les lois étaient clémentes et les criminels étaient punis en étant retenus captifs dans un cercle tracé sur le sol [hua di lao 画地牢]. Le but était d'obliger la personne à l'intérieur du cercle à se livrer à un examen de conscience, et à contempler ses propres erreurs et ses méfaits. Cette punition aurait été inventé par Gao Yao [皋陶], le premier juge de la Chine ancienne, sous le règne de l'empereur Shun [舜]. Un hommage lui est rendu par ce fameux dicton :

> 孔子垂经典，皋陶造法律。
> Confucius a transmis les écritures et les classiques, tandis que Gao Yao a créé les lois et les règles.

63 Les dynasties Xia, Shang et Zhou [夏商周] sont les plus anciennes de Chine. La dynastie Xia a duré de 2070 à 1600 avant notre ère, la dynastie Shang a duré de 1600 à 1046 avant notre ère et la dynastie Zhou a duré de 1046 à 256 avant notre ère.

64 Ces trois points se réfèrent à des méthodes et pratiques alchimiques dont le seul objectif est l'immortalité.

65 Cette déclaration est tirée du *Dao De Jing*, chapitre 25. *Zi Ran* [自然] a été traduit par 'soi-spontané'. Il est souvent interprété par 'nature', 'naturel', 'spontanéité' et 'comme il est'. Ce terme indique que les lois et règles qui découlent des réactions et réponses du Dao, sont générées d'elles-mêmes automatiquement [zi ran er ran 自然而然]. Ainsi, Lao Zi résume en une phrase toutes les règles de chaque forme de vie dans l'univers. Sa déclaration 'le Dao suit les lois du soi-spontané' s'applique à la nature de l'univers dans son ensemble, ainsi qu'aux attributs des dix mille choses sous les cieux et sur la terre. L'ermite chinois He Shang Gong [河上公] élucide cette phrase de la manière suivante :

> 道性自然。無所法也。
> Le caractère ou la nature du Dao est le soi-spontané.
> Il n'y a rien d'autre sur lequel il se modèle.

Wu Cheng [吴澄], un philosophe influent des dynasties Song et Yuan note :

> 道之所以为大以其自然非道之外别有自然也.
> Si le Dao est grand, c'est grâce au soi-spontané,
> En dehors du Dao, il n'existe pas de soi-spontané distinct.

Voir également le Commentaire de la 46ème Barrière, note de bas de page 8, pour une citation complète et plus d'explication.

49ème
Commentaire de la Barrière des Visions Illusoires

La 49ème barrière concerne les apparences illusoires[1] et le danger qu'il y a à prendre ce qui est faux pour le vrai.[2] Cette barrière finale définit l'objectif à atteindre concernant la forme et les images. On devrait rester clair et tranquille[3] lorsque l'on perçoit des choses qui ont une forme, qu'on les sent ou qu'on les voit. Peu importe les apparences et les manifestations extérieures qui surviennent durant la méditation, elles sont toutes des afflictions et des liens prédestinés.[4] Ainsi, ne prêtez pas attention à de telles hallucinations ou à de telles illusions auditives. N'oubliez pas que :

万缘皆空，一灵独存。

Les dix mille liens sont tous vides,[5]

Une [parcelle] du divin est [toujours] présente.[6]

Cultiver le Dao est un processus lent et progressif. L'assise méditative et la pratique de la quiétude vous permettent de lâcher prise.[7] Mais durant votre contemplation, des phénomènes peuvent se présenter à vous et vous pourriez vous mettre à voir des choses. Par exemple, la tasse et la bouteille qui se trouvaient devant vous, peuvent sembler avoir soudainement disparu. Tout ceci n'est qu'une illusion. Le bouddhisme met également en garde contre cela :

空中纵有金毛吼，正眼观之非吉祥。

Même si dans les cieux, le rugissement de la bête à la crinière dorée [se fait entendre], l'œil qui est droit ne l'observe pas comme un bon présage.[8]

Si vous voyez soudainement ce trône à la crinière dorée[9] s'élever dans les cieux, ou un Boddhisattva assis sur un lotus, baignant dans une lumière blanche,[10] ou encore le Boddhisattva des Trésors Terrestres,[11] alors vous devez les observer avec l'œil du Dharma ou l'œil de la loi.[12] De telles manifestations ne peuvent qu'être fausses et illusoires, car elles violent les principes de la troisième dimension tels que la gravité.[13] Les entités énergétiques peuvent imiter l'apparence et l'image du Dharma.[14] Soyez juste comme un simple d'esprit qui possède de la sagesse mais qui ne l'emploie pas.[15] C'est principalement durant votre assise méditative que vous devez lâcher prise sur tout. Si

Jésus et Bouddha apparaissent devant vous, alors ce ne sont que des illusions. Mais, si vous n'avez pas encore développé une force de stabilisation[16] suffisamment puissante dans votre pratique méditative, si vous n'avez pas la capacité de discerner, et si vous ne respectez pas les préceptes dans votre vie de tous les jours, alors vous vous enfuirez avec de belles femmes, de beaux hommes, ou avec un Boddhisattva, lorsque ceux-ci se présenteront à vous dans votre pratique de la quiétude. Leur intelligence est bien supérieure à la vôtre et les cultivateurs sont incapables de comprendre ce que veulent ces énergies venues d'une dimension supérieure. Tout ce que l'on peut faire, comme nous l'avons dit, est d'agir comme un simple d'esprit, ce qui est également une règle générale de tous les instants. Les illusions vont susciter le désir et ainsi vous tromper en vous faisant perdre votre essence, votre Qi et votre esprit, ainsi que votre champ énergétique. Ne prenez pas ce qui est faux pour le vrai. Cette compétence n'est pas quelque chose que vous pouvez acquérir en un jour ou deux. Même dix ans après, vous pourriez rester incapable de l'obtenir.

Vous devez également avoir atteint une certaine étape de votre vie en société, c'est-à-dire avoir fondé une famille et raffiné votre caractère, processus au cours duquel vous vous êtes harmonisés correctement avec les éléments extérieurs, ce qui se reflètera par ailleurs dans vos rêves la nuit. Tous les hommes savent que les rêves à connotation sexuelle sont normaux et faux à la fois ; ce qui est réel en revanche, c'est la perte d'essence qui en résulte. Protégez bien vos énergies et rendez les de plus en plus puissantes. La vie quotidienne exerce une forte influence sur le cerveau et s'imprime dans des couches profondes de l'inconscient ; voilà pourquoi la plupart des hommes n'ont pas tendance à rêver de belles robes longues et de jupes à motifs floraux. Lâchez prise de tout votre cœur sur les illusions, jusqu'à ce que vous soyez capable de vous emparer de vos rêves. Planifiez ce qu'il y aura dans vos rêves.[17] Dans la vie quotidienne, les préceptes supérieurs sont au nombre de mille deux cents.[18] Cela vous donnera une idée des rêves que peuvent faire les hauts cultivateurs ; en réalité ils n'en font aucun.[19] Ce qui vous effraye le jour apparaîtra dans votre méditation et vous hantera comme un produit de vos peurs, de vos angoisses et de vos inquiétudes. Parce que vous êtes toujours capable de ressentir de l'amour,[20] alors des tentations se présenteront à vous et capteront l'attention de votre cœur-esprit. Tout ce qui vous attire encore apparaîtra au moment où vous devrez passer cette barrière. Les inquiétudes concernant vos proches, vos parents, votre conjoint et vos enfants se présenteront dans de tels moments, ce qui représente la plus grande épreuve de toutes. En effet, toutes vos inquiétudes sont connues des forces démoniaques[21] et elles sont d'une très grande intelligence. Elles savent ce qui vous fait souffrir et ce qui vous met mal à l'aise, car elles vous connaissent mieux que vous ne vous connaissez vous-même.[22] Ces démons sont trop puissants pour vous, car ils savent tout ce que vous voulez et ce que vous pensez. Leurs couteaux transperceront les failles de votre armure, là où vous êtes le plus vulnérable. Lorsque ce moment est venu, ne laissez pas votre élixir et votre champ énergétique se disperser en prenant de telles faussetés pour la vérité. Si vous craignez les serpents,[23] les lions et les tigres, alors ceux-ci surgiront devant vous et vous terrifieront à mort ; vous verrez peut-être des personnes apparaître et essayer de vous tuer. Ainsi, dans votre vie quotidienne, vous devriez abandonner toute illusion et vous devriez vous raffinez jusqu'à y être indifférent.

Ce sujet concerne l'élixir du Dao et il existe différents prérequis selon que vous soyez à l'école primaire, au collège ou au lycée. Ne vous préoccupez d'aucune de ces illusions et ne soyez pas effrayés, ni même curieux. Conservez simplement un cœur-esprit normal et ordinaire. Tous les spectacles et toutes les scènes observées durant l'assise méditative et durant la pratique de la quiétude, devraient être observés de la manière suivante :

见如不见，见怪不怪。

Voyez comme si vous ne voyiez pas,

Et observez l'étrange comme s'il n'était pas étrange.[24]

Regardez les choses comme si vous ne les regardiez pas et accueillez les phénomènes étranges comme s'ils n'avaient rien d'étrange. Ayez une compréhension claire des huit caractères chinois ci-dessus, prenez le contrôle de votre vie et des grands champs énergétiques, tout en évitant ce qui vient des démons. Pour autant, si vous ne souhaitez pas vous échapper de la ferme animale comme l'a fait cette vache qui a sauté par-dessus la clôture, alors ceci est votre choix. Souvenez-vous de cette vache qui a sauté hors du camion, la première vache libre au monde. Pour vous échapper du filet céleste ou franchir la barrière, il n'existe qu'une seule méthode : cultiver et sublimer afin d'atteindre le troisième corps et ne plus être restreint par aucune dimension. Il existe un bon film d'animation appelé Chicken Run. Il traite de concepts qui en réalité ne sont pas destinés aux enfants.[25] Le réalisateur du film s'oppose au gouvernement d'une façon détournée :

含沙射影，指桑道槐。

Il conserve du sable et tire sur des ombres.[26]

Il montre du doigt le murier, tout en parlant de l'acacia.[27]

Le cinéaste ne se risque pas à parler clairement et directement, car la pression du gouvernement est trop forte. Ainsi, il désigne un objet, mais en réalité il parle de quelque chose de complètement différent. On pourrait comparer cela à l'euphémisme employé lorsque l'on se réfère aux 'arts de la chambre à coucher' ou aux 'arts de l'intérieur de la chambre', pour parler de ce qui ne peut être exprimé ouvertement. Cette problématique ne se retrouve pas qu'avec le gouvernement mais concerne également les difficultés qu'il y a à cultiver le Dao et à franchir les blocages. Il est question de comment saisir la corde qui permet le retour, afin de pouvoir remonter vers le Dao originel. Les grands maîtres célestes délivrent-ils tous les êtres vivants[28] ? Vous devez :

收心炼己。

> Rassembler le cœur-esprit,
> Et raffiner le soi.[29]

Vous devez enfermer le cœur-singe pour pouvoir passer les examens et les barrières. Mais tant que le raffinement du soi n'est pas arrivé à maturation, il y aura des pensées de distraction et vous ne devez pas vous enfuir avec elles. Prévenir de telles pensées est précisément le but de l'assise méditative. Au final, vous serez capable de vous protéger correctement. Vous pouvez vous transformer par l'assise méditative, mais vous pouvez également vous brûler et vous calciner de l'intérieur.[30] Il se peut que vous ayez à traverser d'innombrables épreuves[31] :

平时几十年在苦在难为了过关开始。

> Il faut généralement des décennies d'amertume et de difficulté,
> Afin d'établir les fondations [nécessaires] au dépassement d'une barrière.

Lorsque j'ai pleuré, face aux difficultés engendrées par ma pratique sur la montagne du Cheval Blanc, je me suis dit : 'la compassion des Pères Fondateurs t'a donné un chemin'.[32] Faites face aux difficultés sans peur et sans attachement, car 'les quatre grands sont immuables'.[33] Soyez sans joie, sans soucis et sans aucune émotion. Soyez comme une personne endormie qui n'est pas affectée lorsque quelqu'un prend un couteau pour venir la tuer ou lorsque des lions et des serpents venimeux l'approchent, car elle n'en a pas conscience. Même si des proches se tiennent à côté d'elle, une telle personne ne réagira pas[34] :

一丝毫牵挂，一丝毫魔障在。

> S'il reste une trace d'inquiétude,
> Alors cette trace [permet] l'emprise du démon.

Vous ne pouvez pas espérer accomplir cela simplement en méditant paisiblement, car c'est exactement à cet endroit que vos inquiétudes émergeront. De nombreux enseignants n'ont pas pu lâcher prise sur la vie et ont vu par conséquent des tigres apparaître durant leur pratique. S'il vous reste encore des préoccupations pour vos proches, alors tout le Gong sera vain et gâché. C'est pourquoi il existe des interdictions strictes concernant les désirs de gloire, de gain et d'argent. Vous pourrez peut-être voir Guan Shi Yin ou Jésus dans votre pratique méditative, et à cause de votre vénération pour eux et de vos désirs égoïstes, malgré des décennies d'études, vous pleurerez de bonheur et les suivrez en larmes. Parce que vous avez pratiqué votre vie entière pour pouvoir rencontrer ces ancêtres fondateurs, alors une fois que le troisième corps est atteint, il est extrêmement facile de devenir la proie de ces illusions lorsqu'elles apparaissent. Les émotions se transformeront en démons et vous risquez même de mourir au moment de la transformation assise,[35] un stade mineur qui équivaut au passage de l'école primaire au collège. Tout dépend du niveau que vous aurez atteint lorsque l'esprit Yang[36] est réalisé ; ensuite, vous devez le faire revenir dans le corps.[37] La transformation arc-en-ciel[38] et la combustion interne sont des niveaux d'accomplissements inférieurs. Si vous passez par la porte de l'illusion[39] et que vous vous brûlez de l'intérieur, alors on appellera cela 'S'Auto-Immoler'.[40] Il ne s'agit que d'un accomplissement et d'une transformation mineure. En revanche, le pouvoir de disperser et d'accumuler les cinq Qi,[41] de sublimer, de transformer vos cellules et vos macromolécules est considéré comme un accomplissement majeur. La transformation physique ou la transformation de la dépouille[42] a été réalisée par des sages tels que Jésus ou Shakyamuni[43] ; l'un est mort après avoir mangé des champignons vénéneux et l'autre après avoir été crucifié. De nombreux enseignants ont simplement disparu comme Lao Zi, et d'autres qui se sont retirés pour ne plus jamais être revus.

Avancez par vous-même car personne ne vous y forcera. Si tous les humains le faisaient, alors le monde n'existerait plus. Passez chaque épreuve et développez une force de discrimination. Vous pouvez suivre ce chemin et décider de retourner ensuite dans la société. Vous n'êtes pas obligé de le suivre jusqu'au bout mais vous devriez au moins en connaître les principes. Vous pourrez l'explorer plus en profondeur à un stade ultérieur, mais vous devez d'abord développer une capacité de discrimination dès maintenant. En effet, la protection de votre corps biologique est également une exigence essentielle. Les deux grands désirs majeurs sont le quartier rouge et les restaurants. Dans le bouddhisme, il est dit que manger de la viande et boire de l'alcool ont de fâcheuses conséquences. Par conséquent, lorsque le bon moment est venu, il n'est pas acceptable d'en consommer.

Habituez-vous aux manifestations illusoires qui apparaissent durant la méditation et considérez-les comme normales, tout comme le fait de fumer ou de porter des vêtements est considéré comme un comportement normal plutôt qu'anormal. Si les gens commençaient à se promener nus sur la place principale de Shi Yan,[44] alors avec le temps, cela deviendrait familier et vous cesseriez d'y prêter attention. Considérez le sexe opposé comme un simple phénomène quotidien non-exceptionnel et observez-le avec nonchalance. Lorsque vous êtes dans la société, raffinez le soi. Certains maîtres ont dû retourner dans la société, car il leur restait un brin de désir, ce qui les a obligés à repartir de zéro. Si vous avez encore des désirs, vous perdrez toute votre essence, votre Qi et votre esprit ; votre Gong sera alors gaspillé. Pour ériger un grand bâtiment, vous devez commencer par poser des fondations profondes.

---

[1] Littéralement les scènes illusoires [huan jing 幻景].

[2] Pour l'expression 'prendre ce qui est faux pour le vrai' [ren jia wei zhen 认假为真], voir le Commentaire de la 47ème Barrière. Cette phrase est parfois modifiée lorsqu'il s'agit d'inciter le pratiquant à emprunter le faux pour cultiver le vrai [jie jia xiu zhen 借假修真]. L'origine de cette seconde citation modifiée se trouve dans le Commentaire de la 6ème Barrière, note de bas de page 8.

[3] On fait ici référence au maintien d'une immobilité inébranlable face à tout stimulus sensoriel qui pourrait se présenter.

⁴ Les liens prédestinés sont également des liens karmiques.
⁵ Le poète de la dynastie Tang, Bai Ju Yi [白居易], a capturé une image de cette expérience dans son *Eloge sur la Peinture de la Boddhisattva de la Lune d'Eau* [tu shui yue pu sa zan 画水月菩萨赞] :

> 净绿水上，虚白光中。一睹其像，万缘皆空。
> Au cœur des eaux limpides et d'une clarté vide et vierge,
> On peut apercevoir sa propre image et [réaliser] que les dix mille destinées sont toutes vides.

⁶ Voir le Commentaire de la 46ème Barrière, note de bas de page 14.
⁷ 'Dans la vie quotidienne, il faut lâcher prise' [ping shi fang xia 平时放下] est un des principes fondamentaux pour Li Shi fu. Voir également le Commentaire de la 3ème Barrière, note de bas de page 5.
⁸ Un maître bouddhiste Zen anonyme a déclaré un jour :

> 无处青山不道场，何须策杖礼清凉？云中纵有金毛现，正眼观时非吉祥。
> Tout lieu est une montagne sereine ou un endroit pour cultiver le Dao. Pourquoi devrait-on voyager et marcher, doté d'une canne, jusqu'au [Mont] Qing Liang et y [faire preuve] de déférence ? Même si l'on voit la bête à la crinière dorée se manifester par-dessus les nuages, [on réalisera] avec l'œil de la sagesse [c'est-à-dire de la clairvoyance] que cela n'est en rien un bon présage.

⁹ Il s'agit d'une référence à Manjushri [wen shu 文殊], un boddhisattva associé à la clairvoyance (*prajna*) dans le bouddhisme Mahayana, qui chevauche un lion à la crinière dorée. Il est l'un des Quatre Grands Gardiens Boddhisattva [si da pu sa 四大菩萨]. Voir également Livre III : Livre de l'Humain, Chapitre 38, *La Boddhisattva Guan Shi Yin* [guan shi yin pu sa 观世音菩萨].
¹⁰ Cela évoque l'image de la Boddhisattva Guan yin.
¹¹ Le Boddhisattva des Trésors Terrestre [di zang pu sa 地藏菩萨] est parfois appelé le Boddhisattva du Grenier Terrestre, ou le Boddhisattva du Ventre de la Terre. Voir également Livre III : Livre de l'Humain, Chapitre 39.
¹² L'œil de la loi pourrait être interprété comme le troisième œil.
¹³ Un véritable boddhisattva serait soumis aux lois de la troisième dimension, à moins qu'il ne veuille être pénalisé ; ainsi par définition, tout ce qui contrevient à ces principes ne peut être qu'illusion ou fausse manifestation.
¹⁴ L'image du Dharma ou de la loi [fa xiang 法相] est également l'apparence du Dharma ou des enseignements.
¹⁵ Voir le texte principal de la 14ème Barrière, ainsi que le Commentaire de la 27ème Barrière, note de bas de page 11 pour une discussion plus détaillée sur le fait de 'posséder la sagesse, mais ne pas l'employer'.
¹⁶ La force stabilisatrice [ding li 定力] est un état méditatif profond dans lequel plus aucune émotion ou aucune pensée n'émerge. On pourrait assimiler cet état au *samadhi* dans le bouddhisme, un état de haute concentration ou d'absorption.
¹⁷ On ne peut planifier ses rêves qu'en imprimant et en enracinant les pensées appropriées dans la vie quotidienne, ainsi qu'en minimisant les impressions inconscientes que génèrent les désirs et les aspirations. C'est pourquoi les rêves sont un bon indicateur des domaines dans lesquels il reste quelque chose à lâcher.
¹⁸ Les mille deux cents préceptes sont appelés les Préceptes des Immortels Célestes [tian xian jie 天仙戒]. Ce niveau de précepte est le plus élevé parmi trois niveaux que l'on intitule plus globalement Les Grands Préceptes des Trois Autels [san tan da jie 三坛大戒]. Ils furent établis par le fondateur de la lignée de la Porte du Dragon, Qiu Chu Ji. Les deux niveaux inférieurs se nomment les Préceptes de la Vérité Initiale [chu zhen jie 初真戒] et les Préceptes Intermédiaires de l'Extrémité [zhong ji jie 中极戒].

[19] Li Shi Fu a fait remarquer un jour : 'Je fume trop, mais je n'ai jamais fait de rêve à ce propos.' Sur les liens entre la religion et les rêves, ainsi que l'intérêt de se dispenser de rêver, voir *Fu-shih Lin, Religious Taoism and Dreams: An Analysis of the Dream-data Collected in the Yün-chi ch'i-ch'ien*, téléchargeable gratuitement sur : https://www.persee.fr/doc/asie_0766-1177_1995_num_8_1_1090

[20] Li Shi Fu fait référence ici au fait de dépasser tout sentimentalisme y compris le grand amour, si l'on souhaite atteindre le Dao et devenir un bouddha ou un sage.

[21] Les forces démoniaques [mo zhang 魔障] sont plus littéralement des obstacles démoniaques.

[22] Pour le passage original de la Bible auquel il est fait allusion, voir le Commentaire de la 44ème Barrière, note de bas de page 4.

[23] Il existe un proverbe chinois commun sur la peur que les serpents induisent chez les gens :

一年被蛇咬十年怕井绳。
Si on est mordu par un serpent dans l'année,
Alors on craindra la corde et le puits pendant dix ans.

[24] Voir l'étrange comme s'il n'était pas étrange [jian guai bu guai 见怪不怪] est une expression chinoise qui signifie voir des phénomènes étranges sans pour autant se laisser impressionner. On retrouve cette expression dans un ouvrage de Hong Mai du genre 'Contes de l'Etrange' [zhi guai xiao shuo 志怪小说], datant de la dynastie Song et appelé les *Trois Archives de celui qui Ecoute* [yi jian san zhi 夷坚三志], 3ème rouleau :

畜生之言，何足为信，我已数月来知之矣。见怪不怪，其怪自坏。
Comment le langage des bêtes peut-il être suffisamment digne de confiance ?
En quelques mois, j'ai déjà réussi à les comprendre.
Désormais, je ne vois [plus] l'étrange comme étant étrange, car l'étrange se dissoudra de lui-même.

[25] Voir également le Commentaire de la 24ème Barrière, note de bas de page 2 et le Commentaire de la 47ème barrière, note de bas de page 20.

[26] Une traduction alternative moins littérale serait 'faire des insinuations' ou 'faire des allusions et des sous-entendus cachés'. L'expression 'conserver du sable, tirer sur des ombres' [han sha she ying 含沙射影] provient des *Rapports sur la Recherche des Esprits*, ou plus communément traduit par *En Recherche du Surnaturel* [shou shen ji 搜神记] de Gan Bao [干宝], écrit durant la dynastie Jin. Elle fait référence à la légende d'une étrange créature appelée 'Yu' [蜮], qui vit dans l'eau. Elle ressemble à une tortue à la carapace molle mais elle n'a que trois pattes. Dans sa bouche, elle tient un morceau de chair horizontale qui ressemble à un arc. Lorsqu'elle voit des humains sur le rivage ou dans l'eau, ou bien si elle voit l'ombre d'un humain seulement, elle crache et lance du sable. Parce qu'elle est très colérique, les humains essayent généralement de s'en tenir éloignés. Comme le dit le 2ème rouleau de ce livre :

其名曰蜮，一曰短狐，能含沙射人，所中者则身体筋急，头痛、发热，剧者至死。
Son nom est 'Crapaud' et d'autres l'appellent 'Petit Renard'. Elle est capable de conserver du sable [dans sa bouche] et de le cracher sur les gens. Ceux qui en sont atteints [souffrent alors] de contractures dans les tendons et dans le corps, de maux de tête et de montées de chaleurs. Dans les [cas] graves, cela peut même entrainer la mort.

[27] C'est une variante de l'expression populaire 'montrer le murier du doigt et réprimander l'acacia à la place' [zhi sang ma huai 指桑骂槐], qui possède alors une connotation légèrement différente. La phrase originale se trouve dans un roman de la dynastie Ming, *La Prune dans le Vase d'Or* [jin ping mei 金瓶梅], et est également réemployée dans le chapitre 16 du *Rêve du Pavillon Rouge* [hong lou meng 红楼梦].

[28] 'La délivrance universelle de tous les êtres vivants' [pu du zhong sheng 普度众生] est un terme bouddhiste. Voir le Commentaire de la 2ème Barrière.

29 Le cœur-esprit représente les pensées d'une personne. Lorsque l'on cultive, 'Rassembler le cœur-esprit' est l'étape initiale la plus fondamentale à toute aspiration supérieure. Dans *L'Essentiel du Raccourci à la Grande Réalisation* [da cheng jie yao 大成捷要], au chapitre intitulé 'Ouvrir l'Orifice de la Passe Mystérieuse' [xuan guan qiao kai 玄关窍开], il est dit :

> 当收心炼己，炼精化气，真种产出，即回光返照，精气于下田。
> Il faut rassembler le cœur-esprit [en le sortant des distractions] et raffiner le soi. Raffinez l'essence et transformez-la en Qi ; lorsque la véritable graine est générée et se manifeste, renvoyez immédiatement la lumière [vers le bas] et inversez l'illumination ; Ainsi, l'essence et le Qi apparaissent dans le champ de l'élixir inférieur.

30 La combustion interne [nei shao 内烧] est un embrasement de l'intérieur qui met un terme à la vie du corps physique. Elle est considérée comme un stade primitif au cours duquel le pratiquant, aveuglé par d'extraordinaires pouvoirs spirituels, succombe à l'attrait du corps Yin et perd ainsi la possibilité de réaliser le corps Yang.

31 Voir le Commentaire de la 39ème Barrière, note de bas de page 1 pour une discussion sur l'expression 'des épreuves et des souffrances innombrables' [qian xin wan ku 千辛万苦].

32 En chinois, 祖师慈悲给你路 [zu shi ci bei gei ni lu].

33 En chinois, 四大不动 [si da bu dong]. Une définition commune pour les quatre grands [si da 四大] se trouve dans le dicton bouddhiste :

> 四大皆空。
> Les quatre grands sont tous vides.

Ce sont les quatre éléments : la terre, l'eau, le feu et le vent, dont sont composées les dix mille choses. Ainsi les quatre grands comprennent toutes sortes de formes et d'apparences. Comme l'a expliqué plus en détail le maître Xing Yun [星云], alors âgé de 92 ans :

> 人应该要有大地的性格，能生长万物、能承载一切；
> 人应该要有流水的性格，能滋润万物、能随遇而安；
> 人应该要有热火的性格，能创造文明、能温暖世间；
> 人应该要有和风的性能，能潇洒自在、能传播种子，让万物生生不息。
> Les humains devraient avoir le caractère de la grande terre, qui est capable de faire pousser les dix mille choses et qui les soutient toutes. Les humains devraient avoir le caractère de l'eau qui court, capable d'humidifier les dix mille choses et de rester harmonieuse en toutes circonstances. Les humains devraient avoir le caractère du feu ardent, qui est capable de construire des civilisations et des cultures, tout en étant capable de réchauffer le monde. Les humains devraient avoir le caractère du vent harmonieux, être libre, à l'aise et sans entraves, capable de porter les graines et permettant aux dix mille choses de produire et de se multiplier à l'infinie.

Comme le souligne *L'Essentiel du Raccourci à la Grande Réalisation* [da cheng jie yao 大成捷要] dans le chapitre intitulé 'Explications sur les Vérifications du Corps Dao' [dao shen zheng yang shuo 道身证验说] :

> 忽然一性跳出身外，便嫌四大秽污，此乃阳神出壳之兆，须急收回。
> [Le véritable corps] s'échappe soudainement de la chair physique. Immédiatement, on détestera les quatre éléments [de ce corps], comme s'il s'agissait de saletés et d'immondices. C'est le signe que le corps Yang est sorti de sa coquille. Il faut [dès lors et] de toute urgence le ramener à l'intérieur.

Li Shi Fu a expliqué que les quatre grands, dans ce contexte, représentent la renommée, la réputation, l'honneur et la gloire [ming li rong ru 名利荣辱] dans la société.

[34] *L'Arbre Sans Racine* [wu gen shu 无根树], un texte de Zhang San Feng [张三丰] sur la pratique alchimique intérieure daoiste, donne l'exemple d'un adepte qui reste imperturbable en parcourant la rue des fleurs, dans le quartier rouge :

> 无根树，花正青，花酒神仙古到今。烟花寨，酒肉林，不断荤腥不犯淫。犯淫丧失长生宝，酒肉穿肠道在心。打开门，说与君，无花无酒道不成。
>
> L'arbre est sans racines, les fleurs sont droites et d'un bleu azur, et les esprits immortels du vin et des fleurs [ont existé] depuis le passé jusqu'aux temps présents. Dans les avant-postes [où règnent] la fumée et les fleurs, ces forêts de vin et de chairs, on l'on se gave constamment de viandes et de poissons, ne transgressez pas [les principes en] cédant à votre désir sexuel. En cédant à votre désir sexuel, vous perdez le trésor de la longue vie, car le vin et la viande passent par les intestins, mais le Dao reste dans le cœur-esprit. Ouvrez les portes et conversez avec les souverains et les gentilshommes car sans fleurs et sans vin, le Dao ne peut être atteint.

Cette dernière phrase indique que de telles tentations sont nécessaires à celui qui cherche le Dao, comme un test ou un examen qui permet d'évaluer la force de l'indifférence.

[35] En chinois, 坐化 [zuo hua]. Ce terme est généralement traduit dans l'idée d'un moine bouddhiste qui meurt en position assise, paisible pour devenir un bouddha. Dans notre cas ici cependant, il s'agit d'un niveau similaire à la transformation arc-en-ciel et à la combustion interne, ce qui ne permet d'atteindre qu'une forme inférieure de bouddha. Il ne faut donc en aucun cas l'assimiler à la notion daoiste de 'se transformer en un être ailé' [yu hua 羽化], c'est-à-dire l'ascension vers l'immortalité.

[36] L'esprit Yang [yang shen 阳神] est également appelé le 'corps Yang' [yang shen 阳身]. Voir Livre III : Livre de l'Humain, pour les interrelations entre le corps Yin et le corps Yang, dans le Chapitre 19, *Le Véritable Corps* [zhen shen 真身], ainsi que le Chapitre 26, *Zhang Bo Duan et le Moine Chan* [zhang bo duan yu chan seng 张伯端与禅僧]. Dans *L'Essentiel du Raccourci à la Grande Réalisation* [da cheng jie yao 大成捷要], au chapitre sur la 'Transmission Orale de l'Ecriture Divine du Sceau du Cœur sur les Principes Directeurs de la Double Pratique de la Nature-Intérieure et de la Vie-Destinée' [xing ming shuang xiu gang ling tiao mu xin yin kou jue mi zhi ling wen 性命双修纲领条目心印口诀密旨灵文], décrivant un stade plutôt avancé correspondant à la sortie de l'esprit Yang et ses signes associés, on peut lire :

> 聚三昧真火，功百会乾鼎，雷声震震，轰开紫府内院。电光闪闪，调出入定阳神。产仙婴于凡躯之外，聚金光于法身之中，方谓渡过苦海，正是高登彼岸。此十月养胎之功，已返到乾元面目，固有真我之位，名曰地仙者也。
>
> Accumulez le feu véritable du samadhi, le Gong du chaudron Qian des cent réunions et il y aura une ouverture du champ de l'élixir supérieur. Des coups de tonnerre se feront [entendre], s'écrasant encore et encore. De façon explosive, ils ouvriront la cour intérieure de la maison pourpre. Les éclairs seront [vus], flashant encore et encore. Régulez alors l'entrée et la sortie de l'esprit-Yang jusqu'à ce qu'il soit stabilisé. On donnera ainsi naissance au nourrisson immortel hors du corps humain ordinaire. Il [faudra] collecter la lumière dorée au sein du corps du dharma. Cette étape est appelée 'Traverser la Mer d'Amertume', ce qui est précisément la haute ascension vers l'autre rive. [S'ensuivra alors] le Gong des Dix Mois pour Nourrir l'Embryon qui sera déjà en soi un retour à l'apparence originelle du trigramme Qian [c'est-à-dire du Yang vrai], siège du véritable soi intérieur. On est alors appelé 'un Immortel Terrestre'.

Li Shi Fu a apporté un éclairage supplémentaire sur les corps Yin et Yang :

> Si on pratique avec le corps Yin, alors l'essence, le Qi et l'esprit sont entièrement gaspillés, piégés dans les cycles de la vie et de la mort. Le corps Yin est le corps physique du ciel postérieur, substantiel et matériel. Le corps Yang est le corps originel du ciel antérieur, insubstantiel et immatériel. On pourrait appeler le corps Yin un

jouet, avec lequel on est capable d'obtenir de petites et grandes merveilles de transport et de téléportation. Qui ne se servirait pas de ces capacités ? Pour autant, si l'on s'en sert, c'est là que l'on cesse de cultiver.

[37] Lorsque l'esprit Yang est atteint, il ressemble à un nouveau-né, fragile, sans défenses, qui ne connait pas le monde extérieur. C'est la raison pour laquelle il existe des exigences strictes quant à la durée et à la fréquence quotidienne auxquelles l'esprit Yang est autorisé à sortir et à quitter le corps humain.

[38] La transformation arc-en-ciel [hong hua 虹化] est un phénomène bouddhiste Tibétain, principalement associé à la pratique de la méditation Dzogchen et également relié à la religion Bön du Tibet. Elle fait référence à l'évolution du corps physique vers son plus haut niveau, c'est à dire le corps arc-en-ciel [hong shen 虹身]. C'est une transformation libératrice du corps physique en lumière, ce qui ressemble alors aux couleurs de l'arc-en-ciel. Cette transformation peut être divisée en trois niveaux : le corps arc-en-ciel, le corps arc-en-ciel de lumière [hong guang shen 虹光身] et enfin la transformation du corps arc-en-ciel. Le premier niveau, celui du corps arc-en-ciel, se produit peu après la mort et sans signes préalables. Le corps se transforme complètement en lumière et se dissout. Le second niveau, le corps arc-en-ciel de lumière, désigne un état durant lequel le corps arc-en-ciel commence à se transformer et ce, au cours de la vie du cultivateur. Il peut néanmoins périr avant son achèvement. Lorsqu'il est accompli, l'adepte disparait dans le vide en émettant un éclair arc-en-ciel brillant. Le troisième niveau, le plus avancé des trois, est la transformation du corps arc-en-ciel, dans lequel l'être spirituel reste présent, fonctionnel et visible dans cette dimension. Par exemple, on dit que le sage Padmasambhava, également connu sous le nom de Guru Rinpoché [lian hua sheng 莲花生], le premier à avoir introduit le bouddhisme au Tibet, avait atteint un tel état.

[39] Entrer par la porte de l'illusion [ru le huan guan 入了幻关] est très probablement une allusion au titre de cette barrière, la Barrière des Paysages Illusoires [huan jing guan 幻景关].

[40] Voir également le Commentaire de la 21ème Barrière, note de bas de page 5. Pour plus d'informations sur l'auto-immolation [zi fen 自焚], voir Jimmy Yu dans 'Reflections on Self-Immolation in Chinese Buddhist and Daoist Traditions' qui peut être téléchargé sur academia.edu

[41] Pour plus d'information sur la dispersion et l'accumulation des cinq Qi [ju san wu qi 聚散五气], voir le Commentaire de la 36ème Barrière, note de bas de page 4.

[42] La transformation de la dépouille [shi hua 尸化] indique que malgré la mort du corps physique dans la troisième dimension, ils ont ressuscité leur corps. On a un jour demandé à Li Shi Fu si ces saints étaient mort de manière humaine pour montrer qu'ils n'étaient pas différent de tout le monde, et il a répondu par un hochement de tête.

Pour plus d'informations sur la transformation de la dépouille, voir la parution de Fabrizio Pregadio 'Which is the Daoist Immortal Body?', téléchargeable gratuitement sur son site internet au lien suivant :

http://www.fabriziopregadio.com/files/PREGADIO_Which_is_the_Daoist_Immortal_Body.pdf

[43] L'histoire de la mort du Bouddha est consignée dans le *Mahaparinibbana Sutta* [da bo nie pan jing 大般涅槃经] :

尔时世尊言铁匠子准陀曰．准陀所剩余之菌茸，应埋藏于洞穴。准陀！我于天界、魔界、梵天界、或沙门、婆罗门及天、人之间。除如来之外，不见有人食此茸物能消化者。铁匠子准陀应诺世尊：唯然，世尊。则从剩余之栴檀树菌茸，埋藏洞穴。诸世尊处，诣已，敬礼世尊，却坐一面。铁匠子准陀坐于一面时，世尊以法语教示、教诫，令之欢喜，则从座起而离去。尔时，世尊食铁匠子准陀之供食时，患重症之疾，痢血痛极，几近于死。其时，世尊摄念正念、正智，忍耐而令苦痛消除。

A ce moment-là, le Vénéré de par les Mondes dit au forgeron Zhun Tuo [Cunda] : 'Zhun Tuo, ce qui reste des pousses de champignons doit être caché et enterré dans une fosse. Zhun Tuo ! Dans le royaume céleste, le royaume démoniaque, le royaume de Brahma, ou parmi les moines, les brahmanes, les êtres célestes et des humains [ordinaires], je ne vois personne qui soit capable de manger ces champignons puis de les digérer, à l'exception de Tathagata'. Le forgeron Zhun Tuo promit au Vénéré de par les Mondes : 'Cela sera fait, Vénéré de par les Mondes'. Puis, obéissant [au Bouddha], ce qui restait des pousses de champignons issues de l'arbre de santal, fut caché [par le forgeron] et enterré dans une fosse. Il retourna ensuite auprès du Vénéré de par les Mondes, le salua respectueusement et s'assit à ses côtés. Ainsi, lorsque le forgeron Zhun Tuo fut assis à ses côtés, le Vénéré de par les Mondes l'instruisit sur les mots du dharma et sur les préceptes, ce qui le ravi. Après cela, [Zhun Tuo] se leva de son siège et partit. A ce moment-là, alors que le Vénéré de par les Mondes mangeait la nourriture qui avait été offerte par le forgeron Zhun Tuo, il tomba gravement malade, avec des diarrhées sanglantes et des douleurs extrêmes, au point de se retrouver au seuil de la mort. A cet instant, le Vénéré de par les Monde s'absorba dans la pleine conscience (*samyagsmrti*), dans la sagesse droite (*samyagjnana*) et dans la patience, ce qui élimina douleur et souffrance.

Lorsqu'on demanda un jour à Li Shi Fu pourquoi certains cultivateurs semblaient bien malades, il répondit par la citation suivante :

道高一尺，魔高一丈。
Lorsque l'on s'élève d'un pied chinois vers le Dao,
Alors les démons grandissent de dix pieds chinois.

Il a averti que nous ne devrions pas utiliser la pensée humaine pour contempler l'équilibre du Yin et du Yang. Les gens ordinaires de la société pourraient se demander comment quelqu'un d'aussi grand et glorifié que Shakyamuni a pu finalement simplement mourir en mangeant des champignons vénéneux. Quand Wang Chong Yang s'est enterré dans le sol, alors les gens le traitèrent de fou. Mais Li Shi Fu a déclaré que de tels personnages n'ont pas le même niveau de compréhension que les masses de la société. Jésus et Shakyamuni n'ont pas essayé d'éviter leur destin. Ils ne pensaient pas seulement à ce qui était bon pour eux et ne cherchaient pas à éviter le mal, car ils avaient de la compassion pour tous les êtres vivants ; ils enseignèrent par leur exemple. Ce que ces sages et ces saints ont accompli dans le passé est appelé 'L'Illumination par l'Education' [jiao hua 教化], ou de façon moins littérale 'transformer [l'autre par l'exemplification] de son propre enseignement'. Tout ceci n'est pas du niveau de la troisième dimension, et les pensées de l'humain ordinaire ne peuvent tout simplement pas comprendre les dimensions supérieures.

[44] Shi Yan [十堰] est la grande ville la plus proche de la montagne du Cheval Blanc. Elle est souvent donnée en exemple par Li Shi Fu comme métaphore de la métropole.

Commentaire de la Postface

後語

Il y a tellement de barrières qu'il n'est pas possible de toutes les aborder, mais les quarante-neuf présentées ici sont les plus importantes. La façon la plus simple de les franchir en un instant est de prendre un bâton et de se frapper fortement la tête.[1] Il est très difficile de lâcher prise, car il s'agit d'abandonner des préjugés et des penchants qui se sont accumulés pendant de nombreuses années. Ainsi, si vous avez compris ce point, les gens penseront que vous êtes devenus fou. Un dicton daoiste dit : 'Si vous n'êtes pas fou, vous ne pouvez pas atteindre le Dao'.[2]

Ceci est le long chemin qu'il vous faut parcourir. Sur le plan physique, vous devez créer un corps qui est énergétique, bien qu'il reste encore de nombreux champs énergétiques qui n'ont pas encore été compris. Bien que tous les êtres vivent à l'intérieur de ces champs, la perception que l'on en a est entravée par les yeux physiques et les pensées humaines. C'est pourquoi très peu de personnes sur Terre sont capables de cultiver jusqu'à l'accomplissement, bien que cette possibilité existe pour tout le monde. Les gens doivent être réceptifs, tout simplement car une plante sans racine est incapable de croitre :

> 道门广开，不度无缘之人。发雨广大，难给无根之苗。
>
> La porte du Dao est grande ouverte, mais elle ne délivre que ceux qui y sont prédestinés.[3] [Même si] de fortes pluies tombent, il est difficile de subvenir aux besoins d'un semis qui n'a pas de racine.[4]

Lorsque j'ai édité pour la première fois *Les 49 Barrières*, j'ai commencé à 1h du matin et j'ai terminé cette même nuit à 5h45. J'ai poussé alors un soupir de soulagement, car *Les 49 Barrières* constituent une base pour la grande voie du Dao, sans laquelle personne ne peut atteindre le Dao. Elles représentent les principes qui détermineront la hauteur de l'édifice que vous élèverez. Quelle est la hauteur des cieux ? Ce livre vous enseigne progressivement comment poser les fondations et comment construire un tel édifice. Il est très beau dans son plan architectural et on y trouve de l'espace pour de nombreuses ouvertures. Le cadre est large et étendu, et les détails doivent être complétés. Ainsi, il fournit une base qui doit être développée et étendue davantage. Un dicton chinois illustre cela :

举一分三。举一分十。

> Faire trois déductions à partir d'un même exemple.
> [Ou même] tirer dix déductions d'un même exemple.[5]

Le plus important pour vous est de comprendre le chemin, c'est suffisant pour le moment. Il faut d'abord atteindre 'L'Illumination par les Principes', puis les mettre en action, ce que l'on appelle 'La Réalisation de la Nature-Intérieure' dans le daoisme. En termes simples, il suffit de le faire. Enfin, vous devez atteindre le stade où vous 'Accomplissez Pleinement la Vie-Destinée'.[6]

[Li Shi Fu conclut] *Les 49 Barrières* par les mots suivants :

> Si chaque participant expérimente le moindre changement ou gain,
> Alors je suis déjà extrêmement heureux et reconnaissant.

---

[1] Voir également le Commentaire de la 23ème Barrière.

[2] Cette phrase est raccourcie en chinois pour devenir 'Pas de Folie, Pas d'Accomplissement' [bu feng bu cheng 不疯不成].

[3] Il s'agit d'un dicton bouddhiste reformulé bien connu du *Sukhavativyuha Sutra* [jing tu da jing 净土大经] :

> 天雨虽宽不润无根之草；佛法虽广不度无缘之人。
> Bien que la pluie céleste soit clémente et généreuse, elle ne fertilise pas les plantes qui n'ont pas de racines. Bien que le dharma du Bouddha soit vaste, il ne délivre pas les personnes qui ne sont pas prédestinées [à la libération].

Voir également le Commentaire de la 2ème Barrière.

[4] Il existe un autre dicton qui dit :

> 天雨虽宽, 难润无根之苗。
> Bien que la pluie céleste soit clémente et vaste,
> Il est difficile de faire pousser un semis sans racine.

[5] Voir le Commentaire de la 7ème Barrière, note de bas de page 9.

[6] Voir le Commentaire de la 19ème Barrière, note de bas de page 1. Voir également Livre III : Livre de l'Humain, Chapitre 18, *Les Trois Etapes de la Pratique* [san bu xiu xing 三步修行].

道高一尺
魔高一丈

——古語

Si votre Dao s'élève d'un pied chinois,

Alors vos démons le font de dix.

——Ancien Dicton

III

Le Livre de L'Humain

1.
辟穀

S'Abstenir de Graines

Le terme 'S'Abstenir de Graines'[1] doit être distingué de son équivalent occidental que l'on nomme 'le jeûne', car il est considérablement plus nuancé et comporte de nombreuses facettes. Si l'on observe les deux caractères chinois qui composent le terme *Bi Gu* [辟谷], le premier caractère *Bi* [辟] représente le sevrage ou se couper de quelque chose, ce qui implique le fait d'éviter ou d'arrêter une activité. Le second caractère *Gu* [谷] ou graines, fait référence à tous les aliments qui sont à base de graines, à savoir le riz, la pâte à pizza, les pains cuits à la vapeur, etc. Certains de ces aliments sont riches en calories,[2] alors que d'autres en ont une faible teneur. Les calories que vous brûlez et consommez durant la journée sont celles que vous devez reconstituer par la nourriture. Si vous consommez des aliments à haute valeur nutritive en très petites quantités, alors vous aurez extrêmement faim, car vous n'absorberez que très peu de leur puissance et de leur énergie.

  S'abstenir de graines comprend deux aspects majeurs. Le premier concerne la santé et la longévité. En effet, jeûner conduit à une purification des intestins et de l'estomac, ainsi qu'à une régulation du système endocrinien. En outre, il régule l'équilibre interne des organes. Son action est temporaire, et jeûner pendant trois jours par exemple, n'apportera qu'une brève purification en termes de longévité. Le jeûne de courte durée est adapté pour des problèmes de santé mineurs, comme un inconfort dans les intestins et l'estomac par exemple ; une période de trois jours est suffisante pour atteindre cet objectif. Une fois que ce temps sera écoulé, votre système interne qui est autrement latent, dormant et inaccessible à l'esprit conscient, s'activera.[3] En outre, il faut au moins trois jours pour perdre de la graisse et constater une baisse de poids.

  Le second aspect majeur de l'abstention de graines est que cela est bénéfique pour la purification des pensées et l'élévation de ses propres compréhensions, toutefois jusqu'à un certain degré. Il n'y a aucun problème, lorsque l'on jeûne, à s'abstenir de boire de l'eau, mais vous ne devriez pas faire d'efforts importants si vous souhaitez que votre système endocrinien[4] se transforme. Le jeûne permet un renouvellement du processus de régulation du Yin et du Yang, ainsi que de celui des cinq phases[5] dans le corps. Grâce au jeûne, il est possible de découvrir des capacités innées qui n'ont pas encore été ouvertes jusque-là et qui peuvent aider à atteindre un état d'être supranormal.

Cependant, le jeûne se fait à différents niveaux et a ses propres limites. Bien qu'il puisse être considéré comme un élément important de la pratique, il ne vous permet pas pour autant d'atteindre la vie éternelle. Il peut éventuellement vous aider à vivre pour mille ans, mais dix ou vingt années de jeûne ne résoudront pas la problématique de la vie et de la mort.

> Une fois que vous avez fini de jeûner,
> Alors vous revenez à la normale.
> Votre sixième sens sera cependant plus sensible,
> Plus réactif et plus intuitif.

五谷

Les Cinq Graines

Les cinq graines dont on doit s'abstenir sont les graines hautes, les graines basses, les graines de plantes rampantes, les graines en épi et les graines racines. Les graines hautes poussent sur les arbres au-dessus de vous, comme les fruits. Les graines basses sont les tomates, les piments, les légumes sauvages, la pastèque, ainsi que tout ce qui pousse au ras du sol et qui peut servir de nourriture aux êtres humains. Les graines de plantes rampantes sont les vignes et les plantes grimpantes comestibles. Les graines en épi ou en pointe comprennent le sorgho chinois,[6] le riz, le blé, l'orge et le millet. Les graines racines constituent les patates douces, les pommes de terre, les cacahuètes et tous les aliments qui poussent sous forme de racine.[7]

La question qu'il convient alors de se poser est la suivante : pourquoi les êtres humains dépendent-ils de la consommation de nourriture ? Nourriture et désir[8] sont les instincts les plus innés et les plus naturels de l'homme.[9]

Comme l'a dit Mencius :

食色性也。

Par nature, [les humains] désirent nourriture et sexe.[10]

La bouche de l'homme a été conçue par ses créateurs pour être remplie. Ainsi, les bébés pleurent lorsqu'ils ont faim. Une fois qu'ils sont nourris, ils s'arrêtent immédiatement car ils savent instinctivement que le pouvoir et l'énergie de la nourriture entretiennent la vie. Pour autant, lorsque votre essence[11] est abondante, que votre Qi est plein et que votre esprit est complet,[12] alors il n'y a plus besoin de jeûner, car vous avez été libéré de ce besoin de manger et vos pouvoirs spirituels sont naturellement développés. En cultivant votre nature-intérieure, vous ouvrez des canaux par lesquels certains pouvoirs peuvent pénétrer votre corps, vous donnant la capacité de vous abstenir de graines pour sept jours, trois mois, trois ans ou même plusieurs décennies. Dans cet état, vous pourriez fermer puis rouvrir les yeux, et quelques centaines d'années se seraient alors écoulées. Ce n'est qu'en référence à un tel pouvoir que le terme 'S'Abstenir de Graines' prend tout son sens. Autrement, il ne fait référence qu'à l'expérience de la privation et de la suppression du sentiment de faim ; dans ces circonstances, si vous deviez regarder une autre personne manger, alors il vous serait difficile en votre cœur-esprit d'endurer un tel spectacle. Dans le cadre de l'alchimie interne, ce terme est une référence au jeûne naturel, qui correspond à un second niveau de jeûne. On devrait ainsi plutôt l'appeler 'L'Abstention Naturelle de Graines'[13] car il n'y a alors plus de contrainte, ce processus n'étant plus régi par la volonté, sous quelque forme que ce soit :

> 不饿不吃，
> 不吃不饿。
> Pas de faim, alors on ne mange pas.
> On ne mange pas, alors il n'y a pas de faim.

La science prétend qu'après sept ou huit jours sans nourriture et sans eau, la vie s'arrête abruptement. Or, après le tremblement de terre du Si Chuan en 2008, une vieille dame fut enterrée sous des pierres et des gravats dans une zone montagneuse pendant vingt et un jours, accompagnée seulement d'un petit chien qui lui léchait la bouche. Toute son eau provenait de la salive du chien et c'est grâce à cela qu'elle a pu survivre.[14] En Inde, une personne a été bloquée sous terre pendant une année entière et pourtant elle en est sortie vivante. Ces histoires contrastent fortement avec les affirmations de la science, et le corps humain reste un mystère. Dans un autre exemple de tremblement de terre au Si Chuan, une vieille femme se trouva piégée sous un éboulement rocheux dans la montagne, avec de l'eau qui coulait à côté d'elle. Elle est restée sous terre pendant quarante-neuf jours avant que des gens ne la trouvent. Elle a bu de l'eau mais n'a rien mangé, et pourtant elle a survécu. Dans certains moments particuliers, nous avons des pouvoirs cachés qui peuvent s'activer soudainement. Ainsi, au cours de votre vie en société, ne comptez pas que sur l'alimentation pour vous nourrir et survivre, car sinon vous fermez la porte à un plus grand pouvoir. Comme le déclare également la Bible :

> Jésus répondit : il est écrit :
> 'L'homme ne vivra pas de pain seulement,
> Mais de toute parole qui sort de la bouche de Dieu'.[15]

Après avoir jeûné, vous devriez vous reposer pendant quelques jours, puis embarquer à nouveau dans ce processus pour trois jours de plus, jeûnant ainsi par intermittence avec des pauses entre chaque. Même si la faim vous rend fou, vous devez être fort. Certains adeptes du Dao ne sont pas forts physiquement, et pourtant ils sont capables

Le Livre III : 1ᵉʳ Chapitre

d'endurer deux semaines entières sans nourriture. Le besoin humain de manger ne peut jamais être totalement assouvi, mais il dure toute la vie, car la faim revient toujours, obligeant l'humain à manger continuellement. Avoir trois repas par jour est une nécessité pour la plupart des gens, de leur naissance jusqu'à leur mort.

S'abstenir de graines se décline ainsi en trois sortes de jeûnes. En premier, il y a 'La Méthode de Guérison de la Faim'[16] ; en second, il y a le 'Remplacement des Graines'[17] ; et en troisième, il y a 'Entrer dans la Cave en Réclusion'.[18] Dans la société, seules les méthodes de guérison de la faim et du remplacement des graines peuvent être utilisées et pratiquées avec succès.[19]

---

[1] Vous trouverez plus d'informations sur l'abstention des graines sur le lien suivant :
http://fiveimmortals.com/wudang-tao/jeune-et-retraite/?lang=fr
Vous pouvez également consulter l'excellente traduction de Fabrizio Pregadio de quelques extraits de l'ouvrage de Ge Hong, *Le Maître Qui Embrasse la Simplicité* :
https://www.academia.edu/39186422/Seeking_Immortality_in_Ge_Hongs_Baopuzi_neipian?fbclid=IwAR0ZLQdPsb9J74BMZGsBhPE-uRnJO3V5-3bC1nVT7Y1TsWevfz_4UtJ8MEs

[2] Le mot français 'calorie' ne coïncide que partiellement avec la vision chinoise de ce concept biochimique. Le mot chinois pour calories signifie littéralement 'quantités de chaleur' [re liang 热量].

[3] Li Shi Fu a raconté un jour l'histoire d'une femme qui était clouée au lit et infirme en raison d'un trouble physique invalidant depuis plus d'un an. Lorsque la région où elle vivait a été frappée par un tremblement de terre, elle a sauté de son lit pour sauver ses deux jeunes enfants, puis a couru dans les escaliers pour sortir du bâtiment.

[4] Un jour, Li Shi Fu a abordé cette notion du système endocrinien de façon intéressante. Lorsque notre esprit et nos pensées entrent dans un certain état, le corps finit par suivre. Les pensées modifient notre système endocrinien et notre champ énergétique. Les personnes qui ont leurs champs énergétiques et leurs méridiens doués de sensibilité, sont capables d'entrer dans un état spécial qui peut être activé en une seule phrase par un maître spirituel, et dans lequel elles ne mangent plus et ne ressentent plus la faim. Elles entendent les mots du maître et le système endocrinien commence lentement à se réguler. Il s'agit d'un processus graduel, mais cette méthode spécifique est d'abord communiquée par le maître. Un autre exemple de l'importance du système endocrinien peut être trouvé lors de l'accouchement. Li Shi Fu a indiqué qu'une mère doit rester à l'hôpital pendant trois à cinq jours après un accouchement naturel, mais qu'après un accouchement par césarienne, ce séjour doit être d'environ vingt à trente jours, c'est-à-dire beaucoup plus longtemps. Les médecins pratiquent de plus en plus souvent de telles interventions et ainsi, la moitié des naissances se passent aujourd'hui par césarienne. Ils disent souvent aux femmes enceintes qu'elles perdront leur apparence s'il en est autrement et qu'il est malsain d'accoucher dans l'eau à température du corps. La médecine occidentale est préoccupée par les infections, la stérilisation, les germes et les bactéries. L'eau ne doit certainement pas être sale, mais pour autant, les médecins injectent des anesthésiants qui sont nocifs pour le corps. Tout cela est préjudiciable pour la mère et l'enfant, car cela affecte la prédisposition du ciel antérieur de l'enfant. Les femmes vivent une régulation et un ajustement de leur système endocrinien lorsqu'elles endurent la douleur de l'accouchement. Ces niveaux hormonaux particuliers sont transmis au bébé par le cordon ombilical. Ils ne sont pas transmis si l'enfant ne passe pas par une naissance naturelle. Il n'est donc pas naturel de supprimer la souffrance que les femmes doivent endurer pendant l'accouchement. Cela fait partie du système de reproduction de l'humain pour une raison précise, car certaines hormones ne sont libérées que pendant ce processus, pour être ensuite transmises à l'enfant pendant la naissance.

[5] Voir également Livre III : Livre de l'Humain, chapitre 6, *Les Huit Fondements du Daoisme* [dao jiao ba gen ji 道教八根基].

[6] En chinois, 高粱 [gao liang].

⁷ Li Shi Fu a fait remarquer que cette classification traditionnelle, autrefois bien connue de la Chine contemporaine, est aujourd'hui oubliée :

> Lors d'une grande réunion, j'ai demandé un jour à un directeur de thèse de la célèbre Université de Qing Hua, s'il savait ce qu'étaient les cinq graines. Dès que j'ai posé la question, j'ai su que ce fameux docteur se trouvait alors en difficulté, car il n'osait pas deviner devant tant de personnes. Je lui ai donné une porte de sortie en déclarant que je ne le savais pas moi-même et que mon enseignant avait dû me l'expliquer. De nos jours, même les personnes de quatre-vingts ans n'ont pas connaissance de ce que sont les cinq graines. Si vous essayez de leurs poser des questions à ce sujet, alors ils se mettent en colère. Mon professeur m'a également réprimandé parce que je ne le savais pas, alors que j'étais déjà un adulte.

⁸ En chinois, 食色 [shi se].
⁹ En chinois, 禀性 [bing xing].
¹⁰ Voir le Commentaire de la 1ère Barrière, note de bas de page 6.
¹¹ L'essence dans cet exemple inclut l'essence du ciel antérieur ou innée et l'essence du ciel postérieur ou acquise.
¹² En chinois, 精满气足神全 [jing man qi zu shen quan].
¹³ En chinois, 自然辟谷 [zi ran bi gu].
¹⁴ L'histoire de Wang You Qiong, une femme de 61 ans prise dans un glissement de terrain dans la montagne en est un autre exemple. Après que le bas de son corps eut été piégé sous des roches géantes, elle survécut grâce à des gouttes de pluie et à l'aide de deux chiens pendant huit jours. Ils léchèrent son visage et ses lèvres desséchées pour lui apporter l'humidité dont elle avait tant besoin. Ils aboyèrent également vigoureusement lorsqu'ils sentaient un mouvement humain à proximité. Ils finirent par attirer les sauveteurs.
See: http://www.chinadaily.com.cn/opinion/2008-05/31/content_6725852.htm
¹⁵ Voir Matthieu 4:4 ; *LSG*.
¹⁶ En chinois, 饥饿疗法 [ji e liao fa]. Guérir son rapport à la faim consiste simplement à ne pas manger de nourriture. Lorsque l'on se passe de nourriture ou que l'on va plus loin en s'abstenant même de boire de l'eau, les poisons qui se sont développés dans le corps sont alors tous expulsés.
¹⁷ En chinois, 代谷 [dai gu]. Si vous souhaitez jeûner dans le sens courant du terme pour de longues périodes, votre corps ne pourra pas le supporter et vous devrez substituer les graines par des ingestions de petites quantités de fruits, de substances médicinales et d'aliments à haute teneur énergétique, afin de remplacer votre alimentation habituelle.
¹⁸ En chinois, 入洞闭关 [ru dong bi guan]. En réclusion, on ne doit pas manger du tout. Il ne doit y avoir aucune interférence de substances extérieures. C'est également ce qu'on appelle 'Se Sevrer de la Nourriture et Fermer les Portes' [jue shi bi guan 绝食闭关].
¹⁹ Un exposé complet sur 'L'Abstention de Graines' selon Li Shi Fu dépasse malheureusement le cadre de cet ouvrage, mais est disponible dans un chapitre dédié de *The Arts of Daoism* [dao shu 道术], publié chez Purple Cloud Press.

2.
酒色財氣
Alcool, Désir Sexuel, Richesse et Qi

Cette combinaison de quatre mots 'Alcool, Désir Sexuel, Richesse et Qi' est présente dans tous les écrits de l'Ecole Daoiste de la Réalisation Complète. L'une des réflexions les plus éclairantes et les plus instructives sur ce thème se trouve dans les 'Poèmes en Un à Sept Caractères'[1] de Wang Chong Yang,[2] datant du douzième siècle et contenu dans *L'Anthologie de la Réalisation Complète de [Wang] Chong Yang*.[3] Chacune de ces quatre notions est accompagné d'un poème, et on trouve ainsi au total quatre poèmes qui correspondent à quatre conditions ou vices.

Le premier vers de chaque poème est composé du titre du poème répété deux fois. Ensuite, le nombre de caractère de chaque ligne augmente successivement. Le poème est structuré formellement selon la convention chinoise appelée 'De Un à Sept Caractères'. La première ligne est constituée de deux demi-lignes, ou deux hémistiches composés d'un seul caractère. La seconde ligne est composée de deux demi-lignes comportant chacune deux caractères et ainsi de suite jusqu'à la dernière ligne comportant alors deux demi-lignes de sept caractères chacune. Il existe certaines versions dans lesquelles la seconde ligne ne possède également qu'un seul caractère, configuration que l'on observe alors sur les deux premières lignes pour ensuite voir l'apparition de deux caractères par demi-ligne n'apparaître qu'à partir de la troisième ligne.

Dans l'ensemble, ces poèmes apportent une analyse profonde et éclairante sur ce que sont les 'Quatre Murs'[4] et sur les divers effets néfastes qu'ils ont sur les individus, la famille et la société. Non seulement, ils font la démonstration de ce qui est néfaste à la longévité et à la santé, mais ils reflètent également une compréhension profonde de la vie en société.

王重阳一至七字诗
Les [Quatre] Poèmes en Un à Sept Caractères de Wang Chong Yang

一、《酒》
Un, l'Alcool

酒，酒。
恶唇，赃口。
性多昏，神不秀。
损败真元，消磨眉寿。
半酣愁腑肠，大醉摧心首。
于己唯恣猖狂，对人更没惭忸。
不如不饮永醒醒，无害无灾修九九。

L'alcool, l'alcool.
Il rend les lèvres mauvaises et souille la bouche.
Fréquemment, [il engendre] une nature-intérieure confuse et l'esprit n'est plus raffiné.
Blessant et endommageant l'origine véritable, il use les sourcils de la longévité.[5]
A moitié ivre, il y a frustration et anxiété[6] ; grandement ivre, il y a destruction du cœur-esprit et de la tête.
Si l'on s'observait soi-même, on [verrait que l'on] abandonne sauvagement toute retenue envers les autres, et qu'il y a encore moins de honte et de pudeur.
Il vaut mieux ne pas boire et rester sobre en permanence ; et ainsi, sans dommages et sans calamités, cultiver neuf fois neuf.[7]

二、《色》
Deux, Désir Sexuel

色，色。
多祸，消福。
损金精，伤玉液。
摧残气神，败坏仁德。
会使三田空，能令五脏惑。
亡殒一性靈明，绝尽四肢筋力。
不如不做永绵绵，无害无灾长得得。

Le désir sexuel, le désir sexuel.
[Il sera la cause] de problèmes fréquents et de la disparition de la bonne fortune.
Endommageant l'essence dorée, lésant les fluides de jade.[8]
Détruisant et gâchant le Qi et l'esprit, fragilisant et ruinant la bienveillance et la vertu.
Il conduira au vide des trois champs [de l'élixir],[9] et causera de la confusion dans les cinq organes *zang*.
Il éteindra la lumière divine de la nature-intérieure,[10] et épuisera complètement la force des tendons dans les quatre membres.
Il serait préférable de ne pas s'y engager en permanence ; et ainsi, sans dommages et sans calamités, obtenir et acquérir la longévité.

三、《财》
Trois, Richesse

财，财。
作孽，为媒。
唯买色，会招杯。
更令德丧，便惹殃来。
积成三界苦，难脱九幽灾。

至使增家丰富，怎生得免轮回。
不如不要常常乐，无害无灾每恢恢。¹¹

La richesse, la richesse.
Elle fera commettre des méfaits, et sera un support [pour le mal].
Elle incitera à dépenser pour de la luxure,¹² et invitera à la boisson.¹³
Elle [conduira] même à la perte de la vertu, et attirera sous peu le malheur.
La [fortune] accumulée transformera les trois royaumes en souffrance,¹⁴ et il sera difficile de se libérer du désastre des neufs [endroits] sombres.¹⁵
Même si l'on peut donner à sa famille avec abondance, quel est le type de vie qui libère de la réincarnation ?
Il serait préférable de ne pas souhaiter une joie et une satisfaction permanente ; et ainsi, sans dommages et sans calamités, [replacer] chacune [de ses actions] dans l'immensité.¹⁶

四、《气》
Quatre, Qi¹⁷

氣，氣。
傷神，損胃。
騁猩獰，甚滋味。
七竅仍煎，二明若沸。
道情勿能轉，王法寧肯畏。
鬭勝各街僂儸，爭強轉為亂費。
不如不作好休休，无害无災通貴貴。

Le Qi, le Qi.
Il blesse l'esprit et endommage l'estomac.
Il se hâte comme un singe féroce dans les sensations extrêmes.¹⁸
Les sept orifices¹⁹ sont en ébullition permanente, et les deux luminaires²⁰ sont ainsi comme cuits.²¹

Le Livre III : 2ème Chapitre

[Pour ceux chez qui] les sentiments du Dao ne peuvent se mettre en rotation,[22] comment se pourrait-il alors qu'ils craignent et respectent les lois du roi[23] ?

Se battre dans les rues, vaincre les bandits ainsi que leurs sous-fifres, et rivaliser pour la suprématie,[24] devient alors une dépense chaotique [de ressources].

Il vaudrait mieux ne pas s'engager dans cette voie et se reposer avec paix et sérénité ; et ainsi, sans dommages et sans calamités, communier avec ce qui est noble et précieux.[25]

---

[1] En chinois, 一至七字诗 [yi zhi qi zi shi]. Il a en outre été précisé que les quatre poèmes ci-dessous mettent en évidence les six principaux dangers et méfaits de l'alcool, du désir sexuel, de la richesse et du Qi. Le premier est de perdre la vertu, le second est de prendre du retard dans les affaires, le troisième est de nuire aux amis, le quatrième est de ruiner la famille, le cinquième est de blesser le corps et le sixième est de porter atteinte à la longévité.

[2] Voir Livre III : Livre de l'Humain, chapitre 24, *Wang Chong Yang* [王重阳].

[3] En chinois, 重阳全真集 [chong yang quan zhen ji].

[4] En chinois, 四堵墙 [si du qiang].

[5] Dans la lecture du visage selon les chinois, les sourcils représentent la longévité d'une personne. L'image évoquée ici est celle d'un ancien aux cheveux blancs dont les sourcils sont très longs sur les côtés du visage.

[6] Frustration et anxiété correspondent littéralement à 'l'inquiétude de la viscère *fu* gros intestin' [you fu chang 忧腑肠], très probablement en raison de l'appartenance du gros intestin à l'élément métal, l'émotion correspondante au métal étant le chagrin et l'inquiétude selon la médecine chinoise.

[7] Il existe plusieurs interprétations de l'énigme du 'neuf fois neuf'. Elle renvoie peut-être aux quatre-vingt-un chapitres du *Dao De Jing*, ou alors à la recherche de l'état du pur Yang [chun yang 纯阳], neuf étant le nombre Yang le plus élevé. Pour de nombreuses écoles daoistes, il s'agit précisément du but suprême de la pratique, à savoir atteindre un état exclusivement Yang.

[8] L'essence dorée [jin jing 金精] et le fluide de jade [yu ye 玉液] sont les produits d'un haut raffinement de la salive.

[9] Selon certaines écoles, les trois champs de l'élixir sont 'Le Hall des Impressions' [yin tang 印堂] considéré comme le champ supérieur, 'Le Centre de l'Autel' [tan zhong 坛中] considéré comme le champ intermédiaire, et 'La Porte de l'Origine' [guan yuan 关元] considérée comme le champ inférieur de l'élixir. Il existe cependant de nombreuses variations de leurs emplacements et de leurs noms.

[10] Alternativement, cette phrase pourrait être traduite par 'causer la perte de la lumière divine de la nature-intérieure'.

[11] La source de ce poème est celle de l'édition du *Zheng Tong Dao Zang* [正统道藏]. De nombreux sites internet, sans citer de source, fournissent une légère variante de ce vers qui correspond davantage à la structure du poème, mais qui pour autant ne change rien au sens :

不如不要常乐乐，无害无灾每恢恢。

[12] Dépenser pour de la luxure [mai se 买色] signifie littéralement acheter de l'apparence, ou acheter l'objet de son désir, ce qui désigne le fait de payer pour des services sexuels.

[13] Cette phrase avertit le lecteur que la richesse facilite et encourage la personne à boire avec excès.

[14] Les trois royaumes sont le 'Royaume du Désir' [yu jie 欲界], le 'Royaume de la Forme' [se jie 色界] et le 'Royaume du Sans Forme' [wu se jie 无色界].

[15] Les neufs [endroits] sombres [jiu you 九幽] désignent les endroits les plus bas, contrepartie du royaume des immortels [xian jie 仙界]. Il est également dit que :

> 天有九重天、地有九重地。
> Le ciel possède neuf couches célestes,
> La terre possède neuf couches terrestres.

Sombre [you 幽] représente la sérénité, l'obscurité, la pénombre mais également ce qui est caché. Neuf est le chiffre le plus élevé, il est également un chiffre Yang et le plus vénéré d'entre eux. Il porte donc en lui le sens de la limite ou de la restriction. Il représente de ce fait l'endroit le plus profond de la terre. On pourrait ainsi dire que les neuf endroits sombres sont les plus hauts lieux sur terre pour leur référence au neuf, mais on pourrait également dire que ce sont les lieux les plus bas, pour leur référence à l'obscurité.

[16] Cette phrase est très probablement liée au chapitre 73 du *Dao De Jing* :

> 天網恢恢。疏而不漏。
> Le réseau céleste est vaste.
> Il est souple et pourtant, rien ne s'en échappe.

[17] Qi [气] dans ce cas est parfois traduit par 'pouvoir' ou 'force'.

[18] Le singe féroce pourrait être une allusion au cœur-singe [xin yuan 心猿], ou au singe-esprit comme il est connu en occident.

[19] Les sept orifices sont les deux yeux, les deux narines, les deux oreilles et la bouche.

[20] Les deux luminaires [er ming 二明] sont les yeux.

[21] Être en ébullition [jian 煎] signifie également être rongé par la contrariété. L'ébullition et le fait d'être comme cuit, dépeignent tous deux la chaleur intense de l'eau bouillonnante et font ainsi allusion aux manifestations de la colère qui monte à la tête, tel qu'avoir le visage rouge, les oreilles rouges et parfois même les yeux rouges et injectés de sang.

[22] Se mettre en rotation ou tourner [zhuan 转] est une abréviation pour décrire les mouvements cycliques de la Roue du Dharma [zhuan lun 转轮], selon la terminologie bouddhiste. Une fois que la roue a commencé à tourner, initiée originellement par le premier sermon de Bouddha, elle vous mène vers un endroit plus noble et plus élevé, tel que le Nirvana.

[23] Cette ligne précise essentiellement que ceux qui ne croient pas dans le Dao et au cycle naturel de ses lois, seront encore moins convaincus de se soumettre aux lois du royaume.

[24] Rivaliser pour la suprématie [zheng qiang 争强] pourrait être traduit plus librement par 'compétition'.

[25] 'Communier avec ce qui est noble et précieux' [tong gui gui 通贵贵] provient peut-être du dicton suivant dans *Mencius* [meng zi 孟子] :

> 用下敬上谓之贵贵，用上敬下谓之尊贤，贵贵尊贤，其义一也。
> Le fait pour un subordonné de se comporter avec respect envers son supérieur est appelé '[agir avec] noblesse et distinction'. Le fait pour un supérieur de se comporter avec respect envers son subordonné est appelé 'la vénération des dignes'. Noblesse, distinction et vénération des dignes [partagent] tous un seul et même sens.

3.
苦

Amertume

若欲新出家者，不得便说出家乐，应说出家苦，一食、一住、一眠、少食少饮、多觉少眠，长寿能不？若言"能"，应与剃。

—摩訶僧祇律

Si [l'homme ordinaire] souhaite quitter son foyer[1] pour la première fois, alors il ne doit pas dans ce cas partir de chez lui en se disant que cela est joyeux. Il doit se dire que quitter son foyer est [chose] amère.[2] [Il doit se demander si] manger, méditer, dormir, avoir de la nourriture et de l'eau [en quantités] restreintes, passer beaucoup [de temps] dans la conscience et moins dans le sommeil, peut-il oui ou non mener à la longue vie[3] ? Si [l'homme ordinaire] répond '[oui] cela est possible', alors [le moine senior] devrait lui accorder l'ordination et lui raser la tête.

—*Mahasangha Vinaya*

Le terme 'amertume' [ku 苦] est souvent traduit par difficultés ou épreuves en français. Il s'agit cependant d'une simplification excessive qui masque les nombreuses nuances du sens de ce mot.

Dans les années 1987 à 1989, je me suis engagé dans un voyage à travers toute la Chine pour trouver un maître. J'ai fini par trouver dans la province du Hu Nan, sur le mont Heng,[4] et le mont Tian Long,[5] ceux qui allaient alors devenir mes enseignants. Mon expérience à l'époque a été véritablement amère. Ce fut une errance ascétique. Mes compagnons de voyage et moi-même n'avions pour vivre que de l'eau, des légumes bouillis et du sel. Nous ne possédions pas de tente pour camper et devions simplement dormir dans l'herbe. La nuit, nous craignions les moustiques et les insectes qui volaient jusque dans nos oreilles et il nous fallait les boucher avec du coton.

Si vous comparez mon entrainement de jadis avec celui des étudiants d'aujourd'hui, on pourrait dire que de nos jours, les pratiquants vivent des temps trop faciles et trop joyeux, alors que ma génération a grandi dans l'amertume. C'est dans l'amertume que les cultivateurs doivent sublimer et élever leurs pensées. S'il n'y a pas de difficultés à traverser, alors vos pensées et vos réponses aux choses ne seront ni testées, ni remises en question,[6] et la voie de la pratique sera alors très longue. Il existe de nombreux récits sur les épreuves et l'amertume que les sages daoistes ont eu à endurer, et il en est de même chez les moines bouddhistes. L'épreuve amère vous permet de comprendre votre corps physique et ses limites. Aucun des saints, des sages et des grands maîtres n'a cultivé le Dao, ni n'est devenu un immortel, en vivant dans le confort du corps. Aucun Gong Fu authentique ne peut être atteint dans un état de confort. Tout ce processus implique d'étudier en profondeur, ce qui est également une entreprise amère, nécessitant un grand effort mental. Il s'agit ensuite de prendre le temps de faire l'expérience de ce que vous avez appris, afin de vous familiariser avec ces connaissances. Les connaissances que vous obtenez au travers d'expériences amères, sont les mêmes que celles de Jésus, Lao Zi et Shakyamuni. Il est dit :

> Le Dao est recherché dans l'amertume.
> Ce n'est qu'au travers de l'amertume que l'on est capable
> d'apprécier la douceur.
> Ce n'est qu'en connaissant l'amertume que l'on est capable
> de connaitre la douceur.

De nos jours, les gens connaissent trop bien la douceur. Tout le monde va en ville, s'amuse et se délecte de plats délicieux. Ainsi, il n'est pas nécessaire d'enseigner la douceur. C'est en apprenant à endurer et à maîtriser la souffrance, que l'on devient capable de véritablement apprécier la vie. Par analogie, si l'on se rend dans le nord-est de la Chine où la température tombe souvent à trente ou quarante degrés en dessous de zéro, faire un simple feu devient alors véritablement précieux. On pourrait donner de nombreux autres exemples de la sorte, mais le principe sous-jacent est le même.

L'amertume peut être divisée en deux catégories : celle qui a une forme substantielle et celle qui n'a pas de forme, immatérielle. Ces deux catégories d'amertume s'influencent mutuellement, car si vous exercez une influence sur l'une, l'autre se mettra alors inévitablement en mouvement. L'amertume basée sur la forme concerne les besoins de l'humain pour sa survie, comme la nourriture par exemple. Celle qui est immatérielle fait référence aux luttes qui existent au sein de nos pensées et qui sont très difficiles à dissoudre. Du point de vue de la conscience, l'amertume est un moment où la personne se sent inconfortable, ce qui représente exactement le bon moment pour pratiquer la persévérance.

Pendant les périodes d'amertume extrême, les démons apparaissent et vous testent, bien qu'en réalité, ils proviennent du même endroit que les anges.[7] On pourrait comparer cela au Dao qui se partage lui aussi en deux, en Yin et en Yang. Jésus a peut-être délivré certaines personnes de quelques-uns de leurs démons, mais il n'a jamais dit qu'ils devaient tous être éliminés. On pourrait dire que les démons sont en fait un aspect crucial du chemin de la pratique, et qu'ils sont indispensables à la sublimation et à l'élévation de la personne.[8]

Le Dao et les vertus de chacun déterminent la grandeur et la hauteur de notre Gong. On pourrait tout à fait utiliser l'analogie du bateau qui vogue sur l'eau, pour se référer à l'amertume et aux pratiques ascétiques :

德高功高。

Plus la vertu est élevée,

Plus le Gong est élevé.

Dans ce dicton, la vertu correspondrait au niveau de l'eau qui s'élève, symbole de votre comportement et de votre compassion, tandis que votre Gong serait représenté par le bateau qui, dans sa navigation, dépend du niveau de l'eau pour naviguer en hauteur, symbole du résultat de vos pratiques ascétiques. Le bateau évoque la puissance de votre Gong et vos capacités spirituelles, mais c'est l'eau qui en est le fondement. Vous devez pratiquer le Qi Gong afin de diriger le bateau. Par le passé cependant, de nombreux grands maîtres de Qi Gong se sont retrouvés incapables de faire naviguer leur bateau. En effet, alors que tout allait bien au début, leur bateau s'est arrêté en se heurtant aux récifs cachés de la richesse et de la renommée. En aidant les autres, le niveau de votre eau s'élèvera plus haut, et ce de manière encore plus rapide si vous l'associez en parallèle à la pratique. Pour autant, si vous voulez sauver les gens de la noyade, vous devez alors vous-même apprendre à nager. Si vous souhaitez guider les gens aux portes de la capitale chinoise de Bei Jing, mais que vous-même n'y êtes jamais allé auparavant et que vous ne connaissez pas le chemin, alors vous risquez de vous retrouver au Tibet. C'est en devenant un daoiste errant et en se soumettant à l'ascèse que vous serez en mesure d'examiner le corps physique et d'acquérir des connaissances à son sujet. Si vous expérimentez des problèmes impossibles à résoudre et que votre conscience est dans un état de souffrance, alors tous vos cheveux deviendront blancs et après un certain temps, vous pourriez même en perdre la vie :

推动阴阳走，推动阳阴走。

Lorsque vous poussez le Yin, le Yang se déplace,

Lorsque vous poussez le Yang, le Yin se déplace.

L'ascèse de la chair physique correspond à votre transpiration et à votre douleur, qui à leur tour peuvent pousser ou propulser la sublimation dans votre esprit. Elle vous accordera une nouvelle connaissance, une unification et établira une voie de communication entre la troisième dimension et les dimensions supérieures. Comme indiqué précédemment, les maîtres des générations passées ont déclaré :

道在苦中求。
Le Dao se recherche dans l'amertume.

Vous ne pouvez pas choisir où rechercher le Dao, en vous basant simplement sur vos préférences personnelles. Les grands maîtres venaient de dimensions supérieures et pourtant ils ont quand même dû subir les rigueurs de la troisième dimension. Serait-ce le problème des macromolécules,[9] du besoin de surmonter le fait d'avoir un corps physique ? Les pratiques ascétiques et l'amertume ne sont pas intrinsèquement reliées à la façon dont vous agissez. Est-il possible de se défaire de ses attachements et de ses envies en devenant un renonçant dans un temple ? Peut-on les transcender uniquement en étant un moine daoiste errant ? Il n'est pas simplement question de savoir ce que vous cherchez à obtenir, car sinon tous les ascètes du passé auraient atteint le Dao et seraient devenus des bouddhas. Cultiver vers un état supérieur se fait en ayant établi une base solide, ce qui est le but de l'ascétisme et de l'amertume. Sans cela, votre pratique sera vouée à l'échec. Tant que vous n'aurez pas fait l'expérience de l'ascétisme, vous ne pourrez en connaître les gains.

---

[1] 'Quitter son foyer' ou 'quitter sa maison' [chu jia 出家] signifie renoncer au monde après être entré dans la voie religieuse d'une lignée bouddhiste ou daoiste.

[2] L'amertume signifie également la souffrance ou la détresse [tong ku 痛苦].

[3] Cette phrase pourrait être un jeu de mot entre *Chang Shou* [长寿], qui signifie longue vie, et son homonyme proche *Cheng Shou* [承受], qui signifie endurance. Dans ce cas, la question pourrait être 'Pouvez-vous l'endurer ?'

[4] En chinois, 衡山 [heng shan], littéralement la Montagne de l'Equilibre.

[5] En chinois, 天龙山 [tian long shan], littéralement la Montagne du Dragon Céleste.

[6] Voir Livre III : Livre de l'Humain, Chapitre 30, *Les Dix Epreuves de l'Ancêtre Fondateur Lü* [shi shi lü zu 十式吕祖].

[7] Voir la note de bas de page précédente, particulièrement la dixième épreuve.

[8] Également, voir le Commentaire de la 16ème Barrière.

[9] Les macromolécules sont synonyme du corps physique.

4.

道

Dao

Par le passé, être en communion[1] avec le daoisme signifiait appartenir à ce que l'on pourrait appeler la 'Famille Daoiste'.[2] Cela signifiait également cultiver et se dédier à la pratique du Dao. Lorsque Lao Zi est parti vers l'ouest sur le dos de son bœuf, le daoisme n'avait pas encore pris forme en tant que religion. Ce n'est que sous la dynastie Han qu'il est devenu une religion, ou plus précisément, qu'il a été classé parmi les enseignements religieux.[3] De même, il a fallu plusieurs centaines d'années après la mort de Jésus Christ et plusieurs centaines d'années après la mort de Shakyamuni pour que leurs religions respectives soient pleinement établies. Dans le daoisme ancien, proche de ses racines chamaniques, il n'existait aucune statue pour représenter les esprits. Au contraire, l'emphase était placée sur :

虛空自然。
Le néant, le vide et le naturel.

Ainsi on vénérait avec ferveur les cieux, la terre et les dix mille choses. Les cieux correspondent au père, la terre correspond à la mère, et les dix mille êtres vivants sont tous des frères et sœurs, unifiés en un seul corps. Ce n'est que bien plus tard que le daoisme s'est aligné avec les autres religions, se mettant alors à ériger des statues. Mais la quête et les efforts les plus élevés se tournent toujours vers le Dao, car il est la plus grande et la plus universelle des forces :

道无处不在。
Il n'y a aucun lieu,
Où le Dao n'existe pas.

Puisque les gens ne savent pas à quoi ressemble Dieu, le Dao peut ainsi être comparé à Dieu. C'est pourquoi dans les traductions chinoises, le mot Dieu est traduit par 'l'Être Suprême' ou 'l'Empereur'. Le Roi ressemble à Dieu, Dieu est donc un roi. Il n'existe aucun concept ou aucune image qui puisse décrire ou fixer la notion de Dieu ou du Dao :

道可道非常道。
Le Dao que l'on peut nommer,
N'est pas le Dao constant.

Les enfants des générations suivantes n'étaient pas assez conscients pour pouvoir comprendre ce concept. Il a donc fallu leur montrer : 'Ceci est le Seigneur. Cela est un Esprit'. Finalement, des images furent dessinées et taillées dans la pierre et dans le bois pour décrire ces notions. Elles étaient également censées posséder l'autorité et le pouvoir de la sagesse, ce qui face à elles, suscitait à la fois crainte et révérence. L'enseignement qui est dispensé doit correspondre au degré d'ouverture de la sagesse de l'élève et à son niveau de compréhension, de pouvoir et de connaissance. Ceci n'est pas le Dao, mais le Dao est en lui. Ceci n'est pas Dieu, mais Dieu est en lui. La planète Terre et l'univers tout entier s'y trouvent également, ils sont tous deux à l'intérieur du Dao. Il n'y a qu'une seule source, le grand Dao, et chaque niveau d'étude a ses propres méthodes appropriées. C'est comme lorsque l'on éduque des enfants. Il faut d'abord les instruire lentement sur ce que sont A, B puis C, afin qu'ils puissent ensuite composer un mot. Comment enseigner au chien du temple, Zhuang Zhuang ? On lui dit : 'Assis !' On ne peut pas obtenir d'un chien qu'il s'assoie par la seule force de la pensée, bien que certaines personnes, par une puissance pure de l'esprit y parviennent grâce à leur connexion et à leur communion avec ce qui est au-dessus. Ainsi ces personnes peuvent forcer un chien à s'asseoir, le faire se reposer ou dormir. Mais peu de personnes sont capables d'accomplir de telles prouesses. Jésus était l'une de ces personnes. Il était le grand maître qui a guidé l'humanité. Lao Zi, Shakyamuni et bien d'autres maîtres en Chine furent également de grands enseignants.

---

[1] La notion de communion [tong da 通达] peut également être traduite par une communication sans entrave, une connexion.

[2] Le terme 'Famille Daoiste' [dao jia 道家] est souvent mal traduit par daoisme philosophique. Pourtant, même avant d'être institutionalisé en tant que religion, le daoisme était déjà une forme de chamanisme qui a toujours impliqué la vénération des esprits, bien qu'à l'origine, ces derniers ne soient pas représentés sous la forme d'images.

[3] Le mot chinois pour religion est *Zong Jiao* [宗教], ce qui peut être divisé en *Zong* [宗] les ancêtres ou l'ascendance, et *Jiao* [教] l'enseignement. Les ancêtres représentent la sagesse inaltérée des esprits supérieurs et les enseignements sont mis en œuvre par les humains, pour devenir souvent déviants et biaisés avec le temps.

5.

書魔目

Le Démon de la Liste de Livres

Li Shi Fu a suggéré à ceux qui étudient le daoisme que le démon des livres devrait être contenu et restreint aux écritures suivantes. Les traductions en langue anglaise ou françaises sont recommandées dans les notes de bas de page, lorsqu'elles sont disponibles :

> *L'Essentiel du Raccourci à la Grande Réalisation*[1] [da cheng jie yao 大成捷要]
> *Les Méthodes Fondamentales de la Porte du Dragon*[2] [long men xin fa 龙门心法]
> *Les 49 Barrières à la Pratique du Dao* [xiu dao si shi jiu guan 修道四十九关]
> *Le Livre du Dao et de la Vertu*[3] [dao de jing 道德经]
> *L'Ecriture du Talisman Caché*[4] [yin fu jing 阴符经]
> *L'Ecriture de la Cour Jaune*[5] [huang ting jing 黄庭经]
> *Les Marques de la Parenté avec le Trois*[6] [san tong qi 三同契]
> *Le Traité sur la Réalisation de l'Eveil*[7] [wu zhen pian 悟真篇]
> *Les Discours Vérifiés sur l'Immortalité d'Or* [jin xian zheng lun 金仙证论]
> *Les Principes Droits de l'Immortalité Céleste* [tian xian zheng li 天仙正理]
> *Les Ancêtres et Lignées d'Immortels et Bouddhas Unifiés* [xian fo he zong 仙佛合宗]
> *Les Décrets de la Tablette de Jade sur la Nature-Intérieure et la Vie-Destinée*[8] [xing ming gui zhi 性命圭旨]
> *Les Méthodes Fondamentales de l'Elixir d'Or* [jin dan xin fa 金丹心法]
> *L'Ecriture de la Sagesse et de la Vie-Destinée*[9] [hui ming jing 慧命经]
> *Rapports Eclairants sur les Méthodes et Secrets de la Nature-Intérieure et de la Vie-Destinée*[10] [xing ming fa jue ming zhi 性命法诀明旨]

---

[1] Une traduction en français des chapitre 1 à 15, accompagnés de commentaires insérés dans le texte, ainsi que le dernier chapitre, se trouvent sur le site internet du Temple des Cinq Immortels : http://fiveimmortals.com/les-essentiels-du-raccourci-a-la-grande-realisation-2/?lang=fr
Un autre chapitre traduit par Stephen Eskildsen est disponible dans son article 'Nei Dan Methods for

Opening the Gate of Heaven', dans la publication de Livia Kohn *Internal Alchemy: Self, Society and the Quest for Immortality*. Une traduction complète sera publiée prochainement par Purple Cloud Press.

² Une traduction française des chapitres 1 à 6 peut être vue sur :
http://fiveimmortals.com/dragon-gate-law-of-the-heart/?lang=fr
Une traduction complète sera publiée prochainement par Purple Cloud Press.

³ Les traducteurs recommandent la traduction de Louis Komjathy, *Handbooks for Daoist Practice: Book of Venerable Masters*.

⁴ Voir Louis Komjathy, *Handbooks for Daoist Practice: The Yellow Thearch's Scripture on the Hidden Talisman*.

⁵ Il existe actuellement au moins trois traductions disponibles en anglais, dont aucune ne lui rend véritablement justice.

⁶ Voir Fabrizio Pregadio, *The Seal of the Unity of the Three*.

⁷ Voir Fabrizio Pregadio, *Awakening to Reality*.

⁸ La seule grande traduction disponible, toutefois partielle, est en allemand, de Martina Darga, *Das alchemistische Buch von innerem Wesen und Lebensenergie: Xingming guizhi*. Il existe également une traduction plus courte de Daniel Burton Rose intitulée 'Principles of the Innate Disposition and the Lifespan'.

⁹ Voir James Michael Nicholson, *Hui Ming Jing: a translation and discussion*, téléchargeable gratuitement sur : https://open.library.ubc.ca/cIRcle/collections/ubctheses/831/items/1.0089774
Il existe une autre traduction de Eva Wong, sous le titre *Cultiver l'Energie de la Vie : Le Traité du Hui-Ming Ching et ses commentaires*.

¹⁰ Voir Charles Luk, *Taoist Yoga: Alchemy and Immortality*. Cette traduction cependant n'est pas facile à comprendre et est légèrement archaïque dans son langage.

6.

道教八根基

Les Huit Fondements du Daoisme

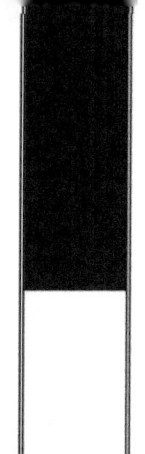

只修性不修命此是修行第一病,
只修祖性不修丹,
万劫阴神难入圣。

—兴德

Ne cultiver que la nature-intérieure sans cultiver la vie-destinée, est la première erreur [si l'on souhaite] raffiner [l'élixir],
Si l'on ne cultive que la nature-intérieure ancestrale sans cultiver la pilule de l'élixir, alors il sera difficile pour l'esprit Yin d'accéder à la sagesse pendant des générations.

—Xing De

Les Huit Fondements du Daoisme sont également connus comme les huit exigences ou les huit prérequis[1] du daoisme :

法、财、侣、地、德、慧、悟、缘。
Méthode, Richesse, Compagnonnage, Emplacement,
Vertu, Sagesse, Eveil et Destinée.[2]

Les quatre premiers fondements – la méthode, la richesse, le compagnonnage et l'emplacement – ont tous une forme[3] et sont considérés comme des méthodes fixes, impliquant des facteurs matériels, ainsi que l'aide d'autres personnes. Les quatre derniers – la vertu, la sagesse, l'éveil et la destinée – sont par contraste sans forme.[4] Le manquement à l'un de ces huit fondements serait une lacune sérieuse. Ils doivent être établis dans la vie quotidienne comme une base sur laquelle vous construisez votre objectif supérieur. Plus les fondations sont profondes et plus l'édifice que vous construisez sera élevé. Ne pas avoir de telles bases serait comme construire sur du sable. Cent jours ne sont pas suffisants pour cette tâche qui pourrait vous prendre vingt, trente, ou même cinquante ans. On ne saurait trop insister sur le fait que vous devez réaliser tout cela durant votre vie en société.

(一) 法
(1) Méthode

Il existe de nombreuses méthodes, telles que le contrôle de la respiration, la méditation debout,[5] guider la circulation du Qi, et ainsi de suite. Sans méthodes ni théories, votre pratique n'aura aucune direction. Quelques personnes handicapées, comme par exemple certains autistes, ont un esprit qui ne planifie et ne pense à rien, comme une page blanche, étant véritablement sans désirs ni envies. Ils mangent quand il est temps de manger et dorment lorsqu'on leur dit de dormir. Mais pour autant, ils sont incapables d'employer des méthodes pour cultiver au-delà de cet état. Il existe en effet tout un processus par lequel les méthodes évoluent depuis le non-naturel et l'artificiel, jusqu'au point où elles retournent à une simplicité naturelle. Tout cela devient alors simple et spontané. Une fois que vous aurez compris les méthodes à employer lorsqu'il s'agira de cultiver pour atteindre le sommet de la pratique, alors vous devrez réaliser le prérequis nécessaire suivant dans la liste des huit fondements daoistes.

(二) 财
(2) Richesse[6]

La richesse se présente selon deux aspects. L'un est celui de la forme ou de la matérialité, tandis que l'autre est celui du sans-forme ou de l'immatériel. Les adeptes ont besoin d'une richesse intérieure et extérieure en accord avec les cinq phases.[7] La richesse interne est le bien-être physique, c'est-à-dire être libre de toute maladie et avoir un corps sain. La richesse externe est une référence à ce dont on a besoin pour vivre. Il s'agit de l'aspect matériel de la vie en société, de nos propres économies[8] et des *Yuan*.[9] On pourrait se demander pourquoi il est nécessaire d'avoir de l'argent pour raffiner l'élixir et cultiver le Dao. En réalité, sans argent, le cultivateur est incapable d'acheter les provisions nécessaires pour entrer en réclusion. Si vous deviez travailler la terre ou aller mendier pendant cette période de pratique, alors cela influencerait votre esprit et perturberait votre quiétude. De plus, avoir de la richesse est important à ce stade, car vous devez être capable de nourrir et de loger vos compagnons et protecteurs.[10]

（三）侣
(3) Compagnonnage

道侣护持。

Le compagnon daoiste [agit tel] un bouclier et un soutien.

La camaraderie et l'amitié sont à la base du compagnonnage. Le compagnon est un ami daoiste, un soutien. Il est votre protecteur contre l'extérieur. On pourrait ainsi le comparer à la pratique du Qi Gong de la Chemise de Fer de la lignée du Pur Yang, appelée 'Da Gong'.[11] Il est très difficile pour une personne seule d'accomplir ce voyage sans compagnon, et il est très dangereux pour l'adepte d'être sans une telle aide lorsqu'il est en réclusion. Sans lui, il est facile pour le cultivateur de perdre le corps physique. L'adepte a besoin du soutien de ce compagnon pour protéger sa chair physique au moment où il se retrouvera hors du corps, et ce ainsi de pouvoir y revenir par la suite.[12] On place littéralement sa vie entre les mains du compagnon daoiste et on doit être assuré qu'il protégera cette vie en toutes circonstances.

Un tel ami est une nécessité, car avant d'ouvrir la porte des cieux, chacun vit dans un corps de chair, comme une personne ordinaire. Des causes et des forces extérieures vont venir à la rencontre du cultivateur, ce qui comporte certains risques à ce stade initial. Il existe par exemple un phénomène qui se produit lorsque l'on pratique la quiétude : si un petit objet tombe par terre à côté de vous, alors le son ressemblera à celui d'un coup de tonnerre. Cela aura comme impact de disperser votre âme éthérée et votre âme corporelle.[13] Les personnes qui ont pratiqué l'assise méditative pendant de longues durées savent cela. Sans un protecteur extérieur, nombreux sont les cultivateurs qui abandonneraient leur corps au moment d'obtenir le second corps,[14] car ils ne souhaitent alors plus garder le premier, ce sac de chairs puantes qu'est le corps physique. Dans un tel cas, le pratiquant vient de terminer le collège mais il lui reste pour autant à aller au lycée, sans même parler de l'université.[15] Les protecteurs extérieurs sont ainsi d'une importance capitale et en avoir un, deux, ou trois est suffisant ; il n'y a pas besoin de plus. Dans le passé, lorsqu'un cultivateur était sur le point d'entrer en réclusion, il faisait le vœu suivant :

> Je te donne ma vie. Protège la bien.
> Lorsque le temps sera venu, fait-moi revenir.[16]

L'autre personne, le protecteur, répondait alors :

> Je t'aiderai de l'extérieur, mais tu devras m'aider en retour
> une fois que tu auras atteint les niveaux supérieurs.

Si le protecteur ne pense pas de la même manière que vous et qu'il ne va pas dans la même direction que vous, alors cela créera des problèmes. Si vos pensées divergent, comment pourriez-vous lui faire confiance pour être votre assistant daoiste ? Il doit être le genre d'ami qui donnerait sa vie pour vous et qui resterait à vos côtés dans les pires situations. C'est ce que l'on appelle la 'loi des protecteurs', à laquelle les compagnons daoistes doivent se conformer. Vous pouvez tout à fait être à un niveau différent du leur sur le chemin de la pratique, mais vous devez partager le même objectif.[17] Le protecteur est prêt à sacrifier sa vie pour le cultivateur et en retour, ce dernier l'aidera à acquérir une nouvelle vie, lorsqu'il aura atteint les stades supérieurs. Trouver les personnes qui seront de bons compagnons est par conséquent une affaire sérieuse. Il ne s'agit pas d'engager des ouvriers dans la rue. Vous devez choisir un assistant qui n'a pas de pensées chaotiques susceptibles de perturber votre Gong Fu, sans parler de votre pratique des huit fondements.

（四）地
(4) Emplacement[18]

L'emplacement est une référence à l'environnement que vous choisissez pour y établir votre pratique. Il doit s'agir d'un lieu où de grands maîtres[19] du passé ont atteint le Dao, se sont élevés et sont devenus des immortels ; un endroit supervisé par les maîtres des dimensions supérieures, comme la chaine de montagnes Wu Dang. Un tel endroit est habité par des esprits véritables qui sont capables de vous aider dans votre lutte contre les démons. Vous devez être en mesure d'établir une communication avec ces esprits, par exemple en allumant de l'encens. C'est ainsi que les immortels se sont élevés vers les cieux depuis les Cinq Sommets Sacrés.[20] Quatre-vingt-dix-neuf pour cent de ces immortels n'ont désormais plus besoin de leur corps physique.[21] La difficulté de l'emplacement réside dans le repérage d'un tel lieu. Si l'on observe une carte des lignes telluriques à la surface de la Terre, on constatera qu'il y a des points d'intersection. Ce sont des points énergétiques et des emplacements que l'on doit rechercher. Car sur ces points d'énergie où les lignes de force se croisent, vous pouvez alors obtenir la protection de forces positives. Si vous ne vous trouvez pas sur un tel lieu, vous ne pourrez pas bénéficier de leur aide contre les démons et les énergies négatives.

（五）德
(5) Vertu

专气致柔，能婴儿乎？

Si l'on [pouvait] concentrer le Qi en une infinie douceur,

Se pourrait-il qu'il devienne comme celui d'un nouveau-né[22] ?

Un enfant naît sans soucis. Le *Dao De Jing* pose ainsi la question de savoir si votre Qi et vos pensées peuvent ressembler à ceux d'un nouveau-né. La Bible prend également les enfants comme exemple.[23] Si vos pensées ne sont pas comme celles d'un enfant, alors vous ne pourrez pas entrer dans le Royaume des Cieux. La vertu est un concept principalement connu de par le titre de l'écriture daoiste la plus célèbre, le *Dao De Jing*. Il est le second livre le plus traduit au monde après la Bible. Son titre est une référence aux pratiques et à leurs étapes. La vertu n'est pas aussi élevée que le Dao. Ainsi, lorsque l'on se trouve au sommet du raffinement, c'est-à-dire le Dao, on dirigera son regard vers le bas pour contempler les 'vertus' [de 德]. Cependant, lors d'une découverte archéologique dans les tombes de Ma Wang Dui en 1972, on a trouvé une copie de ce texte scriptural qui inversait l'ordre du livre, présentant la section *De* avant celle du *Dao*. J'ai expliqué que lorsque l'on commence l'ascension d'une montagne depuis sa base, on regarde vers le sommet, ce qui représente le Dao. C'est en prenant appui sur la vertu que l'on peut monter et retourner au Dao.[24] On peut comparer cela aux jeunes enfants, dont le Dao et les vertus sont présents au naturel.[25] La vertu englobe la tolérance et l'indulgence. Lorsque vous ne supportez pas la présence de quelqu'un et que vous lui demandez de partir, alors il s'agit d'un manque de vertu. Pourriez-vous supporter quelqu'un qui vous crache au visage ? Si quelqu'un sortait un couteau sans logique ni raison, quelle serait votre compassion pour lui ? Seriez-vous capable d'offrir votre propre chair pour nourrir un tigre[26] ?

Dans le bouddhisme, certains cultivateurs étaient prêt à sacrifier leur vie au nom du pardon, tout comme le Bouddha sous l'Arbre de la Bodhi. Lorsque les démons menacèrent de lui ôter la vie, il répondit simplement, 'Tuez-moi'.

Tuer est toujours mauvais :

德是慈悲。众生平等。

La vertu est compassion.

Tous les êtres vivants sont égaux.

Ainsi, nous ne devrions pas nous faire de mal les uns les autres et nous devrions avoir de la compassion pour les dix mille êtres vivants. Cependant, de nombreux récits montrent que tuer peut également être une expression de compassion, comme le

Maître Bouddhiste Tibétain Ancestral Gui[27] qui tuait les serpents venimeux,[28] ou le Maître Céleste Zhang[29] dans le daoisme, qui tuait tout ce qui avait le pouvoir de nuire aux humains, que cela soit dans la forme ou dans l'informe. La compassion ordinaire est un fondement essentiel, mais elle ne représente qu'un stade inférieur de la pratique, car contrairement à ces maîtres, nous sommes incapables à notre niveau de percevoir les implications karmiques des actes de chacun. Certains maîtres délivrent les animaux des douleurs de cette vie, leur permettant de transcender, puis d'entrer à nouveau dans la roue de la transmigration. S'ils ne faisaient pas cela, alors ces êtres vivants ne seraient pas capables d'entrer dans le samsara à nouveau et ils continueraient de souffrir dans leur existence animale.[30] Ce principe est valable à un niveau de compassion plus élevé que celui des cultivateurs ordinaires. En effet, ces derniers n'ont pas le pouvoir de renvoyer les animaux dans le cycle des réincarnations et donc de leur venir en aide. Dans la Bible, il y a une horde de cochons qui courent vers la noyade,[31] mais la plupart des gens ne comprennent pas les principes sous-jacents à un tel comportement. La grande compassion de Jésus a culminé lorsqu'il a été cloué sur la croix. Parfois, la compréhension que l'on a d'un tel phénomène peut être erronée ou au mieux incomplète, car la sagesse de chacun ne s'est pas encore ouverte. Les êtres humains ne peuvent voir la vérité de l'univers ou percevoir la quatrième dimension.

Ainsi, chaque pratiquant devrait se poser la question suivante :

Suis-je doté de pardon, de compassion et d'amour ?

Sont-ils suffisamment grands ?

Aimer les membres de sa famille correspond à la petite compassion, la compassion inférieure. Si vous aimez ce Temple des Cinq Immortels, alors c'est déjà une compassion plus élevée. Mais si vous aimez les gens de la ville, de la Terre et tous les êtres du système solaire et de la galaxie, alors il s'agit de la grande compassion. Les maîtres et enseignants supérieurs du passé utilisaient le mot 'vertu' pour parler du concept de compassion. La vertu imite l'eau. Votre force, vos capacités et votre champ énergétique doivent être fluides comme l'eau. Il existe un dicton populaire en Chine :

水张船高。

Lorsque l'eau monte,

Le bateau navigue plus haut.[32]

La quantité d'eau que vous accumulez détermine la hauteur qu'atteindra votre bateau. Le pardon, la compassion et l'amour établissent votre énergie, ainsi que le degré de communion que vous pouvez avoir avec les champs d'énergie. Sans vertu, il est difficile de cultiver l'élixir du Dao et il est difficile de se défaire de son ancienne peau ; il n'y a alors aucun moyen de se transformer en papillon.[33] Si votre cœur-esprit n'est pas paisible lorsque vous êtes seuls, votre étude de l'alchimie interne sera futile, car vous ne pourrez pas vous détacher du soi. Et lorsque vous irez dehors pour rencontrer d'autres personnes, il y aura encore plus de problèmes. Il s'agit d'un processus de raffinement, et quel que soit votre environnement, vous devez unifier les cieux, la terre et l'humain pour ne faire qu'un avec les dix mille êtres et avec toutes les entités vivantes. Vous devez abandonner le soi et l'égo pour pouvoir vous unir avec la nature et la grande famille des êtres conscients. Plus vous possédez de connaissances, plus vous risquez de rencontrer des difficultés. Plus vous lâchez prise, moins le fardeau que vous portez sera lourd. Plus votre pardon et votre compassion seront grands, plus vos attachements seront réduits. Pour paraphraser ce que dit la Bible à propos de l'entrée dans le Royaume des Cieux :

那个门很窄，侧着过不去。
Cette porte est très étroite,
Vous ne pouvez [même pas] y entrer de biais.[34]

（六）慧
(6) Sagesse

Que pouvez-vous accomplir si votre sagesse[35] ne s'est pas encore ouverte ? Après avoir pratiqué suffisamment l'assise méditative et la quiétude, alors votre sagesse commencera lentement à s'ouvrir. Cependant, une fois que cela s'est produit, vous devez immédiatement refermer cette fenêtre. N'employez pas cette sagesse, par exemple en utilisant des capacités de clairvoyance, et n'en parlez pas :

慧而不用。恬淡无虑。
[Ayez de la] sagesse, mais ne l'employez pas.[36]
Soyez indifférent et libre de tout souci.

Ne soyez pas préoccupé par l'utilisation de votre sagesse et concentrez-vous plutôt sur la direction que vous prenez, sur votre élévation et votre sublimation. Vous devez être parfaitement conscient de ce qu'il vous est permis de faire et de ce que vous ne devriez pas faire. Sachez également faire la différence entre les maîtres daoistes qui vous parlent de la vérité et ceux qui propagent des faussetés. De la même manière que pour le premier fondement daoiste, vous devez connaître les théories et avoir une direction claire et limpide, afin d'agir correctement. Avoir de la sagesse, c'est être capable de distinguer ce qui est réel de ce qui est faux et savoir ainsi se protéger. Même si vous vous trouvez en mesure de percevoir les causes et leurs conséquences, vous ne devriez pas pour autant essayer de les modifier. C'est pourquoi je vous invite à ne pas utiliser votre sagesse. Autrement, vous courrez le risque d'essayer d'éviter certains chemins et certaines expériences en modifiant votre karma. Comme l'ont dit les maîtres :

明眼而落井。

[Bien qu'ils soient] clairvoyants,
Ils tombent dans le puits.[37]

Tout évènement est relié à une cause et à une conséquence. Comme il y a un 'parce que', alors il doit y avoir un 'donc'. Une fois que vous avez cultivé jusqu'à un certain degré, vous ne vous préoccupez plus de la cause et de la conséquence. Vous les considérez plutôt comme de l'argent que vous avez emprunté par le passé et qui doit maintenant être remboursé. Il n'existe aucune méthode qui vous permette d'éviter d'avoir à rendre cet argent ; vous devez le rembourser. Seulement ainsi, serez-vous à même de vous détendre et de vous libérer de ce fardeau. Il n'est pas question ici de la sagesse des gens ordinaires, qui emploient la divination au nom de leurs désirs égoïstes. Les adeptes puisent dans la véritable sagesse qui distingue le vrai du faux, car elle sait comment progresser vers l'étape suivante.

(七) 悟
(7) Eveil

L'éveil est également une sorte d'intuition sensitive. Lorsque le maître vous expose une méthode, alors vous êtes capable d'en déduire cinq autres.[38] Ce type d'éveil ou de réalisation ne peut être transmis par le langage. Il existe ainsi deux niveaux d'éveil. Le premier niveau est celui de la contemplation qui intervient en soi, en confrontation à ses propres sentiments et à son processus de pensée, tels que l'interrogation et l'investigation depuis un état de calme. Le second niveau est celui de la perception divine.[39] Le traité *Huai Nan Zi* [淮南子] s'oriente vers le premier de ces deux niveaux :

宁静致远。

Dans la paix et la tranquillité, on peut atteindre le lointain.

Dans la quiétude, vous pouvez contempler le lointain de manière profonde. Ainsi, vous pouvez en découvrir la source, puis comprendre la cause et la conséquence qui se trouve derrière chaque chose. Un daoiste résout les problèmes dans le calme, contrairement à un scientifique qui, lorsqu'il sera confronté à une question difficile, la retournera dans sa tête encore et encore jusqu'au point de ne plus pouvoir en dormir. Les méthodes à employer pour de telles situations sont multiples. Le bouddhisme Chan s'appuie par exemple sur les koan.[40] Ce sont des questions auxquelles on réfléchit constamment jusqu'à ce que l'illumination se produise. Le second niveau d'éveil, la perception divine ou le sens divin, a pu être atteint par des adeptes et des scientifiques lors de profondes contemplations. Il ne s'agit pas du divin qui viendrait de l'extérieur, mais d'une perception de sa propre divinité. On emploie ainsi ce mot car il s'agit de la divinité cachée à l'intérieur de notre propre esprit, ce qui n'a rien à voir avec un phénomène que l'on produit soi-même. Si vous deviez essayer consciemment de le produire, alors cela démontrerait que vous manquez de compréhension et que vous n'avez pas encore atteint le stade 'Accomplir Pleinement la Vie-Destinée'.[41] Le divin est transcendantal et se situe bien au-delà de votre corps. S'asseoir en méditation et cultiver la quiétude peut vous permettre d'accéder au soi-supérieur, ce qui est la source de la perception divine. De tels aperçus peuvent également être transmis et envoyés par des êtres spirituels tels que les maîtres ou les administrateurs du soi-supérieur. L'éveil nécessite une contemplation fréquente et elle seule permet aux adeptes de contacter le divin. Certaines questions peuvent également être explorées durant la pratique de la quiétude. Je soulève fréquemment celles que les étudiants en alchimie interne devraient envisager. En voici un exemple :

时间是什么？

生命在时间是什么？

Qu'est-ce que le temps ?

Qu'est-ce que la vie à l'intérieur du temps ?

L'éveil se déploie sur un grand espace. Vous pouvez placer l'univers entier dans votre esprit et l'étudier. Faites cette investigation.

(八) 缘
(8) Destin

Sans le destin, vous n'auriez pas pu entendre tous ces mots que j'ai prononcés. Il n'y a pas de destin sans une cause sous-jacente. Certaines personnes pensent qu'un évènement n'est qu'une coïncidence ou bien quelque chose qu'elles ont activement provoquée. Les daoistes et les bouddhistes affirment cependant qu'il n'en est rien et donnent des explications détaillées sur ce qu'est le destin.

Le destin est relié au relationnel qu'entretient une personne avec le monde, comme par exemple sa relation aux esprits, à Dieu, à Allah, à Confucius ou à Lao Zi, mais également sa relation aux gens présents dans son entourage. Le destin signifie entrer en contact[42] avec d'autres personnes dans la roue de la vie. Il se manifeste ainsi au travers des multiples interactions qui sont engendrées par ces rencontres, au fil des incarnations successives. Il existe une catégorie de destin qui appartient à la forme et à la matière. Par exemple, il en est question lorsque vous voulez trouver un maître mais que vous échouez, ou bien lorsque vous êtes apparenté à Donald Trump et que vous pouvez lui serrer la main. Cette catégorie de destin est visible par tous. On est alors capable d'interagir et d'avoir un impact tangible sur lui. En ce sens, le destin peut changer le monde et nous sommes tous sous son influence. La seconde sorte de destin n'a pas de forme et est immatérielle. C'est une destinée que les gens ne sont pas capables de saisir ou de voir. Les êtres humains existent ensemble simultanément dans cet univers. Tous nos champs énergétiques sont reliés entre eux et s'influencent mutuellement, de sorte que nos destins sont entrelacés. Pourtant, cela est mal compris par la plupart des gens :

> Sur 7.6 milliards d'individus, qui n'est pas relié et qui ne partage pas un destin avec nous ?

La fatalité est juste une question de savoir si le destin des gens est superficiel ou profond, grand ou petit. Plus le destin est grand, plus l'influence que vous créez est grande. Cette destinée basée sur la forme est engendrée par les actions du corps physique et par les personnes que vous croisez. Comme les gens existent ensemble simultanément, le fait d'avoir l'opportunité de rencontrer un maître ou de serrer la main du président, dépend de l'étendue de votre destin et de son niveau. De nombreuses personnes n'ont pas pu assister aux cours qui ont été donnés au Temple des Cinq Immortels en raison du nombre limité de places disponibles, et de nombreux chinois souhaitent encore venir. Ces personnes n'ont pas un aussi bon destin que ceux qui se trouvent actuellement au Temple des Cinq Immortels. Vous pouvez avoir un destin avec un maître mais pas avec d'autres, ou bien un destin avec une personne mais pas avec d'autres.

Il vous appartient de bien préparer ces Huit Fondements. Comme le laisse entendre la Bible :

> 建好房子，打扫干净。
>
> Construisez bien votre nouvelle maison et votre nouvelle chambre,
> Et maintenez-la propre.[43]

Cette préparation est comme le nettoyage d'une maison avant un mariage. La durée que cela prend peut être courte ou longue ; dix ans, trente ans voir même cinquante ans. Comme l'observe le daoisme :

> 筑基。
>
> [Il nous faut] poser une fondation.

Dans la vie de tous les jours, vous devez poser la fondation pour pratiquer, cultiver, réaliser et vous éveiller au Dao. Cela ne peut se faire dans un hôtel cinq étoiles, dans une cave ou dans une chambre, seul avec vous-même. La fondation se pose dans la vie de tous les jours, lorsque vous rencontrez, communiquez et échangez avec les autres.

1. En chinois, 八个要求 [ba ge yao qiu].
2. A un moment, Li Shi Fu a suggéré que les quatre premiers fondements, concernant le matériel et le substantiel, ainsi que les quatre derniers, concernant le spirituel et l'insubstantiel, aient un ordre inversé pour devenir 'Vertu, Sagesse, Eveil, Destin, Méthode, Richesse, Compagnonnage et Emplacement' [de hui wu yuan fa cai lü di 德慧悟缘法财侣地].
3. En chinois, 有形 [you xing].
4. En chinois, 无形 [wu xing].
5. La méditation debout signifie littéralement 'le pilier debout' [zhan zhuang 站桩]. C'est une forme de méditation qui se pratique en posture debout, totalement droit, les vertèbres étant parfaitement alignées. Cette pratique est souvent un composant essentiel du Qi Gong ou du Tai Ji Quan.
6. Voir le Commentaire de la 4ème Barrière pour plus d'informations sur la notion de richesse. Ce prérequis pourrait également être interprété comme la croissance ou la capacité intérieure.
7. Vivre en accord avec les cinq phases - bois, feu, terre, métal, eau - signifie que l'on doit supplémenter en soi les phases qui sont en manque, et réduire ou restreindre les phases qui sont en excès. Pour donner un exemple simplifié : si une personne présente un manque de la phase du bois, elle devrait chercher un environnement caractérisé par une végétation verdoyante, des forêts, des arbres, des buissons et de la nature.
8. 'Les économies' est le terme employé par Li Shi Fu pour désigner les ressources financières et les possessions monétaires.
9. *Yuan* [元] est la monnaie chinoise actuelle.
10. Voir également le Commentaire de la 4ème Barrière.
11. En chinois, 大功 [da gong], comprend trois séries de mouvements correspondant aux cieux, à la terre et à l'humain. Il s'agit d'exercices où l'on frappe son propre corps pour renforcer et endurcir certaines régions, l'immunisant contre les coups et les chocs extérieurs.
12. Il existe une histoire à propos de Li Béquille de Fer [tie guai li 铁拐李] qui illustre les possibles échecs du protecteur. Voir le Commentaire de la 4ème Barrière, note de bas de page 6.
13. Les théories daoistes considèrent que l'âme humaine est constituée de trois âmes éthérées [san hun 三魂] et de sept âmes corporelles [qi po 七魄]. Les trois âmes éthérées sont l'âme éthérée céleste [tian hun 天魂], l'âme éthérée terrestre [di hun 地魂] et l'âme éthérée de la vie-destinée [ming hun 命魂]. Dans les temps anciens, elles étaient connues sous le nom de 'Rayonnement Embryonnaire' [tai guang 胎光], de 'Divinité Claire' [shuang ling 爽灵] et d''Essence Paisible' [you jing 幽精]. Les gens appelaient également cette trinité 'L'Âme Ethérée Dirigeante' [zhu ling 主魂], 'L'Âme Ethérée en Eveil' [jue hun 觉魂] et 'L'Âme Ethérée de la Vie' [sheng hun 生魂]. Il existe également d'autres appellations : 'L'Esprit Originel' [yuan shen 元神], 'L'Esprit Yang' [yang shen 阳神] et 'L'Esprit Yin' [yin shen 阴神] ; ou encore 'L'Âme Ethérée Céleste' [tian hun 天魂], 'L'Âme Ethérée de la Connaissance' [shi hun 识魂] et 'L'Âme Ethérée de l'Homme' [ren hun 人魂].

    En ce qui concerne les sept âmes corporelles, la première se nomme 'Le Cadavre Canin' [shi gou 尸狗], la seconde 'La Flèche Dissimulée' [fu shi 伏矢], la troisième 'Le Moineau Yin' [que yin 雀阴], la quatrième 'Avaler les Voleurs' [tun zei 吞贼], la cinquième 'Le Non-Poison' [fei du 非毒], la sixième 'Eliminer la Crasse' [chu hui 除秽], la septième 'Les Poumons en Décomposition' [chou fei 臭肺]. Voir également le Livre III : Livre de l'Humain, Chapitre 30, *Les Dix Epreuves de l'Ancêtre Fondateur Lü* [shi shi lü zu 十式吕祖], note de bas de page 2.
14. Pour plus d'informations sur le deuxième corps, voir Livre III : Livre de l'Humain, Chapitre 19, *Le Corps Véritable* [zhen shen 真身].
15. Voir Livre III : Livre de l'Humain, Chapitre 16, *Le Système Scolaire* [xue xiao xi tong 学校系统], pour plus de précisions sur ces notions.
16. Voir la note de bas de page 12.
17. Il existe un dicton populaire chinois tiré des *Rapports sur les Trois Royaumes* [san guo zhi 三国志] :

    志同道合。

    Lorsque les aspirations concordent, le Dao est unifié.

[18] Le bouddhisme intègre ce que l'on nomme 'Les Trois Enseignements de l'Être Sans Fautes' [san wu lou xue 三无漏学] : les préceptes [jie 戒], la stabilisation [ding 定] et la sagesse [hui 慧]. Li Shi Fu a expliqué une fois que le deuxième aspect, la stabilisation, correspondait à l'environnement des huit fondements daoistes, c'est-à-dire, trouver un endroit approprié.

[19] A ce moment-là, Li Shi Fu a simultanément frappé le sol de la salle commune du Temple des Cinq Immortels.

[20] Voir le Commentaire de la 35ème Barrière, note de bas de page 3.

[21] Voir Livre III : Livre de l'Humain, Chapitre 9, *Les Cinq Rangs d'Immortels* [wu pin xian ren 五品仙人].

[22] Chapitre 10 du *Dao De Jing*.

[23] C'est une référence au passage suivant de la Bible :

> 这时，门徒上前来，问耶稣："在天国谁最伟大？"耶稣叫了一个小孩子来站在他们当中，然后说："我实在告诉你们，你们若不变得像小孩子那样，绝不能进天国。所以，凡像这小孩子一样谦卑的人，在天国才是最伟大的。"[马太福音 18: 1-4]
> En ce moment, les disciples s'approchèrent de Jésus, et dirent: 'Qui donc est le plus grand dans le royaume des cieux ?' Jésus, ayant appelé un petit enfant, le plaça au milieu d'eux, et dit : 'Je vous le dis en vérité, si vous ne vous convertissez et si vous ne devenez comme les petits enfants, vous n'entrerez pas dans le royaume des cieux. C'est pourquoi, quiconque se rendra humble comme ce petit enfant sera le plus grand dans le royaume des cieux.' [Matthieu 18:1-4 ; *LSG*]

[24] Voir également Livre III : Livre de l'Humain, Chapitre 43, *Les Cinq Vertus Constantes* [wu chang de 五常德], dans la section 'Etiquette'.

[25] Li Shi Fu a été plus loin en expliquant que les enfants manquent d'inhibition et ne ressentent pas de honte, comme par exemple lorsqu'ils urinent en public.

[26] En chinois, 挖肉饲虎 [wa rou si hu]. Vous trouverez ci-dessous la version abrégée d'un *Jātaka* intitulé 'La Tigresse Affamée' :

> Né dans une famille de brahmanes réputée pour sa pureté de conduite et sa grande dévotion spirituelle, le Bodhisattva devint un grand érudit et un maître. N'ayant aucun désir de richesse ou de gain, il se retira dans la forêt et commença sa vie d'ascète. Un jour, alors qu'il se promenait dans un bois avec son disciple Ajita, il vit du haut d'une colline qu'une tigresse était sur le point de manger ses propres petits à cause de la faim. Touché de compassion, il pensa à sacrifier son propre corps pour nourrir la tigresse et sauver les petits. Il envoya donc son disciple à la recherche de nourriture pour la tigresse, afin d'éviter tout risque que son disciple ne l'empêche de se sacrifier. A peine Ajita eut-il quitté les lieux que le Boddhisattva sauta du précipice vers la tigresse et offrit son corps. Le bruit de la chute attira l'attention de la tigresse affamée, qui en un rien de temps bondit sur lui, le déchiqueta en morceaux et festoya ainsi avec ses petits. Ajita revint et comme il ne trouvait pas son maître au même endroit, il se mit à regarder autour de lui et fut surpris de voir que la tigresse ne semblait plus affamée. Ses petits étaient même en train de s'amuser. Rapidement, il fut choqué de trouver des chiffons tachés de sang des restes de la robe de son maître, dispersés partout. Ainsi, il sut que son maître avait offert son corps pour nourrir la tigresse affamée et protéger ses petits dans un acte de charité. Il comprit ainsi pourquoi il avait été renvoyé par son maître.

[27] En chinois, 贵宗藏师 [gui zong zang shi].

[28] Voir un passage du Livre III : Livre de l'Humain, Chapitre 16, *Le Système Scolaire* [xue xiao xi tong 学校系统] sur ce sujet.

[29] En chinois, 张天师 [zhang tian shi].

30 Li Shi Fu suggère qu'en permettant à l'animal de transcender sa condition, ce qui nécessite d'avoir les compétences d'un haut prêtre, la fenêtre de temps au cours duquel l'animal peut accumuler du karma négatif en tuant des gens sera réduite. Cela augmentera ses chances de renaître en tant qu'être humain.

31 Ce passage de la Bible est intitulé 'Jésus Guérit un Homme Possédé par des Démons' [zhi hao liang ge bei gui fu shen de ren 治好两个被鬼附身的人] :

> 当时，那里有一大群猪正在山上吃食。那些鬼魔就央求耶稣准许它们进入那些猪里，耶稣准许了它们。鬼魔就从那个人身上出来，进入猪里面。于是那群猪从山崖冲到湖里淹死了。那些放猪的人看见所发生的事，就逃跑了，去把这事传到城里城外。
> [路加福音 8, 32-34]
>
> Jésus lui demanda : Quel est ton nom ? Légion, répondit-il. Car une multitude de démons étaient entrés en lui. Ces démons supplièrent Jésus de ne pas leur ordonner d'aller dans l'abîme. Or, près de là, un important troupeau de porcs était en train de paître sur la montagne. Les démons supplièrent Jésus de leur permettre d'entrer dans ces porcs. Il le leur permit. Les démons sortirent donc de l'homme et entrèrent dans les porcs. Aussitôt, le troupeau s'élança du haut de la pente et se précipita dans le lac, où il se noya. Quand les gardiens du troupeau virent ce qui était arrivé, ils s'enfuirent et allèrent raconter la chose dans la ville et dans les fermes. [Luc 8:30-34 ; BDS]

32 Cette citation apparaît dans deux sources différentes. La première est *La Légende de la Vaillante Jeune Fille* [er nü ying xiong zhuan 儿女英雄传], et la seconde est *L'Assemblée à la Source des Cinq Lampes* [wu deng hui yuan 五灯会元] du maître zen de la dynastie Song, Shi Pu Ji [释普济] :

> 水长船高，泥多佛大。
> Lorsque l'eau monte, le bateau flotte encore plus haut.
> Plus il y a de boue, plus le Bouddha sera grand.

33 C'est une référence directe au rêve du papillon de Zhuang Zi.

34 L'énoncé original de la Bible est le suivant :

> 你们要进窄门。因为引到灭亡，那门是宽的，路是大的，进去的人也多。
> [马太福音 7: 13]
>
> Entrez par la porte étroite ; en effet, large est la porte et spacieuse la route qui mènent à la perdition. Nombreux sont ceux qui s'y engagent.
> [Matthieu 7:13 ; BDS]

35 La sagesse fait ici référence à des capacités intuitives spirituelles et à des intuitions particulières. Il ne s'agit pas de la sagesse au sens commun de la connaissance et de la compréhension.

36 Voir le Commentaire de la 27ème Barrière, note de bas de page 11.

37 Voir le Commentaire de la 14ème Barrière, note de bas de page 5.

38 Cette déclaration fait allusion à un dicton chinois courant :

> 举一反三。
> On fait trois déductions à partir d'un même exemple.

39 Le divin ou divinité [ling 灵] est parfois traduit par 'numen' ou 'numineux'.

40 En chinois, 悟话头 [wu hua tou] qui signifie littéralement 'sujets d'éveil'.

41 Voir également le Livre III : Livre de l'Humain, Chapitre 18, *Les Trois Etapes de la Pratique* [san bu xiu xing 三步修行].

42 En chinois, 结缘 [jie yuan], qui signifie littéralement former des liens avec le destin.

43 Voir le Commentaire de la 34ème Barrière, note de bas de page 4.

7.

抱樸

Embrasser la Simplicité

Embrasser la simplicité [bao pu 抱朴] est un concept profondément daoiste. Le second caractère [pu 朴/樸] signifiant ici la simplicité, est souvent traduit par 'un bloc non taillé', mot qui apparaît fréquemment dans le *Dao De Jing*[1] aux chapitre 28, 32, 37 et 57, ainsi que dans le commentaire de He Shang Gong sur le *Dao De Jing*. Ce terme de deux caractères a été employé par l'alchimiste Ge Hong [葛洪] dans le nom de son chef d'œuvre intitulé *Le Maître qui Embrasse la Simplicité* [bao pu zi 抱朴子]. On peut y lire le passage suivant :

> 我等不知今人长生之理，古人何独知之？此盖愚暗之局谈，非达者之用怀也。夫占天文之玄道，步七政之盈缩，论凌犯於既往，审崇替於将来，仰望云物之徵祥，俯定卦兆之休咎，运三棋以定行军之兴亡，推九符而得祸福之分野，乘除一算，以究鬼神之情状，错综六情，而处无端之善否。其根元可考也，形理可求也，而庸才近器，犹不能开学之奥治，至於朴素，徒锐思於糟粕，不能穷测其精微也。

> Nous ne connaissons plus les principes de la longévité [à appliquer] pour les gens d'aujourd'hui. Comment se fait-il que seules les personnes des temps anciens aient eu ces connaissances ?
> La raison en est que les discours sont engagés par les stupides et les non-éveillés ; [ils devraient au contraire prendre leur source dans] la pensée intérieure de ceux qui ont [reçu] l'intelligence. Lorsque l'on contemple le Dao mystérieux des écritures célestes et [que l'on détermine quelles sont] les phases à venir de croissance et de décroissance[2] des sept régulateurs [célestes],[3] on devrait alors déterminer quels sont les outrages et les insultes qui ont été faits par le passé. Il faudrait ensuite les étudier puis [accepter] avec déférence tout le futur qui a été prévu. On doit regarder en haut vers les nuages [et observer leurs couleurs][4] afin d'y noter les signes auspicieux, mais il faut également regarder vers le bas afin de déterminer si les trigrammes présagent une bonne ou une mauvaise fortune.

C'est en déplaçant trois pièces sur l'échiquier que l'on pourra déterminer quel sera le gain et le déclin [à venir, en accord] avec l'emploi des troupes. Par une déduction selon les neufs talismans, on saura alors comment sont attribuées dans notre vie les phases[5] de fortune et d'infortune. En multipliant ou en divisant ces calculs, on devient alors capable d'étudier soigneusement la condition des fantômes et des esprits, ainsi que l'intrication complexe des six émotions. Ainsi, devient-on capable de composer avec les bonnes et les mauvaises [fortunes qui se produisent en apparence] sans raison.

La racine de [toute] forme[6] peut être étudiée et le principe [sous-jacent] peut être recherché. Cependant, les personnes médiocres [qui choisissent de rester] auprès de personnes talentueuses, seront toujours incapables de commencer leur étude de ce qu'est la maîtrise obscure. En étant confrontées à la simplicité sans artifice, elles s'empresseront de ne contempler que ses aspects inutiles, incapables de scruter en profondeur quelle en est l'essence et la subtilité.

---

[1] Pour une discussion plus profonde sur le terme Pu [朴], voir également le *Tao Te Ching* de Lau, D.C.
[2] Littéralement se remplir et rétrécir.
[3] Les sept régulateurs [célestes] [qi zheng 七政] sont le soleil, la lune et les cinq étoiles, ils correspondent aux cinq phases : l'étoile du feu est Mars, l'étoile du bois est Jupiter, l'étoile de la terre est Saturne, l'étoile du métal est Vénus et l'étoile de l'eau est Mercure.
[4] Littéralement les objets et la matière des nuages.
[5] L'attribution des phases [fen ye 分野] fait référence à un calcul déterminant le type d'association entre les régions célestes et les royaumes terrestres. Il s'agit de l'astrologie chinoise.
[6] La forme [xing 形] est interchangeable avec le mot 'phénomène'.

8.
道教五戒
Les Cinq Préceptes du Daoisme

无杀,
无盗,
无淫,
无妄,
无酒。

Ne pas tuer.
Ne pas voler.
Ne pas s'adonner à la luxure.
Ne pas mentir.
Ne pas consommer d'alcool.

道教五戒传

Commentaires sur les Cinq Préceptes du Daoisme

无杀
Ne Pas Tuer

Il existe de nombreuses formes de vie. Les plantes par exemple sont vivantes, et à moins que cela ne soit absolument nécessaire, vous ne devriez pas les toucher ou les déplacer, surtout quand il s'agit de grands arbres anciens.[1] Plus que tout, vous ne devez pas tuer les oiseaux ou les mammifères marins comme les dauphins. En revanche, si vous êtes sur une ile déserte et que vous n'avez rien d'autre à manger, alors il devient nécessaire de tuer. Si vous êtes atteint d'une maladie grave et que prendre la vie d'un animal peut éventuellement vous sauver, alors cette mise à mort est permise. En réalité, les légumes que les humains mangent sont également des formes de vie :

> Combien de créatures piétinez-vous chaque jour sous vos pieds ?

Mais on parle ici de mort non intentionnelle, comme lorsque l'on marche accidentellement sur des fourmis ou des insectes. En revanche, vous ne devez pas prendre la vie d'êtres vivants plus grands. Faites-en une règle qui guide votre comportement. Pour ce premier précepte 'Ne pas tuer', le point essentiel est que vous ne devez pas tuer intentionnellement, y compris les êtres sensibles qui n'ont aucun impact sur vous et qui ne vous veulent aucun mal. Par exemple, si vous tombez sur un serpent venimeux, placez-le à une distance considérable du sentier et ne le tuez pas.[2]

Aujourd'hui par exemple, j'ai tué un 'Un Bœuf de Sept Miles',[3] nom local que l'on donne aux guêpes géantes. Cette guêpe à elle seule peut tuer une ruche entière. Ainsi, la mort d'une seule guêpe a permis de sauver la vie de dizaines de milliers d'abeilles à miel. De nos jours, si une personne sort un couteau et menace la vie de quelqu'un, la police a le droit de l'abattre immédiatement pour protéger une vie. Si quelqu'un kidnappait des dizaines de personnes et menaçait de tuer les jeunes comme les vieux, les femmes et les enfants, alors il serait acceptable de sacrifier la vie de cette personne pour en sauver tant d'autres :

> Si un lion ou un tigre se rendait en ville, ne le tueriez-vous pas ?
> Quelle vie est la plus importante ? La vie d'un lion ou celle d'un humain ?

Il existe une dimension supplémentaire dans ce concept. S'il est vraiment nécessaire de tuer un animal, comme dans les exemples mentionnés ci-dessus, alors vous devriez prendre cette vie vous-même, car c'est qu'il y a alors un but supérieur à tout cela. Par la suite cependant, il vous faudra l'aider à se libérer et à transcender sa condition animale, et ce afin qu'elle puisse retourner dans la roue du cycle des réincarnations.[4] Il vous faudra réciter les écritures afin de délivrer son âme de la souffrance et lui permettre de trouver la paix. Cependant de nombreuses personnes sont incapables d'effectuer une telle cérémonie, car elles n'ont jamais chanté les écritures. Ainsi, la première chose à faire est de communier et de communiquer avec l'entité vivante. Bien qu'il y ait certains rituels dans le daoisme qui utilisent la force pour obliger l'entité à écouter, vous devriez ici simplement l'informer et lui dire : 'si tu ne pars pas de toi-même, je vais devoir t'éliminer'. Si elle n'obéit pas, les problèmes seront pour elle.

Vous devriez vous rappeler ceci :

> Les dix mille choses dans les cieux,
> sur la terre et en l'humain sont unifiées en un tout intégral.

Un autre point important de ce premier précepte est que l'on ne devrait pas être le témoin de la vie qui est prise. Par exemple, dans les endroits où les poissons sont vendus puis tués, ne regardez pas ce qui se passe car si votre champ énergétique est faible, cela pourrait facilement entrainer des problèmes. Pour autant, si vous aimez manger de la viande, vous devriez essayer d'être celui qui tue l'animal. Mais en ville, de manière générale, tenez-vous à distance de lieux tels que les abattoirs, les morgues ou les crématoriums, car ceux-ci contiennent une grande quantité de Qi issue de cadavres,[5] ce qui est une sorte de Qi Yin. En société, ne vous inclinez pas et ne vous prosternez pas devant les morts, hormis si vous avez passé la porte du Dao et que vous vous trouvez dans un temple :

不拜亡人。

Ne vous prosternez pas devant les morts.

En outre, vous ne devriez pas chasser, car il s'agit de tuer seulement pour le plaisir et pour le jeu, même si vous avez éventuellement comme objectif secondaire d'obtenir de la viande. Le plus souvent, il s'agit de tuer des animaux pour son propre plaisir, sans réelle nécessité. Manger de la viande et tuer la vie vont de pair. Il est toutefois acceptable de manger de petites quantités de viande. Mais lorsque vous atteindrez les niveaux les plus profonds de l'assise méditative et de la pratique de la quiétude, alors vous ne serez pas en mesure de digérer ces micro-molécules et elles resteront dans votre corps. C'est au niveau du sans-forme que les effets de la viande seront les plus importants. Il faut beaucoup de temps pour les nettoyer et les éliminer du corps. Si vous mangez de la viande, vous ne devriez pas l'abattre vous-même.[6] Les personnes qui souffrent de maladies doivent parfois manger de la viande pour son côté nutritionnel. Les athlètes professionnels, par exemple, ont besoin des calories d'une viande comme celle provenant du bœuf, afin entre autres de développer une bonne chaleur corporelle. Mais ce type de chaleur ne vous permettra pas de rester assis en méditation ; elle vous empêchera plutôt de ralentir les battements de votre cœur qui continuera alors à battre puissamment et vous empêchera d'entrer dans la quiétude.

问答

Questions et Réponses

Que se passe-t-il quand on écrase un moustique ?

Vous avez le choix de leur ôter la vie ou non. En Afrique cependant, il existe un risque avéré d'infection par la dengue et le paludisme lorsque l'on on se fait piquer par un moustique, mais dans les régions qui ne présentent pas de risques, ne cherchez pas délibérément à les tuer. L'autre option possible pour vous protéger serait de porter des moustiquaires toute la journée. Les rats, les poux, les puces et les tiques sont le genre de parasites qui peuvent sérieusement nuire aux humains et transmettre des maladies, tout comme le fait une attaque de vent-froid.[7] De ce fait, vous devez les éliminer. Il vous faut faire un choix entre leur vie et la vôtre.

Que faire lorsque l'on peut abréger les souffrances d'un animal en le tuant ?

Vous ne devez toujours pas le faire. Si vous deviez vous rendre dans une réserve naturelle en Afrique et que vous voyiez un lion tuer une antilope, vous seriez alors face à un problème. Si c'était un être humain, le problème serait encore plus grand, car il vous faudrait alors intervenir et sauver la personne. Chaque être humain et chaque animal se voit allouer un nombre fixe[8] de jours de vie. Vous n'avez pas le droit de tuer un animal pour le libérer de sa souffrance, pas même en lui administrant un poison. Vous devez faire de votre mieux pour le guérir. Allez à l'hôpital et voyez par vous-même combien d'êtres humains souffrent de la même manière. Ce serait comme tuer le chien du temple, Bai Fu,[9] afin de soulager ses souffrances lorsqu'il perdit sa patte dans un piège.[10]

无盗
Ne Pas Voler

Le deuxième précepte est celui de 'Ne Pas Voler', ce qui fait même référence au fait de trouver quelque chose et de ne pas le prendre, puisque cela ne vous appartient pas. On parle de vol lorsque l'on prend quelque chose qui n'est pas à soi, par exemple à ses voisins. Mais si quelqu'un utilise temporairement votre chargeur de téléphone, il s'agit plutôt d'un emprunt que d'un vol. On définit le vol ainsi :

不劳而获。

Obtenir quelque chose sans labeur et sans peine.

Si vous prenez l'objet que quelqu'un d'autre a acquis par le travail et à la sueur de son front, alors cela équivaut à voler. C'est simple à comprendre, ce qui vous appartient est à vous, et ce qui ne l'est pas, ne vous en approchez pas. Toute chose a un propriétaire.

无淫
Ne Pas S'Adonner à la Luxure

Le troisième précepte est celui de 'Ne Pas S'Adonner à la Luxure' [wu yin 无淫]. Le mot *Yin* [淫] fait ici précisément référence à des relations sexuelles issues de la débauche et d'autres formes d'inconduites sexuelles. Vous ne devez pas vous impliquer dans des relations sexuelles compliquées et vous ne devez pas être volage. Dans le bouddhisme chinois, la sexualité est un interdit chez les moines, mais chez les daoistes cependant, il existe deux écoles qui diffèrent l'une de l'autre à cet égard. Dans l'Ecole de la Réalisation Complète,[11] les prêtres doivent être célibataires. Dans la seconde école, l'Ecole de l'Unité Droite,[12] les prêtres vivent comme des gens ordinaires, se marient, ont des enfants et mènent une vie de famille. Quelle est la voie que vous souhaitez suivre ? Cela dépend de vous. Avant l'avènement des lignées et des écoles, les daoistes étaient tous des gens normaux qui pouvaient se marier et fonder une famille. Mais lorsque l'Ecole de la Réalisation Complète, la première à avoir une organisation monastique, est apparue au cours de la dynastie Song et Yuan il y a environ six cents ans, il y a eu une volonté de se rapprocher du bouddhisme, qui prône l'interdiction de se marier.

En réalité, le point central de ce précepte est d'éviter les perturbations et la confusion qu'engendrent la complaisance sexuelle. Ce prérequis concerne donc principalement les désirs et les envies qui sont devenus prévalents dans la société d'aujourd'hui, en particulier en occident. Malheureusement, ce type de comportement désordonné est désormais considéré comme normal. N'entretenez pas une telle confusion dans votre vie, car une activité sexuelle excessive endommagera votre essence, votre Qi, votre sang,[13] et votre esprit. C'est comme lorsque l'on prend trop de ginseng, il y a une limite et une posologie. On peut comparer cela au fait de manger jusqu'à être plein,[14] ce qui blesse l'estomac et le sang. Mais le désir sexuel est différent de la faim. Sans désir sexuel, l'humanité ne serait pas là et le monde serait vide ; les humains devraient alors être produits en usine. Ce précepte fait référence à une activité sexuelle qui est excessive, qui va trop loin et qui s'est transformée en une forme d'avidité. C'est comme avoir dix *Yuan* chinois et en vouloir cent. Puis lorsque vous en avez cent, vous en voulez mille, puis dix mille ou cent mille. C'est ce que l'on appelle 'être avide sans limites' :

不可乱淫，不可贪淫。

Votre conduite sexuelle ne doit pas être désordonnée.

Votre conduite sexuelle ne doit pas être avide.

Même les animaux n'ont pas ce genre de conduite une fois que leur printemps est passé. Vous n'êtes pas un lion en meute ou un roi singe en compagnie d'une bande de primates. Un seul mari ou une seule épouse suffit, sinon le comportement sexuel devient désordonné. Ayez une relation conjugale normale. Comment pourrait-on contrôler le désir sexuel ?

生生不息是为大道。

Vie après vie sans interruption,
C'est ce que l'on appelle le 'Grand Dao'.[15]

无妄

Ne Pas Mentir

Le quatrième précepte est celui de 'Ne Pas Mentir', ce qui est une référence au fait de ne pas parler de façon trompeuse mais également de ne pas s'exprimer de façon agitée et désordonnée. Ne vous vantez pas, ne vous engagez pas dans des discours futiles et vides de sens comme les commérages, et ne parlez pas dans le but de tromper ou d'induire les gens en erreur. Ne créez pas de disputes et de conflits, et ne parlez pas d'une manière qui dérange les autres. Ne jugez personne et ne parlez pas d'eux dans leur dos. Les mots sont trompeurs lorsque vous dites que quelque chose se passe alors que ce n'est pas le cas, ou inversement, lorsque que vous dites que quelque chose n'a pas lieu alors qu'en fait c'est le cas. Un autre exemple serait celui de semer de la discorde, comme lorsque deux personnes sont en conflit et que vous dites une chose à l'une pour la mettre en colère et une autre chose à l'autre pour le contrarier, de sorte qu'ils commencent à se disputer. Ceci est exprimé dans un dicton chinois :

吐口唾沫砸个坑。

Vous utilisez votre salive,
Et vous creusez un trou [dans le sol].[16]

Ce dicton fait référence aux poids des mots d'une personne. Vous devez tenir vos promesses ; ce que vous dites, vous devez le faire.[17] Tout ce à quoi vous vous engagez, vous devez le réaliser. Dans la ville, vous devez être digne de confiance. Sans la confiance, vous n'avez aucun statut social,[18] car personne ne veut parler ou interagir avec quelqu'un qui n'est pas digne de confiance.

Un invité du temple demanda un jour à voir le maître alors que ce dernier était en réclusion. On lui répondit alors que le maître était dans les montagnes, en train de cueillir et de collecter des herbes médicinales, alors qu'en réalité il était dans sa chambre. Mais cela n'était pas un mensonge ! Il était sur le mont Kun Lun, la demeure des immortels, collectant essence, Qi et esprit. Un cultivateur et un disciple du Dao ne parlent pas. Ils ne disent pas qu'une personne est bonne et qu'une autre est mauvaise.

Ils se contentent de rester silencieux, en particulier pour ceux qui chantent les écritures. Les hauts prêtres et prêtresses devraient éviter encore plus les propos désordonnés. Un jeune frère religieux de l'ancienne abbesse du Temple des Cinq Immortels, Tao Shi Fu,[19] a visité un jour le Temple Lou Guan Tai [楼观台] dans la province du Shan Xi.[20] Après qu'il eut récité la liturgie du matin, un bénévole du temple l'interpella en lui disant : 'Je suis tellement fatigué aujourd'hui'. Le frère religieux de Tao Shi Fu lui répondit en plaisantant, 'As-tu joué avec les fantômes la nuit dernière ?' Avec cette seule phrase, le bénévole tomba au sol et se retrouva incapable de se remettre sur pied. Quelqu'un qui chante régulièrement les écritures, comme le frère religieux de Tao Shi Fu, a de grands pouvoirs d'invocation. Si l'une de ces personnes devait déclarer que quelque chose n'était pas bon, alors les problèmes se manifesteraient immédiatement. Faites attention à ce que vous dites, car vous ne savez pas quels sont les problèmes qui pourraient s'ensuivre. Lorsque les fidèles qui offrent de l'encens sont agenouillés,[21] les résidents du temple récitent cette prière pour eux :

身体健康，家庭平安，事事顺利。

Que votre corps soit sain,

Que votre famille soit en paix,

Que vos affaires se déroulent harmonieusement.

Bien qu'ils soient des gens ordinaires, ils ont tout de même le cœur-esprit disposé à grimper la montagne jusqu'au Temple des Cinq Immortels pour y offrir de l'encens. Alors s'ils ont un problème physique, on leur dit : 'Ce n'est pas si grave. Prenez simplement des remèdes. Ne mangez pas de viande pendant quelques jours et faites plus de bonnes actions. Les problèmes majeurs se transformeront en problèmes mineurs et les problèmes mineurs se dissoudront dans le néant'. Lorsqu'ils prient et rendent hommage avec leur cœur-esprit, alors le Dao peut parler aux masses. Ils ne comprendront pas si vous essayez directement de leur en parler. Ils n'ont pas non plus le temps de cultiver le Dao, car en société, ils travaillent tout le temps.

无酒
Ne Pas Consommer d'Alcool

Le cinquième précepte est celui de 'Ne Pas Consommer d'Alcool', bien que dans le daoisme, il n'existe pas de règles strictes à ce sujet. Cette interdiction est probablement venue du bouddhisme, où l'alcool y est interdit depuis l'époque de Shakyamuni. Un des disciples de ce dernier possédait les grands pouvoirs du Dharma,[22] ce qui le rendaient suffisamment fort pour maîtriser un tigre. Mais chaque fois qu'il buvait, il finissait allongé sur le sol comme un chien. Shakyamuni était extrêmement attristé de voir une personne aussi accomplie, étalée sur le sol dans cet état. Ainsi, il se dit :

'Comment quelqu'un d'aussi puissant, qui est capable de soumettre le dragon et de dompter le tigre,[23] peut-il se retrouver ainsi ?' C'est pourquoi Shakyamuni a interdit l'alcool. Dans le daoisme cependant, il n'était pas totalement interdit de consommer de l'alcool par le passé. Il existe cinq sortes de personnes et de situations où la consommation d'alcool est autorisée, bien qu'il ne s'agisse pas de s'enivrer :

老，弱，病，残，客。

Le vieux, le faible, le malade, l'estropié,

Et [lorsqu'on reçoit] des invités.

Lorsque j'étais jeune, un de mes voisins buvait jusqu'au point de s'empoisonner fortement. Ses mains tremblaient comme celles d'une personne atteinte de la maladie de parkinson. A chaque fois qu'il buvait, et il pouvait consommer en deux gorgées une demi-livre chinoise,[24] il pouvait faire de la calligraphie dans un style ancien nommé 'les caractères du sceau de la fleur de prunier',[25] écrivant des deux mains simultanément comme s'il avait deux cerveaux indépendants. Parce que les gens voulaient le voir calligraphier dans la rue, ils aimaient alors le faire boire. Mais, au sein de la porte du Dao, il ne doit pas y avoir de consommation excessive d'alcool :

酒不可以过瘾。

L'alcool ne doit pas [être utilisé] pour satisfaire vos envies,

Ou pour vous amuser à outrance.

Il faut également préciser que l'alcool est en réalité le plus grand des médicaments. Il a été employé comme traitement médicinal depuis la nuit des temps jusqu'à nos jours. Pour autant, tout alcool, même en présence d'invités, devrait être pris avec mesure et dans certaines limites. En cas de maladie, on ne devrait boire qu'une moitié de *Liang*[26] trois fois par jour pour la longévité et la guérison. Si les personnes âgées deviennent faibles dans leurs membres, c'est parce qu'il y a des troubles de la circulation du Qi et du sang dans leur corps. Elles ont donc besoin d'alcool médicinal pour mobiliser le Qi et le sang, et ainsi libérer leurs méridiens.

---

[1] Li Shi Fu n'aime pas non plus la cueillette de fleurs hasardeuse et sans but réel, car il considère que cela tue le potentiel reproductif de la plante.

[2] Li Shi Fu a une très grande confiance dans sa capacité à manipuler des serpents venimeux et parle selon son propre point de vue dans ce cas. Il a été vu en train maîtriser une vipère à l'aide d'un bâton fourchu sans sourciller, et la ramasser pour l'éloigner de la cour du temple.

[3] En chinois, 七里牛 [qi li niu].

[4] Voir également Livre III : Livre de l'Humain, Chapitre 6, *Les Huit Fondements du Daoisme* [dao jiao ba gen ji 道教八根基], note de bas de page 31.

[5] En chinois, 死亡尸气 [si wang shi qi].

⁶ Cela peut sembler contradictoire avec la remarque précédente, mais si vous mangez seulement un peu de viande, il n'est nécessaire de prendre la vie que d'un petit nombre d'animaux et les conséquences sur le karma sont moins importantes. Cependant, le karma est toujours en jeu et par conséquent ne tuer aucun animal reste la meilleure option.

⁷ Il s'agit d'une référence de la médecine chinoise aux maladies causées par le vent-froid et le Qi pathogène qui, en entrant dans le corps, se transforment en chaleur et causent la fièvre. Il existe un livre célèbre de Zhang Zhong Jing [张仲景] intitulé *Discussions sur les Dommages liés au Froid* [shang han lun 伤寒论].

⁸ En chinois, 定数 [ding shu].

⁹ Littéralement Chauve-Souris Blanche [白蝠]. Il était un chien spécial. Il se couchait souvent devant le hall du temple pendant les sessions de méditation. Lorsqu'il aboyait dans l'obscurité, Li Shi Fu commentait en disant que ce chien pouvait voir des choses que nous sommes incapables de percevoir.

¹⁰ Les paysans posent un grand nombre de pièges à ressorts sur la Montagne du Cheval Blanc pour attraper des lapins, des cerfs et des sangliers. Malheureusement, en conséquence de cela, trois des chiens du temple au total ont perdu une patte après avoir été roder dans la forêt.

¹¹ En chinois, 全真派 [quan zhen pai], souvent traduit par l'Ecole de la Perfection Complète ou de la Réalisation Complète.

¹² En chinois, 正一派 [zheng yi pai], souvent traduit par l'Ecole de l'Unité Orthodoxe.

¹³ Le sang et le Qi sont interreliés et s'influencent mutuellement, comme l'indique un dicton populaire en médecine chinoise :

> 气为血之帅，血为气之母。
> Le Qi est le maître du sang,
> Et le sang est la mère du Qi.

¹⁴ Dans la médecine daoiste [dao yi 道医], il est recommandé de manger jusqu'à ce que l'estomac soit plein à quatre-vingts pour cent de sa capacité [ba cheng 八成]. On ne devrait jamais manger au point de se sentir rempli à cent pour cent.

¹⁵ Voir également le Commentaire de la 1ère Barrière, note de bas de page 45.

¹⁶ 'Utiliser sa salive' représente les paroles et les mots d'une personne, alors que 'creuser un trou' signifie blesser les autres. Le poids des mots qui crée un trou ou une fosse est une analogie pour le préjudice potentiel que vous pouvez causer aux autres.

¹⁷ En chinois, 说到那儿，做到那儿 [shuo dao nar, zuo dao nar].

¹⁸ En chinois, 无信不立 [wu xin bu li].

¹⁹ Voir Livre III : Livre de l'Humain, Chapitre 37, *Tao Fa Zhen* [陶法真].

²⁰ En chinois, 陕西.

²¹ S'agenouiller et se prosterner est commun dans les rituels où l'on prie pour avoir la santé, la réussite dans les affaires et une descendance.

²² En chinois, 法力 [fa li].

²³ En chinois, 降龙伏虎 [xiang long fu hu]. Soumettre le Dragon [pourpre] et Dompter le Tigre [blanc] sont des termes empruntés à l'alchimie interne. Ils désignent respectivement l'arrêt des menstruations et des émissions séminales durant une étape distincte de la pratique interne. Voir également le Commentaire de la 1ère Barrière.

²⁴ En Chine, l'alcool est étrangement mesuré en poids et non en volume.

²⁵ En chinois, 梅花篆字 [mei hua zhuan zi].

²⁶ Une moitié de *Liang* [两] équivaut à environ 25ml.

9.

五品僊人

Les Cinq Rangs d'Immortels

Le chapitre qui suit est une synthèse de diverses notes prises au cours des années au Temple des Cinq Immortels. Elle n'est en aucun cas complète et exhaustive, mais vise plutôt à fournir au lecteur une vue d'ensemble sur ce sujet, afin d'approfondir sa compréhension des 49 Barrières à la Pratique du Dao et des commentaires qui les accompagnent.

La hiérarchie des immortels[1] se divise en cinq rangs :

    Les Immortels Fantômes [gui xian 鬼仙]
    Les Immortels Terrestres [di xian 地仙]
    Les Immortels Humains [ren xian 人仙]
    Les Immortels Esprits [shen xian 神仙]
    Les Immortels Célestes [tian xian 天仙]

Ces rangs reflètent divers niveaux de pratique que l'humain peut réaliser. Au final, l'objectif d'un adepte est de cultiver et de se raffiner au-delà du niveau de l'immortel humain. Avant toute chose, il est crucial de définir le mot 'Immortel'. Un immortel se distingue d'un mortel ordinaire car il possède des capacités et des attributs spéciaux, comme par exemple pour certains, d'avoir des ailes. Alors qu'un mortel ordinaire ne peut survivre sans nourriture pendant un certain temps, un immortel est capable de dépasser cette durée de façon considérable. Un mortel ordinaire mettra deux heures de voyage en voiture pour aller de la Montagne du Cheval Blanc jusqu'à Shi Yan, la ville du coin, tandis qu'un immortel y arrivera en une demi-heure sans utiliser de véhicule. Ces exemples se rapportent aux deuxièmes et troisièmes rangs, les immortels terrestres et les immortels humains, car tous deux possèdent encore un corps. S'ils connaissent la bonne méthode, alors il leur est facile de passer de ce niveau à un niveau d'immortalité supérieur. Il est ainsi important de bien connaître la lignée d'enseignement suivie par ces immortels et les techniques qu'ils ont employées. Chaque niveau possède son propre ensemble de méthodes, permettant d'obtenir certaines capacités ou réalisations.

    Le rang le plus bas est celui des immortels fantômes, qui parcourent les royaumes inférieurs et la Terre comme s'ils étaient les chefs de l'enfer. Ils sont également capables de se transformer librement et de prendre de nouvelles formes, existant ainsi pendant très longtemps dans ce royaume terrestre. Bien qu'ils n'aient pas réussi à comprendre les grands aspects de la pratique, ils ont réussi à retourner à la source.[2] Pour autant, ils n'ont pas compris comment transformer le Yin et le Yang. En d'autres termes, ils ne se sont pas dissous dans le Yin et le Yang au moment de la mort[3] et ils demeurent ainsi telle une entité entière. Cela est dû à leur manque de connaissance ; par conséquent, ils ne s'élèvent pas. En revanche, ils ne vivent pas dans notre espace tridimensionnel et ne sont ainsi pas soumis aux mêmes règles que les humains. Les immortels fantômes sont très différents de ce que l'on appelle habituellement les 'Fantômes', car ces derniers sont encore mortels. Les immortels fantômes sont toujours capables d'évoluer, mais cela leur prendra beaucoup plus de temps que s'ils avaient encore une forme humaine. C'est pourquoi le corps humain est ce qu'il y a de plus précieux[4] en ce monde. C'est lui qui vous donne le choix de décider ce que vous deviendrez finalement dans votre pratique.

Les immortels humains par exemple, sont capables de vivre très longtemps dans cette dimension, comme l'Ancêtre Fondateur Peng,[5] âgé de 800 ans et Mathusalem[6] dans la Bible. Pour atteindre le rang d'immortel humain, il faut protéger son essence, son Qi et son esprit. Il leur est toujours possible de s'engager dans les activités de la vie normale, comme avoir des enfants et fonder une famille. Parmi les cinq rangs d'immortels, deux existent sur le même plan temporel que l'humain, à savoir les immortels terrestre et les immortels humains. Ces deux types d'immortels peuvent avoir été des pratiquants de l'alchimie externe ayant transformé leurs tendons et leurs os. Les gens peuvent les voir car ils occupent le même espace-temps. Ils font l'objet de légendes que les peuples aiment raconter. Ils possèdent un Gong et des compétences comme la capacité de sauter instantanément jusqu'à un endroit éloigné. Plus encore, ils sont exempts de toute maladie, car leurs muscles, leurs os et leurs tendons ont été transformés. Si l'on devait comparer leur deux Gong, alors on peut considérer que les immortels humains sont les plus accomplis. L'Ancêtre Fondateur Peng était le plus vieil être vivant connu de l'histoire de la Chine et il était également daoiste. Il a conçu une nouvelle méthode pour transformer le Yin et le Yang, qui combinait l'ingestion d'un médicament externe à la pratique interne pour transformer le Qi. S'il a pu vivre si longtemps, c'est parce qu'il prenait des médicaments préparés par lui-même à des fins de longévité. Mais un immortel humain, bien qu'il puisse vivre mille ans, devra tout de même mourir un jour, car il doit encore sublimer et s'élever afin d'échapper à l'éventuelle interruption de la vie.

Alors que l'immortel terrestre est un produit de l'alchimie externe et des pratiques physiques, ce qui comprend le Qi Gong, le Dao Yin[7] et les exercices daoistes qui favorisent la longévité, la majorité des immortels humains sont issus de l'alchimie interne et d'un renoncement aux pratiques externes. Les immortels terrestres cultivent le corps extérieur par des formes et des mouvements externes, impliquant des techniques de respiration et d'accumulation, comme prendre le Yang pour tonifier le Yin et vice versa. Ils peuvent également avoir recours à des compléments extérieurs, comme les nombreux médicaments qui existent et améliorent la longévité et régulent les organes internes. Les immortels terrestres sont capables de vivre très longtemps en préservant et en protégeant leur Qi originel. Les immortels humains par contraste, se concentrent sur la pratique interne de la quiétude et de la tranquillité. Ce que ces deux rangs ont en commun est la nécessité d'éliminer les désirs et de préserver le centre.[8]

Le rang suivant est celui des immortels esprits. Les êtres humains qui, en cultivant le mérite et en accomplissant de bonnes actions, sont capables de contribuer grandement au bénéfice de l'humanité et de la société, peuvent ainsi devenir des immortels esprits. Ils ne se dispersent plus en Yin et en Yang au moment de la mort car leur essence, leur Qi et leur esprit ont été unifiés ; ils sont ainsi capables de s'élever. Au contraire des deux rangs précédents, les immortels esprits vivent alors dans un univers supérieur et n'existent plus dans le même espace physique que les humains. Un immortel terrestre est comme un nouveau-né, alors que l'immortel esprit est un adulte.

Ainsi, ces cinq rangs correspondent à différents stades d'immortalité que les humains peuvent atteindre, le plus élevé étant celui des immortels célestes.[9] L'immortel céleste embrasse les cieux et la terre. Comme il existe dans un autre univers, les humains le qualifient d'éternel. Rien de ce qui se passe dans cet univers ne peut affecter les immortels célestes, car leur statut est absolu. Ils sont capables de parcourir cent mille kilomètres en un clin d'œil, de s'immerger dans l'eau sans se noyer, d'entrer dans le feu sans être brûlés[10] et même de vivre sur le soleil qui est bien plus chaud que n'importe quel feu sur Terre. Le Roi des Enfers ne peut les forcer à mourir et les déités ne peuvent leur accorder la vie ; l'immortel céleste est au-delà de leur portée et de leur contrôle.

Si l'on devait faire un résumé, les immortels terrestres et humains existent dans le même espace physique que celui des humains, ils peuvent habiter à Bei Jing ou à Wu Dang. Les immortels fantômes résident dans un univers inférieur, tandis que les immortels esprits et célestes vivent dans un royaume supérieur.

---

[1] L'immortalité [xian 仙] en chinois n'a pas la même signification qu'en occident. Ce terme est parfois traduit par le mot 'transcendance', et inclut également les personnes qui parviennent à vivre beaucoup plus longtemps que la moyenne des gens.

[2] Réussir à retourner à la source ou au centre [gui zhong 归中] signifie qu'ils sont revenus à la source du Yin et du Yang, ce qui est un exploit remarquable, mais qu'ils ne savent pas quoi faire avec la source du Yin et du Yang. Ainsi, au lieu de s'élever vers les niveaux supérieurs de la sublimation, ils restent sur ce plan et dans les mondes inférieurs.

[3] Dans la théorie chinoise de l'état après la mort, le corps se divise en Yin et en Yang, à savoir l'âme Yin ou corporelle [po 魄], et l'âme Yang ou éthérée [hun 魂]. L'âme Yin descend dans la terre, pendant que l'âme Yang monte vers le ciel. A l'origine, c'est ainsi que les humains sont façonnés, en unifiant le Yang, l'aspect le plus immatériel venant du ciel et le Yin, l'aspect le plus matériel venant de la terre. C'est ainsi que s'est formée la croyance cosmologique selon laquelle les cieux et la terre s'unifient en l'humain qui devient alors le produit de cette unification. Par conséquent, les immortels fantômes n'ont plus d'autres choix que d'errer sur ce plan, ce qui n'est pas une existence agréable.

[4] Le corps humain est très prisé par d'autres entités telles que les esprits renards et les esprits serpents.

[5] Voir Livre III : Livre de l'Humain, Chapitre 20, *L'Ancêtre Fondateur Peng* [peng zu 彭祖].

[6] Voir Commentaire de la 1ère Barrière, note de bas de page 29.

[7] Dao Yin [导引] est souvent mal traduit par yoga daoiste, mélangeant des exercices issus de différentes cultures. Le Dao Yin consiste à guider et à diriger le Qi par certains ensembles de mouvements lents, tels que le 'Jeu des Cinq Animaux' [wu qin xi 五禽戏].

⁸ Préserver le centre [shou zhong 守中] est une référence à la préservation de la lumière de sagesse, la graine de vie tel l'œuf couvé par la poule, dans le champ de l'élixir inférieur. C'est également le nom de certains exercices dans lesquels on place notre intention dans le champ de l'élixir inférieur. Au passage, dans les arts martiaux, l'adversaire essaye souvent d'attaquer notre centre de gravité pour nous pousser ou nous tirer hors du centre. En médecine chinoise, les points pour traiter le centre se trouvent principalement sur les méridiens de la rate et de l'estomac.

⁹ Dans un autre cours, Li Shi Fu a expliqué qu'il existe un rang encore plus élevé que l'on appelle 'L'Immortel de la Grande Voute d'Or' [da luo jin xian 大罗金仙], dans lequel on atteint le plan de Shakyamuni et de Dieu. A ce stade, on doit renoncer entièrement à ses pouvoirs et à ses capacités spirituelles. En réalité, il s'agit de s'unir avec ces pouvoir pour devenir eux, plutôt que de les posséder. Il existe même un niveau encore plus élevé et encore plus transcendantal nommé 'Briser le Néant et Retourner à l'Origine' [fen sui xu kong hui gui yuan shi 粉碎虚空回归原始]. C'est le 'Nirvana du Non-Monde' [wu yu nie pan 无宇涅磐] dans lequel plus rien ne subsiste.

¹⁰ 'S'immerger dans l'eau sans se noyer et entrer dans le feu sans être brûlé' [ru shui bu ni ru huo bu fen 入水不溺入火不焚] est une phrase tirée de *L'Ecriture Mystérieuse du Sceau de l'Esprit du Noble et Haut Empereur de Jade* [gao shang yu huang xin yin miao jing 高上玉皇心印妙经].

10.
百日築基

Les Cent Jours pour Poser une Fondation

百日筑基固，十月胎养全。三年乳哺毕，九载面壁完。

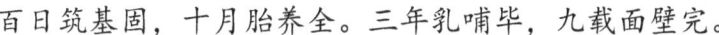

——劝刊大成捷要五言古

Les Cent Jours pour Poser une Fondation l'ont rendu solide,
Les Dix Mois pour Nourrir l'Embryon ont été complétés.[1]
Les Trois Ans d'Allaitement [du Nourrisson] sont terminés,[2]
Les Neuf Ans Face au Mur ont pris fin.[3]

—*L'Essentiel du Raccourci à la Grande Réalisation*
'Conseils en Poème de Cinq Mots'

[一] 初节炼精化气功夫

I. Le Gong Fu de la Première Etape du Raffinement de l'Essence et de sa Transformation en Qi[4]

C'est la première étape à franchir, le premier sujet d'étude et la première leçon concernant la pratique. Lorsque l'on est en bonne santé, sans maladie et que l'essence est pleine et suffisante, alors on peut ouvrir cette porte et commencer la pratique des cent jours. Il s'agit de faire cesser toute pensée et de rester vingt-quatre heures par jour dans cette quiétude. Durant cette période, on a encore besoin de manger, mais il se peut que l'on n'ait besoin que de très peu de sommeil, trois à cinq heures par nuit seulement. Cela n'a en revanche rien à voir avec une incapacité pathologique à dormir, comme une insomnie. Dans cet état, on reste :

空空洞洞虛虛靈靈。

Vide et creux,

Dans le néant et le divin.

C'est tout ce qu'il y a à dire et il est inutile d'en dire plus. Tout ce que l'on doit faire est de concentrer son esprit en le focalisant vers le bas et en le plaçant dans le champ de l'élixir inférieur. En faisant ainsi, on préserve, on nourrit et on illumine[5] silencieusement la lumière de sagesse.[6] On doit être véritablement immobile et prendre bien soin de cette lumière. Pour commencer, il faut observer ce rayonnement de l'esprit[7] pendant une heure peut-être, puis augmenter progressivement cette durée jusqu'à deux ou trois heures. Lorsque le calme atteint son apogée, la respiration devient naturelle - longue, fine et régulière – et ainsi seule une petite quantité d'air entre dans les poumons, juste un dixième ou un cinquième de la quantité d'air inspiré en temps normal ; cela sera spontané et s'illuminera en silence. J'invite tout le monde à faire cette expérience et à vérifier par soi-même. Cependant, lorsque vous rentrerez chez vous et que vous essayerez tout cela, alors il vous sera difficile de vous livrer à une telle pratique pendant 49 jours,[8] car vous devrez encore aller au travail, prendre soin de vos enfants, vous acquitter de vos responsabilités, et gérer les soucis et les tentations. Pour l'instant, vous devriez mettre en œuvre cette pratique à un rythme progressif et rester au niveau de la longévité.[9] En effet, tant que vous n'avez pas encore atteint la graine véritable[10] ou la grande médecine,[11] toutes les méthodes et techniques employées se cantonnent au niveau de la longévité. Trente minutes ou une heure d'assise méditative et de pratique de la quiétude, sont suffisantes pour que votre corps et votre système endocrinien se transforme. Ainsi, pouvez-vous imaginer à quoi ressembleraient les transformations du corps si vous vous mettiez à méditer pendant un à trois jours, ou même pendant sept jours d'une traite ? A moins que vous ne l'essayiez, cette notion restera à jamais insondable.

Après trois mois ou cent jours, vous serez véritablement en mesure d'accéder à des niveaux de pratique plus profonds, car l'esprit sera connecté et unifié dans le ventre, où il y sera caché. C'est ce que l'on appelle 'La Respiration Embryonnaire'. Lorsque la respiration embryonnaire[12] prend place, permettez-la de suivre son cours naturel et laissez-la se déployer sans la forcer.

[二] 绝食腥荤香辣

II. Se Sevrer des Excitants, des Parfums, des Epices et des Plats à base de Viande

---

La seconde étape lorsque l'on aborde la pratique du Gong des cent jours est de réguler son alimentation. Il faut s'abstenir de manger de la viande et du poisson, ainsi que tous aliments parfumés,[13] épicés et même le sel, car tous perturbent nos pensées. On dit traditionnellement que le parfum et le piquant dispersent le Qi alors que l'adepte cherche à l'accumuler. De plus, il est fréquent que la viande comporte encore du sang, ce que l'on ne devrait pas ingérer. Il faut également éviter de manger jusqu'à être trop rassasié, car cela endommage le corps. En revanche, avoir trop faim endommage le Qi. Ainsi, lorsque l'on a faim, on devrait manger un peu mais pas trop, puis s'arrêter. Manger des aliments épicés entraine une montée de feu, ce qui crée des problèmes et un déséquilibre pour le corps. Ainsi, il faut être prudent et attentif en ce qui concerne son alimentation.

[三] 收心炼己口诀
III. Rassembler le Cœur-Esprit et Raffiner le Soi

L'étape suivante consiste à rassembler le cœur-esprit[14] et à raffiner le soi. Combien de fois cela doit-il être entrepris ? Il s'agit de s'entrainer à se détacher du soi. Si l'on est incapable de maîtriser ses pensées, alors on devrait compter les moutons, utiliser un chapelet à prière, chanter, réciter les écritures ou bien se concentrer sur sa respiration. En procédant ainsi, on devrait pouvoir rassembler ses pensées et non plus se laisser emporter par elles. Il s'agit de prendre toute nos connaissances et toute nos pensées, puis leur ordonner de s'arrêter, ce qui est la tâche la plus difficile. Cela est simple et direct à comprendre, il suffit de se calmer. Mais bien que cela soit facile à dire, qui peut réellement s'arrêter de penser ? Qui peut le faire pendant un certain temps, et pas seulement pendant un instant ? Quiconque est capable de le faire sera capable d'entrer dans la quiétude. Pour autant, si vous avez atteint cet état mais que vous n'avez aucune idée de ce qui doit être fait après, comment pourriez-vous alors vous élever vers les objectifs supérieurs de contemplation et d'accomplissement de la pratique ? Vous devez donc avoir une connaissance des principes et de la théorie. A quoi pense une personne stupide ? A quoi pense une personne qui est dans un état végétatif ? Alors qu'aucun mouvement n'est visible sur le corps de la personne, tel une plante, le cerveau peut néanmoins fonctionner avec rapidité. Une personne stupide et sans pensées n'a aucune connaissance, et elle n'est donc pas consciente de ce qu'il y a à faire ; ainsi son élixir sera inutile pour cultiver. De plus, tant que le raffinement de soi et du caractère n'a pas porté ses fruits, alors le soutien des forces et des champs énergétiques supérieurs sera manquant ; par conséquent les démons intérieurs et extérieurs viendront vous trouver. Mais avec le temps, en atteignant un certain niveau, vous pourrez même vous libérer des rêves. Ce n'est que lorsque l'on abandonne la pensée d'une personne ordinaire que l'on peut accéder au portail menant à une autre dimension. Selon les mots d'un dicton daoiste :

人心不死，道心不开。

> Si le cœur-esprit de l'humain ne meurt pas,
> Alors le cœur-esprit du Dao ne peut s'éveiller.

Si l'on est anxieux à l'idée de réussir, alors on tombera dans la 37ème Barrière de l'Impatience pour des Résultats Rapides. Il faut progresser pas à pas. Si le raffinement du soi n'est pas encore mûr, alors on sera incapable de contrôler ses désirs et ses pensées, et on sera distrait par la moindre tentation. Les singes du cœur-esprit n'ont pas encore été maîtrisés et ils n'obéissent pas à notre volonté. Le singe est une métaphore appropriée pour les pensées, car il ne s'assiéra pas simplement parce que vous lui en donnez l'ordre. Ainsi, vous ne devriez pas rechercher de résultats rapides.

[四] 回光返照天机
IV. Le Mécanisme Céleste du Retour de la Lumière et du Renversement de l'Illumination

L'étape suivante est également appelée 'Le Renversement de l'Illumination de l'Eclat de la Sagesse' [hui guang fan zhao 慧光返照]. Le mot 'lumière' ou 'éclat' [guang 光] possède deux sens : d'une part il fait référence à la pensée, et d'autre part aux yeux qui regardent vers l'extérieur, c'est-à-dire les yeux qui perçoivent le monde environnant. *Fan* [返] signifie retourner, inverser ou renverser, tandis que *Zhao* [照] signifie une torche. Lorsque l'on ne voit pas la nuit, où trouve-t-on la lumière ? On la trouve dans l'espace du champ de l'élixir inférieur, sous le nombril. Maintenir les pensées dans cet endroit est un processus continu qui doit être entretenu pendant un long moment. Dès que le singe des pensées s'échappe, il faut le saisir et le ramener pendant que l'esprit se concentre et reste dirigé vers le bas. Dans le passé, cette méthode était appelée 'Le Nettoyage du Soi par la Lumière Céleste'[15] ou bien 'Le Nettoyage par la Lumière'.[16] Il s'agit du nettoyage de chaque cellule du corps par la lumière, ce qui permet de ramener ou de récupérer le cœur-esprit, tout en surveillant le champ inférieur de l'élixir. C'est une forme d'attente patiente, bien que cela soit très difficile à décrire, car aucun effort mental ou conscient avec le cœur-esprit n'est fait durant cette attente :

> 等而不等，不等而等。
>
> Attendre sans attendre,
> Être sans attente, mais en attendant.

En fin de compte, ce que l'on attend est la naissance du Yang.

[五] 文武风火妙用
V. Les Effets Merveilleux du Vent et du Feu Civil et Martial

Ce point est crucial. Le feu et le vent, civil et martial, représentent les différentes respirations d'une personne, en termes de puissance d'intention et de force. Ce que l'on nomme le 'vent'[17] dans les écritures alchimiques est une métaphore pour la respiration, tandis que le feu renvoie aux pensées et aux intentions. Le feu et le vent civil correspondent à une respiration naturelle qui est employée lorsque l'on cultive la quiétude ; il s'agit d'une respiration longue, fine et régulière, associée à une intention tranquille. Au contraire, le feu et le vent martial ne sont pas naturels, car la respiration est forcée, dure et grossière, associée à une intention forte.[18] Le feu et le vent martial doivent être entrainés et développés jusqu'à ce que l'on rencontre la naissance du Yang.[19] Dès qu'elle se produit, ce qui peut arriver à n'importe quel moment, cela rentre dans la catégorie des moments-Zi dits dynamiques[20] ; des méthodes appropriées doivent alors être mises en œuvre immédiatement. Dans la cosmologie chinoise, le moment-Zi correspond au solstice d'hiver de chaque année ; à l'échelle d'une journée, il correspond à minuit.[21] Le moment-Zi de l'être humain correspondant à un Yang issu du désir, se nomme 'Le Moment-Zi Dynamique', car on ne sait pas quand il va se produire.[22] Le moment-Zi dynamique n'étant pas fixe, il peut intervenir à n'importe quel moment de la journée, car il n'est pas le produit de l'unification des cieux et de la terre. Lorsqu'il y a unification avec les cieux, alors on appelle cela un 'Moment-Zi Véritable'.[23] Il n'y a pas à se préoccuper de savoir quand celui-ci se produira, tant qu'il est récupéré et que l'essence ne s'échappe pas du corps.[24]

---

[1] Les dix mois pour nourrir l'embryon [shi yue yang tai 十月养胎] sont une référence à l'étape qui suit la réalisation et la collecte de la grande médecine. Dix mois correspondent à peu près à la durée de la gestation d'un embryon dans l'utérus d'une femme. Pendant que le cultivateur protège son rayonnement [guang 光] et l'élixir, et qu'il continue de 'nourrir' la grande médecine au cours de ces dix mois, alors sa sphère énergétique se transformera magiquement et se changera en un troisième corps, qui prendra progressivement forme et apparence.

[2] Les trois ans d'allaitement [du nourrisson] [san nian pu ru 三年哺乳] représentent la phase où le corps Yang est formé, ce qui peut être comparé à un nouveau-né qui vient de naître, et qu'il faut surveiller et encadrer pendant trois ans. Ainsi, pendant cette période, il faudra respecter des règles strictes en termes de durée et de fréquence à laquelle le corps Yang est autorisé à sortir du corps physique. Ces trois années sont les plus dangereuses pour le corps Yang qui est alors inexpérimenté et fragile. L'achèvement de cette période marque le point final pour les femmes, tandis que les hommes ont encore neuf années supplémentaires, durant lesquelles le corps Yang doit être restreint.

[3] Les neuf ans face au mur [jiu zai mian bi 九载面壁] constituent une étape finale qui ne concerne que les hommes. C'est le moment où le corps Yang, le véritable corps, est retenu et scellé à l'intérieur du corps physique, pour empêcher toute sortie pendant neuf années complètes. C'est la période pendant laquelle Bodhidharma, le fondateur du bouddhisme Chan chinois s'assis dans une cave, face à un mur. Voir également Livre III : Livre de l'Humain, Chapitre 19, *Le Corps Véritable* [zhen shen 真身].

⁴ Le texte ci-dessous est extrait du classique de Liu Hua Yang [刘华阳], *L'Essentiel du Raccourci à la Grande Réalisation* [da cheng jie yao 大成捷要], accompagné des commentaires de Li Shi Fu.

⁵ Illuminer [zhao 照], au sens plus large, fait référence à l'introspection, c'est-à-dire au fait de placer son intention dans le champ de l'élixir inférieur ou sur d'autres points spécifiques, pour rassembler l'énergie et condenser l'élixir ou la lumière.

⁶ Voir Livre III : Livre de l'Humain, Chapitre 12, *La Méthode de la Lumière de Sagesse* [hui guang fa 慧光法].

⁷ En chinois, 神光 [shen guang].

⁸ Le nombre 49 a une signification importante dans le daoisme. Les cérémonies sacrificielles doivent être effectuées par exemple pendant 49 jours, sept fois sept. Pour la même raison, les rites funéraires se déroulent pendant 49 jours et les prières sont prononcées une fois par semaine pendant sept semaines.

⁹ Les pratiques de longévité augmentent la durée de vie d'une personne et améliorent la santé. En revanche, elles ne sont pas suffisantes pour atteindre les étapes supérieures de l'alchimie interne.

¹⁰ En chinois, [zhen zhong 真种]. La graine véritable résulte de la pureté et de la quiétude ; elle est synonyme de la grande médecine. Sans la pure graine véritable, toute l'accumulation en lien avec la pratique sera gaspillée. Dans le daoisme, cela est métaphoriquement comparé à la cuisson des céréales ou au fait de chauffer un wok sans eau :

> 鼎中若无真种子,尤将烈.火煮空铛, 如无麦子空摩磨。
> S'il n'y a pas de graine véritable dans le chaudron,
> Alors c'est une erreur de faire chauffer le wok à vide, sous un feu intense.
> C'est comme si l'on broyait à la meule sans blé.

Ce processus prend place durant la réclusion, en dehors de la société, tandis que récolter la petite médecine peut se pratiquer au cours de la vie en société, comme une personne normale ou laïque.

¹¹ En chinois, [da yao 大药]. La grande médecine est également appelée 'La Médecine Majeure'.

¹² La respiration embryonnaire [tai xi 胎息] est également appelée la respiration du ciel antérieur. Elle est similaire à la respiration qu'ont les bébés dans le ventre de leur mère. Voir aussi le texte principal du Commentaire de la 21ème Barrière.

¹³ Les herbes et épices parfumées ou aromatiques [xiang 香] sont considérées comme des excitants moyens, tels que la vanille [xiang cao 香草], littéralement herbe parfumée, et la coriandre [xiang cai 香菜], littéralement le légume parfumé.

¹⁴ Rassembler le cœur-esprit signifie ramener son attention, sa concentration et son intention à l'intérieur du corps.

¹⁵ En chinois, 天光洗自己 [tian guang xi zi ji].

¹⁶ En chinois, 光洗 [guang xi].

¹⁷ En chinois, 风 [feng].

¹⁸ Le feu et le vent martial sont souvent comparés à la respiration laborieuse d'un bœuf au travail.

¹⁹ La naissance du Yang [yang sheng 阳生] fait référence à une érection.

²⁰ En chinois, 活子时 [huo zi shi].

²¹ Zi [子] est la première des 'Douze Branches Terrestres' [di zhi 地支] qui divisent la journée de 24 heures en 12 segments de deux heures. Les branches terrestres sont souvent associées aux 'Dix Troncs Célestes' [tian gan 天干]. Dans le calendrier lunaire chinois, chaque jour est attribué à une branche terrestre et à un tronc céleste, ce qui forme alors un cycle sexagénaire de soixante jours ou de soixante années. Ce système est particulièrement important pour les règles de la géomancie et de la divination. 'Zi' lui-même est intraduisible. Lorsqu'on lui a posé la question, Li Shi Fu a expliqué que ce terme pouvait être considéré comme un talisman, dont le caractère et la prononciation sont porteurs de pouvoir. Lorsque les érections surviennent de façon aléatoire, on parle de 'Moment-Zi Dynamique', car il n'y a alors pas d'heure fixe à laquelle elles se produisent, et elles ne sont pas alignées sur la période attribuée au moment-Zi, c'est-à-dire entre 23h et 1h. Mais lorsqu'une érection apparaît sans avoir été engendrée par le désir, depuis un état de quiétude pur, et entre 23h et 1h du matin, alors on nomme cela un moment-Zi véritable, car cela correspond à la période de deux heures attribuée au moment-Zi. On appelle cela l'unification des cieux et de la terre.

²² On pourrait se demander pourquoi ce désir momentané est rattaché à la notion du moment-Zi, étant donné que Zi correspond dans la nature au moment de la mort. On pourrait trouver plus logique d'associer l'émergence du Yang, c'est-à-dire le désir, avec le temps du printemps et de sa vitalité. La théorie du moment-Zi cependant, est en accord avec le dicton daoiste suivant :

> 无中生有。
> L'existence naît du néant.

Ce n'est que dans l'immobilité absolue de la pratique méditative que le mouvement peut naitre. Le moment-Zi fait référence à la pratique de la quiétude et on le dit dynamique parce qu'il apparaît de façon aléatoire. Ainsi, le moment-Zi ne se réfère pas tant à ce mouvement momentané, mais plutôt à cet objectif final qu'est la culmination de la tranquillité et de la sérénité. En comparaison, l'arrivée du Qi Yang commence au moment du jour le plus court de l'année, le solstice d'hiver, le Yin ayant alors atteint son apogée, laissant le Yang lui succéder. Comme il est dit dans *L'Essentiel du Raccourci à la Grande Réalisation* :

> 静极当动，不动则阴盛而伤气。。。
> 。。。静中阳动金离矿，地下雷轰火逼金。
> Dans l'immobilité extrême, il devrait y avoir mouvement.
> S'il n'y a pas de mouvement, c'est que le Yin est excessif et blesse le Qi…
> C'est dans l'immobilité que le Yang se met en mouvement, comme l'or se détache du minerai. Sous le sol, [on ressent] des coups de tonnerre alors que le feu se précipite vers l'or.

²³ En chinois, 正子时 [zheng zi shi].

²⁴ La respiration puissante et forcée du feu et du vent martial est associée à une contraction du périnée et à une puissante intention, ce qui aboutira au final à un relâchement et à une détente des organes génitaux masculins.

11.

性命

Nature-Intérieure et Vie-Destinée

古人云：

世有性功足，而命功亏。

—大成捷要·动静无偏

Les anciens ont dit :

Le monde possède suffisamment du Gong de la nature-intérieure,[1]
Mais le Gong de la vie-destinée y est insuffisant.

—L'Essentiel du Raccourci à la Grande Réalisation
'Mouvement et Quiétude Sans Déviation'

Tout d'abord, il faut distinguer les deux termes nature-intérieure [xing 性] et vie-destinée [ming 命]. La nature-intérieure fait référence à la conduite et aux pensées de chacun, alors que la vie-destinée concerne le corps physique.[2] Le Gong de la vie-destinée[3] est ce qui permet la sublimation ou la transformation de la chair du corps physique. Nombreux sont les pratiquants qui échouent dans ce domaine car ils n'ont pas suffisamment mis l'accent sur le Gong de la nature-intérieure, pratique au cours de laquelle une personne se forge un caractère bienveillant et devient une bonne personne. On pourrait dire que c'est le bouddhisme qui a le plus développé le Gong de la nature-intérieure et que c'est le daoisme qui attache le plus d'importance au Gong de la vie-destinée, et par voie de conséquence, à la double pratique simultanée de ces deux aspects.[4] C'est pourquoi le daoisme encourage l'unification des trois enseignements, afin de réunir le Gong de la nature-intérieure souligné par le bouddhisme et le confucianisme, et le Gong de la vie-destinée développé par le daoisme.[5]

L'Ancêtre Fondateur Lü Dong Bin, dans son 'Poème sur le Tirage des Lignes [de l'Hexagramme]',[6] nous incite à ne pas négliger la pratique de la vie-destinée en ne nous concentrant que sur la nature-intérieure :

> 只修性,不修命,此是修行第一病。只修祖性不修丹,万劫阴灵难入圣。
>
> Cultiver la nature-intérieure seule sans cultiver la vie-destinée est la première faute de celui qui cultive. Cultiver uniquement la nature-intérieure des ancêtres, sans cultiver l'élixir, rendra difficile l'accès de la divinité Yin[7] au royaume de la sagesse pour dix mille éons.[8]

Vous pouvez réaliser le Gong de la vie-destinée en cent jours,[9] mais le Gong de la nature-intérieure[10] est l'affaire de toute une vie. Il a également été dit que, dès que la nature-intérieure d'une personne commence à se corriger dans la bonne direction, alors le corps et donc la vie-destinée suivront. Zhang San Feng[11] est même allé jusqu'à cultiver sa nature-intérieure dans une maison close, restant imperturbable dans son cœur-esprit malgré les apparences séduisantes auxquelles il était exposé. C'est ce que l'on appelle plus poétiquement 'Raffiner la Nature-Intérieure dans la Rue des Fleurs'.[12] Dans *Les Notes Simplifiés sur la Vérification du Véritable Mécanisme Constant du Dao*,[13] écrites par le daoiste Fu Jin Quan[14] de la dynastie Qing, Shang Yang Zi[15] exprime la différence majeure qu'il y a entre ces deux Gong :

> 性由自悟。
>
> 命假师传。
>
> Alors que la nature-intérieure repose sur son propre éveil de soi,
> La vie-destinée [quant à elle] dépend de la transmission des maîtres.

Bien qu'il soit nécessaire de cultiver chacun de ces deux Gong, on peut également les distinguer par l'environnement dans lesquels ils sont pratiqués, et ce afin que les efforts fournis soient optimisés au mieux :

> 在社会炼性,在深山炼命。
>
> Alors que c'est en société que l'on devrait raffiner la nature-intérieure,
> C'est au plus profond des montagnes que l'on devrait pratiquer la vie-destinée.[16]

Pour conclure, on peut apporter un éclairage supplémentaire sur la nature-intérieure et la vie-destinée en citant *La Discussion sur la Communion avec le Tigre Blanc*,[17] un texte datant du premier siècle de notre ère et écrit par Ban Gu,[18] historien de la dynastie

Han, connu principalement pour sa participation au recueil du *Livre des Han*.[19] Au cours du chapitre 'Emotions et Nature-Intérieure',[20] il dit :

> 情性者，何謂也？性者，陽之施；情者，陰之化也。人稟陰陽氣而生，故內懷五性六情。情者，靜也，性者，生也，此人所稟六氣以生者也。故《鈎命決》曰：
>
> > 情生於陰，欲以時念也；性生於陽，以就理也。陽氣者仁，陰氣者貪，故情有利欲，性有仁也。

> Quelle signification peut-on donner aux émotions et à la nature-intérieure ? La nature-intérieure est la mise en œuvre du Yang, tandis que les émotions sont la transformation du Yin. Les humains sont nés de la transmission du Yin Qi et du Yang Qi ; ils possèdent donc intrinsèquement les cinq natures intérieures et les six émotions. Les émotions correspondent à la tranquillité et la nature-intérieure correspond à la croissance.[21] C'est ainsi que les humains [voient] leur croissance [reliée] à leurs six Qi intrinsèques. Ainsi, il est dit dans *Se Sevrer des Attaches de la Vie-Destinée* :
>
> > Les émotions naissent du Yin et sont des désirs résultant de pensées momentanées. La nature-intérieure nait du Yang lorsque le principe est appliqué [correctement].[22] Le Qi Yang est la bienveillance, le Qi Yin est l'avidité ; par conséquent, les émotions portent [la marque] du désir pour le gain, alors que la nature-intérieure porte [la marque] de la bienveillance.

---

[1] Voir également l'introduction de Mattias Daly dans ce livre.

[2] Li Shi Fu a déclaré que la personne qui a le mieux réalisé cette double pratique était Jésus Christ, alors que celui qui a été le plus à même de cultiver la nature-intérieure était Shakyamuni le Bouddha. Il ne s'agit en aucun cas de comparer les deux ou d'un placer un au-dessus de l'autre. Ils ont tous deux atteint un niveau incroyable dans leur pratique, bien au-delà de ce que les gens ordinaires peuvent comprendre.

[3] Voir également l'article de Fabrizio Pregadio 'Destiny, Vital Force, or Existence? On the Meanings of Ming 命 in Daoist internal alchemy and its Relation to Xing 性 or Human Nature' téléchargeable gratuitement sur: academia.edu

[4] Sans le Gong de la vie-destinée [ming gong 命功], il est impossible de sublimer le corps physique. Ainsi, bien que le daoisme mette l'accent sur le Gong de la vie-destinée, le Gong de la nature-intérieure en fait également partie, mais à un degré moindre dans les écritures scripturales. Que ce Gong de la vie-destinée soit pratiqué ou non, la sublimation reste toujours possible. Mais sans connaissance de son processus étape par étape, les pratiquants du Gong de la nature-intérieure [xing gong 行功] ne peuvent qu'espérer l'éveil soudain – *satori*.

Ainsi, en raison de son insuffisance au regard du Gong de la nature-intérieure, le daoisme a adopté de nombreux écrits provenant du bouddhisme, aspirant par la suite au meilleur de ces deux mondes, réunissant ces deux religieux et préconisant de ce fait la double pratique du Gong de la vie-destinée et de la nature-intérieure.

[5] En chinois, 三教合一 [san jiao he yi].

[6] En chinois, 敲爻歌 [qiao yao ge].

[7] La divinité Yin [yin ling 阴灵] est également appelé l'esprit Yin [yin shen 阴神].

[8] On pourrait aussi traduire cette expression par '[Rester limité en tant] qu'esprit Yin pour dix mille éons, dans une lutte [désespérée] pour l'accès à la sagesse'.

[9] Voir Livre III : Livre de l'Humain, Chapitre 10, *Les Cent Jours pour Poser une Fondation* [bai ri zhu ji 百日筑基].

[10] Le Gong de la vie-destinée inclut un changement de la nature de l'esprit qui mène à un changement dans le corps. La vie-destinée et la nature-intérieure fusionnent et finissent ainsi par former le corps véritable. Voir également Livre III : Livre de l'Humain, Chapitre 19, *Le Corps Véritable* [zhen shen 真身].

[11] En chinois, 张三丰.

[12] En chinois, 花街炼性 [hua jie lian xing]. Voir également le Commentaire de la 49ème Barrière, note de bas de page 34.

[13] En chinois, 证道一贯真机易简录 [zheng dao yi guan zhen ji yi jian lu]. L'érudite daoiste Monica Esposito a traduit ce titre par *Notes Simplifiés sur le Mécanisme qui Unifie Tout*.

[14] En chinois, 傅金铨.

[15] Shang Yang Zi [上阳子], littéralement le Maître du Yang Supérieur, est l'appellation religieuse de Chen Zhi Xu [陈致虚] (1290~?), un daoiste célèbre, pratiquant de l'alchimie interne. Son pseudonyme était Zi Guan Wu [字观吾].

[16] Li Shi Fu ajouterait que dans les montagnes, on cultive l'essence, le Qi et la vie-destinée.

[17] En chinois, 白虎通德论 [bai hu tong de lun].

[18] En chinois, 班固.

[19] En chinois, 汉书 [han shu].

[20] En chinois, 情性 [qing xing].

[21] L'interprétation de cette phrase reste incertaine. On pourrait supposer que la tranquillité fait allusion à la source des émotions, c'est-à-dire le domaine du Yin, tandis que la croissance est une qualité et une nature Yang.

[22] Le principe, en chinois 理 [li], est un concept qui va au-delà de la simple rationalité derrière les actions d'une personne. Il peut être interprété comme la raison pour laquelle le phénomène se produit. Ce mot a changé plusieurs fois de définition au cours de l'histoire chinoise pour finalement être employé communément comme 'le principe universel', notamment après la création de l'Ecole Cheng-Zhu [cheng zhu li xue 程朱理学], issue du néo-confucianisme sous la dynastie Song.

12.

慧光法

La Méthode de la Lumière de Sagesse

La lumière de sagesse veille sur vous, vous donne de la compassion et brille d'une lumière de compassion sur votre corps. Elle résulte d'une concentration et d'une visualisation, mais elle peut également apparaître spontanément, comme une récompense lorsque vous avez cultivé. Elle peut être induite par une méthode appelée 'L'Union Complète du Soleil et de la Lune',[1] qui sera expliquée en détail ci-dessous.

La lumière de sagesse est un état mental difficile à décrire par des mots, car on ne devrait se concentrer dessus que très légèrement :

> 似有似无。
>
> C'est comme si on s'en occupait,
> Sans s'en occuper.[2]

L'union complète du soleil et de la lune est une méthode qui peut être utilisée dans un premier temps pour faire revenir les pensées et éliminer les distractions, ce qui permet de restaurer son Qi. Il s'agit d'attacher le singe du cœur-esprit à la base du nez.[3]

La lumière produite par l'unification du soleil et de la lune se manifeste dans les trois champs de l'élixir. Ils constituent chacun un champ énergétique comparable à une fleur de lotus dont les pétales abritent au total trois petits enfants. Trop d'expériences et de visions différentes peuvent survenir chez un pratiquant pour que l'on puisse toutes les aborder ici.

De manière générale, vous ne devriez pas vous préoccuper de ce qui pourrait se passer, mais simplement rester dans la quiétude et permettre naturellement aux phénomènes ainsi qu'aux manifestations dans les trois champs de l'élixir de se produire, pour ensuite retourner à la grande stabilisation.[4] De manière générale, si vous ne voyez pas cette lumière ou ce rayonnement après dix minutes ou une heure de pratique, cela ne signifie pas pour autant que vous appliquez mal la méthode.

Si la tension artérielle du pratiquant est trop élevée, il faut d'abord la réguler. Si l'intention est maintenue trop longtemps dans la Pilule de Boue,[5] alors la tension artérielle peut monter et le pratiquant peut ressentir une lourdeur, un étourdissement ou une distension de la tête, comme s'il portait un casque métallique ou un wok sur le crâne. Normalement, les enseignants ne transmettent cette méthode que lorsque l'étudiant a atteint spontanément la lumière de sagesse, car sinon il pourrait la rechercher en faisant trop d'efforts, de sorte qu'elle ne se manifesterait pas naturellement :

急于求成。

Ne soyez pas anxieux
Et impatient de réussir.

Dans le quatrième chapitre de *L'Essentiel du Raccourci à la Grande Réalisation*, intitulé 'Le Mécanisme Céleste du Retour de la Lumière et du Renversement de l'Illumination',[6] il est expliqué que le terme 'Lumière de Sagesse' possède deux significations. La première se rapporte à nos pensées, et la seconde à nos yeux et à leurs perceptions. Les mots 'renversement' et 'illumination' dans le titre de ce chapitre sont représentés par le caractère *Fan* [返] qui signifie retourner ou inverser, et *Zhao* [照] qui évoque la lueur d'une torche. Quand vous ne pouvez pas voir la nuit, où reste-t-il de la lumière ? On la trouve dans l'espace du champ de l'élixir inférieur. Renverser l'illumination de la lumière de sagesse devrait être pratiqué pendant une longue période. Lorsque le singe du cœur-esprit s'échappe, saisissez-le et ramenez-le. Concentrez l'esprit. Vous pourriez vous demander pourquoi certains pratiquent l'assise méditative depuis longtemps sans pour autant avoir vu cette lumière de sagesse, alors que d'autres qui ont moins pratiqué, la voient. La raison en est que vous ne savez pas vous situer par rapport aux hexagrammes[7] et que vous ne connaissez pas l'état actuel de vos lacunes. La lumière de sagesse se manifeste naturellement et ne peut être forcée, bien que certains puissent vous aider et vous insuffler un peu d'énergie et de feu.[8] Pour autant, sa création dépend entièrement de vos propres efforts[9] et vous ne devriez pas compter sur une aide extérieure, car si vous continuez à ne pas faire assez d'efforts, vous perdrez une fois de plus ce qui vous a été donné de l'extérieur. Ce retour de la lumière est-il un processus de visualisation ou bien une pensée ? Regarder simplement à l'intérieur est suffisant, et pendant qu'on le recherche, vous ne devez pas regarder à l'extérieur. La moindre déviation de ce principe signifiera que vous avez regardé à l'extérieur. Vous pouvez faire entrer la lumière par le nez ou par la tête, à condition de s'y employer étape par étape, comme indiqué ci-dessous.

日月合壁
L'Union Complète du Soleil et de la Lune

La 'méthode de la lumière de sagesse' ou de 'l'union complète du soleil et de la lune' signifie simplement que les deux yeux se croisent. Le corps humain possède une ouverture appelée 'l'Orifice Yang',[10] représentée par les deux globes oculaires, néanmoins séparés. Comment pourrait-on unifier leur lumière ? L'œil gauche est le soleil, l'œil droit est la lune :

日月合明。

Le soleil et la lune s'unifient dans la clarté.

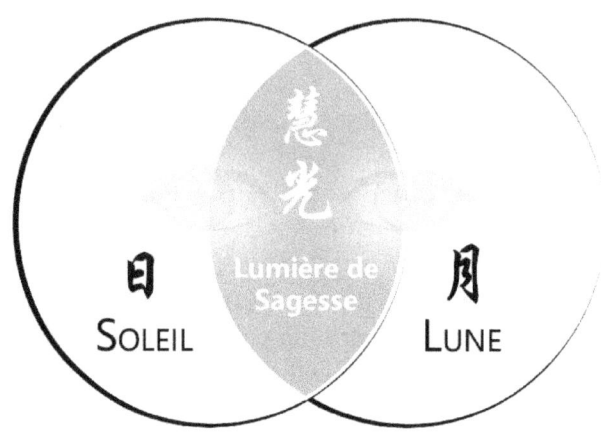

La lumière de sagesse s'accumule naturellement sous forme de Qi à la base du nez, puis s'unifie lentement. Observez vos pensées. Si ce processus d'unification prend un long moment, alors le haut de votre tête deviendra douloureux et distendu. Elle s'alourdira et deviendra chaude, faible et vous serez étourdi jusqu'à la nausée et le vomissement. De cette façon, vous apprendrez à connaitre la puissance de cette porte, de cette barrière. Ces manifestations physiques indésirables sont la raison pour laquelle vous ne devriez pas amener plus de quelques minutes votre intention et votre concentration sur le champ de l'élixir supérieur avant de faire descendre tout cela. La méthode ne se pratique pas les yeux complètement ouverts. Au contraire, il devrait toujours y avoir une légère ouverture des yeux, afin qu'un rayon de lumière puisse y pénétrer. Une fois que la lumière de sagesse a pris une forme assez large, laissez-la descendre, car sa demeure se trouve en bas, dans le champ de l'élixir inférieur, derrière le nombril. Le champ de l'élixir moyen[11] est également un espace important, mais la lumière n'y est que de passage. Le champ de l'élixir inférieur et moyen mesurent tous deux 3,6 pouces chinois, soit une longueur d'environ quatre doigts.

Dans *Les Ecritures Liturgiques [Daoistes] du Matin et du Soir*, il est dit :

天上三十六，地下三十六。

Il existe trente-six cieux au-dessus
Et trente-six terres en dessous.[12]

Sun Zi,[13] le Roi Singe, fait un saut de cent huit mille miles chinois, soit trois fois trente-six mille. Il y a 8.4 pouces chinois entre le cœur et les reins, pas même un pied chinois :

天至地八万四千里。
Entre le ciel et la terre, il y a quatre-vingt-quatre miles chinois.[14]

Cette distance correspond aux 8.4 pouces chinois que l'on trouve entre le champ de l'élixir inférieur et le champ de l'élixir moyen, respectivement entre les reins et le cœur. Il y a également le champ de l'élixir supérieur, la Pilule de Boue, qui se trouve au centre du cerveau, plus ou moins à l'endroit de la glande pinéale.[15] Ces trois champs de l'élixir sont des espaces dimensionnels supérieurs, à l'intérieur même du corps humain.

Il y a trois étapes au total. La première consiste à concentrer l'esprit,[16] c'est-à-dire à ne maintenir qu'une seule pensée, au lieu de laisser les pensées courir dans tous les sens. L'attention est recueillie au-devant et au-dessus de la base du nez, au niveau du point d'acupuncture appelé 'Le Hall des Impressions'[17] devant les yeux, point que les occidentaux appellent le troisième œil. Concentrez-y l'esprit pendant trois à dix minutes. Lorsque vous observerez la lumière blanche à la base de votre nez et devant vos yeux, à cet instant précis, inspirez et tandis que la lumière et le nez s'unifient, permettez-la de pénétrer d'un pouce chinois dans l'endroit appelé 'Le Hall Lumineux'.[18] Laissez cela migrer vers l'intérieur, car l'interne et l'externe sont alors unifiés, cette lumière étant la manifestation externe de l'essence, du Qi et de l'esprit. Prenez une autre inspiration puis entrez d'un autre pouce chinois, avançant dès lors pouce par pouce, sphère par sphère et espace par espace. Dans cette seconde étape, la lumière entrera dans la 'Chambre Nuptiale' ou la 'Chambre Cave'.[19] Finalement, la troisième étape consiste à pénétrer plus profondément d'un dernier pouce chinois, dans la Pilule de Boue, à peu près au centre du cerveau. Restez un peu dans cet espace mais pas pour trop longtemps car vous devez laisser la lumière descendre, en suivant votre respiration et votre intention jusqu'au Palais Central,[20] pour descendre ensuite dans le champ de l'élixir inférieur.[21] Ne vous préoccupez pas tant de la lumière elle-même mais concentrez plutôt vos pensées[22] à l'intérieur de chaque centre pour la voir s'y accumuler. Le champ de l'élixir inférieur est sa maison, le lieu du commencement, le sol à labourer. Les humains ont besoin de faire pousser des céréales pour pouvoir manger un pain cuit à la vapeur, car chaque être vivant dépend de la Terre :

万物离不开土地，生命的土地。
Les dix mille choses ne peuvent être séparées
Du sol de la terre, le sol de la vie.

La respiration et la concentration devraient être maintenues dans cette maison et dans ce foyer. Si ce n'est pas le cas, ramenez-les à cet endroit car c'est là que se trouve la graine de vie, la graine du troisième corps où la mère poule fait éclore l'œuf.[23] Il y a beaucoup d'œufs là-dedans. Si la poule se promène de droite et de gauche, arrêtant de protéger ses œufs ne serait-ce que pour une heure, comment pourraient-ils se transformer alors en poussins ? La poule couve ses œufs vingt-quatre heures chaque jour, mais en ce qui concerne l'être humain, dès qu'il ouvre les yeux, il est déjà dehors. Ceux qui retournent à l'intérieur sont peu nombreux.

Les cultivateurs et les aspirants à la pratique doivent réfléchir à cela. Il y a des pensées dans le champ, la mère poule est dans le champ et la terre est dans le champ. Ainsi, vous devez préparer la terre pour y planter la graine, car tout le monde la possède, vous y compris.

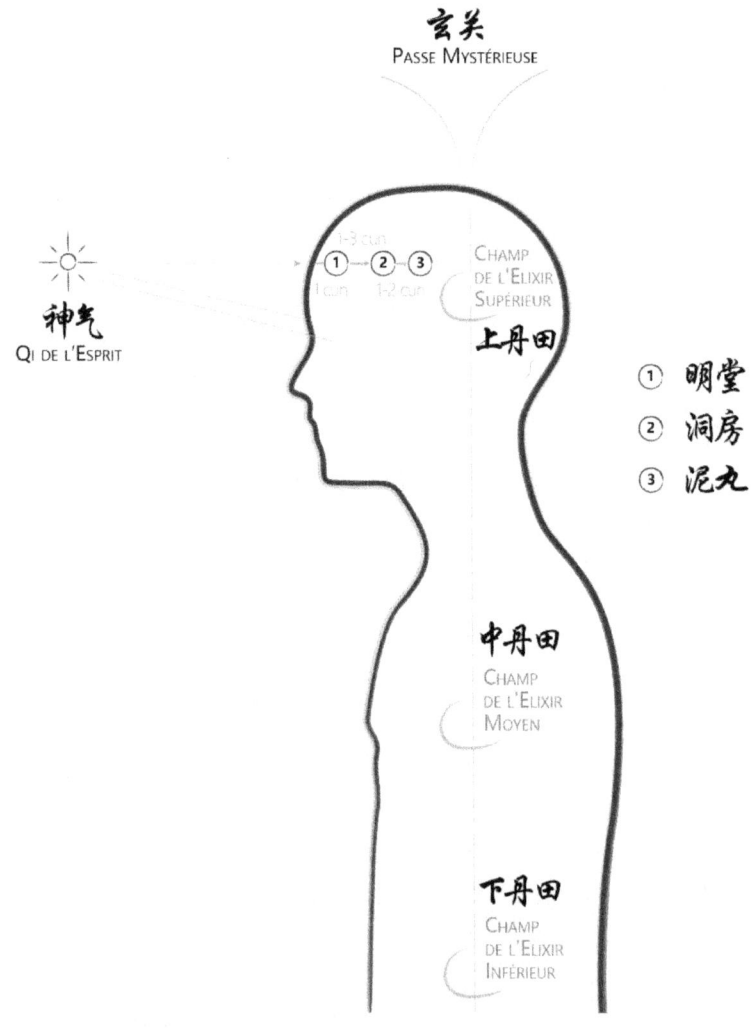

1 En chinois, 日月合璧 [ri yue he bi].
2 Littéralement, cette phrase dit : 'c'est comme si elle existait, tout en n'existant pas'.
3 Cela fait référence au fait de placer son attention sur le haut du nez, à sa base.
4 En chinois, 返归大定 [fan gui da ding], qui fait référence à un état de méditation extrêmement profond.
5 En chinois, 泥丸 [ni wan] est une référence au champ de l'élixir supérieur.
6 En chinois, 回光返照天机 [hui guang fan zhao tian ji].
7 Les hexagrammes [gua 卦] font référence au *Livre des Changements*, dans lequel différents hexagrammes indiquent différents niveaux de déficit par rapport aux trois trésors.
8 Il s'agit d'une référence au rituel daoiste appelé 'Ouvrir la Lumière' [kai guang 开光], au cours duquel un maître ou un haut prêtre procède à une cérémonie impliquant des mudra, des incantations et la combustion de papier à prière pour faciliter la manifestation de la lumière de sagesse.
9 Sa création dépend du temps au cours duquel vous avez pratiqué l'assise méditative et de comment le cultivateur comble avec succès les lacunes des trois trésors mentionnés ci-dessus. S'il n'y a pas d'implication personnelle, il n'y a alors aucun intérêt à continuer de cultiver, et on peut seulement compter sur une grâce céleste et sa destinée.
10 En chinois, 阳窍 [yang qiao].
11 Le champ de l'élixir moyen [zhong dan tian 中丹田] est considéré comme un espace et non un point. Il est situé approximativement au niveau du cœur. Plus précisément, il se localise à l'intérieur du corps, derrière le point d'acupuncture Tan Zhong [坛中], sur le Vaisseaux Conception [ren mai 任脉], c'est-à-dire le point 17 Ren Mai. Ce point d'acupuncture se trouve au croisement du quatrième espace intercostal et de la ligne centrale du sternum.
12 Cette citation provient à l'origine de *La Carte pour Cultiver la Vérité* [xiu zhen tu 修真图], un diagramme daoiste représentant le corps humain et le processus alchimique interne, datant du dix-neuvième siècle et associé à la Lignée de la Porte du Dragon :

> 天心三寸六分，地肾三寸六分。中丹田一寸二分，
> 总计八寸四分。合天地之全数，人身一天地也。
> Le cœur céleste fait 3,6 pouces chinois, les reins terrestres font 3,6 pouces chinois. Le champ de l'élixir moyen fait 1,2 pouce chinois. Au total, ils font 8.4 pouces chinois. Unifié aux nombres complets du ciel et de la terre, le corps humain est un [microcosme] des cieux et de la terre.

13 En chinois, 孙子.
14 Cette citation provient de *L'Art Secret du Vent et de l'Eau des Seize Caractères du Yin-Yang* [shi liu zi yin yang feng shui mi shu 十六字阴阳风水秘术] :

> 天地之相去，八万四千里。人之心肾相去八寸四分。人体金木水火土。上应五天星元。又有二十四星宿对应天下山川地理。星有美恶，地有吉凶。
> Le ciel et la terre sont séparés par quatre-vingt-quatre mille miles chinois. Le cœur et les reins d'un humain sont séparés de 8.4 pouces chinois. Le corps humain [se compose] de métal, de bois, d'eau, de feu et de terre. Au-dessus, ils résonnent avec les cinq étoiles célestes primaires. Il existe également vingt-quatre constellations d'étoiles qui résonnent avec la géographie des montagnes et des cours d'eau sous les cieux. Tout comme parmi les étoiles, il y en a de bonnes et de mauvaises, sur terre on retrouve les bons et les mauvais auspices.

15 En chinois, 泥丸 [ni wan].
16 En chinois, 凝神 [ning shen].
17 C'est le point Yin Tang [PC-TC 3], en chinois, 印堂.
18 En chinois, 明堂 [ming tang].
19 En chinois, 洞房 [dong fang].

[20] En chinois, 中宫 [zhong gong].
[21] Pour les hommes, la lumière doit descendre jusqu'au cordon ombilical, tandis que pour les femmes elle va s'accumuler au centre de la poitrine. Les femmes se développent différemment des hommes et leur Yin et leur Yang sont différents. C'est pourquoi les femmes n'ont pas de poils sur le visage sous forme de barbe par exemple :

> 男内阴外阳。女内阳外阴。
> Les hommes sont Yin à l'intérieur, Yang à l'extérieur,
> Les femmes sont Yang à l'intérieur, Yin à l'extérieur.

Voir également le Commentaire de la 1ère Barrière, note de bas de page 53.
[22] Concentrer ses pensées est un concept chinois qui pourrait être traduit par concentrer son esprit, ou diriger ses pensées ou intentions, ou encore concentrer son attention.
[23] Voir également le Commentaire de la 13ème Barrière.

13.

無為而無不為

Le Non-Agir et Pourtant Sans Non-Agir

Comprenez le mouvement : le mouvement de la société pour la réputation, la gloire, le gain, l'honneur, et protégez votre quiétude. Cela se fait depuis le mouvement vers la quiétude et le calme, puis vers le non-agir,[1] pour aller ensuite vers le sans non-agir,[2] ce qui représente finalement la plus haute sagesse.[3]

Les écritures daoistes disent :

空空洞洞是无为。无中生有。

Le non-agir, c'est le vide et le néant.

Au milieu du vide naît l'existence.

Durant l'assise méditative, si le moindre son vous effraye, alors vous devriez immédiatement interrompre votre session de méditation et en parler à votre maître ou à votre professeur. Lâchez prise sur vos connaissances de la troisième dimension si vous voulez être capable d'ouvrir la porte qui mène vers les dimensions supérieures. Ne soyez pas curieux des capacités psychiques et des pouvoirs spirituels, car nous sommes tous identiques et possédons tous ces compétences innées. C'est pourquoi les daoistes vont dans les montagnes, afin de trouver une grotte paisible. Le *Dao De Jing* nous dit que le non-agir est également le sans non-agir, et que cela vous accordera la plus haute sagesse :

道常无为而无不为。侯王若能守之，万物将自化。

Le Dao constant est le non-agir tout en étant le sans non-agir.

Si les nobles et le roi sont capables de le préserver,

Alors les dix mille choses se transformeront d'elles-mêmes.

Une fois que vous aurez ressenti cet état, l'expérience directe vous permettra de tout connaître à son sujet. Ainsi, vous devriez faire en sorte que votre corps et votre cœur-esprit ne bougent plus. Fermez vos cinq sens pour transformer les cinq phases. Si les soucis et les inquiétudes sont présents, les démons seront également présents. Voici une règle générale à suivre : si des problèmes se présentent durant l'assise méditative, n'en ayez pas peur.

Pour l'instant, vous n'êtes qu'une personne ordinaire et vous n'avez pas vraiment la capacité de devenir une personne supérieure. Si vous ne pouvez pas atteindre le non-agir car vous avez des pensées compulsives chroniques, alors vous ne pourrez jamais atteindre cet état du sans non-agir. Lorsque vous vous situerez au niveau du non-agir, vous pourrez commencer à communiquer avec les esprits. Qu'en est-il de vos capacités et de votre puissance avant que vous n'ouvriez votre sagesse supérieure ? Cachez vos capacités afin de les augmenter, on appelle cela le non-agir.[4] C'est comme lorsque vous apprenez à nager. Comment pourriez-vous sauver quelqu'un de la noyade, si vous-même ne savez pas nager ? Vous finirez également par vous noyer dans la rivière.[5] Lorsque vous comprenez le potentiel qui réside dans la solitude et la paix, alors vous pouvez vous diriger vers le non-agir en essayant de ne plus rien faire ; si à partir de ce point vous êtes capable de percevoir le Dao, alors vous pouvez retourner au sans non-agir[6] et suivre simplement le cours naturel des choses. Par exemple, les pouvoirs, tels que la capacité de guérir les gens, observés chez des personnages tels que Jésus et Mahomet, proviennent de cet état du non-agir. En Chine, on appelle ces pouvoir les 'Cinq Yeux',[7] en référence à cette capacité qu'a la personne de voir le passé et le futur. Il s'agit d'un changement qui se produit dans le corps physique. Cependant, il existe d'autres pouvoirs encore plus grands. Ils sont tous issus de l'état du non-agir qui se transforme en sans non-agir. Mais si vous désirez ce type de pouvoir, alors vous ne l'obtiendrez jamais. Si vous éliminez les pensées de désirs et que vous calmez simplement votre esprit, ces pouvoirs deviendront progressivement et naturellement vôtres. Vous n'êtes pas loin du Dao[8] lorsque vous avancez vers l'état du sans non-agir. C'est ce que l'on entend par 'être illuminé par les principes'.[9]

La personne inférieure persiste à distinguer le vrai du faux, persuadée qu'il y a certaines manières de faire et de ne pas faire les choses, se comparant et rivalisant. Après tout, il est typiquement humain de distinguer le bien du mal et de séparer le vrai du faux. Au contraire, la personne supérieure a atteint l'état du non-agir. Le soleil par exemple, brille chaque jour de l'année, vingt-quatre heures sur vingt-quatre pour toutes les personnes, qu'elles soient bonnes ou mauvaises. De la même manière, le Dao ne fait pas de distinction entre les gens.[10] Il en est de même pour l'eau : alors que certaines personnes espèrent être épargnées par la pluie pour pouvoir faire sécher leur linge, le fermier qui cultive ses légumes en a besoin et prie pour qu'il pleuve.

Le non-agir est comme l'eau, le sans non-agir est comme la pluie. Si vous creusez un fossé, l'eau le remplira car elle n'a pas de pensées propres et suit simplement le chemin naturel vers l'endroit le plus bas. Elle ne fait que se conformer à la nature. Elle ne cherche rien d'autre. Le sans non-agir quant à lui est comme la pluie, puisque toute chose en a besoin et qu'elle donne vie à tout. La pensée humaine ordinaire ne peut pas comprendre cette notion. Mais essayez de réfléchir aux questions suivantes :

Si vous avez ouvert votre sagesse et que vous avez atteint un niveau de conscience supérieure, que pourriez-vous vouloir faire de plus ?

Qu'est-ce que Dieu souhaite accomplir ?

Qu'est-ce que Bouddha souhaite accomplir ?

Le sans non-agir ressemble à la puissance spirituelle de Jésus, de Bouddha et de Lü Dong Bin.[11] Ils avaient tous atteint l'état du sans non-agir, qui est comme une lumière brillante ou comme la rosée du matin.

---

[1] En chinois, 无为 [wu wei].

[2] En chinois, 无不为 [wu bu wei]. 'Le non-agir et pourtant sans non-agir' est souvent traduit par 'ne pas agir et pour autant, ne rien laisser en suspens'. Voir également Livre III : Livre de l'Humain, Chapitre 31, *L'Ecriture de la Clarté et de la Quiétude* [qing jing jing 清静经] pour une discussion plus élaborée sur les concepts du non-agir et du sans non-agir.

[3] Li Shi Fu se refuse à définir des concepts tels que 'la plus haute sagesse' car ils sont trop éloignés de l'état et de la condition actuels du cultivateur et cela pourrait entraver les progrès de l'adepte en instillant certaines attentes dans son esprit. On pourrait supposer cependant que ce concept renvoie à la conscience infinie. En une autre occasion, lorsqu'on lui demanda 'Que sont l'agir et le non-agir ?', Li Shi Fu a répondu :

> Une fois que vous avez dépassé le Point Zéro, alors on peut considérer que vous êtes dans le 'sans non-agir'. L'état qui précède le Point Zéro est considéré comme le 'non-agir'. Depuis le Point Zéro, votre sagesse s'ouvre et croît. Le non-agir vient en premier et le sans non-agir vient en second, lorsque que vous avez atteint le Point Zéro.

[4] Si vous cachez et n'employez pas les capacités qui vous ont été accordées en chemin pendant que vous cultivez, vous pouvez atteindre des pouvoirs encore plus élevés. Autrement dit, pour atteindre les capacités du corps Yang, on ne succombe pas à l'attrait des capacités du corps Yin. Pour plus de détails sur le fait de cacher ses capacités, voir le Commentaire de la 14ème Barrière note de bas de page 1, le Commentaire de la 27ème Barrière note de bas de page 11 et le Commentaire de la 41ème Barrière note de bas de page 3.

[5] Dans ce contexte, Li Shi Fu a raconté un jour une blague chinoise : Si votre femme et votre mère vous demandaient : 'Si nous tombions toutes les deux dans la rivière au même moment, qui viendrais-tu sauver de la noyade ?'. Vous pourriez répondre : 'Aucune, car je ne sais pas nager.'

[6] Le 'sans non-agir' est très distinct de la vie quotidienne d'une personne ordinaire. Il peut ressembler à un comportement normal vu de l'extérieur, mais il découle en réalité d'une véritable intuition ; c'est depuis ce point qu'il y a un retour délibéré au comportement apparent d'une personne ordinaire. Voir également le Commentaire de la 27ème Barrière, note de bas de page 14.

[7] En chinois, 五眼 [wu yan].

[8] Selon l'un des étudiants séniors de Li Shi Fu, il y a quatre niveaux :

> I. Le premier niveau est celui d'une personne normale. Tout ce qui arrive, arrive. Tout ce que vous rencontrez et qui doit être fait, vous le faites. Une personne normale traverse la vie inconsciemment et dans la fausse croyance qu'elle fait ses propres choix.

II. Au niveau supérieur suivant, vous ne cherchez rien. Mais votre destin vous cherche et vous êtes obligés de faire des choses. Une personne de niveau supérieur ne recherche pas les choses, elle est poussée selon les circonstances et elle avance en suivant le courant. En revanche, au contraire de la personne normale, elle le fait consciemment.

III. Le niveau suivant est l'état de non-agir.

IV. Au-dessus de cela, il y a le niveau du sans non-agir, le royaume au-dessus du non-agir, dans lequel vous pouvez agir ou ne pas agir, ce qui ne fait au final aucune différence.

En termes de non-agir, alors qu'un sage ne porte pas de beaux vêtements, on dit qu'un bouddha peut porter de belles parures ou prendre une apparence magnifique. Cela ne signifie rien pour lui au contraire d'une personne normale chez qui le désir pour ces objets d'apparats pourrait se manifester et engendrer ainsi de l'attachement. Il s'agit ici d'un niveau supérieur au non-agir, puisque le fait qu'il le fasse ou non n'a plus aucune importance.

[9] Voir également Livre III : Livre de l'Humain, Chapitre 18, *Les Trois Etapes de la Pratique* [san bu xiu xing 三步修行].

[10] Il existe un dicton chinois qui exprime cela :

> 水火无情。
> L'eau et le feu n'ont pas de sentiments.

[11] Voir Livre III : Livre de l'Humain, Chapitre 22, *Lü Dong Bin* [吕洞宾] pour plus d'informations.

14.
入全真齋堂須知

Remarques Concernant l'Entrée dans la Salle à Manger selon la Réalisation Complète

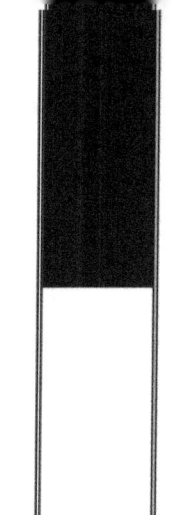

1. 日常饮食乃十方来之供养善信之血汗，五仙之功德，当珍爱五谷蔬菜一粥一餐当思来之不易，如无功无行实是粒米难消，难还。食之当慎。

2. 未进食先出供，当思人神共餐，众念初真十戒及供养。

3. 食无言，嚼无声，礼让为先，勿弹美食滋味。 食毕结斋，自洁餐具，放置整齐定期消毒。当知节约水柴，勿行浪费，自造罪孽。

4. 炊事员内外整洁，厨房内严格按照 卫生要求操作，外来人等及荤腥严禁入内，严防食物中毒事故发生，即日施行

白马山五仙庙道观道理 委员会

Le Livre III : 14ème Chapitre

(1) La nourriture et les boissons du quotidien proviennent des dix directions, comme autant d'offrandes faites par des dévots bienveillants, à la sueur [de leur front] et de leur sang, ainsi que par la vertu et le mérite des Cinq Immortels. Il faut chérir cela ; qu'il s'agisse des cinq graines, de légumes, d'un [bol de] gruaux ou d'un repas, on doit garder à l'esprit qu'il n'est pas facile d'obtenir tout cela. Si l'on est sans mérite et que l'on ne cultive pas, alors les grains de riz seront en réalité difficiles à digérer et il sera difficile de rembourser [sa dette karmique]. Lorsque l'on mange, on devrait être attentif à cela.

(2) [Avant] d'ingérer de la nourriture,[1] vous devez d'abord faire des offrandes. Dans votre esprit, envisagez le partage de ce repas avec d'autres personnes et d'autres esprits. Récitez collectivement les Dix Préceptes de la Réalisation Complète et faites des offrandes.

(3) [Mangez votre] repas sans parler et mastiquez [votre nourriture] sans [faire de] bruit. Faites preuve de considération et de courtoisie en premier lieu, et ne soyez pas avides concernant la nourriture et les saveurs agréables. Lorsque vous avez fini de manger, [récitez l'Incantation] la Reliance à la Nourriture,[2] nettoyez vous-même votre vaisselle et les ustensiles de cuisine, puis mettez-les de côté proprement. Vous devez les désinfecter régulièrement. Vous devez savoir préserver et économiser l'eau, ainsi que le bois de chauffage. Ne gaspillez pas et ne commettez pas d'actes répréhensibles.[3]

(4) Les personnes qui travaillent à la cuisine devraient être ordonnées et propres, tant à l'intérieur qu'à l'extérieur. Dans la cuisine, on doit opérer en stricte conformité avec les exigences d'hygiène. Tous les étrangers, ainsi que la viande et le poisson, y sont strictement interdits. [Ceux qui travaillent en cuisine] doivent être rigoureux et prévenir tout incident [pouvant mener] à un empoisonnement de la nourriture. A partir d'aujourd'hui, [ces règles doivent être] mises en application.

Montagne du Cheval Blanc, Temple des Cinq Immortels,
Comité Administratif des Temples Daoistes

[1] Littéralement, avant que la nourriture ne soit entrée [dans votre bouche].
[2] Se relier à la nourriture [jie zhai 结斋] signifie également la fin d'un repas végétarien sacré. Cependant dans ce cas, il s'agit d'une incantation. Voir Livre III : Livre de l'Humain, Chapitre 27, *Incantation pour la Reliance à la Nourriture* [jie zhai zhou 结斋咒].
[3] Les actes répréhensibles [zui nie 罪孽] font référence à une notion d'auto-condamnation. Cela pourrait être interprété comme 'commettre des actes malfaisants et donc faire face à une rétribution pour [ses propres actions]'.

15.

零點

Le Point Zéro

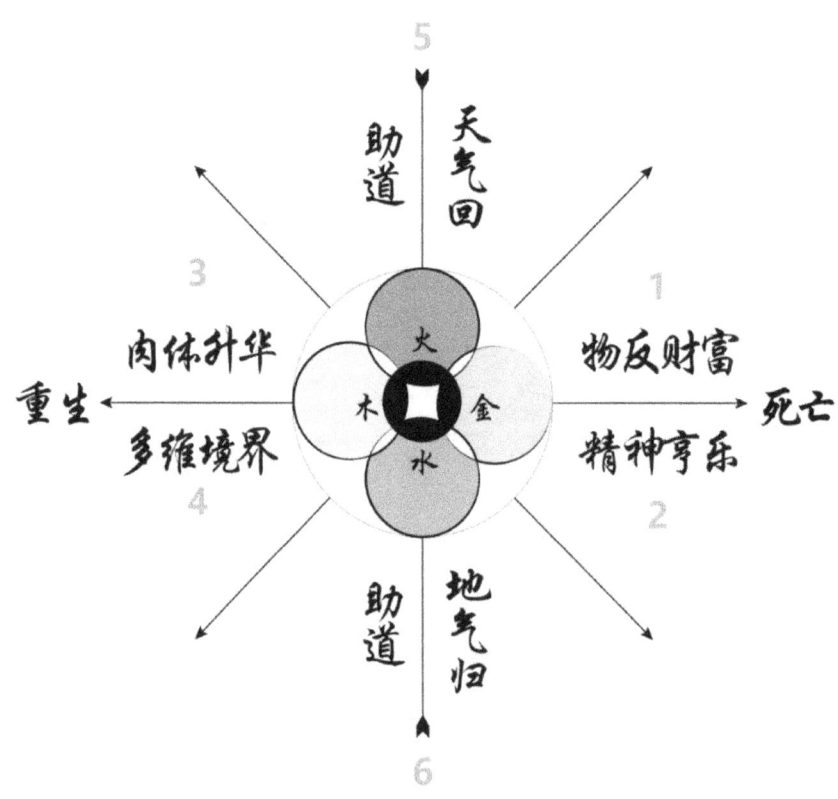

Li Shi Fu a souvent fait référence aux concepts du Point Zéro[1] et du diagramme des coordonnées, lors de ses cours sur l'alchimie interne.

Dans le diagramme ci-dessus, le centre correspond au Point Zéro[2] et à partir de lui, la ligne horizontale pointe à droite en direction de la mort.[3] Tout ce qui appartient au niveau de la matérialité, de la richesse et de l'opulence correspond à la ligne numéro 1.[4]

Pendant la journée, le cerveau est préoccupé par les désirs pour ces choses matérielles. Ce désir est décrit en bas à droite et correspond au numéro 2.[5] Dès que vous ouvrez les yeux, votre conscience se focalise sur l'extérieur, au-delà de votre forme physique, alors que le but de la pratique est de ramener les pensées à l'intérieur du corps. Si vous n'êtes pas capable de tranquilliser votre esprit, alors il continuera de transmettre des impulsions électriques de manière désordonnée. Être au Point Zéro n'est pas la même chose que de vivre dans le moment présent. A cet instant précis, vous êtes en train de générer des pensées. Vous m'observez en train de faire classe, le passé est révolu et le futur n'est pas encore là, donc vous êtes dans le maintenant. Pourtant votre conscience n'est pas encore dans le lointain et indistinct.[6] C'est comme si vous étiez au sommet d'un cylindre qui roule vers l'avant. Bien que vous soyez dans l'instant présent, vous êtes incapable de faire cesser les impulsions de vos ondes cérébrales, vous êtes loin du Point Zéro.

On pourrait même se demander si atteindre le Point Zéro est quelque chose de faisable. Personne ne vous l'a expliqué clairement auparavant car vous n'étiez pas préoccupé par cela dans le passé. Pourtant, il y a un moment chaque jour où vous êtes dans cet état, lorsque vous êtes dans ce que l'on appelle : à moitié endormi, à moitié éveillé. Mais comment y parvenir consciemment ? Tout comme les grands maîtres immortels, vous êtes dans le Point Zéro au moins une fois par jour ; seulement, vous n'en êtes pas conscient :

百姓日用而不知。

Les cent clans[7] l'utilisent quotidiennement,
Et pourtant, on ne le sait pas.

Les êtres humains ne comprennent pas par quel mécanisme ils s'endorment, de sorte que leur passage par le Point Zéro reste imperceptible. Il existe de grands et larges espaces qui restent à explorer. Mais cela doit commencer par le désir et la détermination de chacun, qu'il s'agisse d'aller explorer la planète Mars ou d'explorer l'alchimie interne. Ce n'est qu'en passant à l'action que l'on pourra réaliser cela. Pour atteindre Mars, vous devrez d'abord calculer son orbite puis déterminer la quantité de carburant nécessaire au voyage. Ainsi, vous devez d'abord commencer par étudier les principes et les méthodes pour pouvoir ensuite les mettre en pratique. Il en va de même pour la quête du Point Zéro. Si vous souhaitez étudier la vie, vous devez bien comprendre ce sujet. Les pratiques de longévité ou celles de l'alchimie interne, qui concerne respectivement la forme et le sans-forme, ont toutes deux leurs avantages propres ; mais le but de la dernière est la métamorphose de nos molécules et de nos cellules physiques. Il y a beaucoup à apprendre, et l'assise méditative ainsi que la pratique de la quiétude n'en sont que les premiers pas.

L'objectif de la quête du Point Zéro est le retour au centre de l'axe X, afin de pouvoir ensuite vous déplacer vers la gauche de celui-ci, c'est-à-dire en direction des numéros 3 et 4. La question est de savoir comment y parvenir ? Faites de votre mieux pour arrêter toute pensée pendant trente à cinquante minutes par jour. Ne pensez à rien, pas même au cours de vos actions boursières. Abandonnez tout temporairement, calmez et régulez votre cœur-esprit, ainsi que vos pensées.[8] Il n'est pas nécessaire que vous fassiez cela vingt-quatre heures par jour, mais lorsque vous pratiquez l'assise méditative, vous devez être capable de lâcher prise. Cela semble facile, trop facile en fait. Pour devenir un immortel, atteindre le Dao, devenir un bouddha, un boddhisattva ou un messager céleste, tout ce que vous avez à faire est de lâcher prise. C'est la chose la plus difficile à faire, tout en étant également la plus facile. Pendant une heure par jour, lâchez prise. Si vous n'y arrivez pas, ce n'est pas un problème. Saisissez alors le singe-esprit et ramenez-le. A des niveaux plus avancés, vous devrez raffiner le cœur-esprit chaque jour pendant une à cinq heures. C'est le temps nécessaire pour cultiver la quiétude. S'il reste des stimulus mentaux, alors vous serez incapable d'entrer dans la quiétude. Si des tâches restent inachevées ou si vos actions en bourses vous empêchent d'accéder au calme, alors vous devez d'abord vous en défaire.

Une fois que vous avez dépassé le Point Zéro, vous pouvez toujours vivre parmi les gens et aller dans des lieux situés de part et d'autre du diagramme. C'est votre choix. En revanche, si vous abandonnez votre corps physique, vous ne pourrez plus vous déplacer que sur la partie gauche, là où normalement le corps physique a été sublimé et où vous découvrez des royaumes multi-dimensionnels. Cela vous conduira à une nouvelle vie ou renaissance,[9] comme indiqué à l'extrême gauche de l'axe horizontal du diagramme. De nombreux cultivateurs ont abandonné leur chair physique, arrivés à ce stade,[10] mais vous devez encore vous unir avec le corps. Il existe une tradition religieuse où les gens se brûlent de l'intérieur par combustion interne.[11]

Cependant, quitter son corps et dissoudre ses chairs[12] est un niveau de pratique bas. Lorsque les cultivateurs quittent leur corps, ils tournent la tête pour regarder autour d'eux et ne reconnaissent même pas leur propre corps. Trop de cultivateurs ont été victimes d'un tel danger, arrivés à ce stade.

Si vous voulez continuer à progresser vers la gauche, au-delà du -1 et du Point Zéro sur le diagramme des coordonnées,[13] alors il vous faudra l'équivalent de cinq cent mille ans si vous avez abandonné le corps physique. En effet, dans la troisième dimension, il est beaucoup plus rapide de faire un pas vers le Point Zéro car la vie humaine dans le corps physique est sans équivalent.[14] En revanche, il est beaucoup plus difficile de progresser dans la partie négative des coordonnées du diagramme. Aimez et chérissez les autres et vous-même. Toute forme de vie créée est importante. Si vous avez de la compassion, de l'amour et du pardon dans la troisième dimension, alors vous obtiendrez de grands pouvoirs et créerez un nouveau champ énergétique. Vous devez lutter et vous battre pour cela tous les jours, et à la fin vous gagnerez la capacité de contrôler la vie et la mort. Savez-vous où vous irez après la mort ? Vous pouvez croire que vous monterez dans le Royaume des Cieux, mais ce n'est qu'une supposition. Tant que vous n'avez pas atteint le Point Zéro, vous ne devriez pas prétendre que vous avez pris le contrôle de la vie et la mort :

> 逆行阴阳，把握阴阳，扭转乾坤。
>
> Il faut renverser le cours du Yin et du Yang,
>
> S'emparer du Yin et du Yang,
>
> Et inverser Qian et Kun.[15]

Au cours de votre quête pour atteindre le Point Zéro, vous serez surveillé et protégé depuis le haut et le bas, car le 'Qi céleste reviendra' et le 'Qi terrestre s'inversera' avec 'l'assistance du Dao'.[16] Cela correspond à l'axe Y du diagramme et aux nombres 5 et 6. Une phrase de *L'Ecriture de la Clarté et de la Quiétude*[17] dit :

> 人能常清静，天地悉皆归。
>
> Si les humains sont capables d'être constamment purs et immobiles,
>
> Alors le ciel et la terre reviendront en totalité.

Si l'on ne dépasse pas le Point Zéro, il n'est pas possible d'entreprendre les étapes ultérieures de la pratique daoiste, car c'est à partir de lui seulement que la respiration embryonnaire peut prendre place. Vous ne saurez peut-être pas qui a ouvert le soufflet de cette respiration, ni d'où elle vient. La respiration embryonnaire se manifeste au milieu de l'indistinct et du lointain. Ce n'est que lorsque vous avez atteint ce stade que vous serez en mesure de le comprendre.

---

[1] Voir Commentaire de la 46ème Barrière, note de bas de page 10.

[2] Un étudiant a demandé un jour à Li Shi Fu si le Point Zéro était séparé du Yin et du Yang, ou s'il était plutôt au centre du Yin Yang, là où les polarités disparaissent. Li Shi Fu répondit :

> 道可道非常道。
> Le Dao qui peut être nommé n'est pas le Dao constant.

Il n'y a pas d'adjectif qui puisse décrire ce à quoi ressemblent Dieu ou le Dao. Il est difficile de l'exprimer, même en chinois, comme cela est rappelé dans *L'Ecriture de la Clarté et de la Quiétude* [qing jing jing 清静经] :

> 强明曰道。
> Si je devais lui donner un nom,
> Alors je l'appellerais Dao.

Il n'est pas nécessaire de donner une description détaillée au-delà de 'lointain et indistinct' ou 'obscure et profond' [huang hu yao ming 恍惚杳冥]. On peut le représenter par Zéro. Sans le Zéro, il n'y aurait pas de 1, 2, 3 ou 4. On doit 'Retourner au Zéro' [gui ling 归零]. Si vous n'avez pas le 1, alors vous ne pouvez pas arriver au 0. Mais ceci n'est qu'une carte et non le territoire lui-même.

³ En chinois, 死亡 [si wang], comme écrit à droite, au bout de la ligne horizontale du diagramme.
⁴ En chinois, 物质财富 [wu zhi cai fu], comme écrit en dessous du 1 sur le diagramme. Cette partie du diagramme nous indique qu'en poursuivant les richesses et l'opulence, on avance pas à pas vers la mort. C'est le chemin des gens communs.
⁵ En chinois, 精神享乐 [jing shen xiang le]. Littéralement, on peut lire 'l'essence et l'esprit [c'est à dire la conscience] des gens qui mènent une vie pleine de plaisirs [c'est-à-dire de plaisirs mentaux ou de gratification mentale]'.
⁶ En chinois, 恍惚 [huang hu]. Voir Commentaire de la 41ème Barrière, note de bas de page 9.
⁷ Les cent clans [bai xing 百姓] représentent les gens communs.
⁸ En chinois, 调心 [tiao xin] et 调思维 [tiao si wei].
⁹ En chinois, 重生 [chong sheng], écrit à gauche, tout au bout de l'axe X horizontal du diagramme.
¹⁰ Il s'agit à nouveau d'une référence au corps Yin qui peut exister par lui-même. Lorsque votre Gong de la nature-intérieure aura atteint un certain niveau et que vous utiliserez les techniques du Gong de la vie-destinée, alors vous aurez la possibilité de quitter votre corps physique sous la forme du corps Yin à un moment. Voir également Livre III : Livre de l'Humain, Chapitre 19, *Le Corps Véritable* [zhen shen 真身] et Chapitre 26, *Zhang Bo Duan et le Moine Chan* [zhang bo duan yu chan seng 张伯端与禅僧].
¹¹ Dans le livre *Mahayana Buddhism: The Doctrinal Foundation* de Paul Williams, il est dit :

> Une caractéristique notable de l'acte final de *l'Akshobhya* (un des cinq bouddhas de sagesse) sera l'auto-crémation, semble-t-il au travers d'une combustion interne générée par la force de la méditation.

¹² En chinois, 尸解 [shi jie] ou 尸化 [shi hua]. Voir également le Commentaire de la 49ème Barrière, note de bas de page 42.
¹³ En mathématique, l'axe X horizontal est négatif à gauche du point central.
¹⁴ La vie humaine est sans égal. Se voir accorder cette vie humaine est le plus beau des cadeaux, car à partir d'elle, cultiver est bien plus rapide. Cependant, une fois que vous vous êtes débarrassé du corps humain, il vous faudra mille fois plus de temps pour progresser spirituellement sur le versant gauche du diagramme. Par exemple, quand vous avez atteint le niveau -1 mais que vous avez perdu votre corps, cela vous prendra un temps incroyable pour atteindre le -2.
¹⁵ Ces affirmations représentent toutes trois une phase dans laquelle on n'est plus soumis au contrôle du Yin et du Yang, c'est-à-dire que l'on est devenu immortel. Inverser Qian et Kun emprunte une image du *Livre des Changements*. Le trigramme Qian représente le ciel, alors que le trigramme Kun représente la terre :

> 地天泰，天地否。
> Terre sur Ciel : Paix
> Ciel sur Terre : Arrêt.

¹⁶ En chinois, 天气回 [tian qi hui], 地气归 [di qi gui], 助道 [zhu dao], écrits de part et d'autre de l'axe Y.
¹⁷ Pour une traduction partielle de cette écriture, voir Livre III : Livre de l'Humain, Chapitre 31, *L'Ecriture de la Clarté et de la Quiétude* [qing jing jing 清静经].

16.

學校系統

Le Système Scolaire

Li Shi Fu fait régulièrement référence aux différentes phases du système scolaire pour définir et illustrer les étapes successives que les cultivateurs doivent franchir sur leur chemin.

Une fois que vous avez fini l'école primaire, vous ne revenez plus à cette étape. De la même manière, si vous avez un diplôme universitaire, vous n'avez plus à repasser par le lycée. Une fois que vos connaissances ont transcendé un royaume inférieur, il n'y a aucune raison d'y revenir. Le daoisme et le bouddhisme utilisent souvent l'exemple de la fleur de lotus qui est belle, gracieuse et qui grandit dans la boue, s'élevant hors de la vase vers un royaume plus lumineux.

A l'école primaire de la pratique spirituelle, le niveau de pensée est bas et il est difficile d'observer les choses sur un plan plus élevé :

当局者迷，旁观者清。

Alors que la partie est confuse,

Le spectateur l'observe plus clairement.[1]

C'est comme si un élève de l'école primaire essayait de comprendre le programme universitaire. Mais si vous avez atteint ce niveau supérieur, que vous avez obtenu votre diplôme universitaire et que vous regardez rétrospectivement ce que vous avez appris à l'école, alors vous remarquerez que les petits problèmes ont augmenté progressivement en difficulté au cours du temps, et qu'ils se sont succédés dans l'ordre. Cultiver est un processus similaire qui implique une croissance étape par étape. Une fois que le cultivateur a atteint un niveau supérieur, il possède une vue plus large et plus panoramique :

山高看远。

Lorsque la montagne est haute,

[Alors on est capable] de voir loin.[2]

Le Livre III : 16ème Chapitre

Le système scolaire est également employé en référence aux capacités et pouvoirs intérieurs que le cultivateur est susceptible d'acquérir sur le chemin. Au niveau universitaire, on devrait abandonner les pouvoirs mineurs précédemment acquis, tout comme un élève du collège qui cesse d'utiliser les crayons et la gomme de l'école primaire pour employer un stylo. De même, lorsqu'à l'école primaire vous avez appris à dessiner un cercle, il n'est plus nécessaire par la suite de le refaire encore et encore. Il est donc important de construire la pratique depuis le niveau de base, comme l'explique le *Dao De Jing* au chapitre 39 :

高以下为基。

Ce qui est élevé prend le bas comme fondement.

Plusieurs exemples peuvent illustrer cela. Un premier fait référence à l'amour, à la compassion et à la tolérance comme étant les bases de celui qui commence à cultiver. Mais pour autant, sur un plan supérieur, lorsque l'on a transcendé la troisième dimension, s'il ne nous reste même qu'une petite pensée d'égoïsme, d'affection ou de haine, alors on ne pourra pas ouvrir la porte céleste. Ce concept est très difficile à saisir pour de nombreuses personnes, car elles se trouvent à différents niveaux du système scolaire, plus proche de l'école primaire par exemple que de l'université. Si un maître spirituel vous disait qu'il faut renoncer à tout amour, vous penseriez probablement qu'il a perdu la tête. Tout dépend du niveau que l'on a atteint. A un certain stade, vous devez même renoncer à la compassion, car sinon cela ouvre également un espace au manque de compassion. En d'autres termes, lorsque vous en arrivez là, il faut vous défaire de toute notion de différenciation. Cela s'applique encore plus à ce que l'on appelle le petit amour, c'est-à-dire l'amour que l'on a pour ses proches, comme son père ou sa mère. Au moment où l'on doit franchir la porte et démarrer une nouvelle vie, il est impératif de se défaire de tout le monde.

Un second exemple concerne la longévité. On pourrait dire que cultiver n'est pas un exercice qui mène vers la longévité, car le corps doit alors se soumettre à des pratiques austères et ascétiques, le menant souvent au bord de l'effondrement, comme lorsqu'il s'agit de jeûner. L'Ancêtre Fondateur Qiu[3] était le plus grand de tous les cultivateurs et pourtant il était loin de la longévité.[4] Shakyamuni a également souffert intensément de la faim, et Milarepa[5] avait des cloques et des plaies purulentes pleines de vers et d'asticots. Les enseignements sur la longévité sont destinés aux gens de la société et peuvent être considérés comme étant d'un niveau de maternelle, ils ne correspondent même pas à celui de l'école primaire.

Le troisième exemple concerne un vénérable maître tibétain qui un jour, en coupant de l'herbe, vit un serpent et lui coupa la tête. Il trouvait préférable que ce soit lui qui tue ce serpent, plutôt que cela soit du fait d'une personne ordinaire. Parce qu'il avait 'L'Œil du Dharma'[6] ou 'L'Œil Céleste',[7] il savait que le serpent ne le mordrait pas, mais qu'en revanche, de nombreuses personnes pourraient mourir de son venin. Malgré cela, un élève de l'école primaire ne devrait pas penser qu'il peut se comporter comme quelqu'un de l'université ou comme quelqu'un qui chante les écritures chaque jour et qui possède la force des rituels et du dharma.[8]

Un dernier exemple a été donné pour un étudiant qui se demandait pourquoi le temple arborait encore des statues. Le physique, les pensées et les intentions d'une personne sont unifiés et interconnectés. Certaines personnes ont seulement besoin d'atteindre l'intention juste, tandis que d'autres ont besoin d'une structure physique pour les soutenir, comme un temple et des statues. Certains atteignent le point où ils n'ont plus besoin de tout cela. Les enfants de l'école primaire ont besoin de structures telles que des statues pour représenter les esprits, tandis que les collégiens ont des besoins différents. Les statues appartiennent à la forme et ne sont utiles que pour les gens qui viennent juste de commencer. Lorsque vous atteignez un niveau plus élevé, vous pouvez vous en débarrasser et vous en remettre au sans-forme. Le maître emploie les méthodes que vous êtes capable d'accepter, de recevoir et qui correspondent à votre niveau scolaire.

---

[1] Une traduction alternative, moins proche de l'original, pourrait être 'le spectateur voit mieux la partie d'échec que les joueurs eux-mêmes'. Ce dicton provient du *Vieux Livre des Tang* [jiu tang shu 旧唐书], dans le chapitre 'Biographie de Yuan Xing Chong' [元行冲传], le premier livre d'histoire sur les Tang, compilé aux environs de 936-946 par Liu Xu [刘昫].

[2] Li Shi Fu a également paraphrasé ce dicton comme suit :

山上往下看。
Au sommet de la montagne, regardez en bas.

[3] Pour plus d'informations sur l'Ancêtre Fondateur Qiu [qiu zu 丘祖], voir Livre III : Livre de l'Humain, Chapitre 23, *Qiu Chu Ji* [丘处机].

[4] L'Ancêtre Fondateur Qiu a voyagé pendant cinq ans pour aller convaincre Gengis Khan d'arrêter le massacre du peuple chinois, s'embarquant dans un voyage périlleux à l'âge de 74 ans. Durant ses jeunes années, Qiu Chu Ji aurait également failli mourir de faim à plusieurs occasions.

[5] Voir également le Commentaire de la 21ème Barrière en ce qui concerne Milarepa.

[6] En chinois, 法眼 [fa yan].

[7] En chinois, 天眼 [tian yan].

[8] En chinois, 法力 [fa li].

17.

神明

Les Esprits de Lumière

举头三尺有神明，不畏人知畏已知。

[Lorsque] vous relevez la tête, à trois pieds chinois[1] au-dessus se trouvent les Esprits de Lumière. Ne craignez pas que les autres puissent connaître [vos pensées et vos actes], craignez seulement que votre soi le sache.[2]

Les peuples anciens avaient la foi en des divinités et des esprits. S'ils rencontraient certaines situations indésirables, ils se rendaient alors dans un temple sacrificiel pour s'y incliner et se prosterner devant ces divinités et ces esprits. Le fait de relever la tête signifie que l'on regarde vers le haut, vers l'autel à offrandes où l'encens est placé et se consume. A trois pieds chinois au-dessus de l'autel se trouvent les esprits et les divinités, les Esprits de Lumière, qui regardent vers le bas et observent. Si l'on prie pieusement avec des paroles de vénération, alors les Esprits de Lumière manifesteront leurs pouvoirs divins pour aider et soutenir l'adorateur. La signification de l'expression 'en relevant la tête, il y a un esprit trois pieds chinois au-dessus' a ensuite été élargie pour indiquer que, où que l'on se trouve, les 'Esprits de Lumière' veillent sur nous à trois pieds chinois au-dessus de notre tête. Ainsi, personne ne devrait penser qu'il peut se permettre de commettre de mauvaises actions simplement parce qu'il est seul. C'est pourquoi un dicton similaire est apparu plus tard :

举头三尺有青天。人可欺， 天不可欺。

En relevant la tête, les cieux clairs se trouvent trois pieds chinois au-dessus. On peut tromper les autres, mais jamais les cieux.

Ce dicton invite une constante auto-critique et analyse des intentions du cœur-esprit de chacun. Il faut cesser toute méchanceté et pratiquer la bienveillance. Dans *Le Traité sur l'Action et la Réponse de Tai Shang*,[3] un classique du genre littéraire sur l'instruction morale,[4] il y a une allusion aux Esprits de Lumière présents au-dessus de la tête des gens :

又有三台北斗神君。在人头上。录人罪恶。夺其纪算。

On trouve également les esprits souverains des trois terrasses et de la Grande Ourse. Ils se situent au-dessus de la tête des gens, enregistrent leurs méfaits et leurs mauvaises actions, [et y répondent] par une réduction des années [de vie de la personne].

De plus, les Esprits de Lumière sont à l'origine d'une règle particulière pour l'entrainement à l'épée. Les pratiquants de l'épée ont interdiction de la manier directement au-dessus de leur tête en raison de la présence des Esprits de Lumière à cet endroit. Enfreindre cette règle est considéré comme un geste d'irrespect envers eux.

---

[1] Un pied chinois [chi 尺] est parfois traduit par 'coudée'.

[2] Cette citation signifie que si votre soi en est conscient, alors les esprits le sont certainement aussi. Li Shi Fu a souvent affirmé qu'ils vous connaissent mieux que vous ne vous connaissez vous-même.

[3] En chinois, 太上感应篇 [tai shang gan ying pian]. Un commentaire de ce traité a été publié par Purple Cloud Press et peut être téléchargé gratuitement à l'adresse suivante : www.purplecloudinstitute.com

[4] En chinois, 善书 [shan shu].

18.

三步修行

Les Trois Etapes de la Pratique

Cultiver se fait en trois étapes. Premièrement, il faut 'Raffiner le Soi'[1] et Rassembler le Cœur-Esprit',[2] ce que l'on appelle parfois 'Être Illuminé par les Principes',[3] en second 'Réaliser la Nature-Intérieure'[4] et enfin, 'Accomplir Pleinement la Vie-Destinée'.[5]

La première étape consiste à cultiver son propre caractère et sa conduite. Cela devrait se baser sur une compréhension claire des principes et de la voie du Dao ; pour cela, il vous faut rechercher un maître. Le raffinement du soi est un processus qui consiste à restreindre et à apaiser le singe-esprit, ce qui est de la plus haute importance. Une fois cet objectif atteint, il sera très facile d'entrer profondément dans la pratique, et les progrès seront rapides. Une métaphore serait de tenir un cornet de glace dans sa main qui, après un certain temps, se met à fondre ; de la même manière, les cultivateurs ont des résolutions et des aspirations fortes au début, mais cela peut rapidement se dissiper et retomber. Ce qui compte, ce n'est pas de revendiquer la force de son intention mais plutôt la pureté de ses pensées. Cette première étape implique d'acquérir une vision éclairée, une illumination des principes, ce qui nous permet de les comprendre et d'apprendre à les appliquer.

Ainsi, pour cultiver correctement, il faut mettre ces principes en pratique, ce qui correspond à la seconde étape. Il s'agit de la réalisation de la nature-intérieure, au cours de laquelle le singe-esprit est totalement enfermé et maîtrisé. A ce stade, le cultivateur doit subir et endurer l'humiliation, afin de soumettre son cœur-esprit au maximum et de développer une capacité à percevoir le rayonnement de la nature-intérieure,[6] ce qui n'est autre que la lumière de sagesse[7] ou le vide divin.[8]

La troisième étape consiste à prendre le contrôle sur sa vie. Elle se nomme 'Accomplir Pleinement la Vie-Destinée' et son objectif est de résoudre la problématique de la vie et de la mort. A ce stade, la lumière de sagesse cesse de suivre une trajectoire désignée à l'intérieur de votre corps. Enfin, la porte peut s'ouvrir pour vous :

> 我命在我不在天。
>
> Ma vie dépend de moi,
> Et non pas des cieux.[9]

Tout cela dépend de votre capacité à vous sublimer et à progresser vers les niveaux supérieurs. Passer de l'état d'analphabète à celui d'une personne capable de lire et d'écrire, est également une sorte de progression ou de sublimation. Jusqu'où voulez-vous mener votre sublimation ? Quel est le but de cette sublimation ?

Être illuminé par les principes est un processus qui peut vous prendre jusqu'à trente ans, vous aurez peut-être besoin de soixante-dix ans pour raffiner votre nature-intérieure, mais de seulement un à trois ans après cela pour accomplir pleinement la vie-destinée.[10]

---

[1] En chinois, 炼己 [lian ji].

[2] En chinois, 收心 [shou xin]. La première étape est également connue sous le nom 'Explorer la Racine Véritable des Principes' ou 'Epuiser les Principes' [qiong li 穷理].

[3] En chinois, 明理 [ming li].

[4] En chinois, 尽性 [jin xing]. Cette étape intermédiaire pourrait être appelée *Jing Xing* [净性], ce qui signifie pur ou propre, mais également le néant, ou le fait qu'il ne reste rien. Parfois elle est écrite 进性 [jin xing].

[5] En chinois, 了命 [liao ming]. Une quatrième étape est ajoutée parfois, que l'on appelle 'L'Unification de la Nature-Intérieure et de la Vie-Destinée' [xing ming he yi 性命合一], correspondant au but ultime le plus élevé de la pratique. En chinois, le terme de la double pratique de la nature-intérieure et de la vie-destinée [xing ming shuang xiu 性命双修] est une référence à cet objectif.

[6] En chinois, 性光 [xing guang].

[7] En chinois, 慧光 [hui guang]. Voir Livre III : Livre de l'Humain, Chapitre 12, *La Méthode de la Lumière de Sagesse* [hui guang fa 慧光法].

[8] En chinois, 虚灵 [xu ling 虛靈].

[9] Ce passage n'est pas sans rappeler un vers provenant du *Manuscrit de la Carapace de la Tortue* [gui jia wen 龟甲文] :

> 我命在我不在天，还丹成金亿万年。
> Mon destin repose sur moi et non pas sur les cieux.
> Restaurer l'élixir le transforme en or, [et il durera pendant] des millions et des millions d'années.

[10] Li Shi Fu a expliqué que la porte céleste est très étroite et que seuls quelques cultivateurs deviennent immortels.

19.

真身

Le Corps Véritable

然阳神之出也，主乎动。动则宜暂不宜久，宜逵不宜退。而阳神之入也，主乎静。静则贵久不贵暂，贵退不贵逵。其功必由暂而至久，其效必因逵以及退。

——大成捷要

Mais lorsque l'esprit Yang sort [du corps], il est principalement remuant et en mouvement. Dans ce cas, le mouvement est approprié sur le court terme mais inapproprié sur le long terme. Il est approprié de [suivre] le chemin mais inapproprié de l'abandonner.[1]

En outre, lorsque l'esprit Yang rentre [dans le corps], il est principalement tranquille et immobile. Dans ce cas, la quiétude est appréciée sur le long terme mais pas sur le court terme. Elle a de la valeur sur le long terme mais pas lorsqu'elle est brève. Ce Gong doit aller du momentané vers le durable ; son effet doit être le résultat d'un cheminement vers l'abandon éventuel.[2]

— *L'Essentiel du Raccourci à la Grande Réalisation*[3]

Le corps véritable, également connu sous le nom d'esprit Yang ou de corps Yang, est formé par l'unification de l'esprit Yin et du corps physique. En d'autres termes, le corps Yang est l'unification du corps Yin et de l'essence physique associée au Qi. Ce corps nouvellement acquis peut s'accumuler et se transformer pour prendre une forme et une silhouette, mais il peut également se disperser dans un état sans forme.[4] Lorsque le corps Yin sort du corps physique pendant l'assise méditative, alors on devient capable de voir son propre corps depuis l'extérieur. Pour autant, autour de nous, les autres ne seront pas capables de percevoir ou d'observer cette forme Yin. Le pratiquant ne peut pas s'élever avec le corps Yin, car il doit d'abord l'unifier au corps physique et le transformer, afin d'atteindre le troisième corps ou corps Yang. En comparaison, ce stade de pratique considérablement plus élevé fait paraître le corps Yin comme un accomplissement mineur. De plus, le corps Yin est incapable d'échapper au filet éthérique,[5] ce qui fait que prendre une forme ou une silhouette physique ne lui est d'aucune aide. La différence entre le corps Yin et le corps Yang peut être illustrée par un exemple simple. Si le corps Yin sort du corps et se rend devant un étal de légumes au marché, il pourrait voir une vieille femme vendre des concombres, mais ne pourrait pas interagir avec elle et ne pourrait qu'observer la scène visuellement.[6] En revanche, le corps Yang, après être sorti dans les mêmes conditions,[7] pourrait interagir de façon audible avec la vieille femme et lui demander combien coûte le kilogramme de concombres. Le corps Yang est même capable de ramener deux livres chinoises de concombres jusqu'à l'endroit d'où il est sorti du corps physique. Par ailleurs, l'esprit Yang n'entre plus à nouveau dans la roue des réincarnations, alors que l'esprit Yin y reste toujours soumis, une fois le délai écoulé.

Une autre métaphore de l'interaction entre les corps Yin, Yang et physique est celle la fleur de lotus qui pousse dans la boue, au fond d'un lac. Bien que les racines se développent dans de la terre boueuse, le lotus est très pur, avec de belles feuilles et une fleur extrêmement délicate. Le lotus représente ainsi le corps de chair, le corps Yin et le corps Yang. Après un temps considérable, la pratique culmine sous la forme du troisième corps qui s'élève alors naturellement vers le ciel. Ce n'est qu'à ce moment-là que la porte céleste s'ouvre véritablement[8] et il y aura des éclairs dans un ciel sans nuage.[9] Une fois que le corps véritable a été atteint pour la première fois, il faut le sceller et le confiner à l'intérieur du corps physique pour l'empêcher de s'aventurer à l'extérieur pendant une période de neuf années. Cela est communément appelé 'Faire Face au Mur Pendant Neuf Ans'[10] en référence au premier patriarche du bouddhisme Chan Bodhidharma, dont on dit qu'il s'est assis face à un mur en méditation pendant neuf ans dans une grotte. Ainsi, en entrant dans la grande stabilisation[11] pour neuf années, on accomplit l'objectif du raffinement et de la transformation du corps physique. Il convient de mentionner que ces neuf années face au mur sont une condition qui concerne les hommes seulement. Les femmes ont la chance d'être dispensées de cette étape finale, car leur nature possède plus de Yang à l'intérieur.[12]

Pour conclure, une mise en garde contre les pièges et les dangers du corps Yin s'impose pour les pratiquants :

> Si l'on emploie le corps Yin, alors l'essence, le Qi et l'esprit sont totalement gaspillés, piégés dans le cycle de la vie et de la mort. Le corps Yin est le corps physique du ciel postérieur, substantiel et matériel. Le corps Yang est le corps originel du ciel antérieur, insubstantiel et immatériel. On pourrait qualifier le corps Yin de 'jouet' avec lequel on peut obtenir de petites et de grandes merveilles de transports et de téléportation.

Qui ne souhaiterait pas faire usage de telles capacité ? Mais si l'on se met à les employer, alors cela marque la fin de notre pratique.

---

1 Cette phrase a été développée par Li Shi Fu de la façon suivante : il est plus approprié de garder le corps Yang proche de son propre corps plutôt que loin.
2 L'ensemble de ce passage décrit comment dompter l'esprit Yang une fois qu'il a été atteint. La sortie est un mouvement Yang qui n'est autorisé que sur le court terme, tandis que l'accent est principalement mis sur la quiétude. C'est un état Yin qui devrait être maintenu sur le long terme, jusqu'au moment où finalement, le corps Yang sera autorisé à s'aventurer librement.
3 Cet extrait se trouve dans le chapitre intitulé 'Transmission Orale de l'Ecriture Divine du Sceau du Cœur sur les Principes Directeurs de la Double Pratique de la Nature-Intérieure et de la Vie-Destinée' [xing ming shuang xiu gang ling tiao mu xin yin kou jue mi zhi ling wen 性命双修纲领条目心印口诀密旨靈文].
4 Voir également le Commentaire de la 36ème Barrière, note de bas de page 4.
5 Le filet éthérique fait référence au bouclier protecteur invisible qui entoure la terre. Voir également le Commentaire de la 49ème Barrière.
6 L'histoire originale se trouve dans *Le Reflet Complet des Immortels Véritables Qui ont Incarné le Dao de Toute Eternité* [li shi zhen xian ti dao tong jian 历世真仙体道通鉴], rouleau 49, mettant en scène Zi Yang [紫阳], communément appelé Zhang Bo Duan [张伯端]. Voir Livre III : Livre de l'Humain, Chapitre 26.
7 Bien que le corps Yang soit une transformation du corps Yin et du corps physique, il demeure capable de sortir du corps physique par la porte mystérieuse du sommet du crâne [xuan men 玄门] après avoir été pleinement développé au sein du corps physique, ce que l'on appelle les 'Trois Ans d'Allaitement [du Nourrisson]' [san nian bu ru 三年哺乳] dans l'alchimie interne daoiste.
8 En chinois, 真开天门 [zhen kai tian men]. Cette étape marque la sortie du corps Yang par le sommet de la tête. Voir également Stephen Eskildsen, 'Neidan Methods for Opening the Gate of Heaven', dans le livre de Livia Kohn : *Internal Alchemy : Self, Society and the Quest for Immortality*.
9 En chinois, 晴空霹雳 [qing kong pi li]. Ce son orageux est un signe, un présage que la sortie du corps Yang par le sommet de la tête est imminente.
10 En chinois, 九载面壁 [jiu zai mian bi].
11 En chinois, 入大定 [ru da ding].
12 Voir le Commentaire de la 48ème Barrière.

20.

彭祖

L'Ancêtre Fondateur Peng

Ceci est un extrait de l'hagiographie de l'Ancêtre Fondateur Peng, tiré de la *Biographie des Esprits Immortels*[1] de Ge Hong,[2] écrite au cours de la dynastie Jin de l'Est (317-420 après J.C.) :

彭祖者，姓钱，名铿，帝颛顼之玄孙。至殷末世，年七百六十岁而不衰老。少好恬静，不恤世务，不营名誉，不饰车服，唯以养生治身为事。殷王闻之，拜为大夫，常称疾闲居，不与政事。善于补养导引之术，并服水桂、云母粉、麋鹿角，常有少容，然其性沉重，终不自言有道，亦不作诡惑变化鬼怪之事，窈然无为，时乃游行，人莫知所诣。伺侯之，竟不见也。有车马而不常乘，或数百日或数十日不持资粮，还家则衣食与人无异。常闭气内息，从旦至日中，乃危坐拭目，摩搦身体，舐唇咽唾，服气数十，乃起行，言笑如故。

L'Ancêtre Fondateur Peng, de nom de famille Qian, de prénom Keng, était l'arrière-arrière-petit-fils de l'Empereur Zhuan Xu. Vers la fin de la dynastie Yin, il avait atteint l'âge de sept cent soixante ans et pourtant il n'était ni faible, ni vieux. Dans sa jeunesse, il aimait être paisible et tranquille ; il ne se préoccupait pas des affaires du monde, ne luttait ni pour la gloire, ni pour la réputation, et ne cherchait pas à enjoliver son char et ses tenues. Il ne se concentrait que sur les questions en lien avec la façon de nourrir la vie et de gouverner[3] le corps. L'empereur de la dynastie Yin eut vent de son histoire et décida de le nommer à un poste de haut fonctionnaire. [Mais l'Ancêtre Fondateur Peng] invoquait fréquemment la maladie et menait une vie oisive, ne se mêlant pas à la politique. Il était doué dans l'art [des exercices] Dao Yin,[4] qui tonifient et nourrissent. En plus de cela, il buvait de l'eau de cannelier, prenait de la poudre de mica et de bois de cerf.[5]

Il avait constamment une apparence jeune, bien que sa nature-intérieure soit profondément sérieuse. Tout au long de sa vie, il n'a jamais prétendu posséder le Dao. Il n'a pas non plus entrepris d'actes malhonnêtes, ni ne s'est transformé en fantômes ou en monstres.[6] Il avait un visage serein, d'une profondeur dissimulée et [imprégnée] du non-agir. Parfois, il errait et voyageait sans que les gens ne soient au courant de ses allées et venues.[7] Il n'avait jamais recours [aux services] de ceux qui [étaient censés] veiller sur lui. Il avait des véhicules et des chevaux à sa disposition, mais il les montait rarement. Parfois pendant plusieurs dizaines voire plusieurs centaines de jours, il n'avait plus de réserves de céréales. Et lorsqu'il était de retour chez lui, pour la nourriture et les vêtements, il n'était pas différent des autres. Il faisait fréquemment cesser son Qi[8] [externe] et respirait intérieurement du lever du soleil jusqu'à midi. Puis il s'asseyait droit, essuyait ses yeux [pour rester vigilant], frottait et saisissait son corps, léchait ses lèvres, avalait sa salive et ingérait le Qi par multiples de dix. Ce n'est qu'après qu'il se mettait à voyager, parlant et souriant comme toujours.

---

[1] En chinois, 神仙传 [shen xian zhuan]. Une traduction complète peut être trouvée dans le livre de Robert Ford Company, *To Live As Long As Heaven and Earth : Ge Hong's Traditions Of Divine Transcendents*.

[2] En chinois, 葛洪.

[3] Gouverner [zhi 治] peut également signifier guérir ou soigner.

[4] Dao Yin [导引] est souvent mal traduit par yoga daoiste, mélangeant des exercices de différentes cultures. Le Dao Yin consiste à guider et diriger le Qi par certaines séquences de mouvements lents, tels que 'le Jeu des Cinq Animaux' [wu qin xi 五禽戏].

[5] Plus spécifiquement, il s'agit d'un bois de cerf appartenant à l'espèce des 'Cerfs du Père David'.

[6] Cette phrase souligne le fait que Peng Zu n'a pas abusé de l'art de la transformation pour séduire les femmes ou pour changer son apparence en celle d'un fantôme afin de faire peur aux gens.

[7] Aller et venir [yi 诣] peut également signifier la réalisation, l'accomplissement.

[8] Qi [气] désigne ici le fait de respirer par le nez et la bouche.

21.

華佗

Hua Tuo

Le prénom social[1] de Hua Tuo (145-208 après J.C.) était 'Transformation Originelle'[2] et son nom de naissance était Fu.[3] Il résidait au Royaume Pei[4] dans le comté de Qiao,[5] aujourd'hui An Hui, ville de Bo Zhou.[6] Il était 'Maître de la Méthode'[7] et expert en médecine dans les dernières années de la dynastie Han. Hua Tuo était un des 'Trois Docteurs Miracles de l'Ere Jian An'[8] aux côtés de Dong Feng[9] et de Zhang Zhong Jing.[10] Il est également connu comme l'un des 'Quatre Grands Docteurs Célèbres de la Chine Ancienne'[11] aux côtés de Bian Que,[12] Zhang Zhong Jing et Li Shi Zhen.[13]

La perte la plus tragique de l'héritage de Hua Tuo fut son livre *La Sacoche Verte*,[14] ce qui serait arrivé juste avant son exécution. Lorsqu'il recommanda au seigneur de guerre Cao Cao[15] une chirurgie de la tête pour ses migraines,[16] ce dernier le soupçonna d'être secrètement un assassin :

遂考竟佗，佗临死，出一卷书与狱吏，曰：此可以活人。
吏畏法不受，佗亦不强，索火烧之。

—三国志

Lorsque l'enquête fut conclue et que [Hua] Tuo se trouva finalement face à la mort, il dévoila le rouleau d'un livre et le donna au gardien de prison en disant :

Cela peut permettre aux hommes de vivre.[17]

Le petit fonctionnaire, par crainte de la loi, n'accepta pas [le rouleau]. [Hua] Tuo n'insista pas [pour qu'il le prenne] et demanda que [le rouleau] soit jeté au feu.

—*Les Archives sur les Trois Royaumes*

Le Livre III : 21ème Chapitre

Tout au long de sa vie, Hua Tuo a pratiqué la médecine pour le bien du monde. Il était compétent à la fois en médecine interne et en médecine externe, telle que la traumatologie, la gynécologie, la pédiatrie, l'acupuncture et la moxibustion.

En pratique, Hua Tuo n'utilisait que très peu de plantes et seulement quelques formules. Il prenait simplement une poignée d'herbes sans avoir besoin de les peser. En ce qui concerne l'acupuncture et la moxibustion, il n'employait les aiguilles que sur un ou deux points seulement :

下针前对病人说：当引某许，若至，语人。

病人说：已到，便拔针，不久病便会好。

Avant d'insérer l'aiguille, il disait à la personne malade :

> Cela devrait guider [le Qi] vers cet endroit. Dites-moi lorsqu'il sera arrivé là.

Et la personne malade répondait alors :

> Il est déjà arrivé.

Puis [Hua Tuo] retirait l'aiguille et peu de temps après, la maladie était guérie.

Hua Tuo comprenait parfaitement l'art de nourrir la nature-intérieure.[18] Malgré son âge avancé, il avait toujours une apparence robuste et solide. Il imitait les mouvements du tigre, du cerf, de l'ours, du singe et de la grue, puis créa le système du 'Jeu des Cinq Animaux',[19] un ensemble d'exercices de Qi Gong et de longévité célèbre, simple et pourtant très efficace. Selon *Les Archives sur les Trois Royaumes*,[20] Hua Tuo pensait que :

人体欲得劳动，但不当使极尔，动摇则谷气得消，

血脉流通，病不得生，譬犹户枢不朽是也。

> Le corps humain tire profit des efforts physiques mais il n'est pas approprié d'en user à l'extrême. En se balançant et en oscillant, le Qi des céréales peut être digéré, les vaisseaux sanguins peuvent circuler sans entrave et la maladie ne sera alors pas générée. Pour donner un exemple, cela s'apparente à une charnière de porte qui ne pourrit plus.[21]

Lorsque les aiguilles et les plantes ne venaient pas à bout d'une maladie, Hua Tuo faisait prendre au malade une préparation alcoolique appelée 'La Poudre de l'Engourdissement et de l'Ebullition'.[22] Une fois ingurgitée, elle produisait un effet anesthésiant. Hua Tuo pratiquait alors une intervention chirurgicale, recousait la plaie et appliquait une sorte de pâte médicinale. Quatre à cinq jours après l'intervention, la plaie commençait à cicatriser et un mois plus tard, le patient avait déjà retrouvé une santé normale. Mais la Poudre de l'Engourdissement et de l'Ebullition, ainsi que les techniques manuelles de traumatologie ont toutes été perdues et n'ont pas pu être léguées aux générations suivantes.[23] Les rares informations disponibles aujourd'hui proviennent de la 'Biographie de Hua Tuo', tirée du *Livre des Han Postérieurs*.[24] On peut y lire :

> 若疾发结于内，针药所不能及者，乃令先以酒服麻沸散，
> 既醉无所觉，因刳破腹背，抽割积聚。
>
> Lorsque la maladie émerge et se fixe à l'intérieur, là où les aiguilles et les plantes ne peuvent agir, [le docteur devrait] alors d'abord laisser [le malade] consommer la Poudre de l'Engourdissement et de l'Ebullition avec de l'alcool. Une fois que le patient est intoxiqué et ne ressent plus rien, [le docteur devrait] ouvrir l'abdomen ou le dos afin de couper et d'extraire les accumulations et les amas.

Ainsi, Hua Tuo est connu comme étant le premier docteur de l'histoire de la médecine à employer une formule paralysante pour anesthésier les patients, se plaçant ainsi comme le pionnier de la chirurgie traumatologique. Il a également été le premier médecin à désinfecter et à stériliser les couteaux avec le feu avant une opération, et il a également été le premier à placer les instruments de chirurgie dans une solution alcoolisée lorsque ceux-ci ne sont pas utilisés.

Malheureusement, les instructions précises pour créer cette Poudre de l'Engourdissement et de l'Ebullition ne sont pas parvenues jusqu'à la génération suivante. Néanmoins, il a été dit qu'elle était composée de six plantes différentes : *Datura stramonium*,[25] *Aconitum carmichaelii* frais,[26] *Angelica dahurica*,[27] *Angelica sinensis*,[28] *Ligusticum chuanxiong*[29] et *Arisaema heterophyllum*.[30]

Une autre lignée prétend que les ingrédients étaient *Datura stramonium*,[31] la racine de *Jasminum sambac*,[32] *Angelica sinensis* et *Acorus calamus*.[33] Pour autant, les recherches textuelles des générations ultérieures ont confirmé que, bien que ces deux prescriptions puissent en être proches, elles ne sont pas identiques à la formule originale de Hua Tuo.

---

[1] Le prénom social [zi 字] également connu comme nom de courtoisie, est attribué à une personne lorsqu'elle atteint l'âge adulte, par ses parents ou par son premier professeur, en plus de son nom de naissance.

[2] En chinois, 元化 [yuan hua].

[3] En chinois, 勇. Un autre texte donne un caractère différent pour le nom *Fu* [敷], qui peut alors être traduit par étaler, généralement dans le contexte de l'application d'un onguent ou d'une pommade. Cela ferait ainsi allusion à la future profession de Hua Tuo.

[4] En chinois, 沛国 [pei guo].

[5] En chinois, 谯县 [qiao xian].

6 En chinois, 亳州市 [bo zhou shi].
7 Un Maître de la Méthode [fang shi 方士] signifie littéralement un 'Erudit de la Méthode' ou un 'Adepte de la Méthode'. Des traductions alternatives incluent sorcier, alchimiste, magicien et devin. C'est un terme difficile à saisir et de nombreux traducteurs ont donc décidé de ne pas le traduire.
8 En chinois, 建安三神医 [jian an san shen yi] était le nom correspondant au règne de la fin de la dynastie Han (196-219 après J.C).
9 En chinois, 董奉.
10 En chinois, 张仲景.
11 En chinois, 中国古代四大名医 [zhong guo gu dai si da ming yi].
12 En chinois, 扁鹊.
13 En chinois, 李时珍.
14 En chinois, 青囊书 [qing nang shu].
15 En chinois, 曹操.
16 Ce complot d'assassinat est une fiction créée à postériori dans *Le Roman des Trois Royaumes*. Dans les archives historiques non officielles *Les Archives sur les Trois Royaumes,* il est noté que Hua Tuo fut exécuté pour avoir menti à Cao Cao, ayant prétexté qu'il devait s'absenter de son poste car sa femme était malade, alors qu'en réalité il ne souhaitait plus servir à la cour. Après une absence prolongée, Cao Cao finit par envoyer des messagers lui rendre visite et découvrit le mensonge de Hua Tuo, sa femme n'ayant jamais été malade. Cao Cao envoya alors plusieurs messagers pour lui demander de regagner son poste, mais Hua Tuo déclina chaque requête. Finalement, il fut exécuté pour sa désobéissance et son manque d'honnêteté.
17 Une traduction alternative serait : cela peut faire survivre les gens.
18 En chinois, 养性之术 [yang xing zhi shu].
19 En chinois, 五禽戏 [wu qin xi].
20 En chinois, 三国志 [san guo zhi].
21 Cette dernière phrase n'est pas sans rappeler un fameux adage sur la longévité :

> 流水不腐，户枢不蠹。
> L'eau qui circule ne stagne pas,
> La porte [qui reste en mouvement] ne devient pas vermoulue.

22 En chinois, 麻沸散 [ma fei san].
23 Le disciple principal de Hua Tuo, Wu Pu [吴普], a étudié sans relâche tout au long de sa vie. Alors qu'il avait dépassé l'âge mûr de quatre-vingt-dix ans, on dit que ses oreilles et ses yeux étaient encore vifs et lumineux, et que ses dents étaient toujours absolument intactes.
24 En chinois, 后汉书 [hou han shu].
25 En chinois, 闹羊花 [nao yang hua], est un nom alternatif pour *Datura stramonium*, alors que dans d'autres régions cela correspond au nom d'une autre plante, le *Rhododendron molle*. Comme de nombreuses plantes ont plus de vingt appellations locales différentes dans toute la Chine, une erreur peut facilement arriver. Le plus souvent, *Datura stramonium* est appelé Yang Jin Hua [洋金花].
26 En chinois, 生草乌 [sheng cao wu].
27 En chinois, 香白芷 [xiang bai zhi].
28 En chinois, 当归 [dang gui].
29 En chinois, 川芎 [chuan xiong].
30 En chinois, 天南星 [tian nan xing].
31 En chinois, 羊踯躅 [yang zhi zhu].
32 En chinois, 茉莉花根 [mo li hua gen].
33 En chinois, 菖蒲 [chang pu].

22.

呂洞賓

Lü Dong Bin

Le texte suivant sur Lü Dong Bin est la traduction d'un récit provenant de l'ouvrage *Traces Surnaturelles des Immortels et des Bouddhas*,[1] écrit par Hong Ying Ming[2] en 1602, durant la dynastie Ming.

初，母就蓐时，异香满室，天乐浮空。一白鹤自天而下，飞入帐中不见。生而金形木质鹤顶龟背，凤眼朝天，双眉入鬓。少聪明，日记万言，矢口成文。身长八尺二寸，状类张子房，二十不娶。

Au moment de la naissance [de Lü Dong Bin], alors que sa mère était allongée sur une natte de paille, un parfum étrange remplissait la pièce et une musique céleste flottait dans l'espace. Une grue blanche descendit du ciel, vola jusqu'au couvre-lit puis disparut. Lorsque [Lü Dong Bin] naquit, il [incarnait] la forme du métal et la qualité du bois,[3] il [avait] la tête d'une grue et le dos d'une tortue, les yeux d'un phénix [tournés] vers le ciel et ses deux sourcils s'étendaient jusqu'aux tempes. Durant sa jeunesse, il était [très] intelligent. Il pouvait chaque jour mémoriser dix mille mots, et tout ce qui sortait de sa bouche était comme de la poésie. Son corps était grand jusqu'au point où il mesurait huit pieds et deux pouces chinois[4] ; il ressemblait à Zhang Zi Fang.[5] A vingt ans, il n'avait toujours pas pris de femme.

始在襁褓，马祖见曰：

[Bien avant tout cela], alors qu'il était encore enveloppé dans ses langes, l'Ancêtre Fondateur Ma l'observa puis dit :

> 此儿骨相不凡，自是风尘物外。他时遇庐则居，见钟则扣。
> 留心记取。
>
> La structure osseuse et l'apparence de cet enfant ne ressemblent en rien à celles d'une personne ordinaire ; il sera certainement un vagabond libre au-delà du

monde. Dans le futur, s'il rencontre une hutte,⁶ il devra y habiter ; s'il rencontre une cloche, il devra la faire sonner.⁷ Soyez sûre de lui rappeler ces deux informations.

后游庐山遇火龙真人，传天遁剑法。唐会昌中两举进士不第。时年六十四岁，游长安酒肆，见一羽士青巾白袍，偶书绝句于壁曰：

Au cours de sa vie, [Lü Dong Bin] se rendit sur la montagne Lu où il rencontra le Réalisé Dragon de Feu⁸ qui lui transmit la 'Technique de l'Epée Céleste Dissimulée'. [Par la suite] au cours des années Hui Chang⁹ de la dynastie Tang (841-846 après J.C.), il participa par deux fois au plus haut examen impérial, mais à chaque fois en vain.¹⁰ C'est à l'âge de soixante-quatre ans qu'il entra dans une taverne de Chang An¹¹ et y rencontra un prêtre daoiste,¹² coiffé d'un chapeau azur, portant une robe blanche et qui composait [un poème] en quatrain sur le mur¹³ :

> 坐卧常携酒一壶，不教双眼识皇都。乾坤许大无名姓，
> 疏散人间一丈夫。
>
> Que je sois assis ou couché, je porte constamment une gourde de vin,
> Et je n'autorise pas mes yeux à reconnaitre la capitale impériale.¹⁴
> Qian et Kun sont d'une telle grandeur et pourtant, sans nom,¹⁵
> Insouciant et sans retenue, un grand homme se dresse parmi le peuple.

洞宾讶其状貌奇古，诗意飘逸，因揖问姓氏。

[Lü] Dong Bin fut stupéfait par l'apparence étrange et ancienne de l'homme, ainsi que par sa poésie libre et flottante. Il le salua donc en levant les mains et lui demanda son nom de famille.¹⁶

羽士曰：

Le prêtre daoiste répondit :

> 吾云房先生也，居在终南鹤岭。子能从游乎？
>
> Je suis le Maître de la Chambre Nuageuse¹⁷ et je réside au Sommet de la Grue, sur la Montagne Zhong Nan. Es-tu prêt à voyager dans les quatre directions avec moi ?

洞宾未应，云房因与同憩肆中，云房自为执炊。洞宾忽就枕昏睡，梦以举子赴京，状元及第。始自郎署擢台谏、翰苑、秘阁及诸清要无不备历。两娶富

贵家女，生子婚嫁蚤毕，几四十年。又独相十年，极势薰炙。偶被重罪，籍没家资，分散妻孥，流于岭表。一身孑然立马风雪中，方兴浩叹，恍然梦觉。炊尚未熟。

[Lü] Dong Bin ne répondit pas. Comme le [Maître] de la Chambre Nuageuse et lui restaient tous deux à la taverne, [le Maître de la Chambre Nuageuse] se mit à leur préparer un repas. [Lü] Dong Bin décida de reposer [sa tête] sur un oreiller car il avait soudainement sommeil et se sentait somnolent. Au cours d'un rêve, il se rendait à la capitale en tant que candidat à l'examen [impérial] et il réussissait, obtenant la note la plus élevée [de tous les candidats]. Ainsi débutait pour lui [une carrière][18] comme secrétaire au palais, suivie d'une promotion au département des enquêtes, à l'académie impériale, à la librairie impériale et à divers [postes] supérieurs d'influence. Il prenait pour épouse et seconde épouse les filles de familles riches et influentes, et avait plusieurs enfants, arrangeant par la suite leur propre mariage ; tout cela s'accomplissait rapidement, en une quarantaine d'années environ. Il devenait également le seul premier ministre pendant dix ans à avoir une grande influence dominante et rigoureuse.[19] Pour autant, par malchance, il finit par être accusé d'un crime grave, raison pour laquelle ses biens familiaux lui furent confisqués ; il se retrouva dès lors séparé de ses femmes et de ses enfants pour être envoyé en exil au-delà des Cinq Sommets.[20] Il se retrouvait ainsi seul face au vent et à la neige, n'ayant qu'un profond soupir pour lui-même. [Lü Dong Bin] se réveilla soudainement de son rêve. Le repas n'était pas encore prêt.

云房笑吟曰：

Le [Maître] de la Chambre Nuageuse lui dit en souriant :

> 黄粱犹未熟，一梦到华胥。
>
> Le millet jaune n'a pas fini de cuire qu'en un seul rêve te voilà arrivé à Hua Xu.[21]

洞宾惊曰：

[Lü] Dong Bin, surpris, répondit :

> 先生知我梦孜孜不耶？
>
> L'ancien saurait-il me dire si au cours de mon rêve j'ai travaillé dur et si j'ai été assidu ou non ?

云房曰：

Le [Maître] de la Chambre Nuageuse dit :

Le Livre III : 22ème Chapitre

子适来之梦升沉万态，荣悴千端，五十年间一瞬耳。得不足喜，丧不足悲，世有大觉，而后知人世一大梦也。

Tes rêves viennent justes [de te montrer] les dix-mille manifestations de l'ascension et de la chute, les mille causes de gloire et de détresse, et cinquante ans [sont passés] en un éclair. Ce que tu obtiendras n'en vaudra pas le bonheur et ce que tu perdras n'en vaudra pas la peine. Sur cette terre, celui qui est véritablement éveillé sait que le monde des humains n'est qu'un vaste rêve.

洞宾感悟，遂拜云房，求度世术。

[Au son de ces mots, Lü] Dong Bin s'éveilla[22] et demanda à être accepté comme le disciple du [Maître] de la Chambre Nuageuse, car ce qu'il cherchait [en réalité] était le moyen d'apporter une délivrance au monde.

---

[1] En chinois, 仙佛奇踪 [xian fo qi zong].

[2] En chinois, 洪应明.

[3] Dong Bin vint au monde dans un corps en harmonie avec les cinq phases métal, bois, eau, feu et terre.

[4] A l'époque de Lü Dong Bin, durant la dynastie Tang, un pied chinois [chi 尺] faisait environ 24,6 cm. Sa taille aurait donc été d'environ 2.02 mètres. Sous la dynastie Ming, lors de la publication de cet ouvrage, un pied chinois correspondait plutôt à 32 cm, ce qui l'aurait amené à 2.62 mètres de haut.

[5] Zhang Zi Fang est plus connu sous le nom de Zhang Liang [张良]. Avec Han Xin [韩信] et Xiao He [萧何], il était l'un des 'Trois Héros du Début de la Dynastie Han' [han chu san jie 汉初三杰].

[6] La 'Hutte' [lu 庐] suggère la montagne Lu [庐山].

[7] La 'Cloche' [zhong 钟] fait allusion à Zhong Li Quan [钟离权], littéralement le Maître de la Chambre Nuageuse.

[8] On ne sait que très peu de choses sur le Réalisé Dragon de Feu [huo long zhen ren 火龙真人], mais il est également mentionné comme étant le maître du légendaire créateur du Tai Ji, Zhang San Feng [张三丰].

[9] Littéralement Rassembler et Prospérer [hui chang 会昌], est le nom d'une période du règne de l'Empereur Wu Zong des Tang [唐武宗]. Il était d'usage que les empereurs traversent plusieurs de ces périodes au cours d'un même règne.

[10] Il est fort possible que ce récit ait emprunté l'histoire du Rêve du Millet Jaune [huang liang meng 黄粱梦] aux *Récits de l'Oreiller Interne* [zhen zhong ji 枕中记], communément traduit en anglais par l'équivalent du *Monde A l'Intérieur de l'Oreiller*. Cette histoire traditionnelle chinoise datant de la dynastie Tang, raconte le rêve vécu par un personnage nommé Lu Sheng [卢生].

[11] Capitale de la Chine sous la dynastie Tang.

[12] Littéralement, un être ailé.

[13] Un célèbre poète Su Shi [苏轼], homme d'état et érudit de la dynastie Song était célèbre pour improviser ses poèmes sur les murs lorsqu'il buvait avec des amis. C'est devenu par la suite une pratique courante des lettrés chinois et de la classe littéraire.

[14] Cette ligne symbolise le fait de 'ne pas craindre les personnes d'autorité et de pouvoir'.

[15] Qian [乾] et Kun [坤] sont les noms de deux trigrammes du *Livre des Changements* [yi jing 易经]. Le premier se compose de trois lignes Yang et le dernier de trois lignes Yin. La phrase entière signifie que

'tout ce qui se trouve sous les cieux n'appartient pas forcément à ceux qui en ont la charge, le monde est trop vaste et il n'est pas seulement la propriété de l'empereur'.

16 Il est courant en Chine que le nom de famille ou de clan soit plus important que le prénom.
17 C'est-à-dire Zhong Li Quan [钟离权], l'un des fameux huit immortels.
18 En Chine, la réussite de l'examen impérial était une condition préalable à une carrière dans les fonctions officielles.
19 Littéralement, cautérisant et faisant griller [xun zhi 薰炙].
20 C'est-à-dire le sommet Sud [nan yue 南岳], appelé la montagne Heng [heng shan 衡山] dans la province chinoise du Hu Nan [湖南省].
21 En chinois, 华胥, ce qui correspond à l'utopie dans la mythologie chinoise.
22 'Eveillé' [gan wu 感悟] signifie très probablement qu'à travers les paroles de Zhong Li Quan, Lü Dong Bin a réalisé la profondeur des enseignements daoistes et qu'il avait un véritable maître en face de lui. Il a peut-être également réalisé qu'il avait un destin avec le Dao et que son avenir lui réservait autre chose qu'une carrière de fonctionnaire.

23.

丘處機

Qiu Chu Ji

Le prénom social de Qiu Chu Ji (1148-1227), l'Ancêtre Fondateur Qiu, était Tong Mi[1] et son appellation daoiste était Chang Chun Zi,[2] ce qui signifie 'Le Printemps Eternel'. Originaire de la préfecture de Deng dans le comté de Xi Xia,[3] actuelle province du Shan Dong, il est considéré comme l'un des Sept Disciples Réalisés[4] de Wang Chong Yang.[5] Il fut un maître de la doctrine de la Réalisation Complète ainsi qu'un penseur, un homme d'état et un expert dans l'art de la longévité et de la médecine. Il a été profondément respecté durant la dynastie Song du Sud (1127-1279) et la dynastie Jin (1115-1234), notamment par le chef de l'empire Mongol, Gengis Khan, ainsi que par la plupart des gens. Alors qu'il était âgé de soixante-quatorze ans, il a voyagé sur une grande distance jusqu'aux territoires d'occident pour convaincre Gengis Khan d'arrêter de faire massacrer son propre peuple et les gens qui l'entouraient. Pour ce faire, il dû parcourir pas moins de trente-cinq mille miles chinois (environ 17500 kilomètres).[6]

On le retrouve également dans un roman moderne écrit par Jin Yong[7] (1924-2018), dans la catégorie des Wu Xia,[8] récits basés sur la vie de chevaliers ou de héros errants, doués en arts martiaux. Il a écrit des histoires telles que 'La Légende des Héros du Condor'[9] et 'Condor Divin, Chevalier Errant'[10] dans lesquels Qiu Chu Ji est décrit sous les traits d'une personne audacieuse, sans limites et comme un daoiste doté d'une grande habileté martiale, qui se bat pour la dynastie Jin tout en protégeant le peuple. Ces contes ont fait de lui un nom connu de tous.

Il convient de mentionner que le daoisme prône le respect et la préciosité de la vie, ainsi que l'harmonie, l'humilité et la tolérance. Il s'agit du Dao de la bienveillance et de la compassion.[11] Le daoisme désapprouve ainsi les guerres, les blessures, les combats, les rivalités et l'appropriation des choses par la force, ce qui est autrement appelé le 'Dao de l'impitoyable et de la cruauté'.[12] Par leur exemple dans le passé, certains êtres ont illustré de tels principes daoistes. L'Ancêtre Fondateur Lü Dong Bin[13] a apporté beaucoup au monde et a sauvé de nombreuses vies par la guérison, alors que l'Ancêtre Fondateur Qiu est dit, entre autres actions bienveillantes, avoir mis fin aux tueries de Gengis Khan grâce à une persuasion éloquente. Ainsi, même si les lignées daoistes développent des compétences de combat, elles ne rivalisent pas pour la suprématie car elles considèrent ces aptitudes comme une connaissance superficielle et triviale. Cela est dû à leur foi et aux préceptes monastiques, ainsi qu'à leurs croyances dans le Dao et la vertu. Le Gong Fu n'est qu'un tremplin vers un niveau bien plus élevé.

A un certain moment de sa vie, l'Ancêtre Fondateur Qiu s'est rendu au Shan Dong et à An Hui, deux provinces incroyablement vastes, avec une superficie combinée plus grande que l'Allemagne, par exemple. Malgré cela, il n'a pas pu trouver une seule personne convenable pour devenir son disciple. Il n'est pas seulement ardu de trouver un maître mais il est également difficile de trouver un disciple. C'est ainsi que cela fonctionnait dans le passé. De nos jours, la situation s'est inversée et les étudiants parcourent le monde entier à la recherche d'un maître. Les épreuves et les difficultés que l'Ancêtre Fondateur Lü[14] a reçu de son maître avant d'être finalement accepté comme disciple, offrent un aperçu précieux sur cette question.

Qiu Chu Ji préconisait l'alchimie interne, le travail de la nature-intérieure du cœur-esprit de chacun[15] et l'unification des trois enseignements.[16] Nombre de ses transmissions sur le daoisme étaient claires, jusque dans leur nom :

飞升炼丹之术，祭醮禳禁之科。

L'art de s'élever vers les cieux et de raffiner l'élixir,

L'étude des pratiques sacrificielles et du service religieux,

La prévention des calamités et [le respect] des interdictions.

Il n'accordait pas véritablement d'importance aux réalisations culturelles et aux coutumes. En revanche, il préconisait fortement le maintien d'une moralité élevée dans la conduite verbale, et mettait l'emphase sur le fait de tenir des propos sincères et véridiques. Il mettait tout autant l'accent sur le de la littérature, afin d'établir les théories et principes à la base du daoisme, et de disséminer les enseignements originels de la porte. Avant qu'il ne passe la porte du Dao, son niveau de connaissance n'était pas très élevé, mais après l'avoir franchi, il se mit à étudier intensément. Au final, non seulement maîtrisait-il les écritures et les classiques daoistes, mais il avait également acquis une connaissance approfondie des classiques confucéens et des sutras bouddhistes. En outre, il aimait écrire de la prose, des odes et des poèmes. Il a fait preuve d'une grande capacité à guider et à enseigner, en promouvant ses idées par le biais d'éléments essentiels mystérieux : si l'on n'a pas été sculpté,[17] alors on doit se cultiver soi-même.

Parmi les écrits qu'il a publié, figurent deux recueils intitulés *Le Ruisseau*[18] et *Le Pépiement du Dao*.[19] Il existe également un autre ouvrage majeur de Qiu Chu Ji intitulé *Indications Directes pour le Grand Elixir*.[20] Il y présente les secrets et les mystères des méthodes d'alchimie interne de l'Ecole de la Réalisation Complète. Comme les principes décrits sont vastes et profonds, les générations suivantes en ont fait l'éloge comme suit :

文简而理直，实修真之捷径，入道之梯楷。

Leur écriture est simple et les principes sont directs.
C'est un raccourci lorsque l'on cultive la vérité,
Et c'est une échelle pour [monter jusqu'au] Dao.

Parmi les autres œuvres de Qiu Chu Ji, on peut trouver *Discours sur l'Absorption de la Vie et l'Élimination du Souffle*[21] et *Rapports sur l'Assemblée Célébrant les Vents Mystérieux*.[22] Il a également écrit deux textes que l'on retrouve dans le recueil d'essais sur l'alchimie interne intitulé *Les Essentiels du Raccourci à la Grande Réalisation*. Il s'agit de 'Recueils sur l'Origine et le Développement du Daoisme' ainsi que 'Les Effets Merveilleux du Vent et du Feu Civil et Martial'.[23]

---

[1] En chinois, 通密.

[2] En chinois, 长春子.

[3] En chinois, 栖霞.

[4] En chinois, 真人 [zhen ren].

[5] En chinois, 王重阳.

[6] Une traduction complète du récit du voyage de Qiu Chu Ji se trouve dans le livre de E. Bretschneider *Mediaeval Researches from Eastern Asiatic Sources: Fragments Towards the Knowledge of the Geography and History of Central and Western Asia from the 13th to the 17th Century Vol 1*, ainsi que dans *The Travels of an Alchemist - The Journey of the Taoist Ch'ang-Ch'un from China to the Hundukush at the Summons of Chingiz Khan* de Li Chih-Ch'ang.

[7] En chinois, 金庸.

[8] Wu Xia [武侠] est communément traduit par chevalerie martiale ou chevalier-errant.

[9] En chinois, 射雕英雄传 [she diao ying xiong chuan].

[10] En chinois, 神雕侠侣 [shen diao xia lü].

[11] En chinois, 仁慈之道 [ren ci zhi dao].

[12] En chinois, 残忍之道 [can ren zhi dao].

[13] Voir également Livre III : Livre de l'Humain, Chapitre 22, *Lü Dong Bin* [吕洞宾].

[14] Voir Livre III : Livre de l'Humain, Chapitre 30, *Les Dix Epreuves de l'Ancêtre Fondateur Lü* [shi shi lü zu 十试吕祖].

[15] En chinois, 心性 [xin xing].

[16] L'unification des trois enseignements [san jiao he yi 三教合一] fait référence à un syncrétisme né de l'union entre le daoisme, le bouddhisme et le confucianisme.

[17] Être non sculpté [bu diao juan 不雕镌] signifie être sans instruction, sans éducation.

[18] Le titre complet est *Recueil sur les Ruisseaux Sinueux* [pan xi ji 蟠溪集].

[19] Le titre complet est *Recueil sur le Chant du Dao* [ming dao ji 鸣道集]. Ce titre a également été traduit plus librement par *Essais sur les Recommandations du Dao*.

[20] *Indications Directes pour le Grand Elixir* [da dan zhi zhi 大丹直指] a été traduit par Louis Komjathy.

[21] En chinois, 摄生消息论 [she sheng xiao xi lun]. Un nom alternatif pourrait être *Nourrir la Vie en accord avec la Croissance et la Décroissance*.

[22] En chinois, 玄风庆会录 [xuan feng qing hui lu]. Une traduction alternative pourrait être *Rencontre Auspicieuse avec les Daoistes*.

[23] En chinois, 道教源流谱 [dao jiao yuan liu pu] pour le premier et 文武风火妙用 [wen wu feng huo miao yong] pour le second. Ces deux textes peuvent être consultés sur le lien suivant et seront publiés sous une forme révisée par Purple Cloud Press dans un avenir proche.
http://fiveimmortals.com/les-essentiels-du-raccourci-a-la-grande-realisation-2/?lang=fr

24.

王重陽

Wang Chong Yang

重阳全真。开化辅极帝君。

—北五祖宝诰

> Double Yang, Réalisation Complète.
> Souverain suprême de l'ouverture aux transformations[1]
> Et soutien de l'extrémité.[2]
>
> — *La Précieuse Déclaration des Cinq Ancêtres du Nord*[3]

Wang Chong Yang (1113-1170)[4] a été le maître et le fondateur de l'Ecole de la Réalisation Complète,[5] une des deux principales écoles daoistes, l'autre étant l'Ecole de l'Unité Orthodoxe ou Ecole de la Rectitude Droite. Pour cette raison, il est considéré comme l'un des Cinq Ancêtres Fondateurs de la Réalisation Complète.[6] Son nom laïc était Zhong Fu[7] et son prénom social[8] Yun Qing.[9] A l'origine, il était un érudit impérial de la dynastie Jin (1115-1234) qui devint par la suite officier militaire. Il changea alors son nom pour De Wei,[10] ou Puissance Vertueuse et son prénom social devint Shi Xiong.[11] Une fois qu'il eut franchi la porte du Dao, son prénom social devint Zhi Ming[12] et on l'appelait Chong Yang Zi,[13] raison pour laquelle il fut connu plus tard sous le nom de Wang Chong Yang. Il a été le disciple de Zhong Li Quan [钟离权], également appelé *Yang Droit* [zheng yang 正阳] et de Lü Dong Bin, appelé *Pur Yang* [chun yang 纯阳]. Ses maîtres portent tous deux le caractère Yang [阳] dans leur nom, c'est pourquoi Wang Chong Yang s'est fait connaître sous le nom de Double Yang [chong yang 重阳]. Il était également surnommé 'Wang, [celui qui] est devenu fou'.[14] Il résidait à Da Wei, dans la capitale préfectorale de Xian Yang,[15] actuellement la ville de Xian Yang, district de Qin Du dans le Shan Xi.[16] Sept de ses disciples ont été des figures importantes de la porte du Dao. Ils sont connus comme étant les Sept Réalisés.[17]

Wang Chong Yang a légué à la postérité les œuvres suivantes : *Les Recueils de Wang Chong Yang sur la Réalisation Complète,*[18] *Le Traité de Wang Chong Yang sur les*

Le Livre III : 24ème Chapitre

Enseignements et les Transformations,[19] *Les Recueils de Wang Chong Yang sur les Dix Transformations qui Divisent la Poire*[20] et *Les Quinze Essais sur l'Etablissement des Enseignements*.[21] Le paragraphe ci-dessous est tiré des *Recueils de Wang Chong Yang sur la Réalisation Complète* et relate un évènement au cours duquel Wang Chong Yang fait une rencontre mystique avec l'un des Huit Immortels :

余尝从甘河携酒一葫，欲归庵，道逢一先生叫云：'害风，肯与我酒吃否？'余与之，先生一饮而尽，却令余以葫取河水；余取得水，授与先生，先生复授余，令余饮之，乃仙酎也。又曰：'子识刘海蟾否？'
余曰：'但尝见画像耳。'先生笑之而去。还暗示所遇至人为刘海蟾。

Un jour, alors que je portais une gourde de vin depuis Gan He et que j'avais le désir de retourner à ma hutte, j'ai rencontré sur le chemin un maître qui m'interpella alors :

> Fou, es-tu prêt ou non à consommer du vin avec moi ?

Je lui donnais [ma gourde] et le maître la vida d'un trait. Il m'ordonna alors d'aller la remplir d'eau. Une fois que j'eu fait cela, je lui tendis la gourde et il m'ordonna de boire l'eau. Elle s'était transformée en Vin d'Immortalité.[22] Il dit également :

> Fils,[23] reconnais-tu ou non Liu Hai Chan[24] ?

Je répondis :

> J'ai n'ai vu qu'une fois un portrait de lui.

Le maître rit et partit, laissant encore plus entendre que la personne que je venais de rencontrer était bel et bien Liu Hai Chan.

Il a été rapporté que Wang Chong Yang a cessé de boire à la suite de cette rencontre. En outre, d'autres récits sur la vie de Wang Chong Yang ont été gravés sur la *Stèle de Pierre de l'Ancêtre [Fondateur de] l'Ecole de la Réalisation Complète*,[25] écrite en 1225 et érigée en 1275. Elle a ensuite été retrouvée dans le comté de Hu,[26] puis finalement déplacée jusqu'au monastère de Chong Yang,[27] un complexe de temples construit en honneur de l'Ancêtre Fondateur de l'Ecole Daoiste de la Réalisation Complète. Le passage suivant est tiré de cette stèle et raconte comment Wang Chong Yang a brûlé la hutte dans laquelle il avait cultivé :

大定丁亥四月，忽自焚其庵，村民驚救，見先生狂舞於火邊，其歌語傳中俱載。又云：三年之後，別有人來修此庵。

Au quatrième mois [lunaire][28] de l'année Ding Hai[29] de l'ère Da Ding (1167 après J.C.), [Wang Chong Yang] a soudainement [décidé de] brûler sa hutte. Les villageois alarmés [vinrent] à son secours et trouvèrent le maître en train de danser follement près du feu ; ce qu'il chantait [à ce moment-là] fut entièrement retranscrit pour la postérité. Il ajouta également :

> Dans trois ans, certaines personnes viendront réparer cette hutte.

Ce que Wang Chong Yang a chanté devant sa hutte en flamme a été consigné dans *Fouler l'Herbe : Brûler la Hutte*,[30] écrit par Wang Zhe[31] au cours de la dynastie Yuan (1279–1368) :

数载辛勤，谩居刘蒋，庵中日日尘劳长。豁然真火瞥然开，便教烧了归无上奉劝诸公，莫生悒怏，我咱别有深深况。唯留煨土不重游，蓬莱云路通来往。

De nombreuses années d'assiduité et de travail acharné [se sont écoulées]. J'ai résidé à Liu Jiang en me cachant.[32] Dans ma hutte, jour après jour, le labeur poussiéreux n'en finissait pas. Et soudainement, alors que le feu de la vérité m'est apparu en un éclair, [la sagesse] s'est ouverte, me conduisant à brûler [ma hutte] et ce, pour retourner au suprême. Puis-je vous donner un conseil nobles gens : ne générez pas d'anxiété et de mécontentement.[33]

Je suis dans un état lointain et profond. Je ne laisse derrière moi que des cendres sur le sol, pour ne plus jamais y revenir. Un chemin nuageux vers [le Mont] Peng Lai s'est ouvert à mes allées et venues.

On trouvera ci-dessous un autre poème de Wang Zhe portant le même titre, appelé *Fouler l'Herbe*,[34] tiré du septième rouleau des *Recueils de Wang Chong Yang sur la Réalisation Complète* :

睡里搜寻，眠中做作，目蒙认正恒欢乐。想成三宝自神灵，结成九转真丹药。攒聚祥云，往来碧落，后随前引唯鸾鹤。白光万道绕园生，红光一点当中铄。

Je cherche dans le sommeil et je m'engage dans l'hibernation. Les yeux couverts, je reconnais la permanence droite de la joie et de l'enchantement. Je souhaite compléter les trois trésors, me [transformer] en esprit divin, former avec succès les neuf révolutions de la médecine de l'élixir véritable, rassembler les nuages auspicieux et interagir avec les cieux.[35] [Je souhaite] être guidé en avant et n'être suivi que par des phénix et des grues. La radiance blanche des dix mille Dao s'enroule complètement autours de l'existence. Une étincelle de lumière rouge [brille] avec éclat en son centre.

Après que Wang Chong Yang eut brûlé sa hutte en toit de chaume, dans le village de Liu Jiang,[36] il prit congé de la foule en déclarant qu'il irait vers la mer de l'Est pour capturer le cheval.[37] Lors de son voyage vers l'Est pour transmettre le Dao, Wang Chong Yang passa par Ye Cheng,[38] aujourd'hui province du Shan Dong, préfecture du Yan Tai,[39] dans le comté de Lao Zhou[40] et accepta comme disciple Liu Tong Wei[41] (?-1196), premier disciple à transmettre les enseignements après être entré au Shan Dong. La même année, Qiu Chu Ji et Tan Chu Duan[42] l'acceptèrent comme maître et entrèrent dans la lignée ; au huitième jour du septième mois lunaire intercalaire, Wang Chong Yang arriva à Ning Hai Jun,[43] actuelle province du Shan Dong, préfecture de Yan Tai, district de Mu Ping.[44] Selon *Rencontre sur le Pavillon des Immortels*[45] de Fan Ming Shu,[46] il y rencontra Ma Yu.[47] Wang Chong Yang exhorta ce dernier à étudier le Dao et à cultiver la vérité. Ma Yu l'invita alors à résider dans la ville de la Hutte du Sud[48] ; du matin jusqu'au soir, il interrogeait Wang Chong Yang à propos du Dao. Cette hutte était appelée la 'Réalisation Complète' par Wang Chong Yang. C'est l'origine de ce nom.

Après qu'il eut disparu et atteint l'immortalité, les disciples de Wang s'occupèrent de son cercueil, le ramenèrent dans sa ville natale et l'enterrèrent dans le village Liu Jiang, comté de Hu, province du Shan Xi.[49] Il reconstruisirent également l'ancienne hutte de Wang Chong Yang. Lors de la vingt-cinquième année de l'ère Da Ding (1185), Qiu Chu Ji prit en charge la lignée et sur les terres de l'ancienne demeure de Wang Chong Yang, un monastère fut érigé. Au cours de l'ère Cheng An[50] 1196-1200), sous le règne de l'Empereur Zhang Zong de la dynastie Jin,[51] le monastère fut reconstruit et un panneau fut offert par l'empereur ; on pouvait y lire l'inscription 'Monastère du Divin et du Néant'.[52]

Dans la dixième année du règne de l'Empereur Tai Zong[53] (1238) de la dynastie Yuan, son nom a été changé pour devenir le Monastère Chong Yang. Au cours de la quatrième année du règne de l'Impératrice Nai Ma Zhen[54] (1245), la cour royale a décrété que lui serait conféré le titre de 'Palais des Dix Mille Vies de Chong Yang'.[55] Ce temple contenait plus de cinq mille halls et pavillons, avec environ dix mille prêtres daoistes. A l'intérieur, des stèles et des tablettes de pierre se dressaient en grand nombre. Les plus célèbres d'entre elles étaient 'L'Image des Sept Réalisés'[56] et 'La Tablette de Pierre des Pratiques Daoistes de Sun, l'Etre Réalisé'.[57]

Malheureusement, au cours de la dynastie Ming et Qing, le daoisme a décliné et une grande partie du Monastère de Chong Yang s'est effondré par manque de fonds pour l'entretien. Par chance cependant, de nombreuses inscriptions sur tablettes de pierre ont été préservées.

Après le début de la République Populaire en 1949, plus de dix salles d'exposition ont été construites pour honorer ces inscriptions sur tablettes de pierre. Parmi elles, plus d'une trentaine de tablettes de grande valeur furent rassemblées dans une même pièce, appelée la 'Forêt des Tablettes de Pierre de la Hutte Ancestrale'.[58]

---

[1] L'ouverture aux transformations [kai hua 开化] pourrait être interprétée comme un éveil.

[2] On trouve le mot Extrémité ou Limite [ji 极] dans Tai Ji [太极], ce qui signifie la Limite Extrême du Fini, la Suprême Limite ou la Suprême Polarité, ainsi que dans Wu Ji [无极], signifiant l'Infinie, Sans Limite, Sans Extrémité ou Sans Polarité.

[3] 'La Précieuse Déclaration des Cinq Ancêtres du Nord' [bei wu zu bao gao 北五祖宝诰] se trouve dans *Les Ecritures Liturgiques [Daoistes] du Matin et du Soir* [zao wan gong ke 早晚功课].

[4] Wang Chong yang est né le 11 Janvier 1113 après J.C. et est décédé le 22 Janvier 1170. Selon le calendrier lunaire, ces dates correspondent respectivement au vingt-deuxième jour du douzième mois lunaire de la seconde année de l'ère Zheng He [政和], sous le règne de l'Empereur Hui Zong de la dynastie Song [宋徽宗] et au quatrième jour du premier mois lunaire de la dixième année de l'ère Da Ding [大定], sous le règne de l'Empereur Shi Zong de la dynastie Jin [金世宗].

[5] Le nom Réalisation Complète [quan zhen 全真] est souvent traduit par Réalité Complète ou Perfection Complète. *Zhen* [真] signifie fondamentalement la vérité, dans le sens d'une vérité supérieure. Le mot réalité ne reflétant pas exactement ce concept, le mot 'Réalisation' a été choisi comme meilleure traduction. Pour plus d'informations sur l'Ecole de la Réalisation Complète, voir l'article de Fabrizio Pregadio sur le lien suivant :
https://www.goldenelixir.com/publications/eot_quanzhen.html

[6] Les Cinq Ancêtres Fondateurs de la Réalisation Complète [quan zhen wu zu 全真五祖] sont Lü Dong Bin [吕洞宾], Zhong Li Quan [钟离权], Dong Hua Di Jun [东华帝君], Liu Hai Chan [刘海蟾] et Wang Chong Yang [王重阳]. Pour plus d'informations, voir :
http://en.daoinfo.org/wiki/The_Five_Northern_Patriarchs

[7] En chinois, 中孚 [zhong fu] qui pourrait être traduit librement par Centre Flottant.

[8] Le prénom social [zi 字], également connu comme le prénom de courtoisie est attribué à une personne par ses parents ou son premier professeur lorsqu'elle atteint l'âge adulte. Il vient s'ajouter au nom de naissance.

[9] En chinois, 允卿.

[10] En chinois, 德威.

[11] Shi Xiong est difficile à traduire. Il pourrait néanmoins l'être par 'Le Grand de ce Monde'.

[12] En chinois, 知明.

[13] En chinois, 重阳子.

[14] En chinois, 王害疯 [wang hai feng].

[15] En chinois, 咸阳大魏 [xian yang da wei].

[16] En chinois, 陕西咸阳市秦都区 [shan xi xian yang shi qin du qu].

[17] Les sept disciples [qi zhen 七真] de Wang Chong Yang, également appelés les 'Sept Pétales du Lotus d'Or' [qi duo jin lian 七朵金莲] étaient Ma Yu [马玉], Tan Chu Duan [谭处端], Liu Chu Xuan [刘处玄], Qiu Chu Ji [丘处机], Wang Chu Yi [王处一], Hao Da Tong [郝大通] et Sun Bu Er [孙不二].

[18] En chinois, 王重阳全真 [wang chong yang quan zhen].

[19] En chinois, 王重阳教化篇 [wang chong yang jiao hua pian].

[20] En chinois, 王重阳分梨十化集 [wang chong yan fen li shi hua ji].

[21] En chinois, 立教十五论 [li jiao shi wu lun]. Pour une traduction complète des *Quinze Essais sur l'Etablissement des Enseignements*, voir la publication de Fabrizio Pregadio chez Golden Elixir Press.

22 Louis Komjathy, dans son livre *Cultivating Perfection: Mysticism and Self-transformation in Early Quanzhen Daoism*, traduit 'vin d'immortalité' [xian zhou 仙酎] par 'breuvage des immortels'. *Zhou* [酎] désigne généralement un vin fort, fermenté à plusieurs reprises. La partie principale de cette histoire est également décrite sur le lien suivant :
http://en.daoinfo.org/wiki/Patriarch_Wang_Chongyang#Drunken_with_Water

23 Fils [zi 子] pourrait être traduit par enfant, suggérant un relationnel entre maître et disciple.

24 Liu Hai Chan [刘海蟾] était un immortel daoiste du dixième siècle pratiquant l'alchimie interne et l'un des Cinq Ancêtres Fondateurs de la Réalisation Complète [quan zhen wu zu 全真五祖].

25 En chinois, 全真教祖碑 [quan zhen jiao zu bei].

26 En chinois, 户县 [hu xian].

27 En chinois, 重阳宫 [chong yang gong].

28 La date précise est le vingt-sixième jour du quatrième mois lunaire.

29 Les années chinoises sont comptées en cycles sexagésimaux, composés de Dix Troncs Célestes [tian gan 天干] et des Douze Branches Terrestres [di zhi 地支].

30 En chinois, 踏莎行烧庵 [ta sha xing shao an].

31 En chinois, 王哲.

32 Être caché signifie rester discret, comme dans l'expression chinoise :

> 昧地谩天。
> On garde les cieux et la terre dans l'obscurité.

33 L'expression 'ne pas générer d'anxiété', bien que cela ne soit pas naturel pour un lecteur français, reflète une différence culturelle intéressante avec la Chine. Pour les chinois, les émotions sont générées activement plutôt que ressenties ou expérimentées passivement. Il est donc sous-entendu que l'on a le choix de ressentir ou non certaines émotions, puisqu'on les suscite soi-même. Une phrase plus française serait 'ne permettez pas à l'anxiété et au mécontentement de vous gagner'.

34 En chinois, 踏莎行 [ta sha xing].

35 Dans cet exemple, les cieux [bi luo 碧落], également appelés 'L'Environnement [des Nuages] de Jade', correspondent au premier plan Est des cieux, lorsque le ciel de jade est rempli de nuages. Richard G. Wang, dans son article 'The Ming Prince and Daoism: Institutional Patronage of an Elite' l'a appelé 'le filet bleu' ou 'les lointaines et profondes étendues bleues du ciel'. Comme l'a écrit le poète Bai Ju Yi [白居易] de la dynastie Tang, dans 'Chants de l'Eternel Regret' [chang hen ge 长恨歌] :

> 上穷碧落下黄泉，两处茫茫皆不见。
> Dans les deux espaces vastes et illimités, [le bien-aimé] ne peut être trouvé. [L'espace] supérieur est occupé par 'L'Environnement [des Nuages] de Jade' et l'espace inférieur par les sources jaunes.

36 En chinois, 刘蒋村.

37 Capturer le cheval est très probablement une prophétie de Wang Chong Yang qui prévoit la rencontre avec son futur disciple Ma Yu [马钰], dont le nom Ma [马] signifie 'cheval' en chinois.

38 Ye Cheng [掖城] se traduit par la 'Forteresse Dissimulée'.

39 En chinois, 烟台市 [yan tai shi].

40 En chinois, 莱州市 [lao zhou shi].

41 Liu Tong Wei [刘通微] (?-1196), de prénom social Yue Dao [悦道], appelé Mo Ran Zi [默然子], était un habitant de la ville de Dong Lai Ye [东莱掖], ou Comté de Ye [掖县], dans l'actuelle province du Shan Dong. Au cours de la septième année de l'ère Da Ding (1167), Wang Chong Yang passa par la ville de Ye, enseignant les instructions secrètes de l'élixir interne et conférant des appellations daoistes à ses disciples. Liu Tong Wei prit congé de sa famille et se dirigea à l'ouest dans la région de Guan Zhong [关中], où il se mit à tresser des roseaux pour en faire une demeure dans les montagnes Zhong Nan, à l'entrée de la vallée Gan [甘谷]. Plus tard, il participa à la construction d'un hall ancestral, puis s'installa dans une hutte proche de la tombe de Wang Chong Yang durant trois ans après la mort de ce dernier.

Après cela, il voyagea dans le nord pour y établir des monastères, et délivrer les gens de la souffrance. Dans la première année de l'ère Ming Chang [明昌] (1190), il accepta d'entrer sous les ordres de l'empereur Zhang Zong [章宗] et entra à la capitale. A la cour, il répondait aux questions de l'empereur concernant les principes de la pureté, de la tranquillité et du non-agir. Ainsi, l'empereur Zhang Zong décréta qu'il devait construire un complexe monastique que l'on appellerait 'Les Monastères de l'Eternité Céleste' [tian chang guan 天长观]. Plus tard, il voyagea pour visiter la province du Shan Dong. Durant la première année du règne de Cheng An [承安] (1196), il mourut et fut enterré dans la préfecture de Dai [埭州], dans le comté de Shang He [商河县], actuelle province du Shan Dong, dans le village Nie Jia [聂家庄].

42 En chinois, 谭处端.
43 En chinois, 宁海军.
44 En chinois, 牟平区 [mu ping qu].
45 En chinois, 遇仙亭 [yu xian ting].
46 En chinois, 范明叔.
47 Ma Yu [马钰] (1123 - 1183) a été le représentant de la seconde génération de l'enseignement de l'Ecole Daoiste de la Réalisation Complète. Son nom d'origine était Cong Yi [从义] et son prénom social était Yi Fu [宜甫]. Après être entré dans le Dao, il a changé son nom et devint Yu, de prénom social Xuan Bao [玄宝]. Il se fit ensuite appeler Dan Yang Zi [丹阳子] et fut connu dans le monde sous le nom de Ma Dan Yang [马丹阳]. Il vivait à Ning Hai, dans la province du Shan Dong, l'actuelle Shan Dong Mu Ping. Avant de devenir renonçant et prêtre, il était marié à Sun Bu Er [孙不二]. Il fut accepté comme disciple principal par le père fondateur de l'Ecole de la Réalisation Complète, Wang Chong Yang. Après la mort de Wang Chong Yang en 1170, Ma Yu a été désigné comme son successeur et détenteur des enseignements. Avec six autres disciples de Wang Chong Yang, Ma Yu a été appelé 'l'un des Sept Réalisés du Nord' [北七真之一]. Il a également été l'auteur de *Recueils sur l'Or et le Jade des Cavernes Mystérieuses* [dong xuan jin yu ji 洞玄金玉集].
48 En chinois, 南庵 [nan an].
49 En chinois, 陕西.
50 En chinois, 承安.
51 En chinois, 章宗.
52 En chinois, 灵虚观 [ling xu guan].
53 En chinois, 太宗.
54 En chinois, 乃马真.
55 En chinois, 重阳万寿宫 [chong yang wan shou gong]. L'expression 'avoir dix mille vies' est une bénédiction comme si l'on disait 'dix mille vies incommensurables' [wan shou wu liang 万寿无量]. Par conséquent, on pourrait traduire ce titre par 'Le Temple de la Longévité de Chong Yang' ou 'Le Temple Eternel de Chong Yang', faisant référence à un temple en l'honneur de Wang Chong Yang qui devrait durer éternellement.
56 En chinois, 七真图像 [qi zhen tu xiang].
57 En chinois, 孙真人道行碑 [sun zhen ren dao xing bei].
58 En chinois, 祖庵碑林 [zu an bei lin].

25.

真武

Le Guerrier Véritable

C'est en comparant une description anglaise du Guerrier Véritable[1] trouvée dans le *Voyage Vers l'Ouest*, avec quelques sources chinoises provenant des textes de Qiu Chu Ji, que la traduction suivante a été envisagée. Certaines nuances de sens semblaient avoir été perdues dans les interprétations anglaises et une nouvelle version s'imposait pour rendre justice à l'apparence du Guerrier Véritable. Ce passage provient du chapitre 66.

诸神遭毒手弥勒缚妖魔

Les Esprits sont Tous Confrontés à des Attaques Vicieuses.

Maitreya Contraint les Monstres et les Démons.

上帝祖师，乃净乐国王与善胜皇后梦吞日光，觉而有孕，怀胎一十四个月，于开皇元年甲辰之岁三月初一日午时降诞于王宫。那爷爷一幼而勇猛，长而神灵。不统王位，惟务修行。父母难禁，弃舍皇宫。参玄入定，在此山中。功完行满，白日飞升。玉皇敕号，真武之名。玄虚上应，龟蛇合形。周天六合，皆称万灵。无幽不察，无显不成。劫终劫始，剪伐魔精。

Le Suprême Maître Ancestral Souverain, qui était le Roi de la Joie Claire, et la Reine de la Bienveillance Triomphante, rêvaient [tous deux] d'absorber la lumière du soleil. Elle finit par la percevoir et une grossesse s'ensuivit. Elle porta l'enfant dans son ventre pendant quatorze mois, jusqu'à l'heure Wu[2] du premier jour du troisième mois lunaire de la première année Jia Chen, durant la période du règne de Kai Huang (581) ; il descendit et naquit dans le palais du roi. Alors qu'il était jeune, ce maître, cette divinité, était courageux et féroce. En grandissant, il était devenu fougueux et divin.[3] Il n'avait que faire de commander, [assis] sur le siège du roi et ne se préoccupait que de cultiver sa propre conduite [par les pratiques daoistes]. Son père et sa mère eurent du mal à supporter qu'il abandonne et renonce au palais impérial. Il avait gouté au mystérieux puis s'était stabilisé dans les montagnes.[4] Son Gong était accompli et sa pratique achevée. Ainsi, un jour en pleine lumière, il monta au ciel. L'Empereur de Jade décréta qu'il s'appellerait dorénavant 'Le Guerrier Véritable', ce qui se réfère dans le vide mystérieux des cieux, à l'union physique[5] de la tortue et du serpent. Dans l'orbite céleste et dans les six unifications, tous le vénérèrent comme les dix mille divinités.[6] Il n'y avait pas une once d'obscurité qu'il ne pouvait voir et il n'y avait aucune manifestation qu'il ne laissa non-formée ou incomplète. Depuis la fin des temps immémoriaux jusqu'au début de chaque nouvelle ère,[7] il éradique et détruit les démons et les gobelins.

Le Guerrier Véritable est également le protagoniste d'une légende[8] qui se déroule dans la région de la montagne du Cheval Blanc[9] et intitulée 'L'Ascension de la Montagne du Cheval Blanc par l'Ancien et Ancêtre Fondateur'[10] [祖师爷上白马山], transmise oralement par Zeng Shou Zhou[11] puis arrangée par le daoiste Xing De :

相传真武祖师出家后，四处云游想寻找一处理想的修行宝地。一天，路过黄龙滩时，远见白马山山势挺拔，高耸入云，朵朵白云似天马行空，令人神往，就触动了上白马山修行的念头。祖师爷牵着白马顺山路而上，由于山路难行，白马踏过的石头上留下了一串串的马蹄印。现在被人成为马踏石。祖师爷进了天门沟走到小天门前时，一不小心把一块方形巨石蹬下山来，横在了天门沟口，原来此石压着千年鳖精（人称拦门石），鳖精眼见身上巨石被人蹬掉，便想作怪，祖师爷见状一脚踏住，说："我要上山修道，你就在此把守进山天门吧！"眨眼间，鳖精便化成了巨石，伸长脖子趴在了小天门门口，守护着天门门户（此景称为守门兽）。走过小天门，祖师爷继续前行，来到了一瀑布旁。因此处山势险峻，便一手牵马，一手扒崖小心前行。被祖师爷扒过的崖石上竟留下了五指分明的手印痕迹（人称手扒崖）。每逢后人游玩到此都要用手摸一摸，说是"歇歇摸摸，邪鬼怕我"，以辟邪驱魔，祈求康健。祖师爷上到二天门，地势渐渐开阔，就顺手把马拴在路边的崖石柱上（人称拴马石）休息片刻，让马喝饱泉水（饮水之处后人称饮马槽）就继续上山。出了三天门，绕过鹰嘴石，上到五谷垭，沿着青龙背，来到了后称跑马道的地方，只见刺架横生，没有去路，他就扬起马鞭抽打刺架、葛滕。转眼间，拦路的刺架、葛滕纷纷向两边分开，现出了一条五丈宽、

Le Livre III : 25ᵉᵐᵉ Chapitre

三里长的平整路道，环绕山腰。祖师爷就这样一路千辛万苦来到山顶，选了块平地割草建庙，专心修道。也不知道过了多长时间，祖师爷顿觉神功大进，一天夜里，忽听见白马嘶声震天，整个山体坍塌，往东倾斜，乱石飞滚。原来，经修炼，祖师爷的道行倍增，仙体贵重，白马山已承驮不起，压塌了山体。祖师爷只好牵着白马下得山来，在一池边将马洗刷干净，依依不舍地离开了白马山，直奔武当山而去。当年被祖师爷压垮的山体倾流而下的石头形成了现在的乱石窖，被压垮的金马鞍至今还在白马山顶上歪着哩！后人为纪念真武祖师爷曾来白马山修道，就在白马山顶修了座金鞍殿，一直供奉着他的石像。

La légende raconte qu'après que le Maître Fondateur Ancestral [c'est-à-dire le Guerrier Véritable] ait quitté son foyer et sa famille,[12] il vagabonda[13] dans les quatre directions[14] à la recherche de la terre idéale où cultiver. Un jour, alors que sa route croisait le littoral de la [rivière] du Dragon Jaune, il aperçut au loin les contours de la montagne du Cheval Blanc. Se tenant debout et droit, grand et érigé, il pénétra le voile nuageux, encerclé d'un flot de brume blanche, telle des chevaux célestes voyageant dans le vide,[15] ce qui captivait l'imaginaire des gens.[16] C'est ce qui l'incita à monter sur cette montagne du Cheval Blanc afin d'y cultiver.

    L'Ancêtre Fondateur conduisit alors son cheval blanc le long des sentiers vers le sommet. Alors que le chemin était difficile à parcourir, les rochers que le cheval blanc foulait, gardaient l'empreinte des sabots. De nos jours, les gens appellent ces pierres 'Les Rochers Foulés par le Cheval'. Lorsque l'Ancêtre Fondateur passa par le ravin de la Porte Céleste et qu'il se trouva face à elle, il foula dans un moment d'inattention un grand rocher de forme carré qui se mit alors à glisser vers le bas de la montagne pour se coucher en travers de l'entrée du ravin de la Porte Céleste. Ce pilier rocheux retenait captif un démon tortue millénaire[17] et les gens le nommèrent 'La Roche Obstruant la Porte'. Lorsque le démon-tortue découvrit de ses propres yeux que le rocher géant sous lequel était son corps avait été foulé par des gens, il se mit rapidement à vouloir créer des problèmes.

    C'est alors que l'Ancêtre Fondateur, contemplant ce rocher, posa un pied [sur le démon-tortue] et déclara :

> Je souhaite gravir cette montagne afin d'y cultiver le Dao,
> Et tu es là à monter la garde devant la Porte Céleste de l'entrée de
> la montagne !

En un instant, le démon-tortue se transforma en un gigantesque rocher,[18] allongea sa nuque, se coucha sur son estomac à l'entrée de la Petite Porte Céleste et se mit à monter la garde à l'entrée de la Porte Céleste. Cette configuration est appelée 'La Bête Sauvage Garde la Porte'.

Après que l'Ancêtre Fondateur eut passé la Petite Porte Céleste, il continua d'avancer vers le sommet, jusqu'à ce qu'il arrive à une chute d'eau. Comme la montagne était dangereuse et raide à cet endroit, il [descendit] de cheval en le tirant d'une main, tandis que de l'autre, il s'accrochait à la paroi rocheuse, progressant avec précaution. Les rochers auxquels l'Ancêtre Fondateur se tenait s'en trouvèrent marqués par l'empreinte claire de ses mains et de ses cinq doigts. C'est pourquoi les gens appellent cet endroit 'La Falaise des Marques de la Main'. Chaque fois que les générations suivantes sont parvenues jusqu'à ce lieu pour s'amuser ou pour visiter, tous ont voulu toucher [cette falaise] de leur main en récitant 'En prenant un peu de repos, je la touche et la frotte, les démons et les fantômes auront peur de moi', afin d'éloigner le mal, d'expulser les démons et d'espérer une meilleure santé.

L'Ancêtre Fondateur arriva ensuite à la Deuxième Porte Céleste, où le terrain s'était élargi et s'ouvrait progressivement. Il attacha son cheval sur un pilier rocheux de la falaise, à côté du chemin, ce que les gens nomment désormais 'Le Rocher où l'on Attache le Cheval'. Il se reposa un moment et laissa le cheval boire dans une source d'eau. L'endroit où il but cette l'eau fut nommé par les générations suivantes 'L'Abreuvoir qui Alimente le Cheval'. Il continua ensuite l'ascension de la montagne. Arrivé à la Troisième Porte Céleste, il contourna le 'Rocher du Bec de l'Aigle', puis monta au 'Col Montagneux des Cinq Graines', passa par 'Le Dos du Dragon Azur' et arriva à un endroit qui fut appelé plus tard 'Le Chemin du Cheval Galopant'. Il n'y avait ici qu'un vaste champ épais de chardons sauvages et d'épines ; il n'y avait pas de chemin. Il a alors levé sa cravache pour battre les épines, les chardons et les vignes de kudzu. En un instant, ce champ d'épines et de vignes de kudzu qui avait obstrué le chemin, se sépara en deux,[19] révélant une voie de cinq *Zhang*[20] de large et de trois miles chinois[21] de long. Le chemin était plat et entourait le flanc de la montagne.[22] L'Ancêtre Fondateur, au prix d'efforts acharnés[23] tout au long du chemin arriva finalement au sommet de la montagne. Là, il choisit un morceau de terrain plat, coupa les herbes et y construisit un temple, concentrant dès lors son cœur-esprit sur la pratique du Dao.

L'Ancêtre Fondateur ne savait pas combien de temps s'était écoulé lorsqu'il ressentit brusquement un grand avancement dans son Gong de l'esprit. En plein milieu de la nuit, il entendit soudainement le hennissement du cheval blanc faire trembler les cieux, alors que le corps de la montagne s'effondrait entièrement. Vers l'Est,[24] des roches volaient et roulaient en désordre. Il s'avéra qu'en réalité, alors que l'Ancêtre Fondateur raffinait et cultivait, ses aptitudes daoistes s'étaient multipliées et son corps immortel était devenu précieux et lourd. La montagne du Cheval Blanc n'étant plus capable de le porter sur son dos, le corps de la montagne s'en trouva alourdi jusqu'à l'effondrement.

Le Livre III : 25ème Chapitre

L'Ancêtre Fondateur n'avait alors plus d'autres options que de reconduire son cheval blanc en bas de la montagne. Au bord d'un étang, il frotta et lava son cheval, quittant à contrecœur la montagne du Cheval Blanc, galopant directement vers les montagnes de Wu Dang. Les roches du corps de la montagne qui s'étaient effondrées du temps [de la pratique] de l'Ancêtre Fondateur ont roulé vers le bas et se sont éparpillées pour former ce que l'on nomme aujourd'hui 'La Vallée des Roches Désordonnées'.

De nos jours, au sommet de la montagne du Cheval Blanc, la Selle du Cheval d'Or penche toujours d'un côté en raison de ce poids et de l'effondrement qui s'en est suivi. Afin de commémorer le Guerrier Ancestral Véritable qui est venu cultiver le Dao sur la montagne du Cheval Blanc, les générations suivantes ont construit le Temple de la Selle d'Or au sommet de la montagne du Cheval Blanc. Un culte lui est constamment rendu, fait d'offrandes et d'hommages à son image, [gravé] dans la pierre.

---

[1] En chinois, 真武 [zhen wu]. A l'origine, il était appelé le 'Guerrier Mystérieux' [xuan wu 玄武], mais cette appellation fut changée en Guerrier Véritable [真武] au cours de l'année 1012, sous le règne de l'empereur Zhen Zong [真宗] de la dynastie Song. En effet, le caractère chinois 'mystérieux' [xuan 玄] était devenu un nom tabou car il était contenu dans le titre honorifique du prétendu ancêtre des souverains Song, à savoir 'L'Ancêtre Sage Zhao Xuan Lang de la Dynastie Song' [宋圣祖赵玄朗].

[2] L'heure Wu [wu shi 午时] est la tranche horaire de deux heures [shi chen 时辰] allant de 11h à 13h.

[3] Alternativement, on pourrait dire qu'il était unique, brillant et intelligent.

[4] La stabilisation est parfois traduite par profonde concentration, ou *dhyâna* en sanskrit.

[5] Union physique signifie littéralement 'l'union de leurs formes'.

[6] Les dix mille divinités sont l'équivalent d'une 'divinité toute puissante'.

[7] Les temps immémoriaux et la nouvelle ère correspondent à des éons, *kalpas* en sanskrit.

[8] Cette légende apparaît dans le *Recueil de Contes Populaires de la Montagne du Cheval Blanc de Shi Yan* [shi yan bai ma shan min jian gu shi ji 十堰白马山民间故事集]. Il sera publié prochainement par Purple Cloud Press sous le titre *Légendes de la Montagne du Cheval Blanc* [bai ma shan chuan shuo 白马山传说].

[9] En chinois, 祖师爷上白马山 [zu shi ye shang bai ma shan].

[10] L'ancêtre fondateur [zu shi ye 祖师爷] n'est autre que le Guerrier Véritable [zhen wu 真武], déité protectrice des monts Wu Dang et également connu sous le nom de Guerrier Mystérieux [xuan wu 玄武].

[11] En chinois, 曾寿周.

[12] Quitter son foyer et sa famille [chu jia 出家] signifie renoncer au monde pour adopter une vie monastique.

[13] Vagabonder [yun you 云游] dans ce texte correspond littéralement 'errer sans attache', parfois traduit de manière poétique par 'Voyager sur les Nuages'.

[14] Les quatre directions [si chu 四处] font référence aux quatre points cardinaux de la boussole et pourraient être traduit alternativement par 'dans toutes les directions' ou 'partout'.

[15] Les chevaux célestes voyageant dans le vide [tian ma xing kong 天马行空] est un dicton chinois, parfois traduit par 'les coursiers célestes s'élèvent dans les cieux'.

[16] Captiver l'imaginaire [shen wang 神往] signifie littéralement 'la direction de l'esprit'.

[17] Le mot 'tortue' [bie 鳖] en chinois désigne une tortue à carapace mole, tandis que le mot démon ou gobelin est le même utilisé pour le mot essence [jing 精], l'un des trois trésors. On pourrait supposer que les esprits daoistes et chamanistiques les plus espiègles se manifestent sous des formes qui sont

plus proches de la matière, comme l'esprit des arbres, des renards et des serpents. C'est pourquoi leur nom est composé du caractère essence, l'un des trois trésors le plus substantiel et matériel.

[18] Au début, le démon-tortue était retenu par un rocher, et après avoir été foulé par le Guerrier Véritable, il fut libéré de sa prison. Lorsque le Véritable Guerrier Zhen Wu s'en est rendu compte, il transforma le démon-tortue en un rocher.

[19] Cette phrase fait allusion à un évènement magique.

[20] Un *Zhang* [丈] correspond à dix pieds chinois, environ 3,3 mètres.

[21] Un mile chinois [li 里] mesure environ 500 mètres de long.

[22] Le flanc de la montagne se situe à mi-chemin du haut de la montagne.

[23] Les efforts acharnés [qian xin wan ku 千辛万苦] signifient littéralement 'mille [formes] de piquants et dix-mille [formes] d'amertume'. La saveur piquante en médecine chinoise est synonyme d'âcreté et d'épice ; le gingembre, les oignons, la ciboulette et l'ail en sont les meilleurs exemples. Leurs vertus médicinales sont celles de disperser et de mobiliser vers l'extérieur. A l'inverse, l'amertume que l'on peut trouver dans le chocolat noir ou dans le thé vert possède d'autres propriétés. Elle fait descendre, et permet de clarifier la chaleur et de sécher l'humidité.

[24] Vers l'Est [wang dong 往东] indique que la montagne penche vers l'Est.

26.

張伯端與禪僧

Zhang Bo Duan et le Moine Chan

Le texte suivant est tiré du 49ème chapitre du *Reflet Complet des Immortels Véritables Qui Incarnèrent le Dao de Toute Eternité*.[1] Il décrit la rencontre entre Zhang Bo Duan, alchimiste et patriarche de la Réalisation Complète du Sud avec un moine bouddhiste Chan. Cette histoire aborde clairement la différence qui existe entre l'esprit Yin et l'esprit Yang :

尝有一僧，修戒定慧，自以为得最上乘禅旨，能入定出神，数百里间，顷刻辄到。一日，与紫阳相遇，雅志契合。

Il y avait jadis un moine bouddhiste, qui cultivait les préceptes, la stabilisation et la sagesse.[2] Il pensait lui-même avoir obtenu les plus hauts degrés de réalisation dans le Chan. Il était capable d'entrer dans la stabilité, puis de sortir avec son esprit et de voyager instantanément dans n'importe quel endroit, même éloigné de plusieurs centaines de miles chinois. Un jour, il rencontra Zi Yang[3] qui avait [également] de grandes aspirations, toutes aussi élevées [que les siennes], et ils se sont tout de suite bien entendus.

紫阳曰：禅师今日能与同游远方乎？
Zi Yang dit : Maître Chan, voyageriez-vous avec moi aujourd'hui dans un lieu lointain ?

僧曰：可也。
Le moine répondit : Très certainement.

紫阳曰：唯命是听。
Zi Yang dit : Lorsque vous serez prêt, je vous suivrai.

僧曰：愿同往杨州观琼花。
Le moine dit : Je souhaiterais que nous allions à Yang Zhou pour y contempler les fleurs de jaspe.[4]

紫阳曰：诺。
Zi Yang dit : C'est d'accord.

于是，紫阳与僧处一净室，相对瞑目跌坐，皆出神游。紫阳才至其地，僧已先至。绕花三匝，
Sur ce, Zi Yang et le moine s'installèrent dans une chambre propre. Ils s'assirent l'un en face de l'autre, les jambes croisées et les yeux clos.[5] Puis tous deux sortirent avec leur esprit et se mirent à voyager vers l'extérieur. Lorsque Zi Yang arriva sur place, [il vit] que le moine était arrivé un peu plus tôt avant lui. Ils se déplacèrent en tournant autour des fleurs par trois fois.

紫阳曰：今日与禅师至此，各折一花为记。
Zi Yang dit : Je suis venu ici avec le maître Chan aujourd'hui. Que chacun de nous cueille une fleur en guise de souvenir.

僧与紫阳各折一花归。少顷，紫阳与僧欠伸而觉。
Le moine et Zi Yang cueillirent chacun une fleur afin de la ramener avec eux. Après un court moment, Zi Yang et le moine baillèrent, s'étirèrent et sortirent [de leur méditation].

紫阳云：禅师琼花何在？
Zi Yang dit : Maître Chan, où est votre fleur de jaspe ?

僧袖手皆空。紫阳于手中拈出琼花，与僧笑玩，
Les manches et les mains du moine étaient vides alors que Zi Yang tenait une fleur de jaspe entre son pouce et son index. Lui et le moine rigolèrent en s'amusant d'eux-mêmes.

紫阳曰：今世人学禅学仙，如吾二人者，亦间见矣。
Zi Yang dit : Pour ceux qui aujourd'hui apprennent le Chan et étudient l'immortalité, parvenir à être comme l'un d'entre nous est [rarement] observé et [les gens comme nous sont] très peu nombreux.

Le Livre III : 26ème Chapitre

紫阳遂与僧为莫逆之交。

Ainsi, Zi yang et le moine devinrent les plus proches amis du monde.[6]

后弟子问紫阳曰：彼禅师者，与吾师同此神游，何以有折花之异？

Plus tard, un disciple de Zi Yang lui demanda : L'esprit du maître Chan a voyagé en même temps que celui de mon maître, alors comment se peut-il qu'il y ait eu une différence au moment de cueillir la fleur ?

紫阳曰：我金丹大道，性命兼修，是故聚则成形，散则成气，所至之地，真神见形，谓之阳神。彼之所修，欲速见功，不复修命，直修性宗，故所至之地，人见无复形影，谓之阴神。

Zi Yang dit : La raison est que mon élixir d'or du grand Dao, ma nature-intérieure et ma vie-destinée ont été cultivés simultanément : lorsque [l'élixir] s'accumule, alors il prend forme ; lorsqu'il se disperse, il devient Qi. [Ainsi, c'est parce que la nature-intérieure et la vie-destinée ont toutes deux étés cultivées ensemble] que l'esprit véritable peut apparaître sous une forme que l'on appelle l'esprit Yang. Celui qui recherche [des résultats] rapides dans son Gong ne cultive pas la vie-destinée, mais s'oriente [plutôt] directement vers la nature-intérieure.[7] Par conséquent, [lorsque ce type de chercheur en] arrive à ce point, il ne voit plus l'ombre de sa forme, ce que l'on appelle l'esprit Yin.[8]

弟子曰：唯。

Le disciple dit : Oui.

紫阳常云：道家以命宗立教，故详言命而略言性。释氏以性宗立教，故详言性而略言命。性命本不相离，道释本无二致。

Zi Yang a souvent déclaré : La Famille Daoiste[9] a fondé ses enseignements sur la vie-destinée comme objectif principal, ce qui explique pourquoi elle aborde en détail [les étapes de la] vie-destinée mais ne parle que brièvement de la nature-intérieure. Le Clan de Shakyamuni [c'est-à-dire le bouddhisme] a fondé ses enseignements sur la nature-intérieure comme objectif principal, c'est pourquoi il aborde en détail la nature-intérieure mais ne parle que brièvement de la vie-destinée. A l'origine, nature-intérieure et vie-destinée n'étaient pas séparées l'une de l'autre ; de même à l'origine, le Dao et Shakyamuni [c'est à dire Bouddha] ne différaient pas dans leur expression [de la vérité].

彼释迦生于西土，亦得金丹之道，性命兼修，是为最上乘法，故号曰金仙傅大士。诗云：六年雪岭为何因，只为调和气与神。一百刻中为一息，方知大道是全身。

Shakyamuni est né dans un territoire occidental[10] et il a également obtenu le Dao de l'élixir d'or. Cultiver simultanément la nature-intérieure et la vie-destinée est le plus haut niveau du dharma. C'est la raison pour laquelle [Shakyamuni le Bouddha] est appelé 'Le Maître Immortel d'Or et le Grand Adepte'. Un poème dit : Pourquoi [le Bouddha] a-t-il passé six ans dans les montagnes enneigées ? Il s'agissait de réguler le Qi et l'esprit. Lorsqu'il n'y a plus qu'une seule respiration en cent quarts d'heure,[11] peut-on réaliser que le grand Dao est le corps dans son entier.

钟离正阳亦云：达磨面壁九年，方超内院；世尊冥心六载，始出凡笼。以此知释迦性命兼修分晓，其定中出阴神，乃二乘坐禅之法。奈何其神属阴，宅舍难固，不免常用迁徙。一念差误，则透靈别壳异胎，安能成佛，是即我教第五等鬼仙也。

Comme Zhong Li [Quan], [connu sous le nom de] Zheng Yang[12] l'a également déclaré : Bodhidharma a fait face au mur pendant neuf ans[13] et ce n'est qu'après cela qu'il a été capable de franchir la cour intérieure.[14] Le Vénéré de par les Mondes[15] a approfondi son cœur-esprit[16] pendant six ans et ce n'est qu'après cela qu'il a commencé à sortir de la cage du mondain.

Cela [permet] de comprendre la pratique de la nature-intérieure et de la vie-destinée de Shakyamuni. En effet, si l'esprit Yin devait sortir [du corps durant la phase] de stabilisation,[17] il s'agirait alors d'une méthode de méditation [qui appartient] aux deux véhicules.[18] Comme il s'agit ici de l'esprit Yin [par opposition à l'esprit Yang], il est difficile de sécuriser et de renforcer sa demeure.[19]

Inévitablement, il faudra de nombreuses autres transmigrations. Une simple pensée [erratique], et on peut échouer.[20] [L'esprit se retrouvera ainsi en transmigration], passera par le divin et [entrera] dans une nouvelle enveloppe et un nouvel embryon. Comment pourrait-on ainsi devenir un Bouddha ? Il s'agit plutôt du cinquième rang des immortels fantômes[21] selon mon enseignement.

其鬼仙者，五仙之下一也。阴中超脱，神像不明，鬼关无姓，三山无名，虽不入轮回，又难返蓬瀛，终无所归，止于投胎夺舍而已。其修持之人，始也不悟大道，而欲于速成，形如槁木，心若死灰，神识内守，一志不散。

Le Livre III : 26ème Chapitre

L'immortel fantôme est le [rang] d'immortel le plus bas parmi cinq. [On cherche] à transcender et à se débarrasser [de sa forme grâce au corps] Yin, mais l'image de l'esprit n'a pas encore été illuminée,[22] le nom de famille ne peut être trouvé dans la Passe Fantôme et le prénom ne peut être trouvé dans les Trois Montagnes.[23] Bien que l'on ne puisse pas [retourner et] entrer dans la roue de la vie [dans cet état],[24] il est également difficile de retourner à Peng [Lai] et Ying [Zhou].[25] Finalement, on n'a plus aucun endroit où retourner et seule la réincarnation ou la prise de possession de la demeure [d'un autre] pourra être envisagée, et rien d'autre.[26] Tout d'abord, les personnes qui cultivent dans ce sens, bien que respectant [les préceptes], ne sont pas éveillées au grand Dao. Ainsi, alors qu'elles souhaitent se hâter vers la réalisation, leur forme devient comme un morceau de bois sec et mort, leur cœur-esprit devient comme de la cendre froide, l'esprit de la connaissance[27] est retenu à l'intérieur et leur volonté ne faiblit pas.[28]

定中以出阴神，乃清灵之鬼，非纯阳之仙。以其一志，阴灵不散，故曰鬼仙。虽曰仙，其实鬼也。故神仙不取。释迦亦云：惟以佛乘得灭度，无有余乘。又曰：世间无有二乘得灭度，惟一佛乘得灭度尔。释迦之不取二乘，即我教之不取鬼仙也。

L'esprit Yin qui sort au cours de la stabilisation de l'esprit[29] n'est autre que le fantôme de la 'Divinité Claire',[30] ce n'est pas [l'esprit] immortel de pur Yang. En raison de sa nature propre, l'esprit Yin ne se disperse pas, c'est pourquoi on l'appelle l'immortel fantôme. Mais bien qu'il soit qualifié d'immortel, il n'est en réalité qu'un fantôme. C'est pourquoi, [si l'on souhaite atteindre] l'esprit [Yang] d'immortalité, on ne choisit pas cette [voie]. Comme Shakyamuni l'a également déclaré : ce n'est que par le véhicule du Bouddha[31] que l'on obtient le Nirvana.[32] Ce véhicule ne laisse aucun reliquat.[33] Il est également dit : dans ce monde, aucune personne n'a atteint le nirvana en utilisant les deux véhicules.[34] Ce n'est que par le véhicule du Bouddha que l'on peut atteindre le Nirvana. De même que Shakyamuni a refusé de choisir [la voie] des deux véhicules, je refuse dans mes enseignements de choisir [la voie] de l'immortel fantôme.

奈何人之根器分量不同，所以释氏说三乘之法，道家分五等仙、三千六百傍门法也。钟离真人云：妙法三千六百门，学人各执一为根。岂知些子神仙诀，不在三千六百门。此正释迦所谓惟一佛乘得灭度之意也。

Néanmoins, les gens naissent avec différentes caractéristiques[35] et capacités ; c'est pourquoi le Clan Shakya enseigne le dharma des trois véhicules[36] et la Famille Daoiste distingue les cinq rangs d'immortels ainsi que le dharma des trois mille six cents voies déviantes.[37] Comme l'a dit Zhong Li [Quan] le Réalisé : sur les trois mille six cents portes du dharma mystérieux, ceux qui les étudient toutes ne se basent [finalement en essence] que sur une seule. Savent-ils que les quelques caractères [qui composent] la formule[38] de l'esprit de l'immortalité ne se trouvent pas dans ces trois mille six cents portes ? Ceci est le véritable sens de ce que Shakyamuni a dit : ce n'est qu'avec le véhicule du Bouddha que l'on peut atteindre le Nirvana.

---

[1] Cette œuvre est également connue sous le nom de *Reflet Complet des Immortels Parfaits et de Ceux Qui Incarnèrent le Dao à Travers les Ages*. Le rouleau 49 a été rédigé par Zhang Yong Cheng [张用成], puis achevé en 1294.

[2] Poursuivre les préceptes [jie 戒] est un moyen de supprimer et d'éliminer les pensées mauvaises et égoïstes. La stabilisation [ding 定] est un état profond de méditation, caractérisé par des pensées pures et claires, ainsi que par une absence de pensées désordonnées, ce qui place le cultivateur dans la bonne direction. Dans la Bible, ce concept de stabilisation est illustré lorsque Jésus emmène Pierre au sommet d'une montagne, afin qu'il puisse calmer ses pensées [Matthieu 17:1]. Il s'agit ici de quiétude, de recueillement, de pureté et d'immobilité, ce qui n'est pas possible dans un endroit bruyant et animé, comme un centre-ville. En revanche, la ville est l'endroit le plus approprié pour raffiner le soi, cultiver des pensées de tolérance lorsque l'on est confronté à de l'humiliation, apprendre à supporter la pression et le poids que la société nous impose, avec les lourdes responsabilités et devoirs de l'être normal qui doit gagner sa vie, subvenir aux besoins de sa famille, de ses enfants et de ses parents. La sagesse [hui 慧] signifie la possession et l'ouverture d'une sagesse supérieure.

[3] Zi Yang [紫阳], littéralement Yang Pourpre, n'est autre que Zhang Bo Duan [张伯端], célèbre daoiste né à la fin du dixième siècle et l'un des Cinq Patriarches du Sud [nan wu zu 南五祖] du daoisme de la Réalisation Complète. Son œuvre la plus populaire est *Le Traité sur l'Eveil à la Réalisation* [wu zhen pian 悟真篇], qui s'inscrit dans la longue tradition des travaux sur l'alchimie interne.

[4] Les fleurs de jaspe [qiong hua 琼花] dans ce conte sont des fleurs ordinaires bien connues pour pousser à Yang Zhou [扬州]. Dans un autre contexte, elles pourraient représenter des fleurs rares dont on dit qu'elles confèrent l'immortalité à ceux qui les mangent.

[5] Littéralement, 'les yeux obscurcis'.

[6] Il s'agit ici d'un type particulier d'amitié qui trouve son origine dans *Zhuang Zi* [庄子], au chapitre intitulé 'Le Grand Maître Ancestral' [da zong shi 大宗师] :

> 子桑户、孟子反、子琴张三人相与友, 曰：孰能相与于无相与, 相为于无相为? 孰能登天游雾, 挠挑无极, 相忘以生, 无所终穷? 三人相视而笑, 莫逆于心, 遂相与友。
> Zi Sang Hu, Meng Zi Fan et Zi Qin Zhang s'entendaient bien les uns avec les autres. L'un d'eux dit : qui est capable de s'entendre avec l'autre sans pour autant s'entendre [avec tout le monde] et d'agir de concert sans pour autant agir en conséquence ? Qui est capable de s'élever dans les cieux et de marcher à travers la brume, de serpenter et de tourner autour de l'Infini Sans Limite, d'oublier à propos de sa propre vie et de se passer de ce qui est fini ? Les trois personnes se regardèrent et rirent, car il n'y avait aucune opposition dans leur cœur-esprit ; ainsi ils devinrent des amis proches.

⁷ On pourrait aussi traduire cette phrase par : 'Ce que cette personne cultive provient d'une école [de pensée] qui recherche des résultats rapides, ne cultivant pas la vie-destinée mais seulement la nature-intérieure'.

⁸ Zi Yang fait référence ici aux deux types d'esprits : le premier, l'esprit Yang, comme le sien a une forme, est matériel et par conséquent projette une ombre. En tant qu'être de la troisième dimension, il est capable d'interagir avec ce monde de la troisième dimension et de cueillir une fleur de jaspe. Par contraste, l'esprit Yin sans forme du moine n'a pas de corporalité tridimensionnelle, substantielle et matérielle ; il est donc incapable d'interagir physiquement avec le monde de la forme.

⁹ Voir Commentaire de la 44ème Barrière, note de bas de page 7.

¹⁰ C'est-à-dire la route de la soie et au-delà.

¹¹ Cette phrase est probablement une référence à la respiration embryonnaire [tai xi 胎息], qui désigne l'absence de respiration pulmonaire, à l'image de la respiration que l'on expérimente dans le ventre de notre mère au cours de la vie fœtale. Voir le Commentaire de la 1ère Barrière, note de bas de page 60.

¹² Zhong Li Quan [钟离权], également appelé Han Zhong Li [汉钟离] et surnommé Yang Droit [zheng yang 正阳], était le maître de Wang Chong Yang [王重阳] ou Double Yang.

¹³ Les neuf ans face au mur [jiu zai mian bi 九载面壁] est une référence à la durée pendant laquelle Bodhidharma [da mo 达摩], le fondateur du bouddhisme Chan en Chine, s'est assis dans une grotte face à un mur. Dans le daoisme en revanche, ce terme a été emprunté pour décrire la quatrième étape du processus de pratique, ce qui n'existe que pour les hommes, les femmes ayant fini après la troisième étape. Voir Livre III : Livre de l'Humain, Chapitre 10, *Les Cent Jours pour Poser une Fondation* [bai ri zhu ji 百日筑基] et Chapitre 19, *Le Corps Véritable* [zhen shen 真身] pour plus de détails sur ce sujet.

¹⁴ La cour intérieure du ciel de *tusita* est la première destination pour ceux qui renaissent et qui n'ont pas atteint l'état de sainteté dans cette vie. Le boddhisattva Maitreya s'y trouve actuellement, attendant l'occasion de renaître sur terre et de devenir le prochain Bouddha. Selon le bouddhisme Mahayana, ceux qui restent dans la cour intérieure avec le boddhisattva Maitreya renaîtront avec lui et deviendront ses disciples lorsqu'il atteindra l'état de Bouddha.

¹⁵ C'est-à-dire Bouddha.

¹⁶ C'est-à-dire qu'il a effacé les pensées mondaines et séculaires d'une personne normale [min mie su nian 泯灭俗念].

¹⁷ C'est-à-dire la méditation profonde.

¹⁸ Les deux véhicules [er cheng 二乘] sont *pratyekabuddhayana* et *sravakayana*. Le premier est le véhicule de ceux qui atteignent l'état de Bouddha par eux-mêmes, sans aucune instruction, tandis que le second est le véhicule de ceux qui atteignent l'état de saint ou d'arhat en écoutant les instructions du Bouddha.

¹⁹ La demeure ici est le corps qui devrait être cultivé via les pratiques de la vie-destinée.

²⁰ Voir également le Commentaire de la 44ème Barrière, note de bas de page 8.

²¹ Cette classification est présentée ici dans un ordre de différent de celui de Li Shi Fu, décrit dans Livre III : Livre de l'Humain, Chapitre 9, *Les Cinq Rangs d'Immortels* [wu pin xian ren 五品仙人].

²² Cette phrase fait probablement référence à la dichotomie de l'esprit pur Yang rayonnant, par opposition à l'esprit obscur Yin, dépourvu de cette lumière.

²³ Cette phrase indique qu'une telle personne n'est pas du tout reconnue, que ce soit dans les mondes inférieurs ou sur terre, et qu'elle n'est qu'un être sans nom parmi la foule. On pourrait donc supposer qu'elle n'est pas enregistrée dans le registre des morts et que par conséquent, elle est condamnée à vagabonder sans but et sans possibilité de salut, jusqu'à son retour dans la roue de la vie, c'est-à-dire la réincarnation.

²⁴ Littéralement, la roue du retour [lun hui 轮回].

²⁵ Peng Lai [蓬莱] et Ying Zhou 瀛洲], ainsi que Fang Zhang [方丈] sont trois îles mythologiques et lieux de résidence des immortels. Les fantômes sont sans but et inutiles, incapables de mourir ou d'atteindre l'illumination.

26 Cette phrase explique que si l'on n'a plus la possibilité de cultiver le corps physique, alors on mourra, quel que soit le degré de spiritualité accompli, y compris en tant qu'esprit Yin ; on aura perdu la possibilité de retourner dans la demeure du corps physique. Par conséquent, devenu esprit Yin, on n'a pas d'autre choix que de se réincarner ou de s'emparer de la demeure de quelqu'un d'autre par la possession.

27 L'esprit de la connaissance [shi shen 识神] n'a pas de définition universelle. Dans cet exemple, il pourrait désigner la conscience d'une personne ou l'esprit qui s'emballe. Voir également Livre I, 20ème Barrière, note de bas de page 4.

28 Littéralement, ne se 'disperse' pas [san 散]. Tout ce passage se moque des cultivateurs et les compare à des morts-vivants. Tout en faisant secrètement l'éloge de la grandeur du Bouddha, ce texte pointe du doigt les défauts que l'on trouve chez les adeptes.

29 C'est à dire pendant la méditation profonde.

30 La 'Divinité Claire' fait très probablement référence au fait que l'esprit Yin est doté de pouvoirs supérieurs, comme l'illustre l'histoire ci-dessus et est doté d'un certain degré de pureté, ce qui reste néanmoins bien inférieur en comparaison de l'esprit Yang.

31 C'est à dire Bouddhayana, la voie vers l'état de Bouddha.

32 On est alors anéanti (c'est-à-dire qu'on atteint le nirvana) et transporté au-delà de la rivière d'amertume et de désarroi, *dukkha* en sanskrit.

33 Cela implique *parinirvâna* [wu yu nie pan 无余涅槃], l'illumination parfaite et l'ultime passage au-delà de la mort, sans qu'il ne reste aucune trace de karma, de *dukkha* (désarroi) ou d'amertume.

34 Voir la note de bas de page 18 de ce chapitre.

35 C'est à dire les talents ou dons naturels.

36 Les trois véhicules [san cheng 三乘] sont *pratyekabuddhayana*, *sravakayana* et *bodhisattvayana*. Pour les deux premiers véhicules, voir note de bas de page 18. Le dernier est la voie qui mène à l'état de Bouddha. On fait le vœu de redécouvrir le dharma sans aucune instruction et de devenir un jour un Bouddha, puis d'aider une multitude de personnes à devenir des saints.

37 C'est-à-dire les méthodes non orthodoxes. Une 'voie déviante' pourrait également se traduire par voie de côté ou porte latérale. Cette expression est dérivée de l'architecture chinoise ; les temples par exemples ont souvent une entrée latérale en plus de l'entrée principale.

38 La formule [jue 诀] mnémonique désigne les secrets de l'esprit d'immortalité, et ne fait pas référence à un texte classique spécifique.

27.

結齋咒

Incantation pour se Relier à la Nourriture

Si votre estomac ne digère pas très bien les aliments et que vous ne pouvez pas manger beaucoup, alors vous n'aurez pas une once de puissance.[1] Avant toute chose, il vous faudra modifier votre équilibre interne. Une fois que vos fonctions internes seront harmonisées et que vous serez capable d'absorber de la nourriture régulièrement, alors vous pourrez commencer à restaurer votre puissance externe.

Lorsque vous aurez développé une large musculature comme celle d'Arnold Schwarzenegger, alors vous devrez arrêter de faire de l'haltérophilie et commencer à transformer vos muscles, afin de placer cette force dans vos tendons, vos fascias et vos organes. De cette façon, la masse musculaire s'atrophiera.

Au final, vous aurez accumulé une puissance interne incroyable, mais personne ne le remarquera, car votre corps semblera quelque peu maigre de l'extérieur. Vous aurez l'air d'une personne normale. Telle est la progression de la voie holistique de la puissance interne et externe.

—Xing De

百谷入胃

与神和气

填补血液

尸邪亡坠

长生天地

飞登玉阙

修真悟道

灵童奉卫

一念纯真金可化

三心未了水难消

Les cent graines[2] pénètrent l'estomac,

Et l'esprit s'harmonise avec le Qi.

Elles renforcent et complètent le sang et les fluides,

Tandis que les charognes[3] et les démons sont éradiqués.

Les cieux et la terre sont éternels.

Gravissez la tour de jade[4] sans attendre,

Cultivez la réalisation et éveillez-vous au Dao.

Pendant que l'enfant divin[5] vous accorde sa protection.

En une seule pensée pure et authentique,

le métal peut être transformé.

Tant que les trois cœur-esprits[6] ne sont pas encore éliminés,

il est difficile d'absorber l'eau.

¹ Littéralement, quatre *liang* de puissance [si liang li 四两力].
² Voir Livre III : Livre de l'Humain, Chapitre 1, *S'Abstenir de Graines* [bi gu 辟谷] sur l'importance des graines en Chine.
³ Les charognes [shi 尸] dans le daoisme font référence aux trois charognes ou les trois cadavres [三尸], également appelés les 'Trois Vers' [san chong 三虫]. Ce sont trois créatures parasites démoniaques qui entrent dans le corps humain à la naissance et raccourcissent la durée de vie de leur hôte. Voir également *Le Traité de Tai Shang sur l'Action et la Réponse* [tai shang gan ying pian 太上感应篇] de Purple Cloud Press, téléchargeable gratuitement sur : www.purplecloudinstitute.com
⁴ Le mot gravir [deng 登] signifie monter à bord d'un bateau. La tour représente le palais jaune [huang gong 黄宫] et le palais impérial [gong que 宫阙]. L'or et le jade [jin yu 金玉] signifient pureté et haute valeur. Ainsi, la tour d'or et la tour de jade utilisent ces deux matériaux pour construire le lieu de résidence du Dirigeant Suprême Céleste [tian di 天帝]. On pourrait le comparer à la Montagne de la Capitale de Jade [yu jing shan 玉京山]. Tout ce qui se trouve dans cette capitale y est magnifique, pur et précieux.
⁵ L'enfant divin [ling tong 灵童] est également représenté dans les trois lignes suivantes de la *Liturgie [Daoiste] du Matin* [zao gong ke 早功课] :

> 破邪金刚。护法灵童。救苦真人。
> Les Guerriers Vajra, conquérants du mal ;
> L'enfant divin, protecteur du Dharma ;
> Les Êtres Réalisés, libérateurs de la souffrance.

⁶ 'Les trois cœur-esprits' [san xin 三心] est une expression d'origine bouddhiste, interchangeable avec les trois poisons [san du 三毒], nommément l'avidité [tan 贪], le rejet [chen 嗔] et l'ignorance [chi 痴]. Dans le bouddhisme, cette expression est souvent précédée par :

> 五观若明金易化。
> Lorsque les cinq contemplations [sur la consommation de la nourriture] deviennent claires, Le métal est facilement digéré.

Bien qu'en temps normal le métal ne puisse pas être décomposé par le tube digestif, lorsque l'on atteint des niveaux de pratique plus élevés, cela devient possible. Ceci est en relation directe avec les pensées et avec les cinq contemplations (voir ci-dessous), qui préconisent essentiellement de n'avoir que des pensées de gratitude et d'appréciation. On devient alors capable de transformer la nourriture qui se trouve devant soi, peu importe sa nature physique.

En référence à ce dicton, la salle à manger chez les bouddhistes se nomme 'Le Hall des Cinq Contemplations' [wu guan tang 五观堂]. Ces cinq contemplations sont répertoriées dans 'Les Cinq Contemplations du Repas' [shi cun wu guan 食存五观] du moine bouddhiste chinois, Dao Xuan [道宣] :

> 计功多少，量彼来处。忖己德行，全缺应供。防心离过，贪等为宗。正事良药，为疗形枯。为成道业，应受此食。
> On [devrait] évaluer le degré de Gong [atteint] et se rappeler d'où vient [la nourriture]. On [devrait] évaluer notre conduite [et se demander si elle] est suffisamment ou insuffisamment vertueuse pour recevoir cette offrande de nourriture. Préserver le cœur-esprit et s'abstenir de fautes [tel que] l'avidité ou autres, est le principal objectif. [La nourriture] est une médecine appropriée pour [certaines] choses, [comme lorsque l'on cultive] ; on la consomme alors dans le but de guérir la forme altérée [du corps] et pour entreprendre l'accomplissement du Dao ; ainsi [seulement] devrait-on accepter de la nourriture.

Les trois fautes à éviter pendant que l'on mange sont les suivantes :

> Pour une nourriture de qualité supérieure, on ne permet pas à l'avidité et à l'attachement de se développer dans le cœur-esprit en lien avec son goût délicieux. Pour une nourriture de qualité médiocre, on ne permet pas à l'ignorance [c'est-à-dire ne pas reconnaitre ce que l'on mange] de gagner le cœur-esprit à cause de son goût fade et neutre. Pour une nourriture de qualité inférieure, on ne permet pas au rejet de s'élever dans le cœur-esprit à cause d'un gout désagréable.

28.

龍門派詩

Le Poème de la Lignée de la Porte du Dragon

太上混元邱祖真人百代派

Les Cent Générations de la Lignée de l'Ancêtre Qiu, Être Réalisé du Chaos Primordial Supérieur

道德通玄静，真常守太清，
一阳来复本，合教永圆明，
至理宗诚信，崇高嗣法兴，
世景荣惟懋，希微衍自宁，
末修正仁义，超升云会登，
大妙中黄贵，圣体全用功，
虚空乾坤秀，金木性相逢，
山海龙虎交，莲开现宝新，
行满丹书诏，月盈祥光生，
万古续仙号，三界都是亲。

Le Dao et les vertus communient avec la mystérieuse tranquillité,

La vérité protège constamment la Grande Clarté,[1]

Un Yang apparaît pour restaurer sa source,

En s'unifiant avec les enseignements, la sphère lumineuse est éternelle,

Les principes ultimes sont la sincérité et la foi des ancêtres,[2]

Doté d'une vénération élevée, on hérite de la doctrine prospère,

Les paysages du monde sont luxuriants et majestueux,

L'évolution vers la paix est subtile et précise,

L'étape finale de la pratique est la droiture, la bienveillance et la justice,

En transcendant et en s'élevant vers le ciel, là où les nuages se rassemblent, on ascensionne.

Au sein du grand merveilleux se trouve le jaune précieux,[3]

Le corps avisé emploie pleinement son Gong,[4]

Vides et creux, Qian et Kun[5] sont magnifiques,

Les natures du métal et du bois se rencontrent mutuellement,

Les montagnes et les mers, le dragon et le tigre s'entremêlent,

Les fleurs de lotus s'épanouissent, dévoilant à nouveau leurs trésors,

La pratique est complète dans les décrets écrits traitant du cinabre,[6]

A la pleine lune, une lumière auspicieuse est engendrée,

Le nom de l'immortel se perpétue éternellement,

Au sein des trois royaumes, tout appartient à la même famille.

---

[1] Les Trois Clartés Célestes [san qing 三清] sont les trois cieux les plus élevés du daoisme, nommément la Clarté de Jade [yu qing 玉清], la Clarté Supérieure [shang qing 上清] et la Grande Clarté [tai qing 太清]. Au-dessus des Trois Clartés Célestes, il n'y a que la Grande Voute Céleste [da luo tian 大罗天].
[2] Il existe d'autres façons possibles d'interpréter cette phrase en raison des nombreuses significations des caractères chinois :

> Pour atteindre la connaissance, la sincérité et la foi sont l'essentiel.
> Pour atteindre la connaissance, on doit développer respectueusement la sincérité et la foi.
> Pour les principes ultimes, on doit se conformer à la sincérité et à la foi.

³ Le jaune précieux fait vraisemblablement référence à l'or, dans le sens de l'alchimie interne.
⁴ Une traduction alternative pourrait être 'Sacré est le corps qui fournit pleinement des efforts assidus'.
⁵ Qian et Kun [乾坤] sont des trigrammes et des hexagrammes du *Livre des Changements* [yi jing 易经], dont la signification symbolique est fréquemment adoptée dans les écritures classiques traitants de l'alchimie interne.
⁶ Cette phrase pourrait également être traduite par 'Les instructions écrites sur l'alchimie interne ont été pleinement cultivées'.

29.

飯齋咒

Incantation pour le Repas

Bien que les humains soient la forme de vie la plus élevée sur terre, nous devons malgré tout manger.
Si vous ne voulez pas prendre la vie d'un végétal, comment feriez-vous pour survivre ?
Les formes de vie inférieures existent pour nous aider à préserver notre espèce,
Mais vous ne devez pas tuer sans raison, ni abattre délibérément des animaux.
Vous devez respecter les dix mille choses.

—Xing De

五星之气
六甲之精
三真天仓
清云常盈
黄父赤子
守中无倾。

Le Qi des cinq étoiles,[1]

L'essence des six Jia,[2]

Les trois véritables greniers célestes,[3]

Les nuages sont purs et se déversent constamment,[4]

Le père jaune et l'enfant pourpre,[5]

Gardent le centre, afin qu'il ne s'effondre jamais.[6]

¹ L'essence et le Qi des deux premières lignes symbolisent des forces pures.
² Les six Jia [六甲] représentent le Qi de la terre. Le temps est découpé en cycles de soixante ans en Chine, connus comme les cycles sexagénaires.
³ Ce Qi véritable pénètre le corps pour nourrir les cinq organes *zang* et les six viscères *fu*.
⁴ Les nuages purs [qing yun 清运] sont la puissance pure, tandis que *Ying* [盈] signifie que notre puissance a été pleinement restaurée et que notre vie a été prolongée.
⁵ Le père jaune [huang fu 黄父] est l'estomac, la terre et le centre, tandis que l'enfant pourpre [chi zi 赤子] représente les pensées. Cette phrase désigne en outre le Qi des canaux et les cinq organes *zang* par leurs couleurs.
⁶ Défendre ou protéger le centre [shou zhong 守中] fait allusion aux processus alchimiques.

30.

十試呂祖

Les Dix Epreuves de l'Ancêtre Fondateur Lü

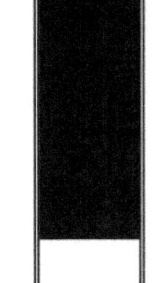

呂洞宾成道前的十次考验，你可以做到吗？

Les Dix Epreuves de Lü Dong Bin avant d'atteindre le Dao, pourriez-vous les surmonter[1] ?

Première Epreuve

一，洞宾自外远归，忽见家人皆病死，洞宾心无悔恨，但厚备葬具而已。须臾，死者皆醒，无恙。洞宾视家人死而不动声色，莫非无人性感情乎？非也！洞宾已悟大道，生死无非一幻梦，生死有命，大丈夫视死如归，亲人离魂，自有去路，莫非因缘已尽，但尽礼以葬，何能怨尤？但事生前，生而顺，死而安生死何足惧！生能修善，死为善仙，故洞宾洞视世情，知为一幻梦，故能处变不惊，庄敬自强。众生以情爱难割，凡体难舍，痛苦不堪，生也苦，死也苦，不值得！应学洞宾，置生死于度外，但求无愧于心而已矣。

Lorsque [Lü] Dong Bin revint de voyage, les membres de sa famille, négligés, étaient tous morts de maladie. [Lü] Dong Bin n'eut pas de regrets profonds, il leur prépara des funérailles avec tous les honneurs et rien de plus. A ce moment-là, tous les morts ressuscitèrent en bonne santé. Lorsque [Lü] Dong Bin a vu que les membres de sa famille étaient morts, il n'a pas bougé [d'un pouce] et n'a pas [émis] le moindre son.

Était-il possible qu'il fut dénué de tout sentiment humain ? Il ne s'agit pas de cela. [Lü] Dong Bin s'était déjà éveillé au grand Dao. Pour lui, la vie et la mort n'étaient rien de plus qu'une illusion. La vie et la mort sont liées par le destin, et une personne de caractère considère la mort comme un retour. Les âmes[2] de nos proches ont leur propre chemin à faire. Lorsque toutes les relations prédestinées ont pris fin, il n'y a rien d'autre à faire que d'afficher la plus grande convenance au moment des funérailles. A propos de quoi devrait-on se tourmenter ? Mais avant que la question [de la mort] ne se pose, vivez en accord avec le destin et mourrez en paix. Qu'y aurait-il donc à craindre de la vie et de la mort ?

Dans la vie, on peut cultiver la bienveillance alors que dans la mort, on est capable d'agir comme un immortel bienveillant. [Lü] Dong Bin a soigneusement observé les voies du monde et a compris qu'il ne s'agissait que d'une pure illusion. C'est pourquoi il a pu garder un esprit clair face aux désastres. [Grâce au respect] du protocole et à sa révérence, il a augmenté sa propre force. Tous les êtres vivants se débattent lorsqu'il est temps de se sevrer de l'amour et de l'affection, ainsi que lorsqu'il s'agit de se séparer du corps physique, incapables de supporter la souffrance. La vie est amère, la mort est amère, cela n'en vaut pas la peine ! Il faut étudier comme [Lü] Dong Bin puis placer la vie et la mort hors du champ de nos préoccupations, avec une conscience claire et rien de plus.

Seconde Epreuve

二，洞宾卖货于市场，议定其价后，买者突然反脸，只愿付其半价，洞宾无所争，照卖其货，洞宾不为得失扰心，俗人遇此，不争得面红耳赤，绝不干休甚而酿成凶杀命案。此试用意在劝人不可患得患失，须放下心。 商场之借贷，常发生信用问题，当然财物以不乱借为原则，一旦发生纠纷，则须看淡一些，吃亏赔钱，不要想不开，甚而致病寻短，真是不值得！

[Lü] Dong Bin vendait des marchandises sur le marché et alors qu'un acheteur avait négocié le prix avec succès, il se retourna [soudainement] contre lui, ne voulant plus dépenser que la moitié du prix [décidé]. [Lü] Dong Bin ne se querella en rien et termina de vendre sa marchandise ; ainsi [Lü] Dong Bin n'a pas laissé son cœur-esprit être perturbé par le sujet du gain et de la perte. Si des gens ordinaires étaient confrontés à cela, ils deviendraient indéniablement rouge du visage, les oreilles écarlates et ne voudraient absolument pas abandonner, ce qui pourrait même conduire au meurtre ou à une affaire d'homicide.

Le but de cette épreuve est d'inciter les gens à ne pas souffrir de la perte et du gain. Il faut lâcher prise sur le cœur-esprit, car les problèmes de fiabilité se posent constamment sur le marché [en ce qui concerne] les échanges et les emprunts d'argent. Bien évidemment, il existe un principe, celui de ne pas prêter d'argent de manière désordonnée.

Lorsque des litiges ont lieu, on devrait les observer avec indifférence.[3] Lorsque l'on subit des pertes et que l'on paie les dommages, on ne devrait pas s'irriter dans son cœur-esprit, car cela peut mener à la maladie et au suicide ; cela n'en vaut vraiment pas la peine !

Troisième Epreuve

三，洞宾元旦出门，遇乞丐倚门求施，于是洞宾即施与财物，而丐者索取不厌，且加恶语对骂，洞宾再三笑谢。此试人布施，忍辱之心。如果给钱还要挨骂，早就忍受不了，可见你的道行比洞宾差那么多，这科不及格！

Lorsque [Lü] Dong Bin partit le jour de la Nouvelle Année, il rencontra un mendiant appuyé sur la porte qui lui demanda l'aumône. [Lü] Dong Bin s'empressa de lui offrir de l'argent et des biens, mais le mendiant [continuait] à lui demander inlassablement toujours plus, ajoutant même des calomnies méchantes à son égard. [Lü] Dong Bin a continué de sourire et s'est même excusé à plusieurs reprises. Dans cette épreuve, les gens sont [testés] sur la [capacité] de leur cœur-esprit à supporter l'humiliation, [lorsqu'ils pratiquent] l'aumône et la tolérance.

Si l'on donne de l'argent au profit d'autrui et que [l'on reçoit] malgré tout une réprimande, c'est qu'auparavant, on a été incapable de supporter cela.[4] Echouer à l'épreuve d'un tel sujet d'étude[5] nous permet de voir combien nous sommes loin d'atteindre le Dao en comparaison de [Lü] Dong Bin.

Le Livre III : 30ème Chapitre

Quatrième Epreuve

四，洞宾牧羊山中，遇一饿虎，奔逐羊群，洞宾以己身挡之，虎迺释而去。此试为考人有否牺牲精神，为救羊命而舍身，恐怕世人做不到，然而应该不杀生，救物命，吃素修行，也会感动饥虎不吃肉的！

Une fois, [Lü] Dong Bin gardait des moutons dans la montagne. Il croisa [un jour] sur son chemin un tigre affamé, et ce dernier se mit à poursuivre le troupeau de moutons. [Lü] Dong Bin utilisa alors son propre corps pour bloquer le chemin du tigre, et ce n'est qu'à partir de cet instant que [le tigre] abandonna et partit.

    Cette épreuve est un test qui permet de vérifier si une personne possède ou non l'esprit de sacrifice [nécessaire] pour sauver la vie d'un mouton, en échange de son propre corps. Il est regrettable que les gens ordinaires soient incapable d'y parvenir. De plus, on ne devrait pas prendre la vie d'un être sensible, mais plutôt la sauver en ayant un régime végétarien et en cultivant sa conduite. De cette façon, on sera également capable d'inciter un tigre affamé à ne pas manger de chair.

Cinquième Epreuve

五，洞宾居山中草舍读书，一女容华绝世光艳照人，自言归家迷路，借此少憩，既而百般调弄，美色引诱，洞宾不为所动！因世人无色即用尽心机引诱女色，况美色自动现前，岂能把持得住！要成为天上客，不会在仙女面前失态，须炼此定静工夫！

世人尽堕在色坑中，没有几人爬得上来，还想爬到天上，我看甭想了！

Autrefois, [Lü] Dong Bin vivait dans les montagnes, étudiant les livres dans sa hutte en toit de chaume. Une femme, dont la beauté était hors de ce monde et dont le rayonnement magnifique illuminait l'humanité, déclara s'être perdue sur le chemin du retour et utilisa ce prétexte pour [lui demander] un moment de repos [chez lui]. Elle se mit alors à le provoquer et à le taquiner de cent manières différentes. La beauté de cette femme était attractive, mais [Lü] Dong Bin ne bougea pas un seul instant ! Parce que les gens du mondain sont sexuellement pervertis, ils essayent d'attirer les jolies femmes par tous les moyens possibles, sans même parler du cas où [spontanément] une femme magnifique se présenterait volontairement à eux ; comment pourraient-ils garder le contrôle d'eux-mêmes ?

Si l'on veut devenir un voyageur céleste, on ne peut pas perdre sa contenance devant une immortelle. Il faut affiner cette compétence de la tranquillité stable ! Les gens ordinaires tombent sans cesse dans le gouffre du désir et rares sont ceux qui parviennent à en sortir. Pourtant, ils continuent de vouloir s'élever vers le ciel, ce qui n'a aucun sens dans leur situation.

Sixième Epreuve

六，洞宾一日外出，及归，家财尽为盗劫尽，洞宾了无愠色，躬耕自给，忽锄下见金条数十片，急速掩埋之，一无所取。贪念一起，魔障即至。贪财色为人之通病，吕祖失金，面无愠色、心无悲观，锄下见金，意无贪念欢喜之心，自认非我劳力所赚，故不取之。世人喜好贪小便宜者，该惭愧矣。修道人戒贪，不为财色所动，才能与仙佛为伍，众生们！此题你考几分？

Lorsque [Lü] Dong Bin revint après une journée de voyage, il découvrit que l'entièreté de sa demeure avait été cambriolée. [Lü] Dong Bin ne montra pas la moindre trace de colère, mais se mit plutôt à labourer un champ [pour rétablir] son autosuffisance. Tout à coup, sa houe heurta le sol et il trouva des dizaines de lingots d'or. Il s'empressa de les recouvrir de terre et n'en préleva pas un seul.

Lorsque des pensées cupides émergent, alors les entraves démoniaques[6] arrivent avec rapidité. L'avidité pour l'argent et la beauté sont les défauts communs des gens. Lorsque l'Ancêtre Lü a perdu sa richesse, il n'a pas eu l'air mécontent et son cœur-esprit n'était pas mélancolique. Lorsque sa houe a heurté des lingots d'or, il n'y avait aucune pensée de cupidité ou de jubilation dans son cœur-esprit. Il se cantonna [au principe] que seul son propre labeur physique est ce qui produit le gain. C'est la raison pour laquelle il n'a rien pris. Les gens ordinaires sont friands de petits avantages et ils devraient avoir honte de cela.

Le Livre III : 30ème Chapitre

Les cultivateurs du Dao devraient se débarrasser de l'avidité. Ce n'est que lorsqu'ils seront insensibles à la richesse ou à la beauté qu'ils pourront rejoindre le rang des immortels et des bouddhas. Toutes les créatures vivantes ! Combien de points avez-vous obtenus à ce test ?

Septième Epreuve

七，洞宾遇卖铜器者，买之，回家一看，皆为金器。即访问卖主，还之。此试贪也。购买黄铜变金，世人定欣喜若狂，谢天谢地，感谢那个傻瓜，岂有归还之理？不义之财勿取，君子切记之！

Un jour, [Lü] Dong Bin tomba sur un vendeur d'objets en cuivre et lui acheta quelques articles. De retour chez lui, il les inspecta : ils étaient tous en or. Il s'empressa de retourner chez le vendeur pour les lui restituer. Cette épreuve porte sur l'avarice. En achetant du cuivre qui se révèle être de l'or, les gens ordinaires seraient sûrement fous de joie, louant le ciel et la terre en étant reconnaissants à ce [vendeur] aveugle [qui ne s'en est pas rendu compte]. Pour quelle raison devraient-ils rendre ces objets ? La richesse [obtenue de façon] injuste ne devrait pas être prise ; c'est ce que la personne noble doit garder à l'esprit.

Huitième Epreuve

八，有疯狂道士，街上卖药，自言服者立死，再世可以得道，洞宾买之，道士曰：速准备后事可也。洞宾不畏服之，平安无恙。莫非洞宾好道成迷，不畏死乎？非也，洞宾求道心切，视死如生，心知道士狂言，必有天机，故敢一试。再者寓言：人心一死，道心立生。死者，乃贪嗔痴之毒念，恶身也。

Il y avait une fois un daoïste fou qui vendait des médicaments dans la rue, prétendant que les prendre mènerait à une mort immédiate, mais que dans la vie suivante, on pourrait atteindre le Dao. Lorsque [Lü] Dong Bin lui acheta un peu de ce médicament, le daoiste lui dit :

> Préparez vos funérailles dès que possible.

Sans hésiter, [Lü] Dong Bin avala le médicament et il resta sain et sauf, en bonne santé. Est-il possible que [Lü] Dong Bin ait perdu [la raison] dans son amour pour le Dao et qu'il soit devenu sans peur face à la mort ? Ce n'est pas cela. [Lü] Dong Bin recherchait le Dao avec ardeur, considérant la mort comme une vie. Son cœur-esprit était conscient du discours insensé du daoiste, [qui devait certainement être un plan] conçu par les cieux eux-mêmes.[7] Ainsi, il eut le courage de le mettre à l'épreuve. D'ailleurs, un proverbe dit :

> Une fois que le cœur-esprit de l'humain meurt,
> Immédiatement, le cœur-esprit du Dao naît.

Ce qui meurt finalement, ce sont les pensées empoisonnées, l'avarice, la colère et l'ignorance ; ce sont [des aspects] néfastes du corps.

Neuvième Epreuve

九，一日，河水泛滥成灾，洞宾与众共涉，至中流，风涛掀涌，众皆畏惧惊叫，洞宾端坐不动。此试人之定力也。修道须有冷静头脑，坚定信念，遇到狂风暴雨打击，不动心性，能忍自安，否则脚步一乱，惊涛骇浪，会立刻将你冲走！世人慎之。

Un jour, la rivière grossit en une inondation désastreuse. [Lü] Dong Bin et un groupe de personnes durent traverser ensemble à gué jusqu'au centre du cours d'eau. Le vent et les vagues déferlaient et jaillissaient. Tout le monde dans la foule était terrifié et pleurait, tandis que [Lü] Dong Bin était assis bien droit, sans bouger.

Cette épreuve porte sur le pouvoir de concentration des gens.[8] Pour cultiver le Dao, il est nécessaire d'avoir un esprit calme et détendu, ainsi qu'une foi déterminée. Lorsque l'on rencontre un vent féroce et des pluies torrentielles, tant que la nature-intérieure du cœur-esprit reste imperturbable, alors on est capable d'endurer tout en restant en sécurité. En revanche, le moindre pas imprudent et les vagues terrifiantes vous emporteront immédiatement ! Faites attention à cela, gens ordinaires !

Dixième Epreuve

十，洞宾独坐一室，忽见奇形怪状鬼魅无数，有欲击者，有欲杀者，洞宾毫无所惧，忽闻空中一叱喝声，鬼神皆不复见，一人抚掌大笑，即其师汉钟离也。

师曰：吾十试，子皆无所动，必得道矣！此试勿作亏心事，不怕鬼敲门。洞宾心正无邪，见鬼魅来侵，自认若有冤欠，要命尽管索去，我这世此心已无他念，正气浩然，不畏鬼神矣！世人面对鬼神，如有惭愧心，恐惧心，则道德未圆满，功行不足，宜加紧用功，还去冤欠，则鬼神为友，仙佛为伴，三界十方，任我遨游矣。

Un jour, [Lü] Dong Bin était assis seul dans sa chambre, lorsque soudain il vit d'innombrables fantômes et démons aux formes étranges et bizarres. Certains voulaient le frapper, d'autre le tuer, mais [Lü] Dong Bin n'avait pas la moindre crainte. Tout à coup, il entendit un cri dans l'air et tous les fantômes et esprits disparurent. Une personne frappait des mains en riant aux éclats, c'était son maître, Han Zhong Li.[9]

  Le maître dit alors :

    Aucune de mes dix épreuves n'a fait bouger mon disciple.
    Tu as surement atteint le Dao !

Cette épreuve concerne le fait de ne pas commettre d'actes qui troublent votre conscience, afin que vous ne soyez pas dans la crainte lorsque les fantômes frappent à votre porte. [Lü] Dong Bin, le cœur droit et innocent, a aperçu les fantômes et les démons qui venaient le trouver, et il s'est résigné à la situation :

  Si des dettes ont été contractées par mes fautes et que ma vie est requise en conséquence, n'hésitez pas à la prendre, car moi, dans cette génération, avec ce cœur-esprit, n'ait rien de plus à désirer. Par mon Qi droit, vaste et complet, je ne crains ni les fantômes, ni les esprits !

Lorsque les personnes ordinaires sont confrontées aux fantômes et aux esprits, si la honte ou la peur envahissent leur cœur-esprit, alors cela signifie que leur Dao et leurs vertus ne sont pas encore accomplis, et qu'ils n'ont pas effectué assez d'actes méritoires. Il convient donc d'intensifier les efforts pour accumuler du mérite, remboursant puis se débarrassant ainsi des dettes [contractées] lors de méfaits [passés].[10] Par la suite, les fantômes et les esprits agiront comme des amis ; les immortels et les bouddhas deviendront des compagnons :

Les trois royaumes et les dix directions me permettront de vagabonder librement.

吕岩字洞宾
唐代浦州永乐县人
号纯阳子

Lü Yan
Prénom social Dong Bin
Dynastie Tang, Préfecture de Pu
Comté Natif de Yong Le
Appellation Daoiste Maître du Pur Yang

---

[1] La source de ce texte se trouve dans les *Recueils de l'Ancêtre Lü* [lü zu shi 吕祖志], dans le Canon Daoiste Zheng Tong [正统道藏], qui date de la dynastie Ming.

[2] Littéralement l'âme éthérée [hun 魂]. Les théories daoistes considèrent que l'âme humaine est constituée de trois âmes éthérées [san hun 三魂] et de sept âmes corporelles [qi po 七魄]. Lorsqu'une personne meurt, les sept âmes corporelles se dispersent d'abord, puis les trois âmes éthérées quittent le corps.

魂主精神，而魄主身形。
Les âmes éthérées gouvernent l'essence et l'esprit [c'est-à-dire la conscience]
Tandis que les âmes corporelles gouvernent le corps et la forme.

[3] Littéralement observer les choses avec fadeur [kan dan 看淡].

[4] Si l'on continue à recevoir de la maltraitance, même après avoir fait de nombreuses bonnes actions, cela indique que l'on doit encore apprendre à supporter l'humiliation.

[5] Les dix épreuves correspondent à dix sujets d'études que le cultivateur doit aborder et surmonter.

[6] Les entraves démoniaques peuvent également être interprétées comme Mara, le démon de la tentation dans le bouddhisme.

[7] Conçu par le ciel, le dessein céleste [tian ji 天机] fait référence au mécanisme céleste.

[8] Le pouvoir de concentration [ding li 定力] est le pouvoir de *dhyana*, qui permet de surmonter toutes les pensées perturbatrices. Il est parfois traduit par pouvoir de stabilisation.

[9] Han Zhong Li [汉钟离] également connu comme Zhong Li Quan [钟离权].

[10] Voir Livre III : Livre de l'Humain, Chapitre 42, *Rembourser les Dettes* [huan zhang 还帐].

31.

清靜經

L'Ecriture de la Clarté et de la Quiétude

太上老君说常清静经

L'Ecriture de la Clarté et de la Quiétude Constante Transmise par le Suprême Souverain Lao[1]

老君曰：

大道无形，生育天地；大道无情，运行日月；大道无名，长养万物；吾不知其名，强名曰道。夫道者：有清有浊，有动有静；天清地浊，天动地静；男清女浊，男动女静。降本流末，而生万物。清者浊之源，动者静之基。人能常清静，天地悉皆归。夫人神好清，而心扰之；人心好静，而欲牵之。常能遣其欲而心自静，澄其心而神自清。自然六欲不生，三毒消灭。所以不能者，为心未澄，欲未遣也。能遣之者，内观于心，心无其心；外观于形，形无其形；远观于物，物无其物。三者既悟，唯见于空。观空亦空，空无所空；所空既无，无无亦无；无无既无，湛然常寂；寂无所寂，欲岂能生？欲既不生，即是真静。真常应物，真常得性；常应常静，常清静矣。如此清静，渐入真道；既入真道，名为得道，虽名得道，实无所得；为化众生，名为得道；能悟之者，可传圣道。

Le Livre III : 31ᵉᵐᵉ Chapitre

老君曰：

上士无争，下士好争；上德不德，下德执德；执着之者，不名道德。众生所以不得真道者，为有妄心。既有妄心，即惊其神；既惊其神，即着万物；既着万物，即生贪求；既生贪求，即是烦恼；烦恼妄想，忧苦身心；便遭浊辱，流浪生死，常沉苦海，永失真道。真常之道，悟者自得。得悟道者，常清静矣。

Le souverain Lao dit :

> Le grand Dao est sans forme ; il donne naissance et nourrit les cieux et la terre. Le grand Dao n'a pas d'émotions ; il met en mouvement les cycles du soleil et de la lune. Le grand Dao est sans nom ; il fait croître et entretient les dix mille choses. Je ne connais pas son nom, mais si je devais lui en donner un, je l'appellerais 'Dao'. Ce Dao contient la clarté et la turbidité, le mouvement et la quiétude. Les cieux sont clairs, la terre est turbide. Les cieux sont mouvement, la terre est quiétude. Le masculin est clair, le féminin est turbide.[2] Le masculin est mouvement, le féminin est immobilité. Il descend de la racine, afflue jusqu'à la pointe et donne naissance aux dix mille choses. La clarté est la source de la turbidité ; le mouvement est la fondation pour la quiétude.[3] Si l'on est capable de rester constamment clair et tranquille, alors toute [la puissance des] cieux et de la terre retournera complètement à nous.
>
> L'esprit humain est enclin à la clarté, mais le cœur-esprit le perturbe. Le cœur-esprit de l'homme est enclin à la quiétude, pourtant les désirs l'en écartent. Si l'on est capable de dissiper constamment ses désirs, alors le cœur-esprit se calme de lui-même. Si l'on calme le cœur-esprit, alors l'esprit devient clair de lui-même. Naturellement, les six désirs[4] ne surgissent plus et les trois poisons[5] sont éliminés. De cette façon, si l'on se trouve incapable de faire cela, c'est que le cœur-esprit doit encore se calmer et que les désirs n'ont pas encore été dissipés. Ceux qui sont capables de les dissiper peuvent observer intérieurement leur cœur-esprit et [réaliser que] le cœur-esprit n'est pas leur cœur-esprit ; ils peuvent observer extérieurement leur forme et [réaliser que] la forme n'est pas leur forme ; ils peuvent observer de loin les phénomènes et [réaliser que] les phénomènes ne sont pas des phénomènes.

Lorsque ces trois [observations] ont été réalisées, tout ce qui se manifeste se trouve dans le vide. On observe alors le vide comme étant également vide et le vide comme n'étant pas ce qui est vide. Puisque ce qui est vide est le non-être, la non-existence du non-être est également inexistante. Puisque la non-existence du non-être est déjà inexistante, alors il y a une constance et une sérénité transparente. Lorsque le silence est sans ce qui est silencieux, comment les désirs pourraient-ils émerger ? Lorsque les désirs n'émergent plus, il y a une véritable quiétude. La constance véritable entre en résonnance avec les phénomènes ; la constance véritable atteint la nature-intérieure. Constamment en résonnance et constamment immobile, telles sont la clarté et la quiétude constante. Au sein de cette clarté et de cette quiétude, on entre progressivement dans le véritable Dao. Entrer dans le véritable Dao est appelé 'atteindre le Dao'. Bien que cela soit appelé 'atteindre le Dao', en réalité il n'y a rien qui ait été atteint. Transformer tous les êtres vivants est ce que l'on nomme 'atteindre le Dao'. Ceux qui sont capables de s'éveiller à cela peuvent alors transmettre le Dao sacré.

Le souverain Lao dit :

L'adepte supérieur[6] ne conteste pas, l'adepte inférieur est enclin à la contestation. La vertu supérieure n'est pas vertueuse et la vertu inférieure adhère à la vertu. Ceux qui ont des attachements ne peuvent prétendre être dans le Dao et la vertu. Par conséquent, tous les êtres vivants n'atteignent pas le véritable Dao, car ils ont un cœur-esprit d'illusion. Si on a un cœur-esprit d'illusion, alors l'esprit est perturbé. Parce que l'esprit est perturbé, alors on est affecté par les dix mille choses. Parce que l'on est affecté par les dix mille choses, alors on est affligé par l'avidité et les manques. Parce que l'on est affligé par l'avidité et les manques, alors on est affligé par les vexations. Les vexations et les pensées d'illusion sont inquiétantes et engendrent la souffrance[7] pour le corps et le cœur-esprit. Par la suite, on est confronté à la turbidité[8] et à la disgrâce, flottant et dérivant au gré des naissances et de la mort. On s'enfonce constamment dans la mer de la souffrance,[9] perpétuellement éloigné du véritable Dao. Le Dao de la véritable constance est naturellement atteint par ceux qui s'éveillent. Ceux qui atteignent le Dao sont constamment dans la clarté et la quiétude.

¹ L'*Ecriture de la Clarté et de la Quiétude* est un élément clé des *Ecritures Liturgiques [Daoistes] du Matin* qui est chanté et récité quotidiennement jusqu'à ce jour dans les monastères de la Réalisation Complète. On suppose qu'il a été écrit autour du huitième siècle de notre ère, et si certains attribuent sa paternité à Lao Zi, d'autres affirment que son auteur est inconnu. Vous trouverez plus d'informations dans le livre de Louis Komjathy : *Handbooks for Daoist Practice: Scripture on Clarity and Stillness*.

² Masculin et féminin représentent ici le Yin et le Yang en tant que principes cosmiques interdépendants en constante transformation, qui sont présents dans chaque manifestation. Ils ne font pas référence au genre sexuel et ne devraient pas être interprétés comme tels.

³ Li Shi Fu a déclaré que l'immobilité ou la quiétude et le mouvement sont comme l'énigme de la poule ou de l'œuf, on ne sait pas qui est apparu en premier. Le mouvement, lorsqu'il atteint son extrême se transforme en immobilité et vice-versa, ce qui est un principe dichotomique inhérent. Li Shi Fu a demandé de façon rhétorique s'il y avait du mouvement ou de l'immobilité avant le Big Bang et la création de l'univers. Lorsqu'il n'y a plus que le vide et le néant, immobilité et mouvement cessent d'exister.

⁴ Les six désirs sensoriels [liu yu 六欲] proviennent des six sens, au travers des yeux, des oreilles, du nez, de la langue, du corps et de l'esprit qui imagine, ce qui est l'équivalent des cinq sens en occident, auxquels s'ajoute l'esprit.

⁵ Les trois poisons [san du 三毒] sont les trois pollutions les plus fondamentales du cœur-esprit de l'homme : l'avidité [tan 貪], le rejet ou la colère [chen 嗔] et l'ignorance [chi 痴] qui, fait intéressant, se traduit plutôt par 'stupidité' en chinois.

   NDT : l'ignorance peut être vue comme une incapacité à réaliser que les principaux choix que l'on fait dans notre vie sont motivés par l'un ou l'autre des deux autres poisons, à savoir le désir avide ou le rejet. Ainsi la majeure partie de nos pensées, de nos paroles et de nos comportements prennent naissance depuis l'un des trois poisons, et ils sont à l'origine des conséquences karmiques qui affectent nos vies.

⁶ Une traduction alternative pour l'adepte supérieur [shang shi 上士] serait une personne sage, une personne élevée, ou même un grand érudit. On ne peut que spéculer sur la question de savoir si *Shi* [士] est une référence à un cultivateur ou à une personne commune.

⁷ Voir Livre III : Livre de l'Humain, Chapitre 3, *Amertume* [ku 苦].

⁸ La turbidité [zhuo 濁] implique la confusion.

⁹ La mer de la souffrance ou d'amertume [ku hai 苦海] est une métaphore chinoise de toutes les souffrances mondaines rencontrées dans la vie humaine.

32.

莊子至樂

La Plus Grande Joie de Zhuang Zi

L'histoire suivante 'La Plus Grande Joie',[1] est tirée du livre *Zhuang Zi* et illustre le point de vue de Zhuang Zi sur la vie et la mort :

庄子妻死，惠子吊之，庄子则方箕踞鼓盆而歌。惠子曰：'与人居，长子老身，死不哭亦足矣，又鼓盆而歌，不亦甚乎？' 庄子曰：'不然。是其始死也，我独何能无慨然！察其始而本无生，非徒无生也而本无形，非徒无形也而本无气。杂乎芒芴之间，变而有气，气变而有形，形变而有生，今又变而之死，是相与为春秋冬夏四时行也。人且偃然寝于巨室，而我噭噭然随而哭之，自以为不通乎命，故止也。'

Lorsque la femme de Zhuang Zi mourut, Hui Zi vint lui présenter ses condoléances. Zhuang Zi était alors assis sur le sol, les jambes étendues,[2] en train de tambouriner sur une bassine et de chanter.

Hui Zi dit :

> Tu as vécu avec elle, [tu l'as vu] élever des enfants alors que son corps prenait de l'âge. Après sa mort, c'en est déjà beaucoup de ne pas [te voir] pleurer,[3] mais de là à te voir tambouriner sur une bassine en chantant, n'est-ce pas trop extrême ?

Zhuang Zi dit :

> Il n'en est pas ainsi. Au début, lorsqu'elle mourut, j'étais seul. Ainsi, comment aurais-je pu être sans soupir [et sans regrets] ?
>
> Mais si je m'interroge sur ses origines, elle n'a jamais intrinsèquement

[possédé] la naissance et la vie. Non seulement, elle n'a jamais [possédé] la vie, mais elle n'a également jamais intrinsèquement [possédé] la forme. Non seulement elle n'a jamais [possédé] la forme, mais elle n'a également jamais intrinsèquement [possédé] le Qi.

Au milieu de tous ces carrefours, dans cette vaste et indistincte confusion,[4] [il y a eu] une transformation et ainsi il y a eu du Qi. Une fois que ce Qi s'est transformé, alors il y a eu la forme. Puis la forme s'est transformée, et on a assisté à la naissance et à la vie. Maintenant, c'est [la vie] qui s'est encore transformée et est devenue mort, ce qui suit les phases des quatre saisons : printemps, automne, hiver et été.

Là, pour l'instant, elle est allongée sur le dos, dormant dans la grande chambre. Et si je devais me lamenter à grande clameur et à grands pleurs, je considèrerais que je ne suis pas parvenu à communier[5] avec la vie-destinée. C'est pourquoi, j'ai décidé d'arrêter.

---

[1] En chinois, 至了 [zhi le].
[2] En chinois, avoir les jambes étendues est souvent comparé aux paniers utilisés pour trier le riz ou les graines. Les deux côtés ressemblent aux jambes et la base aux jupes que portaient les chinois à cette époque, puisque les pantalons n'ont été introduits que sous la dynastie Qing.
[3] En respect de l'éthique, on s'attend à ce qu'une personne pleure continuellement la mort de sa femme. Ne pas pleurer de la sorte est déjà considéré comme très irrespectueux, mais Zhuang Zi va encore plus loin que cela.
[4] La vaste et indistincte confusion [za hu mang hu 杂乎芒芴] signifie littéralement 'divers brins de plantes sauvages comestibles'. *Mang Hu* [芒芴] a une écriture similaire à celle de *Huang Hu* [茫惚], elle est donc devenue un synonyme de lointain et indistinct dans le contexte daoiste.
[5] Ne pas parvenir à communier [bu tong 不通] pourrait également être simplifié par le fait de ne pas comprendre.

33.

五僊

Les Cinq Immortels

五仙庙位于中国湖北省十堰市张湾区柏林镇的白马山上,在武当山山门以西50公里。是武当山七十二峰之一的天马峰,海拔1058米,庙内敬奉的是五位仙人,所以称为五仙庙。他们按年龄大小排列位次。神像道装打扮,手拿法器,形态各异,因为他们的传说很多,在这里给大家做一个简短的介绍。

相传在一千多年前的宋辽战乱时期,他们五个同时来到了白马山。当时国家战乱,到白马山躲避战乱逃难的人很多,饥饿和疾病给难民带来了极大的痛苦。

大仙爷相貌慈祥,和蔼可亲。乐善好施,他在别处买来了很多粮食衣物,分给难民,救助了很多饥饿人的生命。人多纷争也多,大家有了纷争,大仙爷动之以情,晓之以理,为他们排忧解难,化解纷争,使大家能够相互包容,和睦相处。看到有人打猎,大仙爷就出面制止他们,不让他们随意伤害动物,并教育他们,天地万物和人是一体的,要有慈悲怜悯的思想。对受伤的动物,他也极力的救治放生。所以众人看到他都觉得好像是自己的长辈家人一样,很敬重他,都愿意听从他的教诲,按照他说的去做。

二仙爷是一个有极高武功的人,力大无比,几个人抬的石头,他一个人就能轻松的拿起来,他手中的宝剑,会自己发出嗡嗡的响声,把宝剑抛出去很远,宝剑像有了生命一样自己会飞回来,非常神奇。战乱时期,强盗土匪很多,到处杀人抢劫,他听到有土匪抢劫的消息就会主动去找他们,让他们不要再做伤天害理坏事,重新做人,如果有的强盗土匪不听劝说,他就把他厉害的功夫展示给这些土匪强盗看,匪盗们看到二仙爷的功夫后都非常害怕,表示要改邪归正不再做坏事。虽然外面很多战乱但是白马山这一带的难民都能平安,所以山上的山寨大家叫太平寨,一直到现在都没有改名。

三仙爷精通易经太极，八卦预测，炼丹修道。他辟谷打坐练功可以四十九天不吃不喝，如果谁家有了问题，不知如何处理，或雨晴种收，或是丢了东西，或者想知道生命中有没有灾难，以后的路怎么走，都会来找他预测，来的人不用说话，三仙爷可以说出来人一生的经历，非常准确。他经常告诉有灾难的人化解灾难的方法，只要多做善事，多去帮助别人，关心别人就会大事化小，小事化无。人们听了他的方法都会尽心尽力去做，非常灵应。

四仙爷精通医术，他可以看到人体的内脏和经络气血的流动。当时有疾病的人有很多，来找他看病的人，病人不用讲自己有什么病，四仙爷就已经知道他是什么病，并会告诉病人为什么会有这个病，他首先要求病人要改变自己的思想和生活方式，少杀生吃肉，多吃素食，多做善事。然后再根据病人的情况使用道医的针灸罐刺汤酒茶等方法给以治疗，病人会在很短的时间内得到康复，非常神奇。

五仙爷文化学识很高，并精通音律。他弹琴吹箫的时候，天上的飞鸟会落在树上停下来，地上的动物会走来围着他，安静地听他演奏，非常神奇。战乱时期很多孩子没办法上学，五仙爷就在山上办学，教导他们为人处世的根本，和自然界的理论知识。有很多大人也都受到了他的教教化和指导。

后来战乱结束了，国家恢复和平，五位仙师忽然不知去向，后人都说他们是天上下凡救助难民的神仙，为了感谢他们纪念他们，就在山上的太平寨里为他们修建了五仙庙。山上还建有观音殿，骊山老母殿，财神殿，灵官殿，真武祖师玉殿，及泰山庙。

Le Temple des Cinq Immortels est situé au sommet de la montagne du Cheval Blanc, près de la ville de Bai Lin, dans le district de Zhang Wan, ville de Shi Yan, province du Hu Bei, en Chine. Il se trouve à cinquante kilomètres à l'ouest de la porte des montagnes Wu Dang. Le sommet de la montagne du Cheval Blanc est appelé le 'Pic du Cheval Céleste', il culmine à 1058 mètres au-dessus du niveau de la mer et est l'un des soixante-douze pics de la chaine de montagnes de Wu Dang. Cinq Immortels sont pieusement vénérés à l'intérieur du temple, d'où son nom. Leur positionnement dans le temple est arrangé selon leur âge et leur ancienneté. Les statues de ces divinités sont parées de vêtements daoistes, tiennent des instruments rituéliques dans leurs mains, et leur apparence ainsi que leur forme sont toutes différentes et singulières. Comme leurs légendes sont nombreuses, seule une brève introduction sera donnée ici.

Selon la légende, il y a plus de mille ans, durant les guerres chaotiques qu'il y eut entre les dynasties Song (960-1279) et Liao (916-1125), ces cinq personnages vinrent simultanément sur la montagne du Cheval Blanc. Le pays était alors plongé dans la tourmente des batailles et des combats, et nombreux étaient ceux qui fuyaient les calamités et arrivaient à la montagne du Cheval Blanc pour s'y abriter. La famine et les maladies causaient de grandes souffrances aux réfugiés.

Le Grand Sage Immortel était compatissant, affable, amical, bon et charitable. Il avait acheté de nombreuses graines issues d'autres endroits, de la nourriture, des vêtements et il les distribuait parmi les réfugiés, sauvant au passage la vie de nombreuses personnes affamées. Là où il y a beaucoup de gens, il y a en général beaucoup de disputes et de conflits ; ainsi tous les réfugiés étaient impliqués dans des querelles. Le Grand Sage Immortel réussit à émouvoir les gens et à les éclairer par le raisonnement afin de résoudre les situations difficiles, leur permettre de laisser leurs soucis derrières eux, et mettre fin aux querelles et aux disputes. Ainsi, il a permis à chacun de faire preuve d'indulgence et de tolérance mutuelle, de sorte que tous purent vivre ensemble dans l'harmonie. Lorsqu'il voyait des gens chasser, il intervenait personnellement et mettait un terme à cette pratique, ne leur permettant pas de nuire aux animaux de la sorte ; tout en les éduquant, il leur disait :

> Les dix mille choses des cieux, de la terre et de l'humain forment un tout indissociable. Il faut donc avoir des pensées de compassion et de miséricorde.

En outre, il s'efforçait de sauver les animaux blessés, de les soigner et de les relâcher. Pour ces raisons, nombreux sont les gens qui, en le voyant, le considéraient comme l'aîné de leur propre famille. Beaucoup le vénéraient et tous étaient prêts à l'écouter, à suivre ses enseignements, et à faire ce qu'il disait.

Le Second Sage Immortel avait une grande maîtrise des arts martiaux et possédait une force incomparable. Il pouvait facilement soulever une lourde pierre, ce qui aurait autrement nécessité l'intervention de plusieurs personnes. L'épée sacrée qu'il portait à la main émettait un bourdonnement et lorsqu'elle était jetée au loin, elle semblait avoir une vie propre et revenait d'elle-même en voletant jusqu'à lui. C'était un véritable miracle. Durant ces temps de guerres et de tumultes, les bandits et les voleurs n'étaient pas rares, et les meurtres et le pillage étaient courants. Chaque fois que le Second Sage Immortel recevait des nouvelles d'un pillage, il partait de sa propre initiative à la recherche [des responsables] afin de les empêcher de commettre d'autres atrocités et infractions aux principes célestes, et de leur faire démarrer une nouvelle vie. Si les bandits n'écoutaient pas ses conseils et ses [tentatives] de persuasion, il leur montrait son formidable Gong Fu. Une fois que les bandits avaient vu le Gong Fu du Second Sage Immortel, ils étaient terrifiés et montraient alors le désir de changer leurs mauvaises habitudes de conduites et de retourner dans le droit chemin, sans plus jamais commettre de mauvaises actions. Bien que de nombreuses guerres chaotiques aient eu lieu tout autour d'eux, les réfugiés de la montagne du Cheval Blanc ont tous pu demeurer en paix et en sécurité. C'est pourquoi le sommet de la montagne est appelé par tous 'La Forteresse de la Grande Paix'. Jusqu'à aujourd'hui, son nom n'a pas changé.

Le Troisième Sage Immortel maîtrisait le *Livre des Changements*, la divination par les huit trigrammes, le Tai Ji,[1] le raffinement de l'élixir et la pratique du Dao. Il pouvait s'abstenir de graines, pratiquer l'assise méditative et le Gong pendant quarante-neuf jours, sans manger ni boire. Si la famille de quelqu'un était en difficulté et que cette personne ne savait pas comment résoudre le problème, ou bien si quelqu'un avait besoin de savoir s'il allait pleuvoir ou si le temps allait être dégagé pour décider de semer ou de récolter, ou bien si quelqu'un cherchait un objet perdu, voulait savoir si sa vie lui réservait des calamités, ou bien comment progresser sur le chemin qui l'attendait dans la vie, tous venaient le voir pour sa divination. En arrivant, ces personnes n'avaient même pas besoin de parler, car le Troisième Sage Immortel était capable de leur raconter intuitivement toute leur expérience de vie. Il était extrêmement précis dans ce domaine. Il informait souvent les gens frappés de calamités sur les moyens à leur disposition pour résoudre leurs malheurs :

> Il vous suffit seulement de pratiquer plus d'actes méritoires, d'aider et de vous préoccuper des autres ; alors les problèmes majeurs se transformeront en problèmes mineurs, et les problèmes mineurs cesseront d'exister.[2]

Tous ceux qui apprenaient cette méthode la mettaient en pratique de tout leur cœur-esprit et de toute leur force ; elle était incroyablement efficace, comme une intervention divine.[3]

Le Quatrième Sage Immortel était un expert dans les arts médicaux. Il pouvait percevoir les organes internes, ainsi que les flux et la circulation du Qi et du Sang dans le corps humain. A cette époque, nombreux étaient les malades qui venaient chercher [sa compétence] de docteur. Ils n'avaient pas besoin de lui dire de quelle maladie ils souffraient, le Quatrième Sage Immortel savait déjà de quoi il s'agissait. Dans le même temps, il était capable d'expliquer aux malades pourquoi ils avaient contracté cette maladie en particulier. Tout d'abord, il leur demandait de changer leur façon de penser et leur mode de vie, en mangeant moins de viande et en adoptant un régime plutôt végétarien. Puis, il leur demandait de réaliser plus d'actes de charité. Ensuite, selon l'état du patient, il appliquait la médecine daoiste en utilisant l'acupuncture, la moxibustion, les ventouses, la saignée, les décoctions, les vins médicinaux, les teintures alcooliques et les infusions. Les malades se rétablissaient rapidement. C'était comme magique.[4]

Le Cinquième Sage Immortel était très érudit en matière de culture et de connaissance ; il était également très doué pour la musique et le rythme. Lorsqu'il jouait de la cithare ou de la flûte,[5] les oiseaux présents dans le ciel descendaient et se posaient dans les arbres, et tous les animaux des alentours s'approchaient et l'entouraient pour écouter sa musique en silence. Il y avait de la magie. Durant la période chaotique de guerre, de nombreux enfants n'avaient aucun moyen d'aller à l'école, alors le Cinquième Sage Immortel leur faisait classe sur la montagne. Il leur enseignait les bases d'une bonne conduite en société et les connaissances théoriques du monde naturel. De nombreux adultes ont également reçu une illumination transformatrice grâce à son enseignement et à ses conseils.

Lorsque le chaos de la guerre prit fin et que le pays retrouva la paix, les Cinq Immortels disparurent soudainement, sans que personne ne sache où ils étaient partis. Les générations suivantes ont déclaré qu'il s'agissait d'esprits immortels venus des cieux pour secourir et aider les réfugiés dans le monde ordinaire. Ainsi, afin de leur témoigner leur gratitude et de les commémorer, le Temple des Cinq Immortels a été construit à l'intérieur de la Forteresse de la Grande Paix, sur la montagne. D'autres halls de temple ont également été ajoutés sur la montagne, dédiés à Guan Yin, la Bodhisattva de la Compassion, à Li Shan Lao Mu, l'Ancienne Mère de la Montagne Li, au Dieu de la Richesse, à l'Officier Divin,[6] ainsi que le Temple de Jade, dédié au Guerrier Véritable[7] et le Temple de Tai Shan.[8]

---

[1] Selon les écrits de Zhang Jing Yue dans *L'Aile Illustrée de la Catégorisation du Canon* [lei jing tu yi 类经图翼] (1624 après J.C.), le Tai Ji est expliqué de la sorte :

太虛者，太极也，太极本无极，故曰太虛…太虛之初，廓然无象，自无而有，生化肇焉，化生于一，是名太极。

Le suprême néant [c'est à dire Tai Xu] est comme la suprême polarité [c'est-à-dire Tai Ji]. Parce que la suprême polarité n'a plus de polarité intrinsèque, alors on l'appelle le suprême néant… Au début, le suprême néant est ouvert et calme, sans aucune forme ; ainsi, en allant du suprême néant [c'est-à-dire l'inexistence] vers l'existence, l'engendrement et les transformations commencent. Il est transformé et engendré et [devient une entité] singulière, qui est la suprême polarité.

Cette traduction s'accorde avec les mots employés par Joseph Adler, qui traduit Tai Ji par 'la suprême polarité qui n'est plus polarisée', ou 'la suprême polarité' en abrégé.

[2] Littéralement, les problèmes mineurs se transformeront en non-existence.

[3] L'intervention divine [ling ying 灵应] signifie littéralement réponse divine, ou résonance divine, ce qui implique que les actions d'une personne seront le catalyseur du changement de son avenir plutôt qu'une entité extérieure gouvernant ce changement. Cependant, cette transformation de la destinée doit encore être approuvée par les déités supérieures.

[4] Magique [shen qi 神奇] signifie littéralement 'l'étrange esprit' en chinois.

[5] Cette flûte de bambou [xiao 箫] est jouée verticalement. En chinois, il existe différents mots pour désigner un instrument de musique, selon que la flûte soit verticale ou horizontale, cette dernière étant appelée di [笛].

[6] L'Officier Divin [ling guan 灵官] est une déité gardienne que l'on trouve souvent à l'entrée des temples daoistes.

[7] Voir Livre III : Livre de l'Humain, Chapitre 25, *Le Guerrier Véritable* [zhen wu 真武] pour plus d'informations.

[8] Tai Shan [泰山] ou Montagne Tai, est l'un des Cinq Sommets Daoistes Sacrés [wu yue 五岳]. Voir également le Commentaire de la 35ème Barrière, note de bas de page 3.

34.

五僊廟的歷史

L'Histoire du Temple des Cinq Immortels

Le Livre III : 34ème Chapitre

五仙庙位于中国湖北省十堰市张湾区柏林镇白马山村，海拔1058米,北望区，西靠黄龙水库，南临老母荒森林公园，东距武当山门50公里。据史料记载，五仙庙距今已有千年历史。

五仙庙始建明朝末期，清中期重建，相传明末有五位举人，看破红尘来此修道，以仁，义，礼，智，信为立身之本。乐善好施接济百姓，受到当地百姓的尊重，后来他们突然不知去向，百姓认为他们就是上天派来救苦救难的仙人，在他们居住之处建起了如今五仙庙。

庙内供奉有五位仙师，传说他们都有很高的智慧，大仙师精研易学儒论，提倡顺天守常，仁爱忍让，二仙师的功夫武学造诣高深，倡导以武强身以德服人，三仙师擅长行气静坐，修炼内丹，主张把握生命扭转阴阳，四仙师精通草药医疗，宣扬救人医心，明辨因果，五仙师擅长音律歌赋。教人修心养性陶冶情操。因为他们经常在世间显神通帮助需要帮助的人，所以周边很多的民众经常上山祭祀他们，从山脚下的小村子徒步爬山需要50分钟左右，到最近的城市乘车需要1个小时左右，村民们通常把这个道场作为祈祷保护身体、消灾免难的中心，他们认为五仙是他们家庭和亲人的保护神。在特殊的节日里他们上山来表达他们的尊敬，或带给道人一些生活用品。山顶还供奉有北天玄武大帝，在过去庙宇非常破烂，1995年我来了以后，庙观才开始了慢慢而艰难的修复工作，因为庙宇非常破败，为了尽快修整，改善庙宇的现状，我在2008年启动了一个帮助修缮庙宇的项目；帮助筹资、修建了观音殿、纯阳塔、和玉殿（纯阳派老师傅刘理航的墓）现在还在完善之中。

庙里在冬天很安静，香客和游客最多的时候是春夏的几个月，对真正的修练者来说，香客游客的打扰正是他们广结缘帮助别人修炼自己的好素材。如果修炼内丹炼静打坐的人想隐居修炼，可以在山上可以找到很多清净闭关修炼的地方。

—兴德

Le Temple des Cinq Immortels est situé dans la province du Hu Bei, ville de Shi Yan, district de Zhang Wan, commune de Bai Lin, village de la montagne du Cheval Blanc, à 1058 mètres au-dessus du niveau de la mer. Au nord, on aperçoit la ville du district ; à l'ouest, on est proche de la Réserve d'Eau du Dragon Jaune ; au sud, on surplombe le parc forestier de Lao Mu Huang[1] ; à l'est, on est à 50 kilomètres de la porte des montagnes Wu Dang.

Selon les archives, le Temple des Cinq Immortels est porteur d'une histoire millénaire. La construction du temple a commencé à la fin de la dynastie Ming [1368-1644],[2] puis a été reconstruit au cours de la dynastie Qing [1644-1911]. La légende raconte qu'à la fin de la dynastie Ming, cinq candidats réussirent l'examen impérial provincial. Tous finirent par voir au travers [du voile] de la poussière rouge[3] puis vinrent au temple pour y cultiver le Dao.[4] Ils considéraient la bienveillance, la droiture, l'étiquette, la sagesse et la foi comme les fondements de leur conduite.[5] Ils étaient charitables, bienfaisants et offraient une aide matérielle aux gens du peuple, ce qui leur valait le respect et la vénération des populations locales. Plus tard, ils disparurent soudainement, sans laisser de trace. Les gens du peuple se mirent à penser qu'il s'agissait d'immortels envoyés par les cieux pour sauver les êtres de l'amertume et des difficultés. Ainsi, ils ont construit le Temple actuel des Cinq Immortels, à l'endroit même où ils avaient résidé. A l'intérieur du temple, les Cinq Maîtres Immortels sont divinisés et vénérés. Selon la légende, ils étaient tous dotés d'une grande sagesse.

Le Grand Maître Immortel étudiait soigneusement *Le Livre des Changements*, les *Annales [de Confucius]*, encourageait les gens à suivre les cieux, à préserver la [vérité] constante et à faire preuve d'humanité et de tolérance. Le Second Maître Immortel avait atteint une profonde maîtrise du Gong Fu et des arts martiaux ; il préconisait le renforcement du corps par les arts martiaux, et a convaincu le peuple par sa propre vertu. Le Troisième Maître Immortel excellait dans la circulation du Qi, dans l'assise méditative et dans la pratique de l'alchimie interne, insistant sur l'importance de prendre le contrôle de sa vie et sur l'inversion du Yin et du Yang. Le Quatrième Maître Immortel était compétent dans la guérison par les plantes médicinales, travaillant ainsi à sauver les êtres humains et à guérir leur cœur-esprit. Il était capable de discerner clairement les causes et leurs conséquences. Le Cinquième Maître Immortel était un expert en mélodies musicales, en chansons et en poésie. Il enseignait aux gens comment cultiver leur cœur-esprit, nourrir leur nature-intérieure et façonner leur intégrité.

Parce qu'ils démontrèrent leurs capacités surnaturelles en aidant régulièrement les personnes dans le besoin, des gens de toute la région ont fréquemment ascensionné la montagne pour leur faire des offrandes. Il faut environ cinquante minutes à pied pour monter au temple depuis le petit village situé au pied de la montagne, la ville la plus proche étant à environ une heure de voiture. Les villageois considèrent généralement ce lieu de rituels daoistes comme un centre de prières qui permet d'obtenir une protection physique, de prévenir les désastres et d'éviter les difficultés. Ils voient les Cinq Immortels comme les esprits protecteurs de leurs familles et de leurs proches. A l'occasion de fêtes spéciales, ils gravissent la montagne pour exprimer leur respect, leur vénération et pour faire don aux daoistes d'objets nécessaires à leur quotidien. Ils rendent également hommage au Grand Souverain du Ciel du Nord, le Guerrier Mystérieux,[6] au sommet de la montagne.

Dans le passé, le temple s'est grandement délabré. Ce n'est qu'après mon arrivée en 1995 que la lente et laborieuse rénovation du temple a commencé. Afin de réparer et d'améliorer le temple aussi rapidement que possible, j'ai lancé un projet en 2008 pour aider aux rénovations. Le but était de récolter des fonds pour construire un temple dédié à Guan Shi Yin, la Bodhisattva de la Compassion, un temple Pagode Chun Yang, c'est-à-dire la Tombe du Grand Maître de la Lignée Chun Yang appelé Liu Li Hang, ainsi que le Temple de Jade. A ce jour, le temple est toujours en cours d'amélioration.

Le temple est très calme et paisible en hiver, car la plupart des fidèles et des touristes le visitent au printemps et en été. Pour les véritables cultivateurs, le dérangement causé par les fidèles et les touristes est en fait un bon support de pratique, et permet de former des liens larges,[7] d'aider les autres et de raffiner le soi. Pour les personnes qui pratiquent l'alchimie interne, la quiétude, l'assise méditative et qui souhaitent raffiner leur soi dans l'isolement, il est possible de trouver de nombreux endroits dans la montagne qui sont purs, tranquilles et isolés.

—Xing De

---

[1] Littéralement 'Contrée Sauvage de la Mère l'Ancienne'.
[2] Les vieux murs de pierre qui constituent la fondation du temple d'aujourd'hui remontent à la dynastie Song (960-1279 après J.C.).
[3] La poussière rouge représente le monde commun, ordinaire.
[4] Voir également Livre III : Livre de l'Humain, Chapitre 33, *Les Cinq Immortels* [wu xian 五仙].
[5] Il est intéressant de noter que la 'conduite' en chinois signifie littéralement établir le corps [li shen 立身]. Voir également Livre III : Livre de l'Humain, Chapitre 43, *Les Cinq Vertus Constantes* [wu chang de 五常德].
[6] Le Guerrier Mystérieux [xuan wu 玄武] est un autre nom pour le Guerrier Véritable [zhen wu 真武].
[7] Former des liens larges [guang jie yuan 广结缘] désigne l'ensemble des interactions que l'on peut avoir avec les gens que l'on rencontre et qui font partie intégrante de notre destinée.

35.

要飯聖人採訪

Entretien avec un Sage Mendiant

Le Livre III : 35ème Chapitre

什么是道？
Qu'est-ce que le Dao ?

道德经说道不可以说，它无形无相，无情无名，用我们好理解一点的话来说：道就是自然界的规律；也是宇宙之中的规律。大到整个宇宙，宇宙外面的宇宙，外面更远的宇宙，没边；小到原子、分子、质子、夸克；现在不是有一个词叫上帝粒子；还有，里面还有，是叫其大无外，其小无内。不管以任何一种形式它都在道内，有行的，和无形的都在。

Le *Dao De Jing* dit que le Dao ne peut être nommé. Il est sans forme et sans apparence, sans émotion et sans nom. Pour en parler, n'utilisons que des mots que l'on comprend bien.
    Le Dao représente précisément les lois du monde naturel ; il correspond également aux lois de l'univers. Sa grandeur atteint l'univers dans son entier et les univers au-delà de cet univers, car il n'a pas de frontières. Il est si petit qu'il affecte les atomes, les molécules, les électrons et les quarks. N'existe-t-il pas aujourd'hui un mot tel que la 'Particule de Dieu'[1] ? Il existe même en elle d'autres [particules encore plus petites]. On dit du Dao que :

    Sa grandeur n'a pas d'extérieur.
    Sa minutie n'a pas d'intérieur.

Quelle que soit la forme ou la silhouette, tout se trouve toujours à l'intérieur du Dao. La forme et la substance, ainsi que le sans-forme, sont tous en lui.

我们为什么要有慈悲和爱？
Pourquoi devons-nous avoir de la compassion et de l'amour ?

如果我们人没有了慈悲，那么这个世界一个首先就是杀戮多、伤害多、战争多。那么我们作为我们一个宇宙里面的一个生命，如果每天生活在这个环境里面，就无法生存。爱，有小爱和大爱的区别，如果我们都没有的爱，我们家庭，没有父母的爱，夫妻的爱，对兄弟的爱，对子女的爱都没有了，我们

还不如动物。所以有了爱，我们才有了丰富多彩的社会生活。才有了真诚，不是假的是真的，诚：诚心，人和人的关系才有了真诚，才有了美好。那么大爱呢？不是一个家庭的问题，不是一个家族、不是一个种族、不是一个国家，再大点就是整个地球的人类众生，再大一点就是银河系，更多的银河系，更大的爱就称为慈悲了。

Tout d'abord, si les gens n'avaient aucune compassion, il y aurait bien plus de massacres, de préjudices et de guerres dans ce monde. Si chacun d'entre nous, qui possédons une vie dans cet univers, devions demeurer au quotidien dans un tel environnement, alors il n'y aurait aucun moyen pour nous de survivre.

En ce qui concerne l'amour, il y a une différence entre le petit amour et le grand amour. Si nous vivions tous sans [le petit] amour, et si nos familles et nos foyers étaient sans l'amour du père et de la mère, sans l'amour du mari et de la femme, sans l'amour des frères et sœurs, sans l'amour du fils et de la fille, alors nous deviendrions inférieurs aux animaux. Ce n'est que lorsqu'il y a de l'amour que nous pouvons avoir un mode de vie enrichissant et fécond dans la société ; ainsi seulement peut-il y avoir une sincérité authentique et non pas fausse. En ce qui concerne la sincérité, ce n'est qu'avec un cœur-esprit sincère que les relations personnelles peuvent posséder une authenticité ; ce n'est qu'alors qu'il peut y avoir du bonheur.

Le grand amour, [en revanche], ne concerne pas seulement une famille, une ethnie ou un pays. Il est plus vaste et concerne tous les êtres vivants de la race humaine sur toute la terre et à une échelle encore plus grande, il concerne la galaxie, voir même les galaxies au-delà. Ce grand amour est appelé 'Compassion'.

人和自然的关系是什么？

Quelle est la relation entre les humains et la nature ?

人和自热的关系非常重要，因为道教认为人和自然都是一体的，是合一的，你破坏了自然，那么人和自然有这么重要的关系，那么破坏自然就是破坏我们自己的身体。就是因为破坏自然是人类现阶段发展的需要，所以你看现在地球上石油的开采、森林的砍伐，都是为了社会发展的需要；那么这种发展的需要改变了气候，改变了环境，大自然会惩罚我们。所以保护自然，保护环境，我们只能从我们自己开始做起，把自己的欲望控制在最小，需求控制在最小。

Le Livre III : 35ème Chapitre

La relation entre les humains et la nature est de la plus haute importance, car le daoisme croit que les humains et la nature partagent un seul et même corps, et qu'ils sont unifiés. Puisque la relation entre les humains et la nature est si importante, détruire la nature revient précisément à détruire son propre corps. Tout [ce qui se passe aujourd'hui] prend place car la destruction de la nature est ce que la phase actuelle du développement de l'humanité exige. De ce fait, si vous regardez par exemple les forages pétroliers actuels sur Terre ou la déforestation, tout cela correspond aux besoins de développement de la société. Ces besoins de développement ont ainsi changé l'atmosphère, altéré l'environnement ; la grande nature nous punira et nous pénalisera pour cela. Nous devons donc protéger la nature et l'environnement. [Pour ce faire], nous ne pouvons que commencer par nous-même, en contrôlant nos besoins et nos désirs, [et en les réduisant] à un niveau le plus petit possible.

什么是修行？

Qu'est-ce que cultiver ?

修是不断的改正，行是我们走的路；那么这需要我们通过学习，你不学习，你不知道；学习它才认知它，然后去总结，提高自己，最终的目的是升华自己。

修行的目的就是为了升华自己，道教的升华的和任何其他教派都不一样，它从我们的肉体开始，积攒能量，积攒自己；氣的能量，它从炼津化精、练精化氣、炼氣化神、炼神还虚、炼虚合道，达到最高的升华。那么最高的升华就是叫成仙合道，与道合一，使身体里面的身体能够长生不死，修炼我们的阳神；包括我们的肉体，和我们修炼的真正的身体合一不死，达到永生。

道教的修炼不提倡转世的问题。道教的要求是今生今世必须要修成，它不等来世，下一世是什么，你说不了。出家要放弃很多，出家是为了有更多的时间去探索自己想探索的东西；去掉很多的麻烦，能够有更多的时间去学习，它把这个社会层面的、生活层面的，各个层面的麻烦和牵挂放得最少，才有更多的时间去进取，去探讨，去学习。

'Réparer'[2] correspond à une rectification continue de soi et la 'Conduite' est le chemin que l'on suit. Tout cela nécessite de l'étude. Si vous n'étudiez pas, alors vous n'aurez aucune connaissance. Or ce n'est qu'après avoir étudié que l'on peut avoir la connaissance. Ainsi, après avoir étudié [les principes du Dao], continuez [votre pratique] et faites la synthèse des leçons que vous avez apprises, élevez le soi, puis sublimez le soi comme objectif final.

L'objectif lorsque l'on cultive est de sublimer le soi. La notion de sublimation dans le daoisme diffère de toute autre lignée religieuse. Elle commence dans votre chair physique, qui accumule [alors] de la force, puis emmagasine ce qui est devenu vôtre. La force du Qi atteint sa plus haute sublimation lorsque les fluides se raffinent en essence, puis lorsque l'essence se raffine en Qi, que le Qi se raffine en esprit, que le raffinement de l'esprit retourne au néant et enfin que le raffinement du néant s'unifie avec le Dao. Ainsi, cultiver à un niveau supérieur élevé est appelé 'Devenir un Immortel' et 'S'Unifier avec le Dao', ou 'Devenir Un avec le Dao'. Cela permet au corps qui se trouve dans le corps de vivre longtemps et de ne jamais mourir. Il s'agit de cultiver notre esprit Yang, ce qui signifie unir nos chairs physiques et raffiner notre corps véritable pour devenir immuable et atteindre la vie éternelle.

La pratique daoiste ne se préoccupe pas de la question de la réincarnation. Le daoisme exige que vous cultiviez et atteigniez [le but le plus élevé] dans cette vie, dans cette génération, car la pratique daoiste n'attend pas les vies ou les générations futures. Quelle sera votre prochaine vie ? Vous ne pouvez pas le savoir. En tant que renonçant, il vous faut abandonner de nombreuses choses. [Le but du] renoncement est d'avoir plus de temps pour explorer les sujets que vous souhaitez aborder. Vous devez abandonner beaucoup de vos préoccupations et ainsi avoir plus de temps pour étudier. [Le renoncement] réduit au minimum les inquiétudes et les problèmes que l'on retrouve au niveau de la société, au niveau de la vie quotidienne et des moyens de subsistances, et à tous les autres niveaux. C'est seulement alors que vous aurez plus de temps pour aller de l'avant, pour vous interroger et étudier.

为什么要有老师？

Pourquoi a-t-on besoin d'un maître ?

没老师你怎么懂得，怎么明白？我们从小的时候父母就是我们的老师，上学，学校的老师就是我们的老师。那么修道和别的不一样，修行和别的不一样；它的方法都在老师那里。父母给了我们的是身体，老师给了我们的是上天的梯子；在道教老师的传承非常非常重要。

Le Livre III : 35ᵉᵐᵉ Chapitre

Comment pourriez-vous comprendre si vous n'avez pas de maître ? Et comment pourriez-vous être illuminé [si vous n'avez pas de maître] ? Lorsque nous sommes jeunes, notre père et notre mère sont nos maîtres. Lorsque nous allons à l'école, nos professeurs sont nos maîtres. Mais la pratique du Dao diffère des autres [formes d'études]. La rectification et la pratique [daoiste] sont différentes de celles des autres. Toutes les méthodes [daoistes] sont liées au maître.

> Ce que votre père et votre mère vous ont donné, c'est votre corps.
> Ce que le maître vous donne, c'est l'échelle qui mène vers les cieux.

Dans le daoisme, les transmissions venant du maître sont d'une extrême importance.

在自然的环境和出家的环境有关系吗？

L'environnement naturel est-il relié à l'environnement du renonçant ?

我们修行分了几个层面，开始的时候我们要明理，明理时期就是我们在社会上，生活之中，在老师的带领下去学习的时间，明白道理的时间。那么通过我们的学习，明白了道理以后，它又有一个炼性时间，这个在社会上，在任何一个环境里面都可以。最后的了命时期，是我们解决肉体，解决生命的时期，是我们实际去做的时期，真正进取去做的时期，在这时期必须出家，它对环境的要求很严格。

Notre pratique est divisée en plusieurs niveaux. Au début, nous devons d'abord être illuminé par les principes. Cette phase d'illumination par les principes est précisément le temps de la vie quotidienne en société, ce qui comprend également le temps durant lequel nous étudions et saisissons les principes sous la guidance des maîtres. Une fois que les principes sont saisis complètement, nos études nous mènent vers le raffinement du caractère. [Cela prend place] au sein même de la société et tout environnement social est approprié.[3] Finalement, on atteint le stade de l'accomplissement totale de la vie-destinée, qui consiste à résoudre le problème [de la mort] du corps physique et la question de la vie. C'est le moment où il faut vraiment aller de l'avant et mettre tout cela en pratique. C'est également la période au cours de laquelle nous devons renoncer à la famille ; les prérequis relatifs à l'environnement deviennent alors très stricts.[4]

Le Livre III : 35ᵉᵐᵉ Chapitre

自然的环境的要领是什么？
Quels sont les aspects essentiels de l'environnement ?

道教的修炼它是清静自然，融入自然，与自然合一的教。它是一个出世的教，因为它最终解决问题它需要在这里环境里面；在城市里面，喧闹的环境里面，不符合它最后的要求。

Par essence, la pratique daoiste correspond à la clarté, la quiétude,[5] au soi spontané, au fait de se fondre dans la nature et de s'unifier avec les enseignements de la nature. Ce sont les enseignements qui permettent de quitter ce monde,[6] car pour résoudre le problème [de la vie-destinée], il faut finalement se trouver dans un environnement naturel. Dans un environnement bruyant comme la ville, on ne peut se conformer à cette toute dernière exigence [qu'est la réclusion].

---

[1] La Particule de Dieu est un surnom populaire pour le Boson de Higgs. Son existence a été confirmée lors d'expériences menées dans le Grand Collisionneur de Hadron en 2012. La découverte de cette particule élémentaire est importante car elle prouve l'existence du champ de Higgs, un champ d'énergie invisible présent dans tout l'univers et qui confère une masse aux particules.

[2] Le mot 'Cultiver' ou 'Pratiquer' en chinois [xiu xing 修行] est composé de deux mots : le premier [xiu 修] signifie 'réparer', et le second [xing 行] fait référence à la 'mise en pratique', la 'conduite'. Ainsi, littéralement, cela signifie rectifier sa conduite.

[3] Raffiner son caractère, ou réaliser sa nature-intérieure, c'est devenir une bonne personne qui fait preuve de compassion et d'un grand amour, entre autres vertus morales. Pour raffiner le soi, il faut faire face aux épreuves et aux pressions de la société qui offrent ainsi des occasions de tester le niveau d'accomplissement du caractère moral.

[4] Voir Livre III : Livre de l'Humain, Chapitre 18, *Les Trois Etapes de la Pratique* [san bu xiu xing 三步修行].

[5] Voir Livre III : Livre de l'Humain, Chapitre 31, *L'Ecriture de la Clarté et de la Quiétude* [qing jing jing 清静经].

[6] Quitter ce monde [chu shi 出世] est synonyme de renoncement.

36.

劉理航

Liu Li Hang

Le Livre III : 36ᵉᵐᵉ Chapitre

现在我想把道教培养一部分。继承纯阳的东西。我就把眼睛闭了都可以。现在不能够继承下去。就怕我死掉了以后 纯阳我带着走。这个内丹 没有哪个人能讲的出来。也没有哪个人能做得到 这个内丹功。内丹 它是先天气 后天气 三元，天元 地元 人元。这是我们道教讲的养生 就是内丹。学内丹功夫很难。

—刘理航

Présentement, je souhaite promouvoir une partie du daoisme en léguant le matériel de la [lignée] du Pur Yang. [Alors seulement], je serais autorisé à fermer les yeux. Aujourd'hui, je n'ai toujours pas les moyens de transmettre cela et je crains d'emporter avec moi sur mon lit de mort, [les enseignements] du Pur Yang.

Il n'y a personne qui soit capable de parler clairement de cet élixir interne et il n'y a personne qui soit capable de réaliser ce Gong de l'élixir interne. Cet élixir interne est le Qi du ciel antérieur, le Qi du ciel postérieur et les trois primaires, à savoir la primaire céleste, la primaire terrestre et la primaire de l'humain. Ce que nous qualifions de longévité dans le daoisme est précisément l'élixir interne. L'étude du Gong de l'élixir interne est très difficile.

—Liu Li Hang

Au sein de la Lignée du Pur Yang,[1] la transmission s'est toujours faite d'un seul maître à un seul disciple. Par conséquent, chaque maître n'a toujours eu qu'un unique disciple et ce disciple, en devenant un maître, n'acceptait également par la suite qu'un unique disciple. C'était la norme jusqu'à ce que Liu Li Hang ouvre certains de ses enseignements à un public plus large, étant alors le seul et dernier membre de la Lignée du Pur Yang. Son maître était le renonçant daoiste Wang Zhi Dao[2] qui le trouva en arrivant à Wu Dang. Wang Zhi Dao était [un maître] dans l'art des hautes cérémonies rituelles et des sorts magiques. Lorsque Liu Li Hang rencontra Wang Zhi Dao, ce dernier vivait au Temple des Cinq Dragons,[3] l'un des temples des montagnes Wu Dang. Lui et Liu Li Hang ont voyagé dans différents lieux religieux de Wu Dang et de Wu Han, puis ont passé quelques années dans divers temples et monastères. Vivre en passant d'un temple à l'autre était en partie dû à la période instable que traversait la Chine.

De plus, parce qu'il était un renonçant, Wang Zhi Dao ne pouvait transmettre les aspects religieux de son enseignement qu'à une personne qui était déjà entrée dans la voie religieuse. Après avoir trouvé cette personne en Liu Li Hang, Wang Zhi Dao lui transmit l'intégralité de l'enseignement du Pur Yang, ce qui inclut des formes martiales de combat à mains nues, l'art de l'épée, de la longévité, du Gong Fu, ainsi que des cérémonies daoistes et de l'alchimie interne. Liu Li Hang a été le seul disciple connu de Wang Zhi Dao en Chine. Mais il n'a pu étudier avec Wang Zhi Dao que jusqu'à ses trente-quatre ans, car son maître décida alors de quitter la Chine en 1940. Ainsi, Wang Zhi Dao entreprit à cette époque un voyage au Tibet, au Népal, en Inde et peut-être même en Thaïlande ou au Laos, car la Chine était dans la tourmente de la guerre. On ne sait pas exactement où il disparut, mais il était déjà d'un âge bien avancé.

A la suite de cela, Liu Li Hang a divisé les enseignements du Pur Yang de Wang Zhi Dao en deux catégories : les enseignements daoistes et les enseignements martiaux. Après 1949, les pratiques religieuses telles que le daoisme étaient interdites par le régime Communiste, qui s'opposait alors à toute activité religieuse et punissait sévèrement quiconque enfreignait cette loi. Comme Liu Li Hang n'était pas autorisé à pratiquer le daoisme durant la Révolution Culturelle (1966-1976), il s'est contenté de mener une vie simple. Il n'eut pas d'autre choix que de pratiquer au cœur de la société [par opposition aux pratiques monastiques dans un temple] et ne pouvait par conséquent enseigner qu'à des laïcs, eux-mêmes vivant en société. [Cette transmission] s'est donc limitée aux formes martiales seulement.

Un adepte ne doit pas transmettre des incantations, des mudras et des talismans à quelqu'un qui vit et qui pratique encore en société, car il ne répond pas aux exigences strictes du renoncement. Il existe un dicton dans les lignées daoistes concernant cette règle :

道不乱穿。

Le Dao ne doit pas être transmis de manière désordonnée.

C'est pourquoi aujourd'hui, dans la province du Si Chuan, il existe une branche du Pur Yang qui ne transmet que les enseignements martiaux, indépendamment des enseignements daoistes. Il reste peut-être encore quelques disciples de la Lignée du Pur Yang résidant à Da Li[4] au Sud, dans la province du Yu Nan. Pour la même raison, il existe une tradition martiale du Pur Yang encore plus importante à Wu Han et une autre division à Shi Yan, dans la province du Hu Bei.

Liu Li Hang a transmis tellement de contenu qu'il était impossible pour un disciple de tout assimiler ; ainsi, chacun a développé ses points forts et sa spécialité, certains excellant dans la longévité, d'autre dans l'art de l'épée et d'autre encore dans le Da Gong.[5]

J'ai rencontré Liu Li Hang en 1999 et j'ai commencé à étudier avec lui en 2000. Je faisais partie alors de ses derniers disciples. De ce fait, j'ai reçu l'enseignement de Liu Li Hang beaucoup plus tard que les autres disciples de la même génération.[6] Il existe une loi non écrite selon laquelle les méthodes et les techniques de hautes cérémonies, ainsi que les sorts magiques ne peuvent être transmis qu'aux renonçants. A cette époque, j'étais le seul disciple renonçant que le grand maître Liu Li Hang avait trouvé. Sachant qu'il allait bientôt quitter ce monde, son dernier vœu le plus cher, était de ramener l'enseignement du Pur Yang à Wu Dang, d'où il avait été absent pendant près d'un siècle. Il avait la tâche difficile de trouver un renonçant qui soit aussi de Wu Dang, car tous ses maîtres provenaient des lignées de Wu Dang. De plus, un renonçant moyen pouvait ne pas être capable de réussir à maîtriser ces enseignements internes.

Ainsi, durant toute sa vie de renonçant, il a été incapable de trouver un disciple approprié pour remplir cet objectif, car tous les maîtres de Liu Li Hang et les maîtres de ces maîtres avaient tous unifié la lignée du Dao avec la lignée martiale.

Ce n'est qu'après sa rencontre avec moi sur la montagne du Cheval Blanc que Liu Li Hang a pu finalement transmettre ce matériel dans sa totalité, préservant ainsi les enseignements pour la postérité et ramenant la lignée du Pur Yang à Wu Dang :

完成了还道与武当的夙愿。

[Il atteignit] la réalisation de son vœu le plus cher, celui du retour du Dao à Wu Dang.

J'ai eu ce grand destin de recevoir l'enseignement de la lignée de Liu Li Hang. C'est la raison pour laquelle les étudiants qui viennent au Temple des Cinq Immortels ont la possibilité d'étudier les voies du Dao unifiées à celles des arts martiaux ; c'est cette unification des enseignements daoistes et martiaux qui constitue l'ensemble du corpus de la Lignée du Pur Yang.

Cependant, il est difficile d'unifier toutes les pratiques martiales avec l'essence du daoisme. Il faut comprendre que les cérémonies rituéliques des hauts prêtres ne sont pas couramment ou facilement transmises, et que même les renonçants ne sont pas tous autorisés ou capables d'étudier leur contenu le plus profond.

La Pagode Blanche de Liu Li Hang

---

[1] La Lignée du Pur Yang [chun yang pai 纯阳派] a été fondée par Lü Dong Bin [吕洞宾] et a ensuite été intégrée à la Lignée de la Porte du Drago [long men pai 龙门派].

[2] En chinois, 王至道.

[3] En chinois, 五龙宫 [wu long gong].

[4] En chinois, 大理.

[5] Da Gong [大功] peut être traduit littéralement par 'grande compétence'. C'est une forme de Qi Gong dur, à l'image du 'Qi Gong de la Chemise de Fer' enseigné à Shao Lin. Voir la page web suivante pour plus d'explications : http://fiveimmortals.com/le-kung-fu-de-wudang/qigong-dur/?lang=fr

[6] Un maître donne à tous ses disciples le même nom de génération, ce que l'on peut comparer à un nom de famille, mais ici dans un contexte religieux. Par exemple, Liu Li Hang appartenait à la 22ème génération de la Porte du Drago et portait le nom de génération Li [理]. Ses disciples appartenant à la 23ème génération devaient porter le nom Zong [宗]. Par conséquent, le nom de la Porte du Drago de Li Shi Fu est Zong Feng [宗丰]. Tous les disciples de Liu Li Hang portent ce 'nom de famille' Zong [宗]. Pour le poème des cent noms de génération de la Porte du Drago, voir Livre III : Livre de l'Humain, Chapitre 28, *Le Poème de la Lignée de la Porte du Drago* [long men pai shi 龙门派诗].

37.
陶法真
Tao Fa Zhen

Le Livre III : 37ème Chapitre

Tao Shi Fu (1915-2000) est née dans la province du Shan Xi à An Kang.[1] Elle a commencé à étudier le daoisme alors qu'elle n'avait que sept ans. Sa tante pratiquait dans l'Ecole de l'Unité Droite, tout en vivant en société.[2] A l'âge de seize ans, elle était déjà déterminée à devenir une nonne. Mais le destin avait un autre chemin en réserve pour elle. Lorsqu'elle eut dix-sept ans, sa famille la fiança contre son gré. Après s'être disputée avec ses parents, elle s'ouvrit la gorge en guise de refus. Comme les hôpitaux étaient très mauvais à cette époque, sa plaie fut simplement recousue. Après cela, ses parents la laissèrent tranquille pendant un certain temps. Quelques années plus tard, alors qu'elle venait d'avoir dix-neuf ans, ils espérèrent qu'elle avait oublié cet incident et essayèrent une fois encore de lui imposer un mariage arrangé. Elle s'ouvrit la gorge pour la seconde fois, puis une fois encore à l'âge de vingt ans. Les rumeurs se répandirent et plus aucun mari consentant ne put être trouvé, de sorte que ses parents n'osèrent plus l'importuner à ce sujet. Peu après sa vingtaine, elle réussit enfin à devenir renonçante et s'installa dans sa ville natale, à An Kang, dans la province du Shan Xi.

Durant les dix ans de la Révolution Culturelle, elle fut humiliée et dut porter des enseignes qui la ridiculisaient. Elle dut entre autres subir des épreuves telles que soulever des cubes de glace, se tenir debout dessus, les faire tenir en équilibre sur sa tête et marcher dans les rues en portant une statue de Guan Shi Yin. Mais elle se retrouva alors exemptée de toute punition supplémentaire lorsqu'un gouverneur dont la femme était très malade, entendit dire que Tao Shi Fu était une guérisseuse extrêmement talentueuse. Se présentant alors au chevet de cette femme mourante, elle pratiqua sur elle une guérison par les talismans. Car elle ne pouvait même plus ouvrir la bouche, il fallut la lui maintenir ouverte avec une cuillère pour lui faire avaler tout le médicament. Une fois la femme guérie, de nombreux autres malades cherchèrent à recevoir les traitements de Tao Shi Fu.

Finalement, elle arriva sur la montagne du Cheval Blanc en 1991, cherchant un endroit calme pour y suivre le Dao. Plus tard, elle consulta les esprits, puis envoya un pèlerin au Temple des Nuages Pourpres[3] à Wu Dang, afin d'y rechercher la personne qui devait devenir son disciple et son successeur.

A cette époque, je résidais au Temple des Nuages Pourpres, ayant été porté jusqu'ici au cours de mes voyages dans toute la Chine. Avant de devenir véritablement un renonçant, j'avais échoué plusieurs fois à franchir la porte de la religion, car certaines situations dans ma vie me retenaient à la maison. Mais j'étais frustré et malheureux au Temple des Nuages Pourpres ; en effet j'y trouvais du désordre et des perturbations. J'avais ainsi décidé de quitter ce lieu afin de chercher un endroit plus serein pour cultiver et me raffiner. Alors que j'allais quitter le temple, encore un pied à l'extérieur et un à l'intérieur, un homme vint vers moi et me demanda :

Votre nom est-il Du ?

Tao Shi Fu avait renseigné le pèlerin en lui disant :

Le Livre III : 37ème Chapitre

Allez rapidement à Wu Dang pour y chercher quelqu'un nommé Du.

Elle avait expliqué :

C'est le destin de Du de venir sur la montagne du Cheval Blanc.

A cette époque, je n'avais jamais entendu parler de la montagne du Cheval Blanc. J'ai alors demandé à cet homme :

Comment connaissez-vous mon nom ?

L'homme me répondit :

Il y a une vieille nonne daoiste sur cette montagne qui m'a dit de venir ici, de chercher une personne qui s'appelle Du et de lui demander de se rendre sur la montagne du Cheval Blanc.

Je lui ai demandé :

Où est la montagne du Cheval Blanc et comment puis-je y aller ?

J'ai alors emballé mes affaires et me suis mis en route pour cette montagne, d'où je ne suis finalement jamais reparti. Lorsque je suis arrivé, j'ai demandé à Tao Shi Fu avec empressement 'Comment connaissez-vous mon nom ?', mais elle se contenta de me rire au nez. Après avoir insisté pour obtenir une réponse, elle me dévoila que les Cinq immortels lui avaient révélé mon nom.

Elle était déjà assez âgée à ce moment-là et je devais la porter partout pendant qu'elle me murmurait à l'oreille le nom de diverses applications médicales. Durant cette période passée ensemble au temple, la nourriture était parfois rare et les pommes de terre étaient notre aliment de base. Mêmes lorsqu'elles étaient moisies, on devait tout de même les préserver dans de l'eau pendant des jours pour les mélanger à de la farine et finalement en faire des galettes au goût infect. A un moment donné, nous avons même dû dormir pendant douze jours d'affilés afin d'abaisser notre niveau d'énergie, car aucune nourriture n'était disponible. Les hivers étaient rudes et nous n'avions qu'un petit fourneau pour nous réchauffer un peu.

Le Livre III : 37ème Chapitre

Tao Shi Fu au Temple des Cinq Immortels

La plupart des connaissances et des enseignements que Tao Shi Fu a transmis provenaient des deux écoles principales du daoisme que sont l'Ecole de l'Unité Droite et l'Ecole de la Réalisation Complète.[4] L'ancien responsable de l'Association Daoiste Chinoise, Ren Fa Rong,[5] un daoiste important pour le pays, était le disciple du même maître que Tao Shi Fu. L'héritage de Tao Shi Fu comprend de nombreux mudras, talismans, incantations et invocations, ainsi que des trésors de connaissances médicinales. Il y a une histoire qui illustre la rareté et la profondeur de ses connaissances. Seul un guérisseur doté d'un haut degré de pratique peut éliminer la cause et sa conséquence[6] :

> Dans les environs du Temple des Cinq Immortels, un homme qui avait certainement par le passé tué des serpents, avait été mordu par une vipère. Tao Shi Fu employa alors la méthode de guérison des cinq éclairs[7] en prenant un bol d'eau, et conduisit un rituel. Elle recouvrit ensuite le bol avec du papier à prière jaune. Lorsqu'elle retira le papier, l'eau était devenue noire ; le poison avait en fait été retiré et aspiré depuis sa main jusque dans l'eau. Elle poursuivit le traitement en frottant des plantes médicinales chinoises sur la blessure. Après un moment, l'homme était guéri.

Tao Shi Fu atteignit l'immortalité au cours de l'année 2000, lors du quinzième jour du second mois lunaire. Juste avant cela, elle s'était assise en méditation durant sept jours et sept nuits sans manger ni boire, devant l'autel du Dieu de la Richesse,[8] ce qui ressemblait plus à une cabane qu'à un hall de temple à l'époque. Au septième jour, elle partit puis monta. Par deux fois je l'ai vue avant qu'elle ne quitte ce monde. Lorsqu'elle se transforma en un être à plume,[9] elle avait alors l'apparence d'une jeune fille de dix-neuf ans.

En général, je n'aime pas raconter son histoire, car ces souvenirs m'attristent véritablement. Une fois, Tao Shi Fu m'a puni en me frappant sur la tête de sa canne, ce qui m'a laissé une marque qui a enflé et qui s'est transformée en une bosse notable. Aujourd'hui, j'aimerai avoir de nouveau une bosse comme celle-là sur le côté gauche de ma tête, ou même dix de plus, car cela signifierait que mon maître Tao Shi Fu est de retour. A l'époque, je n'avais pas saisi sa leçon, car j'étais ignorant et puéril. Lorsque j'ai compris cela, il était déjà trop tard et mon maître était parti.

La Pagode Rouge de Tao Shi Fu

Le Livre III : 37ème Chapitre

Au-dessus de la tombe de Tao Shi Fu, gravée sur la Pagode Rouge de la montagne du Cheval Blanc, est relatée l'histoire inspirante de ses épreuves et de sa détermination :

恩師陶法真之墓

Tombe de la Très Respectée Maître Tao Fa Zhen

___

Le Livre III : 37ème Chapitre

仰敬 代世

道教全真龍門派二十九代

En Souvenir et au Nom du Monde Entier

De la 29ème Génération de l'Ecole de la Réalisation Complète

Et de la Lignée de la Porte du Dragon

仙师姓陶，俗名志凤，陕西安康，叶坪镇人，民国五年，季夏降尘，诵诗背经，九岁慕道，从师舅亲，长而许配，誓不嫁人，利刃破喉，志刚愿深幼学私塾，厉尽艰辛，批斗游行，九死一生，行医济世，慈心救人，传道说法，德高功深，终身修道，上召蹬真，八十五岁，弃世庚辰，在世有源，慈祐善人，刻志立碑，后来恩吟，功行园满。

拜叩敬立

十堰市白马山五仙庙

道观管理委员会

第三十代皈依弟子

兴德，曾兴贞，金兴林

公园二 000 年

农历二月十五吉日

Son nom en tant que maître céleste était Tao et son nom commun était Zhi Feng. Elle est née dans la province du Shan Xi, à An Kang et fut résidente de la ville de Ye Ping. La République de Chine [existait depuis] cinq ans lorsqu'un été, elle descendit dans [le monde] de la poussière. Récitant les versets et portant les écritures, elle aspira au Dao dès l'âge de neuf ans. Elle reconnut son oncle maternel comme son maître. Lorsqu'elle atteignit l'âge adulte, elle fut fiancée, mais se jura de ne jamais se marier. Avec un couteau tranchant, elle se perça la gorge.

Sa volonté était de fer et sa détermination profonde. Elle devint écolière dans une école privée traditionnelle et [connut plus tard des conditions] difficiles, ainsi que les pires épreuves. Dénoncée publiquement, elle a dû défiler [dans les rues].[10]

Le Livre III : 37ème Chapitre

Elle [a enduré] neuf morts en une vie, a pratiqué la médecine au profit du monde et a sauvé de nombreuses personnes avec un cœur-esprit de compassion. Elle a transmis le Dao et a exposé les enseignements. Sa vertu était élevée et ses compétences profondes. Sa vie entière, elle a cultivé le Dao et comme si elle avait été guidée par le ciel lui-même, elle a marché [sur la voie] de la vérité. A quatre-vingt-cinq ans, elle a abandonné ce monde un jour Geng Chen.[11] Au cours de cette vie, elle avait fait le souhait que sa compassion puisse protéger les personnes vertueuses. En consignant ses idéaux et en érigeant cette tablette, [les vertueux] célèbreront avec gratitude sa pratique exemplaire du Gong.

[Pierre Tombale] érigée avec respect, prosternation et révérence

Ville de Shi Yan, Montagne du Cheval Blanc, Temple des Cinq Immortels
Comité Administratif des Temples Daoistes
Disciples de la 30ème génération qui ont pris refuge
Xing De, Zeng Xing Zhen, Jin Xing Lin
En un jour auspicieux, le quinzième du second mois lunaire, de l'année 2000

---

[1] En chinois, 陕西安康.
[2] L'Unité Droite [zheng yi 正一] est communément traduite par l'Unité Orthodoxe.
[3] En chinois, 紫霄宫 [zi xiao gong].
[4] En chinois, 全真派 [quan zhen pai].
[5] En chinois, 任法融.
[6] En chinois, 因果 [yin guo].
[7] En chinois, 五雷疗法 [wu lei liao fa].
[8] En chinois, 财神 [cai shen].
[9] Les êtres à plumes sont une expression métaphorique pour désigner un immortel. Atteindre l'immortalité est parfois décrit comme se transformer en un [être] ailé ou à plume [yu hua 羽化], une allusion au fait de développer des ailes et de voir le corps de l'humain s'envoler vers les cieux.
[10] Cette dénonciation publique [pi dou 批斗] était une sorte de punition durant la Révolution Culturelle, au cours de laquelle les gens étaient traînés devant une foule publique pour y être humiliés et même maltraités physiquement.
[11] Les années chinoises sont comptées en cycles sexagénaires, composés de dix troncs célestes [tian gan 天干] et de douze branches terrestres [di zhi 地支]. Chaque tronc céleste est couplé à une branche terrestre ; ainsi le jour Geng Chen [庚辰] a lieu chaque soixante jours.

38.

觀世音菩薩

La Bodhisattva Guan Shi Yin

Le dix-neuvième jour du sixième mois lunaire en Chine, on célèbre la réalisation de l'état de Bouddha par Guan Shi Yin.[1] Guan Shi Yin, littéralement 'Celle qui Observe les Pleurs du Monde' est considérée comme le bodhisattva de la Compassion. A l'origine, elle était dans le bouddhisme une divinité masculine dont le nom sanskrit est Avalokiteshvara ; c'est en Chine que ce bodhisattva s'est transformé en une divinité féminine, à la fois dans le panthéon daoiste et dans le panthéon bouddhiste.[2] Le culte de Guan Shi Yin est aujourd'hui centralisé au mont Pu Tuo[3] et l'on y retrouve des festivités importantes qui célèbrent le jour de sa naissance, le dix-neuvième jour du second mois lunaire. Par ailleurs, en tant que déesse de la compassion, elle est vénérée comme l'un des 'Quatre Grands Bodhisattvas', aux côtés de Manjushri,[4] qui représente la Grande Sagesse, de Ksitigarbha,[5] le Bodhisattva des Trésors Terrestres qui incarne le Grand Vœu, et Samantabhadra,[6] qui symbolise la Grande Pratique.

Les paroles que Guan Shi Yin aurait prononcées portent un message simple, mais profond :

诸恶莫作，众善奉行。

Ne faites pas de mal,

Mais au contraire, accomplissez d'innombrables actes méritoires.[7]

Parce que cultiver le Dao est un processus qui se fait en cultivant la compassion mineure pour ensuite évoluer vers la compassion majeure, il faudrait d'abord agir comme le ferait la Bodhisattva Guan Shi Yin. Ainsi, lorsqu'un problème est rencontré, Li Shi Fu recommande de se poser ces questions : 'Comment réagirait Guan Shi Yin ? Que ferait Jésus dans la même situation ? Que ferait le Bouddha lui-même ?'

Lorsqu'on lui a demandé si Guan Shi Yin pouvait être considérée comme une divinité inférieure aux autres car elle était encore un bodhisattva, Li Shi Fu a répondu que ce n'était pas le cas. Bien que le Bouddha Shakyamuni soit passé immédiatement au Nirvana au moment de sa mort, l'engagement et le vœu de Guan Shi Yin en tant que bodhisattva étaient différents. Elle a fait la promesse de libérer tous les êtres vivants de la souffrance sur terre, alors que le Bodhisattva des Trésors Terrestres[8] a fait le vœu de délivrer tous les êtres vivants des prisons terrestres ou des mondes inférieurs.

Il convient de conclure avec cet avertissement de la Bodhisattva Guan Shi Yin, qui nous rappelle que seul le présent existe :

大智发于心。觅心无处寻。无得亦无失。无古亦无今。

La grande sagesse vient du cœur-esprit ;

Mais bien que l'on cherche le cœur-esprit, on ne peut le trouver nulle-part.[9]

Il est sans gain mais également sans perte.

Il est sans passé mais également sans présent.

---

[1] En chinois, 观世音.

[2] Pour plus d'informations sur les raisons historiques et géographiques de ce changement de sexe, voir Martin Palme, *The Kuan Yin Chronicles*.

[3] En chinois, 普陀山.

[4] En chinois, 文殊菩萨 [wen shu pu sa].

[5] En chinois, 地藏菩萨 [di zang pu sa].

[6] En chinois, 普贤菩萨 [pu xian pu sa].

[7] Cette phrase est tirée du *Traité de Tai Shang sur l'Action et la Réponse* [tai shang gan ying pian 太上感应篇].

[8] Voir Livre III : Livre de l'Humain, Chapitre 39, *Le Bodhisattva des Trésors Terrestres* [di zang pu sa 地藏菩萨].

[9] Cette ligne provient d'une conversation entre Bodhidharma [da mo 达摩] le Premier Patriarche Chan et Hui Ke [慧可] le Second Patriarche Chan :

值达摩面壁，不闻诲励。一夕，祖立雪；迟明，摩曰：「当需何事？」祖泣告请法。摩呵之，祖断臂悔曰：「我心未宁，乞师安心。」曰：「将心来，与汝安！」祖曰：「觅心了不可得。」曰：「与汝安心竟。」祖大悟。

[Lors de la première visite de Hui Ke], Bodhidharma était en train de contempler le mur ; ni il ne l'écouta, ni il ne l'instruisit, ni il ne l'encouragea. Durant toute la nuit, le patriarche [Hui Ke] resta debout dans la neige. Le jour venu, Bodhidharma lui demanda : 'Maintenant, de quoi as-tu besoin ?'. Le patriarche [Hui Ke], en larmes, demanda à être instruit sur le Dharma. Bodhidharma eut un bâillement. Le patriarche [Hui Ke] se coupa alors le bras et dit avec remord : 'Mon cœur-esprit ne peut-être calmé. Je supplie le maître de pacifier mon cœur-esprit'. [Bodhidharma] répondit, 'Amène ton cœur-esprit ici et je le règlerai pour toi.' Le patriarche [Hui Ke] dit, 'J'ai cherché le cœur-esprit, mais je n'ai pas pu l'obtenir'. [Bodhidharma] dit, 'J'ai stabilisé le cœur-esprit pour toi.' Et le patriarche [Hui Ke parvint] à la grande réalisation.

39.

地藏菩薩

Le Bodhisattva des Trésors Terrestres

Le trentième jour du septième mois lunaire[1] est la date d'anniversaire du Roi des Trésors Terrestres, le Bodhisattva des Mondes Inférieurs. Le Roi des Trésors Terrestres est d'origine bouddhiste et est l'un des quatre principaux bodhisattvas du bouddhisme Mahayana, bien qu'il soit également entré dans le panthéon daoiste. Il est également connu comme le Bodhisattva du Grand Vœu, car en voyant les innombrables souffrances des êtres présents dans les mondes inférieurs, il a fait le vœu de différer sa réalisation de l'état de Bouddha. Ne supportant pas de les abandonner à leur sort, il a décidé de rester dans les mondes inférieurs et a fait la promesse suivante :

立弘誓愿： 愿我尽未来劫，应有罪苦众生，广设方便，使令解脱。

—本原经

Je fais un grand vœu, celui de m'engager à utiliser tous les éons encore à venir afin de répondre à tous les êtres sensibles [qui ont commis] des fautes et qui sont dans la souffrance. Je concevrai des opportunités de toutes sortes, afin de les délivrer et de leur [rendre] la liberté.

—*Le Sutra de Pūrva-praṇidhāna*

L'iconographie du Roi des Trésors Terrestres ressemble à la fois à un être céleste et à un bodhisattva, représenté comme un profane, magnifiquement paré, bienveillant et solennel, comme on peut le voir clairement dans les grottes de Dun Huang et dans les grottes de Long Men. Il porte généralement une couronne céleste[2] ou une couronne ornée de trésors,[3] et il est paré d'un collier de perle ou de jade. Suivant la légende, Jin Qiao Jue[4] était un pèlerin coréen autrement appelé Kim Gyo-gak. Il devint un moine chinois et fut considéré comme une incarnation du Roi des Trésors Terrestres sur le mont Jin Hua.[5] C'est pourquoi durant la dynastie Tang, l'image du bodhisattva changea pour qu'il soit dès lors représenté dans la tenue d'un moine ou *bhikshu*.

C'est encore cette image que l'on retrouve aujourd'hui et il apparaît avec une tête rasée et une auréole, portant une couronne bouddhiste,[6] un *kasaya*,[7] tenant une perle précieuse[8] dans sa main gauche et un *khakkhara*[9] dans sa main droite. Le Bodhisattva des Trésors Terrestres ne doit pas être confondu avec Xuan Zang[10] le moine du *Voyage Vers l'Ouest*, qui porte également la Couronne des Cinq Bouddhas et la même robe, ou bien avec Yan Wang, le Roi des Mondes Inférieurs.[11]

L'histoire suivante du Roi des Trésors Terrestres, ressemble étonnamment à 'L'Histoire du Fantôme Affamé' de Mu Lian[12] et est donc souvent confondue avec cette dernière. Elle est contée dans le *Ksitigarbha Bodhisattva Pūrva-praṇidhāna Sutra*,[13] dans lequel le Bouddha déclare qu'il y a de nombreux éons, le Roi des Trésors Terrestre était une jeune fille brahmane :

像法之中。有一婆罗门女。宿福深厚。众所钦敬。行住坐卧。诸天卫护。其母信邪。常轻三宝。。。

。。。是时圣女广设方便。劝诱其母。令生正见。而此女母。未全生信。不久命终。魂神堕在无间地狱。时婆罗门女。知母在世。不信因果。计当随业。必生恶趣。遂卖家宅。广求香华。及诸供具。于先佛塔寺。大兴供养。

Durant l'âge du semblant du dharma,[14] il y avait une jeune fille brahmane qui était bénie par la bonne fortune des constellations célestes et qui était également profonde, ce qui lui valait l'admiration de tous. Qu'elle eût été en train de marcher, debout, assise ou allongée, elle était protégée par tous les cieux. Mais sa mère avait foi en des [doctrines] corrompues et souvent s'écartait des Trois Refuges[15]…

… A cette époque, la jeune fille pleine de sagesse imagina des stratagèmes[16] afin d'inciter et de persuader sa mère pour la ramener vers des considérations droites. Cependant, peu de temps après, juste avant que la foi de sa mère [dans le bouddhisme] ne soit pleinement établie, sa vie-destinée prit fin et son âme éthérée ainsi que son esprit tombèrent dans les insondables mondes inférieurs. La jeune fille brahmane savait que sa mère n'avait pas cru de son vivant aux causes et aux conséquences et elle prévoyait[17] que, conformément au karma, sa mère renaîtrait certainement dans une mauvaise destinée.

Ainsi, elle décida de vendre sa maison et s'efforça de faire des offrandes de fleurs et d'encens à de nombreux stupas et temples bouddhistes ancestraux.

Finalement, grâce à ses efforts et à sa dévotion, ses paroles furent entendues par le Bouddha de la Fleur de la Méditation et de l'Illumination,[18] qui lui demanda alors de retourner chez elle et de réciter son nom, afin que le sort de sa mère lui soit révélé.

La jeune fille brahmane finit par s'aventurer en rêve dans les mondes inférieurs, où le gardien l'informa que grâce à ses offrandes pieuses et à ses efforts, sa mère était finalement montée au ciel.

---

[1] Cette date variera selon le calendrier solaire grégorien années après années.
[2] En chinois, 天冠 [tian guan].
[3] En chinois, 宝冠 [bao guan].
[4] En chinois, 金乔觉.
[5] En chinois, 九华山 [jiu hua shan].
[6] En chinois, 毗卢冠 [pi lu guan].
[7] Le *kasaya* [jia sha 袈裟] est un vêtement d'extérieur en plusieurs pièces, porté par les moines bouddhistes.
[8] Le *cintâmani* [bao zhu 宝珠] ou perle qui exauce les souhaits, a été assimilé de façon spéculative à la Pierre Philosophale de l'alchimie occidentale.
[9] Le *khakkhara* [xi zhang 锡杖] est le bâton bouddhiste à anneaux.
[10] En chinois, 玄奘, ce qui signifie littéralement 'Grand et Mystérieux'.
[11] Le Roi des Mondes Inférieurs [yan wang 阎王] dans le bouddhisme est historiquement dérivé de Yama, le dieu Hindou.
[12] En chinois, 目连.
[13] En chinois, [di zang pu sa ben yuan jing 地藏菩萨本愿经]. Une traduction complète de ce sutra peut être trouvée sur : https://buddhaweekly.com/wp-content/uploads/2017/09/Ksitigarbha-Sutra.pdf
[14] L'âge du semblant du dharma [xiang fa 像法] est la seconde des trois divisions du temps dont on dit qu'elles suivent la mort du Bouddha, la première étant l'âge du dharma droit [zheng fa 正法] et la troisième étant l'âge de la dégénérescence [mo fa 末法].
[15] Les trois refuges sont le Bouddha, le dharma et la *sangha* (la communauté bouddhiste). On le retrouve également classifiés comme suit : le Bouddha, la Nature de la Réalité et les Saints Réalisés (*arhat*).
[16] Imaginer des stratagèmes signifie utiliser un large éventail de moyens pour arriver à ses fins. Ici, cela implique d'amener sa mère sur la voie du bouddhisme.
[17] Littéralement traduit par 'calculer' [ji 计]. En chinois, cela reflète l'idée et l'image d'un travail avec les nombres selon le *Livre des Changements* ou l'un des nombreux systèmes de divination, qui nécessitent tous des équations mathématiques pour prédire l'avenir de quelqu'un.
[18] En chinois, 觉华定自在王 [jue hua ding zi zai wang].

40.

金刚力士

Le Guerrier Vajra

大慧！变化如来。金刚力士常随卫护。非真实佛。真实如来离诸限量。二乘外道所不能知。住现法乐成就智忍。不假金刚力士所护。

—大乘入楞伽經

Grande Sagesse[1] ! Le Tathagata Transformé,[2] celui que le Guerrier Vajra suit et protège constamment, n'est pas le véritable Bouddha. Le véritable Tathagata est au-delà de toute limitation et les personnes extérieures au Dao[3] ainsi qu'aux Deux Véhicules[4] ne peuvent le comprendre. Il réside et se manifeste dans la joie du dharma,[5] apportant sagesse et tolérance ; il ne dépend pas de la protection du Guerrier Vajra.

—*Le Sutra de Lankavatara*

Le Guerrier Vajra est un personnage du bouddhisme Mahayana, vénéré comme une divinité protectrice du Bouddha, du dharma et de la *sangha*,[6] plus connus sous le nom des Trois Refuges.[7] La traduction la plus courante de son nom est le Guerrier de Diamant et moins fréquemment le Guerrier Inaltérable.

Tout d'abord, il est important d'analyser le mot sanskrit 'Vajra' qui dans son sens premier, dénote la dureté, l'indestructibilité et l'inaltérabilité. Le terme lui-même provient à l'origine d'une arme de l'Inde ancienne que l'on nomme le pilon *Vajra*, le 'Pilon qui Génère le Refuge',[8] ou encore le 'Pilon pour Soumettre les Démons'.[9] Grâce à sa qualité ferme et stable, il peut, en frappant, briser tout type d'objet.

Dans les textes anciens du bouddhisme Mahayana, Vajra est en fait un terme collectif désignant les nombreuses divinités protectrices du dharma bouddhiste, tel que les Quatre Grands Vajra,[10] les Huit Grands Vajra[11] et même les Vingt Cieux Distincts.[12]

Selon une légende, le guerrier Vajra est un gardien du royaume céleste. Il est également considéré comme le compagnon principal et l'assistant personnel de Shakyamuni ; selon certains récits, il est même l'assistant de tous les bouddhas. Ses autres noms sont l'Esprit de Vajra aux Grands Pouvoir[13] et l'Esprit Fantôme des Pouvoirs de Vajra.[14] Ils sont tous représentés comme des protecteurs du pays dont le roi soutient le bouddhisme.

Deux Guerriers Vajra sont souvent peints en couleur sur les portes d'entrée des monastères bouddhistes. Ils font office de divinités gardiennes du monastère. Cette tradition trouve son origine dans l'histoire de Sudatta, également appelé Anathapindika, Celui Qui Pourvoit aux Besoins des Personnes Seules et Agées,[15] et qui à Jetavana-vihara,[16] a contribué à assurer la vie quotidienne de la communauté bouddhiste. Pour leur protection, il a dessiné sur la grande entrée des *yakshas*[17] portant un sceptre.

Selon une autre légende du *Sūtra de Maharatnakuta*,[18] le Vajra à l'Empreinte Secrète, Guhyapada, serait une transformation du Bodhisattva Skanda.[19] Dans la légende, ce dernier se transforme en gardien de la porte des temples sous la forme de Deux Guerriers Vajra. Ce sont les deux divinités protectrices du dharma bouddhiste les plus célèbres et les plus répandues dans les temples bouddhistes. Également nommés les Deux Rois Bienveillants,[20] ils montent la garde aux côtés du Bouddha. En général, on les appelle les Deux Généraux Heng et Ha.[21]

Lorsqu'ils sont représentés, il est communément admis que le Guerrier Vajra sur le côté gauche dont la bouche est fermée, représente la forme Om,[22] tandis que celui de droite, dont la bouche est ouverte, représente la forme A.[23] Selon la légende chinoise, la forme Om avec la bouche fermée se nomme Heng [哼] et son nom indien est Narayana.[24] La forme A avec la bouche ouverte est appelée Ha [哈] et son nom indien est Guhyapada.[25] Ces deux divinités indiennes sont retrouvées dans les Vingt-Huit Divisions Armées des Mille Mains de Guan Yin,[26] divinités correspondant aux différentes directions.[27]

Enfin, un mouvement d'une forme de Tai Ji Quan a été nommé d'après ce Guerrier Serviteur du Bouddha et se traduit par 'Le Guerrier Serviteur Pilonne le Mortier'[28] ; il s'agit d'une posture issue du Tai Ji Quan de style Chen. On la retrouve également dans la forme de poing du Tai Ji du Cheval Céleste,[29] dans laquelle on la nomme 'Broyer la Médecine dans le Palais de la Lune'.[30]

---

[1] 'Grande Sagesse' [da hui 大慧] est en fait le nom du bodhisattva mentionné dans ce sutra. Il s'agit du Bodhisattva Mahamati ou le Bodhisattva de la Grande Sagesse.

[2] Tathagata est un titre honorifique du Bouddha, souvent traduit par 'Celui qui s'en est allé ainsi', ou 'Celui qui réalise le nirvana' [ru lai 如来].

[3] Dans ce cas, le Dao désigne de manière générale la voie que l'on suit. Ainsi, les personnes extérieures au Dao sont ici des non-bouddhistes.

[4] Les Deux Véhicules font sans doute allusion aux Véhicules *Sravakayana* et *Pratyekabuddhayana*. Voir la note de bas de page 18 dans le Livre III : Livre de l'Humain, Chapitre 26, *Zhang Bo Duan et le Moine Chan*.

[5] Le dharma [fa 法] représente les lois et les enseignements du bouddhisme.

[6] La *sangha* [seng 僧] est le terme sanskrit qui désigne la communauté bouddhiste.

[7] En chinois, 三宝 [san bao].

[8] En chinois, 做宝杵 [zuo bao chu].

⁹ En chinois, 降魔杵 [xiang mo chu].
¹⁰ En chinois, 四大金刚 [si da jin gang].
¹¹ En chinois, 八大金刚 [ba da jin gang].
¹² En chinois, 二十诸天 [er shi zhu tian].
¹³ En chinois, 大力金刚神 [da li jin gang shen].
¹⁴ En chinois, 金刚力鬼神 [jin gang li gui shen].
¹⁵ En chinois, 给孤独长者 [gei gu zhang zhe].
¹⁶ En chinois, 祇园精舍 [qi yuan jing she]. *Vihara* est un mot sanskrit désignant un monastère bouddhiste. *Jetavana-vihara* a été l'un des monastères les plus célèbres en Inde et était situé dans l'actuel état indien de Uttar Pradesh. On dit qu'il a été offert au Bouddha par Sudatta.
¹⁷ En chinois, 执杖夜叉 [zhi zhang ye cha]. Dans ce contexte, les *yakshas* sont des divinités protectrices.
¹⁸ En chinois, 大宝积经 [da bao ji jing].
¹⁹ Skanda [wei tuo 韦驮] est un bodhisattva du bouddhisme Mahayana, vénéré en tant que gardien des monastères bouddhistes et protecteur des enseignements bouddhistes. Son titre honorifique est Révéré Bodhisattva Céleste Skanda le Protecteur du Dharma [hu fa wei tuo zun tian pu sa 护法韦驮尊天菩萨].
²⁰ En chinois, 两大仁王 [liang da ren wang].
²¹ Les Deux Généraux Heng et Ha [heng ha er jiang 哼哈二将] sont également connus comme les Deux Rois Célestes [er tian wang 二天王], les Deux Cieux [er tian 二天] et les Deux Vénérés Rois [er wang zun 二王尊].
²² En chinois, 吽形 [hong xing].
²³ En chinois, 阿形 [a xing].
²⁴ En chinois, 那罗延金刚 [na luo yan jin gang].
²⁵ En chinois, 密迹金刚 [mi ji jin gang].
²⁶ En chinois, 千手观音二十八部众 [qian shou guan yin er shi ba bu zhong].
²⁷ Le nombre vingt-huit fait référence aux directions cardinales Nord, Est, Sud et Ouest, en plus du dessus et du dessous. Chaque direction correspond à quatre divinités (6x4=24) auxquelles on ajoute les directions inter-cardinales Nord-Est, Nord-Ouest, Sud-Est et Sud-Ouest. Les Vingt-Huit Divisions Armées font références aux 'multitudes d'immortels' [xian zhong 仙众].
²⁸ En chinois, 金刚捣碓 [jin gang dao zhui].
²⁹ En chinois, 天马太极拳套路 [tian ma tai ji quan tao lu].
³⁰ En chinois, 捣药广寒 [dao yao guang han].

41.

失得

Gains et Pertes

有得必有失，有失必有得。
Là où il y a gain se trouve la perte,
Et là où il y a perte se trouve le gain.

Le concept du gain et de la perte a probablement été adopté par le daoisme sur la base des enseignements bouddhistes. Par essence, il peut tous nous concerner, car tout gain d'un côté engendre une perte de l'autre. Cela s'apparente à un système d'échange direct et est par conséquent étroitement lié à la notion de cause et de conséquence.

Ces concepts philosophiques chinois ne sont pas inconnus en occident. Par exemple, une telle notion est également mise en avant dans la Bible :

你们不要被迷惑了！神是轻慢不得的。要知道，
一个人种什么，就收什么。[加拉太书 6:7]

Ne vous y trompez pas : on ne se moque pas de Dieu. Ce qu'un homme aura semé, il le moissonnera aussi. [Galates 6:7 ; *LSG*]

Au cours de mes enseignements, j'ai donné plusieurs exemples très pertinents sur ce que sont le gain et la perte. Tout d'abord, dans la vie professionnelle d'une personne, ce que l'on gagne, c'est de l'argent et des possibilités financières, mais en contrepartie, on perd un temps précieux dans sa vie, car la grande majorité des gens n'aiment pas du tout leur travail. Par ailleurs, lorsque l'on s'entraine dans le but de perdre du poids, on perd alors de la sueur et de l'énergie bien que l'on gagne en santé. On peut également observer dans la culture chinoise que beaucoup de gens boivent de l'alcool, ce qui leur fait perdre chaque année plusieurs lendemains difficiles de gueule de bois ; mais en retour ils nouent également de nouvelles amitiés, ce qui est un gain. Finalement, avoir des enfants est un gain incommensurable, mais la perte est également incomparable ; la perte d'un sommeil réparateur la nuit en est l'un des nombreux exemples.

42.

還帳

Rembourser les Dettes

Le concept du remboursement de ses dettes[1] est étroitement lié à la notion de cause et de conséquence. Toute personne ordinaire sera confrontée à un moment ou à un autre au problème de la dette lorsqu'elle cultivera le Dao, qu'elle pratiquera le Gong, l'assise méditative et la quiétude, à l'image de ce qu'elle peut devoir à la banque. Si vous comprenez pleinement ce sujet, alors vous aurez une vision claire sur la façon dont vous devriez vous comportez dans vos actions futures. C'est comme si vous deviez de grosses sommes d'argent à des gens et que vous étiez de ce fait harcelé par *eux*.[2] Prenez appui sur les pouvoirs du grand Dao, de la compassion et de l'amour lorsque vous remburser vos dettes, afin de vous libérer de ces enchevêtrements. Par le passé, la plupart des chinois croyaient au karma.[3] Le karma que vous ou vos ancêtres créez, constitue une dette que vous ne pouvez éviter d'avoir à rembourser :

善有善报，恶有恶报。

[Celui qui agit avec] bienveillance obtiendra de la bienveillance [en retour].

[Celui qui agit avec] malveillance obtiendra de la malveillance [en retour].[4]

Selon les théories daoistes, une cause et son champ énergétique[5] vous suivront comme un champ externe si vous tuez ou blessez une forme animale élevée. Les êtres humains sont les animaux possédant la plus haute sagesse. Des champs énergétiques et des forces externes peuvent être générés par les mammifères, tels que les bœufs et les renards, mais également par les reptiles au sang-froid, les insectes et les arbres anciens. La plupart de ces champs sont créés lorsque vous tuez un renard, un serpent ou un vieil arbre. Trop d'arbres sont abattus dans les forêts, bien que personne n'ose couper ceux qui se situent près des temples.[6] C'est pourquoi les anciens arbres se trouvent majoritairement dans les cimetières, autours des temples et près des vieux bâtiments.

    Durant la Révolution Culturelle, entre 1966 et 1976, les statues des esprits des Cinq Immortels ont toutes été détruites. Ainsi, les anciennes statues n'existent plus. Parce qu'elles avaient été sculptées dans du bois, elles ont dès lors été brûlées à côté de la rivière. Seules trois personnes osèrent les transporter jusqu'en bas de la montagne, car personne d'autre ne voulait le faire. L'une de ces personnes décéda à peine deux ans plus tard, tandis qu'une autre fut atteinte de paralysie. Chaque nuit, elle criait : 'Les

Cinq Immortels sont revenus !' Des cloques se manifestaient sur sa peau comme des brûlures. Chaque jour, il fallait les lui percer pour en drainer l'eau. Bien que cette troisième personne soit restée en vie pendant encore dix ans, son fils mourut quelques années plus tard, ainsi que sa femme. Vous devez donc avoir de la foi, de la compassion et de la tolérance, afin de ne pas générer de nouvelles causes ou de nouvelles dettes. Le fils est mort parce que son père avait fait du mal à de nombreuses personnes par le passé. Cependant, ce transfert de dettes entre générations a ses limites :

因果不过三代。
Cause et conséquence ne s'étendent pas au-delà de trois génération.

L'origine du karma peut se trouver dans nos propres actions et manquements, mais peut également provenir de nos parents ou de nos grands-parents. Si vous êtes capable de percevoir ces choses-là, alors vous devriez suivre la trace de votre karma et remonter jusqu'à sa racine. Si votre père ou votre mère ont accompli de nombreuses bonnes actions, alors cela peut être comparé au fait d'avoir des économies placées à la banque. Il s'agira donc de l'accumulation d'un champ énergétique positif que vous aurez hérité de vos parents ; par conséquent, votre compte en banque ne passera pas dans le rouge. Mais si les enfants sont mauvais et dépensent tout l'argent accumulé par leurs parents, alors cela créera des problèmes ; leur vie et leur corps seront affectés. S'ils ne dépensent pas tout, le reste sera transféré aux petits enfants. Mais cela se limite à trois générations selon le daoisme.

Les mauvaises pensées attirent de mauvaises causes et ont donc de mauvaises conséquences. En occident, on appelle cela la 'loi de l'attraction' ou bien 'ce qui se ressemble s'assemble'.[7] Le champ que vous créez par vos pensées et le champ que vous attirez à vous sont identiques. Ainsi, chanter les écritures liturgiques par exemple peut avoir un impact bénéfique sur votre propre famille et l'aider à rembourser certaines de ses dettes, ce qui dépendra évidemment de votre puissance, bien que cela ne puisse pas les effacer en totalité. Se repentir est un autre moyen de briser les liens du karma. En outre, dans un cadre thérapeutique, le fardeau karmique du patient peut devenir le vôtre et vous ne devez en aucun cas permettre que cela se produise. Même avec la plus grande compassion, vous serez incapable de rembourser leurs dettes à leur place :

欠钱是因。承负是果。
Devoir de l'argent en est la cause,
Porter le fardeau en est la conséquence.

Rembourser une dette pour quelqu'un d'autre nécessiterait d'avoir atteint un très haut niveau dans le Dao et dans son Gong. Il faudrait être riche dans le sens immatériel du terme pour être capable d'éliminer un tel karma, comme un grand chaman peut l'être.

HULa question de savoir si un acte est considéré comme une offense ou non, est gravé dans le marbre par le juge. Vous devriez ainsi être prudent et savoir déterminer si vous avez suffisamment de Gong pour oser essayer d'éliminer les afflictions karmiques de quelqu'un d'autre. Prendre en charge la dette d'autrui peut même vous priver de recevoir une connaissance supérieure. La métaphore suivante pourrait être une bonne explication de cela :

> Comment un être ordinaire pourrait-il convaincre les autres là où Jésus et Shakyamuni ont eux-mêmes échoué ? Ceux qui ont une dette de cent *Yuan* vous écouteront, mais ceux qui ont une dette de mille *Yuan* ne le feront pas. Dites simplement ce que vous avez à dire et ce que vous vous devez de dire ; qu'ils l'acceptent ou non est de leur responsabilité. Le pouvoir de conviction de Jésus était bien plus grand que le vôtre. Pourtant, il n'est pas nécessaire de convaincre qui que ce soit. Personne ne peut tirer un être ordinaire par les cheveux pour le faire monter à un niveau supérieur. Et même si votre maître vous portait sur son dos, vous seriez toujours en capacité de lui dire 'J'ai le choix' et de refuser de suivre ses conseils.

Au regard des processus alchimiques, le raffinement de la salive en essence[8] est l'étape du remboursement de vos dettes et le solde de tout compte. Elle est nécessaire, car lors de votre voyage alchimique intérieur, vous serez troublé par tous ceux à qui vous devez de l'argent. Vous devez rendre ce que vous avez emprunté, ainsi que le karma que vous avez créé par le passé et dont vous n'avez pas conscience :

> 弥补亏损。
>
> [On accomplit cela] en compensant et en remédiant au déficit.

---

[1] Voir également Livre III : Livre de l'Humain, Chapitre 6, *Les Huit Fondements du Daoisme* [dao jiao ba gen ji 道教八根基].
[2] Au sens figuré, ce mot *eux* représente ici des champs et des forces énergétiques.
[3] Voir également le texte principal et le Commentaire de la 44ème Barrière.
[4] Voir également les Commentaires de la 17ème et de la 44ème Barrière.
[5] En chinois, 因素场 [yin su chang], littéralement champ de facteur causal.
[6] Pour la même raison, il existe une règle daoiste qui est de ne pas s'asseoir sur les souches d'arbres.
[7] En chinois, 物以类聚 [wu yi lei ju].
[8] En chinois, 炼津化精 [lian jin hua jing].

43.

五常德

Les Cinq Vertus Constantes

己所不欲，勿施于人。

—论语

N'imposez pas aux autres,
Ce que vous ne désirez pas pour vous-même.[1]

—*Les Annales [de Confucius]*

仁义礼智信

Bienveillance, Droiture, Etiquette, Sagesse et Foi

Les Cinq Vertus Constantes du Confucianisme sont la bienveillance, la droiture, l'étiquette, la sagesse et la foi. Elles se reflètent également dans le nom de chacun des Cinq Immortels, reflétant ainsi leurs caractéristiques, leurs œuvres et leur but dans la vie.

仁

Bienveillance

La première vertu est la bienveillance ou faire preuve d'humanité. L'échange et la communication entre les gens nécessitent la bonne attitude. Il existe une expression chinoise pour cela :

仁者爱人。

[On devrait] employer la bienveillance et aimer les gens.

Il y a deux mille cinq cents ans, le sage Confucius et le sage Lao Zi ont vécu à la même période, pendant quelques dizaines d'années. Ces deux grands sages étaient ainsi des contemporains.[2] Confucius a quitté le monde et a confié sa mission à d'autres, tandis que Lao Zi a quitté le monde sans rien faire. Il a simplement conseillé aux gens de ne pas faire la guerre, de se calmer et de vivre paisiblement. Si la société vivait en accord avec cette maxime, alors il n'y aurait plus de conflits dans le monde :

仁者爱人。与邻为善。

Ceux qui sont bienveillants aiment les autres.
[Ainsi, soyez] bon avec votre prochain.

Ce sont les empereurs et les grands ministres qui attisent les guerres. Mais dans le *Dao De Jing*, tout le monde est appelé à vivre pacifiquement, tout comme deux voisins le feraient. Lao Zi suggère que les gens soient suffisamment proches les uns des autres pour être capables d'entendre le chant du coq venant de chez le voisin,[3] comme s'il n'y avait aucune séparation entre eux, comme s'ils n'étaient qu'une seule et même famille. Cet aspect ancien et authentique de la culture chinoise a été développé dans la région des provinces du He Nan et du Shang Dong, entre la Rivière Jaune et la Rivière Yang Zi. A l'époque, il n'y avait aucune dispute du genre 'si tu me frappes, je te frappe en retour'. Le Dao est le sujet principal du *Dao De Jing*, tandis que la vertu est la manifestation ou l'incarnation du Dao. En outre, une telle vertu peut venir amoindrir les afflictions karmiques, les forces malfaisantes, les conséquences et les répercussions. C'est pourquoi la bienveillance et la compassion sont les premières et principales vertus dans le bouddhisme, car elles dissolvent la colère et la haine ; non sans rappeler que le foie[4] est l'organe du corps le plus sensible aux afflictions karmiques, car il abrite l'âme éthérée.[5] Quelle est la différence entre la bienveillance et le devoir, ces termes qui semblent très similaires ? La bienveillance est l'amour et la compassion, tandis que le devoir fait référence aux actes méritoires et à l'assistance que l'on apporte à autrui. Lorsque vous accomplissez de bonnes actions, vous ne devez pas vous préoccuper des conséquences ou du résultat de vos actes méritoires. Comme cela se reflète dans le dicton chinois suivant :

施不望报。

Offrez vos services sans [une seule] pensée de récompense.

义

Droiture

———

La seconde vertu est la droiture, la justice ou la justesse. Elle implique d'offrir son aide et de porter assistance aux gens. Le sage Confucius a déclaré :

> 圣人无算。
> Les sages ne prédisent pas l'avenir.

Ainsi, les sages ne calculent pas quels seront leurs gains et leurs pertes pour leur propre intérêt, car ils sont conscients de leur devoir et de ce qu'ils doivent faire :

> 明眼落井。
> Les personnes clairvoyantes tombent dans le puits.[6]

Les sages ne se soucient pas de savoir s'ils se font du mal pour engendrer le bien et sont prêts à mourir pour leur cause, comme Jésus sur la croix. En revanche, les dirigeants de grandes entreprises ne font que calculer au nom de leurs propres intérêts financiers. S'il n'y a pas de profits financiers à faire, alors ils se retireront et n'investiront plus de leur temps. De nos jours, personne en Chine n'est prêt à aider une personne âgée qui est tombée par terre. Un procès a même abouti au versement de deux ou quatre cent mille *Yuan* à une vieille dame qui avait accusé son aide à domicile de l'avoir laissée trébucher. Faites ce qui est correct, sans vous préoccuper des conséquences :

> 见义勇为。
> Voyez ce qui est juste et ayez le courage de le mettre en œuvre.

C'est la force positive de la société. Lorsque tout le monde fuit une mauvaise personne, dans quel type de monde vivons-nous ? La police devrait-elle être la seule à intervenir ? Qu'en est-il de nous, les gens du peuple ? La police ne peut pas tous nous surveiller à chaque heure de la journée. Par le passé, en raison de ce principe de droiture, de nombreuses personnes s'entrainaient au Gong Fu et il y avait des pratiquants d'arts martiaux de haut niveau. Le Gong Fu devrait vous donner le courage d'intervenir lorsqu'une personne est en danger. Aujourd'hui cependant, peu importe le niveau de Gong Fu que vous possédez, vous ne vous impliquez plus. Il s'agit d'une crise identitaire du caractère divin.[7] Les gens qui n'ont pas un cœur-esprit empreint d'humanité sont sans compassion et cela a créé une société de robots.

Le Livre III : 43ème Chapitre

礼

Etiquette

___

La troisième vertu est l'étiquette, la bienséance ou la conduite. Elle s'oppose à cela :

> 不讲理，不讲道理。
>
> Ne pas être raisonnable,
>
> Et ne pas parler de façon convenable.

Lorsque vous agissez de façon déraisonnée, vous devez alors vous conformer aux principes du grand Dao. Le *Dao De Jing* dit :

> 矢道而后德。矢德而后仁。矢仁而后义。矢义而后礼。
>
> Lorsque le Dao est perdu, il reste la vertu.
>
> Lorsque la vertu est perdue, il reste la bienveillance.
>
> Lorsque la bienveillance est perdue, il reste la droiture.
>
> Lorsque la droiture est perdue, il reste l'étiquette.

Les êtres humains ont besoin de s'appuyer sur la vertu pour restaurer leur Dao. Si les gens en manquent, alors ils utilisent la bienveillance pour développer leur vertu. Si la bienveillance n'est pas suffisante, alors il faut de la droiture pour la compléter, puis l'étiquette vient ensuite. Lorsque vous saluez quelqu'un, dire 'Bonjour' indépendamment de ce que vous pensez de cette personne est une sorte d'étiquette. Cependant, si cette salutation est prononcée sur un ton cassant, alors vous ne respectez même pas l'étiquette.

Sagesse

___

La quatrième vertu est la sagesse. Elle englobe l'esprit de la connaissance[8] et représente la communion véritable entre l'essence des cieux, de la terre et de l'humain. La sagesse représente également la différenciation entre le bien et le mal, entre le bon et le mauvais. Vous pratiquez le bien et évitez le mal. Comme l'a exprimé la Bodhisattva Guan Shi Yin :

诸恶莫作，众善奉行。

Ne commettez pas de mauvaises actions,
Ne poursuivez que [celles qui sont] bonnes.

信

Foi

___

La foi correspond la sincérité qui existe entre les gens. La majorité de mes étudiants appartiennent à la génération Cheng, ce qui se traduit par 'sincérité'.[9] La foi fait référence à un cœur-esprit véritable, c'est-à-dire doué d'une rectitude sincère[10] et sans faussetés. Il existe un vieil adage chinois qui dit :

人无信不立。

Les personnes sans foi n'ont aucune position [sociale].

Puisque les gens sans foi mentent et trichent, ils ne peuvent obtenir aucune assise réelle ou réputation dans la société. Ils sont incapables de s'installer et de pratiquer l'œuvre de leur vie. Il y a deux mille cinq cents ans, l'objectif des sages était d'éduquer les parents et la société à ce concept.

En résumé, lorsque l'on vit en société, il est primordial d'être pourvu des Cinq Vertus que sont la bienveillance, la droiture, l'étiquette, la sagesse et la foi. Mais il est difficile de faire confiance aux gens en société, car ils ne sont guidés que par les 'Dix Maux', comme le mentionnait Tao Shi Fu :

吃喝嫖赌坑蒙拐骗抽偷。

La suralimentation, la consommation excessive d'alcool, la luxure, les jeux de hasard, la tricherie, l'escroquerie, la duperie, les faux semblant, fumer [des drogues] et le vol.

___

Finalement, une perspective éclairée sur les Cinq Vertus Constantes peut être trouvée dans le traité de Ban Gu,[11] datant du premier siècle de notre ère et intitulé *Discussions sur la Vertu Pénétrante du Tigre Blanc*,[12] dans le chapitre intitulé 'Emotions et Nature-Intérieure'.[13] Dans ce passage, les Cinq Vertus Constantes sont interchangeables avec les Cinq Natures-Intérieures[14] :

五性者何？謂仁、義、禮、智、信也。仁者，不忍也，施生愛人也；義者，宜也，斷決得中也；禮者，履也，履道成文也；智者，知也，獨見前聞，不惑於事，見微者也；信者，誠也，專一不移也。故人生而應八卦之體，得五氣以為常，仁、義、禮、智、信是也。

Quelles sont les Cinq Natures-Intérieures ? Elles se nomment bienveillance, droiture étiquette, sagesse et foi. La bienveillance correspond à la non-tolérance[15] de ce qui n'est plus supportable. C'est réaliser et faire naître l'amour pour les autres. La droiture correspond à la convenance, la volonté absolue d'être approprié. L'étiquette correspond à la conduite.[16] Il s'agit de marcher [sur le chemin] et de suivre les statuts existants du Dao. La sagesse correspond à la connaissance, c'est voir indépendamment [les choses, avant] de les entendre et c'est être libre de tout doute[17] dans ses relations avec les autres ; il s'agit de percevoir le plus infime et le plus profond. La foi correspond à la sincérité et à la résolution ferme.[18] C'est pourquoi les gens génèrent et entrent en résonance avec le système des huit trigrammes, ce qui les amène finalement à percevoir les cinq Qi comme une constante de bienveillance, de droiture, d'étiquette, de sagesse et de foi.

---

[1] Voir également le Commentaire de la 12ème Barrière.
[2] La question de savoir si Lao Zi était une personne authentique fait toujours l'objet de controverses parmi les érudits et les universitaires.
[3] Il s'agit d'une référence au chapitre 80 du *Dao De Jing*.
[4] Chaque organe en médecine chinoise est associé à une émotion spécifique, la colère étant reliée au foie.
[5] L'âme éthérée [hun 魂] a été considérée comme étant la notion occidentale la plus proche de l'âme, bien qu'en fait, il y ait trois âmes éthérées dans le corps humain.
[6] Voir le Commentaire de la 14ème Barrière, note de bas de page 5.
[7] Pour une discussion plus détaillée sur le caractère divin [ling xing 靈性], voir le Commentaire de la 42ème Barrière, note de bas de page 5.
[8] En chinois, 识神 [shi shen]. Fabrizio Pregadio l'appelle également 'L'Esprit Cognitif'.
[9] En chinois, 诚字辈儿 [cheng zi beir]. Dans la Lignée de la Porte du Dragon [long men pai 龙门派], tous les disciples daoistes partagent un nom commun lié à leur génération ; selon ce principe, maîtres et disciples sont séparés par une génération. Au total, il existe cent noms de générations qui s'enchaînent et qui finissent par se répéter en cycle. Voir également Livre III : Livre de l'Humain, Chapitre 28, *Le Poème de la Lignée de la Porte du Dragon* [long men pai shi 龙门派诗].
[10] En chinois, 真诚诚信 [zhen cheng cheng xin].
[11] En chinois, 班固.
[12] En chinois, 白虎通德伦 [bai hu tong de lun].
[13] En chinois, 情性 [qing xing].
[14] En chinois, 五性 [wu xing].

¹⁵ La non-tolérance [bu ren 不忍] est un terme très difficile à traduire. Il représente la perception de quelque chose d'insoutenable, d'insupportable, comme par exemple le fait d'être incapable de tolérer certains méfaits, ce qui catalyse alors une réaction positive. Cela s'apparente à l'injustice qui peut atteindre un tel point que le peuple ne le supporte plus ; alors au lieu d'être brisé par elle, il l'utilise comme force motrice pour initier un changement.

¹⁶ La conduite est également le nom d'un hexagramme du *Livre des Changements*. Il est intéressant de noter qu'en allemand comme en chinois, le mot 'conduite' est porteur de deux sens. Le premier indique les manières d'une personne et le second signifie marcher, ou *Auftreten* en allemand.

¹⁷ Être libre de tout doute pourrait également être interprété par 'ne pas être induit en erreur' ou 'être sans confusion'.

¹⁸ La ferme résolution dénote littéralement le fait d'être sans changement ou sans mouvement.

44.

鐵杵磨成鍼

Aiguiser une Barre de Fer jusqu'à en Faire une Aiguille

L'expression 'aiguiser une barre de fer jusqu'à en faire une aiguille' apparaît pour la première fois dans *Vues Panoramiques du Monde*,[1] un travail géographique impérial rédigé durant la période des Song du Sud (1127-1279) par le lettré Zhu Mu.[2] En français, on pourrait traduire cette expression par 'avec persévérance on arrive à tout'. Mais comme pour toute traduction de ce type de dicton dans une langue étrangère, on sacrifie toujours de nombreuses nuances de sens. Ci-dessous est relatée l'histoire qui se cache derrière cette expression :

李白是唐朝有名的诗人。据说他年轻的时候，读书进步得很慢，他心里就不耐烦起来。有一天，他出门去玩儿，看见一个老婆婆蹲在小溪旁边，拿着一根铁棒在石头上磨。李白觉得很奇怪，就问："老婆婆，你这是干什么？"老婆婆头也不回，一边磨她的铁棒，一边回答说："我在磨绣花针！"李白更奇怪了，又问："这么粗的铁棒，能磨成绣花针吗？"老婆婆说："我今天磨，明天磨，铁棒只会越磨越细，哪怕它磨不成绣花针！"李白听了老婆婆的话，心里像开了窍。他从此刻苦用功，果然成了一个很有文才的人。

Li Bai[3] était un fameux poète de la dynastie Tang. La légende raconte que lorsqu'il était jeune, il progressait très lentement dans ses études et que l'impatience commençait à gagner son cœur-esprit. Un jour, alors qu'il passait la porte pour aller jouer, il vit une vieille dame accroupie près d'un ruisseau. Elle tenait une barre de fer et la frottait contre de la roche. Li Bai trouva cela très étrange et lui demanda :

Grand-mère, que fais-tu avec cela ?

La vieille dame ne tourna pas la tête et, tout en frottant sa barre de fer, lui répondit :

Je suis en train d'aiguiser une aiguille à coudre.

Trouvant cela encore plus étrange, Li Bai demanda alors :

> Comment une épaisse barre de fer comme celle-ci pourrait-elle être transformée ainsi en une aiguille à coudre ?

La vieille dame répondit :

> Je l'aiguise aujourd'hui et je l'aiguiserai demain. La barre de fer ne peut que s'affiner au fur et à mesure qu'elle s'aiguise. Comment craindre qu'elle ne puisse pas devenir [un jour] une aiguille à coudre !

Après avoir écouté les mots de la vieille dame, il eut l'impression que son cœur-esprit s'était soudainement ouvert.[4] Dès lors, il se mit à pratiquer son Gong avec assiduité et diligence, puis devint finalement très talentueux pour la composition littéraire.

'Aiguiser une barre de fer jusqu'à en faire une aiguille' est un dicton qui indique clairement que tant que l'on peut supporter l'amertume et les difficultés de ses propres efforts, alors on peut certainement réussir dans toute entreprise. Ainsi, comme on le dit couramment en Chine :

> 只要功夫深，铁杵磨成针。
> Tant que votre Gong est profond,
> La barre de fer s'affine en aiguille.

---

[1] En chinois, 方舆胜览 [fang yu sheng lan].
[2] En chinois, 祝穆.
[3] Li Bai s'est vu décerner en Chine le titre de 'Poète Immortel'. Il mit fin à sa carrière officielle à la cour pour devenir officiellement daoiste. Sa fascination pour le daoisme, l'alchimie interne, les immortels et les renonçants reclus se reflète clairement dans sa poésie.
[4] Littéralement 'un orifice ouvert dans son cœur-esprit'.

45.

韓信

Han Xin

Han Xin (230-196 avant J.C.) était un brillant général et stratège militaire ; il était connu dans toute la Chine. Il a eu l'honneur d'être désigné comme l'un des 'Trois Grands et Célèbres Généraux du Début de la Dynastie Han'[1] aux côtés de Peng Yue[2] et de Ying Bu.[3] Il a également été l'un des 'Trois Héros du Début de la Dynastie Han'[4] aux côtés de Zhang Liang[5] et de Xiao He.[6] Han Xin a grandement contribué à la création de la dynastie Han en servant Liu Bang,[7] qui plus tard monta sur le trône pour devenir l'Empereur Gao Zu des Han.[8] Xiao He fit un jour l'éloge de Han Xin en le qualifiant de 'soldat inégalé dans le pays' et Kuai Che,[9] conseiller politique présent entre la chute des Qin et l'avènement des Han, le décrit avec les mots suivants :

功高无二，略不世出。

Son Gong est grand et n'a pas d'égal,
Ses stratégies ne viennent pas de ce monde.

Les tactiques et stratégies militaires de Han Xin ont souvent été utilisées pour élaborer des dictons chinois. Le passage ci-dessous se concentre sur un incident plus anecdotique qui a donné naissance à l'expression 'ramper sous l'entrejambe de quelqu'un'[10] :

淮阴屠中少年有侮信者，曰：若虽长大，好带刀剑，中情怯耳。众辱之曰：信能死，刺我；不能死，出我胯下。于是信孰视之，俛出袴下，蒲伏。一市人皆笑信，以为怯。召辱己之少年令出胯下者以为楚中尉。告诸将相曰：'此壮士也。方辱我时，我宁不能杀之邪？杀之无名，故忍而就于此。'

A Huai Yin, un jeune boucher avait ridiculisé et insulté Han Xin en lui disant :

> Bien que tu paraisses grand et fort, que tu aimes porter des lames et des épées, à l'intérieur tu n'es qu'un peureux et rien d'autre.

Au milieu de la foule, il l'avait encore insulté en disant :

> Si [Han] Xin est capable de mourir [sans être effrayé], qu'il vienne me transpercer [de son épée]. S'il est incapable de mourir [sans être effrayé], qu'il rampe sous mon entrejambe.

Alors, [Han] Xin le regarda, baissa la tête pour passer sous l'entrejambe de ce dernier et se mit à ramper. Le marché tout entier se moqua de [Han] Xin, pensant qu'il était effectivement un peureux.

[Plus tard, Han Xin] qui était devenu depuis un jeune officier [du royaume de] Chu, convoqua le jeune homme qui l'avait autrefois humilié et lui ordonna de ramper sous son entrejambe. Il dit alors à ses généraux et aux ministres :

> [Cet homme] est un guerrier courageux. Le jour où il m'a humilié, n'aurais-je pas préféré le tuer ? Mais il n'y avait aucun motif raisonnable pour un tel acte. C'est pourquoi j'ai enduré [la situation] et c'est précisément pour cette raison que je me trouve [désormais] à ce poste.

A l'époque, Han Xin n'était ni timide, ni lâche. Il pouvait voir clairement la situation avec un point de vue sage et clairvoyant. Plus tard, lorsqu'il chercha le boucher qui l'avait humilié, ce dernier était en réalité effrayé, car il pensait que Han Xin voulait le tuer pour se venger. Qui aurait pu imaginer que Han Xin allait traiter le boucher avec une telle cordialité et lui donner le titre de 'Général Protecteur de l'Etat Vassal de Wei' ? Il raconta alors au boucher que c'était grâce à l'incident au cours duquel il avait dû 'ramper sous l'entrejambe de quelqu'un' qu'il était devenu le Han Xin d'aujourd'hui. La morale de l'histoire est qu'il ne faut jamais mépriser les gens modestes, car souvent ce sont ceux qui sont capables de ramper sous l'entrejambe de quelqu'un, qui seront les généraux à cheval de demain.

---

[1] En chinois, 汉初三大名将 [han chu san da ming jiang].
[2] En chinois, 彭越.
[3] En chinois, 英布.
[4] En chinois, 汉初三杰 [han chu san jie].
[5] En chinois, 张良.
[6] En chinois, 萧何.
[7] En chinois, 刘邦.
[8] En chinois, 汉高祖.
[9] En chinois, 蒯彻.
[10] En chinois, 出胯下 [chu kua xia].

46.

二百五

Deux Cent Cinquante

Il y a une histoire plutôt sinistre derrière cette insulte légère et taquine couramment employée en Chine 'deux cent cinquante', qui peut être librement traduite par simplet, idiot ou stupide. Même la plupart des chinois ne connaissent pas le contexte historique de cette expression. L'histoire suivante nous aidera à mieux comprendre ce qu'elle signifie et se déroule à l'époque des Royaumes Combattants (475-221 avant J.C.) :

来源于战国故事。苏秦是战国时的一个说客，他身佩六国相印，一时很是威风，但也结下了很多仇人。后来，他终于在齐国被人杀了，齐王很恼怒，要为苏秦报仇。可一时拿不到凶手，于是，他想了一条计策，让人把苏秦的头从尸体上割下来，悬挂在城门上，旁边贴着一道榜文说："苏秦是个叛徒，杀了他黄金千两，望来领赏。"榜文一贴出，就有四个人声称是自己杀了苏秦。齐王说："这可不许冒充呀！"四个人又都咬定说自己干的。齐王说："一千两黄金，你们四个人各分得多少？"四个齐声回答："一人二百五。"齐王拍案大怒道："来人，把这四个'二百五'推出去斩了！"

Su Qin, un stratège politique de l'Ecole de la Diplomatie, était un intermédiaire [qui vivait] du temps de la période des Royaumes Combattants. Il portait sur lui les sceaux du ministre en chef des Six Royaumes. Pendant un certain temps, il fut très puissant et prestigieux, mais il s'était [également] fait de nombreux ennemis. Il finit par être assassiné par un homme du Royaume de Qi. Le Roi de Qi était furieux et chercha à venger la mort de Su Qin. Mais à cette époque, l'assassin ne pouvait être [identifié et] capturé. Il élabora donc un plan : cela consistait à détacher la tête du corps Su Qin, à la suspendre aux portes de la ville et à ajouter une note publique [sur un mur] indiquant :

Su Qin était un traître. Celui qui l'a tué sera récompensé par mille taels d'or. Qu'il se présente pour réclamer sa récompense. Suite à cet affichage, quatre personnes se présentèrent et prétendirent avoir tuer Su Qin de leur propre initiative. Le Roi de Qi leur dit :

[Cette affaire] doit permettre aux prétendants [de se manifester] !

Les quatre personnes revendiquèrent alors une nouvelle fois [le crime de Su Qin]. Le Roi de Qi leur dit :

Il y a mille taels d'or et vous êtes quatre personnes. Quelle devrait être la part pour chacun d'entre vous ?

Les quatre personnes répondirent à l'unisson :

Chacun d'entre nous devrait alors en recevoir deux cent cinquante.

Le Roi de Qi frappa la table avec une grande fureur et dit :

Venez mes serviteurs, traînez ces quatre 'Deux Cent Cinquante' hors d'ici et faites-les décapiter.

C'est ainsi que l'expression 'Deux Cent Cinquante' a été inventée et transmise.

On trouve également une autre origine à ce terme dans un jeu de hasard appelé 'Pai Gow'[1] :

牌九（旧时一种赌具）中有"二板"（四个点）和"么五"（六个点）两张牌，这两张牌配在一起就是十个点，在推牌九这一赌博活动中，被称为"毙十"。它在牌九里是最小的点，谁都比它大，它什么牌也"吃"不了，所以人们就用"二板五"（二板和么五的简称）这个词来戏称什么事也做不好也管不了的人。时间久了，就把"二板五"叫成了"二百五"。在香港，习惯上又称为"二五仔"。

Dans le jeu appelé 'Pai Jiu',[2] on trouve deux types de pièces sur le plateau : l'une appelée 'Deux Pièces' (avec quatre points) et l'autre 'Un-Cinq' (avec six points). Lorsque ces deux pièces sont combinées ensemble, on obtient dix points, ce qui est appelé lors d'un tour de jeu de Pai Jiu, 'Les Dix qui S'Effondrent'. C'est le [score] de point le plus petit [que l'on puisse trouver] dans le Pai Jiu, car toutes les autres [pièces permettent au moins un score] plus grand que celui-ci. Comme [ce combo] ne peut consommer [ou battre] aucune autre des pièces du jeu, alors les gens utilisent l'expression 'Deux Pièces à Cinq'[3] pour plaisanter, ce qui est l'abréviation pour 'Deux Pièces' et 'Un-Cinq', désignant ainsi les personnes qui sont incapables de gérer ou de faire quoi que ce soit correctement. Avec le temps, 'Deux Pièces à Cinq' s'est transformé en 'Er Bai Wu – Deux Cent Cinquante'. A Hong Kong, il est également courant de dire 'Er Wu Zai' ce qui signifie 'Jeune Deux Cinq'.[4]

---

[1] En chinois, 牌九 [pai jiu].
[2] Le jeu Pai Jiu est écrit Pai Gow en cantonais, et pourrait être traduit par le jeu des 'Neuf Dominos'.
[3] En chinois, 二板五 [er ban wu].
[4] Jeune Deux Cinq [er wu zai 二五仔] a de nos jours le sens de rebelle, insurgé mais également traître.

47.

輕功

Le Gong de la Légèreté

Dans les anciens temps, le Gong de la Légèreté[1] était connu comme 'L'Art du Gong Souple du Saut Vertical et du Pilier Interne'.[2] Les maîtres déclaraient qu'au terme d'un tel entrainement, on disposait alors de pouvoirs extraordinaires :

> 身轻如燕，八步赶蝉，旱地拔葱，翻墙上房、
> 踏萍渡水，飞檐走壁，踏雪无痕。
>
> Le corps est léger comme une hirondelle,
> En huit pas, on peut attraper une cigale en plein vol,
> On s'élance comme un oignon extrait de la terre sèche,
> On franchit les murs et on escalade les maisons,
> On foule les lentilles d'eau et on traverse les étendues aqueuses,
> On survole les corniches et on se promène sur les murs,
> On marche dans la neige sans laisser de traces.

Les méthodes externes de cette pratique se nomment :

> 顶、踮、撑、桥、山、卦、流、竹、墩、星、
> 弯、垛、瓦、罗、线、夹、挂、铺、带等。
>
> Sommet, Pointe des Pieds, Expulser, Pont, Montagne,
> Trigramme, Circulation, Bambou, Amoncellement, Etoile, Courber,
> Empiler, Couvrir, Filet, Câbler, Presser,
> Suspendre, Paver, Attacher et ainsi de suite.

Les méthodes internes de cette pratique du 'Pilier Immobile'[3] se nomment :

Le Livre III : 47ᵉᵐᵉ Chapitre

抱元翻山、鹤展按莲等。

Embrasser l'Origine,

Franchir les Montagnes,

La Grue Montre [ses Ailes],

Presser le Lotus et ainsi de suite.

La pratique de ce Gong est extrêmement ardue et laborieuse. Elle prend beaucoup de temps, et les prérequis sont particulièrement élevés en ce qui concerne l'âge de la personne, les tendons, la structure osseuse, le physique mais également la pratique du Dao et les vertus. Si on commence à le pratiquer vers neuf ans, alors on peut atteindre le Gong de la Légèreté en huit à dix ans. Au cours de cet entrainement, les blessures et les maladies obligent souvent les pratiquants à abandonner à mi-chemin ; à la fin, seuls trois sur dix sont capables de réussir. Si l'on commence à s'entrainer après l'âge de seize ans, alors il faudra transformer l'appellation de ce Gong en 'parkour' ou 'déplacement libre'[4] ; dès lors, seuls des niveaux de puissance de sauts, d'équilibre et de fluidité dans la coordination peuvent être améliorés.

Par le passé, les artistes martiaux qui maîtrisaient le Gong de la Légèreté mais qui manquaient de vertu martiale[5] devenaient facilement des voleurs, autrement connus sous le nom de 'Cambrioleurs Furtifs',[6] de 'Gentleman des Toits'[7] et de 'Grands Voleurs qui Collectent les Fleurs'.[8] Par conséquent, les maîtres ne transmettaient pas ces enseignements aux étudiants peu intègres.

La pratique de ce Gong doit être assistée par la prise d'élixirs médicinaux et de décoctions de plantes. La décoction était constituée de vingt-quatre plantes et l'élixir médicinal de trente-six ingrédients. Ces formules ne peuvent être obtenues avec succès que si elles sont préparées selon des quantités spécifiques, à partir d'une recette transmise dans le secret.

---

[1] Le Gong de la Légèreté [qing gong 轻功] fait allusion au fait 'd'avoir un poids léger'.

[2] En chinois, 柔功内桩蹿纵术 [rou gong nei zhuang cuan zong shu].

[3] Le Pilier Immobile [jing zhuang 静桩] fait référence à un exercice de méditation debout au cours duquel le corps s'apparente à un pilier, c'est à dire se maintient dans une immobilité totale.

[4] Parkour [pao ku 跑酷] est une discipline qui utilise la jungle urbaine bétonnée pour y faire des acrobaties, sauter d'une voûte à l'autre, escalader des objets et aller d'un point A à un point B le plus vite possible. Bien que ce type de compétence soit époustouflant, elle n'est pas considérée comme le Gong de la Légèreté, mais comme un niveau inférieur que l'apprenti ne pourra pas dépasser car il a démarré cette pratique trop tard dans la vie.

[5] En chinois, 武德 [wu de].

[6] En chinois, 飞贼 [fei zei] signifiant littéralement bandit volant.

[7] En chinois, 梁上君子 [liang shang jun zi].

[8] En chinois, 菜花大盗 [cai hua da dao]. Ce terme s'adressait essentiellement à ceux qui s'introduisaient furtivement dans une maison pour violer. Collecter ou cueillir [cai 采] signifie prendre de force et contre le gré de la personne alors que les fleurs [hua 花] font référence aux femmes, tout comme la 'Rue des Fleurs' [hua jie 花街] désigne le quartier rouge d'une ville.

48.

誠舟

Pedro Solana – Le Guerrier Spirituel

Pedro Solana, également appelé Kru Pedro, est né à Madrid en Espagne, le 7 Décembre 1971. Il est entré dans le monde des arts martiaux à l'âge de huit ans, puis a étudié durant presque toute sa vie.

C'est donc au cours des années 1980 que Pedro s'est familiarisé avec le monde des arts martiaux en s'entrainant d'abord au Judo, ce qui l'a ensuite mené au Muay Thai, moment où sa carrière de combattant a véritablement démarré. Il a déménagé aux Etats Unis pour approfondir ses compétences en Muay Thai et a continué à combattre en professionnel pendant plusieurs années au début des années 1990. En parallèle, il s'est entrainé dans d'autres disciplines, notamment le Wing Chun, le Kali et le grappling, avec divers maîtres de renoms tels que Royce Gracie. Après être devenu champion professionnel poids moyen en Muay Thai aux Etats Unis, il a décidé de se rendre en Thaïlande pour une année entière afin d'y parfaire ses aptitudes en Muay Thai et en Krabi Krabong.[1] En 2002, il s'est installé définitivement en Thaïlande afin d'y poursuivre ses études. Il décida alors de devenir moine en raison de son intérêt pour les aspects philosophiques du Muay Thai. Sa vie entière a été guidée par la poursuite de deux choses : les arts martiaux et le développement intérieur. Puis il quitta la vie monastique pour s'entrainer à l'art ancien du Muay Thai Chaiya[2] et au Krabi Krabong, ainsi qu'aux armes thaïlandaises.

En 2003, Pedro a ouvert sa première école en Thaïlande et il l'a étendue en 2010 à diverses autres formes d'arts martiaux d'Asie du Sud Est, dont le Combat au Sol du Silat Minangkabau, le Bokator et le Kalarippayatt.[3] De par sa connaissance de ces différentes écoles d'arts martiaux, il a développé un système unique et efficace d'autodéfense, connu aujourd'hui sous le nom d'Arts Martiaux du Muay Thai Sangha.[4]

Cette expérience l'a poussé à une réflexion plus profonde et à une découverte de soi. Pedro a alors réalisé que certains aspects étaient manquants dans les arts du combat, comme le travail de l'énergie, de la méditation et les pratiques internes. Cela l'a poussé à développer une nouvelle forme de self défense qui intègre ces concepts internes, englobant toute son expérience de combat passée, ainsi que certains aspects manquants qu'il a trouvé dans la méditation.

Kru Pedro participe désormais à des séminaires dans le monde entier pour enseigner. Il a tourné des documentaires qui véhiculent un message fort pour l'humanité : il est important de dépasser ses propres peurs intérieures et de développer une compréhension de soi au travers de la voie martiale. L'approche pédagogique que Kru enseigne aujourd'hui dans ses pratiques est reliée au développement de la conscience, à la détection et à l'apprentissage de l'interaction avec l'énergie sous ses cinq forces élémentaires que sont la terre, l'eau, l'air, le feu et l'éther. Apprendre à interagir avec l'énergie permet au pratiquant de se libérer des différentes habitudes émotionnelles acquises par le passé, et de développer de nouveaux schémas constructifs dans la vie. Le but ultime de ses enseignements est de nous permettre de devenir le meilleur être humain possible.

Au cœur de la philosophie de l'école Muay Sangha se trouve le maintien de nombreux principes pendant le combat. Par conséquent, les étudiants qui viennent en Thaïlande pour apprendre peuvent s'entrainer dur aux arts martiaux tout en bénéficiant d'un enseignement interne. Pedro reconnait que :

> La direction que vous donnez à votre pratique est un facteur clé, car les conséquences suivent vos actions. Ainsi, vous devez regarder en vous-même pour découvrir quelles sont les principales raisons derrière votre motivation à vous entraîner et à vous battre.

Aujourd'hui, à l'âge de quarante-huit ans, il continue d'apprendre. Il pense que dans la vie, nous sommes tous étudiants et maîtres, car il y a toujours quelque chose à partager et quelque chose de nouveau à expérimenter. Pedro est d'avis que si nous nous attachons à ce que nous savons, alors nous nous limitons dans notre capacité à grandir. Il est convaincu que chaque être humain a la capacité de se développer davantage. Son approche pédagogique consiste à renforcer la voie de la conscience afin que l'on puisse expérimenter la vie dans son plein potentiel. Ses pratiques visent à élever nos vibrations en accord avec le Muay Sangha et il partage sa vision avec toute personne intéressée.

Les concepts clés du Muay Sangha de Kru sont les suivants :

I. Ouverture d'Esprit

Kru a constaté que l'un des concepts les plus important dans les arts martiaux est de garder l'esprit ouvert et attentif pour expérimenter de nouvelles façons de faire les choses. La majorité des plus grands et des plus brillants artistes martiaux que Kru a rencontré au cours de sa vie comprenaient et pratiquaient ce concept précieux :

> Dans l'univers, rien ne reste inchangé à jamais et tout est toujours en cours de transformation. Même notre esprit, nos idées et nos croyances sont soumis à cette loi du changement constant. Nous devons devenir conscients de ces changements. C'est avec un esprit vide et présent, que l'on peut s'adapter et s'harmoniser avec n'importe quelle situation envoyée par l'univers.

II. Créativité et Entrainement Physique

Kru a rencontré de nombreux artistes martiaux qui avaient perdu en efficacité dans leur entrainement. Il est important d'être créatif mais on doit également être attentif à ne pas laisser l'égo nous tromper, nous laissant croire que nos compétences sont devenues supérieures à celles des autres ou que l'on est devenu invincible. Un bon moyen d'améliorer son humilité est d'aller s'entrainer avec un combattant professionnel que l'on n'a jamais rencontré auparavant. De cette façon, nous pourrons voir quel est notre niveau réel et cela nous ramènera sur terre.

III. Forme et Applications

L'entrainement aux formes martiales est une méthode qui permet d'apprendre les mouvements sous-jacents à un système ; ainsi, le corps connait une voie d'expression.

Pour autant, bien que l'on puisse les pratiquer pendant des années, un manque de compréhension de la fonctionnalité des mouvements peut ralentir la croissance de l'individu. C'est pourquoi il est important de s'exercer avec la forme pendant un moment mais également de pratiquer l'application de chacun de ces mouvements.

IV. Souffrance et Dons Naturels

> Essayer d'être meilleur que les autres apporte la souffrance,
> Essayer de s'améliorer soi-même fait ressortir vos dons naturels.

Lorsque l'on est aveuglé par le désir d'être meilleur que les autres, on se retrouve piégé par ses propres limites et on perd notre harmonie intérieure, notre attention se portant alors vers l'extérieur de soi. Si l'on se connecte à son côté créatif et que l'on voit dans chaque situation rencontrée une occasion d'expérimenter et de grandir, alors on ne tombera plus jamais dans le piège de la victoire ou de la défaite. En effet, cela ne dépend pas d'un résultat mais plutôt de la façon dont on oriente son point de vue.

V. La Direction de l'Entrainement

Dans le passé, le Muay Thai était enseigné aux individus afin qu'ils puissent défendre leur famille. Ainsi, on se battait pour se défendre. Aujourd'hui, tout est différent et les gens combattent pour d'autres raisons. Kru Pedro ne considère pas le Muay Thai ou tout autre activité où l'on frappe intentionnellement un autre être humain, comme un sport. Il comprend le potentiel enrichissant qu'il y a lors d'un combat, ce qui permet notamment d'affronter sa peur, de transformer sa colère ou même d'acquérir de la confiance en soi, mais il est important selon lui de ne pas s'attacher à la notion de combat, car une grande partie de notre karma est généré par nos actions.

Toute action à laquelle on prend part affecte notre vie d'une manière ou d'une autre. En avoir conscience permet de voir clairement dans quel type d'actions il est bon de s'engager et quelle direction on devrait prendre si l'on veut améliorer sa vie.

VI. Changer sa Direction de Vie

De nombreux étudiants sont venus dans son école avec pour intention de changer leur vie grâce à la voie Muay Sangha. Kru Pedro partage cette idée :

> Si vous souhaitez de tout cœur changer votre vie, alors vous devez comprendre que tant que vous ne vous serez pas changé vous-même, votre vie restera la même. Lorsque vous changerez, alors tout le reste changera.

Lorsque l'on comprend ce principe puissant, alors il est temps de se le prouver à soi-même. Un ensemble d'actions et de pensées sont nécessaires pour que les changements se concrétisent. Kru Pedro rajoute que, là où l'attention va, l'énergie va. Si l'on ne peut sentir cela, c'est que l'on n'a pas encore assez de sensibilité pour ressentir l'énergie ou que l'on n'est pas assez éduqué pour utiliser certaines parties du cerveau. Atteindre ce point et au-delà n'est qu'une question de temps.

---

[1] Le Krabi-Krabong est étroitement relié au Muay Thai Boran. Lorsqu'un soldat perdait son arme au combat, il devait être capable d'utiliser des techniques à mains nues, comme celles du Muay Thai pour se défendre.

[2] Le Muay Chaiya est un ancien style de Muay Thai Boran qui est pratiqué dans le sud de la Thaïlande. Le Muay Thai Boran est un assemblage des techniques anciennes les plus efficaces, éprouvées durant les guerres thaïlandaises qui se sont déroulées au cours des siècles. On l'appelle l'art des huit membres car son arsenal de mouvements comprend une variété de coup de poings, de coudes, de genoux, de pieds, de têtes, de fesses, de projections diverses et de techniques de luttes. Les frappes du Muay Chaiya sont exécutées avec tous les membres du corps. Ses armes les plus dangereuses sont les techniques de contre, les blocages avec les genoux et les coudes et les jeux de jambes contre plusieurs adversaires, acquis par la pratique de certaines formes. Les attaques sont rapides et se présentent comme une série de coup en rafales venant de tous les angles.

[3] Le Silat Minangkabau est un style d'art martial venant d'Indonésie, représentant un système de combat complet qui comprend les armes, le combat debout et le sol. Le Bokator est un art martial Khmer, l'un des plus ancien existant au Cambodge. Le Kalarippayatt est un art martial que l'on ne trouve qu'en Inde, inventé pour les champs de batailles dans les temps anciens et recourant à des armes ainsi qu'à des techniques de combat.

[4] Purple Cloud Press a publié un livre sur l'héritage de Pedro intitulé : *Path of the Spiritual Warrior - Life and Teachings of Muay Thai Fighter Pedro Solana*, dont l'auteur est Lindsey Wei. Vous trouverez de plus d'informations sur Pedro et son école sur le site www.muaysangha.com

49.

輔助功

Le Gong Annexe

Le Gong Annexe, littéralement le 'Gong Supplémentaire'[1] est autrement appelé le 'Gong Personnel'[2] car il est pratiqué pour des raisons purement individuelles et pour vous seul. Autrefois, personne ne devait savoir que vous aviez cette aptitude, car alors si cette force était révélée, cela pouvait vous coûter la vie.[3] On peut le comparer à une arme secrète en temps de guerre ; une fois que le pays adverse a pris conscience de la puissance de votre arme, il peut prendre des contre-mesures et se preparer.

    Le Gong Annexe est simple et il est constitué d'un à cinq mouvements tout au plus, incluant possiblement un entrainement avec des objets tels des sacs de sable ou des cordes. Au fil du temps, votre puissance physique devient abondante et un champ spécial se forme autour de vous, tandis que le corps et les muscles se transforment. Pour réussir à soumettre un ennemi en un seul mouvement de ce Gong Annexe, vous devez vous entrainer chaque jour d'innombrables fois. En un an, vous pouvez avoir posé une fondation, en deux ans avoir réalisé un petit accomplissement[4] et en trois à cinq ans, avoir atteint un grand accomplissement.[5] Tout le monde sait que pour construire une maison, il faut des fondations. De la même manière, la pratique du Gong Fu nécessite une base solide. Les coups de poings et les coups de pieds doivent être puissants tandis que les sauts et les coups de pieds sautés doivent être hauts. Vous devez donc assouplir vos tendons. Le corps physique doit être agile, vif et rapide. Les mains, les yeux, le corps, les pas et les techniques doivent être coordonnés et unifiés. La force acquise doit être endurante, les mouvements et les techniques doivent être souples et adaptables. Ce n'est que de cette façon que vous pourrez poser les bases pour votre pratique du Gong Fu. Lorsque deux personnes se battent et s'agrippent l'une à l'autre, il est nécessaire de posséder à la fois des techniques d'attaque et de défense, mais également d'avoir de la force physique et une endurance élevée. Ce niveau d'endurance peut être appelé la 'Source de la Puissance'[6] et s'acquiert par de la course à pied sur de longues distances et un renforcement des muscles. Ces compétences et ces mouvements peuvent être développés par la pratique de formes martiales.[7] Cependant, cela peut également conduire à la fausse vision que l'étude de la forme martiale, le développement de la force, de la puissance et de l'endurance, sont les seuls aspects de la pratique du Gong Fu.[8] Mais comme les maîtres l'ont souvent rappelé :

> 打拳不练功到老一场空。
>
> [Si l'on s'engage dans] la boxe du vide sans pratiquer de Gong,
> Alors dans la vieillesse, [il ne restera] qu'un espace vide.

Certaines personnes passent cinq ou dix ans de leur vie à étudier quatre-vingt-dix formes d'arts martiaux ou plus, mais finalement, ils ne possèdent rien. Dans le monde du Gong Fu, il existe un dicton important à ce sujet :

> 不怕你一千个动作一天练一遍，
>
> 就怕你一个动作一天练一千遍。
>
> Ne crains pas celui qui pratique mille mouvements,
> Chaque mouvement une fois par jour.
> Mais crains celui qui pratique un mouvement,
> Mille fois par jour.

Passer un temps très long à étudier cinquante formes martiales n'est pas aussi bon que de passer ce même temps à pratiquer seulement un, deux ou trois mouvements en utilisant les méthodes du Gong. Avec une pratique assidue, le Gong Annexe sera accompli. Lorsque vous serez capable de briser cinq briques d'un seul coup de paume et de fendre un arbre en un seul coup de pied, qui pourra véritablement résister à votre attaque ?

Cependant, la pratique du Gong Annexe est sur le déclin, voire en voie d'extinction pour plusieurs raisons. Tout d'abord, historiquement les combats en général étaient très rare dans les lignées daoistes. Lorsque l'on apprend les arts martiaux dans une perspective religieuse ou spirituelle, il y a encore moins de combats et de pratiques avec un partenaire que dans les arts martiaux chinois communs. Une autre raison est que même les écoles d'arts martiaux chinois, comme les académies de Wu Shu par exemple[9] pratiquent très peu le combat, car dans notre société actuelle relativement en paix, l'apprentissage de la self défense n'est plus une nécessité comme cela a pu l'être dans le passé. De nos jours, les gens ont des armes à feu et ne vont pas tout le temps à la guerre. Par le passé, avoir des compétences martiales était très important et les techniques étaient perfectionnées par le sparring et par le travail avec un partenaire. Si vous aviez les compétences de base et le Gong, alors vous pouviez survivre. Il en était ainsi avant 1949 en Chine. Aujourd'hui, la situation a complètement changé et seules les formes, les postures et les méthodes sont transmises. Dans les compétitions cependant, le seul moyen de gagner est d'employer votre Gong pour frapper une personne, ce qui nécessite de s'entrainer à une technique encore et encore pour être capable de l'employer efficacement.

Dans le monde d'aujourd'hui, les personnes qui ont les plus hautes capacités martiales ne participent pas aux compétitions, car il suffirait d'un, deux ou trois échanges de coups de poings ou de coups pieds pour que le combat se termine. Cela se terminerait rapidement et n'aurait rien à voir avec ces combats dans lesquels une personne donne dix coups de poings et l'autre huit coups de pieds. La raison pour laquelle les combats durent si longtemps aujourd'hui est que les combattants n'ont pas développé ce Gong en premier lieu. Si quelqu'un a le Gong dans son coup de pied, alors il cassera la jambe de son adversaire s'il s'en sert. En Chine, cette notion de Gong disparait lentement. De surcroit en Chine, si vous frappez quelqu'un et le blessez gravement, vous aurez des problèmes avec la loi et devrez indemniser la personne.

On peut dire que la boxe thaïe est actuellement meilleure que la boxe chinoise. On peut en voir la preuve à la télévision, où l'on peut voir de très jeunes enfants, tout juste capables de marcher correctement, apprendre l'art de la boxe Muay Thai, alors qu'en Chine, l'intérêt des gens pour leur propre culture martiale s'estompe continuellement. L'entrainement du Gong est ennuyeux, monotone et frustrant la plupart du temps. Son obtention requiert un engagement à long terme, formulé selon l'équation suivante :

时间加汗水等于功夫。

Temps plus transpiration égalent au Gong Fu.

Qui a ce genre de patience de nos jours ? Qui est prêt à transpirer autant de nos jours ? Qui a suffisamment de temps libre pour cela ? Dans cette génération, tout le monde veut pouvoir être comblé en une seule bouchée.¹⁰ Tout le monde veut être compétent du premier coup.

---

¹ En chinois, 辅助功 [fu zhu gong]. On parle ici en effet d'une aptitude secondaire, subsidiaire ; on doit d'abord posséder une maîtrise générale, et une certaine rapidité et agilité.

² En chinois, 私功 [si gong].

³ Le Gong Annexe peut être comparé à une arme secrète que vous voulez cacher à vos adversaires à tout prix. S'ils savaient par exemple que vous aviez des jambes de fer, alors vos adversaires sauraient qu'ils doivent faire très attention à esquiver toutes vos techniques de jambes, pour ne pas être frappés mortellement. Etant donné que l'obtention de la maîtrise d'un Gong Annexe prend beaucoup de temps, il vous faut choisir quelques techniques adaptées à votre structure corporelle. Si vos adversaires savent déjà sur quelles techniques vous vous appuyez, cela peut fortement orienter l'issue du combat en leur faveur.

⁴ En chinois, 小成 [xiao cheng].

⁵ En chinois, 大成 [da cheng].

⁶ En chinois, 本力 [ben li].

⁷ En chinois, 套路 [tao lu]. Ces formes sont des enchaînements de mouvements contre des adversaires imaginaires, ce que l'on peut appeler 'la boxe dans le vide' ou 'la boxe de l'ombre'.

⁸ Le Gong Fu dans ce cas fait référence à la possession du Gong. Mais les trois ingrédients que sont force, puissance et endurance, ne sont pas suffisants en soi pour développer un tel Gong. Ils vous permettent juste d'avoir un corps sain et en forme. Pour obtenir un véritable Gong, vous avez besoin de certaines plantes pour accélérer la guérison, d'un régime d'automassages et de méthodes d'entrainement spécifiquement conçues. Par exemple, pour développer vos capacités de saut, vous devez vous accrocher des poids aux chevilles et vous entrainer dans la boue jusqu'aux cuisses.

⁹ Le Wu Shu [武术] est une forme moderne de Gong Fu, qui a supprimé les applications martiales et qui se concentre uniquement sur l'aspect esthétique, les sauts et des mouvements, ressemblant à de la danse.

¹⁰ Cette phrase fait référence au célèbre proverbe chinois :

> 一口吃不成胖子。
> On ne peut pas grossir en une seule bouchée.

法
渡
有
緣

La Loi fait traverser ceux qui y sont prédestinés.

Index

A

Abstenir de Graines, S', 134, 171, 198, 218, 349, 351-352, 474, 499

Adam et Eve, 148

Adepte, i-iv, xxvi, 28, 30, 42, 54, 90, 100, 102, 108, 149-150, 179, 213, 232, 250, 260-261, 278, 339-340, 351, 370-371, 376-377, 393, 399, 417, 442, 467, 471, 492-493, 514

ADN, 140, 143, 267

Afflictions, iii, 85, 87, 163, 165, 188, 190, 200-201, 206-208, 217-218, 240, 242, 283, 291, 331, 536, 538

Alchimie, i, iii-v, xi, xvii-xviii, xxvi, xxx, 9, 57, 61, 121, 144, 152, 162, 278, 280-281, 328, 351, 374, 377, 392, 394, 402, 407, 422-423, 436, 449-450, 456, 469, 477-478, 503-504, 513, 529, 545

Alchimie Externe, 162, 280-281, 328, 394

Alchimie Interne, i, iii-v, xvii-xviii, xxvi, xxx, 9, 57, 61, 121, 144, 152, 162, 278, 280-281, 328, 351, 374, 377, 392, 394, 402, 407, 422-423, 436, 449-450, 456, 469, 477-478, 503-504, 513, 478, 545

Alcool, 23, 85, 254-257, 260-261, 335, 354-355, 358, 384, 390-392, 441, 533, 541

Amertume, 40, 69, 86-87, 108, 115-116, 158, 167, 169, 197-198, 201-202, 207-208, 217, 228-230, 232, 234, 237, 257-258, 273, 334, 339, 360-363, 463, 471, 493, 503, 545

Âme Corporelle, 23-24, 371

Âme Ethérée, 379

Amour, 11-12, 28, 57, 154-156, 162, 165, 180-181, 187-188, 192, 195-196, 229, 244, 251, 253, 279-280, 287, 290, 295, 332, 337, 374, 424, 428, 482, 487, 506-507, 511, 534, 538, 542

Annales de Confucius, 37, 55, 181, 186, 194, 196, 214, 224, 245, 250, 329, 503, 537

Ancêtres, 8-9, 127, 140, 148, 173, 196, 231-232, 334, 366-367, 405, 451, 455-456, 477, 534

    Ancêtre Lü, 127, 229, 268, 405, 449, 481, 485, 489

    Voir également Lü Dong Bin

    Ancêtre Peng, 140, 148, 394-395, 437

    Ancêtre Qiu, 169-170, 222, 429, 476

Ange, 133, 172, 225, 260, 316

Arbre de la Bodhi, 173, 207-208, 219, 229, 373

Arhat, 244-245, 470, 529

Arts de la Chambre à Coucher, 145, 315-317, 324-325, 327, 333

Arts Martiaux, v, xi, xvi, xviii, xxvi, 106, 177, 251-253, 276, 325, 396, 448, 498, 503, 515, 539, 553-555, 559-560

    Art Martial, 552, 555

    Artistes Martiaux, ix, 30, 557

Ascétique, 47, 126, 167, 169, 207, 360, 362-363, 428

Ascétisme, 40, 69, 229, 363
Association Daoiste, 182, 297, 520
Astrologie, 383
Au Bord de l'Eau, 127, 205
Autel, xvii-xviii, xxxi, 5, 162, 336, 358, 430, 521
Automne, xiii, 83, 137, 146, 243, 301, 495
Avantages, 9, 33, 57, 126, 154-155, 190, 287, 319, 423, 485

B

Bei Jing, xxxiii, 216, 219, 222, 231-232, 234, 362, 395
   Beijing, vi, xvi, xxi-xxiii, xxxiii
Bible, xxi, xxxv, 148, 156, 161, 164, 178-179, 204, 222, 244-245, 257-258, 261, 269-270, 273, 283, 288, 292-293, 296, 337, 351, 373-375, 378, 380-381, 394, 469, 533
Biologie, xiii, 137, 322
   Biologique, 134, 238, 289, 335
Bodhidharma, 401, 435, 467, 470, 526
Boddhisattva, 290, 293, 380, 471, 500, 504, 525-528, 531, 540
Bouddha, x, 8, 10, 18-19, 90, 139, 149, 155, 175, 179, 188, 196, 207, 219, 230, 254-255, 281, 295, 306, 320, 332, 337, 340, 343, 373, 381, 417-418, 467-470, 525, 528, 531-532
   Bouddhisme, iii, xxx, 10, 102, 124, 156, 175, 187, 239, 299, 260, 273, 298, 303, 305-306, 319, 331, 336, 340, 376, 380, 388, 401, 404, 427, 435, 470, 525, 527, 529-530, 532
   Moine Bouddhiste, 135, 339, 464, 474
Brahma, 340
   Brahmane, 340, 380, 528

C

Cao Cao, 120-121, 202, 439, 442
Canaux, 199, 201, 350, 480
Canon Daoiste, i, vi, 127, 489
Cause et Conséquence, 535
Caverne, 307, 311, 457
Céleste, 15-16, 23, 75, 85, 106, 127, 137, 146, 156, 175, 183-186, 210-211, 227, 236, 238-239, 241, 244-245, 260, 264-267, 275, 277-279, 286, 294-295, 301, 303, 305, 311, 333, 336, 340, 343, 359, 367, 374, 379, 382-383, 393, 395, 400, 402, 409, 413, 424-425, 428, 433, 435, 443-444, 456-457, 459-462, 474, 477, 479, 485, 489, 497-498, 513, 523-524, 527-528, 530-532
   Contrat Céleste, 294
   Dessein Céleste, 489
   Porte Céleste, 156, 428, 435, 460-461, 433
   Cœur-Esprit Céleste, 303
   Pic du Cheval Céleste, 127, 239, 497
   Immortel Céleste, 395
   Mécanisme Céleste, 265, 400, 409, 489
   Qi Céleste, 183, 185, 236, 238, 425
   Rang Céleste, 15-16
   Royaume Céleste,
   Tronc Céleste, 340, 530
   Temporalité Céleste, 137, 146
Cent Jours pour Poser une Fondation, 141, 147, 149, 239, 328, 397, 407, 470
Chaman, 315, 322, 535
   Chamaniques, 365
   Chamanisme, 366, 566
   Chamanistiques, 462
Champ Energétique, 144, 163, 165, 183-184, 188-189, 236, 278, 292, 315-316,

321, 332, 352, 374, 386, 408, 424, 534-535
Chan, 100, 102, 201, 295, 306, 339, 376, 401, 435, 426, 455-456, 465-466, 470, 526
Cheval Blanc, 460-462
   Montagne du Cheval Blanc, xi, xv, xxvi, xxxvi, 162-163, 203, 212, 217, 237, 273, 334, 341, 392-393, 420, 459, 460-462, 498, 503, 515, 518-519, 522, 524
Cheval-Mental, 47, 227
Chicken Run, 229, 313, 333
Christianisme, xvi, xxvi, 160, 173, 175, 219, 278
Ciel Antérieur, iv-v, 4, 10, 57, 94, 105, 118, 135, 142, 222, 304-305, 324, 339, 352-353, 402, 435, 513
Ciel Postérieur, iv-v, 4, 9-10, 57, 105-106, 115, 134-135, 142, 151, 304-305, 339, 339, 353, 435, 513
Cieux, xxvii, xxxiii-xxxvi, 1, 9, 21, 23, 47, 118, 124, 126, 135, 145-146, 151-153, 157, 159-160, 163-164, 172-174, 177-179, 184, 186-187, 189, 195, 204, 217-219, 221-222, 225, 227, 238-239, 242-243, 245,258, 261, 267, 277-278, 281-282, 284, 287, 290, 296, 305, 309, 311-313, 315, 317, 319-323, 328-329, 331, 342, 359, 365, 371-373, 375, 379-380, 386, 395,401-402, 410, 413, 424, 430, 432-433, 447, 449, 454, 456, 459, 461-462, 469, 473, 477,487, 491, 498, 500, 503, 510, 524, 528, 530, 532, 540.
   49, 60, 65, 90, 94, 100, 102, 108, 115,
Cinnabre, 100, 106, 222, 274
Cinq Graines, 350, 353, 420, 461
Cinq Organes Zang, 116, 147, 138, 309, 312, 356, 480

Cinq Phases, 115-116, 151, 349, 370, 379, 383,415, 446
Cinq Sommets, 35, 127, 259, 261, 372, 445, 500
Cinq Vertus, 322, 329, 380, 504, 537, 541
Cinq Yeux, 416
Cinq Yeux et Six Canaux, 199, 201
Clarté et Quiétude, 18
Classiques Alchimiques, 134, 320
Cœur, viii, x-xi, xviii, 8, 13, 26, 33, 60, 100, 118, 123, 147, 157, 159, 164, 167, 175, 181, 195, 200, 220, 225, 229, 234, 261, 293, 295, 301, 303, 309, 312, 332, 336, 339, 386, 411, 413, 436, 474, 483, 488, 514, 554, 557
   Feu du Cœur, 116, 150, 142
   Cœur-Esprit, xxix, xxxi, 5-6, 12-13, 26, 28, 30-31, 33, 37-38, 40, 44, 47, 49-50, 54, 60-61, 63, 65, 69, 71, 77, 79, 81, 83, 85, 87, 90, 92, 94, 96, 98, 100, 102, 105, 108, 111, 113, 120, 123-124, 149-150, 155, 158, 168, 170-171, 180-182, 184-186, 188, 191-193, 195-196, 198, 202, 208-210, 212-213, 219, 222, 224-225, 226-227, 233, 247-252, 263, 278-279, 282, 284, 287, 289-295, 302-303, 306, 322, 332-334, 338-339, 351, 355, 374, 390, 399-400, 402, 405, 408-409, 424, 430, 432, 449, 461, 467-469, 473-475, 482-483, 485, 487-489, 491-493, 499, 503, 507, 524, 526, 539, 541, 544-545
Cœur-Singe, 227, 250, 252, 334, 359
   Singe-Esprit, 227, 359, 424, 432,
   Singe du Cœur-Esprit, 408-409
Collecter le Yin pour Supplémenter le Yang, 120, 317

Combat, 177, 183, 251, 448, 498, 513, 554, 556, 560, 253, 557, 561
  Combattants, 219, 248, 548, 553, 555, 560
Communication, vii, 188, 190, 327, 362, 366, 372, 537
Communion, 58, 115, 123-124, 152, 321, 329, 364, 366, 374, 405, 540
Compagnon Daoiste, 161-162, 164, 371
Compassion, v, xxxi, 28, 30, 83, 155, 164, 180, 185, 191-192, 195-196, 200, 245, 251-253, 279-280, 283-285, 287, 290, 292, 295, 315, 334, 341, 362, 373-375, 380, 408, 424, 428, 448, 498, 500, 504, 506-507, 511, 524-525, 534-535, 538-539
Confucianisme, xx-xxi, xxx, 54-55, 105, 321-322, 328, 404, 407, 450, 537. *Voir également* Néo-Confucianisme,
Confucius, xv, xxxii, 19, 37, 55, 147, 181, 186, 194, 196, 213-214. 223-224, 242, 245, 247-250, 322-323, 329, 377, 503, 537-539
Conscience, xii, 16, 38, 44, 55m, 57, 61, 75, 124, 146, 150, 156, 168, 184-185, 211, 268, 270, 289, 329, 334, 341, 360-362, 417, 423, 426, 471, 482, 488-489, 536, 554, 556, 558
Convoitise, 27-28, 143, 156, 180
Corps,
  Corps de la Forme, 8, 10
  Corps de la Loi, 8, 10, 102, 118, 120
Cosmologie, 9, 308, 401
Coupe, Tasse, 26, 134-135, 144, 152, 177 203, 205, 223, 235, 244, 255, 264, 319, 327, 331
Credo Mutwa, 315, 323
Cultiver, i-ii, ix, xi, xiii, xxvi, xxxi, 6, 8-9, 15, 18, 21, 26, 30, 40, 47, 49, 54, 65, 67, 69, 71, 73, 75, 77, 79, 85, 87, 98,
102-103, 108, 115, 118, 123-124, 126, 133-134, 138-139, 143-147, 155, 159, 161, 165, 168, 170, 172-175, 178, 182, 197, 204. 206, 215, 218, 202-221, 230, 232-233, 235-238, 241, 247, 257, 260-262, 267, 269, 272-273, 275-276, 279, 281, 286, 300-301, 309, 310-311, 313, 316, 318-320, 325, 327-328, 331, 333, 328, 335-336, 340. 342, 355, 363-364, 368-370, 374, 377-378, 390, 393, 399, 405-406, 413, 424, 426-428, 432, 449, 454, 458, 460, 462, 467, 469, 471, 482, 487, 503, 508-509, 518, 525, 534

D

Da Gong, 371, 379, 514, 516
Dao, ii, iv-vii, ix, xi-xiii, xv-xvi, xxx-xxxi, 4, 6-9, 12, 15-16, 21, 23, 26, 28, 30, 44, 49, 54-55, 57, 60, 63, 65, 67, 71, 73, 75, 79, 87, 90, 98, 102-103, 105-106, 108-109, 115, 118, 120, 123-124, 126-127, 133-134, 138-139, 141, 143, 150, 157-158, 163-166, 167-170, 172, 175, 185, 189, 191-192, 196-197, 201-202, 204, 207, 209-210, 213, 218, 220-221, 228-231, 235, 246, 252, 255, 257, 260-261, 265-266, 270, 274, 281, 284, 295, 297, 298, 301, 303, 305, 309, 311-312, 314-315-317, 319-324, 326, 329-331, 333, 337-339, 342, 345, 351, 358-359, 361-363, 365, 367, 373, 374, 379, 382, 386, 389-390, 393-395, 400, 415-416, 425, 432, 436-438, 447-450, 454, 456, 462, 464, 466-467, 469, 474, 477, 483, 486, 488-489, 491-492, 506, 510, 513-515, 523-525, 531 535, 538, 540, 552
Dao De Jing, ii, xvi, 26, 44, 109, 134-136, 172-173, 177-178, 185, 199-202,

224, 231-232, 241-243, 246, 248, 259, 261, 265, 270, 272-273, 276-277, 293-294, 298, 230, 302-303, 305-307, 320, 322-323, 327, 329, 358-359, 367, 373, 380, 382, 415, 428, 506, 538, 540, 542

   Daodejing, viii, xix

Daode Jing, xx, xxii, xix

   Voir également Le Livre des Changements

Daoisme, ii-iii, v-vi, x-xi, xviii-xxiv, xxx-xxxi, xxxi, xxxiv-xxxvi, 9, 23-24, 54-55, 85, 98, 100, 103, 105, 113, 115, 118, 134, 142, 144-145, 150, 156, 160, 166, 172-173, 175, 177-178, 187, 189, 197, 204, 209-210, 212-213, 217, 236, 239, 242, 253-255, 260-261, 263, 270, 276-277, 279, 285, 292-293, 295, 298-299, 300, 302-303, 308, 316-317, 321, 324, 328, 343, 352, 364-367, 369, 374, 378, 384-385, 390-391, 402, 404, 406-407, 427, 448-450, 454, 469-470, 474, 477, 508-510, 513-515, 518, 520, 533, 535-536, 545

Daoiste, i-vi, viii-xii, xv, xvii-xviii, xix-xxii, xxiv, xxvi, xxxi, xxxiii, xxxiv, 3, 5, 9, 19, 28, 35, 38, 44, 52, 55, 57-58, 73, 102-103, 106, 108-109, 111, 115, 118, 124, 127, 135, 138, 140, 142, 144-145, 147, 150-151, 157, 161-170, 172, 174, 182, 185, 189, 197-198, 200, 210, 227, 233, 236, 238, 243, 248, 253, 255-256, 259, 261, 263-265, 267, 271, 274, 278, 281, 292-294, 296-297, 299-300, 302-308, 313, 317-320, 322, 324, 327, 339, 342, 354, 358, 361-364, 366, 370-373, 375-377, 379-380, 382, 388, 392, 394-395, 399, 403, 405, 407, 410, 413, 415, 420, 425, 436, 438, 444, 447-452, 454-457, 459, 461-462, 466, 469, 474, 486-487, 489, 493, 495, 497, 499-500, 503, 509- 511, 513-515, 519-520, 524-525, 527, 534, 536, 542, 545, 560

Débats, 32-33, 187, 199, 248, 261

Démon, 21, 47, 112-113, 123-124, 126, 164, 168, 180, 185, 188, 190, 207, 229, 258, 278, 281, 295, 297, 299, 310, 313, 332-334, 341, 345, 361-362, 367, 372-373, 381, 399, 415, 458-461, 462-463, 473, 488, 503

   Démoniaque, 102, 123, 151, 169, 183, 208, 251, 332, 337, 340, 474, 485, 489

Destin, xv, 73, 75, 121, 155-157, 226, 249-250, 291, 341, 377-379, 418, 433, 447, 482, 515, 518-519

Dettes, 47, 74-75, 145, 155, 163, 165, 171, 207-208, 211, 240, 242, 287, 291-293, 295, 313, 488-489, 534-536

Dharma, iv, 10, 16, 18, 23, 54-55, 102, 175, 186, 190, 313, 325, 331, 336, 339, 341, 343, 359, 390, 427-428, 466, 468, 470, 473, 525, 527-531

   Richesse du Dharma, 18

Dieu, xx, 228, 235, 263, 293, 365, 417, 425, 500, 511, 521, 529

   Déesse, 525

   Déesse Mère de l'Ouest, 175

   Dieux, viii, xxvii, 5

Disputes, 32-34, 83, 187, 283, 285, 389, 498

Divin, xxxiv, 38, 105-106, 120-121, 146, 270, 281, 292, 301-302, 304, 306, 309, 325, 331, 376-377, 381, 454, 467, 474, 500, 542

   Corps Divin, 173, 269-270, 280

   Lumière Divine, 301-302, 304-308, 356, 358

   Pivot Divin, 38, 146

Dix Mille Choses, 13, 37-38, 115, 137, 146, 185, 195, 289, 301, 305, 328, 337, 365, 386, 411, 415, 479, 491-492, 498
Dompter le Tigre, 142, 391-392
   Voir également Soumettre le Dragon
Double Pratique, iv, 145, 152, 175, 237, 264, 316-317, 339, 404, 406-407, 433, 436
Drogues, 178, 301, 541
Du Kang, 255-256
Dynastie, i, iii-iv, xxix, xxxiv, 3, 44, 65, 103, 121, 127, 135, 148-150, 185, 189, 193, 201, 205, 221, 226, 232, 243-244, 248, 259, 276, 286, 293, 295, 306, 308, 322-324, 327, 329-330, 336-337, 364, 381, 388, 405, 407, 437, 439, 442-444, 446, 448, 451, 453-456, 462, 489, 495, 497, 503-504, 527, 544, 546

E

Eaux Boueuses, 316-319, 323
Ecriture, 52, 118, 193, 198, 227, 242, 264, 276, 299, 303, 307, 325, 327, 339, 396, 417, 425-426, 436, 455, 490, 493, 511
   Ecriture de la Clarté et de la Quiétude, 52, 193, 198, 303, 417, 425-426, 490, 493, 511
   Ecriture du Talisman Caché, 193, 304
      Ecriture Mystérieuse du Sceau de l'Esprit du Noble et Haut Empereur de Jade, 118, 264, 265
Ecriture du Vieux Renard, 200, 285
   Voir également Classique Interne de l'Empereur Jaune
   Voir également Ecriture de l'Empereur Jaune sur le Talisman Caché
Ecritures Liturgiques [Daoistes] du Matin et du Soir Liturgie du Matin, 265, 307, 455
Elixir, 6, 150-151, 221-222, 264, 282, 318-319, 324, 367, 449-450, 455, 281
   Elixir d'Or, 150-151, 281, 324, 367
Empereur de Jade, 98, 118, 264-265, 459
   Voir également Ecriture Mystérieuse du Sceau de l'Esprit du Noble et Haut Empereur de Jade,
Emportement, 29-30, 182
Encens, xvii, 163, 165, 307, 372, 390, 430, 528
Enfant, 28, 87, 134, 138-141, 145, 147-148, 154-155, 168, 177-179, 184, 194-196, 216, 229, 238-239, 245, 254, 259, 266, 279, 281, 284, 287, 307, 320, 328, 332-333, 365, 352, 373, 380 385, 388, 394, 398, 408, 429, 443, 445, 456, 458, 469, 473-474, 479-480, 494, 499, 533, 535, 560
Epée, 443
Esprits, ii, xx, 5, 18, 49, 58, 71, 83, 90, 98, 126, 170, 206-208, 211, 224-225, 227, 245, 262, 270, 276, 278, 289, 304-305, 325, 327, 336-337, 339, 365, 372, 377, 383, 393, 395, 416, 420, 429-431, 437, 458, 462, 470, 473-474, 488-489, 500, 503, 518, 534
   Esprits de Lumière, 83, 90, 98, 170, 206, 208, 211, 245, 429-431
   Esprits Immortels, 262, 339, 437, 500
   Royaume de l'Esprit, 295
Essence, i-v, xii, xvii, xxxiii, 9-10, 15-16, 30, 57, 60-61, 105, 121, 133-135, 138, 141-142, 144, 146-147, 150-153, 157, 174, 185, 188, 190, 192-193, 235-236, 256, 264, 272, 276, 300, 302-305, 308,

312, 317-322, 324-327, 332, 335, 338-339, 350, 353, 356, 358, 379, 383, 388-389, 394-395, 397, 401, 407, 411, 426, 434-435, 462-463, 469, 479-480, 489, 509, 511, 515, 533, 536, 540

Essence Dorée, 356, 358

Essentiels du Raccourci à la Grande Réalisation, 450

Êtres Réalisés, 57, 188, 474
   Voir également Sept Réalisés

Etude sur l'Obscurité Profonde, 200, 285

Excréments, 134, 217

F

Famille Daoiste, 293, 364, 366, 466, 469

Fantôme, 49, 123-124, 169, 189, 253, 258, 270, 295, 325, 383, 390, 393-395, 395, 436-438, 460-461, 466-467, 470, 487-488, 527, 530
   Royaume des Fantômes (du Corps) 295

Feng Shui, xi, 55, 222, 253, 303, 307, 413

Fer, 106, 157, 164, 252-253, 371, 379, 544-545, 523
   Li Béquille de Fer, 164, 379
   Barre de Fer, 544-545
   Barre de Fer jusqu'à en faire une Aiguille, 157, 544-545

Fourneau, 104-105, 280-281, 305, 519

Formules, 105, 185, 324, 439, 551

Formules Essentielles valant Mille Pieces d'Or, 324

Fréquence, 6, 167, 169, 172, 183, 202, 211, 268, 281, 300, 317, 325, 340, 401

Funérailles, 164, 481-482, 487

Fleur d'Or, xxi, xxiii

G

Gain et Perte, 9, 87, 160, 533

Ge Hong, 100, 108, 352, 381, 437

Geng Chen, 524

Gengis Khan, 429, 448

Géomancie, xi, 55, 220, 222, 253, 303, 307, 402

Ginseng, 238, 388

Gong, v, xi, xviii, xxvi, xxxiii-xxxiv, 8, 10, 15-16, 18-19, 23, 26, 40, 55, 57, 65, 71, 94, 98, 102, 115, 123, 126, 152, 163, 166, 170, 172, 174-175, 183-185, 189, 197, 204, 219, 222, 233, 236, 239-240, 242, 245, 251-253, 263-266, 268, 277-278, 298-299, 310, 312, 325, 327, 329, 334-335, 339, 361-362, 371-372, 379, 382, 394, 397-398, 404-407, 414, 426, 434, 440, 449, 449, 456, 457, 459, 461, 466, 474, 477, 498-499, 503, 513-514, 516, 524, 534-536, 539, 545-546, 551-552, 558-560

Gong Annexe, 253, 558-561

Gong Fu, xxvi, xxxiii-xxxiv, 102, 183-185, 204, 233, 251, 253, 261, 278, 298-299, 361, 372, 397, 449, 498, 503, 513, 539, 559-560
   Voir également Qi Gong, Da Gong

Graine, 8-9, 33, 38, 55, 111, 115, 126-127, 134-135, 138, 171, 197-198, 218, 241, 272, 301-303, 305, 320, 327, 338, 349, 350-353, 396, 398, 402, 411-412, 420, 461, 473-474, 495, 498-499
   Semée, 149

Grand Dao, iv, 9, 12, 35, 54, 63, 73, 94, 98, 105-106, 115, 118, 139, 150, 175, 228, 235, 315-316, 319, 322-323, 327, 365, 466-468, 482, 491, 534, 540

Grand Sage Immortel, 498

Grande Ourse, 328, 431

Grande Voute, 266-267, 396, 477

Guan Shi Yin, 196, 244-245, 290, 293, 328, 334, 336, 504, 518, 525-526, 540
   Guan Yin, 196, 336, 500, 531-532
   Voir également Kuan Yin

Guerrier Vajra, 325, 530-531

Guerrier Véritable, 202, 247-248, 458-460, 462-463, 500, 504

Guerrier Mystérieux, 462, 504
   Voir également Xuan Wu

Voir également Zhen Wu

H

Han Xin, 286, 446-447, 546
Harvard, Université de, xxi, 230-231
He Shou Wu, 236, 238
Hiver, xv, 137, 146, 169, 254, 311, 401, 403, 495, 504, 519
Honneur et du Prestige, 14-15, 158
Hua Tuo, 292, 296, 439-442
Huai Nan Zi, 185, 193, 376
Hui Neng, 100, 298-299
Huit Fondements, 141, 144, 150, 166, 352, 369-370, 372, 378, 380, 391, 536
Huit Trigrammes, 307, 499, 542
Humain, iv-v, xi-xiii, 5, 8-9, 12-13, 15, 38, 73, 98, 100, 111, 118, 123-124, 134, 137, 139, 141, 146, 148, 158, 175, 177-178, 194-195, 220, 219, 226, 235-236, 238, 269, 272, 278-279, 295, 297, 303-307, 309, 311-312, 322, 337, 339, 341, 351-353, 361, 375, 385- 387, 393-394, 395, 400-401, 409, 413, 416, 440, 474, 482, 487, 491, 498, 524, 554
  Immortel Humain, 393-394
  Rang Humain, 15-16
    Humanité, x, 182, 184, 195, 231, 242, 287, 322, 366, 388, 395, 484, 503, 508, 537, 539, 554

I

Immortel, Immortels, i-iii, xi, xvi-xviii, xxxiv, xxxvi, 4-5, 8-9, 35, 55, 57, 65, 73, 75, 90, 102-1036, 123, 127, 133, 138, 145, 147, 150, 159, 162, 164-166, 169, 203, 205, 210, 212, 218, 220, 229-230, 240, 243, 249, 251-253, 255-256, 261-262, 266-268, 299, 301, 304, 308, 312, 318, 320, 323, 336, 339, 358, 361, 367, 372, 374, 378, 380, 389-390, 392-394, 395-396, 419, 422-423, 426, 433, 436, 442, 447, 451, 453, 456, 460, 463, 466-468, 469-470, 476, 481, 484-485, 488, 496-499, 501-502, 504, 508, 514, 518-519, 523-524, 532-534, 536, 545
Immortalité, xxxi, 8-10, 61, 73, 111, 152, 156-157172, 172, 200, 217-218, 261, 266, 268, 278, 280-281, 286, 302-303, 312, 315, 320, 328-329, 339, 367, 393, 395, 452, 454, 456, 465, 468-469, 471, 520, 524
Royaume des Immortels, 102, 358
Voir également Royaume
Impureté, 150, 316
Infini Sans Limite, 301, 307, 469
Irritabilité, 29-30, 182-183

J

Jalousie, 27-28, 180
Jaune, 38, 181, 326-327, 367, 445-446, 456, 460, 474, 477-480, 503, 520, 538
Empereur Jaune, Le Classique de l'Empereur Jaune, 38, 326-327
L'Ecriture de l'Empereur Jaune sur le Talisman Caché, 327
Rêve du Millet Jaune, 446
Jésus, x, 109, 126, 139-140, 147, 155, 173, 179, 196, 219, 225, 245, 258, 271, 274, 295, 332, 334-335, 341, 351, 361-362, 364, 366, 374, 380-381, 387, 406, 416-417, 469, 525, 536, 539
Jeu des Cinq Animaux, 395, 438, 440
Jeûne, 134, 349-353, 428

K

Kalpa, ii, 9, 73, 462
Karma, v, 9, 19, 47, 98, 111, 150, 165, 190, 207, 284, 290-291, 375, 381, 392, 528, 534-536, 556
  Karmique, 47, 75, 87, 98, 115, 145, 163, 165, 170, 188, 190, 200-201, 206-208, 217-218, 240, 242, 251, 284, 291, 336, 374, 420, 493, 535-356, 538
Kohn, Livia, 18, 368, 436, 583
Komjathy, Louis, 18, 28, 193, 293, 299, 327, 368, 450, 456, 493, 583-584
Kuan Yin, xxii, 526, 584

Voir également Guan Shi Yin

L

Lao Zi, ii, xv-xvi, 26, 102, 109, 126, 135, 139-140, 155, 173, 177-178, 188, 193, 199, 227, 258, 261-262, 312, 320, 329, 335, 361, 364, 366, 377, 493, 538, 542

Lao-tse, xix, xxii

Laozi, x

Li Cheng Yu, 241, 243

Li Shi Fu, xi-xii, xv-xvi, xvii, xxv-xxvii, xxxiv-xxxvi, 5-6, 10, 31, 51, 61, 102, 108, 111, 113, 118, 125, 127, 135-136, 147, 150-152, 156-157, 159, 164-165, 169, 171, 174, 176, 178, 185, 189, 190, 198, 201-202, 205, 209, 211, 216-218, 224, 228-229, 232, 234, 238, 243-244, 248, 253, 255-256, 258, 261, 265, 268, 270, 274, 276, 278-279, 281-282, 285-286, 293-295, 299, 303-305, 307, 312-313, 323-324, 326-328, 336-343, 352-353, 367, 379-381, 391-392, 396, 402, 406-407, 417, 423, 425, 427, 429, 431, 433, 436, 470, 493, 516, 525

Libre Arbitre, 226-227, 274

Lignée, ii-iii, vi, viii, ix, xi-xiii, xxvi, xxix, xxxi, 10, 55, 63, 73, 106, 111, 113, 135, 140, 147, 157, 165, 196, 210-211, 216, 219, 229, 232, 328, 336, 363, 367, 371, 388, 393, 413, 441, 448, 454, 476, 504, 509, 513-516, 523, 542, 560

Liturgique, xii, xviii, 270, 300, 307, 410, 455, 493, 535

Voir également Ecritures Liturgiques [Daoistes] du Matin et du Soir

Liu Li Hang, xvii, 140, 149, 209-211, 504, 512-516

Liu Yi Ming, ix-x, xii, xvii, xxix-xxxii, xxxiv-xxxvi, 3, 299, 304

Livre des Changements xxxvi, 185, 294, 321, 499, 503, 529
335, 340, 370, 377, 386, 392, 413,

415, 426, 435, 465, 467, 469-471, 520, 528, 552, 554

Voir également Dao De Jing

Voir également Daodejing

Voir également Daode jing

Loi, 10, 18, 23, 55, 102, 120, 126, 148, 156, 174, 187-188, 190, 226, 235, 274, 336, 372, 514, 535, 555, 560

Loi du Dao, 120

Lois du Monde, 15-16, 21, 506

Longévité, 138, 142-144, 147, 151, 154, 162-163, 172, 217, 219-221, 275, 285, 303, 309, 316, 319, 325, 349, 354-356, 358, 382, 391, 394, 398, 402, 423, 428, 440, 442, 448, 457, 513-514

Lü Dong Bin, i, 126-127, 157, 165, 229, 405, 417-418, 443-448, 450-451, 455, 481, 516

Voir également Ancêtre Lü

M

Ma Dan Yang, 170, 457

Maître de la Chambre Nuageuse, 444-446

Maître qui Embrasse la Simplicité, 100, 108, 352, 382

Maladie, i, xvi, xxx, 9, 12, 28, 87, 138, 172, 185, 187, 189, 195, 217, 224, 239, 265, 276, 318-319, 370, 385-387, 391-392, 394, 397, 437, 440-441, 481, 483, 498-499, 552

Manjushri, 336, 525

Manne, 217, 280

Mao Ze Dong, 224, 226

Marie Madeleine, 147

Marques de la Parenté avec le Trois, 190, 319, 367

Médecine Chinoise, vi, ix-x, xviii-xxxiv, 9, 16, 24, 33, 147, 256, 273, 326, 358, 392, 396, 463, 542

Médecine Daoiste, xi, xviii, xxvi, 138, 163, 172, 292, 296, 392, 499

Médicament, 103, 105, 254, 318, 391, 394, 486-487, 518

Voir également Remède

Méditation, i, v, xxxi, 55, 102, 124, 150, 165, 176, 208, 218, 238-239, 243, 266, 298, 301, 303, 320, 331-332, 247, 279, 321, 352, 359, 370, 398, 416, 456, 506, 510
    Assise Méditative, v, xxii, 123, 159, 300, 301, 303-304, 306, 331, 333-334, 371, 375, 386, 398, 409, 413, 415-416, 424, 434, 499, 503-504, 534

Méditer, 360, 398

Mencius, 15, 137, 139, 146-148, 151, 157, 196, 237, 350, 359,

Meng Zi, 469

Mendiant, 159, 164, 167, 284, 292, 483, 505

Menstruations, 141-1445, 272, 392

Mercure, 100, 248, 280, 324, 383

Méridiens, 141, 292, 352, 391, 396

Milarepa, 221, 229, 234, 428-429

Mo Zi, 181

Monastère des Nuages Blancs, 216

Monde de la Poussière, Monde de, Poussière, xxix, 13, 18, 270, 283

Mongol, 448

Mont, xxxi, 35, 103, 106, 135, 181, 226, 247-248, 261, 360, 389, 525, 527

Mont Heng, 261, 360

Mont Hua, 261

Mont Kun Lun, 389

Mont Mao, 106, 261

Montagnes Wu Dang, 127, 372, 497, 503, 513

Mont Wu Duo, 247-248

Esprit de la Montagne, 167

Mort Vide, 54-55, 300-305, 307

N

Naissance du Yang, 400-402, 142

Nature-Intérieure, i, 9, 13, 23, 45, 55, 73, 75, 85, 102, 106, 127, 146, 152, 159, 175, 184, 234, 239, 261, 264, 268, 281-282, 285-286, 295, 305-306, 312, 325, 339, 358, 404-407, 426, 432-433, 436-437, 440, 449, 466-467, 470, 487-488, 492, 503, 511, 541

Naturel, v, 137-138, 141, 144, 146, 161, 167, 169, 239, 260, 279, 303, 321, 329, 350-352, 365, 370, 373, 398, 401, 416, 456, 471, 500, 506, 510-511, 556

Néo-Confucianisme, 55, 407

Néo-Confucianiste, 307

Néo-Confucéen, 55, 325
    Voir également Confucianisme

Non-Agir, 52, 185, 303, 417-418, 457, 415-418, 438

O

Observation Intérieure, 135

Œil de la Loi, L', 331, 336

Or, 18, 45, 106, 150-151, 169, 175, 267, 282, 313, 324, 328, 337, 403, 457, 462, 466-467, 474, 509, 549

Dorée, 331, 336, 339, 356, 358
    Voir également Elixir d'Or
    Voir également Essence Dorée
    Voir également Fleur d'Or

Ouverture de la Lumière, 306

OVNI, 217, 267

P

Passe Mystérieuse, 300, 303-304, 338

Peng Lai, iii, 470, 453

Périodes Saisonnières, 137, 146

Petit-Enfant, 179, 380

Piété Filiale, 139, 148, 253

Pilule, 218, 266, 268, 280, 318, 369, 408, 411

Plomb, 222, 248, 280, 324

Poème de la Lignée de la Porte du Dragon, 157, 196, 210, 476-478, 516, 542

Poison, 44, 83, 520
    Empoisonner, 391
    Empoisonné, 105, 487
    Empoisonnement, 420

Police, 220, 228, 289, 290, 385, 539

Porte de la Religion, 18-19, 518

Porte du Dao, 54-55, 73, 342, 386, 391, 449, 451

Porte du Dragon, 5, 135, 150, 157, 196, 210, 216, 336, 413, 476, 516, 523, 542
Préceptes, 5, 85, 124, 149-150, 189, 205, 227, 243, 253, 255, 261, 336, 341, 380, 384, 420, 448, 464, 468-469,
Pregadio, Fabrizio, xxxi, 106, 116, 282, 327, 340, 352, 406, 455, 542
Prêtre, xi, xix, xxi, xxvi, 19, 169, 189, 381, 388, 390, 413, 444, 454, 457, 515
Prêtrise, xix, 19
Printemps, 137, 146, 243, 301, 388, 403, 448, 495, 504
Pur Yang, xiii, 116, 151, 157, 185, 229, 358, 371, 451, 468, 470, 489, 513-516
Pureté, iv, 18, 47, 85, 105, 116, 169, 303, 317, 327, 380, 402, 432, 457, 469, 471, 474

Q

Qi, iv-v, xi, xviii, xxxi, 9, 15-16, 18 25-26, 30, 35, 37-38, 40, 57, 60, 77, 85, 94, 98, 100, 102, 115-116, 135, 138, 141-144, 146-148, 150-151, 172, 178, 182-185, 187, 189, 191-193, 220, 222, 232, 235-239, 248, 251-253, 256, 261, 263-264, 272, 293, 296, 300, 302-305, 307-309, 311-312, 314-315, 317-319, 321, 323-326, 332, 335, 338-340, 350, 356, 359, 362, 371, 373, 379, 386, 389, 391-392, 394-395, 399, 403, 406-407, 410-411, 425, 435, 438, 440, 467, 479-480, 489, 495, 499, 509, 513, 516, 542, 548-549, 583
Qi de la Détermination, 40, 57, 100
Qi Arrogant et Tumultueux, 26
Qi Gong, v, xi, xviii, 236, 239, 252, 325, 362, 371, 379, 394, 440, 516
Qi Originel, 146, 307-308, 318, 394
Qi Droit, 15-16, 489
Voir également Sha Qi
Qian et Kun, 106, 281-282, 425-426, 444, 477-478
Qiu Chu Ji, 5, 170, 179, 222, 287, 336, 429, 450, 455, 448-450, 454, 458
Quantique, 259, 311, 313

R

Raffiner, iv, 87, 100, 103, 105, 152-153, 155, 233, 249-250, 280, 303, 310, 312, 319, 327, 334, 338, 369-370, 393, 399, 405, 424, 432-433, 449, 469, 504, 509, 511, 518
Raffinement, 23, 47, 87, 138, 143-144, 147, 155, 167-168, 193, 239, 265, 275, 278, 285, 310-312, 314, 316, 318-321, 325, 334, 358, 397, 399-400, 432, 435, 499, 509-510, 536
Raffinement de l'Essence, 138, 312, 397
Raffinement du Qi, 239, 311-312, 314
Raffinement de l'Esprit, 310-312, 314, 509
Rang, 15-16, 23, 158, 161, 232, 243, 267-268, 270, 313, 380, 393-396, 467-470, 486
Rang d'Immortel Humain, 394
Rang des Immortels Fantômes, 467
Rangs d'Immortels, 268, 380, 393-394, 469-470
Réalisation Complète, iii, vi, xxxi, 75, 170, 216, 243, 261, 327, 354, 388, 392, 419-420, 447-499, 451-457, 463-464, 469, 493, 520, 522-523
Remède, xx, 87, 105-106, 152, 254, 390
Voir également Médicament
Reflet Complet des Immortels Véritables Qui ont Incarné le Dao de Toute Eternité, 436, 464
Ren Fa Rong, 520
Renonçant, xxvi, 8, 12-13, 87, 138, 141, 143-144, 147, 159, 162, 164, 170, 207, 254-255, 259, 363, 457, 509-510, 513-516, 518, 545
Renoncement, 87, 137, 394, 509, 511, 514
Repentance, xxvi
Se Repentir, 150, 535
Résonnance, 49, 146, 303, 492
Communier, 30, 49, 90, 358-359, 385, 495
Respiration, xxxiii, 38, 100, 144, 150-152, 164, 221-222, 249, 305, 327,

369, 393, 397-398, 400-402, 410, 424, 466, 469
Respiration Embryonnaire, 152, 221-222, 249, 397, 401, 424, 469
Rêve, 73, 142, 150, 156, 158-159, 170, 174, 189, 194, 250, 205, 217, 236, 263, 265, 290, 302, 305, 307, 317, 332, 324, 336-337, 381, 399, 445-446, 529
Rêve dans le Pavillon Rouge, Le, 205, 265, 324, 337
Richesse, 18-19, 23, 35, 42, 75, 85, 141, 158, 161, 164, 162-164, 168, 240, 242, 260-261, 267, 270, 184-185, 354, 356-358, 362, 369-370, 380, 423, 426, 485-486, 500, 521
Richesse Extérieure, 161, 163
Richesse Intérieure, 161, 163-166, 370
Richesse Terrestre, 18
Roi Singe, 65, 226, 327, 388, 411
Roman des Trois Royaumes, Le, 205, 218, 224, 442
Roue de la Réincarnation, xiii, 158-159
Roue du, Retour, xxix-xxx, 35, 83, 115, 159, 304, 470
Roue du cycle des réincarnations, 385
Royaume, xxxiii, 9, 12-13, 102, 156-157, 160, 163, 178-179, 186, 193, 195, 201, 205, 213, 217-218, 222, 224, 232, 244, 248, 258, 261, 266-269, 278, 295-296, 303, 313, 329, 340, 357-359, 373, 375, 379, 380, 383, 393-395, 405, 418, 424, 427, 439-440, 442, 477, 489, 530, 547-548
Royaume du Désir, 13, 267, 358
Royaume de la Forme, 9, 13, 267, 358
Royaume des Cieux, 160, 163, 178-179, 258, 296, 373, 375, 380, 424
Royaumes Multi-Dimensionnels, 423

S

Sac de Chaires Puantes, 173-174, 235, 309, 311, 370
Sage, iv, xv, 42, 63, 73, 81, 90, 100, 139, 159, 181, 186, 188, 201, 227, 249, 261, 272, 274, 325, 335, 337, 340-341, 361, 418, 462, 493, 498-499, 505, 538-539, 541, 547
Sagesse, 10, 31, 38, 41-42, 54-55, 73, 100,116, 120, 141, 150, 164, 199-201, 212, 215-216, 228, 236, 238-239, 260, 276-277, 279, 281, 283, 300, 302-303, 308, 312, 325, 331, 336, 341, 365-367, 369, 374, 375-381, 396, 398, 400, 402, 405, 407-410, 413, 415-417, 426, 432-433, 453, 464, 469, 503, 525-526, 528, 530-531, 534, 537, 540-542
    Lumière de Sagesse, 239, 302, 308, 396, 398, 402, 408-410, 413, 432-433
Saint, saints, viii, 19, 63, 73, 85, 90, 175, 201, 235, 261, 271, 274, 293, 340-341, 470-471, 529
Saisir les Principes, 141, 250, 264
Salive, 38, 120, 137-138, 351, 358, 389, 392, 438, 536
Sans Non-Agir, 52, 115, 300, 302-303, 415-418
Science, ix, xxi, 126, 138, 143, 173, 211, 215, 223, 231, 259, 280-281, 311, 351
Sentiments, 21, 49, 57, 138, 278, 293, 318, 320, 328, 358, 376, 418
Sept Émotions, 183, 185, 278-279
Sept Réalisés, 170, 451, 454, 457
    Voir également Être Réalisés
Serpent, 103, 236, 332, 334, 337, 374, 385, 391, 395, 428, 459, 463, 469, 520, 534
Sexagénaire, 402, 480, 524
Sexe, 10, 85, 137, 140, 146, 335, 350, 526
Sexualité, 8-10, 134, 151, 317, 321-322, 388
Sexuel, sexuelle, v, 5, 7-10, 124, 134, 137-138, 141, 143-145, 147, 149-150, 260-261, 315, 317-320, 324, 326-328, 332, 339, 354, 356, 358, 388, 389, 485, 493
Sha Qi, 251-253
    Voir également Qi
Shakyamuni, 109, 126, 140, 149, 155,

173, 179, 196, 207-208, 219, 221, 225, 234, 258, 281, 320, 335, 341, 361, 364, 366, 390-391, 396, 406, 428, 466-469, 525, 530536
Shen Nong, 296
Si Ma Qian, 127, 247, 286
Sincérité, 16, 18, 42, 49, 54, 57, 73, 209-211, 477, 507, 541-542
Six Désirs, 491, 493
Solana, Pedro, 253, 553-557
Soumettre le Dragon, 142, 390-391
   Voir également Dompter le Tigre
Souverain Lao, 490-492
Stabilisation, 123-124, 171, 238, 332, 380, 408, 435, 462, 464, 467, 469, 489
Stephen Hawking, 223-224
Sublimation, 145, 174, 310, 312, 321, 362, 375, 395, 404, 406, 433, 509
Sublimation de l'Essence, 174
Sun Bu Er, 455, 457
Sun Wu Kong, xvi, 65, 205, 226, 268, 326
Symbole, Symbolise, Symbolisation, Symbolisant, Symbolique, Symbolisent, xxxv, 19, 90, 105, 150-151, 169, 281, 285, 362, 446, 478, 480, 525
Système Scolaire, 156, 312, 379-380, 427-428

T

Tai Ji, Tai Ji Quan, iv, xxvi, xxxiv, 30, 106, 299, 304, 306-307, 325, 379, 446, 455, 499-500, 531-532
Tai Shang Lao Jun, 266, 268
Talisman, Talismanique, viii, xxvi, 106, 192-193, 304, 327, 367-368, 383, 402, 514, 518, 520
Tang Seng, 124, 135
Tao Shi Fu, 61, 147, 189, 220, 222, 243, 261-262, 304, 390, 518-522, 541
Temple, x-xi, xvi-xviii, xxvi, xxxiv, xxxvi, 19, 58, 145, 152, 162-164, 170, 175, 189, 200, 203, 212, 216, 220, 229, 234, 243, 240, 242, 249, 251-256, 261, 266-267, 294, 299, 304, 319, 363,

365, 367, 374, 378, 380, 386-387, 390-393, 420, 429-430, 452, 454, 457, 461-462, 471, 497, 500-501, 503-504, 513-515, 518-521, 524, 528, 531, 534
Temple des Cinq Immortels, xi, xvi-xvii, xxvi, xxxiv, xxxvi, 145, 162, 203, 212, 220, 243, 249, 251-253, 255-256, 261, 266-267, 299, 304, 374, 378, 390, 393, 420, 497, 500, 503, 515, 520, 524
Temple de Tai Shan, 162, 164, 500
Terre, 23, 42, 57, 67, 79, 81, 90, 94, 103, 106, 116, 118, 131, 133, 137, 139, 145-146, 149, 151-153, 156, 163, 167, 169-170, 172-174, 175, 178, 184, 186, 194-195, 199, 217, 219, 221, 226-228, 229, 231-232, 235, 237-238, 240-242, 244-245, 248, 263, 271, 278-279, 281-284, 287, 290, 292, 296, 301, 305, 309, 311-312, 315, 317, 319-322, 329, 336, 338, 342, 350-352, 359, 365, 370-372, 374-375, 379, 383, 386, 393, 395, 401-402, 410-413, 425-426, 435-436, 446, 454, 456, 460, 470, 473, 479-480, 485-486, 491, 498, 507-508, 519, 525, 539-540, 551, 554-555
  Esprit de la Terre, 167, 169-170
  Bodhisattva des Trésors Terrestre, 525-529
  Branches Terrestre, 402, 456, 524
  Immortel Terrestre, 339, 394-395
  Prison Terrestre, Prisons de la Terre, 170, 173, 186, 525
  Qi Terrestre, 236, 238, 425
Tibet, 219, 340, 362, 514
Tibétain, 222, 340, 374, 428
Tortue, 152, 337, 433, 443, 459-460, 462-463
Tortueux, 5, 94, 213, 258, 273
Tradition, vii, ix-x, xii, xvi, xviii, xix-xxiv, xxxv, 5, 102, 113, 150, 195, 150, 208, 216, 285, 293, 324, 340, 438, 469, 583, 585
Traditionnel, x, xxxiii, xxxiv, 16, 181, 239, 256, 286, 305, 353, 446, 523

Traditionnellement, v, xxxiv-xxxv, 21, 256, 258, 286, 399
Tranquillité, 18, 21, 30, 162, 171, 301-302, 325, 327, 329, 377, 395, 403, 406-407, 457, 476, 485
Transmission, vii-x, xii, xxi, xxvi, xxx, 63, 106, 140, 201, 211, 298-299, 323, 325, 339, 405-406, 436, 449, 510, 513-514
Trente Six Stratagèmes, 200, 202
Trois Ans d'Allaitement [du Nourrisson], 265, 396, 400, 435
Trois Montagnes, 127, 248, 261, 259, 468
Trois Royaumes, xxxiii, 9, 12-13, 157, 186, 193, 195, 205, 217-218, 224, 266-269, 357-358, 379, 439-440, 442, 477, 489
Trois Trésors, xi, 9, 30, 135, 147, 150, 188, 190, 193, 272, 311-312, 413, 454, 462-463
Troisième Corps, 168, 313, 332-333, 400, 410, 434
Troisième Dimension, 103, 139, 144, 148, 156, 173, 210, 226, 261, 273-274, 277, 291, 294, 300, 309-311, 313-314, 331, 336, 340-341, 362-363, 415, 424, 428, 470,
Trump, Donald, 204, 376
Tuo Cheng Ren, 251-25

U

Unité Droite, 388, 518, 520, 524
Unité Orthodoxe, 392, 451, 524
Univers, xxxi, 38, 111, 185, 265, 307-308, 312, 329, 493, 511

V

Végétarien, 170, 420, 483, 498
Végétarisme, 5
Véritable, i-ii, vi-ix, 18, 21, 23, 26, 46-47, 49, 52, 54, 81, 90, 92, 94, 96, 102, 105-106, 116, 118, 120, 126, 134, 136, 138, 143-144, 147, 151-152, 157, 163-164, 167-168, 172, 178-179, 191-192, 200, 202, 210, 219, 225, 231, 233, 236, 244, 246-247, 248, 251-253, 263, 278, 298, 304-308, 310, 312, 315, 318-319, 324-325, 328, 336, 338-339, 355, 368, 372, 376, 379, 398, 401-402, 405, 407, 417, 426, 433-436, 447, 454, 458-459, 460, 462-464, 466, 469-470, 479-480, 492, 498, 500, 504, 509, 530, 540-541, 561
Corps Véritable, 23, 47, 118, 151-152, 179, 311, 327, 378, 400, 406, 425, 469, 433, 434, 508
Dao Véritable, 21, 23
Graine Véritable, 398, 402
Vérité, ii, viii, xv, xx-xxi, xxxi-xxxii, 5, 18, 49, 54-55, 57, 79, 100, 102, 118, 123, 126, 141, 145, 150, 173, 175, 179, 187, 212-213, 215, 219, 245-248, 259, 261, 287, 263, 311, 320, 332, 336, 374-375, 380, 413, 450, 453, 454-455, 466, 477, 503, 524
Vertu, xxvi, 10, 15-16, 18, 23, 71, 75, 79, 85, 94, 100, 120-121, 126, 141, 163-165, 175, 191-192, 197, 202, 227, 240, 242, 253, 273, 285-286, 290-291, 293-295, 298, 321-322, 328-329, 356-358, 362, 367, 369, 373-374, 379-380, 420, 449, 463, 477, 489, 492, 503-504, 511, 524, 537-541, 552
Viande, 5, 23, 61, 218, 254-255, 257, 335, 339, 386, 390, 392, 398-399, 420, 499
Vide, viii, 9, 26, 37, 44, 49-50, 53-55, 57, 63, 92, 102, 114-116, 134, 177, 244, 249, 205, 215, 250, 255, 300-302, 303-305, 307-308, 310-311, 312, 314, 318,-319 325, 327, 331, 336, 338, 340, 356, 365, 388-389, 398, 402, 415, 432, 459-460, 462, 465, 477, 492-493, 555, 559 561
Vie-Destinée, i, 12, 18, 23, 28, 30, 33, 54-55, 69, 73, 105-106, 118, 152, 175, 120, 123, 133, 215-216, 233-234, 237,

239, 263-265, 276, 281-282, 303, 305, 310, 312, 325, 339, 343, 367, 369, 377, 379, 404-407, 426, 432-433, 436, 466-467, 470, 495, 510-511, 528
Accomplir Pleinement la Vie-Destinée, 376, 431-432
Vierge Marie, 140
Vin, 243, 255-256, 339, 452, 456
Voyage Vers l'Ouest, xxxi, 65, 124, 133, 135, 169, 189-190, 205, 226, 248, 266, 268, 278, 326, 457, 527

W

Wang Chang Yue, 150, 215-216
Wang Chong Yang, 157, 170, 232, 288, 313, 341, 358, 451-457, 470
Wang Feng Yi, xvi, 75, 159, 261, 295, 325
Wu Wei, iii, v, 52, 185, 303, 417
Voir également Non-Agir

X

Xi Jin Ping, 203
Xi Wang Mu, 175
Xuan Wu, 462, 504
Voir également Guerrier Mystérieux
Voir également Guerrier Véritable
Voir également Zhen Wu
Xun Zi, 242

Y

Yang, ii-iii, xiii, xviii, xxix-xxx, xxxv, 23, 90, 103, 115-116, 118, 120-121, 136, 138, 142, 145, 147, 150-153, 155, 157, 170, 175, 179, 181-182, 185, 201, 221-222, 229-230, 232, 238-239, 247-248, 250, 265, 276, 281, 285, 288, 303-305, 307, 310-317, 321, 324-325, 328-329, 335, 338-341, 349, 354-355, 358-359, 362, 371, 379, 394-395, 400-403, 405-407, 409, 413-414, 417, 425-426, 434-436, 442, 446, 448, 451-457, 464-464-468, 469-471, 477, 489, 493, 503-504, 509, 513-516, 538,
Corps Yang, 142, 145, 152, 175, 179, 238-239, 250, 265, 309-310, 311-313, 337-338, 400, 416, 433-435
Esprit Yang, 103, 118, 153, 334, 338-339, 378, 433-435, 463, 465-566, 469-470, 508
Yin, ii, xviii,xxii, xxxiii-xxxiv, 9, 23, 30, 44, 55, 82-83, 90, 115-116, 118, 120-121, 142, 144-145, 149, 151-153, 179, 182, 184-185, 190, 193, 196, 211, 221-222, 224, 238-239, 245, 250-253, 264-265, 270-271, 281, 286, 290, 293-294, 297, 303-305, 307, 310-314, 315-317, 320-321, 324-325, 327-328, 334, 336-339, 341, 349, 358, 362, 369, 379, 381, 386, 388, 394-396, 403, 405-407, 413-414, 425-426, 431, 434-436, 437-438, 443, 446, 450, 464, 466-468, 470-471, 474, 480, 493, 500, 503-504, 518, 524-526, 531-532, 536, 540, 546, 584
Corps Yin, 142, 145, 152, 179, 238-239, 250, 270, 309-311, 313, 337-338, 416, 425, 433-434, 435
Esprit Yin, 368, 378, 406, 433-434, 463, 465-467, 469-470

Z

Zen, 124, 201, 205, 286, 336, 381, 583
Zhang Bo Duan, 314, 339, 426, 436, 464-471, 531
Zhang San Feng, 157, 275-276, 304, 337, 403, 444
Zhang Xiang Yu, 237, 239
Zhen Wu, 463
Voir également Guerrier Mystérieux
Voir également Guerrier Véritable
Voir également Xuan Wu
Zhong Li Quan, 157, 165,
Zhuang Zi, xv, 60, 67, 71, 129, 159, 221-222, 265, 380, 468, 493-494

Bibliographie

Brennan, P. (2017) *Teachings of Song Shuming*. Retrieved March 3, 2019, from: https://brennantranslation.wordpress.com/2017/03/15/teachings-of-song-shuming/

Bretschneider, E. (2000) *Mediaeval Researches from Eastern Asiatic Sources: Fragments Towards the Knowledge of the Geography and History of Central and Western Asia from the 13th to the 17th Century: Volume II* (first published 1888). Abingdon: Routledge.

Burton-Rose, D. (2009) *Integrating Inner Alchemy into Late Ming Cultural History: A Contextualization and Annotated Translation of "Principles of the Innate Disposition and the Lifespan" ("Xingming Guizhi") (1615)* (Master's thesis). University of Colorado, Boulder.

Campany, R. F. (2002) *To Live As Long As Heaven and Earth* Berkeley: University of California Press.

Daoist Gate – Wudang Arts (2016) The Truth about Wudang History. Retrieved August 8, 2019, from: www.daoistgate.com/the-truth-about-recent-wudang-history

Darga, M. (1999) *Das alchemistische Buch von innerem Wesen und Lebensenergie: Xingming guizhi*. München: Eugen Diederichs Verlag.

Eskildsen, S. (2009) Nei Dan Methods for Opening the Gate of Heaven. In Kohn and Wang (eds) 2009, 87-103.

FYSK Daoist Culture Centre Database (2009) Patriarch Wang Chongyang. Retrieved September 28, 2019, from:

http://en.daoinfo.org/wiki/Patriarch_Wang_Chongyang#Drunken_with_Water

Goldin, P. R. (2006) The Cultural and Religious Background of Sexual Vampirism in Ancient China. *Theology and Sexuality*, 12 (3): 285–307.

Greene, E. (2014) Healing Breaths and Rotting Bones: On the Relationships Between Buddhist and Chinese Meditation Practices During the Eastern Han and the Three Kingdoms Period. *Journal of Chinese Religions*, 42 (2): 145-184.

Goossaert, V. (2008) Quanzhen. Retrieved August 19, 2019 from https://www.goldenelixir.com/publications/eot_quanzhen.html

Hausen, J. and Akers, J. (2018) *Discourse on Transforming Inner Nature*. Auckland: Purple Cloud Press.

— and Tsaur, A. (2020) *Tai Shang's Treatise on Action and Response*. Auckland: Purple Cloud Press.

Huang, A. (1998) *The Complete I Ching*. Rochester, Vermont: Inner Traditions.

Kinney, A. B. (2014) *Exemplary Women of Early China: The Lienü zhuan of Liu Xiang*. New York: Columbia University Press.

Kohn, L. and R. R. Wang (eds) (2009) *Internal Alchemy: Self, Society and the Quest for Immortality*. Cambridge, MA: Three Pines Press.

Komjathy, L. (2007) *Cultivating Perfection: Mysticism and Self-transformation in Early Quanzhen Daoism*. Leiden: Brill.

— (2008) *Handbooks for Daoist Practice*. Hong Kong: Yuen Yuen Institute.

Larre, C. and Rochat de la Vallée, E. (1999) *Essence, Spirit, Blood and Qi*. London: Monkey Press.

Lau, D. C. (2001) *Tao Te Ching (New Bilingual Edition)*. Hong Kong: Chinese University Press.

Li, C. (2005) *The Travels of an Alchemist: The Journey of the Taoist Ch'ang-Ch'un from China to the Hundukush at the Summons of Chingiz Khan*. London: Routledge.

Lin, F. (1995) Religious Taoism and Dreams: An Analysis of the Dream-data Collected in the *Yün-chi ch'i-ch'ien*. *Cahier d'Extrême-Asie*, 8: 95–112.

Luk, C. (1993) *Taoist Yoga: Alchemy and Immortality*. York Beach, ME: Weiser.

Muller, C. (2003) *The Sutra of Perfect Enlightenment (Yuanjue jing)*. Retrieved October 10, 2019, from: http://www.acmuller.net/bud-canon/sutra_of_perfect_enlightenment.html

Nicholson, J. M. (2000) *Hui Ming Jing: A Translation and Discussion* (Master's thesis). Retrieved from https://open.library.ubc.ca/collections/ubctheses/831/items/1.0089774

Palmer, M. and J. Ramsay (2009) *The Kuan Yin Chronicles*. Charlottesville: Hampton Roads Publishing Company.

Pfister, R. (2012) Gendering Sexual Pleasures in Early and Medieval China. *Asian Medicine*, 7: 34-64.

Pregadio, F. (2008) *The Routledge Encyclopedia of Taoism*. London: Routledge.

— (2009) *Awakening to Reality*. Mountain View, CA: Golden Elixir Press.

— (2011) *The Seal of the Unity of the Three*. Mountain View, CA: Golden Elixir Press.

— (2018) Which is the Daoist Immortal Body? Retrieved June 6, 2019 from:

http://www.fabriziopregadio.com/files/PREGADIO_Which_is_the_Daoist_Immortal_Body.pdf

— (2019) *Fifteen Essays to Establish the Teaching: A Founding Text of Complete Reality Taoism.* Mountain View, CA: Golden Elixir Press.

— (2019) *Taoist Internal Alchemy: An Anthology of Neidan Texts.* Mountain View, CA: Golden Elixir Press.

Reps, P. and N. Senzaki (2008) *Zen Flesh, Zen Bones.* North Clarendon, VT: Tuttle Publishing.

Rochat de la Vallée, É. (2013) *Aspects of Spirit: Hun Po Jing Shen Yi Zhi in Classical Chinese Texts.* London: Monkey Press.

Van Enckevort, P. (2014) The Three Treasures – An Enquiry into the Writings of Wu Shouyang. *Journal of Daoist Studies*, 7 (1): 117-145.

Wang, R. G. (2012) *The Ming Prince and Daoism: Institutional Patronage of an Elite.* New York: Oxford University Press.

Wilhelm, R. (1990) *I Ching.* Princeton: Princeton University Press.

Williams, P. (2008) *Mahayana Buddhism: The Doctrinal Foundation.* Oxford: Routledge.

Wilms, S. (2013) *Xiào Jīng* 孝經. (E-reader version). Retrieved from https://www.happygoatproductions.com/onlinestore/xio-jng-

Wong, E. (1998) *Cultivating the Energy of Life.* Boston, MA: Shambhala.

Wu, C. (1592) *Journey to the West* (W. J. F. Jenner, Trans.) Beijing: Foreign Languages Press.

Yu, J. (2018) *Reflections on Self-Immolation in Chinese Buddhist and Daoist Tradition.* Oxford: Oxford University Press.

www.ingramcontent.com/pod-product-compliance
Lightning Source LLC
Chambersburg PA
CBHW080611230426
43664CB00019B/2856